김진현 회고

대한민국 성찰의 기록

NANAM
나남출판

김진현

1936년생. 1966년부터 〈동아일보〉에 "코리안의 고동"으로 산업화 · 국제화를 선도하고, 1980년대 "김진현 칼럼"으로 격랑의 민주화를 비춘 언론인이었다. 과기처 장관, 서울시립대 총장을 역임했고, 한국경제연구원 신설을 시작으로 해양, 과학기술, 미래 등 10개 연구기관 창설의 책임자였다. 세계화추진공동위원장, 대한민국건국기념사업과 역사박물관 건립위원장을 역임하고 이봉창 · 안재홍 · 장준하기념사업회 창립회장으로, 이승만 · 장면 선생 기념사업회와 김구 · 김성수 · 조봉암 기념행사에도 참여해 대한민국 중심주류 찾기, 만들기에 힘썼다.
1980년대부터 김수환, 강원룡, 이한빈 선생의 가르침으로 NGO 활동을 시작했고, 이후 송월주 스님, 서경석 목사, 박세일 교수와 함께 경제, 통일, 평화, 환경 등과 관련한 20여 개 NGO 민간단체 창립 또는 대표로 봉사했다.
14권의 저서(영문 2권), 7권의 역서, 110여 편의 논문과 약 3천 편의 글을 썼다.

김진현 회고
대한민국 성찰의 기록

2022년 5월 25일 발행
2022년 6월 25일 2쇄

지은이 김진현
발행자 조완희
발행처 나남출판사
주소 10881 경기도 파주시 회동길 193, 4층(문발동)
전화 (031) 955-4601(代)
FAX (031) 955-4555
등록 제 406-2020-000055호(2020.5.15)
홈페이지 http://www.nanam.net
전자우편 post@nanam.net

ISBN 979-11-92275-07-9
ISBN 979-11-971279-3-9 (세트)

책값은 뒤표지에 있습니다.

김진현 회고

대한민국 성찰의 기록

NANAM
나남출판

서울시립대 총장 시절.

해방 전 국민학교 입학 후 어머님 성화로 아버지와 사진관에 가서 찍은 사진.
아버지와 둘이서 찍은 유일한 사진이며 국민학교 시절 남은 유일한 사진.

내 인생에 가장 큰 영향을 준 인물 백범(白凡) 김구 선생님께서 직접 쓰신 익세제민(益世濟民) 횡서. 1949년(대한민국 31년) 4월 11일 '임시정부 헌법 반포기념'으로 쓰셨다. 6월 26일 서거하시기 76일 전, 절필에 가깝다. 내 일생 거실 가운데 모시고 있다.

국회본회의에서 과기처 장관으로서 답변하는 나. 1991년 11월 9일 밤부터 10일 새벽까지 원자력발전소 50기 추가 건설이 사실인지 대답을 강요하는 야당 의원들에게 '거짓말 국무위원이' 될 수 없다 버텨 항복을 받아냈다.

모스크바 크렘린 궁전에서 열린 역사적 한·소 정상회담(1990.12.14.).
왼쪽부터 나, 박필수 상공부 장관, 노태우 대통령, 김종휘 외교수석, 고르바초프.

국빈으로 방한한 조지 부시 대통령과 노태우 대통령 정상회담(1992. 1. 6. 청와대).
맨 오른쪽 나, 안쪽 한봉수 상공부 장관. 이후 국빈 방문한 미국 대통령은 25년 뒤 D.트럼프였다.

워싱턴 내셔널프레스클럽에서 한미과학기술동맹에 대한 오찬연설과 기자회견(1993. 1.12.).
외교부 장관을 제외하고는 역사상 최초요 지금까지도 기록을 유지하고 있다.
과기처 장관으로서 美 NPC에서의 연설과 기자회견은 전무후무한 유일 케이스이다.

양국 정상 임석하에 한·중 과학기술협력 협정을 서명 교환하는 나와 송지앙 국가과학기술위원회 위원장 (1992. 9.30. 북경).

한·중 과학기술협력센터 개소식 후 기념 연회에서 즐거워하는 일행(1992.11.28. KIST).
왼쪽 서정욱 KIST 소장, 송지앙 장관, 한 사람 건너 혜영정 차관, 나.
나는 한·중 수교 전(1992. 3. 6. ~11.) 중국의 공식 초청으로 방중한 첫 국무위원이 되었고,
송 장관은 국교수교 후 방한한 첫 중국 국무위원이란 기록을 세웠다.

우리별 1호 발사를 위해 파리에서 남아메리카 프랑스령 가이아나로 가는 비행기에 나란히 앉아 담소하는 나와 프랑스 쿠리엔 장관(1992. 8.12.).

한미과학기술동맹의 동지였던 MCC C. 필즈 회장, 전 DARPA 소장 (1993. 1.12. 1차 한미과학기술포럼에서).

동아일보 논설주간 시절 논설위원 동료들과(1989. 3.28.).
왼쪽부터 정종문, 민병문, 최시중, 김중배, 나, 김담구, 이시헌, 김재곤, 이종석.

해방 후 동아일보 최연소 논설위원, 올챙이 논설위원 시절(1967.10.23.
춘천 관광호텔에서). 맨 앞줄 오른쪽부터 시계방향으로 천관우, 이갑섭,
홍승면, 권영백, 나, 변영권 편집국장, 장용학. 지금 나 하나 살아있다.

"코리안의 고동" 취재로 제1회 독립신문기념상 수상(1967. 5.10. 신문회관). 나와 아내

88올림픽 개최 기념으로 동아일보가 주최한 역사적 타스통신 사진전시회(1988. 9. 5. 세종문화회관). 처음 만난 미, 소 대표들의 오묘한 표정. 왼쪽부터 김상만 동아일보 회장, 릴리 주한 미국대사, 나, 쿠츠코 타스통신 도쿄지국장, 자스핀 부사장.

세계화추진위원회 보고회의 시작 전 국민의례. 왼쪽부터 전면 이홍구 총리, 김영삼 대통령, 나 (1995. 8.30.).

현직 국회의장, 국무총리, 교육부 장관, 교육개혁위원장, 서울시장, 외국 대사, 국회의원, 기업계·언론계 책임인사들로 우리나라 대학총장 취임식 역사상 가장 장대했던 서울시립대학 총장 취임식(1995. 5.23.).

오른쪽부터 나, 이종문, 한 사람 건너 홍라희, W. 브라운 샌프란시스코 시장, 한 사람 건너 J. 보가드 CMLAAM 이사장, 한용외 삼성문화예술재단 상무(1997.10.25.). 보가드 이사장은 '홍 여사 한국 최고의 부자라며…' 3백만 달러 기부 주저에 의문을 표시했다.

1996~1999년 사이 매년 WEF 펠로 초청에 의한 다보스포럼에 참가. 경제, 교육, 도시, 정치문제 토론에 참여했다. 왼쪽부터 WEF 슈바브 회장과 나 유장희 교수(1998. 2.).

문화일보 사장 자격으로 방북했을 당시 김정일과 오찬 후 환담(2000. 8. 12. 평양).
왼쪽부터 한겨레 최학래, 중앙일보 금창태, 부산일보 김상훈, 대한매일신보 차일석 사장, 김정일, 나.

백두산에서 해맞이하는 박지원 문광부 장관과 나(2000. 8. 9.).

나의 NGO 활동의 중심축. 김수환 추기경(1985.12. 그의 집무실에서).
1986년 1월 1일 동아일보 신년특집 위한 인터뷰(논설실장 시절).

이봉창 의사 순국 60년 기념사업 추진대회에서 박태준 회장으로부터 아버지 전임 회장의 공로 추념패를 받았다(1992.10.5. 세종문화회관). 박태준 회장 왼쪽 의자에 앉으셔서 박수 치는 김상만 동아일보 회장. 결국 다음 해 박태준 회장으로부터 회장직을 인계받는다.

1950년 이후 원조받던 우리가 원조 주는 나라로. UNICEF 한국위원회 발족(1993)하고 첫 원조를 베트남 북부 산골 책상, 걸상 없는 초등학교에 했다. 배우 안성기 씨가 함께했다(1994. 3.).

김상현 주동으로 고르바초프가 만든 Green Cross 한국조직은 그의 참석하에 출발했다(1995. 2. 6.). 오른쪽 세 번째 고르바초프, 김상현, 나, 고건. 고르바초프는 내가 인생에서 제일 많이 만난 외국 국가원수이다(1990년 1월 모스크바에서 UN과 공동 주최한 환경회의, 1990년 12월 모스크바와 1991년 2월 제주도에서의 두 차례 정상회담. 그리고 1995년 Green Cross).

나의 NGO 활동의 자력. 왼쪽부터 이세중 변호사, 나, 월주 스님, 강문규 이사장, 서경석 목사 (2001. 가을 금산사).

대한민국 역사박물관 건립위원회 위원 위촉식 후 이명박 대통령과 함께(2009. 4.16.).

정주영 회장과 KERI 시절(1984.10.). 오대산 상원사 가는 길. 계곡에서 점심을 차려 먹었다. 정 회장 왼쪽 나, 오른쪽 4번째 문인구 아산재단 이사장, 뒷줄 왼쪽 김신복 교수, 오른쪽 조규하 연구위원.

고려대에서 정주영 회장 철학, 나는 경제학 명예박사를 받고 식장인 인촌기념관을 나란히 나서고 있다(1995. 3.). 왼쪽 옆에 장을병 성균관대 총장이 보인다.

김영삼 당시 신민당 고문이 내 방 동아일보 논설주간실에 들렀다(1987. 9.25.).
같이 논설실에 있다 YS에게 간 손세일 씨가 보인다.

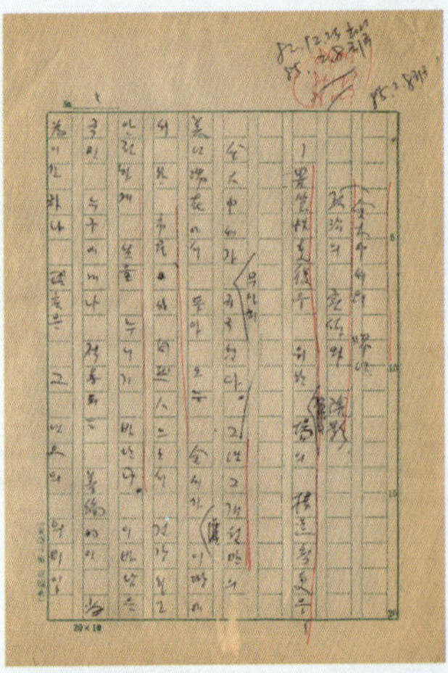

김대중 씨가 4·27 대통령선거 패배 후 낸 〈대중(大衆)과 함께 전진한다〉(1971. 7.)에 하이라이트로 동아일보 경제부장이었던 나의 '오늘과 내일' 칼럼의 "곡(哭) 4·27이여"(원제, 1971. 4.30.)를 실었다. 1985년 2월 8일 그가 미국망명 생활을 마치고 귀국한 데 대한 사설 "정치의 실체와 음영"을 썼으나 실리지 못했다.

동아일보 논설위원 시절 남덕우 재무부 장관과 아카데미 하우스에서 열린 한국경제 관련 국제회의에서(1973.11.13.).

1981년 이래 내 사상적 동지였던 M. 노박. MBC의 1995년 신년특집 인터뷰하러 그의 집에서 만났다(1994.12.). MBC 특집 대담은 이어서 하버드대 J. 나이 교수, 워싱턴에 가서 클린턴 대통령 경제자문위원장 로라 타이슨 박사로 이어졌다.

회갑기념논문집 발간 축하. 왼쪽부터 홍일식 고려대 총장, 현승종 강영훈 전 총리, 이한빈 박사, 나, 처, 박권상, 김상현(1996. 5. 2. 프레스센터).

E. 존 미 대사관 참사관(뒷줄 맨 오른쪽) 댁에서(2005. 2.22.). 맨 앞 안숙선 명창, 뒤 의자 힐 대사 부부, 맨 뒷줄 왼쪽 두 번째 나, 김상현 의원, 임권택 감독. 안 명창의 창을 들은 뒤 힐 대사는 북한 대표를 만날 때 쓰겠다며 창을 배우겠다고 했다.

포니정재단 이사장 시절, KAIST 서남표 총장에게 혁신상을 수여했다(2008. 5.21.).
왼쪽부터 매일경제신문 장대환 사장, 나(이사장), 서 총장 부부, 정세영 회장 아드님 정몽규 회장.

한선재단 주최 한반도 통일 국제세미나에서 박세일 박사와 함께 (2011. 4. 8. 인터컨티넨탈 호텔).

《일본친구들에게 정말로 하고싶은 이야기》 출판기념회(2007. 6. 7. 은행회관).
왼쪽부터 박삼구 금호그룹 회장, 이종찬 전 국정원장, 이홍구, 정원식 전 총리, 나, 현승종 전 총리,
방상훈 조선일보 사장, 김상현 전 의원, 이희범 한국무역협회장, 신상민 한국경제신문 사장.
이때 고은 시인은 축사하며 해암(海岩)이란 호를 주었다. 박노해 시인도 축사를 했다.

한국해양수산개발원 개원 현판식 마치고(1997. 4.21.). 왼쪽 세 번째부터 오른쪽으로 김재철 회장,
나(초대 이사장), 신상우 초대 해양수산부 장관, 김태식 국회의원.

홍진기 선생님과 48년 만에 재회한 1944년 안성국민학교 3학년 반 동창들
(1992. 9.25. 저녁, 팔레스호텔). 오른쪽 두 번째 나, 세 번째 홍 선생님.

서울대 문리대 사회학과 졸업식 후(1958. 3.). 의자에 앉으신 교수는 왼쪽부터 이만갑, 이상백,
변시민 교수, 이상백 교수 바로 뒤가 나. 이문휘, 이종인, 하진오의 얼굴은 나오는데 강욱, 구자옥, 이진영은 없다.

독립신문기념상 수상식에 오신 아버님(오른쪽 둘째), 옆으로 자형 이기수, 내 장남 범수, 둘째 윤수, 어머님. 아버지와 어머니, 자형이 함께 있는 유일한 사진(1967. 5.10. 신문회관).

2005년 하와이에서 온가족과 함께.

2021년 11월 7일 사랑하는 아내와 함께.

차례

머리말

대한민국 현대사의 한 줌 씨알 되기를

— 독특한 다생(多生)세대의 편력과 자성

나는 1930년대 중반 출생(양력 1936년생, 음력 1935년생. 음력으로 11월 20일이어서 양력으로 다음 해 1월 2일이 되었다)으로 다음과 같은 우리 세대의 다생(多生)적 특징을 가장 다원적으로 다양하게 경험하며 살았다.

가장 전쟁경험 많이 겪은 세대, 가장 많은 문자와 언어로 생활한 세대, 가장 이사 많이 다닌 세대('고향', '향수'를 아는 마지막 세대), 가장 다양한 국가체제를 겪은 세대, 가장 많은 혁명(사상, 정치, 경제, 생활, 기술…) 겪은 세대, 그리고 세대적으로 가장 긴 대한민국 역사의 증인임을 자각하며 이 기록을 쓴다.

내가 이 자전적 기록을 쓰는 이유 몇 가지가 있다.

첫째 이유는 1930년대생으로 대륙시대와 해양시대를 영위한 다생(多生)세대로서 편력과 자각을 기록하기 위함이다. 우리 세대는 단군 이래 우리 민족사에서 가장 장수하는 세대이면서, 단순히 명만 길게 사는 것이 아니라 여러 경험의 삶, 다단계, 다차원, 다문화, 다문명, 다혁명을 한꺼번에 모두 겪는 아마도 전무후무한 다생세대이다. 나는 나의 일생이 신문기자,

언론인, 좀더 구체적으로는 칼럼니스트로 자리매김 되는 꿈을 간직하며 살았다. 또 우리 세대, 일제식민지의 제도적 굴레를 직접 체험한 마지막 세대로서 살아남아 내 조국이 없다는 것, 우리 민족의 말, 글을 못 쓰고 이름조차 바꿔야 하는 삶을 체험했다. 그리고 6·25전쟁의 아픔만이 아니라 그 전에 일제의 대동아전쟁을 체험한 마지막 세대로서(베트남전쟁 때 전선은 아니었지만 전시의 사이공과 주변을 두 번 들렀다) 나보다 3~4년 아래인 한글세대와도 제도적 체험, 체제적 삶의 깊이가 본원적으로 다르다. 또 나보다 5~10년 윗세대는 지금 내가 겪고 있는 디지털 생활의 복잡성을 겪지 않고 갔다.

할아버지, 아버지 세대가 한문세대, 일제교육세대라면 우리 1930년 세대는 한문(漢文), 일어(가타카나), 한글세대이고, 나 같은 경우는 영어까지 합해 한문, 일어, 한글, 영문 네 문자 세대이다. 죽기 전까지 인터넷 드나들고 SNS 언어 익히며 살아야 한다. 한글, 영어세대인 우리 이후 세대나 우리보다 앞선 한문, 일어세대와도 다른 가장 많은 문자와 언어를 경험한 세대이고 이런 경우는 앞으로도 없을 것이다. 우리 세대는 또한 일제, 미군정, 대한민국, 조선인민민주주의공화국(대구 이남의 영남 제외), 대한민국으로 생전 5번의 국가통치체제 변화를 겪었다.

나는 우리 세대를 '대륙시대'를 체험한, 2천 년 전통적 삶의 양식을 보고 입고 먹기도 해본 세대요, 그리고 '해양시대'를 개척 영위한 세대, '다생(多生) 세대'라 부르고자 한다.

일본의 나카소네 야스히로 전 총리는 자기 아버지는 전통 한 가지 생만 살았고 자기는 전통과 근대 두 가지 생을 살았다 했다. 그렇다면 나는 전통, 근대, 현대, 인류세(*Anthropocene*), 네 가지 생을 살고 있는 한국 역사상 특수할 뿐 아니라 내 동년배의 미국 친구, 독일 친구와 비교해도 특수한 세계적 기록을 가진 다생 삶이다. 그들이 태어났을 때 그 나라들은 이미 근대화가 완성되어 전통의 삶에서 벗어났기 때문이다.

우리보다 한 발 앞선 아버지, 할아버지 세대와 비교해 우리 세대와 현 MZ세대가 근본적으로 다른 것은 ABCD, 즉 A(인공지능), B(바이오), C(기후온난화 환경), D(디지털, 정보, 통신, 퀀텀 계산속도, 플랫폼)의 새 세계, 새 경지를 체험하기 때문이다. 또 우리보다 한 발 뒤 한글세대 이후와의 근본차이는 '내 나라 없는 경험', 망국의 경험의 차이다.

그리고 더 중요한 것은 다생세대인 우리 세대는 다음 세대가 갖지 못한 다양, 다원의 과거체험을 소유하면서 인류세(人類世)가 공유하는 대 패러다임 전환을 공유하고 있다는 것이다. 개별 삶에서 출발하여 공간으로는 지방, 사회, 국가, 지역, 지구촌에 이르기까지. 사회공동체로서는 개인, 시민, 가족, 이익 및 연대집단(국가공동체 포함) 모두 지난 500년 당연한 상식으로 여겼던, 근대의 정상(*Normal*)이 산산이 깨지는 대혼돈기, 마치 탄허 스님이 이르는 개벽을 앞둔 혼돈, 기독교적으로는 노아의 홍수 같은 극단 이상(異常)의 체험을 공유하고 있다.

나는 일제강점기 그리고 6·25 무렵까지 시골 할머니 집에 가면 숙모들이 베틀에 앉아 목화솜으로 옷감 짜는 소리 듣고, 짚신 신고 재미로 짚신 삼기도 했다. 저녁 되면 여우에 물려 간다고 집 밖에 못 나가고 여우울음 들으며 여우와의 공생, 6·25 전까지는 정말 호랑이 눈빛이었는지 밤에 곰내미산 줄기 앞산 등성이에 두 불빛이 어슬렁이면 호랑이 나왔다고 어른들이 경계하던 체험을 기억하는 세대이다. 벼 심고 벼 베고, 송진 따 호롱불 켠 체험의 세대이다. 한말 이전부터 이어온 전통, '산촌의 자연', '가족의 자연', '전통의 정상'을 체험한 마지막 세대이다.

내 체험의 한 단편을 통해서라도 MZ세대가 겪는 근대 현대의 끝자락, 인류세가 전개하는 ABCD의 대 국면전환, 새 패러다임 전개에서 어찌 대처할 것인가. 세대 간 대화의 문이라도 열렸으면 하는 기원이 있다.

나(우리 세대) 삶의 궤적									
대륙시대(아시아 시대)					해양시대(미국 · 세계화 시대)				
한말	1910	1935 ~45	1945	1948	1950 ~53	1954 ~70	1970 ~80	1990 ~2000	2001 ~
전기 · 기계		자동차, 원자력					자동화 · 가속화 경박단소 (輕薄短小)	정보, 디지털	ABCD
전통	일제식민	대동아 전쟁	분단	건국	6.25	해양화 초기 산업화	민주화	데탕트 국제화	분열 극단성공 극단도착 혼돈
조선	유교 일제 타율 근대화				기독교 미국주도 해양근대화		탈근대 초현대	탈종교? 인류세(人類世, ABCD, 대재앙 일상화)	
궁핍, 억압, 전쟁공포, 타율 …					자유, 개방, 다원, 인간화		보편인류지구촌시대? 테크노유토피아? 화성 · 금성 이주? 시진핑 디지털독재? 인류종말?		
할아버지·······································●									
	아버지·······································●···········								
		나·······································●·················							
			한글세대·······································●···						
						586세대·······································			
								MZ세대···········	

주1. ● 표시는 할아버지 세대 60세 수명 기준으로 하면 우리와 한글세대는 벌써 그리고 586세대도 일부 사라졌어야 한다.

주2. ABCD = A(AI), B(Bio), C(Climate Change), D(Digital)

MZ세대가, 내 손자들이 새 생명, 새 문명, 새 살길, 새 평화의 길, 새 지구촌 인류의 마음, 새 보편윤리를 찾아가는 데 조금이라도 도움이 되었으면 하는 작은 소원이다.

내 자랑, 내 궤적의 나열보다 그때 그 상황에 대하여 내 보존된 기록을 바탕으로 내 나름의 평가, 후회, 성찰, 반성을 토하고자 한다.

그때 잘했다는 것, 성공했다는 것, 실패했다는 것, 알면서 고치지 못했던 것, 결국 비굴했던 결과에 대한, 또 당대 그리도 유명했고, 사후까지도 신격화되는 분에 대해서도 내가 겪은 진실과 실체를 진솔하게 쓰고자 노력했다. 물론 어디까지나 내가 겪은 체험의 한계에서이다. 이 땅의 풍토에선 참 어려운 일이다.

극단의 성공, 2차 세계대전 후 독립한 150개 가까운 독립국가 중 유일하게 성공한 근대화, '대한민국 근대화 혁명'이 왜 MZ세대 앞에서, 2020년대 시점에서 보면 극단의 도착(倒錯), 대극(對極)적 양극화, 분단 현상을 보이는가. 역대 대통령(정치권력 상징)들의 극단적으로 불행한 끝, 재벌가문(경제권력 상징)의 극단적으로 추악한 집안 송사(訟事)들, 인류역사 이래 최고의 낙태율, 전시체제 외 인류사상 최저출산율, 최고의 자살률과 최고속 고령화율의 결산에서 미래를 어찌 설계할 것인가를 곱씹어야겠다.

살아있는 모든 세대의 의무이지만 특히 대륙화와 해양화, 전근대와 근대 세대 간 가교이며 성공신화의 실천자였던 우리 세대가 우리 자신과 앞선 세대와의 경험의 실체를 미시, 거시적으로 후대의 거울에 비춰줘야 한다. 극단의 성공과 극단의 도착(倒錯) 양극화 현상과 BTS, K-pop에서 보이는 지구촌 무대 중심에 선 부분, 개인 탤런트 부분과 국가 사회공동체, 하부구조 상부구조의 부식과 퇴화. 이 양극화의 통합을 이루기 위한 작업을 위해서는 시작도 끝도 우리 자신의 실체를 자각하는 데서 출발해야 한다.

둘째 이유는 내 운명적 굴절이다. 나는 초등학교 시절부터 신문과 맺은 인연으로 일찍 언론인의 꿈 하나를 향해 직진했다. 아버지가 돈 고생 안 해도 되는 삶을 누리셨으면 주변 권유에 못 이겨 정치로 갈 법도 했다. 레이몽 아롱(Raymond Aron)과 월터 리프먼(Walter Lippmann)이 내 모델이었다. 그쪽으로 참 열심히 노력했다. 늙은 지금 보면 책이건 신문이건, 잡지건 참 낭비적 다독을 했다(그 버릇 남아 지금도 매일 국내 신문 4개, 뉴욕타임스, 니혼게이자이신문을 읽고 일주일에 한두 번 강대국 과학기술 관계 인터넷 사이트도 두들긴다). 그때는 그런 다면, 다차원의 노력이 언론의 종합성으로 해서, 신문인 언론인으로 성공하는 필수요소라고 생각했다. 글도 너무 많은 주제로 너무 많이 썼다. 지금 많이 후회한다.

그러나 운명인지 그런 결과의 합리적 연기(緣起)인지, 엉뚱한 경험을 강요받거나 또는 우연을 너무 많이 접한다. 과학기술처 장관, 서울시립대 총장, 세계화추진위원장, 대한민국역사박물관 건립위원장, 동해연구회 회장, 한국경제연구원 창립 부원장, 한국무역협회 연구자문위원장, 여러 독립지사들 기념사업회 회장, 말년의 파크시스템스 고문 등이 그것이다. 모두 내가 자원한 것이 아니다. 내 일생에 딱 두 번 추방당하게 되어 자리 옮기기를 부탁했다. 1980년 8월 전두환 보안사령부 칼날이 다가올 때 동아일보 사장에게 워싱턴 특파원으로 외출하면 위기를 면할 수 있을 것 같다 진언했다. 당시 편집국장의 방해로 안 됐다. 그리고 10년 뒤 1990년 사실상 동아일보 사주에 의해 추방될 무렵 SBS 해설위원장으로 이직을 청원했다. 긴급구명이었다. 둘 다 안 됐다.

평생 영전, 승진 또는 뭐 하고 싶으니 시켜 달라 부탁한 적이 없다. 그런데 아직까지도 내가 운동해서 장관 간 것으로 확신하는 폴리페서, 폴리저널리스트들이 꽤 많다. 자기들이 그랬으니 나도 당연히 그랬으려니 치부하는 것이고…. 나의 비자발적 다양한 경력을 보고 '재주도 좋아' 비아냥대기도 한다. 이런 시기, 질투, 모함, 멸시, 비난을 너무 많이 받고 견뎠다. 오히려 그럴수록 정도(正道)에 대한 확신이 더 강해졌다.

대한민국 최고부자의 호의가 오히려 가난한 논설위원실 시절 얻은 횡재

(내 집)를 날리는 결과가 되는, '자립에의 깨달음'을 얻기까지 나로서는 고통이요 동시에 귀중한 경험이었다. 그러나 이 일로 돈 문제에 대한 끊임없는 모함, 의도적 명예훼손을 참 많이 당했다. 특히 일부 가까운 사람, 내 신세진 사람들이 더 그러했다. 남들은 그것이 세상인가 보다 하고 타협하지만 나는 그럴수록 내 정도를 더 고집했다.

지내놓고 보면 옳은 길이긴 했다. 그러나 보다 큰 대의의 결실을 위해 멀쩡한 능청이나 아첨도 했어야 하지 않았나 하는, 때로는 차선의 길이 더 옳은 길이었을까 하는 고민도 하게 된다.

참 외로웠다. 특히 나는 언론인으로서는 남이 안 가는 길, 안 가 본 길을 혼자 제일 먼저 간 독특한 삶을 지냈다. 독특한 선구자의 길이었다. 경계인의 운명인가 보다. 취임에서부터 기득권 세력으로부터의 저항, 충돌은 개혁을 사명으로 했기에 불가피한 것이었다. 내 친정에서도, 나를 맞이하는 곳에서도 낯선 일에 충돌적이었다.

대한민국 최초의 비과학자 출신 과기처 장관, 언론인 출신 최초의 비정치적 전문분야 국무위원, 노태우 정권 최장수 장관, 국회 본회의장 단상에서 버텨 야당 항복을 받아낸 장관, 대통령 총리에게도 쓴소리를 한 장관, 이 세계 언론 출신 유일한 과학기술 장관의 기록….

서울시립대 총장이 되니 연세대 유명교수가 교수 아닌 자가 총장 되었다고 칼럼으로 비난했다. 최초의 언론인 출신 종합대학 총장, 어쩌다 한국역사상 가장 화려장대한 총장취임식, 취임 두 달 만에 4년 농사 마친 총장(교수 배증, 예산 3배), 대학신문을 정간시키고도 4년간 총장실을 점거당하지 않은 유일한 서울 소재 대학 총장….

한국 최초의 민간 경제연구소인 한국경제연구원 창립, 연구책임자 되니 언론계 있던 자가, 경제학자도 아닌 자가 경제 연구한다고 비하하고…. 대한민국역사박물관 건립위원장 되니 역사학자 아니라며 비난하고 극우애국주의자, 무국적국제주의자, 극좌친북 자칭 민족주의자들에게 협공을 받았다.

내 친정 언론계, 특히 동아일보가 내 이런 독특한 처지 좀 이해하고 보살펴 주었으면 하는 마음 간절했으나 내 스스로 청하지 않았다. 해방 후 동아일보 최연소 논설위원, 한국 언론사상 최초로 뉴욕타임스 오피니언난에 칼럼 쓴 언론인(아직까지 기록 못 깼다), 서방세계 양대지인 뉴욕타임스와 런던타임스에 모두 기명기사를 쓴 한국 언론인으로서 선망과 질시를 동시에 받았기 때문이다.

일직선, 한 패거리, 한 부류, 한 직장, 한 업종에서 살지 못하고 언론, 정부, 대학, 연구소, 반관반민, 기념사업회, NGO … 여러 방면, 여러 군데, 여러 차원 편력했다.

나는 운명적으로 갈등의 한복판에 내던져졌다.

언론과 정부, 경제와 복지, 산업과 환경, 권력과 NGO, 과학기술과 사회, 대학과 시장, 과거(역사)와 미래(창조), 대륙과 해양, 대한민국과 세계를 넘나들었다. 새 길을 창조 개척하기도 하고, 갈등의 덫(특히 동아일보와 문화일보 사주 부자와 형제집안 싸움의 덫)에 걸려 희생을 당하기도 하고, 어쭙잖은 자만과 과욕에 낭비와 과오를 저지르기도 했다.

나는 경계인, 이종사회, 이종집단, 이종기관 간의 경계를 가장 다양하게 넘나든 아직까지는 유일한 '언론인'이다. 아직도 나 스스로는 본원적으로서 글 쓰는 '언론인'이라 규정하고 있다.

내 언론계 후배들이 더욱 다양한 분야에서 언론 과학기술과 사회 사이, 언론과 시민사회, 언론과 정부, 언론과 교육, 언론과 역사 사이를 넘나들어 내가 겪은 고독과 경계를 허물고 융화, 통합하여 대한민국 정체성, 정통성 확립에 큰 전진이 있기 바란다. 고독한 언론인, 경계인은 나로서 마지막 되기 바란다.

세 번째 이유는 이미 내 나이 70세 때인 2006년 9월 〈관훈저널〉 가을호에 쓴 글이 있다. 여기 전문을, 앞에 든 두 이유와 겹치는 부분을 삭제하고 그대로 싣는다.

나는 꼭 회고록을 쓸 작정이다. 이 나라 어른들에게 회고록을 제대로 쓰셔야 한다고 몹시도 졸랐던 사람으로서 나도 70이 넘었으니 회고록을 준비하는 것이 당연하다. 또 마음에 깊이 간직하고 있고 사필귀정(事必歸正), 선과 정의라는 인간다움의 진보를 믿는 지식인의 한 사람으로서 반드시 밝혀야 하는 역사의 대목도 몇 가지 있다.

나는 대한민국의 여러 혼란 중 하나는 이 나라 정통성과 정체성을 대표하는 사람들, 그런 기관의 책임자들이 자기 개인과 책임 맡았던 기관들의 활동실태를 국민에게 진솔하게 진실대로 알리지 않았기 때문이라고 확신하고 있다. 결과적으로 보면 대한민국은 1945년 이후 독립한 150개 가까운 제 3세계 비(非)서양국가 가운데 '근대화'에 성공한 유일한 나라다. 민주정치와 시민자유, 근대 경제성장 그리고 사회적 · 종교적 다원성, 고등교육과 과학기술, 대외개방이라는 근대화의 내용을 완벽하게 성취한, 여러 나라 중 하나가 아니라 '유일한' 나라다. 그런데도 왜 대한민국의 정체성과 정통성이 완벽하게 부정당하고 또 크게 훼손되는 작품들, 영화, 소설, 학술논문, 심지어 북한의 '선군'(先軍) 정치 찬양의 글까지 풍미하는가.

역사와 체제를 비교 가늠하는 그 어느 척도로도 진실이 아닌 이런 대한민국 정체성 · 정통성 부정, 훼손이 유행하는 것은 대한민국의 정체성과 정통성을 상징 · 대표하는 분들 개인의 인격, 행동뿐 아니라 책임 맡았던 기관의 운영 진실에 대한 국민과의 소통이 너무 멀었던 측면도 크다고 생각한다.

한국의 백범 김구, 베트남의 호치민, 인도의 간디 같은 도덕군자가 세상에 몇이나 되겠는가. 반드시 과오와 오류와 실수도 있고 노력과 헌신도 있었을 것이다. 본인의 과오, 오류, 실수가 아닌데도 시대의 큰 명제와 관행이라는 홍수 속에서 같이 휩쓸리는 불행도 겪는다. 또 본질적으로 안일, 회피, 사기성의 인물인데도 시대가 편안하거나 틈새기교를 잘 부려 인의예지에 충실하던 사람보다 더 무사, 무난하게 심지어 출세 영달하는 이도 있다.

그 어떤 길로 인생의 종착역에 도달하든 이 사회, 이 나라의 정체성과 정통성을 대표하는 분들은, 또 그런 경력의 소지자들은 자기 자랑보다 후진에게 실제로 참고가 되는 자료와, 다시는 반복하지 말아야 하는 실수를 진솔하게 사실의 전후맥락을 종합하여 전하고 남김으로써만 이 나라 정체성과 정통성의 실체를 국민에게 가장 설득력 있게 알릴 수 있는 것이다.

이런 각도에서 보면 이 나라 원로 회고록은 정말 너무 드물다. 드문 정도가 아니라 이 나라의 정체성・정통성을 대표하는 대통령, 국회의장, 국무총리, 대법원장, 경제부총리, 서울대 총장, 동아일보 사장, 조선일보 사장, 경기고 교장, 국립박물관장… 중 이 나라 운영의 깊이와 고통과 맛과 멋을 이해할 만한 깊이 있고 진솔한 회고록, 자서전을 쓴 분이 매우 드물다. 총리를 두 번, 국회의장 두 번까지 지낸 백두진 씨의 회고록이 있는데 무미건조, 자기 자랑이 많다.

나는 신현확 전 총리에게 여러 번 자서전 집필을 권고했었다. 경성제국대학 출신으로 일제관료로 출발, 1960년 4・19에 국무위원(부흥부장관)을 지내다 3・15부정선거 자금과 관련 유죄판결을 받고 복역했고, 다시 박정희, 최규하 정부에서 보사부장관, 경제부총리, 총리를 지내면서 10・26과 전두환 정권 출현과정을 거쳤다. 민간에서는 한국을 대표하는 기업 쌍용양회와 삼성물산의 CEO를 맡았던 신현확 씨야말로 그의 인격과 그의 경력의 정체성과 정당성을 국민으로부터 확실히 인정받으면 그것은 곧 대한민국의 정치・경제적 정체성과 정당성을 국민이 지지하게 만든다는 뜻에서 그의 자서전은 큰 의미가 있다고 믿었기 때문이다.

그러나 신 총리는 완강히 거절했다.

바로 여기에 이 나라 혼란의 큰 책임이 이 나라 주류에 있다고 할 수밖에 없다. 이 나라 주류, 정체성・정통성의 주류를 형성하는 원로들의 성찰적 자서

전이 없기 때문이다. 자랑과 변명이 아니라 중요한 정책결정 과정의 가감 없는 사실적·종합적 설명, 당시 환경의 제약, 그것에서 오는 무리, 그것을 극복하려는 노력과 무력(無力)과 행운들을 사실대로 노출시키는, 그리하여 국민이 오늘의 내 생활과 지도자들의 국익, 공익적 노력과 실수가 어떤 실체적 연관이 있는가를 이해하면 '대한민국 근대화 혁명'의 성취가 이렇게까지 부정, 훼손, 파괴되지는 않았을 것이다.

내가 신현확 씨를 만날 적마다 강권하니 나중에는 멀리서 나만 보아도 '또 그 이야기하려고' 하며 웃음 반 경계 반 했다. 내가 신현확 씨에 집착하는 이유가 있다. 하나는 모두들 잊고 있는데 나는 지금도 잊지 않고 있는 이 나라의 상처를 그가 건드렸기 때문이다. 10월 26일 박정희 대통령이 피살당한 바로 그해 1979년 4월 19일 수유리 4·19 묘역에서 정부 주최 4·19 19주년 기념식이 열렸다. 무슨 연고인지(이런 것이 크게 잘못된 것인데) 대통령 박정희도 국무총리 최규하도 불참하고, 부총리 신현확이 대한민국 정부를 대표하여 참석하고 기념식사를 했다. 19년 전 4·19 혁명의 처벌 대상으로 옥살이한 그 신현확이었다.

나는 대한민국의 희극적 단면, 참극을 보았다. 그래서 그의 이력을 찬찬히 뜯어보았다. 그 부류 이익흥(1905), 민복기(1913), 이호(1914), 홍진기(1914), 최규하 씨(1919)에 비하면 가장 어린 1920년생으로 해방 당시 25세였다. 경성제대 졸업, 일본 고문고시를 합격하고 2년간 특이하게 국내가 아니라 일본 상공성 군수성으로 발령, 일본서 근무하다 해방 후 귀국한다.

여기서부터가 좀 특이했다. 군수성 발령을 받고 근무 거부했다는 것도, 또 해방 후 남들같이 바로 서울로 올라와 군정청과 정부관료로 참여하지 않고 대구에서 대학교수로 9년간 지낸 것도 이상했다. 후배들이 국장, 차관 지낼 무렵 상공부 광무국장으로 등장, 1960년의 3년 전 외자청장 겸 부흥부 차관 그리고 이어서 1959년 39세에 부흥부 장관이 된다. 그리고 1960년 4·19에 정치자금, 부정선거 자금을 마련한 죄로 감옥에 간다. 4·19 중죄 다른 장관들과 달리 감형운동을 안 하고 기한되어 출소한다.

그리고 결정적으로 나로 하여금 신 씨에게 회고록을 독촉하게 만든 이유는 내가 믿는 이한빈 박사에게 들은 이야기 때문이다. 나는 1979년 10·26 이후 전두환이 등장하며 총리가 된 신 씨를 TK인 데다 박정희 정권 부총리를 했으니 으레 전두환 TK사단의 하나로 보고 비판적이었다. 이 박사가 1979년 12월 그이 밑에 부총리로 간 다음 새로운 이야기를 들었다. 이 박사는 극구 나의 신현확 편견을 말렸다. 국무회의에서 최규하 대통령이 전두환 견제 발언을 해야 하는데 일체 침묵하고, 그래도 말하는 것은 오직 신현확 씨뿐이라는 것이다. 내가 전적으로 그를 오해한다 했다.

그래서 나는 더욱 신 씨를 밖에서 분석적으로 들여다보는 나보다도, 저런 경력, 대한민국 대표, 정치권력, 경제권력 가장 높은 곳까지 가본 분의 진솔한 자성적, 성찰적 자서전이 나오면 이 나라 갈등과 분열을 치유하는 데 큰 기여를 할 것이라 확신한 것이다.

내가 하도 조르니 한 번은 입을 열었다. 상공회의소 안에 있던 한일경제인협회 회장 사무실, 단 둘이 만나서였다. 4·19도 밖에서 알려진 것과 많이 다르다며 구체적으로는 끝내 말하지 않았지만, "내가 진짜 이야기하면 여러 사람이 다친다" 했다. 뉘앙스로 보아서는 밖에 알려진 4·19 때 이승만 박사와 장관들과의 말, 사람들, 사실과 다르다는 뜻이었다. 진짜 털어놓으면 자식까지 다친다 했다.

그이의 아들이 정부 공무원 할 때 최고 재산등록자였다(아버지가 준 삼성주식 때문이라 했다). 지금 이승만기념사업회 회장으로 있다. 내가 남덕우 총리에게 쓴소리하듯 신 총리도 세상 뜨기 전, 국가와 사회에 좀 헌상하고 갔어야 했다. 하다못해 본인도 이름 걸었던 박정희기념관이나 본인을 발탁한 우남기념사업에라도 앞장서 기부했어야 했다. 아드님이 하시기 바란다.

당신들의 행복에 비해 너무 불운, 불행한 삶을 지낸 이 나라 독립, 건국 희생자들에 대한 감사의 표시를 하고 갔어야 했다.

대한민국 군번 1호 이형근 대장과 백선엽 대장이 1920년생 신 총리와 동갑이다. 이 대장은 29세에 장군, 36세에 참모총장, 백 대장은 32세, 37세에 두 번 총장을 지낸다. 1908년생인 백두진은 해방 당시 37세, 조선은행 심사부 행원이 41세에 식산은행장, 43세 재무장관, 44세에 국무총리가 된다. 해방 7년 만이다. 그리고 62세에 두 번째 총리를 한다. 그리고 또 63세와 71세에 국회의장도 두 번을 한다. 이것이 이승만, 박정희에 의한 위대한 '대한민국 근대화 혁명' 중반기까지의 운명적 · 실존적 인사 실체이다. 그리고 1980년 전두환에 의한 '광주' 비극으로 지금까지도 대한민국 정체성, 정통성의 속앓이를 하는 것이다.

불가피했다 하더라도 그 불가피성 속의 진실, 그것이 현명이든 욕심이든 실체를 밝히고 용서를 구했어야 했다.

내 자서전 회고록 머리말의 세 번째 토막이 여기까지 이를지 나도 생각 못 했다. 나는 아직도 이 나라 정통성의 문제, 미완(未完)의 대한민국 완성에 매달려 있는 것을 다시금 확인하고 있다. 나 죽기 전 나 같은 쓴소리 기록들도 많이 쌓여 이 나라 독립과 건국에 희생된 선열들의 고통이 헛되지 않기를 간절히 바란다.

이 문명 대전환기 — 인간, 생명, 지구 전체를, 인류역사 전체를 지구생물 문화인류학적으로 분석해야 하는 시대, 인류세, ABCD의 시대 — K-팝의 BTS를 넘어 K-정치, K-환경, K-공동체, K-대학, K-신문의 등장으로 '제 2의 대한민국 혁명'이 펼쳐지기를 간절히 바란다. 그러기 위한 한 줌의 썩은 나뭇잎 거름 되고 씨알 된다면 이 작은 자전적 글, 더없는 영광이다.

이 책을 정리하고 끝내고 보니, 결과로 보면 성공보다는 실패, 미완, 소멸, 후회의 스토리가 더 많다. 내 의욕, 꿈은 절반도 빛을 못 본 것 같다. 그러나 나는 꿈을 버리지 않을 것이다.

국민학교 때 내 나라, 망국의 의미를 체험하고 《백범일지》에서 독립 자존의 눈을 뜨고, 신문기사의 신비에 홀딱 빠져 중학교 때부터 신문기자의 뜻을 세운 나. 열여섯 살에 "인류역사의 신단계"를 논하고 '우주통신'을 꿈꾸었고, 그리고 언론인이 된 뒤 한국의 레이몽 아롱을 꿈꾼 나. 운명의 장난으로 온갖 세속의 잡역을 휘저었다.

후회하고 반성하고 자책하고 아픈 대목에 지금도 눈물을 흘린다. 지금 나는 나라에, 언론에, 가정에, 아내에, 내 인격도야에 얼마나 힘썼고 충실했는지 의문이 들고 반성하는 대목이 더 많다. 그러나 꿈은 아직도 버리지 않고 있다. 대한민국이 진정한 선진국(善進, 先進國)이 되고, 스위스 같은 세계 제 1의 연성 평화국가가 되는 것. '대한민국형 21세기 적십자운동'(세계인류복지세), 또는 휴전선(DMZ)이 '세계평화지대'(Global Peace Zone: GPZ)가 되고 한반도 전체가 GPZ 되어 '한국평화'(Pax Koreana)가 세계인류평화(Pax Universa)의 중심 되는 꿈. 그런 선진(善進)으로의 혁명, 변환, 승화, 개벽의 꿈을 꾼다. 거기 하나의 씨알, 한 줌의 거름되기를. 죽는 날까지, 저승에 가서도 꿀 것이다.

꼭 부기할 것이 있다. 1981년 한국경제연구원 시절부터 지금까지 40년 넘게 내 엄청난 자료, 기록, 책(몇 번 기증, 정리했지만) 더미를 계속 끌고 다닐 수 있었던 것은 특별한 행운이었다. 이를 가능케 해준 기관들과, 특히 김재철 동원그룹 회장과 정몽규 HDC 회장께 감사한다. 이 행운이 없었으면 원 자료에 충실한 이 회고록은 불가능했을 것이다.

특히 출판을 맡아준 오랜 인연의 조상호 회장과 나남출판, 그리고 예쁘고 품위 있게 책을 만들어준 신윤섭 편집인과 제작자들에게 감사한다. 과기처 장관 시절 유희열, 김상선 씨, 특히 자료까지 찾아준 박영일, 박종용 씨의 도움에 감사한다. 동아일보 부분도 많은 분들의 조언을 들었다. 특히 자주 만나는 남시욱, 조강환, 장성원, 김진배 씨에게 감사한다. 문화일보 김호준, 박석홍, 서울시립대 차민환 교수의 도움에 감사한다. 원고정리를 도와준 김동주 군에게 감사한다.

언제나 그랬지만 불편, 불평을 참고 도와준 아내에 한 번 더 감사한다.

2022년 3월

김진현

1장

나의 '나라의식' 생장과 체험과 '대한민국'의 실체

백범: 내 마음 · 인격의 원류

1947년 읽은 《백범일지》

이 나이가 되도록 아직까지도 나에게 가장 큰 영향을 준 인물과 책은 백범 김구와 그의 1947년 저서 《백범일지》이다. 나의 거실엔 늘 "益世濟民"(익세제민)의 백범 친필 횡서 액자가 걸려 있다. 백범이 1949년 6월 26일 쓰러지기 두 달 반 전에 쓰신 거의 마지막 친필 절필에 가깝다. 그 끝엔 종서로 "대한민국 31년 4월 11일 임시정부 헌법 반포기념 김구"라 쓰셨다.

그리 이사를 많이 다녔어도 내 거실 한가운데 걸린 "益世濟民"은 아침저녁 하루도 빠짐없이 만나는 어록이다. 1965년쯤 〈신동아〉 편집장이던 대학동창 손세일에게서 꽤 비싼 돈을 주고 뺏었다.

아버님(김영기, 호는 소석)이 한독당 안성 책임자이셔서 그랬을 것이다. 《백범일지》가 나오고(초판 1947) 바로 읽을 수 있었다. 안성 국민학교 6

서울 운니동 식당에서 한국독립당 중앙집행위원회 마치고(1947. 4.).
앞줄 왼쪽부터 명제세, 안재홍, 조소앙, 아버지. 뒷줄 왼쪽 이승복, 한 사람 건너 조각산.

학년 시절. 감동이었다. 그 역경, 의지, '나의 소원은 첫째도 독립, 둘째도 독립, 셋째도 독립'이라는 절규, 가슴을 깊이 울렸다. 나는 혼자서 백범 같은 혁명가가 되겠다고 이름을 김진혁(金鎭革)으로 고쳐 보려 했다. 나의 선진국(善進, 先進國)론, 4대강국 극복론, '자강론', '왜 한국의 지도자는 도덕적이어야 하는가' 하는 명제의 원류는 《백범일지》에 닿은 것이다.

1949년 6월 26일 흉탄에 쓰러지신 후 중학교 2년생인 나는 방과 후 책가방을 들고 경교장에 들러, 꽉 찬 조문객들 속에 끼어 안치된 시신함을 한 바퀴 돌며 합장했다. 나는 네 아들들이 중학교에 들어가면 입학선물로 《백범일지》를 사주었고, 네 며느리를 들일 때 시아버지 선물도 이 책이었다.

1991년 6월 26일, 대한민국 국무위원 과기처 장관이 되고 8개월 뒤, 백범 42주기 기념식에 사전통고 없이 참석했다. 나는 내가 이 나라 국무위원이 되었으니 흠모하는 백범, 대한민국 건국의 초석을 쌓은 백범 묘에 진작 왔어야 한다는 자성의 마음으로 참석했다. 갑자기 술렁이었다. 늘 모이시던 분들에겐 예상 밖의 인물이고, 내가 노태우 정부를 대표하여 참석한 것인가 의아하기도 하였다. 아버지의 신간회, 한독당 인연을 아시는 한두 분은 아주 반가워하셨다. 이후 나는 빠짐없이 매년 추모식에 간다(2020년과 2021년 코로나 사태를 빼고는).

그러나 최근 년에는 추모식에 갈 적마다 좀 울적하다. 김신 장군이 돌아가신 게 하나일 것이다. 그보다는 두 손자와 얼굴 닿는 것이 영 어정쩡하다.

대한민국의 한계 같은 것을 절감한다. 이승만 대통령의 망명으로 끝난 최후, 그리고 전두환, 노태우, 김영삼, 김대중, 이명박, 박근혜… 본인과 자식들 부패 연루 구속, 감옥행이라는 몰염치, 불명예 추락. 특히 박정희와 노무현의 참담한, 나라가 부끄러운 타살과 자살로의 마감. 한 번도 가지 않은 길을 가겠다는 현역 문재인이 몰염치와 부끄러운 길을 비껴갈까.

백범의 손자들: 국가 정체성 훼손

백범(白凡), 담백하고 가장 낮은 백성들의 마음의 고향이어야 할 백범마저 그 손자 대에 이르러 너무 참담한 배반이 일어났기 때문이다. 백범의 장손 김진 씨는 김대중 정부의 특별배려로 한국주택공사 감사가 되고 노무현 정권에서 2003년 사장으로 발탁된다. 그러나 사장된 지 1년 2개월 만에 1억 6천만 원 뇌물 혐의로 2004년 7월 28일 구속된다.

아버지 김신 백범기념사업회장은 그해 광복절 기념식에 스스로 참석을 사절했다. 백범 뵙기 부끄럽고 참담해서이다. 이에 끝이 아니다. 할아버지 덕에 이명박 정부 때 대한민국의 정체성, 전통성을 다루는 상징기관인 보훈처장까지 오른 둘째 손자 김양이 2015년 백범 66주기 추모식 날, 바로 그날, 방위산업제품 도입 비리사건으로 구속되는 치욕적 장면이 벌어졌다. 1년 뒤 12월 27일 대법원은 4년 징역 13억 8천만 원 추징의 죄목을 확정했다. 가장 반(反) 백범의 범죄가 그 손자 두 명에 의하여 10년 간격으로

저질러졌다는 게 정말로 믿고 싶지 않은 현실, 대한민국의 아쉬움이다

우남 · 백범의 화해를 위하여: YS의 놀라운 반응, '이승만, 독재자레이'

우남 이승만과 백범 김구의 마음과 업적과 실체로 해서 대한민국의 성공스토리가 그리고 대한민국 근대화 기적의 정체성이 뿌리를 박아줄 수 있기를 간절히 염원해 왔다. 그런 간절함 때문에 나는 두 대통령께 우남과 백범의 화해를 간곡히 제언했다.

1993년 대통령 취임 얼마 뒤 김영삼(YS)은 옛 일본총독부 중앙청이 일제잔재라는 이유로 그 철거를 주장했다. 과거청산의 한 상징적 조치가 되기를 바랐던 것 같다. 그런데 의외로 대선에서 친(親)YS였던 언론들, 특히 조선일보가 맹렬히 반대하고 나섰다. 부끄러운 역사유물일지라도 유물은 유물이라는 논리였다.

이 무렵 청와대에서 국수를 주셨다. 단둘이었다. 나는 두 가지를 건의했다. 하나는 '이미 앞서 노태우 정부 국무회의에서 경복궁 복원계획에 따라 총독부건물 철거는 결정된 사항이고, 저도 그 자리에 있었다는 이야기와 일제청산이라는 논리보다 전 정권의 경복궁 복원사업이라는 취지로 전환하시라'는 건의였다.

또 하나는 내가 진작부터 꼭 하고 싶었던 건의였다. 우리나라 역사교과서, 특히 현대사 논쟁을 바로잡으려면 백범을 확실히 대한민국 정통성으로 안아야 하고, 당자들은 돌아가셨지만 그 후에 우남과 백범의 후손과 우남, 백범기념사업회가 화합하는 모습이 나와야 한다는 것이었다.

그러기 위하여 시간이 갈수록 백범기념사업회가 정부 비판인사로 기울고, 백범 행적을 반(反) 대한민국 좌파 쪽으로 기울게 하는 것을 막아야 한다. 그러기 위하여 백범의 아드님인 김신 장군을 반공연맹이사장으로 모시고, 우남 이승만의 양자인 이인수 명지대 교수를 새마을운동 이사장으로

기용하라고 간곡히 진언했다.

YS의 즉각 반응이 놀라웠다. "에이…이승만 독재자레이, 독재자." 백범엔 언급도 없었다. 관심조차 보이지 않았다. 오늘 이 땅 이념갈등의 뿌리엔 단순히 극좌 대 극우, 친북 대 반공이라는 도식을 넘어 이른바 주류 내의 철저하지 못한 자기정체성 상실에도 큰 원류가 있다.

MB와 김양의 무책임: 보훈처장 추도사 없는 우남 43주기 기념식

이명박 대통령 취임 후 2008년 7월 19일 이승만 대통령 43주기를 20여 일 앞두고 청와대 행사(건국 60주년 기념사업위원회, 내가 집행위원장)와 점심이 있었다. 마침 이명박(MB) 대통령 건너 자리에 마주보고 앉게 되었다. 이번 우남 추모식에 꼭 보훈처장 김양이 참석하여 뜻 깊은, 즉 우남 쪽 사람들도 감명할 정도의 추모사를 하게 해 달라. 그러면 형식으로는 보훈처장의 추모사나 백범 손자의 우남 이승만에 대한 추념으로 우남과 백범의 역사적 화해 장면으로 언론계에 최선의 연출을 해보겠다. 나는 YS 때 건의했던 그 우남, 백범의 화해를 통한 대한민국 현대사 정리, 통합, 승화라는 명제를 강조했다. MB도 대찬성이었다. 즉각 지시하겠다고 했다.

나는 내 나름 따로 김양 처장을 만나 간곡히 당부했다. 내 아버님의 한독당 경력과 11살 나의 《백범일지》 감동을, 그리고 1991년부터 매년 빼지 않고 백범 추념식 참석을 설명하며 대한민국 정체성혼돈 정리와 확립을 위해 꼭 백범과 우남의 후손끼리라도 화해해야 하고, 그러기 위하여 이번 우남 43주기 추도식을 의미 있게 해야 한다고 충언했다. 반응이 적극적이지는 않았다. 주위와 상의해야 한다는 말을 해서 대한민국 보훈처장으로서 당연한 의무인데 이번엔 특별히 백범 손자로서의 각별한 의미를 부각시키기를 당부했다.

추모식 사흘인가 앞두고 다른 일로 청와대에 들렀다가 복도에서 박재완

정책수석과 마주쳤다. "박 수석, 김양 처장 추모사 받았습니까" 하니 "아 참, 그날 외국 사람과 약속이 생겨 참석 못 한다 합니다"라는 답변이 왔다. 나는 아주 분노했다. 당장 MB한테 가서 추모식 참석 안 하면 보훈처장 목 뗀다 전화하시라 하고 꼭 참석시켜야 한다고 소리를 높였다. 박 수석은 내 언사에 놀랐는지 꼭 MB에 전하겠다 했다.

그리고 당일 아침 추모식 행사장 20분 전 도착, 귀빈실에 들어가려니 입구에서 난리가 났다. 우남기념사업회 사람들이 보훈처 차장을 방에서 끌어내 내쫓고 있었다. 김양 처장이 자기가 참석 않을 뿐 아니라 추모사 자체를 보훈처 차장 추모사로 해서 참석시켰다는 것이다. 기념사업회 측 설명에 의하면 지금까지 보훈처장이 세 번 불참했는데 한 번은 외유, 두 번은 대통령 수행이었고 그때도 차장이 처장의 추모사를 대독했다는 것이다.

기가 막혔다. 이날 대한민국 초대 대통령 43주기 추모식에서 대한민국 보훈처, 즉 대한민국 정부는 식장에서 사라졌고, 물론 대한민국 정부 추모사도 없는 진기록, 세계사적 진기록을 세웠다. 그리고 '대한민국 건국 60주년 기념사업회 집행위원장 김진현' 추모사만 낭독하는 기록을 남겼다. 그 보훈처장 김양, 백범 손자는 그로부터 7년 뒤 할아버지 66주기 날, 방산(防産) 비리로 구속되는 참극이 벌어졌다.

'대통령 노릇' 하기, '임금 노릇' 하기: 단군, 세종 이후 나

언제부터인가 대통령부터 대한민국 정통성, 국혼, 국기, 국체, 가치를 의식하지 않고 '대통령 노릇', '임금 노릇' 하기만 즐기는 풍토가 정착되었다. 아마도 전두환 이후일 것이다. 대통령의 몇 천억 원 단위 부패가 권력 '사욕화'의 전형일 뿐 아니라 YS, 김대중(DJ), 노무현, 문재인에 이르는 '이승만 독재자레이', 제 2 건국운동, 노무현, 문재인 주변 인물들의 400년 노론-친일-친미 기득권 부패청산 같은 의식은, 의식적 또는 무의식중에 '대한민국의 정통성'을 부정하는 것이다.

내가 '제 2 독립'운동을 열심히 절규하는 것은 4강 틈바구니에 낀 지정학적 숙명을 타개하기 위한 개벽운동, 대한민국의 성취와 능력에 기반한 자강운동 성격의 것이다.

그런데 YS나 DJ, 노무현, 문재인, MB 발언 속에는 '제 2 건국' 같은 발상, 단군 또는 세종 이후로는 '나'뿐이고 대한민국이라는 나라는 비켜가거나 심지어 결과적으로 부정하는 논리가 깔려 있다. 단군 이후 나, 세종 이후 나, 이런 뉘앙스도 직접 들었다.

내 친구 프랑스의 교수, 지식인, 저술가인 기 소르망이 알랭 쥐페 총리(1995~97) '가치담당 특별보좌관'이 되어 관리생활을 할 때였다. 총리실에서 만나고 타이틀이 신기해서 뭘 하느냐 물었다. 하는 일은 국가의 모든 프로젝트, 일정금액 이상의 큰 프로젝트는 사전 사후에 걸쳐 이 프로젝트가 국민들의 '가치관'에 어떤 영향을 미칠 것인가를 평가하는 작업이라고 했다. 단순히 타당성, 적절성을 따지고 돈 이야기만 하는 것이 아니라, 국가 프로젝트가 완성되고 기능하면 국민 후세들의 생활, 생각, 가치관에 어떤 영향, 변화가 올 것인가를 사전평가, 검토하고 결정하고 또 프로젝트가 끝나면 사후 평가하는 것이다.

주한 독일대사관 정치담당 참사관 하다 본국에서 아시아국장까지 하고 바이츠제커(Richard von Weizsäcker) 대통령의 공보특별보좌관으로 간 M. 엥겔하르트를 대통령실에서 만났다. 대통령 외교관련 홍보기능일 줄 알았다. 설명은 의외였다. 독일 대통령의 주요 기능은 정치활동보다 국가수반, 국가대표, 국가상징으로서 주요 기념행사에서의 식사, 기념사라고 했다. 그런데 그 식사 작성에서 가장 중요시하는 것이 지금의 청소년 세대에게 어떤 메시지를 전달할 것이냐는 것이라 했다. 현 세대, 현 여론추세에 맞추는 것이 아니라 대통령 국가 최고상징의 말은 미래세대의 가치관 형성에 적극적, 건전한 영향을 미치도록 해야 한다는 것이었다.

국혼(國魂), 국가의 가치, 국가공동체의 정체성, 정통성의 강화와 지속성의 구축이 대통령의 역할인 것이다.

이 회고록을 쓰고 있는 2021년 3월 13일, 방탄소년단과 쿠팡의 뉴욕증시 상장 등이 세계적 선풍 소식으로 대한민국이 끓는다. 이것이 대한민국의 정통성, 리더십의 정체성을 대체할 수 있는 것인가. 대통령을 대신해서, 정치와 종교를 대신해서 국가공동체의 가치를 구축할 수 있을 것인가. 회고록을 마칠 때면 답이 나올까.

1944년, 하나다 선생님의 '독립' 수업: 진실에의 깨달음

살다보면 나를 형성한 결정적인 순간이 있고, 결정적인 말이 있다. 그 말이 스승의 말이면 인격 형성, 한 인간의 가치관 형성에 일생동안 떼어놓을 수 없는 거울이 된다.

나에게 국가, 민족, 애국, 독립이란 말과 의미를 너무나 충격적으로 가르쳐준 선생님이 있다. 안성공립국민학교(요즘 초등학교) 3학년 3반 담임 하나다(華田) 선생님이다. 1944년 대동아전쟁은 막바지에 이르렀다. 학교는 수업터라기보다 소년·소녀 노동대였다. 아침마다 일본인 교장이 조회 훈시를 하고 나면 동쪽 도쿄 천황신궁(天皇神宮)을 향하여 세 번 절하던 시절이었다.

이름은 '김진현'이 아니라 '가네시로진켄'으로 바뀌었다. 학교에서 수업시간은 물론 친구끼리 노는 시간에도 우리말을 하면 '딱지'를 뺏겼다. 일정한 수(20장이었던 듯)의 딱지를 다 뺏기면 진급조차 못 하게 하는 상호고발 시스템까지 작동시키며 우리말을 금지하던 포악한 일제(日帝) 말기였다. 나라가 없다는 것이 이런 것이었다. 그러나 이런 짓들이 나라 없는 설움이라는 의미와 맥락을 깨우쳐 준 것은 그 가혹한 감시 속에서도 용감했던 '하나다'(華田) 라는 여자 선생님이었다.

그 1944년 늦여름, 초가을 어느 날 오후 수업시간에 선생님은 유리창 커튼(그때는 야간공습에 대비하여 모든 교실 창문에 검은 커튼이 있었다) 을 모두 내리라고 했다. 교실이 어두컴컴했다. 그러고는 첫 마디가 "지금 이 나라는 우리나라가 아니다. 우리나라는 지금 중국에 정부가 따로 있다. 한글이 있다." 그러면서 칠판에다가 태극기를 그리고 큰 글씨로 '가갸거겨…' 한글을 썼다. 마지막으로 오늘 선생님 말씀은 다른 반 아이들에게 절대 해서는 안 되고, 집에 가서도 부모님과 형제들에게도 해서는 안 된다고 경고했다.

국민학교 3학년짜리 50명의 어린이들에겐 너무너무 충격적이었다. 수업이 끝나고도 어안이 벙벙했다. 그리고 소화할 수 없는 그 '진실'의 언어는 어린이의 놀이와 더욱 옥죄는 학교생활의 일상에 묻혀 버렸다. 꺼낼 수 있는 의식의 심층보다 너무 깊었다. 그리고 1년이 채 안 되어 4학년 여름방학 중에 8·15를 맞았다.

8·15 폭발은 그 깊이 묻혔던 의식을 살렸다. 불현듯 하나다 선생님의 말씀이 전광석화처럼 떠올랐다. 진실이라는 것이 있는 것이구나. 정말 일본은 우리나라가 아니었구나. 태극기가 있고 한글이 있었구나. 눈에 보이는 것, 현실의 경험만이 진실이 아니고, 눈에 보이지 않는 것, 지금 온통 세상을 완전히 덮고 있는 것, 그런 현상조차도 진실이 아닐 수 있구나 하는 깨달음이었다.

나라, 민족, 국기, 언어, 글씨의 의미를 처음으로 체화시킨 것이다. 체화시킨 것은 철학이나 종교의 더 고상한 배움에서가 아니라, 하나다 선생님의 커튼 속 속삭임의 말과 8·15였다. 감성적 감격인 동시에 마음, 인격도야의 결정적 모멘텀이었다. 나를, 나의 생각을, 의식을, 세상을 보는 눈을 바꾸고 높인 것이다.

내가 1990년 과학기술처 장관이 된 다음 3학년 3반 동창들이 모여 모두에게 큰 충격과 감격을 주신 하나다 선생님을 찾기로 했다. 그때 우리 50명 코흘리개들도 선생님의 당부를 지켜 부모님께도 다른 반 아이들에게도 비밀을 지켜, 하나다 선생님이 무사히 해방을 맞게 한 우리들의 자부심까지 회고하며. 하나다 선생님의 이름과 방학 때 선생님 댁을 방문했던 동창의 기억으로 천안 병천(並川) 지명을 주고 내무부 장관에게 신원확인을 부탁했다. 이틀 만에 답신이 왔다. 미국 위스콘신주에 남편과 함께 살고 계시다는 것이었다. 바로 연락하여 선생님을 서울에서 모실 수 있었다.

나는 1991년 5월 15일 MBC의 〈추억은 가슴마다〉에서 하나다 선생님의 '독립교육'을 회고했다. 이 테이프를 보냈다. 선생님은 1991년 9월 15일 자로 감격의 감격을 토로하시고 보고 싶다 하셨다. 우리들의 초청으로 1992년 4월 28일 서울의 동창들과 한식 저녁을 했다. 45년 만의 만남이었다. 한 번 더 호텔에서 모시고 격식 갖춘 예의와 정을 나눴다.

하나다 선생님의 본이름은 홍진기였고, 진명여중 3년을 마치고 2개월 코스의 초등교육 교사 수련(남자들은 전쟁터로 가고 선생이 모자라 단기연수로 선생 보충)을 거쳐, 첫 부임한 것이 1944년의 우리 반이었다. 그러니까 그 당시 나이 17세 언저리, 학생들보다 5~6세 위의 어린 여자 선생님이었다.

그러나 까닭이, 연원이 있었다. 홍 선생님 댁은 유관순 열사와 같은 동네인 '아우내'였다. 유관순 열사가 태극기를 들고 아우내 장터에서 만세를 부른 그 동네였다. 1919년 3·1운동-유관순-홍진기-1944년의 안성 공립국민학교 3학년 3반의 코흘리개들, 그 보이지 않는 하나님의 섭리랄까. 나에게는 해방-건국-독립-대한민국-한민족이라는 의식의 연대를 굳혀준 것이다. 역사는 눈에 보이든 보이지 않든 씨앗이 있고 연기(緣起)가 있다. 또 눈에 보이는 것보다 더 높고 깊은 진실에 즉하여 살아야 한다는 깨달음을 얻은 것은 참 스승을 둔 학생의 복이었다. 스승이 사라진 대한민국은 그 이외 모든 것이 성공했다 해도 바꿀 수 없는 상처를 깊게 안고 있는 것이다.

‘아버지의 문’, 앞문 - 공문(公門), ‘가족의 문’, 뒷문 - 사문(私門)

일제 말기에 배운 것 중 아직도 나의 행동에 큰 잣대가 되어 준 것이 있다. 그것은 안성경찰서장의 아들이었다. 물론 일본사람이다.

안성은 3·1운동 때도 양성면의 전 면민이 일제하의 면사무소를 점령하고 일본인들을 추방할 정도로 항일운동이 격렬하였다. 전국에서 규모와 격렬성에서 두 번째였다. 그 대신 혹독한 구속과 탄압의 보복을 당했다. 그 영향 때문인지 왜정 때 안성 전체에서 일본 가게라고는 경찰서 건너편에 잡화점 하나뿐이었다. 경기도에서는 개성과 안성만 일본 상인들이 근접하지 못한 곳이었다.

안성경찰서는 안성공원 서쪽 입구의 남쪽에 붙어 있고, 경찰서장 관사는 북쪽에 있었다. 그러니까 공원의 서쪽 입구는 안성경찰서와 서장 관사의 담장 사이로 나 있는 셈이었다. 공원의 문이 없었지만 문을 만들었다면 경찰서와 경찰서장 관사 담장 끝에 기둥을 박고 세웠어야 했다.

1942~43년 무렵 국민학교 학생들의 유일한 스포츠는 축구였고, 방과 후 공원에서 시간 가는 줄도 모르고 몸이 파김치가 되도록 축구하다 저녁밥이 늦을세라 집으로 뛰어가곤 했다. 그런데 학교는 다르지만 우리 또래 서장 아들도 가끔 축구를 같이하며 어울렸는데 집에 갈 때는 바로 공원 옆의 대문으로 들어가지 않고 대문을 지나 집의 담을 돌아 골목에 있는 뒷문으로 들어가는 것이었다. 대문이 열려 있는데도 계속 그랬다. 이상하다고 느끼고는 바로 잊었다.

그러나 한 번도 빠짐없이 계속 그랬다. 너무 뛰어놀아 걷기가 힘들 정도로 절뚝거릴 때도 있었는데 그래도 바로 옆 대문을 지나 뺑 돌아 뒷문으로 가는 것이었다. 그래서 내가 물었다. 그의 대답은 대문은 아버지와 손님들이 드나드는 문이고, 어머니와 가족들의 문은 뒷문이라는 것이었다. 그래서 앞문으로 드나들어서는 안 된다는 것이었다.

'아버지의 문'은 앞문-공문(公門), '가족의 문'은 뒷문-사문(私門). 그때는 다소 신기하다는 느낌과 동시에 일리가 있다는 생각뿐이었다. 자라서 사회생활하면서 공과 사, 공인과 사인의 경계를 지키지 않는 무수한 일탈과 범죄들을 보면서 나는 안성경찰서장 아들의 말을 떠올린다. 그러면서 나 역시 공과 사의 경계를 일탈하고 싶은 사욕의 유혹을 극복해 왔다. 열 살도 안 된 일본 경찰서장 아들이 지키는 윤리를 내가 못 지켜서야 되겠는가 하는 자각이랄까, 경계심이 늘 나를 붙잡았다.

이 나라 대통령과 대통령 아들들 그리고 재벌과 재벌의 아들들, 이른바 선비의 자식들이 줄줄이 공과 사의 경계를 지키지 못하여 감옥 가는 풍경을 볼 적마다 이 나라 인성교육의 천박함을 절감한다. 체험, 모범에 의한 교육, 그 이상 중요한 교육은 없다.

1979년 10월 26일, 술집 황(黃) 양의 분노: '김일성 서울 와 봤으면 좋겠다'

40여 년이 지났는데도 영 잊히지 않고 시간이 갈수록 더 궁금해지는 사람이 있다. 딱 한 번 극적으로 만나고 30여 분의 대화로 그친, 그리고 다시는 만날 기회 없이 수수께끼로 남은 여인. 요사이 김정은 환영행사를 준비하는 일부 대학생들의 소식을 들을 적마다 더욱 40여 년의 세월을 스친 그 여인의 곡절을 꼭 알고 싶다. 이 나라, 이른바 건국 73년이 되도록 속앓이하는 대한민국의 나라 만들기와 지키기, 그리고 국가와 민족 간, 인간과 공동체 간의 갈등관계의 구체적, 그리고 극적 실체이기 때문이다.

1979년 10월 26일 박정희 대통령이 김재규 당시 중앙정보부장의 권총에 쓰러진 날에서 닷새 전쯤. 밤 12시 통행금지 시간이 있을 때였다. 그날 밤 11시쯤 반포동 태극당 빵집에 앉자마자 윤곽은 분명하나 얼굴색이 파리한 가냘픈 이 어린 여성으로부터 "김일성이 서울 와 봤으면 좋겠다"라는 외침을 들었다. 너무 극적인 선언이었다.

그날 밤 신당동에서 하얏트 호텔로 넘어가는 고개, 지금의 타워호텔 동쪽 언덕의 골목 안 술집에는 KDI(한국개발연구원) 구본호 부원장의 초대로 경제관계 국회의원, 언론인들이 모였다.

일행이 앉고 아가씨들이 들어오는데 내 파트너는 들어올 때부터 차가운 바람이 불고 앉아서도 말 한마디 없었다. 그의 표정에서는 섬뜩한 기운마저 들었다. 원래 술이 약한 나로서는 아주 특별한 아이로구나 하는 판단이 바로 섰다. 그래서 나는 시국 얘기에만 열중했다.

술이 파하고 나오는데 이 아가씨가 내 팔을 꽉 잡았다. 놀랐다. 선생님과 꼭 이야기하고 싶다 했다. "그래, 그러면 언제 날짜를 잡을까" 하니, "아니, 지금 하고 싶다" 했다. "통행금지 시간이 되어 가는데" 하니, "선생님 댁이 어디냐" 했다. 바로 다리 건너 압구정동 살 때였다. 자기는 반포니 거기서 얘기하고 가시면 될 거라 했다. 기이한 일이었다. 그래서 도착한 것이 반포동 태극당 빵집이었다.

이름은 황(黃) 아무개였는데, 성만 기억난다. 당시 서울의 H대학 3학년 1학기까지 다니다, 동생이 대학에 가게 되어 등록금을 대주기 위해 학교를 휴학하고 술집에 나온 지 12일째였다.

그러니까 이 술집에 처음 나온 날 당시 국무회의에 참석하는 장관급 국가기관장 한 명을 모시게 되었다. 여기서 운명의 장난이 벌어졌다. 이 서툰 아가씨가 술을 따르는 순간 그가 앞자리 상대방을 향해 손을 번쩍 드는 바람에 술병이 엎질러져 그의 옷이 젖었다. 그러자 그는 다짜고짜 따귀를 때리고 욕설한 것이다. 순진한 여대생은 순간적으로 왜 때리느냐고 대들었다. 그러자 그는 어디서 대드느냐며 또 주먹질을 했다. 이어 술집 일꾼들이 들이닥쳐 이 자리가 어떤 자리인데 소리를 지르냐며 끌어내 때렸다.

그래서 열흘간 병원에 눕고 정말 죽고 싶었으나, 동생의 등록금을 선불로 받아서 할 수 없이 다시 나온 첫날의 손님이 나였다. 그러고 꼭 하고 싶은 말이 "김일성이 서울에 와 봤으면 좋겠다"였다. 잘난 놈, 권력 가진 사내놈, 이들로 짜인 국가, 세상에 대한 분노가 꽉 찼다. 너무 당황했고 시간에 쫓겨 당시 43살 우리 세대의 흔한 상투어를 쏟았다. 지금 생각해도 황양이 알아들을 리가 없는 소리였다. "오늘은 시간이 없으니 꼭 가까운 시일내에 다시 들르마", 그때 긴 이야기 할 수 있는 기회를 만들자 하고 12시 통행금지 시간에 쫓겨 귀가했다.

그리고 10·26, 신문사도 나도 바빴고, 그때 참석자들도 모두 흩어졌다. 술자리는 다시 오지 않았다. 전두환 국가보위위원회의 등장과 함께 나 역시 쫓겨나서 8개월을 양산 통도사 극락암 등지를 방황하게 되었다. 황양은 어찌되었을까?

그 하늘을 찌르는 분노로 해서 10·26 이후 온몸을 던져 1980년 민주화의 봄에 나서지는 않았을까. 그랬으면 짧고 실패한 봄으로 해서 감옥에 가지는 않았을까. 그리고는 다시 지하의 운동권 '자생' 친북좌파 운동의 열렬 여성으로 직진했을까. 술집에서 맞은 지 보름쯤 지나 10·26이 나고 세상 뒤집어지기를 간절히 바랐을 텐데, 그 원한의 대상은 그 뒤 국회의원을 거쳐 민주정부라는 김대중 대통령 밑에서 모 부처 장관까지 올랐다. 그래서 그 여한이 이어져 지금까지도 그 어느 극렬좌파 자리에 있는지, 살아 있으면 62~63세 전후 환갑을 지냈을 텐데, 지금 대학생들의 '위대한 정치지도자 김정은 환영' 구호를 어찌 생각할까.

세월이 다시 10년이 흘러 노태우 대통령 시절에 청와대 정구영 민정수석비서관의 요청으로 청와대 전 직원에게 특강을 한 적이 있다. 나는 황 양의 경험을 자세히 들어 체제와 나라를 지키기 위해 열심히 일했다고 해서 밤에 스트레스 풀 특권이 있다고 함부로 놀다간 우리가 바로 이 나라의 반체제, 자생적 반체제를 키우는 체제 가해자, 배반자가 될 수 있다는 경고를 간곡히 한 적이 있다. 우든 좌든 이 나라의 성공자들, 스스로 나라 세우고 지키기 혁명에 큰 역할을 한 공로자라 자부하는 이들도 과연 그 판단이 끝내 완벽하게 옳은가. 오늘 이 나라의 퍼펙트스톰(*Perfect Storm*) 앞에 다시 옷깃을 여미고 반성하고 참회해야 한다.

6 · 25 북한 통치 시절: 상상을 넘는 사람이야기

동막골 할아버지 집 피난

6 · 25전쟁이 난 1950년에 나는 중학 3학년생이었고, 북한 통치하에 살았다. 북한군이 광화문까지 들이닥쳤다는 얘기를 들으며 약수동 집을 떠나 겨우 한강을 건넜다. 한남동 강가에서 배를 구할 수 없어 다시 한강 따라 북상, 왕십리 쪽까지 올라가서 겨우 건넜다. 그리고 용인 근처서 1박, 다음 날 안성읍 옛집에 들렀다. 동막골 산동네에 있는 할아버지 집으로 피란 가서 대가족이 함께 지냈다.

전쟁의 아픔, 특히 가족사의 아픔은 컸다. 혹시 인민군들이 주둔했던 건지 바로 우리 집이 비행기 직격탄을 맞아 흔적도 없이 사라지고 큰 웅덩이가 파였다. 그래서 6 · 25 전 아버지 기록들이 사라졌다.

우리 대신 서울 집을 지키던 셋째 숙부모는 폭격으로 사망하시고 졸지에 고아가 된 국민학생 사촌 여동생과 남동생, 숙부모의 묻힌 자리를 끝내 찾지 못하고 있다. 여섯째 막내숙부는 동막골 구장(區長)을 했다는 이유로 부르주아 반동으로 찍혀 북한군 퇴각 마지막 순간에 체포, 연행되던 중 탈출하다가 총에 맞아 한쪽 팔을 쓰지 못하는 불구로 지냈다.

개인적으로 가장 기억에 남는 일은 셋째 숙부모가 돌아가신 뒤 홀로 서울 집을 지키신 어머니를 위해 쌀자루를 등에 메고, 동막골에서 서울까지 200리를 오고 가던 고생길이다. 지금의 동백 지역(옛 어정리)에서 갈 때 올 때 하룻밤씩 자고, 말죽거리에서 한강을 건너는 길을 두 번 왕복했다. 용인을 지나 백암순대로 유명한 백암으로 가는 길에 비행기의 기총소사로 5m 앞 사람이 그 자리에서 즉사했던 섬뜩한 순간이 강렬하게 기억에 남아 있다.

전쟁과 체제와 인간: 간첩 일꾼과 윤종호 안성군 인민위원장

1950년 6·25 발발과 3일 뒤 서울 철수, 다시 9월의 인천상륙작전과 10월의 압록강까지의 북진, 그리고 다시 이듬해 1월 4일 서울 철수, 1953년 7월 휴전까지의 전쟁경험—여름 겨울 피난길의 혹독한 고생, 굶주림, 공포의 숨기, 생명 상실, 가족 이산, 재산 파괴, 감정과 이념의 '육체적' 갈등—은 한국 근현대사의 최고의 나락(奈落), 지옥의 경험이었다. 우리 집안도 두 개의 전혀 예상치 못한 경험을 했다. 인간과 국가체제의 심층경험이었다.

6·25 전부터 숨어 있던 간첩 일꾼

하나는 두메산골 할아버지의 충실한 머슴 이야기다. 할아버지의 집 일꾼은 정말 일을 잘했다. 네모 넓적한 얼굴, 키는 중키이나 우람한 체구, 힘도 세고 동막골에서 제일 넓은 농토를 가진 할아버지 농사를 사실상 혼자 짓고 있었다. 6·25가 나서 제헌국회의원을 막 마친 아버지와 우리 형제, 시집간 누나 집의 식구까지 동막골 할아버지 집에서 비벼대고 있었다.

그리고 인민군이 남쪽에서 밀린다는 소문이 들릴 무렵 어느 저녁에 4년여 동안 할아버지를 돕던 일꾼이 꼭 어른들께 드릴 말씀이 있으니 모여 달라고 했다. 할아버지, 아버지, 삼촌들이 모인 자리에서 청천벽력 같은 소리가 나왔다.

실은 자기가 동막골에 오기 전부터 북한과의 연락책이었고, 북한으로부터 오는 지령을 받아 남쪽으로 보내고 받는 역할이었다고 했다. 그간 겪어보니 북에서 볼 때는 '반동 1호' 집안이지만, 할아버지나 아버지나 집안어른들이 선하고 인심이 후해서 이분들은 해칠 대상이 아니라고 보고했다는 것이다. 이제 전선이 불리해 자기한테도 동원령이 내려져서 내일 떠난다는 통고였다. 다음 날 아침 늘 입던 바지저고리 대신 간편복 차림의 일꾼은 선물과 준비물 한 보따리를 메고 온 집안의 환송을 받으며 대문을 나섰다.

지금 생각해보면 그는 정치공작이나 선전활동의 간첩은 아니었다. 평양의 지령을 남한의 어딘가에 연결하는 지식이 필요 없는 고정연락책이었다. 그 일꾼을 통해 이미 대한민국 건국 이전부터 남한 전역을 상대로 하는 평양 공산당의 정치간첩과 연락책이 존재했다는 사실을 구체적으로 확인할 수 있다.

그 순진하고 무식한 북한의 연락책은 패전 막바지에 총알받이로까지 동원된 것이다. 어느 전선에서 싸웠을까. 살아남았을까. 착한 일꾼의 비극적인 일생은 북한에서 마감했을까. 그러나 우리 집안에는 은인인 그의 성을 아무도 아는 이 없는(아는 이는 모두 세상을 떠난) 세월에서 6·25 이전과 이후에도 계속되는 남북 대결의 실체와 그 속에서 인간의 착한, 그러나 슬픈 단면을 본다. 그야말로 경천동지(驚天動地)할 얘기였다. 4년여간 북한 간첩이 집에 머물고, 북 입장에서는 부르주아요, 반동 1호 집안을 고발하지 않은 무식하나 소박한 일꾼의 인간성을 보게 된 이 특이하고 경이로운 동막골 시골 구석의 한 장면도 우리 김씨 집안 운명의 심층의 한 단면이고, 대한민국 역사 축적의 밀알이다.

너무너무 극적인 인텔리 공산주의자

아버지의 죽산국민학교 동창 중에 윤종호(尹鐘鎬) 씨가 있다(아버지 동창들은 1905년 무렵 출생이다). 안성에서 보기 드물게 일본 도쿄제국대학을 나오고 해방 후 일찍이 월북한 인텔리 공산주의자였다. 그가 6·25 이후 안성군 인민위원회 위원장으로 온 것은 당연한 일이었을 것이다.

간첩 일꾼이 떠나고 동막골에서도 쿵쿵, 전선이 가까워지는 소리가 남쪽 멀리서 들려오는 8월 말 아버지는 갑자기 안성읍으로 소환되셨다. 수갑은 안 채웠지만 불길했다. 온 집안이 걱정이었다. 그런데 1주일쯤 뒤에 돌아오셨다. 사연인즉슨 꼭 꿈만 같았다.

하루는(실은 딱 한 번뿐) 윤 위원장이 불렀다(얼마나 극적인 만남이었을까. 국민학교를 나온 이후 사회에선 길이 갈리고, 한쪽은 대한민국의 안성 제헌국회의원, 한쪽은 조선민주주의인민공화국의 안성 인민위원장으로 전쟁 통에 만나는 장면이). 그는 놀랍게도 아주 낮은 소리로 이렇게 말했다.

"자네는 여기서 서울로 가게 돼 있네. 서울 가면 평양으로 가고 다시는 못 오네. 지금 형세가 우리한테 매우 불리하네, 그러니 내일부터 당장 속이 아프다고 굶게. 그러면 며칠 있다가 도저히 몸이 허약해서 서울로 보낼 수 없으니 집에서 몸을 다스리다 나으면 소집하겠다고 상부에 보고할 테니 당장 굶게."

동막골로 돌아온 아버지는 곧장 곰내미 깊은 산속에 토굴을 파고 들어갔고, 며칠에 한 번씩 삼촌들이 먹거리를 밤중에 몰래 전달했다. 그리고 얼마 안 돼 미군 탱크가 진천-죽산길을 지나고, 아버지는 동막골로 귀환했다. 만일 그때 안성 인민위원장이 국민학교 동창 윤종호가 아니었다면 아버지는 북으로 끌려가고, 오늘의 나도 없었을 것이다. 한 많은 납북 제헌의원 유족 중의 하나였을 것이다.

납북 제헌의원들 그리고 유족들의 한

제헌의원 209명 가운데 납북되신 분은 약 59명이다. 지금은 생존자가 한 분도 안 계시다. 그러나 6 · 25의 깊은 한이 납북 제헌의원 유족들에겐 절절이 남아 있다. 1950년대 상황에서 아버지가 사라진다는 것은 특별히 부자 집안이 아니고는 그 가정이 무너지는 것이었다. 그래서 본의 아닌 납북도 억울한데 아버지가 북에 계시다는 사실 하나로 신원조회에 빨간 줄이 쳐지고, 여권도 못 얻어 해외유학도 못하고, 공무원이나 국영기업에도 취직이 안 되었다.

반대로 이른바 친일파로 보이는 이들의 자식들은 공무원이 되어 출세하고, 유학해서 박사학위를 받고, 고관대작 대접을 받았다. 그래서 진실이 어느 편이냐를 떠나 그런 감정이 강하다. 집안이 어려워진 납북가족들은 대개 친정부적 친체제적이기가 어렵다. 특히 임시정부나 해외 독립운동 제헌의원 유가족 분들은 더욱 그러하다.

더구나 개인사적 억울함이랄까, 체제적 한계에서 오는 국가적 불행이 두 가지 있다. 대한민국이 납북 제헌의원들에게 지고 있는 빚이다. 첫째는 이미 제헌의원의 유족 2세들조차도 상당수가 세상을 떴고, 뜨고 있다. 납북 유가족들의 간절한 소망의 하나는 죽기 전에 아버님의 돌아가신 날이라도 정확히 알아 제대로 제사 한 번 지내보고 싶다는 것이다. 2000년 김대중 · 김정일 회담 이후 나는 제헌의원 유족회장 자격으로 임동원 당시 국정원장 사무실로 찾아가 이 사정을 전하고, 돌아가신 분의 기일만이라도 알게 해 달라고 부탁했다.

임동원 원장의 첫말에 내가 놀랐다. '유족회에 돈이 있느냐?'였다. 내 개인 돈으로 1년에 한두 번 식사하고 이사회를 여는 것이 고작이었던 시절이다. 북한에는 돈을 주어야만 얻을 수 있다는 것이었다. 꼭 돈이 필요하면 국회나 국정원의 돈으로 해줄 수는 없느냐고 항변성 답변을 했다. 북한, 통일, 민족이라는 고상한 그리고 가슴 울리는 문제를 여러 역대 대통령들이 사유(私有), 사용(私用) 한 죄를 벗기 어렵다.

또 하나 납북 유가족들의 한이 있다. 납북되지 않은 제헌의원들은 모두 '대한민국 건국훈장'을 받았다. 납북 의원들은 빠졌다. 국정원 또는 국가기관의 공식입장은 이렇다. ① 납북과 자진월북의 구분이 어렵다. 유족회는 59명 납북으로 알고 있으나, 국정원 자료로는 납북 34명, 월북 11명, 행방불명 2명, 확인불가 3명이다, ② 북한에서의 방송활동, 조직활동(예, 재북평화통일촉진협의회—1956년 7월 주요 납북·월북자들을 규합하여 대남위장 평화공세 및 모략활동을 위해 결성한 노동당 전위조직) 등의 실적, ③ 북한에서 조국통일상 등 훈장 수훈(受勳) 사실에 근거하면, 건국훈장 수여는 어렵다는 것이다.

1948년 5·10 제헌의원 선거, 8·15 건국선언으로부터 70여 년이 지났다. 아직도 납북 제헌의원들의 인간적, 체제적 처리는 숙제로 남아 있다. 인간적 여한들은 망각의 시간으로 넘긴다 치자. 납북 의원들에 건국훈장을 수여할 것이냐 아니면 그들의 북한에서의 활동을 어떤 기준으로 평가할 것인가. 김일성 독재하의 강제에 의한 비자발적 반(反)인권 희생자로 평가할 것인가. 대한민국의 법률적 해석대로 할 것인가. 한 나라의 건국과정과 나라 지키기에는 그만큼 이념적, 철학적, 법률적 그리고 물리적 길항(拮抗), 깊은 갈등들이 꼬여 있는 것이다.

우리는 이 점에서 아직 건설 중에 있는 나라, 나라 만들기 과정의 나라이지 완성된 나라가 아니다. 주권독립이나 자립, 자족이 끝나고 과거에, 미래에 그리고 시간과 공간을 낭비할 수 있는 그런 여유로운 나라가 아니다. 경제제일주의, 이념지상주의, 반공우선주의, 복지제일주의, 민주주의제일주의, 평등지상주의, 환경지상주의, 교육제일주의 등 자기이익, 자기경험, 자기영역, 패거리이기주의에 매몰된 역사해석과 단정이 얼마나 위험한 것인가. 체제를 지킨다고 새 시대, 새 세상을 만든다고 독선의 목소리를 높여 떠드는 것이 실은 아직 허약한 건설 도중의 대한민국 체제를 더욱 허약하게 몰고 가는 것이다. 지난날의 깊은 퇴적과 앞날의 넓은 도전을 겸허히 그리고 깊이깊이 통찰해야 한다.

북으로 가지 않고 대구로 간 안성군 인민위원장

일차적으로 아버지에게는 생명의 은인이요, 나에겐 지금 이 글을 쓸 수 있게 해준 간접은인인 윤종호 인민위원장의 드라마는 여기서 끝나지 않았다. 그는 평양으로 돌아가지 않고 거꾸로 남한에 남았다. 3년 전에야 이 믿기지 않는 진실을 들었다. 우리는 6·25에 남쪽에서 북으로 간 사람, 끌려간 사람 또는 흥남부두 난민 철수나 폭격 맞은 대동강 철교를 넘어 남쪽으로 온 이야기는 많이 듣고 영화로도 본다. 그러나 6·25에 북에서 통치자로 남쪽에 왔다가 그대로 주저앉은 반(反)김일성, 반(反)조선인민공화국 인민위원장은 처음 듣는 이야기이다.

아버지와 윤종호 위원장 이야기를 고향사람들 모임에서 했다. 마침 윤위원장이 큰집의 둘째이고, 셋째 집안의 후손인 윤 위원장의 조카로부터 상상할 수 없는 이야기를 들을 수 있었다. 그가 평양으로 가지 않고 남쪽에 남아 안성에서 멀리 대구에 터를 잡고 장(張) 씨로 변성명해 살다가 생을 마감했고, 살아서 두 번 뵈었다는 것이다. 원부인의 따님 두 분도 모두 돌아가셨는데, 마지막 한 분은 미국 호놀룰루에 사셨다고 했다.

필경 그는 자유주의자, 사회주의자, 이상주의자였을 것이다. 혹독한 전쟁과 이념, 체제갈등을 넘어 사람, 보통사람의 마음속 깊은 밑바닥 본바탕에 깔린 사람다움, 그것이 사랑일지 자비일지 인의(仁義)일지 어떤 것일지 모르나, 그런 도덕성의 전진이 인류의 진보를 믿게 하는 원천이 아닐까.

김일성에 사기·배반당한 사회주의 이상의 좌절, 그리고 그 회한을 안고 남쪽에서 숨어 산 윤종호 인민위원장도 대한민국 지키기에 한 역할을 한 것이다. 우리는 이 진실의 이야기 속에서, 그리고 6·25라는 국난을 통하여 나라 세우기가 얼마나 어렵다는 것을 깊이깊이 배운다. 또한 적 진영에서도 '보통사람'이면 할아버지 집 일꾼이나 윤종호 인민위원장 같은 휴머니스트가 있었다는 사실에서 인간 드라마의 오묘함에 놀란다. 하느님이 계신 것인가.

2장

대한민국 중심주류 찾기 만들기

6개 대한민국 '기념' 조직들에 참여

아버지의 인연

나의 번다하고 세속의 자로는 실속 없는 일을 한 것 중 하나가 기념사업회 또는 추모사업에 간여한 것이다.

아버지가 제헌의원이셨으니, 제헌의원 유족회 발족과 회장 하는 것은 상식에 속하고, 또 당시 생존 제헌의원 두 분의 간곡한 요청이었다. 또 아버지가 이사, 회장으로 간여했다 해서 이봉창기념사업회를 박태준 포철 회장으로부터 느닷없이 인수받은 것까지는 당시 두 사업의 형편으로 보아 나도 불가피하다 생각한다.

그런데 또 아버지의 한독당 인연과 내 뜻에 의하여 1991년부터 매번 추도식 참가하는 백범기념사업회가 아니고 오히려 다른 많은 기념사업회에 손을 대게 된다. 모두가 타의요, 밀려서이다.

이 역시 아버지(신간회 안성지회 창립자) 인연을 강조하며 안재홍 선생 손서인 김정기 한국외국어대 교수와 박권상 선배가 일부러 내 사무실까지 습격하며 밀어붙여 민세안재홍선생기념사업회 회장을 맡았다. 두 분은 DJ 때 방송관계로 손발을 맞추고 있을 때였다. 그러다 보니 그 연장선상에서 신간회기념사업회도 만들고 회장을 맡게 되었다. 또 역시 아버지가 이승만 박사 정부에서 경기도지사를 하셨으니 우남기념사업회에도 이름 걸게 되고, 한국경제연구원 부원장 후배인 손병두 전 서강대 총장과의 인연과 요구로 장면선생기념사업회에도 이름을 걸었다.

내 의지와 무관하게, 또 아버지 인연과 무관하게 강제적으로 떠맡은 것이 장준하기념사업회 회장 5년이다. 기념사업회 창설, 핵심요원들의 기록에 의하면 장 선생 기념사업회 준비모임에서 회장으로 섭외했던 분은 김수환 추기경, 법정 스님, 계훈제, 지명관, 김준엽 교수 등이었다. 나를 강력히 추천한 분은 지명관 교수였다고 했다. 2년 전에야 들었다. 왜 지 교수가 나를 적극 추천했는지, 본인으로부터 들은 적이 없다. 내색도 없었다.

민세안재홍선생기념사업회 (2005~16)

민세기념사업회는 평택시의 지원으로 '민세'의 정치통합 이념을 상징하는 '민세상'(賞)을 제정하여 통합상과 학술상을 수여했다. 나는 김지하, 정성헌, 주대환, 박상증 등 혁신, 중도에서 손해를 특별히 많이 본 분들을 적극 발굴, 빛내려 했다. 으레 기념사업회마다 비슷한 관행들이 있지만 패거리끼리 상 주려는 좀 식상한 눈치싸움들이 있는 것을 보았다.

민세기념사업회 일을 하다 보니 민세 독립운동, 문화운동과 일치하는 신간회 창립 80주년을 맞는 2007년 2월 15일 신간회기념사업회를 새로 만들고 민세, 신간회 노선에서 국제적 맥락과 21세기 한국의 과제를 다루는 학술대회도 겸했다.

나는 이 자리에서 이상재, 안재홍, 조만식, 한용운, 신채호, 홍명희, 신석우, 명재세, 김병로, 허헌, 이승복, 백관수, 문일평, 조병옥 등 신간회 참여했던 민족 지사들을 일일이 거명하는 것으로 인사말을 시작했다. 그리고 "대한민국의 보수 · 진보논쟁, 좌우논쟁은 대한민국의 정통성과 정체성의 발전이라는 공통분모, 공동표준 위에서 뛰어야 한다"라고 강조했다. 민세와 신간회기념사업회를 통하여 앞에 거명한 분들의 후손들, 김종인, 이종찬, 허근욱, 김형오, 이택휘, 이문원, 이달순 등과, 관련 여러 역사학자들과 교류할 기회를 가졌다.

11년간 맡았던 회장직에서 물러날 때 기념사업회는 내가 쓴 추모사, 기념사 그리고 여러 심포지엄 기조발제문 등을 묶은 《민세후답》(民世後踏)을 출간했다.

나는 아버지 인연에다 민세 가문과 동아일보 근무 시절 선배였던 박권상 당시 KBS 사장 강권으로 민세, 신간회를 맡았지만, 동아일보의 한 부류에서는 이를 계기로 나를 조선일보 사람으로 치부하고 만들려는 의도적 경사가 있었다는 것은 나중에 알았다. 이미 동아일보를 눈물 흘리며 떠나 정부로, 다른 신문사 발행인, 대학 총장을 거쳐 인생 종반기에 든 사람에까지 끝내 모략해야 자기 신분이 서는 것인지. 100년을 지낸 동아일보 정체성, 정통성 확립과 미래혁신이라는 관점에서 과거를 정리하기를 모두에게 간절히 바란다.

아버지는 인촌이 돌아가셨을 때 "哭挽 仁村 金性洙 先生"(곡만인촌김성수 선생)이란 시조를 쓰셨다(《소석여적》, 소석 김영기, 1984, pp. 32~33). 3절인데 두 번째 절은 "남에게 공 돌리고 궂은일은 내가 맡아 한평생 공선사후(公先私後) 사회정의 표본이라. 남기신 민족대업은 두고 가신 한 많으리…"이다. 내가 동아일보 입사하기 6년 전의 글이다. 나는 동아일보 퇴직자 모임인 동우회 기관지 〈동우〉에도 인촌과 중앙학교, 동아일보와 가꾼 대한민국 정통성을 해설한 적도 있다.

대한민국의 정통성은 우남 이승만의 건국, 백범 김구의 해외독립운동 상징성, 그리고 인촌의 여운형, 조봉암도 포용하려 했던 통합적 지도자상의 연결, 조화에서만 가능하다. 거기에 이상재 선생과 민세의 문화사회 독립, 개화운동까지 합한 것이다. '해외', 이승만·김구, 국내 '현장', 인촌·민세에서 정통성을 이어가야 한다.

장준하기념사업회 (1999. 5.15. ~ 2004. 6.26.)

나의 장 선생과의 직접 인연은 많지도 길지도 않다. 나의 문리대 시절 친구였던 이문휘, 계창호 등이 졸업 후 〈사상계〉에서 일했다. 모두 평안도 황해도 출신, 월남파였고 장 선생 동생 창하와 서울고 동기였기 때문일 것이다.

이런 인연으로 가끔 놀러 갔고, 나의 〈사상계〉 첫 글은 1961년 10월호에 외국 원조를 주지 말아야 한다는 M. 프리드먼과, 원조도 외교의 한 수단이라며 찬성하는 랜드연구소의 C. 울프 Jr. 와의 논쟁을 번역한 것이었다. 그리고 1963년 9월호에 선진·후진국 경제개발 시찰 후 쓴, "저개발국과 한국", 경제개발과 종교 관계 글이었다.

그때는 〈사상계〉가 종이가 없어 못 팔 정도의 인기잡지였다. 경영도 풍족해서 오후에 들러 잡담하다 저녁에 가자 하면 비원 앞 옥류장이었다. 당대의 최고 술집이었다. 내 사회초년생 가슴에는 이렇게 고급 집을 이렇게 자주 다녀도 되나 하는 생각이 들 정도로 당시의 〈사상계〉는 풍족했다. 그 후 장 선생은 장면 정부 시절 '국토건설단 기획부장'으로 취임하셨는데 그 사무실이 부흥부 안에 있어 내 출입처같이 되었다. 국토건설단 기사를 내가 썼다.

박정희 정권 들어서 대결의 장이 극한으로 치달을 때 〈사상계〉 문을 닫은 후에는 종종 나를 불러내 신문사에서 얻은 정국 정보를 달라 하셨다. 어떨 때는 매우 급한지 신문사 옆 청계천변 길가로 불러내 서서 대화했다.

내가 장준하기념사업회를 맡은 것은 1999년 5월 15일 창립총회에서였다. 사업회 기록에 의하면 장준하기념사업회 결성 움직임은 장 선생 사후부터 이어졌고, 특히 1995년 20주기 추모식을 전후하여 활발했던 모양이다. 그러나 '여러 당사자'들 간 이견, 특히 백기완 씨의 고집과 이견이 심해서 준비위원회 측에서 백 씨 배제원칙을 세워 강행했다. 공식적으로는 1998년 11월 18일 1차 준비위원회 구성, 7차의 회의를 거쳐 나를 회장으로 끌어들인 것이다. 준비위원회 측 실무책임자 이준영 씨에 의하면 준비위 측 최고의 목표는 젊은 대학생들이 장준하 광복군 독립운동 궤적을 찾아가는 중국 '6천 리 대장정'이었다. 아마 돈 문제 해결을 기대했던 것 같다.

나의 문화일보 사장 취임이 1999년 5월 3일이니 장준하기념사업회 5월 15일 출범과는 10여 일 차이이고 몹시 바쁜 때였다. 7월 6~15일 1차 장정, "아! 장준하 구국장정 6천 리"를 시작했다. KT 협찬이었다. 시간이 없어 장정 마지막, 상해에서만 1박 합류하였다.

장 선생 부인 김희숙 여사, 장남 장호권 그리고 김준엽 교수와 장정 학생 일행과 저녁 한 끼 같이하며 인사말하고 혼자서 다음 날 아침 서울로 왔다. 2차 2000년 1월 20~30일에는 정몽준 의원, 한승주 교수, 조홍규 의원이 중경에서 합류했다. 현대중공업, KT, 미래에셋 협찬이었다. 이때 정 의원이 장정 협찬을 약속했으나 2002년 대통령에 출마하며 중단되었다. 내가 회장을 퇴임하기까지 10차 장정까지 KT&G, 한국전력공사 등의 협찬으로 이어졌다.

기념사업회 이부영, 김도현, 유광언, 서상섭 씨 등은 물론 정의화, 김영춘, 안영근 의원, 임현진 교수 등과 어울려 중국을 6번 드나들었으나 장정 풀코스를 밟지 못한 것이 아쉽다.

후임은 일찍부터 내외간에 장준하 선생과 인연 깊은 동아일보 후배 이부영 의원에게 넘기고 물러났다. 마침 노무현 정권 들어서 내 역할은 끝났다 판단했다. 그 후임엔 정세균 씨, 유광언 전 무임소 차관으로 이어져 지금은 임현진 교수가 맡고 있다. 더 쓸 이야기들이 있으나 생략한다. 특히 장준하 선생 동생이며 내 친구였던 장창하가 갑자기 서울과 인연을 끊고 도미하게 된 동기와 도미자금 마련 경위에 대하여는 나와 창하만이 아는 비밀이다. 최근 몇 분과 상의했다. 고인의 생전 고생을 참작해 쓰지 않는 게 좋겠다는 의견이었다. 평생 묻어두겠다.

"하늘에 계신 장 선생님, 그간의 기념사업회 활동을 가상히 여기시거든 꼭 하나 해주실 일이 있습니다. 큰아드님 호권이도 아니고, 물론 회장을 지낸 저희들도 아니고, 1998년부터 20여 년 젊음의 전부를 바쳐 사업회 준비, 창립, 운영을 도맡아 했던, 그야말로 '헌신했던' 이준영 전 사무총장을 꼭꼭 안아주시고 감사해 주소서."

대한민국의 정통성, 법통성 논쟁의 실체:
대한민국역사박물관 건립위원장 시절 (2009~12)

2008년, 8 · 15 광복 63주년 '건국 60주년'의 혼란:
우남 · 백범 대결장이 된 경축식 분열

왜 내가 집행위원장 되었는지

2008년 5월 22일에 '대한민국 건국 60년 기념사업위원회'가 발족하며 내가 집행위원장으로서 "대한민국(건국, 근대화, 1948년) 혁명 그리고 21세기 Global Korea Model로서의 승화"를 발제한다. '혁명' '승화' '통합'의 세 키워드를 5페이지로 집약, "과거 60년 '대한민국 1948년 혁명'의 성공을 승화하는 'Global Korea 2008년 혁명'의 출발을 기약해야겠습니다"로 끝을 맺는다.

따라서 나에게 집행위원장 교섭이 온 것은 그 얼마 전일 것이다. 위원장은 현승종 전 총리, 김남조 원로시인의 공동위원장 체제였다. 왜 나를 선택했는지 그 전후설명은 없었다. 내 해석은 좋게는 제헌의원인 아버지 가계와 나의 동아일보, 언론, 정부, 대학 그리고 독립선구자 기념사업회 관련 경력을 고려한 것일 게다. 그러나 개인적으로 짚이는 것이 있었다. 필경 이명박(MB) 대통령 취임 전 내가 문서로까지 작성, 간언한 재벌개혁(106쪽 재벌개혁 쓴소리 참조)을 받을 수 없다고 판단한 그가 개인적 배려를 한 것이 아닌가 생각된다.

말이 '집행'위원장이지, '집행'은 총리실과 문체부의 일이었다. 내가 한 것이라고는 ① 발족식에서 발제문 쓰고 읽은 것과, ② 제헌의원 유족회에 돈을 마련해 주어서 제헌의원 유족들이 아버지와 그 시대를 회고하는 글모음 〈제헌의원들, 고난의 역정을 아버지 곁에서 보다〉(2008. 7.)를 엮어낸 것과, ③ 민세안재홍기념사업회, 신간회기념사업회를 지원하여 "대한민국 정부 수립과 그 지도자들" 건국 60주년 기념학술대회(2008. 11. 26. 은행협회)를 개최한 것뿐이다. 학술대회는 불과 5시간에 23명의 학자를 동원, 이승만, 김구, 김규식, 신익희, 이시영, 김성수, 서재필, 조소앙, 안재홍 등 아홉 분의 건국지도자를 다뤘다.

문제는 '건국 60주년', '63주년 광복절' 행사가 처음으로 '정치문제'화 되었다는 점이다. 진보정권이랄까 반(反)우파 정권이랄까 DJ, 노무현 10년 지나고 MB에게 정권을 빼앗긴 정치세력의 감정 다스리기도 쉽지는 않았을 것이다. 거기다가 MB가 취임하자 의도적으로 불붙인 반MB, 반정부 '촛불'이 극렬했다. "광우병 위험 미국산 쇠고기 전면수입을 반대하는 국민대책회의"(한국진보연대, 한총련, 민주노총 등)는 서울시청 앞 광장 100번째

'촛불집회'가 어려워지자 한국은행 앞에서 도심점거 쇠파이프 데모를 강행했다.

MB 대통령 부부, 김형오 국회의장, 한승수 총리, 오세훈 서울시장이 광화문에서 공식 개최한 대한민국정부 경축식은 역사상 처음으로 야당 없는 경축식이 되었다. 선거에 진 분을 삭이지 못하고, 또 '촛불'을 의식한 세 야당, 민주당(정세균), 민노당(강기갑), 창조한국당(문국현) 대표들은 정부주최 광화문 경축식을 거부하고 백범묘소에 참배하고, 또 민주당 대표 정세균과 이낙연, 안희정 당직자들은 따로 백범 생전 집무실로 쓰던 경교장을 방문했다. 억지였다. DJ 민주당 대통령은 취임 직후 1998년 '제 2 건국위원회'를 설치했다. 보통 일이 아니었다.

우남 대 백범 제전(祭戰)

별로 열리지도 않았지만 광우병 사태, 건국이냐 정부수립이냐 논의를 원로회의와 위원회 등에서 체험하면서 나는 이 나라 대통령, 총리, 국무위원들, 국사학자들이 대한민국 정통성, 정체성, 정당성을 지켜야 한다는 의지가 너무 없다는 것을 발견했다. 현, 전 총리 분들의 언행이 그러했다. 특히 일부 우파란 분들의 이승만 영웅화가 지나쳤다. 우남에 대한 극좌파의 날조, 과잉 폄하는 고쳐야겠으나 그 과정에서 '4·19 혁명'을 지나치게 격하, 결국 안병만 교육부 장관이 교육부가 제작한 "기적의 역사" 영상물을 회수하고 사과하는 자해행위마저 생겼다.

또 우남에 대한 왜곡, 오해 정리를 넘어 마치 백범이 1948년 북행 시 6·25를 미리 알고 국민을 속인 것처럼 주장하는 등 백범 폄하가 극심해졌다. 그러자 광복회와 대한민국 임시정부 기념사업회(김자동 회장)는 "대한민국 건국은 1919년이다" 제하 89주년 학술회의를 열어 대항했다. 또 그럴수록 우파 반격도 강해져 '대한민국역사박물관' 짓자는 캠페인성 보도도 계속 나왔다. 대한민국이 어느 정도로 무질서, 체통 없는 '경축식'을 진행했는지를 가늠케 하는 체험이었다.

〈KBS1 뉴스광장〉은 7월 16일 아침 나에게 인터뷰를 요청했다. 앵커가 "…정부부처 장관・민간들이 참여한 위원회는 1948년 8월 정부 수립을 건국으로 보고…" 하며 나에게 말을 건다(〈인터뷰〉 김진현 건국 60주년 기념사업위원회 집행위원장). "국민과 영토와 주권을 확실하게 갖고 또 주권이 국제적으로 승인된 나라는 대한민국이 실제적인 건국이고, 지금은…" 하는데, 기자가 말을 끊고 "그러나 역사학계가 정면으로 반박하고 나섰습니다" 하고 박성수, 이만열 교수와의 인터뷰로 이어갔다.

KBS조차도 시시비비의 언론이 아니라 '60주년 건국' 반대진영 대변기관인 듯했다. 현실의 실체가 이런데도 청와대 총리실은 어른 모시고 멋진 행사만 치르면 되는 것이다. 2008년 8월 15일 경축식은 우남 이승만 대 백범 김구 대결 제전(祭戰)으로 변질되었다. 이런 실체와 무관한 듯, 하늘 위에서 뜬금없는 '지혜'와 눈치, 요령으로 '근대화' 자찬하며 실체, 진실과 멀리 부귀영화 누리는 안일 보수의 한계를 여실히 보았다.

나로서는 한계를 알고 있었지만 자각에 이르지 못한 단계에서 체험으로 이 나라 정통성, 법통성, 정체성의 위기를 배우게 해준 경험이었다. 이만열 교수가 나를 따로 만나자 해서 점심을 같이했다. 그의 진지한 반(反)60주년 건국론을 들었다. 아마 내가 본심이 아니라 무슨 출세운동의 하나로 정부 쪽 집행위원장 맡은 것으로 믿고 나를 설득하려 했던 것 같다. 나는 대한민국의 정통성을 우남-백범의 통합에서 찾아야 한다는 내 지론과 굳이 법통성까지 따진다면 60년이 맞다고 했다.

조봉암 선생 56주기 추념사 (2015. 7.31. 망우리 묘지)

대한민국 정통성 문제에 대한 내 본론의 한 가닥은 죽산 조봉암에 대한 평가에서 잘 표현되었다. 마침 사회민주당 창당을 준비하는 주대환 씨로부터 죽산 56주기 추념사 부탁이 있어 추념사를 마련했다. 여기 줄여 옮긴다.

오늘 선생님 묘 앞에 서니 제일 먼저 선생님의 음성이 귓전을 스칩니다. '소석(素石, 아버님 아호) 계신가', '아버님 계시냐'면서 저의 집 문을 두드리시던 선생님의 근엄한 얼굴과 목소리가 들립니다. 선생님 댁은 약수동 저의 집에서 다섯 번째 위에 있었습니다. 문 두드릴 때 손마디가 잘려 나가 뭉뚝한 선생님의 주먹을 보고 놀랐던 첫 번째 기억이 바로 어제 같습니다. 이렇게 아버님과 두런두런 말씀 나누실 때 사랑방 심부름하며 듣던 기억밖에 없는 제가 선생님께 추도사를 드릴 자격이 있는지 극히 저어하게 됩니다.

대한민국의 정통성을 가장 선명하게 대표하는 죽산 조봉암 선생님이 가신 지 56년이 되는 오늘 우리는 특별한 뜻으로 이 자리에 섰습니다. 19세기 서세동점이라는 인류문명사적 대격변기 이후 이 나라 이 민족 이 백성의 최대우선 과제는 근대 민족주의 자주국가 건설과 항일독립운동이었습니다. 그럼에도 이 기본 명제와 그 실천인물 리더십에 대항세력이 커가고 그 정체성과 정통성 대표성을 둘러싸고 많은 혼란과 착오와 도착의 아픔을 겪고 있습니다.

죽산 조봉암 선생님만큼 항일독립운동과 근대 민족주의 정통성과 정체성의 기본에 가장 충실하고 대한민국 건국과정의 정당성을 상징하실 만한 애국자요 지성인이요 계몽주의자요 자유주의자는 아주 드뭅니다. 그렇기 때문에 선생님이 다른 명분도 아닌 대한민국 법의 이름으로 명을 빼앗기신 절절하고 기막힌 곡절이야말로 '대한민국 근대화 혁명'의 성취를 자랑할수록 대한민국이 진국가적 부채임을 참회해야 하는 이 세상 모순의 극치, 극치의 극치를 봅니다.

우리는 이제 세월이 흘러 여러 타입의 항일독립운동과 근대 민족주의 계몽운동의 선구자를 나눠볼 수 있고 대한민국 건국과정을 되돌아볼 수 있게 되었습니다.

첫째 희생의 범주입니다. 고생고생 하시면서 끝내 해방을 보지 못하시고 이역에서 희생되신 분들, 고생고생 하시면서 끝내 해방을 보지 못하시고 국내에서 희생되신 분들, 고생고생 하시면서 끝내 견뎌내 해방을 맞았으나 남이건 북이건 조국 땅에서 희생되신 분들이 계십니다. 이들은 희생하신, 희생

당하신 당신들뿐 아니라 그 후손까지 희생의 멍에를 지고 살아왔습니다.

둘째 성공의 범주입니다. 고생고생 하시면서 끝내 국내로 환국하여 세속의 기준으로 보면 성공하신 분들, 고생고생 하시면서 끝내 국내에 남아서 해방을 맞고 성공하신 분들.

셋째는 정당성을 훼손하는 반역의 범주입니다. 국내에서 별로 고생 없이 지내거나 잘 지내다 해방되고서도 계속 출세하신 분들, 해외에서건 국내에서건 한민족과 대한민국 정통성과 무관하거나 오히려 친일적 반역적이었으나 해방 후 출세에 크게 성공하신 분들, 이들은 자손들까지 영화를 누리고 있습니다.

그리고 대한민국을 거부하고 김일성 신정왕조 독재에 한민족의 근대 현대 민족주의 민주주의 정통성을 부여하고도 대한민국에서 출세하고 성공하고 있는 분들.

이 희생과 성공과 반역의 범주가 너무 도착적으로 엉켜 있는 것이 현실입니다. 이 나라 이 민족의 역량으로는 감당할 수 없었던 큰 냉전의 쓰나미에 휩쓸려 분별되지 않은 채, 정리되지 못한 채 안이한 현실주의와 망각의 편의에 덮여 있었습니다.

이제 역사는 정의의 편이 되고, 역사의 진실은 밝혀져야 합니다. 선생님을 앗아간 간첩죄가 52년 만에 2011년 대법원에서 무죄판결된 것도 정의의 역사의 전진입니다. 일본에 대하여 역사청산을 요구하듯이 우리 스스로의 정통성과 정체성 그리고 생존과 평화의 명제를 정확히 정당하게 권위 있게 인증해야만 합니다. 이 나라 독립해방과 '대한민국 근대화 혁명'의 성공은 많은 애국자와 선구자들과 백성들의 희생으로 쌓아올린 피와 눈물의 축조물입니다. 그중에서도 죽산 조봉암 선생님만큼 정통성 정체성 정당성과 그 성취가 우뚝하신 선각자를 찾기는 쉽지 않습니다.

첫째, 일찍이 20세 나이에 한국 근대 민족주의와 시민운동의 최고 봉화대인 3·1운동에 참여하시어 옥고를 치르신 것을 시작으로 4차례의 옥고를 치르셨고 가혹한 고문과 동상으로 손가락마디 일곱 개를 잃으셨습니다. 도쿄 상하이 모스크바까지 활동의 영역을 넓히신 항일독립운동의 정통성 헌신성의 대표자이십니다.

둘째, 공산당 창립과 탈당을 포함하여 일관되게 견지하신 자유주의, 사회민주주의 사상은 근대 계몽주의의 정통을 이어받고 계십니다. 사회주의 리버럴 좌파의 정통이십니다.

셋째, 대한민국 제헌의원과 2대 국회부의장, 진보당 당수, 대통령 후보 그리고 특히 초대 농림부장관으로서 농지개혁을 주도하신 것은 대한민국 건국과 자유민주주의 정체성, 정당성 확립에 가장 뚜렷한 공로자입니다.

19세기 말부터 죽산 선생님이 살아계시던 시대 그리고 대한민국 근대화 성공사를 쓰게 되는 20세기 말까지의 동시대의 인물들 — 희생 성공의 주역들 중에서 항일독립운동의 정통성, 근대사회 정치변혁운동의 정체성, 대한민국 건국과 자유민주주의 정당성을 대표, 대변함에 있어서 죽산을 뛰어넘을 수 있는 분이 과연 몇 분일까요. 냉철히 따져보고 세어봅시다. 냉정히 고찰, 정리할 때가 되었습니다.

아마도 그날이 1959년 7월 29일 아닐까 합니다. 죽산 선생님의 시신이 약수동 자택으로 운구되신 날인지 장례 치르기 위해 자택에서 장지로 떠난 날인지 확실치 않습니다. 그날 저는 대학 2년생으로 집에서 책을 보고 있었습니다. 그런데 방 안에서조차도 밖이 뭔가 섬뜩하고 냉랭한 것을 느꼈습니다. 이상하다 느껴 바깥을 나가니 골목에 순경들이 쫙 서 있고 출입을 막고 있었습니다. 거리는 괴기스럽게 조용하고 인적이 사라졌습니다. 지금 생각해보니 그 순간이 대한민국이 국가 이름으로 죽산을 살인한 그런 순간의 한 풍경이었습니다.

선생님은 조국과 민족, 자유와 평등을 위하여 한 번의 희생이 아니라 두 번의 희생이 아니라 세 번의 희생이 아니라 네 번 다섯 번 … 희생만을 감수하며 생을 마치셨습니다. 한 번의 조그만 희생 덕으로 본인뿐 아니라 후손들이 대

대로 행복한 집안들도 있습니다. 한 번의 희생은커녕 오히려 반역하고도 훈장을 주렁주렁 달고 본인과 주변까지 영화 누리는 역사의 도착, 전도가 현존합니다.

희생이라는 단어를 잃어버리고 이기와 금권정치, 보상과 제몫 늘리기에 눈먼 오늘의 반(反)인륜, 반사회, 반종교, 반근대, 역근대를 인간사회 연대와 책임의 정상국가로 만들기 위한 제일 큰 거울의 하나가 바로 선생님이십니다.

큰 나무는 그 밑에 작은 나무 잔풀의 성장을 막습니다. 그러나 어찌하여 대한민국은 죽산 같은 쉽게 비교할 수 없는 항일독립운동과 근대 민족주의, 자유민족주의, 대한민국 건국의 정통성 정체성의 거목을 잘랐습니까.

대한민국은 죽산마저 작은 잔가지로 쳐낼 만큼 거목의 성공을 이루었습니까. 그래야만 대한민국의 대표성 정당성이 확보되는 것입니까. 죽산을 거목으로 키우지 못한 대한민국의 원죄 중의 하나가 오늘의 이 세계 선진국 후진국 그 어디에도 유례없는 반(反)유교, 반불교, 반기독교, 반근대, 반인륜의 '도착적 근대화'(*perverted modernization*) 입니까. 우리 모두 참회와 냉철의 성심으로 그리고 대한민국의 이름으로 그리고 '역사의 정의' '정의의 평화' 이름으로 죽산 조봉암의 정통성, 정체성, 정당성, 대표성의 재확립 결의를 이 묘 앞에서 다집시다.

하늘에 계신 선생님, 아직까지 하늘을 열지 못한 저희들의 미련함을 부디 용서하시고 부디 그 먼 하늘나라에서도 이승에서 품으셨던 충정 그대로 이 땅이 나라 이 민족 이 인류에 정의와 평화를 인도해 주시옵소서.

'대한민국관': '대한민국역사박물관'

2009년 3월쯤 청와대에서 연락이 왔다. 함영준 문화담당 비서관이었다. 전직 조선일보 부장 출신으로 만난 적도 이름도 들어보지 못했다. 대한민국 정체성, 근대화 성공을 담는 기념관을 만들기로 하고 설립위원회를 구성한다는 취지였고, 첫 번부터 이름을 어찌할 것인가에 대한 의견을 물었다. MB도 현대사박물관이니, 역사박물관이라는 규정적 이름보다 프랑스의 현대전시관, 파리의 '퐁피두센터' 같은 생각을 갖고 있다 했다. 더 이상의 분명한 뜻은 모르겠으나 나는 다른 각도에서 '현대사'니 '역사', '박물관' 같은 이름 붙이는 데 반대의 의견을 갖고 있었다.

그래서 나는 '대한민국관'(Hall of Republic of Korea)으로 하자 제의했다. MB도 대찬성이라는 답이 왔다. 이 명칭 논의과정에서 나에게 대한민국관 건립위원장 제의가 있었는지 아니면 그런 제의를 받고 논의했는지 기억이 확실치 않다(다만 MB가 전년 "대한민국 건국 60년 기념사업위원회" 발족 시 발표한 집행위원장으로서의 발제문을 감명 깊게 들었다는 얘기를 했다). 그래서 2009년 4월 16일, 종로구 수송동 이마빌딩 6층 건립위원회 사무실 현판식 때 걸은 현판은 "국립대한민국관 건립위원회"였다. 유인촌 장관, 임권택 감독, 홍순영 전 외교장관 그리고 나였다. 그런데 막상 첫 위원회 때부터 명칭에 대한 시비를 걸고 '현대', '역사', '박물관' 이름이 들어가지 않으면 안 된다는 주장을 몇몇 역사 전공자들이 주장, 장성 출신 위원도 가세했다. 그리고 어찌 청와대를 흔들었는지 "대한민국역사박물관 건립위원회"로 개명되었다.

내 입장은 분명히 반대였다. 첫째, 현재 상황이 대한민국 건국 시점 논쟁에서 보듯 분명히 대한민국의 정통성, 법통성, 정체성이 위기를 맞아 이에 대처해야 한다. 둘째, 그러기 위하여 정부, 그리고 보수 주류의 정치, 지성계가 단단한 각오와 통합된, 정렬된 힘을 모으고 전략적, 장기적, 원천적으로 대응해야 한다. 셋째, 이것은 원천적으로 국가 차원에서는 국사편찬위원회에서 제기하고 학문적으로 논의의 중심을 잡고, 넷째, 모든 주류 대한민국 근대화 혁명(반체제까지 합법적으로 활동할 수 있는 제 3세계 국가 유일 정치민주화혁명 포함) 세력의 통합작업이 동시에 또는 먼저 착수되어야 하고, 다섯째, 이런 작업에서는 동시에 분명히 실증된 반(反) 대한민국 세력, 즉 사상적으로 공산주의 좌익 또는 심정적 민족주의를 넘어 실증된 친북, 극좌, 친김일성 주체사상 폭력세력은 단호하게 사법처리하는 기제를 마련하고, 여섯째, 이 모든 작업은 무엇보다 우남, 백범의 화해로부터 시작되어야 한다는 것이 나의 일관된 지론이었다.

그래서 YS에게도 우남, 백범 후손의 기용을 건의했고, 두 분은 가셨지만 두 분의 기념사업회끼리라도 통합, 화합의 계기를 마련하자고 설득한 것이다. 여기서 백범으로 상징되는 통합의 대상은 남북에서 모두 치인 항일 중국·국내 독립유공자들, 6·25에 억울하게 납북된 인사와 가족, 좀 더 구체적으로는 김규식, 조소앙, 여운형, 조봉암, 안재홍까지를 확실히 대한민국 세력으로 끌어안아야 된다는 것이다. 실제로 이들은 1950년 2대 국회의원 선거에서는 거의 모두 출마, 또는 당선되어 1948년 제헌의원 불출마를 사과하고 이승만 대한민국 건국체제로 들어온 것이었다.

그러기 때문에 '대한민국관' 같은 정부홍보기관은 누구나, 눈으로 통계로 동의할 수밖에 없는 대한민국 근대발전, 해방 후 독립한 제 3세계에서는 단연 으뜸이고 일부 교육, 대외원조에서(특히 기독교의 해외선교사와 선교지원과 UNICEF)는 선진국가보다 앞서는 근대화 '실적' 중심의 전시관이 되어야 한다는 입장이었다.

이런 준비 없이 섣불리 '현대사' '박물관' 하다가는 8·15 건국절 시비로 정쟁의 미로만 헤매고 극좌 대한민국 파괴세력의 정부공격 미끼만 될 수 있다는 염려가 깔려 있었다. 이들 세력을 제압하는 정치적, 사회통합적 국가의지, 즉 대통령과 보수주류의 의지와 이를 위해서는 반국가단체를 다루는 확고한 체제수호적 장치와 의지를 세우고 덤벼도 쉽지 않다는 내 판단이 깔려 있다. 1974~5년 '동아일보 사태' 때의 나의 접근, 지론과 같은 것이었다. 명분 + 실천의 주도권을 먼저 잡고 덤벼야 한다는 것이다.

다만 기왕 '대한민국관'을 만든다면 국민들뿐 아니라 전 세계인들이 모두 거부할 수 없는 객관적, 실증적 자료, 증거관을 만들자는 입장이었다. 그래서 내가 직접 2009년 12월 10일 건립위원들과 전문위원 관련 학자들을 모아 내 의견을 제시했다. 형식은 "대한민국역사박물관 아카이브 구축을 위한 워크숍" 기조발표였다.

"대한민국 근대혁명을 시간프레임(시간단위)과 내용프레임(근대화분야)으로, 2차 세계대전 후 독립한 제3세계 140개 국가와 비교, 통계적으로 객관화하고 검증 가능케 만들어 이 땅의 낭비적인 이념의 그늘과 갈등을 극복하는 기초를 닦고, 또 이를 기초로 선진국과 비교, 근대를 넘는 비전을 만듦으로써 우리 젊은이들에 글로벌코리아 모델로서의 한국의 갈 길을 제시하자"라고 결론을 내고 있다. 나는 아카이브 구축을 위해 당시 이인실 통계청장까지 직접 만나 협조를 구했다.

또 2011년 3월 11일엔 "근대 민족주의와 한민족 발전에 있어 대한민국의 정통성, 법통성, 계속성, 통합성의 정체와 발전, 진출 그리고 이를 전시하는 내용의 구상, 구조"라는 6페이지 실제 응용가능 구상을 요점 정리해 위원들에게 돌렸다.

그러나 일부 위원들은 완강했다. 대한민국 현대아카이브적, 통계실증 중심, 누구나 부정할 수 없는, 동의할 수밖에 없는 국제비교적, 통계자료 중심으로 전시를 구성해보자는 위원장의 구상은 내부에서조차 먹히질 않았다.

8·15 건국절 시비 같은 소모적 논쟁을 뛰어넘고 아무도 부정할 수 없는 국제비교 실증을 통해서 대한민국의 정통성, 정체성을 드러내자는 내 취지는 완고한 현실에서 청와대조차 휘둘리며 날아갔다. 그러면서도 내가 버틴 이유 중의 하나는 이미 2008년 우남 43주기 쓴 경험을 하고도 우남·백범 화해, 대한민국 정통성 정립의 길을 여기서 모색할 수 있지 않을까 하는 기대 때문이었다. 결과는 역시 꿈이었다. 그런 일 손잡고 할 수 있는 사람은 정부 안팎에서 찾기 힘들었다. 청와대를 기대했던 게 잘못이었다.

나는 ① 중국 시절 임시정부와 대한민국정부 사이의 인물의 연결, 광복군과 국군의 연결, 제헌국회의원과 임정요원 연결, 북한정권 구성인물과 대한민국 참여인물 차이, ② 건국과정의 국제화, UN, 독립운동의 평화 이상, ③ 1945년 이후 제3세계와 비교, ④ 대한민국 변화·성공의 극적, 역설적 자료들(주로 외국 언론, 연구지 등의 보도, 논문들), ⑤ 한강 다리 수 비교, 이호철과 조세희의 소설과 현실, 한국 대학들의 최초 박사학위 수여자 등을 예시하며 전시 구상을 펼쳤다.

내부에서 이런 어려움을 겪었을 뿐 아니라 이 아카이브 연구프로젝트 일로 엉뚱한 오해를 받는 일이 생겼다. 나는 이한빈 선생 인연으로 한국미래학회 창립 멤버요, 내 능력껏 열심히 물심양면에서 도왔다. 또 '미래'에 지금도 계속 관심을 갖고 있는 미래연구자로서 학회발전을 위하여 대한민국 현대아카이브 연구프로젝트를 한국미래학회에 맡겼다. 그런데 막상 착수하고 보니 미래학회는 법적으로 임의단체여서 정부연구자금을 쓸 수가 없었다. 그래서 최종적으로는 연세대인가 이화여대 연구소 이름으로 나왔다. 나로서는 만족할 수 없는 연구였다.

1968년 창립 무렵에는 기부 또는 영수증 처리가 크게 필요 없는 민간거래에 의존할 수 있는 학회였다. 그러나 이제는 세상이 바뀌었다. 이래저래 학회활동도 크게 위축되었다. 그래서 아카이브 과정에서 실정을 알게 된 나는 미래학회에 연구법인화 하라고 적극 권했다. 정부는 물론 민간기업도 이젠 법적 영수증처리 안 되면 연구비 지출이 어려워졌으니. 그런데 이를 내가 미래학회에 영향력을 확대하려는 사적 욕심으로 오해인지 의도적 질시인지를 했다.

그중 한 분은 1979~80년 이한빈 부총리의 요구로 그의 일을 돕고 이천 온천에서 김재익 박사와의 3자 밀회작업 등에 몹시도 신경 썼다. 원래 이한빈 예산국장 시절 그 밑에서 일했던 분이어서 아마 이 부총리에 의하여 제일 먼저 발탁될 것으로 기대했는데 엉뚱하게 내가 공식은 아니지만 중용되는 사실을 알고는 노골적으로 질시했다.

이런 그의 영향 탓인지 노욕인지 그와 동향인 C박사도 이 무렵부터 나를 대하는 태도가 완전히 딴사람이었다. 회장 하는 전상인 교수가 무슨 일이 있었는지는 모르겠는데 아카이브 프로젝트 연구비를 어찌 썼는지 감사를 받았다 하고…. 연구비 준 나에게까지 문초가 들어오고…. 기가 찼다.

그전에는 그리도 미래학회 일을 상의하고 감사해 하던 최정호 교수. 1980년, 내 일생 최대위기의 고비에서 내 이름, 발행인 이름도 못 쓰며 발간사를 아호(景石)로 쓰는 고생을 하며 출판한 계간 〈현대사〉와 극적 폐간. 나로서는 탄식 없이 회고하기 어려운 작품이었다. 그는 〈현대사〉 이야기를 여러 군데 쓰면서 내 고생과 그 〈현대사〉 발행기관인 서울언론문화클럽 만들고 위기에 처한 내 스토리는 한 줄도 비치지 않았다. 이럴 수가.

늙은이가 늘어가는 세상, 특히 젊었을 때 자기 공로가 있다는 기관을 사영(私營), 개인화하는 노욕(老慾)들, 우리 주변에서 참 많이 보게 된다.

다양한 구성, 어려웠던 인화

건립위원회 구성은 박물관 건립의 특성상 참 다양했다.

다양한 인사, 다양한 업무(종합역사, 시대구분, 전시계획과 구획, 설계, 건축, 전시물 수집) 모두 논쟁적이지만 나로서는 새 경험, 흥미 있고 공부되는 일이었다. 당연직으로 정부 각 부처 차관에다 정옥자, 이태진 국사편찬위원장 등, 관료 출신으로 홍순영(외무부 장관), 권영효(국방부 차관), 문화계 임권택(영화감독), 신달자(시인), 황석영(작가), 기술계 김원(광장 건축연구소장), 이만재(ETRI 연구위원), 사회계 장대환(매일경제신문 회장), 윤종용(삼성전자 고문), 박유철(광복회장), 장석춘(한국노총위원장), 역사학계 이인호, 한영우, 김영식, 이배용, 문화산업계 김종규(삼성출판사 회장), 이참(한국관광공사 사장) 등 독특한 이력의 집합이었다.

다만 항상 시간 안 지키고 늦는, 그리하여 전원이 언젠가는 30분 가까이 기다리게 만든 위원에게 정옥자 위원장이 정면으로 비난하며 대든 일, 해외여행 가서 사전사후 알림 없이 독불장군 혼자 노는 위원 등 말썽부리는 몇 사람이 있었다.

그중 한 분의 박물관장 운동 참 끈질겼다. 청와대와 문광부의 무능이랄까 정권 말기 해이가 너무 적나라했다. 깐깐한 김원 씨는 설계건축의 원칙 따지며 사표를 내서 말리느라 혼이 났다. 그래서 더 정이 들었다.

가장 재미있는 대화는 황석영 씨와의 것이다. 그는 보통 회의에는 거의 안 나왔다. 2010년 2월 16일 따로 점심을 했다. 위원회가 들어 있던 사무실 건물 바로 뒤 유정집에서다. 대중민중 중심, 발전주역이 민중인 박물관이 되어야 한다는 것과 건국을 임시정부로 멀리 올려야 북한과 정통성 비교된다는 그의 발언이 내 기록에 남아 있다. 그리고 북방 실크로드 꿈을 펼쳐서 신기했다. 자기 아이디어를 MB가 적극 밀고 있다 했다. 그 후 공식으로 유라시아대륙 특임대사로 임명, 발령 난 것으로 기억한다. 그래서 그의 진영, 진보진영에서 뭇매를 맞았다.

나 역시 한국, 북한, 몽골, 중앙아시아, 터키, 헝가리, 에스토니아를 잇는 우랄알타이어족 블록이랄까 연대를 그려보고 있는 사람으로서 흥미를 보였다. 그도 나의 논지에 관심을 보였다. 나와의 대화 중에서도 그의 지리적 영역이 중앙아시아로 끝나는 것이 다소 이상해서 반문했더니 북한 껴안기가 주목표였다. 나중에 언론에 후회 섞인 발표를 한 것 보면 방북, 망명, 징역살이 15년의 경험을 살려 '사회에 기여하고 싶은 욕심'이 생겨서 MB와 거래했다는 자백이 나온다. 북한을 특정 개인 또는 대통령의 사용(私用)으로 생각하는 나쁜 버릇이 대한민국에 독버섯처럼 퍼졌다.

김원, 신달자, 김종규 씨와는 지금도 가끔 만나 소회를 나눈다. 역사박물관 4년의 흔적이 그것뿐이다. 문광부 장관, 차관들과 청와대 비서들의 참 딱할 정도의 오만함 — 기억에 선명히 남아 있다. 만 4년 안 되는 사이, 정확하게 3년 8개월 동안 4명의 사무국장을 거쳤다. 이런 사무국, 문광부에서는 밀려 처진 직원들 사기, 인사권 없는 위원장의 처지, 그래서 일처리 특히 해외여행 준비 엉망의 엉망인 경험이 파리에서 있었다. 이것이 대한민국 국가기관의 행정능력인가 참 딱한 경험이었다. 개인적으로는 내 일생 중요 국가건물과 전시작품 하나 만들어보는 새 경험의 경지였다.

3장

쓴소리

한국 보수의 비극

남덕우 박사와 '성공자'들

남덕우 박사님께 (박정희기념관 사업회회장)

… 저는 과거의 직업상 지금도 한겨레신문과 오마이뉴스는 매일 꼭 챙깁니다. 박정희 대통령에 의하여 덕은 못 본 사람이지만 대한민국의 초석, 그리고 진정한 국가적 리더십은 이승만, 박정희 대통령밖에 없었다고 믿고 있습니다. 그리고 저로서는 운동권 미디어에서 박정희기념관 문제로 그리도 박 대통령을 모욕하는 기사와 글이 나오는데도 정부와 기업체 돈으로 기념관을 짓겠다고 생각하는 박정희 교도(教徒) 들이 너무나 딱해 보입니다. 이리도 자존심이 없는 이들이 보수와 주류를 자처하는 것인지.

진심으로 박 대통령을 존경하고 그의 은덕을 감사하는 분들이라면 자발적 헌금을 통하여 기념관을 짓고 운영해야 한다고 믿습니다. 김대중 씨의 동진전략(東進戰略) 에 불과했던 기념관 프로젝트를 받는 것도 잘못이고, 국가가 앞장서는 대통령 기념관이라면 이승만기념관부터 추진했어야 한다고 믿습니다.

기념관 '논쟁'이 안타까움을 넘어 이 나라 주류 전체에 상처를 주는 일이라고 믿는 까닭은 박정희 대통령의 측근으로서 총애를 받았던 분들의 재산의 100분의 1, 1000분의 1씩만 걷어도 넉넉히 아담한 기념관과 의미 있는 박 대통령 평가 존경 사업을 할 수 있기 때문입니다.

제가 어떤 분들, 어떤 층을 지지하는 것인지 남 총리께서는 이해하시리라 믿습니다. 그런데도 부디 국민 세금과 기업 헌금으로 하겠다고 하는 바람에 이렇게도 박 대통령을 모욕하는 불씨가 되도록 방치하는 사태를 보면 이 나라 보수(保守)나 주류(主流)가 스스로 자해(自害)를 하는 것으로 비추어집니다.

박정희기념관을 바라시는 박정희 교도들께서는 국고 지원을 반납하고 '자발적 헌금'으로 역사성과 지향성이 뚜렷한 기념관을 건립, 운영하는 것이 각자 개인적으로는 보람일 뿐 아니라 공적으로도 국난 극복에 한 모범적 사례가 될 것으로 믿습니다.

남 총리께서 주변의 양식 있는 분들을 설득, 자발적, 자율적, 봉사적, 희생적 박정희기념관이 되도록 하여주시기를 간절히 바랍니다. 그래도 이런 솔직한 심정을 토로할 수 있는 분은 남 박사님이라 믿기에 외람된 글 올립니다. 결례가 되었다면 용서해주시기 바랍니다.

2004. 8. 25.

김진현

이 편지의 이해를 위해서는 두 가지 주석이 필요하다.

첫째, 김대중 대통령의 동진 — 경상도 포섭, 계략의 하나로 박정희대통령기념관을 허용하고 국민모금을 500억 원 하면 정부가 200억 원을 지원키로 했다. 그런데 2004년 8월 11일자 한겨레신문 일면 톱기사가 나왔다. "'박정희 사업' 또 연장신청 — 기념관 완료 올 10월에서 2009년으로 정부 난색, '500억 기금' 전망 없자 규모 축소, 시민단체 '국고지원 철회해야'".

국민모금은 500억 원이 아닌 102억 원이 되었는데, 그중 90억 원이 전국경제인연합회(전경련) 50억 원, 무역협회와 대한상의가 10억 원씩, 육영수여사기념사업회 5억 원, 이 아무개 신한은행장 5억 원이었다. 순수 국민모금은 2000년 말부터 2003년 상반기까지 1만여 명 12억 원에 불과했다.

다시 4년 뒤 2008년 1월 15일 문화일보는 이런 제목의 기사를 보도한다. "'박정희기념관' 뒤늦게 탄력 — 법원 '국고보조금 취소 부당' 정권 말 늑장 판결, 보수단체 100억 불과 … 사업 지지부진. '정부보조금 의지한 공사'… 규모 축소 불가피." 기사 속에는 이런 대목도 나온다. "박 대통령 숭배하는 보수세력의 지난 10여 년에 걸친 모금액이 100억 원에 불과해 보수 스스로의 명분을 살리지 못한다는 비판을 면키 어렵게 되었다." 물론 극좌파 진영은 이런 기형적 국민모금을 비판한 것만은 아니었다. 기념관 건립 자체, 국고보조 자체의 반대에 초점이 있었다.

둘째는 남 박사가 재무부 장관으로 바로 발탁된 뒤 나눈 대화를 기억하기 때문이다. 동아일보 경제부장이었던 나는 그때 김학렬 부총리의 과격한 언행과 경제 제일주의 정책에 비판적이었다. 남 교수의 학자다운 논리와 차분함에 열심히 그를 성원했다. 그래서 동아일보는 나쁜 표현으로 하면 친(親)남덕우–반(反)김학렬이 선명했다.

또 남 박사가 젊은 시절 신익희 국회의장 비서를 했고, 그 무렵 아버지가 경기도지사를 하시고 수원에 오신 신 의장이 도지사 관사에서 저녁을 드신 기억도 있다. 가끔 아버지 안부도 물었다. 장관 취임 첫해, 두 번째 해외출장을 마치고 얼마 뒤, 남 장관에게서 장관실에 들르라는 연락이 왔다. 아버지 드리라고 회중시계를 선물했다. 나에게는 만년필을 주었던 것으로 기억된다. 나는 아버지에게까지 신경 쓰신 데 감사하고, 여비도 어려우실 텐데 과하게 폐 끼치는 것 아니냐는 겸손으로 답했다.

그런데 아주 의외의 답이 왔다. "아니야, 해외출장 두 번 다녀오니 이제 그만두어도 밥은 먹겠어. … 안 받겠다 해도 관행이라고 떠밀려 받았는데 산하 금융기관들이 모아 준 여비 보조가 꽤 돼."(재무부 장관은 세계은행과 아시아개발은행 총회에 참석을 비롯, 1년에 최소 두 번은 해외출장 한다.) 그는 그 후 부총리 겸 기획원 장관, 청와대 특보, 총리, 한국무역협회 회장, 한국산학연구재단 이사장으로 세상을 뜨기 전까지 사실상 국가 고위직을 누렸다. 그래서 이 편지 속의 표현 '박정희 대통령의 측근으로서 총애를 받았던 분들의 재산의 100분의 1, 1000분의 1씩만 걷어도…' 라는 표현이 나왔던 것이다.

박 대통령 측근은 18년 동안 장관, 차관, 장·차관급 국가기관장, 국회 요직, 군의 사령관급 이상 장성, 국영기업체장들만 해도 최소 1천 명은 넘을 것이다(예춘호·양순직 같은 유형, 고건·이석제·고재일 같은 유형, 김형욱·김재규 같은 유형은 제외하고). 대표적인 분이 김종필, 정일권, 백두진, 최규하, 박태준, 신현확, 박충훈, 남덕우 씨 등이다.

2000년대 한국무역협회 연구자문위원으로 있을 때 직원 출신 임원에게서 한이 섞인 말을 들었다. 1980년대 해외출장 시 특수활동비라는 명목의 당시로서는 '놀라운 액수'의 돈이었다. 해외뿐 아니라 국내에서도 영수증이 필요없는 특활비가 영수증 필요 한도의 1.5배였다는 것이다. 정도의 차이만 있지 당시 관민기관들의 통상 관행이었다. 그때 남 박사에게 보낸 편지를 기념사업회 이사로 있던 김경원 박사에게도 전했다. 맞는 말이긴 한데, 누가 이야기 꺼내겠느냐 했다.

한국선진화포럼

2005년 남 박사는 좌파와 대결하겠다고 한국선진화포럼을 만들고 이사장으로 나섰다. 나도 물론 참여했다. 또 고언(苦言)을 드렸다. 시대가 바뀌었다. 우리 모두 뒤로 물러나서 모금 후원만 열심히 하고 얼굴과 세력 중심은 철저히 50대 이하로 하자고 권했다. 지금 구성을 보면 마치 나이든 정년퇴임 경제학자들, 어느 대학 동창회 모임 비슷한 조직으로 되겠느냐고 했다. 마침 중앙대 경제학과 박찬신(41세) 교수가 "선진화포럼을 다시 생각함"이라는 보고서를 통해 진보진영의 대안과 포럼의 모순을 적시하여 남 박사에게 제시했다(2005. 10. 18.). 젊은 세대가 보는 진단이었고, 나와 같은 이야기였다.

남 박사의 답변인즉, 전경련이 "내가 책임자 아니면 돈을 안 주겠다"라는 것이었다. 한국 보수의 비극이다. 대의를 위해 자기 돈 쓸 생각을 안 한다.

2001년 1월 1일 지금부터 20년 전에 쓴 "그래도 우리는 옳은 길로 가는 중"(중앙일보, 2001. 1. 1.)을 보면 남 박사는 지속적 낙관론, 단기적 손실을 감내하는 지혜를 강조하고 있다.

> 재벌 총수의 독재체제도 사라지고 있고 수직적 명령 대신 네트워크 중심의 수평적 의사결정을 중요시하는 방향으로 기업경영이 민주화되고 있다. 노조의 투쟁이 구조조정의 걸림돌이 되고 있지만, 그래도 노조가 여론을 의식해 경제논리와 법에 따르는 경향을 보이고 있다. 문제를 해결하자면 대화와 타협 이외에는 방법이 없다. 문제해결을 위해서는 논리에 승복하고 자기뿐 아니라 전체의 이익을 고려하고 장기이익을 위해 단기적 손실을 감내하는 지혜가 필수조건이다.

맞는 진단이고 맞는 처방인가. '필수조건'의 '지혜'는 말로 만들어지지 않는다. 지도자의 희생과 모범이 필수조건이다.

남 박사의 이 글은 꼭 그 13년 전 정주영 회장의 "2~3년 뒤 한국형 노사관계 안착", "10년 뒤 전문경영인 시대" 이야기를 상기시킨다(482쪽 정주영 편 참조).

남 총리는 과연 한국의 '문제해결'을 위하여 개인의 단기적 손실을 감내한 적이 있는가. 문제해결에 정면에 맞부딪치는 헌신 없이 '지혜'로 뚫는다는 것은 과연 옳은 자세이고 접근 방법인가? '미국의 하늘', '독재정치의 편법', '복종 행태의 관료와 조직문화', '백성들의 유교적 근면' 등이 존재하는 전제하에서의 지혜인 것이다. 민주화, 개방화, 다원화, 세계화로 가야 하는 구조와 분단, 통일, 대륙, 민족주의, 친북극좌의 반동 그리고 공정, 공평, 단기성취 지향의 한국인다운 행동양식이 3중 충돌하는 대한민국 현실, 실체에서 정말 지도자다운 고민이 너무 없다. 그 고민에서 나오는 진지한 몸짓이 없다. 지혜, 이기, 편안, 기회주의로 전락하는 한국 지식인, 특히 기능주의, 제도주의로 기우는 일부 관변학자의 일반적 통폐이다.

'한국문제군'은 해결의 실마리를 찾지 못하고 민주화, 국민의 정부, 민간주도, 제 2건국, 산업혁명, 번영, 통일, '한 번도 가지 않은 길'… 구호로만 흘러가고…. 결국 '비극적 혁명'으로 끝나지 않을까. 한국의 지도자들이 고 김재익·박세일 박사의 헌신, 이타, 정도, 성실, 원리의 반의반이라도 실천했더라면 하는 아쉬움이 크다.

"김 장관, 왜 인사가 없어?": 관행위반

이 대목에서 추가하지 않을 수 없는 에피소드가 몇 개 있다. 과기처 장관 시절, 1992년 중 열린 어느 원자력위원회 회의 마무리 장면이었다. 공식 안건은 한국전력이 제안한, 캐나다의 가압중수로를 짓는 월성 2호기 '건설허가'와 3, 4호기 건설 기본계획이었을 것이다. 원자력위원회 위원들은 나를 빼고는 30대에 장관 지낸 분들을 포함하여 모두 박 대통령 때부터 이름 날리던 엘리트 관료 출신이었다. 모두 돈 관계에서 스캔들이 없는 평판 좋은 분들이었다. 각 위원 뒤로는 관계부처의 관계 실무자들이 배석했다.

그리고 위원장이 회의 종료를 선언하여, 일부는 일어서고 일부는 퇴장하는 어느 순간 장관 한 분이 주무장관인 나를 향하여 "김 장관, 왜 인사가 없어?"라고 소리쳤다. 나는 무슨 소리인지 알아듣지 못했다. 뒤로 고개를 돌려 저게 무슨 소리냐고 물으니 왜 대우그룹에서 '인사'(사례) 가 없냐는 뜻이라 했다. 월성 주설비공사를 대우가 하게 되어 있었다(사실상 청와대 결정). 나는 대답을 못 했다. 아마 내 표정이 일그러질 대로 일그러졌을 것이었다.

장관, 국장, 과장 등 배석자 다 합치면 20명 가까운 공개 회의장에서 '왜 인사가 없느냐?'라고 다그치는 것은 나로서는 상상도 할 수 없었다. 아마도 참석자 전원이 모두 당연한 관행이라는 습관, 체질이 된 것이리라.

관행은 이런 경우 공식회의 의결 전 '인사'가 전달되기 마련인데, 회의 끝날 때까지 없으니, 필경 그 '인사'를 주무장관인 내가 독식한 것으로 오해한 듯했다. 과거 관행으로는 그럴 법할 것이다. 당시 나는, 뒤의 과기처 장관 회고에서 나오지만, 꽤 실력자 장관으로 알려져 있었고, '관행'과는 다른 행보를 보였다. 박 대통령 때부터의 '관행', 아니, 조선조 때부터의 관행이 6·29민주화선언 이후에도 정치형식만 사이비 민주화가 되었지 강고한 '관행', 비정도(非正道)의 '관행'은 30년 뒤에도 건재했다.

언젠가 봉투가 오기는 왔다. 뜯어보니 수표로 1억 원인지 2억 원인지 되었다. 박종용 비서관에게 바로 복사해 복사본은 보관하고 수표 원본은 즉각 돌려보내라고 지시했다. 마침 박 비서 고교 동창이 대우 비서실에 있어 곧장 돌려주었다는 보고를 받았다.

"누가 몰라 못하나?"

1991년 1월 28일 중앙청 국무회의였다. 노재봉 청와대 비서실장이 총리로 오고 한 달도 안 되어 시대착오적 법을 개정하는 쇄신책 마련을 단호한 어조로 명령했다. 취임하면서부터 노태우 대통령의 1991년부터의 실천 슬로건인 "새 질서 새 사회" 정부 출선을 선창하고 미리 예고까지 했었다.

소방법, 도로교통법, 식품위생법과 시행령이 실행 불가능, 비현실적이라며 구체적으로 예시하고 즉각 개선책을 마련하라는 것이었다. 예를 들면, 꿩 · 닭장의 크기가 마리당 몇 ㎠인데 실제 필요한 넓이와 동떨어진다거나, 어떤 영역이 공무원 부정의 온상이니 시정하라는 것이었다. 이 국무회의를 마치고 회의실 문을 나서 바로 앞 엘리베이터를 기다리느라 장관들, 비서들이 몰려 있는데, 이날 지적 대상 부서 장관 중 한 분이 핏대 섞인 목소리를 높였다. "누가 몰라 못 하나. 그러면 애들(공무원) 뭐 먹고 살아?"

놀라운 경험이었다.

'나는 행정가여서': 현명과 비겁, 지혜와 정의, 행정과 정치 사이

전두환 정권하의 국무총리 한 분이 국회 질의답변에서 '나는 행정가여서 정치는 잘 몰라 답변드리지 못하겠다'는 말로 넘어가는 비정상, 반헌법, 반도의의 행태를 용서해서는 안 된다. 내가 동아일보 논설주간으로 있던 시절 국무총리와 만찬을 했다(1989. 1. 23.). 내 기록에 이렇게 적혀 있다.

> '나는 정치인 아니고 행정만…', '정치-민정당에서 잘해 달라, 언론이 맡아 달라', '국방비 쓰는 셈 치고 서울대, 고려대, 연세대 지원.'

학자 출신 국무총리까지도 정치와 행정을 구분, 철저히 행정가라는 지혜, 꾀, 현명, 회피주의, 이기주의의 관행이 되었다. 그러나 개인을 욕하기보다 그런 말로 넘어가는 당시의 정치 행태, 언론 행태를 더 비판하고 파고들어 갔어야 했다.

광우병 사태 때 청와대 원로들의 말

우리나라 총리, 국무위원 지낸 분들, 국가 원로로 추대받는 분들 중에 지혜롭고 영리한 처신이나 결정적 국면에서 비겁하고 이기적 처신으로 빠져나가는 모습을 여러 번 보았다. 이명박 대통령 취임 이후 벌어진 광우병 촛불사태 때였다. 촛불집회가 한창 진행되는 가운데 후반부가 시작될 무렵, 아직 국가원로자문회의가 구성되기 전에 원로급들을 청와대로 불렀다. MB가 첫 발언을 경제 출신 총리에게 부탁했다. 일어서더니, 우리나라 소득격차 문제는 양극화가 아니고 상대적으로 덜 심각하다고 몇 마디 하고 앉았다. 다음에는 외교 출신 총리를 지명했다. 일어서더니, 지금 국제정세가 이렇고 저렇고, 하고 앉았다. 모두 대학 교수 출신이었다. 이른바 선비들이다.

그러니 우리나라 NGO 1세대인 서영훈 씨가 버럭 소리를 질렀다. "이거 뭣들 하는 거야, 광우병 소동 난리인데…. 무슨 소리 하고 있는 거야?" 그런데도 또 한 종교 원로는 "지금은 뭐라 할 때 아니고, 좀 진정된 뒤 그때 우리들이 나서자"며 참 회피적인, 하나마나한 언사를 떳떳이도 했다.

'미완(未完)의 대한민국' 완성

이들의 처신을 용서해서는 안 된다. 이들 개인의 '비겁, 안위, 이기'는 반성과 참회의 대상이다. 그렇다고 이들을 비난하고 욕하고 난도질한다고 해서 적폐와 관행이 청산되지는 않는다. 이들도 반성, 참회하는 계기를 마련하는 데 힘써야 한다. 나는 박정희기념관과 남덕우 박사, '왜 인사 없어?', '애들 뭐 먹고 살아?' 얼굴들과 겹쳐 전두환, 노태우 대통령의 3천억 원, 4천억 원 비자금이 떠오른다. 그리고 '비겁한 현명(賢明)들'이 겹친다. 이분들 개인에게 초점을 맞추려는 것이 아니다. 그분들 평가도 내가 쓴 대목만 갖고 해서도 안 된다. 그 시대 그 기준으로는 도덕적으로 평균 이상인 인물들도 있다.

나는 인도의 네루가 자신의 딸을 위해 1934년 옥중에서 쓴《역사 이야기》(*The Glimpse of World History*) 끝머리에서 플라톤에 대해 쓴 대목을 젊은이들에게 늘 호소했고 지금도 한다. 네루는 플라톤 같은, 당시로서는 이상적인 철학자도 노예제도를 찬성했다며 한 인물의 평가에서는 그가 살던 시대의 조건, 상태를 이해하고 평가해야 한다고 했다. 그러면서 오늘의 잣대로 옛날의 것을 재려 하지 말고, 옛날의 잣대로 오늘의 것을 평가하려 해서는 안 되며, 오늘날의 잣대로 미래를 예단해서도 안 된다고 설명했다.

그러나 분명한 것은 어떤 잘못도 자동적으로 용서되어서는 안 된다는 것이다. 과거의 것이라고 과거의 잘못을 지적하지 않는 것은 현명한 처세일 수는 있으나, 옳은 것은 아니다. 그 시대 그 조건에서는 용서했다고 해서 그 시대가 그 인물의 잘못이 자동적으로 관용의 대상은 아니다. 다만 용서와 불용의 차원을 넘어, 그 시대 개인의 불가피성을 넘어, 그런 모순과 과오를 국가적, 사회공동체적 명제로 소화해 내야 한다. 벌을 주고 모욕을 주는 차원이어서는 안 된다. 대한민국의 성공스토리에서도 #MeToo 운동이 나와야 한다. 그리고 지도자들의 자성과 자발적 #MeToo 운동이 필요하다. 그것이 역사의 전진이고 진보이고 통합이고 발전이고 평화이다. '미완(未完)의 대한민국' 완성을 향한 길이다.

재벌개혁 쓴소리

재벌 · 재벌단체와의 인연

내가 습작이 아니라 본격적 논문을 처음 쓴 것은 1964년 9월, 〈신동아〉 복간 기념호에 실린 "정치자금 — 한국 민주정치의 비용"이었다. 자유당 시절부터 민주당, 5 · 16 후 공화당 정권까지의 여야 정당의 정치자금, 선거자금을 다룬 일종의 탐사 반(半), 기록추적 반(半)의 글이었다. 자연히 당시의 경제인협의회(후에 전국경제인연합회: 전경련)와 돈줄이었던 방직협회, 제당협회, 제분협회, 건설협회 기록을 뒤졌고, 이병철, 서갑호, 이동준, 이한환, 유창열, 정재호 등 재벌의 이름이 등장한다. 미국, A. J. 하이덴하이머 교수의 선거비용지수 기준으로 1963년 선거비용을 처음으로 계산하기도 했다. 선진국에 비해 월등히 높다는 것을 밝혔다.

내가 본격적으로 재벌문제를 다룬 것은 3개월 뒤 〈신동아〉(1964년 12월호)에 "부정축재 처리 전말서"를 쓰면서부터이다. 4 · 19 직후 장면-민주당 정부와 5 · 16 이후 박정희 군사정권의 '부정축재' 조사 과정과 결과를 본격 정리한 것이다. 이 글은 지금까지도 이 방면 연구자들의 참고문헌 가운데 하나이다. 실질적으로 자기 것이면서 대표 명의만 홍재선 씨로 바꾼 쌍용양회(현 쌍용그룹)의 김성곤 씨가 〈신동아〉와 나에게 강력히 항의해서 꽤 시달렸다.

그 후 경제부장, 논설위원으로 여러 재계 인사들과 접촉하게 되었다. 또 정주영, 구자경, 정인영, 정세영, 김우중 스토리에서 나오듯 동아일보의 경영임원이 되기 훨씬 전부터 이들 재벌 기업주들과 동아일보 경영관계 심부름도 했다. 한국비료 사카린 밀수사건 때는 이병철 회장과 삼성 비판기사의 선봉 역할도 했다. 그리고 1981년부터 만 3년 7개월 동안은 전경련

산하 한국경제연구원(KERI)을 창설, 연구책임자로 일했다. 한국재벌 최고실력자들의 매월 정기모임인 회장단 회의와 이사회 모임에 전경련 상근부회장과 함께 말석을 차지하는 기회를 가졌다.

개인적으로는 소중한 경험이었다. 수만, 수십만 직원을 거느리는 나이 지긋한 재벌총수들이 회의석상에서는 목소리 높여 맞상대하며 싸우는 장면, 바로 전경련 유력회원사 노사관계가 그리 극심하게 나쁜데도 경총(한국경영자총연합회)에서 다룰 일이라고 꿈쩍도 안 하는 장면, '한보 사건' 같은 회원사 부정으로 온 나라가 시끄럽고 총수가 해외로 도피하는 중에도 침묵으로 일관하는 일은 나로서는 납득하기 힘들었다.

그러면서도 제주도 한진 목장, 대구의 금성 공장과 코오롱 공장, 경주의 풍산금속 공장, 울산의 현대와 용인의 삼성 공장과 에버랜드 및 호암미술관에 방문해서 보이는 인간적 매력 등은 귀한 체험이었다. 광양 제철소를 방문하고 제주도로 가는 비행기가 거의 추락 직전까지 곤두박질을 거듭하는 기내에서 죽음 앞의 절대상황에 처한 대한민국 최고 기업인들의 적나라한 인간모습, 표현이 어렵다.

이병철과 정주영

나에게는 인간 정주영을 이해하는 또 하나의 계기이기도 했다. 특히 1984년 호암미술관의 수집품들을 돌아보고 저녁식사 자리로 가기 위해 계단을 내려오면서, 정주영 회장은 바로 옆의 나에게 감탄사를 연발했다. "호암, 대단하군. 아주 좋은 일을 했어. 참으로 훌륭해…!" 기업이익 앞에서는 그리도 격렬하게 싸우던 분이 호암을 완전히 다른 이유로 인정하고 자기보다 우월한 측면을 감탄사로 축하하는 모습을 보였다. 이후 현대와 삼성 관계는 그 전과 다른 모습이 되었다. 이 무렵 정 회장과 이 회장은 앞서거니 뒤서거니 미국에서 명예박사 학위를 받았다. 미국을 다녀온 이 회장이 모처럼 전경련 이사회 참석 후 점심자리에서 아주 강렬하게 거듭한 경상도 사투리, "반도체가 미래의 쌀이 되이…, 철이 되이…." 지금도 내 귀에 박혀 있다. 두 분 다 거목이었다.

'MB, 하늘이 준 기회': 첫째도 희생, 둘째도 희생, 셋째도 희생

2007년 12월 28일, 대통령 당선자로서 MB의 첫 '공식 일정'이 있었다. 여의도 전경련 사무실을 찾아가 점심까지 나누었다. 나는 너무 충격을 받았다. 너무 큰 이변이고 언행이었다.

① 애로사항이 있으면 내게 직접 연락하라며 개인 전화번호를 주고(내 경험으로는 명색 장관도 대통령과 직접 연락이 얼마나 어려운데), 기업인 공항 출입 특혜 제공, ② 현재 형집행정지 중인 김승연 회장, 비자금 조성 혐의로 재판 중인 정몽구 회장과 특검 논의 중인 이건희 회장이 전경련 회장 조석래(MB 사돈) 바로 옆에 서서 악수하고, ③ 대통령과 전경련이 공동위원장을 맡는 '민관 국제경쟁력 강화 특별위원회'를 만들기로 했다. 내가 보기엔 미친 발상이었다. 취임부터 통합과 개혁의 판을 깨는 '경제주의자'들의 발상이었다.

그렇잖아도 MB는 한국 역사상 ① 최초의 기업인 출신 대통령(외국 선진 민주주의 국가에서는 없다), ② 역대 대통령 중 최고부자이고, 형제 자식 모두 재벌기업에 몸담고, 혼맥(婚脈)도 효성, LG, 삼성이고, ③ CEO 대통령, 실용 대통령을 선거 캠페인 구호로 내건 최초의 대통령이었다. 부디 전경련을 찾지 않아도 국민들은 친기업 대통령이 될 것이라 믿는데, 무엇을 더 강조하려 전경련을 방문으로 당선자 행사 첫 테이프를 끊는다는 말인가.

대통령의 통합 기능, 더구나 선거 뒤 첫 행사라는 상징성과 너무 멀었다. 나는 1979년 10·26 이후 새 과도내각의 이한빈 부총리에게 취임 첫 행사로 한국노총을 방문토록 권고했고, 이 부총리는 실제로 그리했다. 좋은 발상이었다고 감사도 받았다. 나는 MB의 첫 발자국으로 앞날이 너무 참담하게 느껴졌다.

그의 취임 전, 2008년 1월 1일 자 조선일보 칼럼 "신이 내린 기회"를 썼다. "지난 10년간 좌파와 함께 '기득권 보수'도 자멸. 도덕성과 공익으로 무장한 '정통보수' 만들어야" 하는 제목이 달려 나왔다. 진보 자멸로 MB가 승리한 것이라 진단하고, 결론에서 "보수는 부패와 기득권 안주라는 한국 보수의 꼬리표를 떼는 '혁신'을, '신이 내린 기회'를 맞은 MB에게 기대한다"고 끝을 맺었다. 칼럼은 점잖게 썼지만 나는 1월 21일 MB에게 쓴소리를 해야겠다고 마음먹었다.

MB와의 인연이라면 그가 현대에 있을 때 정 회장과 한 팀으로 주로 뉴코리아 골프장에서 골프를 세 번쯤 쳤다. 정 회장과 사무실에서 만날 때 노크 없이도 회장 방으로 불쑥 들어오는 그를 몇 번 봤다. 그럴 수 있는 유일한 사람, '작은 정주영'이라 불릴 정도의 실력자라는 것을 익히 알고 있었다. 업무상 일해 본 적은 없다.

그래서 재벌개혁을 핵심으로 하는 "MB의 Presidency와 출발선(出發線)에서의 지향(指向) Setting의 문제들"(*draft, thumbnail sketch*)을 작성했다. 고심을 많이 했다. 힘 있는 자의 개혁은 힘 있는 자들의 자발적 참여로만 실질적이고 능률적으로 성취할 수 있다는 신념으로 '재벌 출신 MB에 의한 재벌개혁'이야말로 신이 내린 기회로 보았다. 실용적 개혁안을 내면 MB를 신뢰하는 재벌들이 따를 것이고, 1960년대 이후 경제 근대화 과정에서 한국적 압축성장과 함께 곪은 '문어발 재벌'의 거버넌스를 개혁할 천재일우의 기회라 판단했다.

다섯 페이지에 이르는 이 쓴소리의 제목만 옮기면 다음과 같다.

① MB 등장의 역사적 의미-그 특징, ② 정치적 함의, ③ 친기업 지향성-친기업, 친FKI(전경련, 기업계) 지향이면 어찌 될 것인가?, ④ FKI 대책, ⑤ 노사관계 정상화.

이 중 ④ FKI 대책이 핵심이어서 이는 전문 그대로 옮기겠다.

FKI(기업계) 대책

1. '자정(自淨)능력'(전경련 조석래 회장 표현) 향상
   ⓐ 범법, 특히 인격파탄적 형사범은 스스로 기업계에서 징벌하는 구체적 내용(김승연, 김우중, 정태수 타입 경영)
   ⓑ 부인들의 갤러리 운영에서 오는 미술시장 질서 혼탁과 불법거래 온상(삼성, 쌍용…), (CJ, SK, 금호…?)
   ⓒ 연줄의 과도한 경영 개입(가족경영의 한계 스스로 설정)

2. 정부와의 대타협[삼성특검(三星特檢) 처리와 연관]
   ⓐ '재산권' 소유와 상속 그리고 '경영권' 행사와 상속의 Trade Off 문제(기업과 기업인), 전문화 방안
   ⓑ 비자금계좌 정리 - Transparency, Accountability의 제도 정비와 대사면
   ⓒ 노사관계 로드맵(특히 재벌회사 노조정상화와 공기업 노조정상화 문제)

3. 확실히 개혁되어야 할 부문
   ⓐ 기업의 기부와 기업인, 주주 기부의 구분
   ⓑ 재벌소유 언론사 분리, 편집권 독립 문제
   ⓒ 재벌소유 공익법인 경영 문제

4. 만일에 2007.12.28. MB · FKI 대화대로 FKI와 대통령이 공동위원장이 되는 민관 국제경쟁력 강화특위가 구성된다면 규제개혁, 개방과 함께 CSR, 윤리경영이 중요한 챕터가 되어야 한다[그리하여 자정능력(自淨能力) 향상과 민주자본주의 핵심기관으로서의 '기업'의 모습을 보여주어야 한다].

5. 새로운 기업계 주류세력 형성(기업성공, 투명윤리경영, 상속문제 원만한 해결, 사회공헌에 모범 보인 기업인 중심)

6. 순수, 기초, 고전 중의 고전, 인문학 지원(고려사항)

이 중에서도 내가 복안으로 갖고 있던, 그리하여 MB가 이를 수용하면 진행할 생각으로 다듬고 있었던 핵심은 기업 스스로의 자정과 비자금과 차명계좌 정리였다. 비자금, 차명계좌가 모든 정치 부정 자금의 소스가 되니 이를 막되, 과거의 오랜 관행이고 작은 주식 지분으로 기업을 지배하기 위한 관행이 오래 정착되었으니 일거에 할 수는 없다. 일정 기간을 주고 자발적으로 정리, 권고하는 대신 이들의 비자금, 차명계좌에는 형식상으로 미미한 벌금을 내는 것으로 그치되, 다시 재발하면 가중처벌하는 방식을 구상했다.

전경련 조석래 회장 자신도 기업 스스로의 자정능력 향상을 주장했으니, 이를 뒷받침하는 형식(어디까지나 기업이 앞장서는 형식)을 취하는 동시에 대통령으로서 강한 재벌개혁 의지, 실질적 재벌개혁을 주문해야 한다고 구상했다.

전경련의 리더십은 일단 조석래 회장으로 하되, 동원그룹 김재철, 동양화학그룹 이수영, LG 구본무 그리고 신흥 벤처들도 추가하여 정도경영(正道經營)의 리더십을 선명히 한다는 구상이었다. 재벌문제의 핵심인 거버넌스, 가족 상속과 기업 소유 그리고 경영권을 둘러싼 사회적 불신을 해소하기 위해서는 한국 가족의 특수성을 감안하면 자식 상속 또는 가족 상속을 불허하기는 어렵다. 다만 그런 경영이 사내 종업원은 물론 사회적으로도 그의 정체성, 신뢰성을 인정받을 수 있는, 객관적으로 검증 가능한 거버넌스 방식을 스스로 결정하는 것이다. 일정 기간 내 정부와 사회에 공표하고 사내-사외의 장치를 통해 사회적 평가를 받도록 해보자는 것이었다.

나는 한국경제연구원에 있을 때 우리나라 전경련에 해당되는 일본의 게이단렌(経団連: 경단련)을 1년에 두세 번씩 들렀다. 1981년 미 국무성의 초청으로 방미 시에는 일부러 한국의 전경련 격인 BRT(Business Round Table)를 방문기관으로 넣었다. BRT는 록펠러센터 21층인가 22층 가운데 한 층을 사용했다. 당시 한국으로 치자면 전경련 상근 부회장 격인 사무국장이 마침 뉴욕타임스 경제부장 출신이어서 나도 동아일보 경제부장 출신이라 반가웠고, 뉴욕에 방문할 때마다 여러 번 만났다. 그리고 영국의 CBI(Confederation of British Industry), 본의 라인강 가에 있던 독일 BDI(영문명 German Industries Federation) 등을 직접 방문, 기업계단체들의 구성, 임원, 정부와의 관계 및 정치자금 간여 여부 등을 자세히 알아보려 노력했다. 이런 정보와 자료가 전경련 개혁에 대한, 즉 한국의 기업문화, 기업사회와 국가, 정부, 의회, 국민 관계의 새 틀을 짜야 한다는 신념을 굳혔던 것이다.

간단히 부연하면, ① 스웨덴 발렌베리(Wallenberg) 가문 방식. 가문의 남자 중 해군사관학교 졸업자 우선 발탁을 출발점으로 일정 기간(약 10년) 지난 뒤 스스로 매년 계획을 짜서 해외시찰, 연구결과 경영리포트 제출케 하여 사내 이사회에서 주기적으로 비교, 평가받는 방식, ② 2차 세계대전 전의 미쓰이(三井) 방식. 철저히 장자상속. 총수가 된 장자 옆에는 사관(史官)이 붙어 있고, 아버지에 이어 총수 될 장자는 승계 전 일찍부터 선대 사관이 쓴 모든 선대의 행적을 꼼꼼히 읽고 연구한다. 사실상 선대의 경영 케이스스터디를 일찍부터 전공케 하는 것이다. ③ 외국의 경우와 같이 가족과 전문경영인 공동책임 방식 또는 전문경영인 전담방식, ④ 두산그룹 식으로 형제간 공평히 순서대로 맡는 방식이 그것이다.

우리나라 각 기업은 선택은 자유롭게 하되, 그 방식은 경영의 자율권을 존중하며 그 성과가 사회적으로 평가 가능하도록, 그리하여 사회적 신뢰가 쌓일 수 있게 하는 데 초점을 두자는 구상이었다. 꼭 법적 제도의 감시와 규율의 대상이기보다 자발적 자기통제방식을 압박, 권장하자는 데 초점을 모으자는 것이었다. 더 이상 부의 최고 상징인 우리나라 최고 재벌들마다 부자간, 모자간, 형제간 재산싸움으로 부의 정당성을 잃고 사회적 신뢰를 훼손하는 일은 막아야 한다는 충정이었다.

‘OO그룹이 반대해서…’

새해 들어 대통령직인수위원회의 실력자인 사공일 박사를 금융연수원 안의 인수위 사무실에서 만나 1월 21일 자로 타이핑된 다섯 페이지짜리 “MB의 presidency와…”를 전달하고 내 충정을 토로했다. 바쁜 때라 MB의 반응에 한참 시간이 걸릴 줄 알았다. 바로 다음 날 사공 박사로부터 전화가 왔다. 의외였다. MB가 아주 좋아하고 고맙다 했다. 전경련 조석래 회장에게도 연락할 테니 상의해 달라고 했다는 것이다.

나는 조 회장을 만나 경위를 설명했다. 며칠 뒤 청와대 연락을 받은 조 회장은 나와 같이 전경련 회장실에서 그 산하 한국경제연구원장 김종석 박사를 불러 작업지시를 했다. 나는 내 복안을, 전부를 열어 보이지는 않고 전경련의 작업을 기다렸다. 대신 매일경제신문 장대환 회장과는 다소 구체적으로 정보와 의견을 나누고 몇몇 기업인과 학자들에게는 추상적으로 의견을 구하며 독자 구상을 그려나갔다.

그런데 한 달쯤 지나 3월 13일 전경련 회장단 회의에서 사회적 책임위원회(CSR)를 두고 개별기업들에게도 CSR 위원회를 두도록 권장하며 CSR 표준모델을 만들기로 했다는 언론 보도가 나왔다. 나와는 전혀 상의가 없었다. 육감적으로 이상한 낌새를 느꼈다. 정부에서 또는 정부와 일해 보면 금방 아는 일이지만 위원회는 두 종류가 있다. 대통령 또는 실력자의 의중, 힘이 실려 실천력 있는 위원회가 있고, 또 하나는 면피용, 시간끌기용 또는 다른 실력자 견제용 위원회, 이름만의 위원회가 있다. 더구나 전경련 주도 위원회라면 하나마나한 것이었다. CSR은 7월까지 떠들다 해 넘기 전에 사그라졌다. 꼭 속은 것만 같았다.

나는 3월 25일 자 조선일보에 시론을 썼다. 제목이 “첫째도 희생, 둘째도 희생, 셋째도 희생”이었다. 대통령 당선자로서의 첫 공식활동이 전경련 방문인 것은 충격적이라 규정했다. 이념형으로까지 도약시킨 ‘실용’의 실체가 이런 것이고 이것이 경제 결정론적 실용을 뜻하는 것이라면 반드시 교정되어야 한다, '실용'은 결코 비(非)정치적, 비이념적, 비역사적일 수 없다, 더구나 실용이 반(反)역사성, 반도덕성, 독선을 옹호하는 용도가 되어서는 안 된다고 정면 비판했다. 신문사에서 단 부제는 "역대 대통령 실패로 끝난 건 '승리자의 독선' 못 버린 탓, 성공한 대통령이 되려면 버리고 희생할 줄 알아야"라고 나왔다.

나는 그해 3월 31일 청와대에서 면대할 기회(아마 국제관계인 듯)가 있어 다시 네 페이지짜리 건의서를 MB에게 직접 전달했다.

① 기적을 꿈꾸는 대통령이기보다 대한민국의 대통령직에 충실하십시오. … ⑤ 보수주류에 의한 봉사와 희생이 강물처럼 흐르는 보수의 아름다운 새 바람을 만들자. ⑥ 교육은 인성, 인격교육 치중, 초등학교 교장 출신 교육책임자 임명 등 7개 항이었다.

실은 ④항에서 좀더 구체적으로 '삼성 특검결과를 계기로 기업계(재계) 주류 중심을 새로 형성하자'고 권했다. 이어서 ⓐ 기업의 과거 분식회계, 차명계좌, 가족이기주의 경영에서 해방되고 시장, 경쟁, 가치경영에 충실할 수 있도록 과도기 조치와 사면조치 그리고 궁극적 타임테이블을 제시하고, ⓑ 경제단체가 자정능력을 갖추고 일본 게이단렌(經團連)의 도코 도시오 회장 같은 상징이 나올 수 있도록(그만한 모델이 있으며, 이들의 세력화) 촉구했다.

그 하나도 된 것이 없다. 물론 CSR조차도 1년이 못 가 흐지부지됐다. 한참 지나 조석래 회장에게 왜 내 제안을 죽였느냐 물었더니 대답이 이랬다. 'OO그룹이 반대해서요. OO그룹이 반대하면 전경련은 물론이고… 할 수 없어요.' MB도 어쩔 수 없었다는 뉘앙스가 강했다. 아직도 내가 세상을 모르고 살고 있었구나 자책하는 수밖에 없었다.

새 기업계 주류 구성: '하늘을 우러러 한 점 부끄럼 없이'

미군기지 건설로 시작, 베트남, 중동, 한국 해외건설 진출 제1호인 삼환기업 최종환 회장이 자서전《하늘을 우러러 한 점 부끄럼 없이》출판기념회를 1996년 10월 열었다. 거기 참석했다. 몇 대목 인용하며 10월 15일 자 문화일보 칼럼에 "낙관할 수 있는 참 까닭"을 쓴다. "전두환 대통령이 느닷없이 점심에 초대, '밥만 먹고 밥값 안 주는 거요' 했다. …" 그리하여 정치자금 제공을 회피하다 시달리고 정주영 회장의 도움으로 위기를 모면한 이야기가 나온다. 그리고 이런 평가 내린다. "나는 이런 재벌들의 정치자금 연루사건을 보면서 어느 누구 탓할 바 아니라는 생각이 든다. 양쪽 모두 똑같은 얘기다."

민주'정의'당 이름을 내건 전두환 당이어서인지, 전통 초기엔 기업인의 돈을 안 받았다. 정주영 회장 말씀에 의하면 전통 초기 돈을 줘도 거절했다 한다. 명분을 바꿔 '새마을사업'하시는 데 보태 쓰라 하니 돈을 받고 그 후로는 잘 받았다 했다. 그렇게 7년간 4천억 원을 축재한 것이다.

우리나라에도 유일한, 최태섭, 이회림, 이정림, 최종환, 정세영, 김재철 같은 정도경영의 뿌리와 가지도 있다. 내가 아는 한에서도 이들을 기존의 세력과 합하여 민간기업을 중심으로 건전한 사회적 중간조정기구 활성화를 기해 보자는 것이, 새 기업계 주류를 개편해보자는 것이 나의 이상이었다. 그러지 않고는 이 나라 '재벌'가문, 족벌중심 문어발 경영, 끝내 가족이기주의 재벌 경제체제가 이 나라 대한민국 근대화 혁명을 희화화하고, 대한민국 정체성 확립에 장애가 되고, 국가통합, 국민신뢰, 합의에 결정적 걸림돌이 될 것이다.

2017년 1월 전경련 '혁신위원장' 단 1주일

2017년 1월 초 박근혜 최순실 탄핵 촛불 와중에 한국경제연구원 후배 원장이요, 전경련 부회장을 지낸 손병두 씨에게 연락이 왔다. 전경련을 개혁해야겠는데 허창수 회장과도 상의해서 '혁신위원장'으로 모시기로 했으니 수락해 달라 했다. 박영주 회장 등 몇 분도 적극적이었다. 이어 6일 허창수 회장의 공식요청을 그의 사무실에서 받고 임상혁 전무와 혁신위의 역할, 멤버구성, 궁극적으로 전경련의 미래비전과 위상을 협의했다. 여의도 전경련 내 예비 사무실도 들락거리며, 내 오랜 한국 재계개편의 꿈을 펼칠 기회라 여기고 열심히 다듬어갔다.

그런데 1주일도 안 돼 혁신위를 구성하지 않기로 했다는 통보가 왔다. 16일 오후 강남 내 사무실로 허창수 회장이 사과차 왔다. 사무국 젊은이들이 반대해서 어렵다는 것이다. 부회장 한 명과 그 뒤에 있는 몇 실력자들이 사무국을 움직여 반대한 것이다. 내 혁신성에 반기를 든 것이다. 그런 전경련은 아직도 허 회장과 그들이 움직이고 있다.

'형님! 이 신세 어찌 갚지요….'
김우중 회장과 서울언론문화클럽의 씁쓸한 인연

바우링(Philip Bowring)은 몇 년 전까지 뉴욕타임스 국제판에 칼럼을 쓰던 영국 언론인이다. 본래 홍콩에서 발행하는 *Far Eastern Economic Review* (*FEER*)에서 기자, 경제부장, 최고 편집책임자까지 거쳤다. 내가 마지막 만난 것은 1998년 1월 스위스 다보스와 외환위기 직전 9월 홍콩에서 열린 아시아 다보스 포럼에서였다.

1977년 봄 바우링이 동아일보 논설실의 내 방에 들렀다. 그 무렵 서울에 본사 특파원 주재 외국 미디어는 로이터 하나뿐이었던 것 같고, 큰 사건이 터지면 도쿄와 홍콩 특파원이 서울로 왔다. 평상시에는 이들이 한두 달 만에 서울에 들러 기삿거리를 찾았다. 나와 *FEER*의 인연은 1962년 11월 홍콩 본사에서 당시 전설적 인물이었던 데이비스(Derek Davies) 주필 겸 사장과의 면담으로 시작해 한국 특집에 두 번 기고도 하게 되었다. 그래서 바우링은 서울에 올 때마다 늘 내 방을 찾았다.

바우링은 '내일 홍콩으로 귀사하는데 오늘까지도 취재 수확이 없다'며 기사감이 없느냐고 물었다. 나는 대우 김우중 회장을 추천했다. 지금 새로 뜨는 수출기업이고 박정희 대통령 총애도 받아 꽤 성장할 것이며 무엇보다 영어를 한다고 설명했다. 영어 하는 재벌 1세들이 없던 시절 영어로 직접 인터뷰할 수 있다는 데 흥미를 보이며 만나고 싶다고 했다. 즉각 김 회장과 통화하고 그의 출국 시간에 맞춰 다음 날 대우 회장실에서 인터뷰하기로 했다.

그리고 보름쯤 뒤 김 회장의 극도로 흥분한 전화의 첫 마디가 "형님! 이 신세 어찌 갚지요?"였다(한두 번 만나고 바로 형님이라 부르는 이는 김우중과 이수성 전 총리가 유별나다). 왜냐니까 인터뷰 기사가 크게 났다는 것이다. 나중에 받아보니 김 회장 사진과 함께 한 면 모두 인터뷰 기사였다(The 'Cleanest' Entrepreneur, May 20, 1977.). 며칠 뒤 점심식사를 했다. 개인적으로나 회사에도 큰 도움이 됐다면서 어찌 신세를 갚느냐고 거듭 말했다. 나 개인에게 갚을 것은 없고 외국 다니면서 느껴 한국도 했으면 하는 것은 있다고 했다.

"서울에 외국 언론인 기자클럽을 만들었으면 한다. 워싱턴, 도쿄, 홍콩은 물론 뉴델리, 다카(방글라데시의 수도, 1962년 내가 방문했을 때는 동파키스탄)에도 외신기자클럽 빌딩이 있다. 기자회견장, 회의실, 간편한 숙소와 식당시설을 갖춘 클럽이 있으면 외국 특파원들이 자주 오고 기업홍보는 물론 국가에도 도움이 될 것이다. 서울에 외신클럽 건물 하나 지어보자" 했더니 즉각 오케이였다.

그래서 만들어진 것이 사단법인 서울언론문화클럽이었다(1978. 2. 3.). 대우 주식 10억 원의 출연으로 이사장은 당연히 내가 맡았다. 이사는 신동호(조선), 예용해(한국), 이규행(경향), 최서영(KBS), 홍두표(동양방송), 심재훈(뉴욕타임스 서울지국), 백승길(뿌리깊은나무), 최정호(연세대)와 대우실업 사장 김용원 등 10명이었다(지금과는 달리 당시 주식시장은 대개 액면가보다 실거래가는 반토막이었다. 특히 대우 주식은 액면가의 20~30%였던 것으로 기억한다).

김 회장의 급한 성격대로 당장 외국 언론인클럽을 연구해야 한다 해서 대우개발 장학근 상무와 함께 워싱턴의 National Press Club, Overseas Press Club of America, 도쿄의 Foreign Correspondent Club of Japan, 일본기자클럽, Foreign Press Center 등의 책임자를 만나고, 설계도 등 자료를 챙겨 귀국했다. 그 무렵 김 회장은 내 말을 100% 들어 마침 한남대 총장을 지내고 쉬고 있는 이한빈 박사를 아주대 학장으로 초빙했다.

그런데 이렇게 서두르던 김 회장과 소식이 끊겼다. 종잇조각 주식 10억 원 갖고는 경상 운영도 안 되고, 물론 이사장 월급이나 판공비도 한 푼 없고 사무국은 대우재단 사무국장 김인수 씨가 겸하고 있었다. 반년이 넘도록 진전이 없어 비서실에 화를 냈더니 한참 뒤 점심을 하자는 연락이 왔다. 자리를 봐 놨다는 것이다. 식사 후 김 회장 차로 남산을 돌아 하얏트 호텔을 지나 신당동(약수동) 넘어가는 고개 못미처 차를 세웠다. 그러고는 타워호텔 남쪽 숲(지금도 그때 모습 그대로 있다)을 가리키며 '저 자리가 어떠냐?' 라고 했다. 시내 가깝고 전망 좋고 옆에 타워호텔 시설도 있어 외국기자들이 편할 것이라고 했다.

그래서 대우 땅이냐고 물으니 아니라고 했다. 그린벨트 아니냐고 하니 그렇다고 한다. 그러면 어찌 짓겠느냐고 하니 순간 내 무릎을 사르르 만지며 '그러니까 형님이 언론클럽 힘으로 정부에 교섭, 그린벨트 풀어 쓰면 되

계간 〈현대사〉 창간호(1980.11.).
전두환 국보위 칼날에 창간호가
폐간호가 되었다.

지 않습니까?'라는 것이었다. 나는 놀랐다. 어안이 벙벙했다. 배반감 같은 것을 직감했다. 이런 것이 기업인의 속성이구나 하는 냉정한 평가를 처음 배우게 되었다. 1979년 10·26 후 경제부총리가 된 이한빈 박사로부터도 비슷한 이야기를 들었다. 신세 갚으라는 것이었다.

결국 본래 내 꿈인 외신기자클럽은 접고 '한국전쟁'을 특집으로 하는 계간 〈현대사〉(現代史) 창간호를 첫 작품으로 냈다. 그러나 그해 8월 나는 전두환의 칼날에 동아일보를 떠나게 되고, 창간사 "단절과 공허의 극복을 위하여"를 내 이름 석 자로 못 내고 내 아호 '경석'(景石)으로 위장해 쓸 수밖에 없었다. 현대사 창간호는 정부의 언론 통폐합 명령으로 곧바로 폐간되어, 창간호가 폐간호가 되고 창간사를 발행인 아호로 쓰게 된 출판사상 희귀한 기록을 남겼다.

서울언론문화클럽은 내가 떠난 1년 직후 재단법인 서울언론재단으로 변신, 1998년 외환위기에 대우 몰락과 함께 20년 만에 소멸되었다("서울언론문화클럽과 김우중·대우 조선", 《취재현장의 목격자들》, 대한민국언론인회, 청미디어, 2016, pp. 80~83).

손해만 본 쓴소리

정몽준 의원의 대선출마 만류 (2002년)

아마 내 일생 '쓴소리' 중 가장 효과도 없었고 결과는 더 나빴던 것 중 하나가 2002년 정몽준 의원 대통령선거 출마 만류였다. 2002년 내 수첩을 훑어보면 8월 6일에 '정세영, 정상영'이 나타나고 9월 12일 'MJ 출마선언', 9월 17일 '정몽준 대권선언', 10월 5일 'MJ'라고 하는 글씨가 나온다. 정 의원의 대선 출마를 반대하는 원칙(물론 아버지 정주영 회장의 출마도 옳지 않다고 믿었다)을 갖고 있던 나로서는 내 의견을 그의 숙부들인 정세영 현대자동차 회장과 정상영 금강그룹 회장과 만나 상의했다.

정상영 회장과는 그의 강남 회장실에서 아주 오래 의견을 나누었다. 두 분 다 나와 100% 동감이었다. 그러면서도 또 똑같은 후렴이 붙었다. '출마 반대하나 출마하면 도와줘야지!' 하는 것이었다. 내 의견을 본인에게 전달할까 상의하니 정상영 회장은 적극 권하고 정세영 회장은 '효과 없겠지만, 당신이면 한번 이야기를 건네 보라' 했다.

월드컵 끝나고 나서 신문로 축구협회 회장실에서 정 의원을 만났다. 다음의 요지로 대선출마 포기를 권했다.

첫째, 민주주의 국가에서 대기업주가 실권 대통령 또는 수상이 된 전례가 없다. 미국에서도 록펠러 가문에서 부통령까지 갔고 일본에서도 오사카 재벌급 부자가 외상(外相)까지는 했으나 대권은 못 갔다. 영국의 처칠, 이든 수상 모두 부자이나 물려받은 자산 부자이지 자기가 직접 기업을 소유, 경영하는 부자가 아니다. 프랑스, 독일 모두 그렇다. 정상적인 국가일수록 권(權)과 부(富)는 분리가 원칙이다.

둘째, 출마하고 대선 레이스에 들어가면 200m인가, 일정 간격으로 출마자 신상(이름, 나이, 경력, 재산…)이 적힌 선거관리위원회 벽보가 거리에 붙는데, '이회창 20억, 노무현 4억, 정몽준 8천 억'이면 보통 국민들의 눈에 오히려 저어감이 든다고 했다. 이 점은 자수성가한 아버지 출마 때와도 다른 것이다.

셋째, 그러니 대통령 말고 국회의장 — 그것도 단임 의장 아닌 장기 의장, 10년 20년 국회의장을 하라. 어차피 앞으로 정치의 중심은 정부보다 국회로 옮아가는데, 여야를 초월하는 입장에 설 수 있는 특이한 능력이 있으니 국회의장 장기집권의 정치를 펴 보시라. 과거 쌍용의 김성곤 씨는 국회 재경위원장 자격으로도 막강한 정치력을 발휘하더라. 국회의장이 장기 의정활동으로 펼치는 정치활동으로 대통령보다 더 명예롭고 국가에 기여할 수 있다고 본다.

넷째, 이런 말은 나의 깊은 사려와 진정의 숙고 끝에 나온 결론이다. 우리나라 정치인 중 부패에 휘말리지 않는 분이 별로 없는데 정 의원은 평생 그럴 염려가 없는 보기 드문 행운의 위치에 있다. 또 현역 정치인 가운데 제대로 된 박사학위와 출중한 영어 구사능력을 가진 인재가 드문 현실에서 정 의원이 우리나라 정치인 중 꼭 성공한 정치 리더십이 되기를 바라는 나의 충정이다. 또 아버지에게서 받은 겸손, 정직에 대한 정신적 교훈을 깊이 새기고 있는 나로서 여러 날 밤을 깊이깊이 생각하고 짜낸 내 정성이고 충정이다. 오해 없이 받아주었으면 고맙겠다.

그의 첫 반응은 여론조사에서 1등을 하고 있다는 것이었다. 사실이었다. 나는 여론조사는 참고할 수는 있으나 믿어서는 안 된다, 언제나 가변적인 것임을 일깨웠다. 두 번째 반응은, 국회에서 보니 국회의장 권한이 별로 없다는 반응이었다. 거절이었다. 씁쓸히 방을 나섰다. 아마 작년 세상을 뜨신 아버지의 한을 풀어드리겠다는 효심이 지극한 것일 수 있겠다는 생각도 하며.

대선 레이스는 엉뚱한 진보・보수 대결 — 보수 이회창 대 진보 노무현・정몽준 합작으로 변질되었다. 투표 전날인가는 그 합작이 깨지는 극적 파열음이 터졌다. 투표일 새벽, 정 의원 집 대문을 급하게 두드리던 노무현은 문전박대 당하던 수모에서(그 수모 덕분일까?) 대통령으로 당선되는 연극이 펼쳐진다. 그러나 퇴임 1년 뒤 전직 대통령 자살이라는 세계 헌정사상 드문 비극의 기록을 남기고 만다.

대선이 끝나고 만남이 있었다. 내 의견을 들었어야 했는데 미안하다 했다. 왜 더 적극적으로 만류하지 않았느냐는 뉘앙스까지 느껴졌다. 그날이 아마 12월 19일이었는지. 그 날짜 내 수첩엔 “12:15. 메트로폴리탄(롯데호텔 양식당), MJ, 이홍구, 한승주, 김경원, 권오기”라 적혀 있다.

박원순 변호사님께: 참여연대 절제 요구, 한국 진보의 비극

… 어제 꼭 뵙고 말씀드리려 했는데 그렇게 많은 사람들이 모이고 그렇게 오랜 시간이 걸릴 줄 예상치 못하여 일찍 나왔습니다. 글로 대신합니다. … 그간 도움이 되지 못했던 것을 진심으로 사과드리고 용서를 빕니다. 이사회 참여하고 처음 두세 번 모임과 새 가게 개업식에 해외출장으로 비다 보니 그다음부터는 다 된 밥상에 뒤늦게 염치없이 숟가락 얹는 것 같아 스스로 물러났습니다.

또한 지난 3년 놀면서 저의 한계도 절감하였습니다. 이제 신화와 기적같이 성장한 “아름다운가게”에 제가 보탤 일은 거의 없고 제가 이사라는 직함을 갖는 것이 정말로 영광이 된 마당에 그 영광스러운 자리에 봉사 없이 앉아 있는 저보다는 실체적으로 일하실 수 있는 분이 메워야 한다고 믿습니다. 이런 저의 솔직한 심정을 헤아려 수락하여 주시기 간절히 바랍니다.

… 이 짧은 글에 긴 설명을 할 수 없으나 저는 이 시국의 흐름은 결국 싫든 좋든 박 변호사께서 또 한 번 큰 결단, 어쩌면 지금까지의 고비보다 훨씬 어려

운 결단을 하지 않을 수 없는 사태가 올 것으로 확신합니다.

지금 이 나라 기성 제도권이 급속히 허물어지고 있고 그럼에도 불구하고 자생적 자율적 대안, 대체, 새 중심세력의 구축은 생각보다 쉽지 않을 것입니다. 지금 노무현 정부의 시행착오는 노무현 개인 또는 정부 자체의 시행착오인 동시에 더 근본적으로 한국의 총체적 한계입니다. 여기서 한국이라 함은 북한을 포함한 한민족, 대한민국, 정부, 국회, 사법부, 민간, 한국 사회공동체, 정치, 경제, 문화, 교육, 종교, NGO, 기업 … 총칭입니다.

우리는 민족으로서는 세계적으로 몇 안 되는 늙은 민족이되 근대국가, 시민사회, 공화정(*Republic*)으로서는 아주 젊은 그러면서 대단히 욕심이 많고 영악한 구성원으로 구성된 국체라는 사실을 잊어서는 안 됩니다. 이 점에서 우리 안에서 좌우, 진보·보수, 지역, 세대논쟁이 우리의 좌표와 이상과 정체성을 확립하도록 활발히 진행되기를 진실로 바라고 있습니다. 다만 외교문제, 북한문제만은 NGO가 지나치게 거칠고 독선적 주장을 하지 않았으면 합니다. 정부에서도 일해 본 사람으로서 또 우리 세대에서 이상주의를 포기하지 않으려고 애쓰는 한 사람으로서 미국, 북한, 이라크 문제에 대하여 박 변호사의 일부 후배들이 관계하는 NGO들의 폭발적 주장들은 진실로 국가 이익, 사회공동체의 공익을 너무 해치고 있습니다.

지금 반사적으로 이익을 얻는 것은 대한민국, 한민족이 아니라 미국, 일본, 중국, 러시아의 국가 이익일 뿐입니다. 심지어 오스트레일리아, 프랑스, 베트남까지 한 다리 걸쳐 재미 보려 하고 있습니다. 한 나라, 한 민족, 한 사회공동체가 평화와 안전을 구축해 가는 것은 만리장정의 길이지 재주와 열정의 일회적 이벤트는 아닙니다. 눈에 보이는 것보다 눈에 보이지 않는 기초, 원리, 하부구조를 다지는 데 우리 모두 정성을 다해 가자고 호소하고자 합니다. 근대화 과정에서 여러 가지가 변했지만 이 땅의 생명과 공동체가 해양세력과 대륙세력의 충돌과 영향을 어찌 극복하느냐 하는 기본 과제는 한 치도 변화가 없습니다.

이 점에서 박 변호사님 주변 후배들의 외교, 북한문제에 대한 과잉개입, 과잉주장을 절제토록 지도해 주셨으면 합니다. 마음속으로부터의 호소입니다.

2004년 1월 31일

김진현

답신도 없거니와 그 후 얼굴을 싹 돌렸다. 서울시립대학 입학식이나 개교기념일에는 서울시장과 전직 총장으로 단상에 같이 앉았으나 온기 없는 악수뿐이었다. 말 한마디 없었다. 이른바 한국 진보의 비극이다.

서경석 목사님께: '국정 국사교과서' 추진 반대

오늘 이 글을 쓰게 된 것을 매우 안타깝고 슬프게 생각합니다. 결론부터 말하자면 현재 방식의 국정교과서 추진이나 우리국민운동의 동원에 저는 참여하지 않겠습니다.

저는 제헌의원 유족회, 이봉창기념사업회, 장준하기념사업회, 신간회기념사업회, 민세안재홍기념사업회의 책임자로 또 대한민국 건국 50주년 기념위원, 60주년기념사업위원회 집행위원장, 대한민국역사박물관 건립추진위원장을 역임하면서 또 무엇보다 동아일보에 몸담았던 언론인으로서 그 누구보다 대한민국 근대 현대사를 체험하고 정리해 왔습니다. 할아버지, 아버지의 체험을 옆에서 보고 언론, 대학, 연구소, 정부, NGO를 거친 내 체험까지 보태어 치열하게 대한민국 정통성 찾기, 정체성 확립, 역사적 국제적 정당성을 확보하려 노력해왔다고 자부합니다.

외로운 길이었습니다. 어려운 길이었습니다. 김영삼 대통령께도, 김대중 대통령께도, MB에게도 제 나름 고민하고 궁리한 방략을 제시하고 채근하여 왔습니다. 모두 자기 임기에 맞추어 자기선전용으로만 썼습니다. 지난 번 BH 현기환 수석 만나서도 똑같은 방략의 일부만(시간이 없어서) 설명드렸습니다. 문제가 크고 파장이 길고 국가의 기본에 속하는 문제일수록 보다 깊고 보다 긴 숨, 보다 철저한 방략으로 손을 대야 합니다.

왜 이렇게까지 이 나라 교육과 교과서가 이 나라의 정체성, 정당성을 훼손하고 예술, 문화, 언론, 사법의 젊은 엘리트층에서 이리도 반(反) 대한민국, '헬조선', '망한민국'이라는 언어가 흘러 다니고 3포, 5포라는 절망의 마그마가 용트림하고 있을까요. 그 결과적 '현장'을 물리적으로 때려 부술 수는 있을지 몰라도 그 결과를 만든 원인을 온존한 채라면 '현상', 반대한민국의 망국적 현상은 여전히 살아 움직이게 됩니다. 원인과 조건 제거, 정리에 총력을 기울여야 되는 것이 우선이어야지 결과적 현장만 손보려는 접근방식은 옳지도 않고 정직하지도 않습니다. 오히려 반대한민국 세력의 결집과 그들의 폭력과 독선에 정당성을 부여하는 뜻밖의 결과가 나올 수도 있습니다.

지금 이 나라에서 제일 시급한 것은 국사교과서 국정화 작업이 아니라 '대한민국 근대화 혁명'의 위대한 성취 뒤에 군락한 세계에 유례없는 '도착(倒錯)적 근대화' 현상을 하루 빨리 청산, 극복하는 일입니다. 저는 그런 점에서 국민운동본부가 그 어느 정권, 정치세력과도 독립한 선진(先進), 선진(善進) 사회세력으로서 정치·권력 개혁을 대상으로 도착현상 수술에 앞장서야 한다고 믿고 있습니다. '세월호 현상'이 대표적으로 정치, 청와대, 국회, 사법, 기업, 금융, 행정, 국민 모두의 도착현상의 응집이 아니었습니까. 그 후 '성완종', 'MERS 현상'은 더욱 이를 국제적으로 증명했고요.

이제 다시 한 번 '세월호, 성완종, MERS 현상'이 없는, 그런 병리, 도착현상을 스스로 제거, 정리할 수 있는 대한민국이 될 수 있는가. 이것이 대한민국에 사는 우리의 가장 간절한 질문이고 그 해답에 진력해야 합니다. 그런 관점에서 보면 과연 국사교과서 국정화 문제의 우선순위가 어디에 있으며 또 문제제기 방식이 과연 옳은지 그리고 그 궁극적 지향점이 무엇인지. 제 고민이 부족해서일까요. 쉽게 찬성할 수 없습니다.

정치공학적으로 접근하면 많은 장점이 있고 국민운동 확장에도 유리할지 모르겠습니다. 저는 과거에도 눈치나 꾀나 공학, 특히 정치공학적으로 생각하지 않았고 앞으로도 그럴 생각이 없습니다. 그래서 손해도 많이 보았으나 역사에 정의가 있다고 믿어 여기까지 이르렀습니다. 더구나 이 나이에 스스로 정의롭고 정직하지 못하다고 믿는 길을 갈 수는 없습니다. 현명하지 못하더라도 소박한 진실에 충실하려 합니다.

서 목사님의 노고와 고생에 늘 제대로 보답드리지 못하여 빚지고 사는 기분입니다. 국사교과서 문제에서 제 이름은 빼 주시기 바랍니다. 거듭 밝히지만 반(反) 대한민국적 교과서를 반드시 고쳐야 하나 현재 진행 중인 방식의 접근과 지향(특히 정치지향) 은 찬성할 수 없다는 것과 오히려 국정의 순위를 망치고 황폐화시킬 것을 우려하기 때문임을 이해해 주시기 바랍니다.

이번에도 도와드리지 못하고 사태 진전에 따라서는 상임대표직도 사임해야 될 것 같아 가슴이 아픕니다.

2015년 10월 16일

김진현 드림

※ 필요하시다면 상임대표들께 회람해도 좋습니다.

이종윤 목사, 박세일, 이각범 교수, 이영일 공동대표가 일부 수용, 일부 반대의 엇갈린 의견을 보내왔다. 이를 계기로 서 목사의 운동방식과는 거리를 두게 되었다.

아직도 언론인인 듯 쓴소리

이부영 의장께: 올림픽과 평화연결 반대

… 이 의장의 동북아 평화의지에 전적으로 동의합니다. 특히 동북아 지배자들의 극우 극좌 반동 전체주의를 거부하고 자유 평등 인권의 가치가 작동하는 평화 만들기에는 늘 같이하겠습니다. 특히 저는 인간다움, 자연다움의 지구촌 인류 지속가능성에서 ① 환경, ② 생명자원(에너지, 먹거리, 물), ③ 공간문제군의 공통재난을 예방하는 동북아시아 평화문제에 각별한 관심이 있습니다.

그러나 올림픽 같은 스포츠행사를 평화와 연결하는 계기로 삼는 데는 철학적 원천적 실체적 이유로 찬동하기 어렵습니다. 저는 이미 1986년 2월 5일 동아일보에 "올림픽 국운" 칼럼으로 국가 아닌 도시행사인 '서울' 올림픽을 마치 국운을 걸 듯 진군의 나팔소리 울려대고 국가의 모든 것처럼 국민들을 현혹하는 것을 비판했습니다. 전두환 정권이 지역 균형발전을 떠들고 있으니 기왕 국고보조 할 바엔 차라리 광주에서 연다면 찬성할 수 있겠다는 주장도 했습니다. 그래서 한동안 정보부에 몹시 시달림 받았습니다.

또 지난 8월 31일 "이 땅이 아프다" 칼럼에서 개막식 폐막식 딱 두 번 쓰고 버리기 위한 운동장에 1,163억 원 퍼붓고 기업협찬 강요, 티켓 강매 등 38년 전 '적폐의 관행'을 거듭하는 평창올림픽을 비판했습니다.

21세기 문명사적 대반동의 원인이 여러 가지 있지만 그중에서 자유주의 리더십의 부패(선출권력의 로비스트화, 금전에 포획된 공권력)과 특히 국제기구, 국제행사, 스포츠에서 IOC(올림픽)와 FIFA(월드컵)의 부패가 대표적입니다. 한국에서는 은인처럼 모시는 IOC의 사마란치도 스페인에서는 흉악한 금융부패자이며, FIFA의 블래터 회장의 천인공노할 부정행위는 만천하에 공개되어 있습니다. UN, 세계은행, IMF 엘리트들의 부정부패도 제어가 어려울 정도입니다. 국제 엘리트와 기구들의 세기적 부패에 대한 책을 쓸까 하여 한 때 자료를 꽤 모았습니다.

올림픽의 경쟁과 평화 이상은 훌륭한 것이나 요사이 민주주의 부식의 반동 현상과 같이 이제 올림픽의 상업화와 프로화는 도를 넘어 정치공작과 미디어 쇼와 자본의 위력이 합작한 거대한 인간착란, 환경파괴, 소득양극화의 주범이 되었습니다. 올림픽과 월드컵은 거대한 비인간, 반자연, 장사꾼과 스포츠 마피아, 정치공작꾼들이 합작한 세계적 사기극이라 판단하고 있습니다.

평창 올림픽을 계기로 한 삼국 간의 평화운동의 뜻만은 높이 살 수 있으나 결국 그 최종 귀착이 무엇이 될지 제 경험과 견식으로서는 확신이 서지 않습니다. …

2017. 12. 21.

김진현 드림

(이 글은 공개하여도 좋습니다.)

강창희 국회의장께 드리는 사신(私信): 이벤트회사가 만드는 노래와 춤의 제헌절 무대

제헌절 국회의식을 국민교육의 장으로 승격, 승화시켜야 합니다.

I. 제헌절 의식에서 무엇을 배워야 하나

제헌절 행사야말로 대한민국의 정사(正史), 정체성과 정통성을 확인하고 알리는 출발점이고 가장 핵심적 의식, 의례여야 한다(그래서 제헌절 공휴일 폐지는 잘못된 것이고 부활되는 것이 옳다).

… 따라서 제헌절 의식이라는 국회차원의 행사야말로 이러한 시대적 도전과 과업에 충실하게 대응하는 것이라야 한다(그런 문제의식이 없으면 제헌절이 공휴일 되어도 가치가 있을지).

II. 구체적 예시

1. 제헌절 국회의식은 대한민국 건국사 국민교육, 교감의 장이 되어야 한다.
2. 행사프로그램, 노래, 영상물도 국민교육 교감의 뜻이 담긴 것이라야 한다.
3. 제헌의원 총선거는 우리나라 역사에서는 물론 동북아시아에서 최초의 일반, 보통, 평등, 자유 선거였다.
4. 1948년 전후, 항일 독립운동-광복, 분단-6·25전쟁의 실상과 세계 유일의 대한민국 근대화 혁명의 성공에 이르는 연결성, 정통성이 강조되어야 한다.
   ⓐ 제헌의원과 항일 독립운동의 연결 정통성: 의장 이승만, 부의장 신익희(임정 초대 내무부장), 외교국방위원장 지청천(광복군 총사령관), 반민특위위원장 김상덕, 조봉암(공산당), 한독당 소속 오택관, 김영기, …
   ⓑ 대한민국 정부와 대한민국 임시정부와의 연결 정통성: 대통령 이승만(임정 초대 대통령), 부통령 이시영(상하이 임시정부서부터 귀국 시까지 계속 국무위원 지속한 유일한 분. 1919.10. 상하이 임시정부 발족 당시 상하이에 계셨던 유일한 국무위원. 이승만, 안창호, 박은식, 김구 모두 상하이 도착 못했음). 국무총리 이범석(광복군 지대장)
   ⓒ 기타: 농림부 장관 조봉암, 문교부 장관 안호상
5. 제헌의원들의 열정, 검약, 겸손, 토론 문화, 생활문화의 기억, 재연….
   ⓐ 국회 회기와 토의 심의(휴회가 거의 없을 정도로 제한기간 내내 안건처리)
   ⓑ 제헌의원 2년 임기 연장론 스스로 거부
   ⓒ 제헌의원 월급: 중앙공무원의 사무관급(대부분 비서도 없었다)
   ⓓ 출퇴근 풍경: 전차, 버스, 도보(미군 트럭 개조 '통근차') (상임분과위원장들만 2인 1조 승용차 배정 출퇴근만)
   ⓔ 주거 (대부분 여관방 신세)
   ⓕ 의복: 한복, 고무신…
6. '5'에 관한 것 영상, 스피치, 노래로 반영되어야

III. 전국 모범 초등, 중학교 학생대표 초청, 지속적 특별전시

IV. 요컨대 제헌절의 행사가 너무 형식적, 요식행위에 그치고 의미 없는 노래와 의미 모르는 기획사 아이디어의 이벤트성 행사가 된 것이 너무 안타까워서 건의드립니다. …

2013년 7월 25일

현승종 노개위원장님께

… 마침 제 1차 한독 포럼일로 3일부터 10일까지 서울을 비우게 되어서 노개위(勞改委, 노사관계개혁위원회)의 제 1단계 마지막 결론을 내리는 작업에 참여치 못함에 죄송할 따름입니다.

그간의 노개위 심의에 대하여 제 나름 감상이 있으나 지난 일이 아니라 앞으로의 일에 대하여 제 소견을 참고하여 주시기 바랍니다.

1. 이번 정기 국회에 대비한 노개위의 입장으로서는 이미 합의된 부분과 공익위원들을 중심으로 한 다수의견 안을 채택, 노사양측 주장과 독립하여 대통령께 답신함이 옳다고 믿습니다.
2. 보다 근본적으로 제 2단계 작업을 지금부터 서둘러야 하는데 그 목표는 1998년 새 대통령 취임과 더불어 바로 집행할 수 있는 구체적 개혁안을 충실히 1년여의 작업으로 추진하는 것입니다. 아마도 이런 작업에서는 제 1단계 작업부분마저 수정하는 일도 생기리라 봅니다. 개방화, 투명화, 자유화, 민주화, 유연화, 정보화, 세계화의 근본과 흐름에 맞추는 획기적 개혁안을 준비하는 것이 노개위의 진정한 과제일 것입니다.
3. GNP 시대 넘어 새 사회 창조에서 새 노동가치 …
4. 위원회 구성 개편 …
5. 진정 노사관계 개혁을 하려면 ⓐ 과거 특히 "유신" 이후 1990년대에 이르기까지 무원칙, 무소신, 보신주의, 권력 아부에 연연하던 노동정책 책임자

들을 정치적으로 다스리고, ⓑ 명백히 죄가 입증된 악성 재벌기업주도 구속하는 모범을 보이고서, ⓒ 재벌기업, 국영기업, 독점기업, 언론방송에 기생하고 있는 노동귀족, 노동운동기업화, 노조특권을 과감히 제거하지 않고는 불가능하다는 사실을 솔직히 대통령께 전달하는 것이 상책이라 믿고 있습니다.

1996년 11월 1일

김진현 배

내 건의 제 5항의 각오와 통합방략 없이 12월 26일 밤 정부 여당은 야당 몰래 날치기로 노동법 개정안을 통과시켰다. 그러나 40일 가까운 대규모 시위와 야당의 반대에 부딪혀 1997년 1월 21일 YS, DJ, JP 영수회담을 갖고 백지화시키고 만다. 실제로는 1997년 말에 닥쳤지만, 1996년 말 경엔 충분히 위기가 예견되었던 IMF 외환위기 예방을 위하여 이 무렵 꼭 개혁조치가 나왔어야 할 시점이었다. 이미 최종현 전경련 회장은 1996년 중반 '5년 임금동결'까지 주장할 때였다. 정부나 노개위나 기초 근본에 대한 접근, 통합적, 자발적 개혁 유도의 끈질김과 각오가 그때도 결여되었고 지금은 더욱 역전했다.

반기문 대통령 선거 출마 만류

나는 2016년 6월 21일자 한겨레신문에 "반기문, 더 큰일에 쓰여야" 칼럼을 게재, 그의 대선출마 운동을 비판했다. UN사무총장 임기 끝내고 '대한민국 특사'가 돼야지 대통령은 안 된다 했다. 동아, 조선은 내 기고를 거절했는데, 한겨레는 받아 실었다.

반기문 — 이 이름 석 자의 상징은 단군 이래 한민족 대한민국 최고 작품의 하나이다. 반기문 '유엔 사무총장'은 한민족사에서 세계기구 중에서도 최고기관의 최고직을 맡은 최초이며 어쩌면 유일한 이름이 될 것이다. 앞으로 100년을 기다려도 오기 힘든 자리다.

그 반기문이 임기 7개월을 남긴 2016년 5월 말 제주-서울-안동-경주 6일간의 행각으로 추락하는 모습을 보며 실망을 넘어 분노를, 그리고 나라와 민족의 한계와 좌절을 보게 된다. 그의 언행에 대한 국내 신문 사설은 보수·진보 모두 비판적이었고 … 반기문의 리더십은 바로 이 나라의 명운을 건 과제, 즉 통일과 외교안보 담당 대한민국 특사로서 국내 통합의 리더십, 그리고 밖으로 대한민국 대표, 동북아시아 대표로 세계적 기름장어가 되는 것이다. 반기문을 리더십으로, 각 정당의 대표, 국회 대표, 정부 대표도 참여하는 초당적, 범시민적, 범정부적, 범국가적 기제를 만들고 운영하는 것이다. … 대한민국 '특사'는 초특급 기름장어라야 한다. 국가 간 관계, 지정학적 리스크 관리에는 꼭 기름장어가 필요하다. 거기가 반기문을 부르고 있는 곳이다. 지금 국내 정치개혁의 담당자는 몸을 던지는 결단과 마이클 샌델의 정의론에 열광하고 헬조선에 좌절한 양극화 소외자들과 젊은이들을 끌어안을 수 있는 연대와 동감의 리더십이다. 기름장어 리더십은 아니다.

소소한 쓴소리

학자들 대체 뭘 했나: 경제학자들, '역사적 범죄'

"학자들 대체 뭘 했나?" 중앙일보(1997. 12. 9.) 제목으로 나온 기사 — 경제학자들이 '역사적 범죄' 저지르고 있다 질타한 세 토막. 신문 원문 그대로 인용한다.

IMF 협상이 타결된 다음 날인 4일, 때마침 21세기 국가경영 문제를 놓고 열띤 토론을 벌인 모임이 있었다. 한국공공정책연구소(소장 성경륭 한림대 교수)가 중앙일보 후원으로 숭실대에서 개최한 '21세기의 변화전망과 국가경영의 신패러다임'이란 주제의 세미나가 바로 그것이다. 40대 중반의 중견학자 50여 명이 참여해 지난여름부터 준비해온 학술행사다.

막상 이날 회의에 참가한 학자들의 얼굴에는 허탈감과 분노가 서려 있었다. 어떤 학자는 밤잠을 이루지 못했다고도 했다. 이 자리에서 토론의 불을 댕긴 것은 김진현 서울시립대 총장의 기조강연.

그는 단도직입적으로 이 나라 경제학자들이 '역사적 범죄'를 저지르고 있다고 질타했다. 오늘의 위기에 대해 준비하지도 못했을 뿐더러 아직도 GNP 중심의 발전주의적 발상에 젖어 막연한 기대만을 전파하고 있다는 것. 이어 진실로 국민의 고통을 아파하는 진지한 고민을 찾기 어려운 사회과학자들의 사회적 책임에 대해서도 자탄했다. 그는 결국 창조적 사람과 환경을 만드는 대학교육의 근본시스템의 변화가 관건일 수밖에 없다면서 '자신에 대해 너무 불성실한 대학 분위기'에 대해서도 자성했다.

중앙일보에는 2004년 9월 9일 칼럼에서 "'386의원'들에게 주는 충고 — 대한민국은 동북아의 유일한 민주공화국이다", 그리고 〈월간중앙〉 2003년 5월호에 "노무현 정부, 대한민국 그리고 21세기 한국민족주의"를 통해 무모한 대한민국 부정의 과격행동을 경고 견제했다.

관훈토론 사상 첫 질문의 쓴소리(1977. 5.11.)

관훈토론회는 1977년 5월 11일 처음 열렸다. 구자춘 서울시장이 첫 대상이었다. 다음은 《이야기 관훈클럽》에서 옮긴 것이다.

1977년에는 또 한 가지의 의미 있는 일이 있었다. 클럽은 이해 5월 11일 서울시장 구자춘을 초청해 토론회를 열었다. 클럽은 이 토론회를 이전의 '초청강연회'와 구분하여 '제1회 관훈토론회'라고 명명했다. 회원 중엔 김진현(동아), 봉두완(TBC), 정광모(한국)가 패널리스트로 참석했고 서울시청 출입기자 대표로 참석한 유철희(서울신문)는 비회원 패널리스트였다. 회원과 일반인 등 60여 명이 참석했다.

구자춘이 '시민생활과 서울시의 행정'이라는 제목으로 연설하고 토론회가 이어졌다. 김진현은 첫 질문으로 뼈 있는 농담을 던졌다. 관훈토론회 역사상 첫 질문이기도 했다. "처음 패티김이 '서울의 찬가'라는 노래를 부르기 시작하면서부터 서울에는 이른바 사회병리 현상의 하나랄까, 서울의 초과밀화가 나타나기 시작했다. 특히 1960년대 후반부터 앞서 이야기한 노래가 서울의 거리를 누비면서 더욱 심각화된 것 같다. '서울의 찬가'를 권하지 않을 뿐 아니라, 차라리 '서울의 애가'(哀歌)를 만들어보는 것이 어떤가?"

〈신문연구〉에 토론회 참관기를 쓴 건국대 교수 양시호는 "토론장은 한동안 폭소가 터져 나왔고, 조금 전까지 긴장된 공기는 말끔히 가셔졌다. 그러나 이 질문 속에 웃고 넘겨버릴 수 없는 대도시 서울의 진실이 있음을 느끼지 않을 수 없었었다"고 했다(《이야기 관훈클럽》, 정범준, 랜덤하우스, 2006, pp.198~199).

4장

내가 만든 새 개념, 용어, 조어 그리고 '이 땅에 사는 틀'

지나고 보면 언론의 붓을 끝까지 지키려 하고 나라의 기초, 기본, 근본을 키우고 세계의 대한민국, 새 인류사회의 선진(善進), 선진(先進)국을 꿈꿨었던 이상은 그 어느 것도 성취되었다 할 수 없다. 허무하다. '그런 것이 인생이다'라고 한마디로 끝낼 수 있는 일인가. 그렇다고 이 순간까지도 희망을 버리지는 않고 있다. 대성공과 대도착(大倒錯)이 엉킨, 건국 이래 최대 위기에서 미래세대에 대한민국과 인류 구원의 과제를 넘긴다 해석하고 싶다. 지금이라도 우리 같은 다생(多生), 다원, 다양한 경험이 제대로 수렴, 발효, 양생하여 K-World '한국에 의한 세계평화'(*Pax Koreana = Pax Universa*)가 이루어지는 날을 만들어야 한다.

나는 이 큰 명제에는 나무 한 잎의 역할에 불과할 것이다. 그러나 내 생각, 고민, 추고, 명상의 편린으로 만들어진 새 개념, 용어, 발상, 조어(造語)는 그 잎에라도 새겨져 거름이 될 것이라 믿고 싶다(T·K, 문어발 재벌은 사전에도 올라가 있다).

나는 종교가 없지만 기도는 자주한다. 나는 기도라기보다는 묵념을 자주 한다. 그 묵념을 가끔 정리할 때가 있다. '이 땅에서 사는 틀'은 2015년

내가 만든 개념과 용어

개념/용어/조어	날짜	출처
T · K	1987.12.23.	동아일보 김진현칼럼 "노태우 선생에게"
문어발 재벌	1975.11.25.	동아일보 사설(부제, '백화점식 그룹화는 막아야 한다')
'한국혁명' 善進化	1996. 6.21.	"개화 120년과 21세기 미래개척 - '한국혁명' "善"進化는 어떻게 가능한가". 서울국제포럼 창립 10주년 기념 세미나 기조논문(1996년 9월호 〈사상〉에 게재)
대한민국 근대화 혁명	2006.	《일본친구들에게 정말로 하고 싶은 이야기》. 한길사. 6장.
조선(朝鮮)에서 '대한민국 근대화 혁명'까지	2012.11.23.	대한민국역사박물관. 2012 국제학술대회 기조연설(부제는 '그리고 지구촌 평화질서 창조로')
1 : 36 — 한국 대 미 · 소 · 일 · 중	1990. 8.25.	동아일보 김진현칼럼. 대표적으로 반도국가, 특히 이 지구상 유일한 4대강국과 접경한 국가로서 연성, 선진화 자강론이다. 최근 《극중지계》(정덕구 외, 니어재단, 김영사, 2021)는 나의 자강론을 특히 머리말에서 평가하고 여러 장에 인용하고 있다.
작은 거인이 되자	1992. 9.16.	한국미래학회 심포지엄 발표
제 2 정치건국	1986. 4.16.	동아일보 김진현칼럼
제 2의 건국운동	1992. 5.28.	서강대 정책대학원특강(1998년 DJ정권에서 '제 2 건국운동'으로 추진)
제 2의 독립운동	1992. 9. 9.	국방대학원 특강(1993). "한국은 어떻게 가야 하는가: 국격 국력 … 선진화를 위한 제 2 독립운동", 매일경제신문
'우리도' 아닌 '우리만'의 기술창조전략	1991. 9. 6.	국방대학원 특강
해양화	1977.	《한국주식회사》 제 1장 첫 글 "해양화와 대륙화". 대한민국의 역사, 해양화로 해석한 우리나라 최초의 글
	1998.	《해양21세기》(김진현 공편) 권두논문 "해양화, '善'進化의 길: 근대화에 대한 새로운 해석과 해양화의 세계화 시대"
21세기는 히말라야권의 시대	2000. 1. 1.	"21세기는 히말라야권의 시대: 세계문제군 40억 인도 · 중국대륙 근대화에서 폭발". 문화일보 신년 특별기고
중국문제군	2011. 2. 8.	"Pax Sinica? Impossible! — There maybe an explosion of 'China problématiques'"(중국패권시대는 오지 않고 '중국문제군' 폭발이 일어날 수 있다) Pacific Forum, PacNet, 10.

개념/용어/조어	날짜	출처
세계평화지대	2008.10.23.	"DMZ를 세계평화지대(Global Peace Zone, GPZ)로 - 2013 UN환경회의와 2013 UN총회를 DMZ에서". 일산. DMZ보전을 위한 국제컨퍼런스 특별강연(환경부, 경기도 공동주최)
궁극의 시대	2009.11.25.	"'궁극의 시대' - 아시아(동양)가 서양의 대안, 지구촌 새 질서(문명)의 주류가 될 수 있는가 - (아시아 연구자들이 새 지평에서 점검해야할 명제들)". 제1차 서울대 아시아포럼 주최 서울대 아시아연구소 개소 기념강연
인류 궁극으로의 길 (Global Ultimatum)	2011. 1.	〈월간조선〉 특별기고
선진(善進), 선진국(善進國)	1995. 6.16.	"21세기 한국의 '善進國'化: 장기생존 비전과 황해·동해문제군". 한국국제경제학회 하계 정책세미나 기조연설["황해·동해" 지역이란 표현은 서양 개념의 '동북아시아'(한·중·일·러)를 우리 한국 중심으로 고친 나의 조어이다.]
한국 선진화(先進化)의 길, 그 끝은 선(善)진화이다	2006. 2.	〈우리길벗〉 특집
대한민국(韓人) 민족주의	2018. 8. 6.	대한민국 70주년에 생각하는 '한반도 창조'의 새 길 '통일·자강·지구촌 지향'의 '대한민국 민족주의'로 다시 전진해야 - "대한민국 미완의 나라: 21세기 지구촌시대 정체성세우기". 〈철학과 현실〉, 2019년 봄호(30주년 기념호). 전까지 나는 "국제주의적 민족주의"(1993. 8.17. 조선일보). "21세기의 한국민족주의"(1994. 3. 2. 조선일보 심포지엄 주제발표)의 모색과정을 거쳤다.
왜 한국의 지도자는 도덕적이어야 하는가	1998. 7.11.	"왜 한국의 지도자는 도덕적이어야 하는가: 국난극복과 지도자의 倫理". 제10회 사회윤리심포지엄, 아산복지재단 주제발표
최고의 효율은 정직	2002. 1. 3.	조선일보 칼럼(부제: 큰 인물과 사회해체위기)
준조세(Quasi-Tax)	1982.	한국에만 있는 특수성격의 기업부담 문제를 내가 제기, '준조세'로 규정하고 차병권, 최명근, 임양택 교수 연구참여. *Quasi Tax Burden on Firms in Korea: A Theoretical and Empirical Analysis*, KERI, Kim Jin Hyun et. 1984.

8월 15일 저녁 묵상에서 적고 다음 해 3·1절 날 아침 첨삭한 것이다.

1986년 3·1절 아침 30년 담배와 단절한 금연의 결단 같은 용기가 필요한 것은 아니었다. 내가 이 땅에서 살아가는 동안 말년까지 지킬 존재이유와 접근준거를 다짐하는 것이다. 그리고 같이 생각해보자는 것이다. 내 강연, 발표에서 시간 여유가 있으면 꼭 읽어 같이 생각해보자고 권고했다.

이 땅에 사는 틀: 대한민국에서 생명을 지키고 한인(韓人)으로 존재함에 있어 승리해서 성공하려 하지 말고 남을 꺾어 이기려 하지 말고 희생으로 봉사로 성취하자.

현재의 눈으로 과거를 바라보아서는 안 된다. 과거의 눈으로 오늘을 판단해서도 안 된다. 어제의 눈으로 내일을 꿈꾸어서도 안 된다. 미래의 꿈으로 오늘을 재단해서도 안 된다. 어제와 오늘의 진실 그리고 내일의 알찬 꿈이 융화의 용광로에서 녹아야 바른 미래를 창조할 수 있다.

어제, 오늘, 내일을 종합, 균형 있게 보는 통합적 관념, 통시(通時, *diachronic*) 적 시관(時觀) 을 가져야 한다.

내가 선 이 자리에서만 보면 세상이 좁아진다. 내가 선 이곳 넘어서의 먼 곳도 두루 섭렵해야 한다. 이 땅의 자로 바깥세상을 재어서도 안 된다. 바깥의 자로 이 나라를 그려서도 안 된다. 이 땅에도 바깥세계도 모두 자기 나름의 지리가 있고 역사가 있다.

이 땅, 이웃, 지구촌 공간을 종합, 균형 있게 아우르는 통합적 관념, 통장(通場, *trans-geo*) 적 장관(場觀) 을 가져야 한다.

나와 우리, 우리와 남, 이곳과 저곳, 이것과 저것을 통시적, 통장적으로 보는 융합의 안목과 균형의 지혜와 중용의 성숙으로서만이 나와 사회공동체와 나라와 지구촌의 생명, 안전, 평화(정의의 평화) 를 얻을 수 있다.

그러기 위하여 가장 경계할 일은 비판을 거치지 않는 또는 비판을 허용치 않는 비(非)비판, 무(無)비판의 낙관주의, 현장주의, 직선주의, 일방주의이며 비비판, 무비판의 비관주의, 부정주의, 반대주의, 냉소주의이다. 이 둘은 모두 비비판, 무비판의 저항주의와 투쟁주의, 비비판 무비판의 타협주의 그리고 비비판, 무비판의 중간주의를 낳는다. 그 결과는 폭력과 선동의 폭주로 해서 자멸로 가거나 문제회피와 현상연장의 무사안일 안주로 해서 자멸로 간다. 극단의 폭력과 극단의 사리(私利)의 온상이다.

진실에 대한 외경(경건), 정의에 대한 믿음(정직) 그리고 인의 자비 사랑의 행동(연대 · 관용 · 융합)이라는 도덕률 없이는 오늘 대한민국과 지구촌 삶의 실체에 접근하기도 이해하기도 어렵다. 문제해결은 더욱 어렵다.

희망을 잃지 않는 온건한 비판적 이성, 항상 겸손한 성찰적 감성과 영성, 주체적 자성(自成)의 심성으로 통장(通場)적 통시(通時)적 판단과 비전과 전략을 다듬자.

2015. 8. 15. 작성, 2016. 3. 1. 일부 수정

김진현

5장

과기처 장관 시절

나도 동아일보도 과기처도 놀란 과기처 장관 임명

취임 전후

동아일보 회고에서 자세히 나오기 때문에 여기서는 약술하지만 1990년 3월 김병관 사장 취임 이후 갈등이 심했다. 1990년 9월 3일 오후 김 사장이 "동아일보에 새로운 전통을 만들려고 한다. 사장이 될 사람은 반드시 노조담당 임원을 거쳐야 한다는 규정을 만들 것이다. 당신은 사장이 될 사람이니까 내년에는 노조담당 전무를 해 달라"고 했다. 이것은 논설주간 자리에서 나를 밀어내려는 작업이었다. 나는 구구절절 따지지 않고 그냥 '알았다'라고만 했다.

곰곰이 생각했다. 동아일보를 떠나야겠는데 어디로 가지. 당시 조선일보, 한국일보, 중앙일보 논설주간은 모두 나보다 나이가 어리고 대학 후배들이었다. 한국일보는 바로 내 사회학과 후배였다. 그러니 조선, 중앙, 한국에는 내가 갈 수 없었다. 다른 군소 신문사에는 애초에 갈 마음도 없었다.

마침 그 무렵 민영방송 SBS의 사전허가가 났다. 그래서 최병렬 씨를 만나 '내가 동아방송 보도국장 경험도 있으니 SBS 방송 해설위원장 했으면 한다' 했다. 윤세영 SBS 회장과 서울대 법대 동기동창인데 당시 SBS 방송도 명의만 윤세영이지 실상은 '최병렬 방송국'이라는 악의적 소문이 있을 정도로 둘은 가까웠다.

당시 청와대엔 최병렬이 정무수석, 김종인이 경제수석으로 있었다. 김종인 박사는 1970년대 중반 그가 서강대 교수 시절 재무부 조세제도 심의위원으로 4년간 같이 일해본 적이 있다. 또 김 수석의 할아버지(김병로 전 대법원장)와 내 아버지가 왜정 때 신간회(新幹會) 창설자이기 때문에 직접 말 안 해도 어떤 친밀감 같은 것이 있었다. 필경 최병렬과 김종인 수석 간에 동아일보 입장에 대한 내 이야기가 있었을 것이다. 아마도 이것이 일방적 장관임명장 강행의 속사정일 것이다.

운명의 시간 1990년 11월 9일(금) 오후 2시경: 청와대 전화, 떠나기 싫은 한의 눈물

참으로 운명적인 시간이고 역설적이고 극적인 순간의 연속이었다. 1990년 11월 9일(금) 자 동아일보 사설은 "안면도 민란 — 진실로 주민들의 행동이라 믿고 싶지 않다"의 사설이 내 손을 거쳐 나갔다. "첫째, 공개 행정을 하라는 것이다. … 둘째, 청원 등 정상적 행정구제 절차보다 시위농성 등 물리적 방법에 의지해야만 민원처리 해결에 나서는 현재 행정풍토는 개선되어야 한다. … 셋째, 이번 집단폭력 자체의 사후처리 문제다. … 군청 직원 5명을 납치, 팬티만 남기고 벗겨 양손을 나일론 끈으로 묶은 채 드럼통 위에 50여 분 세워 두고 지서와 예비군 무기고를 방화하고 소방차를 탈취하는 폭동은 분명한 범법행위이며 처벌대상이 아닐 수 없다"라고 썼다.

1시 반 2시 경 점심 먹고 내 방에서 쉬고 있는데 청와대 김종인 수석에게서 전화가 왔다. '과기처 장관을 꼭 좀 맡아줘야겠다'는 것이었다. 아주 다급했다. '왜 자꾸 그런 소리 하느냐' 하니 '아니다, 사정이 급하다, 대통령이 꼭 좀 맡아 달라 한다'라고 했다. 당시 안면도 사건 방사성 폐기물 처리장 관련 데모가 민란 수준이었다. '과학기술 전문가들이 이 문제를 전혀 해결하지 못하고 있다. 당신 아니면 안 된다'라고 다그쳤다.

하도 진지하게 다그쳐서 그 전에 노태우 대통령 취임 후 문공부 장관 제의나 환경부 장관 제의 거절했을 때와 같이 일언지하에 거절하지 못하고 주저했다. "마침 내일 논설위원 전원과 호남 여행을 가기로 되어있으니 여행 가서 그들과 솔직하게 상의해보고 결정해서 월요일에 답을 주겠다" 하고 전화를 끊었다. 전화를 끊고 이런저런 생각을 하고 있었다. 그런데 두 시인지 두 시 반쯤인지 대학 후배인 정치부장 박기정이 전화로 "김 선배! 축하합니다. 과기처 장관 되셨네요!' 했다. 그래서 내가 "쓸데없는 소리, 누가 그딴 소리 해?" 하니 "아니, 지금 청와대 기자실에 발표가 났는데, 무슨 말씀이세요?" 한다. "뭐? 발표가 나?"

한 20분쯤 뒤에는 KBS에서 인터뷰하겠다고 전화가 왔다.

일생 이렇게 난감하고 황당한 적이 없다. 꼭 뒤통수 맞은 것 같았다. 그때 김병관 사장은 전화로 '너 나한테 말도 않고 이러기야?'라고 했다. 아마 나한테 뒤통수 맞은 것으로 생각했던 것 같다. 나도 김병관도 과학기술계도 모두 의외인 일방적 인사발령이었다.

KBS에서 사람은 왔는데 내가 인터뷰 했는지 안 했는지는 기억이 없다. 그만큼 황당했다. 다만 청와대의 일방적 발령이 난 다음에 수락할 수밖에 없다고 판단한 나는 신문사 동료들, 논설실, 편집국, 이사실 등에 인사를 했다. 후배들 기록을 보면 내가 장관 발령받아 기쁜 웃음이 아니라 계속 눈물을 훔치면서 인사했다는 기록이 나온다. 영전 승진의 웃음이 나올 수 없는, 떠나기 싫은 그러나 떠날 수밖에 없게 된 한(恨)의 눈물이었다.

다음 날 아침 8시 20분 집에서 출발, 청와대로 가 9시 30분 임명장 받고 어제 2시까지 예정되었던 호남행이 아니라 과천정부청사 내 과학기술처로 가서 취임식을 가졌다. 이날 노 대통령은 나에게 임명장을 수여하며 그 이유와 당부를 말했다. 이유로는 케네디 대통령이 동생 로버트 케네디 법무장관 임명을 예시했다. 그가 법률전문지식 없다는 비판에 '자네가 법률전문가였으면 임명하지 않았을 것'이라 했다고 상기시키고, '전문지식도 중요하지만 다양한 능력과 균형 잡힌 판단을 갖춘 인사가 정부의 일을 맡아야 한다' 했다. 또한 '그동안 언론계에서 과학기술 향상을 위해 쌓은 풍부한 지식과 다양한 능력을 발휘, 과기처가 과학기술 발전을 위한 견인차 역할을 해 달라' 당부했다.

신문에 나온 기사에 의하면 나의 응답은 '그동안 옵서버였는데 이제 플레이어가 되었다'면서 최선을 다하겠다고 다짐했다.

나만의 진기록

이렇게 모두가 뜻밖의 '안면도 소요 민란' 계기로 등장한 나의 과기처 장관되기는 나도 모르는 사이 아무도 예상하지 않은 채 몇 개의 진기록을 세웠다.

첫째는 물론 본인의 동의 없는 일방적 임명이었다는 사실이다. 세상의 상식인지 관행인지, 모두 운동 안 하고 장관이 되었다니 믿지 않는다. 심지어 엽관(獵官) 운동해서 출세한 대학총장 출신 폴리페서 중에는 나한테 대놓고 '당신 어찌 그리 거짓말을 뻔뻔히 하느냐'라는 비아냥 소리도 했다.

둘째, 내가 언론인 출신으로는 최초로 정치직 아닌 국무위원이 된 것이다. 언론인 출신 장관들이 꽤 있었는데 모두 공보, 통일, 내무, 정무, 무임소장관 등 정치직이었다. 내 이후로 보사부, 교통부 장관 등 언론인 후배들이 등장했다.

셋째, 그중에서도 가장 전문영역인 과학기술 담당이었다. 과기부 생긴 이후 최초의 비(非)과학자 출신 장관이었다. 이 점이 나로 하여금 8·15 해방 전 국민학교 시절 하나다 선생으로부터 받은 충격과 《백범일지》로부터의 깨우침에서 얻은 공인(公人) 의식에 더하여 내 언론인으로서의 명예를 지키고, 후배 언론인에 대한 모범과 교훈을 주기 위해서라도, 즉 언론인 출신도 전문영역에서 잘할 수 있다는 모범을 보여야겠다는, '선구자' 역할을 다해야 한다는 정성을 채찍질했다.

넷째, 결과적으로 노태우 6공화국 5년 동안 106명 각료 중 내가 2년 4개월 최장수 장관의 기록을 세웠다. 역대 과학기술처 장관 중 네 번째, 민주화 이후로는 유일한 장수 장관의 기록도 갖게 되었다. 네 분의 총리, 60여 명의 국무의원들과 청와대와 중앙청의 국무회의 의석을 같이 나누었다. 내 임기 중 세 분의 장관이 지나간 것은 통일, 상공, 총무, 공보, 교육, 건설, 환경, 농림이었고, 네 분이 지난 곳은 제 1 무임소장관이었다.

취임하면서: 내 사람 심지 않고 퇴임

11월 10일 오전 과천 과기처 청사에서 열린 취임식에서의 취임사는 이렇게 시작된다. "여러분도 놀라셨겠고 저도 놀랐고 그래서 오늘 제가 이 자리에 섰습니다. 우선 대한민국으로서 젊은 부처임에도 불구하고 전 국민적으로 또 전 세계적으로 관심과 주목을 받는 앞서가는 부처로 성숙시킨 여러 전직 장관과 특히 이 자리를 떠나시는 정근모 장관께 각별히 위로의 말씀과 그동안의 노고에 감사를 드립니다."

그리고 이어지는 나의 취임사는 이런 것이었다. 대한민국 과학기술이 큰 문패를 달도록 노력하겠으나, 내 문패는 달지 않겠다.

첫째, "나는 과학기술처 창립 이후 최초의 비과학자 출신 장관이다. 개인적으로 '비과학자 출신임에도 불구하고 과학자 출신 장관보다 못하지 않고 더 훌륭했다'라는 평가를 받는 것이 나의 목표다. 사랑하는 언론계 후배들을 위해서도 그것이 내가 할 일이다. 그러므로 나는 오늘 취임하지만 내일 그만두더라도 과학기술처 근처에 와서 얼씬거리거나 밥 먹겠다며 여러분 신세 안 지겠다."

둘째, "나는 대한민국의 과학기술 발전을 위해서 온 사람으로서, 과학기술처 직원만을 위해서 봉사하지는 않겠다. 그러나 대한민국 과학기술의 발전을 위해서 정책을 발전시키려면 여러분들의 도움이 꼭 필요하니까, 여러분들이 국가를 위해 나를 도와주면 나도 여러분들에게 보상하겠다."

나는 동아일보 논설주간 때도, 논설위원들에게 광화문에서 남대문 사이 거리에 면한 빌딩 사무실에 책상 하나라도 갖고 있는 사람들은 모두 공인이라고 생각해야 한다고 했다. 비록 신분은 주식회사 동아일보에 있지만 외무부나 재무부(그때는 두 부처 모두 광화문에 동아일보를 중심으로 남북에 있었다)에 있는 관리처럼 우리도 대한민국의 공인처럼 생각해 달라 했다. 적어도 한 달에 한 번은 이런 생각을 해 달라 했다. '지금 나는 동아일보 정치담당 논설위원으로 아침 출근하며 한강 다리를 건너는데, 일본 아사히신문 정치담당 논설위원은 니혼바시를 건너면서, 미국 뉴욕타임스의 정치담당 논설위원은 허드슨강을 건너면서 무슨 생각, 무슨 테마를 생각할까. 또 소련의 타스통신이나 프라우다의 논설위원들은 오늘 무슨 사설을 쓸까 생각할까.'

과학기술처 장관이 된 후에도 나는 직원들에게, 예를 들면 원자력국장이면 '미국 일본 등의 원자력국장이 지난 1주일 동안 뭘 했는지 체크해서 보고하라'라고 지시했다.

나는 취임하면서 서정욱 박사를 차관으로 발탁했다. 내가 데리고 간 유일한 사람이었다. 내 메시지는 말로 또는 관행으로 안주하는 정책이 아니라 혁신의 실적, 사명감 가진 과학기술처가 되어야 한다는 것이었다. 서 박사는 우리나라 전화기를 TDX 전자교환기 시스템으로 바꾸도록 직접 연구하고 추진한 혁신 기술자였다. 국방과학기술연구소에서 터 잡고 소장까지 지낸, 안보를 중심으로 국가과학기술을 종합적으로 볼 수 있는 훈련도 쌓은 분이었다. 오늘날 5G 통신까지 앞장선 한국통신의 대부인 셈이다. 그도 나중에 키스트 원장으로 옮겼다. 내가 퇴임할 때 내가 취임 때 약속한 대로 내 사람은 한 사람도 없었다.

과기처 장관 취임 이전 과학기술 인연

나는 1963년에 동아일보 기자로 경제기획원을 출입했다. 당시 기획원 내에 기술관리국이 있었다. 경제기획원은 예산, 경제기획, 외자 분야가 하이라이트였지, 기술관리국은 서자(庶子) 취급을 받았다. 과학도 기술도 우리가 내놓을 만한 것이 없었던 때였다. 그때 나는 (왜 그랬는지 모르겠는데) 기술관리국을 많이 취재했었다.

심지어 동아일보와 기술관리국을 연결해서 사업을 해보려고 시도도 했다. 그게 기능올림픽이었다. 출전자를 선발하고 기능올림픽에 보내는 사업을 하려 했는데 성사되지 못했다. 신문사 어른들이 거절했다(우리나라는 1967년 제 16회 기능올림픽 대회 출전을 시작으로 1977년 제 23회 대회 때부터 대회 9연패를 달성했다). 그래서 나는 과학기술계에 관심이 많은 사람으로 인식되어 있었다.

또 한국경제연구원 떠나기 전 보너스 출장으로 1984년 7월 8~26일을 영국 워릭대학에서 보냈다. OECD 주최로 영국 워릭대학에서 3주간 열린 '기술변화의 경제학'(*Economics of Technical Change*) 연구회에 참여하여 스탠퍼드대학, 서섹스대학, 키일대학, 베를린대학, 일본 가쿠슈인대학 등의 거물 경제학자, 과학자 25명과 매일 토론하는 것도 큰 도움이 되었다. 나만이 비(非) 교수, 비박사였다.

문제를 보는 안목이나 정책 선택에 대한 지식은 이들보다 나은 것을 발견할 수 있으나, 방법론이 약한 것은 한계였다. 박사학위 과정을 마쳤어야 했다는 후회를 많이 했다. 여기서 배운 쟁점은 경쟁이 혁신을 만드느냐, 독점이 혁신을 만드느냐는 것이었다. 대국 미국과 산업혁명의 원조인 영국은 경쟁에, 네덜란드, 스웨덴 등 소국들은 독점에 방점이 찍혀 있었다. 특히 미 스탠퍼드대학의 P. 데이비드 교수와 네덜란드의 A. 헤르츠 교수 간의 논쟁을 들으면서 한국 같은 중간국가의 위치를 숙고하게 되었다. 또한 니만 펠로로 하버드대학에서 공부할 때도 나는 N. 데이비스 교수의 강의(*Technology and Society*)도 한 학기 청강했다.

키스트(KIST) 탄생의 소리: '우연한 일이 아니다'(최형섭 원장 예언처럼)

1965년 5월 박정희 대통령이 방미해 발표한 박·존슨 공동성명 13개 항목 중 제일 끄트머리 12항에 '박 대통령은 한국의 공업기술 및 응용과학연구소를 설치하는 가능성을 한국의 공업과학 및 교육계 지도자들과 더불어 검토케 하기 위하여 그해 그(존슨)의 과학고문을 파견하겠다는 존슨의 제의를 환영하였다'라는 항목이 있다. 그런데 신문, 방송 어느 언론도 모두 이 항목을 보도하지 않고 빠뜨렸다.

다음 날, 5월 20일 자 3면 전면 해설 "두 정상의 흉정, 경제적 산물" 해설을 경제부 차장인 내가 썼다. 나는 내 습관대로 성명의 원문(영문)을 찾아 이 대목을 발견하고 기술관리국장에게 물었는데 그도 내용을 전혀 모르고 있었다. 그래서 나는 "워싱턴에서 전해 오는 그 많은 파격적이고 이례적인 의전 대접에도 불구하고 경제 분야에서는 파격도 이례도 없다. 이번 성명에서 파격적이라면 한국 정부가 전혀 제안도 준비도 한 바 없음에도 불구하고 양국 대통령은 학교 교사로서의 과거 경력을 상기하고 존슨 대통령이 먼저 제의한 공업기술 및 응용과학연구소의 설치 가능성을 검토할 과학고문의 파견뿐이다"라는 말을 해설에 넣었다. KIST 탄생을 공식으로 문자화한 것인데, 한국 언론, 신문방송에서 이 기사는 단 한 줄도 없고 내가 쓴 해설 한 문장이 유일한 알림이었다.

KIST 초대 소장 최형섭 박사의 회고록《불이 꺼지지 않는 연구소: 한국 과학기술 여명기 30년》(1995, 조선일보, p. 53)에서는 이렇게 쓰고 있다. "이 공동성명에는 한국군 현대화, 경제개발에 대한 원조 등 굵직굵직한 이슈가 많이 있어서 제일 끝에 들어가 있던 한국 공업기술을 지원하는 연구소 설립이라는 항목에는 아무도 주목하지 않았다. 그러나 단 한 사람 동아일보 김진현 경제부 차장이 그 중요성을 대서특필했다. … KIST가 설립된 지 25년이 지난 뒤 김진현 차장은 과학기술처 장관이 되어 키스트의 새로운 도약을 염려해야 하는 처지에 놓였으니 이는 결코 우연한 일이 아니다."

마치 나의 과기처 장관 취임이나 취임 후 나의 KIST 개혁, 승화의 몸부림을 운명인 것처럼 썼다.

동아일보 시절부터 나는 과학기술과 인연이 좀 있었다. 특히 1967년 1월 18일 자 사설 "기술입국의 의지와 방향"은 과학기술처 신설을 위한 정부조직법 개정안의 국회 마지막 안건 통과를 보며 새 과학기술처에 대한 기대와 주문을 썼다.

우연인지 운명인지 헷갈린다.

'국무위원'으로서 '선서'에 충실하고자

임명장과 선서

"임명장, 김진현, 국무위원에 임함, 과학기술처 장관에 보함. 1990년 11월 10일 대통령 노태우." 이것이 내가 청와대 본관 접견실에서 강영훈 국무총리 배석하에 정식으로 받은 장관 임명장의 기술 전부이다.

그리고 "선서. 본인은 공직자로서 긍지와 보람을 가지고 국가와 국민을 위하여 신명을 바칠 것을 다짐하면서 다음과 같이 선서합니다. 1. 본인은 법령을 준수하고 … 1. 국민의 편에서 정직과 성실로 … 1. 창의적인 노력과 능동적 자세로 소임을 … 1. 재직 중은 물론 퇴직 후에도 직무상 알게 된 비밀을 … 1. 정의의 실천자로서 부정의 발본에 앞장선다. 1990년 11월 10일 과학기술처 장관 김진현"에 서명을 했다. 임명장 받기 19시간 전까지도 내가 국무위원, 과학기술처 장관이 된다는 것은 생각도 못 한 상상 밖이었던 일이 벌어진 것이다. 나도 과기처도 내가 몸담고 있던 동아일보도 놀란 일이었다. 일방적 임명이요 발표였다.

그러나 평소 대한민국 헌법상에 대통령 국무총리 국무위원 '관계'의 위상과 건국 후 실제 벌어져 온 '관계'와 위상의 왜곡, 대통령의 비서관 주재 회의, 국무총리 제청권의 무력, '국무위원'들의 자기비하, 책임무의식 등에 대하여 신문 사설에서 비판해온 언론인으로서는 임명장과 선서의 의미가 남달랐다.

"임 국무위원, 보 과기처장관." 꼭 내각책임제가 아니더라도 헌법상 국무회의의 일원인 국무위원은 당연히 어떤 부서 장관이기 전에, 국무위원으로서 어느 분야든 기술적 전문가이기 전에, 그 분야를 중심으로 한 국가적, 민족적, 세계적 시야와 정치, 경제, 사회, 문화의 구조적 연결성에 대한 최소한의 지식, 정보와 경험의 소유자여야 한다는 것이 나의 지론이었다.

내가 이런 지론을 갖게 된 데는 특히 헌법상의 절차 문제는 동아일보와 관훈클럽의 일로 오래 같이 지낸 박권상 선배 논지에서 많이 배웠었다. 한마디로 대통령책임제라는 명목으로 독재를 하려 해도 국무위원들과 국무총리가 헌법과 조직법대로 역할을 하면, 즉 총리도 책임총리, 분권총리로서 역할을 하면 대통령이 독재할 수 없다는 것이었다. 헌법대로라면 '국무회의 의결'을 거쳐서만 대통령 권한을 행사할 수 있기 때문에 우리가 알고 있는 그런 대통령 권력집중 독재는 막을 수 있다는 논설적 담론을 평소 많이 나누었다. 그렇기 때문에 “임 국무위원, 보 과기처장관”의 임명장을 받는 나의 가슴과 머리는 단순히 안면도 민란의 그림자 때문만이 아니고 훨씬 더 철학적 무게로 다가왔다.

또 선서에서 ‘법령을 준수하고 국민의 편에 서서’ 정직과 성실로 ‘정의의 실천자로서 부정의 발본에 앞장선다’는 대목에서는 바로 작년에 돌아가신 아버지 생각까지 겹쳤다. 평생 청렴으로 돈 고생하시다 가신 아버지, 내 고등학교 시절, 아버지 경기도지사 시절 관사에서 아버지 옆에서 듣던 이야기, 청와대에서 내려온 김홍식 문교사회국장이 미군 불하차량을 받아 택시를 하면 돈 벌리는데 곧 불하 예정이 있으니 자기가 불하받아 오겠다며, 돈 좀 있어야 정치도 한다고 권고했다. 일언지하에 거절하시던 그 모습. 돈 때문에 어머님이 쩔쩔매시고 때론 우시던 모습, 그래서 대학생 시절부터 집요하게 내 주변을 맴돌던 정치입문 유혹에도 내 자식 공부 끝내고도 돈 여유 생기기 전에는 절대 정치 안 하겠다 맹세하던 추억들이 다시 되살아났다. 제헌의원들 전차 타고 트럭 타고 출퇴근하시던 모습….

‘거, 과기처 김 장관, 어찌 생각하시오’

그래서 나는 국무회의에서 내 소관이 아니라도 가끔 사족을 달았다. 때론 직접 표현으로, 때론 은유적으로. 그랬더니 내 취임 뒤 47일밖에 모시지 못했던 강영훈 총리가 한 번은 다른 부처 소관 안건을 상정하고 방망이를 치기 직전 느닷없이 ‘거 과기처 김 장관은 어찌 생각하시오?’ 하고 물었다. 안건이 무엇이었는지 기억이 안 나는데 오히려 내가 당황했다. 노재봉, 정원식 총리 시절에도 소관과 관계없이 ‘과기처 김 장관’ 의견을 묻는 일이 생겼다. 과기처 직원들, 특히 타 부서 상대 일이 많은 기획관리실에서는 아주 좋아했다. 다른 부서 기획실장이 찾아와 다음 국무회의에 자기 부처에서 어떤 안건을 올리는데 김 장관이 반대하지 말아 달라고 부탁했다는 것이다. 우리 기획실장이 기분 좋아 하는 보고를 몇 번 들었다.

1992년 4월 25, 26일 토요일과 다음 일요일 오전까지 1박 2일 과천 중앙공무원교육원에서 전 국무위원 전국 도지사가 참여하는 고위공직자 합동 연찬회가 열렸다. 정원식 총리의 현장 지명으로 갑자기 특강을 하게 되었다. 무슨 이야기를 했는지 내 수첩 일지메모에 내용은 안 나온다. 3월 국회 총선과 그 후 일부 개각과 더불어 정권 10개월 남긴 시점에 분위기 다지기용 연찬회였을 것이다.

내가 전 국무위원 전국 도지사에게 특강했다는 소식이 과기처에 퍼지면서 직원들이 매우 좋아했던 기억이 매우 생생하다. 얼마 전에도 옛 직원을 만났더니 그 이야기를 했다.

노통에 미안한 쓴소리

내가 국무위원으로서 노 대통령에게는 참 미안한 짓을 했다. 세상이 다 아는 일이고 언론도 여러 번 보도한 것이지만 한국통신의 제 2 이동통신사업을 선경그룹(현재 SK그룹)에 준다는 안건이 올라왔다. 내가 발언을 했다. "아무리 기술적 적합성 검토는 선경이 우월한지 모르지만 정권 이양 6개월을 앞두고 대통령 사돈 집안에 프로젝트를 넘기는 것이 옳은 일인가. 좀더 신중해야 하지 않나"하는 취지였다. 말을 마치니 기다렸다는 듯 최병렬 노동부장관이 "그거 김 장관 말씀이 옳습니다!" 하며 재청했다.

꼭 둘이서 짜고 한 발언같이 됐다. 아마 지금까지도 그 자리에 있던 다른 국무위원들은 거의 틀림없이 신문기자 출신 언론인 둘이 어디와 짜고 계획적으로 문제제기한 것으로 오해하고 있을 것으로 믿는다. 나는 내 정직한 판단, 내 소견을 그대로 말한 것이다. 결국 안건은 포기되었고 정치적 약속이었는지 다음 YS 정권에서 선경으로 넘어갔다.

권력관계, 정치공작적 측면에서는 굉장한 일이었을 것이다. 그러나 나는 국무위원으로서 국민의 편에서 정직과 성실, 정의의 실천자로서 부정의 발본정신을 잃지 않으려 노력했을 뿐이다.

'누가 누구에게 교육개혁을'

현승종 총리와 조완규 교육부장관에게도 개인적으로는 아주 미안한 일을 저질렀다. 정권 말기 선거관리 중립내각이라는 명분으로 대학교수 출신 현승종 총리가 1992년 10월 8일 취임했다. 4개월 단명의 과도내각이었다. 12월 10일 오전 국무회의 마치고 교육개혁위원회가 열렸다. 나로서는 재임 중 네 번째 참석하는 회의였다. 보고서가 책상 그득히 쌓여 있었다. 내가 보기에는 늘 똑같은 이야기였다. 무슨 개혁위원회, 자문위원회 … 보고서 양산 현상을 일찍부터 경험한 나의 편견이었는지도 모르겠다.

내가 특히 현승종 총리에게 미안하다고 서두에 적은 것은 현 총리로서는 당신이 대학교수 출신이니 각별히 짧은 과도내각이더라도 교육 쪽을 챙겨 보고 싶었을 것이기 때문이다. 내가 듣기에는 과거와 별로 다를 것 없는 매일 듣던 내용이었다. 그래서 내가 조완규 교육부 장관에게 지금 몇 대째 장관이시냐 물었다. 34대라 했던 것으로 들었다. 다시 물었다. 그중 비(非)교육자 출신이 몇 명이냐고. '민관식, 권오병 … 둘인가? 또 있나?' 30여 명 모두가 대학총장 또는 대학교수 출신인데 결국 누가 누구에게 개혁하라는 것이냐. 교육 당사자부터 진작 개혁해야지 위원회가 무슨 개혁을 할 수 있느냐. 이 위원회(위원장도 대학교수였다)도 이전 정권부터 계속 있는 것 아니냐. 이런 위원회로 해서 무슨 개혁 되었나. 이런 취지로 면박성 발언을 했다.

나는 모범적인 품격이 있으면서 행정력이 있는 초등학교, 중고등학교 출신도 교육부 장관이 되어야 한다는 견해를 갖고 있었다.

한국식 예법으로는 분명히 과했다. 개인적으로는 내가 실수한 것이다.

그러나 나는 국무위원으로서의 진정이었다. 남이 알아주지 않을망정 내 손해이지만 나의 진심이고 신념이다. 이런 일은 최창윤 공보처장 시절에도 좀 있었다. 경부고속철도에 대해서도 회의적인 발언도 했다. 나중에 노통과 친척이 되는 실력자가 좀 보자고 하더니 점잖게 일침을 가하기도 했다.

또 관공서에 붙어 있는 국정지표 "민주, 번영, 통일"에 대해서도 번영은 아니라는 입장을 표했다. 우리의 국가명제는 여전히 '생존'이지 번영이 아니라는 입장이었다.

"못 내려간다. '거짓말 국무위원' 될 수 없다": 국회 단상에서 버텨, 항복 받아내

1991년 11월 9일(토) 국회 예결위(예산결산위원회) 회의록 전체 19페이지 중 2페이지에서 14페이지는 나와 야당의 박영숙, 김봉호, 조홍규 의원과의 싸움 그리고 이를 말리겠다고 나선 같은 야당의 유준상, 노무현, 김태식, 박실 의원과의 발언으로 가득 찼다. 발단은 박영숙 의원이 '아까 동자부(동력자원부) 장관에게 질의할 수 있었는데 … 넘겼는데 …' 하며 2030년까지 50기의 원자력발전소를 추가 건설하겠다는 것이 사실이냐는 질문에서 시작되었다. 나는 정직하게 "원자력의 안전과 기술개발은 과기처 소관이지만 원자력 발전은 동자부 소관으로 2030년 50기 계획은 알지 못한다"고 답변했다. 그랬더니 김봉호 의원이 원자력위원회 간사가 과기처 장관인데 왜 모르느냐고 다그쳤다. 원자력위원회에 상정되었다면 주관부서 여부와 상관없이 당연히 알게 되겠고 당연히 심의에 참여했겠지만 위원회에 그런 안건이 올라오지 않아서 나는 처음 듣는 소리라 했다.

김봉호, 조홍규 의원이 늘 보던 국회의원 억지 부리기를 계속했다. 회의가 밤 12시 반 가까이 시작되었는데 새벽 1시 넘고 2시 가까이 가도록 계속 똑같은 질문의 반복, 억지를 부리더니 김봉호 의원이 "왜 그런 거짓말하고 있어! 이 자리가 어떤 자리인데 …" 하며 반말로 소리를 질렀다. 내가 즉각 반박했다. "아니, 내가 거짓말을 해요? 원자력위원회에 안 올라와서 과기처 장관이 모르는 것 당연하지 않습니까?" 하니 그래도 억지를 되풀이했다. "저는 거짓말한 사실이 없고 거짓말했다는 그 말 제가 받아들일 수 없습니다"라고 했다.

사회를 보던 김용태 위원장이 "김 장관! 되었어요" 하고 말을 말렸다. 나는 내 뒤 높은 의장석에 앉은 김 위원장에게 김 의원의 사과를 받지 않으면 안 내려가겠다고 버텼다. 그러니 김 위원장이 "김 장관! 내려가세요" 하고 명령조로 말했다. 김 위원장의 명령에 내려가려니 그래도 김 의원은 전형적 국회의원 억지, 똑같은 질문을 계속했다. 나도 사과를 받지 않으면 안 내려가겠다고 했다. 김봉호 의원의 말을 그대로 두면 도저히 안 되겠던지 같은 당의 유준상 의원을 시작으로 노무현 의원의 타협적 발언이 나왔다. 그리고 김태식 의원이 나섰다. "과기처 장관의 입장도 생각해야 하고, 우리 국회의 권위도 찾아주어야겠다는 게 솔직한 생각입니다." 마지막엔 박실 의원이 원자력위원회 회의록을 제출받는 것으로 끝내자고 했다. 김봉호, 조홍규 의원도 더 이상 말이 없었다. 그걸로 끝이 났다. 박 의원은 발언하면서 나에게 미안하다는 표정을 지었다. 언론계 후배의 정이라 생각한다.

버텼던 단상을 내려와 국무위원석을 향하여 가다 보니 몇몇 장관이 엄지척을 내밀며 만면에 웃음을 띤 얼굴로 나를 맞았다. 아마 국무위원치고 의사당에서 정면으로 의원과 싸우고 사실상 사과 항복을 받은 것도 아주 드문 일일 것이다. 아주 확실한 것은 노태우 정권 시절 국회에서는 처음 있는 일이다.

DJ의 버튼

바로 얼마 후 경과위(경제과학위원회) 오전 회의에서 신문기자들이 방청하고 있으니 조홍규 의원이 나를 맹렬히 공격했다. 오후 회의에 신문기자들이 안 보이니 느닷없이 의제와 무관하게 발언 신청을 해 내 칭찬을 한 바가지 하고는 쫓기듯 퇴장했다. 참 이상하다 했다. 아마 실력 있는 부처에서 이런 일이 생겼으면 부하 직원들이 해당 의원 비서와 네트워크 통해 왜 그런 기이한 행동이 나왔는지 확인했을 것이다. 과기처는 그런 정치와는 먼 곳이어서 직원들도 감각이 없었다. 그런 피해는 내가 감당하며 가는 수밖에 없었다.

정부를 나온 뒤 조 의원과는 이런 저런 계기, 특히 장준하기념사업회 청년장정대를 이끌고 2000년엔 중국 여행도 1주일 같이했다. 머리 회전은 빠르나 천성은 맑고 정직한 사람이었다. 언뜻 생각나서 그때 예결위원회와 경과위에서 왜 그리 억지를 부렸냐 했다. 그 대답에 내가 너무 절망했다. 'DJ 지시'라 했다. 그러고 보니 왜 동자부 장관에게 물어야 할 것을 일부러 나에게 물어서 시작했는지 그 의심이 풀리고 김 의원과 조 의원이 그리도 억지를 부렸는지 이해가 간다. 아마 DJ는 내가 취임 1년이 지나도 '인사'가 없으니 '인사'를 당기기 위하여 공격의 버튼을 누른 것 같다. 그런 속내도 몰랐고 알아도 할 리 없었지마는 그 전이나 그 후나 DJ에게 인사하지 않았다. 또 하나의 추측은 김상현 의원일 수도 있다. 국회 경과위에서는 비교적 야당 의원들과도 편히 지냈다. 김 의원의 손길이 있었다고 믿고 있다. DJ는 김상현을 몹시 싫어했다.

국회의 기억: 이해찬 의원 보좌관의 보이콧

국회와의 기억은 즐거운 것이 없었다. 나라를 같이 걱정하고 미래를 같이 고민한 기억이 하나도 없다. 가장 섭섭한 것은 때로 일 년에 두 번 대개 회기가 끝나거나 시작할 무렵이면 의원들이 먼저 말을 건넨다. '골프 한 번

내지' 하는 것이다. 그래서 경과위 위원장과 양당 간사의 비서들과 협의하여 날짜를 잡으면 처음엔 70 내지 80% 의원이 참가하는 것으로 나온다. 막상 그날이 되면 둘 내지 세 명, 어느 때는 한 명만 나왔다. 동반조로 나온 과기처 간부들과의 집안 식구 골프가 되고 만다.

저녁이건 점심이건 식사도 똑같은 패턴이다. 대개 의원들이 말을 먼저 꺼내고 막상 자리에는 몇 명밖에 나타나지 않는다. 가장 많은 분이 참석한 자리는 퇴임 직전 1993년 2월 8일 63빌딩 백리향에서 과기위 16명 중 10명의 참석이었다. 신진욱 위원장과 김재순, 이명박, 허화평, 김덕규 의원 등이었고, 정주영, 박철언 의원은 창당 1주년 기념식, 박세직 의원은 외유, 조홍규, 이기택 의원은 지방 출장으로 못 나왔다.

아주 특이한 기록 하나를 남기고자 한다. 폐기물 처리가 국회, 언론의 대상일 무렵, 경과위 오후 회의가 끝났다. 회의 끝나면 장관은 의원들과 악수하려 의원석을 찾아가 한 바퀴 돈다. 한번 회의가 끝나면 자료가 산더미처럼 많아 비서들이 보자기로 싸서 들고 나간다. 그런데 이해찬 의원은 비서가 안 보이고 손수 짐을 꾸리고 들고 나갈 참이었다. 그래서 내가 어찌 손수 짐을 싸느냐 하니 겸연쩍어 하며 "애들이 스트라이크를 했어요" 하는 것이다. 무슨 말씀이냐 하니 보좌관, 비서(그중엔 유시민 씨도 있었다)들이 원자력 관계를 질문 공격하라는 것을 몇 번 거절했더니 보이콧 선언을 했다는 것이다. 물론 이 의원도 수용하기 어려운 비합리적 공격내용이 있어 그랬겠지만 나는 나에 대한 배려로 이 의원이 엉뚱한 피해를 입는구나 하는 미안한 마음이 들었다.

그래서 이를 어찌 보상할까 생각했다. 부정하게 돈을 쓸 수도 없고 소문이 나서도 안 되는 일이었다. 알아보니 이 의원 친형이 삼성그룹 간부로 있었다. 동아일보에서 같이 일한 민병문 논설실장에게 부탁했다. 당신 가까운 친구인 이대원 삼성항공 사장에게 이러저러한 일로 내가 이 의원에게 신세를 갚아야겠는데, 이 사장이 한 2~3백만 원짜리 그림을 하나 사서 내가 보내는 선물이라며 이 의원 친형을 통해 전달했으면 내게 큰 도움이 되겠다고 전해다오 했다. 무슨 그림 보냈는지 나는 지금도 모른다. 민병문 이대원 두 분께 감사한다.

정확히 30년이 지났다. 그 후 장관, 총리, 당 대표 지낸 거물 정치인 이해찬 씨가 손수 서류보따리 싸던 그 소박함과 정직함을 아직도 간직하고 있으리라 믿고 싶다.

셋째 아들 형수 결혼식

1992년 9월 19~24일에 비엔나의 IAEA(국제원자력기구) 총회와 브뤼셀 EC 본부를 방문하고 귀국했다. 사흘 뒤 9월 27일, 노 대통령의 한·중 정상회담 수행을 위해 베이징, 상하이를 방문하고 30일 귀국하였다.

다음 날 10월 1일 오후, 내 셋째아들(형수)이 결혼식을 올렸다. 만일 한·중 정상회담 날짜가 하루라도 연기되었다면 아들 결혼식에도 참석하지 못했을 것이다. 내 자식 중 셋째에게는 늘 미안한 마음이 있다. 네 아들 결혼식 중 가장 쓸쓸한 결혼식이 되었다. 우리 집은 일가친척뿐이었고 일반 하객은 신부 쪽뿐이었다. 이 역시 공인, 특히 국무위원으로서의 처신에 대한 내 나름의 판단이었다. 나는 장관으로서 철저히 셋째 결혼식을 비밀로 했다. 물론 청첩장도 찍지 않고 비서실에도 비밀로 했다.

결혼식 후 기사와 비서들 입을 통해 알려지고, 알음알음 축하금이 들어온 것이 3천만 원에 이르렀다. 나는 이 3천만 원을 모교인 서울대 사회학과에 장학금으로 기증했다. 아주 최근 사회학과에서 보낸 소식지를 보니 내 기부가 사회학과가 생긴 이후 44년 만에 두 번째 것이고, 또한 당시로서는 가장 큰 액수였다. 2000년 전후부터 5천만 원, 1억 상당의 기부를 한 기업인 후배들이 생겼다. 그래도 현재 네 번째 큰 액수로 기록되어 있다. 공인 출신으로서는 내 3천만 원이 최고 액수인 것이 기이하게 느껴진다. 내가 사회학과 출신 최초의 국무위원이지만 그 후 총리, 부총리, 장관이 여러 명 나왔다. 차관급 공직자, 국영기업 처장은 훨씬 더 많이 나왔다.

한계를 절감하다: 안면도 사태와 '75사업' 핵무기 기획의 한계

안면도 사태(민란, 항쟁) 전후

내가 과기처 장관으로 발령 난 날은 안면도 핵폐기물 처리장에 대한 신문 보도가 나온 지 6일 만에, 충청남도와 과기처가 그리고 공보처 간 정부 내 엇박자를 낸 지 5일 만에, 결사반대투쟁위원회가 4천 명을 동원하고 16개 중·고교 학생의 40%가 등교 거부사태가 난 지 3일 만에, 주민 1만여 명과 전경 4천 명이 대치한 지 하루 만에 일이다.

나는 이 회고를 쓰는 순간 이 나라의 한계, 대한민국이란 국체(國體)의 기능, 그 한계를 일깨워준 '안면도 사태' 전후, 정확히는 이 나라 원자력의 에너지, 산업, 연구, 정보, 군사, 안보적 실체를 성실히 고백하는 자세로 임하고 있다.

이중성격의 핵문제: 폐기물 처리와 핵무기 연구, '75사업'

중저준위 방사성 폐기물처분장 및 연구단지 확보사업은 당초부터 이중적 성격을 지녔다. 원자력발전소가 늘어남에 따라 거기서 발생하는 쓰레기를 저장하고 처분해야 하는, 의문의 여지없는 산업적 요소가 있다. 그러나 그때 이미 원자력발전소 건설 자체를 반대해온 공해추방운동연합(대표 최열)

중심의 반(反) 원전 운동이 영광, 고리, 울진에서 꾸준히 일어나고 있었다. 1986년 이후 더욱 거세져 100만 명 서명운동이 본격 전개되었다.

그러나 핵폐기물 처분장 업무를 맡은 정근모 과기처 장관과 한필순 원자력연구소장 간의 불협화음과 대립이 언론에 노골화되었다. 이들 기관과 충남도의 눈에는 민주화와 반(反) 원전, 시민의 움직임은 안중에 없거나 권위 통치의 편법, 관행으로 밀어붙이면 된다고 생각한 것 같다. 그러나 민란 사태로 번진 이후의 각자도생의 언행은 이 나라 행정 통치능력의 한계를 여실히 보였다.

이러한 한계에도 불구하고 정부는 '75사업'이라는 이름으로 플루토늄 추출 핵무기화 프로젝트까지 비밀리에 추진하고 있었다. 취임 직후 국회의 국정감사, 예산심의, 한·일 정례각료회의, 안면도 사태로 정신없는 속에서 노 대통령을 수행하고 모스크바로 출발하기 전날 12월 12일, 궁정동 안기부 안가에서 점심이 있었다. 서동권 부장으로부터 구두로 75% 국산가능 핵 구상 소리를 들었다. 그때는 한필순 소장이 강하게 이야기하고 안 부장은 '아직 미정이나 개발 구상'이라 했다. 추진팀('山內팀'이라 불렀다)은 김종인 수석, 한 소장, 안병화 한전 사장 그리고 과기처도 포함시켰다. 지금까지는 과기처가 배제되었는데 김 장관을 처음 참여시키고 '75사업'도 처음 알리는 것이라 했다.

나중에 기록을 검토해보니 모스크바 방문 전날 굳이 안가 회의를 연 것은 소련 방문 중 안면도 사태와 원자력 연구 문제에 대한 노 대통령의 질문이 나올 것에 대비한 '안기부+한필순' 합작 시나리오 같은 의문이 든다.

가장 확실하게 서류로 받은 것은 1991년 2월 28일 오후 4시 30분 궁정동 안기부 사무실에서 서 부장 주재로 김 경제수석, 한 원자력연구소장, 안 한전 사장, 안응모 안기부 제1차장 그리고 내가 참석한 비밀회의에서였다. 거기서 〈'75사업' 관련 회의자료〉를 받았다. 장관 부임한 지 4개월 만이다. 내용은 대략 이런 것이다.

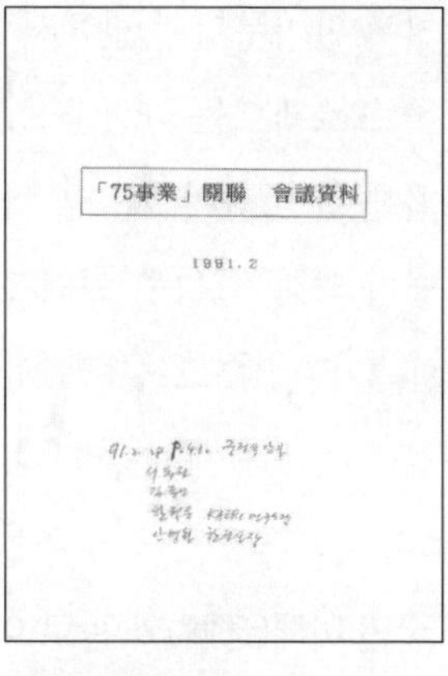
「75事業」關聯 會議資料

1991. 2

과기처 장관 부임 직후 참여한 플루토늄 추출의 핵무기 프로젝트인 '75사업' 회의자료(1991. 2.28.).

① 1995년(5년 내) 국제 감시를 피하면서 목표물 생산을 위한 75% 수준의 기술과 시설을 확보(75% 수준은 국제 감시를 피할 수 있는 한계이며 유사시 2년 내 목표물 생산이 가능)

② 당초 서해 연구단지 조성 계획에 포함. 안면도에 건설키로 했으나 주민 소요 사태로 이를 변경, 현재 대덕 원자력연구소 인접 부지(25만 평 기확보)에 건립하며,

③ 1995년 이후 정책결정 시 2년 내 연간 목표물(히로시마에 투하된 20kT급) 2개 생산이 가능한 핵심물질(Pu, 플루토늄)을 얻을 수 있는 연구시험시설 규모로,

④ 미 대사관 측이 1990년 11월부터 과학기술정책 및 첨단 과학기술 개발 실태 파악을 목적으로 과학기술 담당관(한국인)을 신규 임명한 데 이어,

⑤ 미 정부가 원자력에 대한 국제규제 강화의 일환으로 추진 중인 국제원자력 통제 안에 한국이 동의해줄 것을 요구(2. 7. 1차 회의 개최)하고 있어,

⑥ 우리 측이 이에 동의할 경우 본 사업 관련시설(부품)의 도입이 불가능하여 '75사업' 추진에 상당한 애로가 있을 것으로 예상됨 등이 적시되었다.

이외에 소요 예산, 보안과 원자력 행정체계 문제점 제기 등이 있다. 여

기서 안기부장의 말에서 그간 사태의 결정적 실마리를 알 수 있었다. 폐기물 프로젝트는 한필순 소장과 안기부, 청와대 직거래 프로젝트였다. 내 수첩엔 한 소장이(4월 임기인데) "연임 무렵 계획서 제출 설명 → 연임 운동 아닌가 의심", "11월 인터뷰 때나 이번이나 말이 많다". 또 다른 줄엔 "정근모에 3가지 점으로 사정(司正)에서 제기, sign" 등이 적혀 있다('대외비' '75사업'도 만 30년이 지났다. 기밀 유지기간이 훨씬 지나서 쓴다).

'국민 이해(理解)와 관료 이해(利害)' 그리고 국회의원들 이중플레이

이제 시대가 바뀌고 사회가 바뀌었으니 지역주민 동의, 부지 선정이라는 원칙, 선진국의 방식을 선택하는 것 이외에는 선택의 길이 없었다. 그러면서 '75사업'을 위한 연구예산은 폐기물 사업에서 충당해야 하는 나만의 고민을 새기며 전력을 기울였다.

우선 국민 신뢰와 객관성 보장을 위하여 서울대 인구및발전문제연구소(소장 홍두승)에 "방사성 폐기물 부지 확보 및 지역협력방안 연구"를 맡겼다. 김경동 교수 연구책임 밑에 김안제(지방자치), 강창순(원자핵공학), 장호완(지질학), 김동건(경제학), 홍성웅(지역경제), 김원(도시계획) 교수가 부지확보 방안을 맡았다. 지역협력방안을 위해서는 가재창(행정학), 전광희(인구학) 교수가 충남지역, 윤근섭(지역개발), 김영기(보건사회학) 교수가 호남지역을, 박경구(사회학), 조병희(보건학) 교수가 영남지역을 맡고, 지역홍보는 오인환 교수가 맡았다. 최종적으로 후보지역 도출 분과는 김원, 김안제, 강창순, 장호완 교수가 맡았다. 또한 1991년 2월부터 '과학기술 국민이해 협의회'도 따로 만들어 이한빈 박사를 중심으로 운영했다.

물론 나도 몸을 사리지 않고 전국을 순회, 설명했다. 심지어 1991년 8월 6일 오전에는 부산 일광해수욕장까지 찾아가 원자력 국민이해 캠페인을 벌였다. 1992년 4월에 정리한 나의 활동이다.

① 설명회, 토론회, 간담회 개최

과기처 장관 7개도(전라남북도, 충청남도, 경상남북도, 강원도 등) 방문설명회(지역기관장, 주민대표 600여 명), 언론사 사장, 편집·지방·과학부장단 등 대상 간담회 및 인터뷰(27회), 반핵단체 등 대상 간담회(8회, 공추련 및 지역반투위 등), 여론 주도층, 지역주민, 각종 사회단체 대상 설명회(208회 17,000명), 부지 용역조사 관련 5개 지역 및 소비자 대상 단체토론회(6회, 3,000여 명)

② 일반 국민을 대상으로 한 원자력 바로 알기 운동

과학자를 이용한 산간벽지 주민 및 학생대상 이해사업, 여름철 휴양지, 국립공원, 가두캠페인 실시 등

③ 해외 방사성 폐기물 관리시설 시찰

주요 일간지 및 TV의 해외 취재 보도 및 방영(30여 회), 국회의원(야당 의원 포함), 4개 임해군 주민대표의 해외 시설시찰(100여 명), 지역주민의 국내 원자력시설 시찰(27회, 1,500여 명)

④ 기타

과기처 장관 협조서한 발송 - 중앙 행정기관, 지방자치단체, 언론계, 학계, 성직자, 재야인사 등 12,500여 명, 외국전문가 초청 세미나 및 국제학술대회 개최(3회, 800여 명 참석), 설명자료 및 기념품 제작·배포 - 설명책자 등 25종 70여만 부 배포, 기념품 6종 7만여 점, 비디오 2종 제작·배포 등

서울에서도 언론계 과학부 기자, 부장은 물론, 지방부장, 편집부장까지 따로 만나고 지방 순회에서는 각 도마다 지방 신문방송 편집국 간부들을 두루 불러 간담회를 열었다.

이런 노력을 거쳐 1991년 12월 27일 서울대 연구소와 자원연구소 지질 연구팀의 8개월 간 조사연구 결과를 발표했다. 44개 자원지역 중 7개 중점 검토대상에서 6개 후보지 고성, 양양, 울진, 영일, 장흥, 태안이었다. 물

론 각 지역마다 반대데모가 일고 국도 점거 등의 행위도 일어났다. 나는 12월 30일 자 장관 명의로 주민자제 호소와 현재는 검토 단계임과 자발적 자원지역 우선, 민주절차 및 지역개발 사업과 연계 추진 방침을 설명했다.

'너 장관까지 하면서 그렇게 세상 모르냐': 영일 기대 무산

내가 이때까지도 희망을 잃지 않은 이유는 진심으로 자원하는 지역도 4곳 정도 있었기 때문이다. 특히 영일이었다. 동아일보 이용수 과학부장의 고향은 영일군 청하면이었다. 원자력에 대하여 지식이 풍부한 그는 자기 고향 면 주민 전원의 사인을 받아 자원신청을 하고 열심히 뛰었다. 자원지역이 44개에 이르렀다고 하나 이렇게 과학을 알고 현직 언론인이 고향을 위해 앞장선 사례는 유일했고 또 누가 봐도 유망했다.

그런데 서울대 연구소 발표 뒤 이 부장으로부터 전화가 몇 번 왔다. 이상하다는 것이다. 시간이 갈수록 자꾸 반대자들이 늘어나고 외부인의 개입이 격렬해진다는 것이다. 사실 나는 '이용수 - 영일'을 찍어놨기 때문에 경북도지사와 경찰국장에게 각별한 배려를 하고 있었다. 나는 급히 중학 동창인 충북경찰청장 백석춘에게 만나자 했다. 내가 영일을 이야기를 했더니 대뜸 "야, 너 장관까지 하면서 그렇게 세상 모르냐!" 했다. 데모는 일정한 수위의 관할책임이 있어 데모 숫자가 얼마면 경찰서 단위 책임, 얼마 이상이면 도경찰국 단위 책임, 얼마 이상이면 치안본부 차원에서 다루게 되어있다. 문제가 시끄러울 것 같으면 밑에서는 단위를 키워서 위로 넘긴다. 이런 문제는 대통령이 눈 부릅뜨고 책임지고 안 하면 장관, 지사, 경찰국장 모가지 친다 해야 된다고 말했다. "너 과기처 장관 정도 나와서 어림도 없어!"

하긴 비슷한 이야기를 서울대 연구팀에서도 들었고 내 취임 전에 작성된 원자력연구소 원자력환경관리센터 지역활동 보고서에도 나왔다. 오히려 현지 경찰서 읍면 관리들이 정보를, 미리 주어서 주민들이 원자력 직원들이 현장에 못 들어가게 막는 케이스가 꽤 있었다고 기록되어 있다. 경찰서 읍면군 단위 공무원뿐 아니다. 당시 지역 국회의원들이 나와 직접 나눈 대화와 그들이 선거구민에게 뿌린 보고서, 국회의원들의 선거를 의식한 이중 플레이는 이 나라의 겉과 다른 실체를 역력히 드러내고 있다.

고향에서 데모꾼들에게 화형식까지 당한 동아일보 이용수 부장에게는 지금까지도 빚진 기분이다.

한국 정부 초청은 거절, 미국 정부 초청은 수락: 환경운동단체들의 이중성

나는 취임 10개월 전, 1990년 1월 15일부터 19일까지 모스크바에서 열린 UN과 소련 고르바초프 대통령이 주최한 '인간생존을 위한 환경과 발전의 인류 포럼'에서 큰 감명을 받았다. 세계 10여 개 각 종교계 대표들의 기도로 시작하여 마지막 날 크렘린궁에서의 "호모 사피엔스는 자살하려는가. 가시적 군사위협보다 생태적 위협이 더 크다"는 고르바초프의 웅변, 칼 세이건의 자근자근한 설득력, 한국을 대표하는 국제 불교인 숭산 스님의 "환경파괴는 동물을 많이 죽인 인간의 업보"라는 말씀. 무엇보다도 내 가슴을 찌른 것은 언론인들끼리의 분과 모임에서 미국 시사주간지 타임의 찰스 알렉산더 국장의 진솔함이었다. "나는 내 아들과 거닐며 환경오염을 보면 신문기자로서의 자격을 넘어 내 부모와 내가 아들의 장래를 훔친 것으로 느낀다."

그래서 나는 취임 뒤 환경기술 연구가 한국 과학기술에 아주 중요 과제가 되어야 한다는 주장을 펴며 부처 내 사고변화를 위해 김지하 시인을 초청, 강연을 듣도록 지시했다. 좋게 보면 워낙 급한 일이 많았고 나쁘게 보면 직원들의 보이콧으로 실현되지 못했다. 1991년 4월 한국 기자클럽 초청 포럼에서 대통령 발언에 내 초고에서는 우선순위 첫째가 환경보전 기술이었다(실제 발표는 5위로 밀려났다). 국무회의 관계장관 회의에서도 환경문제와 환경기술 연구의 중요성을 거듭 강조했다. 1991년 6월 12일에는 '환경과학기술 혁신을 위한 기본정책 방향과 전략 대토론회'를 KIST와 국립환경연구원이 공동으로 개최케 했다. 간곡한 격려사도 했다. "환경과학기술을 경제사회발전의 핵심 요소로 인식하고 그 획득·개발·활용에 집중적으로 노력하자"며 5개 정책기준을 강조했다.

그래서 YS 정권으로 바뀐 뒤 첫 환경부 장관이 된 박윤흔 씨로부터 행복한 점심을 대접받았다. 환경 연구개발 촉진의 계기가 환경처가 아니라 환경 연구개발 기구 확장과 연구비 증액을 위해 김 장관 과기처 시절에 뿌린 씨였음을 뒤늦게 알게 되었다며 고마워했다.

나의 진심을 환경활동가들에게도 열심히 공식 비공식으로 전했다. 공식 접대도 여러 번 했다. 김지하 시인과는 서울대 원자핵공학과 김상종 교수와 같이 만찬하고(1991. 9. 3.), 1991년 10월 2일에는 반핵단체장들인 최열, 서정남, 김성동, 천영초 씨 등을 초청, 점심도 했다. 12월 17일에는 최열 대표와 따로 만났다. 내 모스크바에서의 경험과 감동 그리고 내 소신들을 설명하며 핵폐기물 처분장 계획 협조를 부탁했다. 이들에 영향을 미칠 만한 김상현, 장을병, 한완상 씨 등과는 이런저런 계제를 마련했다.

그리고 반핵 운동가들에게도 우리가 돈 댈 테니 외국의 폐기물 처분장 부지 선정과정과 현장을 직접 시찰해 달라고 간곡히 부탁했다. 끝내 거부했다. 그러더니 미국 정부가 같은 케이스로 초청하니 수락하고 다녀왔다. 나한테는 한 마디 사전사후 말이 없었고 물론 미안하다는 말은 더욱 없었다. 참 마음이 허전했다. 1991년 허전한 나라였다.

안일, 편법 그리고 부패의 관행: '과기 · 동자부 합쳐라, 나 물러나겠다.'

원자력실장에게 실장으로서 책임 있는 처분장 부지방안을 내보라고 여러 번 재촉했다. 끝내 안 냈다. 전형적인 관료적 꽁무니 빼기이다. 내가 다그치고 큰소리치니, 그 뒤 그의 답은 이러했다. "(방안이 무슨 필요 있느냐) 건설업자부터 미리 정하면 된다. 데모꾼 방해자도 업자가 다 해결할 수 있다"는 것이었다. 6·29를 겪고 민주화 시대에도 관료들의 평균적 사고였다. 나와 과기처의 한계였다. 그 무렵 청와대 비서실에서 한 건설업자를 소개하는 일이 있었다. 나는 부지선정이 급하지 업자에게 관심을 두지 않았다. 내가 잘 아는 정치부 출신 언론인 5~6명까지 동원하여 저녁자리를 마련하고 나를 초청했다. 그걸로 끝냈다. 스캔들에 휘말릴 수도 있었다.

1991년 말쯤 노 대통령에게 직접 호소했다. 처분장 문제를 제대로 해결하려면 돈과 인력이 풍부한 동자부와 원자력 전문인력이 있는 과기처가 합친 힘이라야 한다, 지금 제도적으로 원자력 쪽 인력이 추진하게 되어 있는데 힘이 너무 부족하다, 그러니 두 부처를 합쳐야 하는데 당장 정부조직법을 고치는 데는 시간이 걸리니 한 장관이 과기처와 동자부를 겸임시키면 해결될 것이다, 이 조치를 수용하신다면 제가 스스로 물러나겠다고 전했다. 실은 이 직언은 오래전 과기처 장관을 지낸 김성진 박사의 소견에서 힌트를 얻은 것이다.

김 박사는 육사 11기 동기 중 최우수 두뇌였을 뿐 아니라 인품도 훌륭했다. 전에는 인사만 하고 지냈는데 장관이 되고 여러모로 상의를 많이 했다. 김 박사는 '원자력 기술개발과 연구소장 임용에 대한 소견'이란 1페이지짜리 친필 사인의 '소견'을 1991년 3월 10일 자로 작성했다. 내가 안기부에서 두 번 브리핑 받고 한필순 소장과 정근모 장관 간 원자력연구소와 과기처, 동자부, 한전과 관련 모순에 대하여 고민하고 상의하니, 김 박사 나름대로 소견을 청와대로 보낸 것으로 알고 있다.

"문제의 핵심은 한 소장(한필순)의 인선이 잘못된 것이 아니라 정부의 관계체제가 불비한 데 있음. 동자부, 과기처, 한전의 불협화음을 해결할 수 있는 장치가 마련되지 않는 한 성공할 가능성 없음. 관리체계의 유기화를 위하여 과기처와 동자부를 단일 장관하에 두어 협조시키든가, 아니면 대통령 특보를 임명하시어 과기처, 동자부, 한전, 연구소의 4자를 직접 조정할 것 ⋯ ."

실상 반대운동이 종교계와 NGO에서 격렬해도 기존 예산 이외에 따로 손쓸 돈도 없었다. 이 무렵 TK 실력자인 김윤환 의원과 단둘이 만났다(아마 같은 TK인 임창생 박사를 원자력연구소 소장으로 미는 자리였던 것 같다). 김 의원의 형님과 이런저런 오랜 인연으로 가까운 사이였고 또 언론계 출신이었다. 본론이 끝나고 내가 소요 사태까지도 과기처에서 감당하려면 영수증 없는 특별 판공비도 필요한데 대통령께 이야기해 달라고 했다.

김 의원 답이 인상적이었다. 나에게는 참 모욕적이었다. "왜? 돈 좀 안 생겨? 그래도 장관인데 ⋯ 돈 좀 생길 텐데." 그 말투와 진의 속에는 업자 미리 선정해서 맡기면 돈도 생기고 귀찮은 데모꾼도 깡패를 동원해서 해결할 수 있는 관료들의 관행적 편법사고와 행동이 고스란히 닮았다.

처분장 초기작업 책임의 핵심인 정근모 박사, 한필순 박사의 좋은 의미든 나쁜 의미든 철두철미 적나라한 이기주의와 아집, 의식적이든 무의식적이든 편법 책임회피에 능한 관계부처들의 관행, 국가와 공동체의 대의를 의식하지 않는 국회와 정치의 일상적 일탈 — 나의 핵 처분장 경험은 대한민국의 철저한 한계의 실상이었다(내가 이 대목을 쓸 때는 한 사람 한 사람 얼굴과 대화 대목을 떠올리며 쓰고 있는 것이다. 1988년 올림픽 세계 4위, 1990년 1992년 소련 중국과의 수교, 남북 민족공동체 선언한 '위대한 선진국 지향' 시대의 수준이었다. 정도를 걷는 것이 참 힘들었다. 이런 이중성, 허구성의 관행이 대한민국 안에 겹겹이 쌓여 있다).

결말: 문제의 해결 아닌 포기

1991년 12월 31일 비핵화 공동선언과 1992년 선거

1991년 12월 말 서울대 연구소의 6개 후보지 발표 후 계속되는 데모와 믿는 자에게 발등 찍힌 섭섭함이 교차하는 가운데 새해를 맞았다. 집에서 쉬고 있는 1992년 1월 2일 아침, 김종휘 청와대 외교안보 수석으로부터 전화가 왔다.

"김 장관! 이제 걱정 안 해도 돼요. '핵처리' 우리 안 하기로 했으니 김 장관은 해방되었네요. … 그러나 대외적으로는 비밀로 하세요."

이틀 전인 1991년 12월 31일 남북 간 '한반도 비핵화 공동선언'(핵무기 제조, 보유, 저장, 배비, 핵재처리 및 우라늄 농축시설 비보유) 채택이 있었다. 그 앞서 11월 8일 노태우 대통령의 비핵화 선언이 있었다. '75사업'을 접은 것이다.

이제 핵 처분장 문제의 이중성 가운데 핵개발 사업은 포기했고 핵폐기물 처분장 공간의 문제만 남게 된 셈이다. 그런데 새해 들어 6일 만에 처분장 문제도 1993년으로 넘어갔다. 1992년 1월 6일 12시 국무총리 공관에서 국무총리 주재로 '방사성 폐기물 관련 부지선정 회의'가 열렸다. 경제부총리, 내무, 법무, 공보, 과기, 안기부 1차장, 청와대 행정수석 등이었다. 이에 앞서 1월 3일 오후에는 청와대 박운서 비서관 주재로 관계기관 실국장 회의가 열리고, 6개 후보 부지 중 하나를 선정 발표하고 집중 홍보 및 지역개발 사업구상을 약 1개월(설 직후) 뒤로 잡고 1월 중순 경 관계부처 장관 회의를 개최하여 발표 시점을 최종 결정키로 했다. 그 실무회의 3일 뒤 갑자기 지금까지 개입이 없었던 총리주재 회의가 열린 것이다.

이미 사태의 근본변화를 김 수석 전화로 알게 된 나는 미심쩍어 했다. 결과는 너무 싱거웠다. 이미 남북관계, 미국과의 약속(핵 포기, 국내 전술핵 철수 등)을 진작부터 알고 있는 총리가 설정한 무대였다. 내무장관, 심지어 안기부조차도 4대 선거가 있는 올해는 넘기자, 특히 12월 대선 전에는 피하자는 의견이었다. 총리실 결론은 '최소한 1년 이상의 기간을 갖고 지역주민과 협의와 이해를 구하는 절차를 거쳐 부지선정 마무리', '내년 3월(다음 정권이라는 뜻) 이후 최종 후보 선정' 이었다.

사실상 나의 과기처 장관 취임 사유였던 '처분장-핵 사업'은 너무나 싱겁게 1년 2개월도 안 돼 정부의 공식 포기로 결말난 것이다. 문제가 해결된 것이 아니라 문제를 포기한 것이다. 나 개인으로서는 해학적으로 표현하자면 '잡일'로부터의 탈출이요, 김 수석 표현대로 '해방'되었다. 어찌 보면 극적인 국면전환이었다. 나 개인적으로는 이 나라의 실상—정치인, 관료, 전문인, NGO, 이해당사자, 국민 모두의 실상—, 이중성의 실체, 대한민국 정책 결정과정의 허구성을 절절히 체험한 시간이었다. 겪지 않았더라면 몰랐을 고마운 교훈이었다.

1986년부터 시작된 핵 방폐장 사업은 1990년 안면도 민란을 거쳐 2005년에야 경주로 확정되고 2014년에서야 운영허가가 났다. 28년이 걸렸다.

또 동시에 나로 하여금 나머지 1년 2개월을 '극일'(克日), '제 2 독립운동'으로서의 과학기술 동맹외교와 'G7 프로젝트'에 전력투구할 수 있는 기회를 준 셈이다.

1993년 1월 들어 YS 정권 인수팀과 부처 업무 전반, 특히 핵폐기물 처분장 문제가 주요 과제로 떠올랐다. 인수팀에서는 농산물 수입자유화 문제와 함께 현 정부에서 부지선정 확정 발표를 원하는 분위기도 있었다. 그러나 나는 무인도 폐기물 처분장과 연결된 연안부두 명목의 '75사업' 연구단지 전략을 세우고 서해 선갑도 확보전략을 비교적 성공적으로 추진하고 있었기 때문에 관심을 두지 않았다. 인수위원(양창식 의원)의 무인도 방안 질문에는 다만 연안부지 확보가 어려울 때를 대비해서 무인도 확보 방안도 검토하고 있으나 대외적으로는 언급을 삼가 달라는 정도로 넘겼다('75사업'은 포기했으나 남북 핵 긴장이 있는 한 우리 독자의 핵 준비연구는 계속해야 하고, 그 공간을 마련해 놓고 가야겠다는 의지로 내륙 = 연구단지, 섬 = 폐기물 처분장이라는 새 전략으로 선갑도를 추진하기로 한 것이다. 퇴임 후 철회되었기에 더 이상 기술은 생략한다).

국가적 대실패의 회한

국가 차원에서 보면 대실패인 것이 틀림없다. 1956년 이승만 대통령의 에너지자립 비원(悲願)에서 출발한 원자력 — 전쟁의 폐허와 미국 원조로 근근이 버티던 절대 가난의 1956년부터 시작, 10년간 국비 장학금으로 해외 선진국에 236명을 보내 원자력을 연구시킨 국가의지, 1958년엔 워낙 인재가 없어 프랑스에서 법철학을 공부한 김법린 전 문교부 장관을 소장으로 임명하며 발족시킨 원자력연구소 — 그런 비원이 담긴 원자력이었다.

1960년 2월 16일 국무회의 회의록엔 다음의 이승만 어록이 담겨 있다. "(말씀을 주저하시며) 우리나라 사람은 자발적으로 무엇을 못 하는 성격이 있으니 그 방면을 장려하지 않고는 별 효과가 있을지 의문이다. 과거 개성상인 이외에는 일인(日人)을 이기지 못했다. 미국이 공산주의를 막아내기 위한 대한(對韓) 원조도 계속하지는 않을 것이니 우리가 자립하지 않으면 노예가 되는 것 외에 도리가 없을 것이다. 원자력을 개발하고 이순신 장군을 이어야 할 것이다('제 1공화국 국무회의', "신두영 비망록에 비친 자유당 말기", 경향신문, 1991. 2. 9.)."

나중에 과기처 장관을 지낸 채영복 박사의 토로에 의하면 독일로 국비장학금을 받고 유학한 그는 돈이 남아 본국 부모님은 자기가 송금한 돈으로 생활했다고 했다. 1인당 소득 60달러도 안 되는 절대빈곤 속에서 국가의 비원으로 출발한 원자력이었다. 이제 북한은 당당히 세계 9대 핵보유국으로 성장, 대한민국의 안보를 위협하고 있다. 우리는 감상적, 유치한 차원의 정권적 탈원전 정책으로 나라가 두 쪽이 나고 있다. 선대에 쌓은 돈과 인력이 있어 연구와 발전 부분은 세계적인 것이 되었으나 정작 국가의 비원인 안보와 평화 지키기에는 국체와 국혼이 그리고 이를 지키고 키울 리더십이 너무 부족한 것이 '발전'한 21세기 대한민국의 현실이다.

65년 전의 국가적 비원은 아직 허공에 메아리치고 있다. 한때 이 나라 원자력정책의 부처 책임자였던 나로서는 부끄럽고 한스러울 뿐이다.

상위 정책개념으로서의 과학기술 굳히기

'1당 36': 4대강국에 둘러싸인 유일한 나라, 자강의 길만이

내가 국가의 철학적 비전과 전략을 가다듬은 것은 과기처 장관이 되어서 생긴 것은 아니다. 1962~63년 선진 후진국 경제 시찰여행, 1966년 "코리안의 고동"의 장기 해외취재, 1972~73년 하바드대학과 1984년 워릭대학에서의 연구, 그리고 이러저러한 국제회의와 국제기구 참가 경험이 축적된 결과였다.

이를 통해 쌓인 나의 문제의식이자 구상은 이 지구 위에 유일하게 "4대 강국에 둘러싸여 있는 '작은 나라'가 사는 길"이었다. 4대 강국을 상대로 '자강'할 수 있는 힘의 확보였다. 우리보다 36배의 인구를 가진 4대 강국과 어울려 살 수 있으려면 산술적으로만 보면 한국사람 한 사람, 한 사람의 힘이 이들의 36배가 되면 된다. 적어도 4대 강국 중 어느 나라든지 대한민국과 합친 세력이 나머지 셋을 물리칠 수 있을 정도의 임계적(*marginal*) 힘, 연성력과 경성력에서 각기 결정적(*critical*) 수단을 가져야 한다는 결론이었다.

장관이 되기 두 달 반 전 1990년 8월 25일 자 동아일보 '김진현 칼럼'에는 "1당 36: 한국 대 미·소·중·일"이란 제목이 나온다.

"미·소·중·일 인구 합치면 18억, 우리 4천 3백만으로서는 1당 36의 인격적 능력적 힘을 갖추면 우리는 4대 강국에 둘러싸여 21세기를 개척해야 하는 세계사적 도전을 오히려 우리가 세계 중심무대의 주역이 되고 4대 강국의 한 가운데서 조정자 역할을 할 수 있는 영광을 창조할 수 있다"라고 쓰고 있다.

그 한 달 전 7월 14일 칼럼은 "21세기는 이미 시작되었는데 … "였다. "지금 일본에서는 성대한 서울올림픽에 놀라 대한 기술수출을 막았더니 2년도 못 가 한국경제가 비틀거리는 것을 보고 오히려 자기들이 놀랐다는 동정론에서 내친김에 배워야 할 학생이 까부는 버릇을 이번에 고쳐버려야 한다는 본때론까지 여러 의견이 나오고 있다. … 올림픽 4등이 사실은 진짜 실력이 아닌 가짜였듯이 요새 우리가 '선진국' 수준이라고 까부는 것이 사실은 일본 기술, 미국 기술의 복제품이었고, 그나마 이들의 부품이 없으면 당장 생산이 중단된다는 냉엄한 사실을 너무나 눈감고 지내고 있다"는 대목도 있다.

이 칼럼과 함께 내 자료 보관철에 묶여 있는 것이 있다. 1989년 12월 7일자 중앙경제신문 7면 전면이다. 로렌스 서머 하버드대학 교수가 뉴욕타임스에 기고한 "일본이 No라고 말할 때 미국은 무엇을 할 것인가"를 소개한 긴 글이다. 과학기술처 장관이 되기 1년 전인데 그때도 서머 글의 의미를 특별히 새겨 보관했던 것이다. 서머 교수의 제언이 일본을 따라잡기 위한 한·미 과학기술동맹 추진의 영감이 되었다.

서머 교수(그 후 재무장관, 하버드대학 총장 역임)의 글을 신문에 난 제목만 옮겨보자. 30여 년 전의 글이지만 오늘 미·중, 미·일, 한·일, 한·미, 한·중 관계에서 깊이 음미해볼 만하다.

① 일본이 No라고 말할 때 미국은 어떻게 해야 하나

② 반도체 칩 등 군사부품 자급 서둘러야

③ 한국 등 발전 북돋워 일본 독주를 견제

④ 일제에 관세 중과·(일본의) 대미 투자 규제 필요

노태우 대통령의 한국과학기자클럽 출연

이런 나의 상위정책 개념으로서의 과학기술 자리매김에 결정적 기회를 만들어준 분은 노태우 대통령이었다. 1991년 4월 30일 오전 9시 반, 광화문 프레스센터에서 점심까지 이어지며 직접 대통령이 출연한 한국과학기자클럽(회장 이용수, 신문방송 과학기술언론인 모임) 초청간담회였다. 대통령이 과학기자들과 만나는 것, 그것도 기자회견이 아니라 과학기자클럽 초청에 응하는 간담회 포럼에서 기조연설을 하는 것도 대한민국 역사상 처음 있는 일이었다. 그리고 마지막 행사였다. 지금까지 이런 일이 다시없다.

장소 문제도 고마웠다. 경호상 7층 이상 건물에서는 대통령 행사를 할 수 없다는 청와대와 광화문 프레스센터라는 언론빌딩의 상징성으로 해서 프레스센터를 고집하는 과학기자클럽 사이 실랑이가 있었지만 청와대가 양보했다.

청와대에서 언론인 출신인 나를 밀어주는 고마운 마음, 특히 같은 언론인 출신 정무수석 손주환, 공보수석 이수정이 적극적이었다. 무엇보다 대통령이 직접 출연한 것은 나에게 특별한 격려였다.

준비는 4월 초부터 시작, 6일엔 실무자 회담이 있었다. 대통령 연설초고는 내가 직접 쓰도록 통보가 왔다. 대한민국 국가정책의 중요한 전환 포인트로 각인된 것이다. 내 초고에는 "얼마 전까지만 해도 세계를 지배하는 원동력은 군사력이었으나 이제는 기술력으로 바뀌었습니다. … 지금까지는 산업과 경제발전 주도 하에 과학기술의 발전이 밑받침되어 왔습니다만 이제부터는 과학기술의 발전이 주도하여야만 산업과 사회의 발전과 평화가 가능한 새 시대, 새 환경을 맞이하게 되었습니다. …"였다. 노 대통령 최종 발표문에는 "이 시대 나라의 번영을 이끄는 가장 큰 힘은 과학기술입니다. 우리가 선진국을 향한 오랜 꿈을 실현하기 위해서는 2000년까지 앞으로 10년 동안 우리 과학기술을 선진 7대국 수준으로 발전시켜야 합니다. 과학기술 자립 없이는 수출증대도 경제성장도 복지사회 구현도 이룰 수 없습니다"로 수정되었다. 주지는 같으나 표현은 보다 대중적 이해를 위한 서술이었다. 이제 국가 과학기술 정책이 경제산업(수출)의 하위 종속변수가 아니라 상위 결정변수라고 하는 것과, 목표가 2000년 선진 7대국 진입이라는 것이 다져진 것이다.

초고에서의 구체적 서술의 우선순위는 ① 환경보전기술, ② 세계 수준의 과학인재 양성, ③ 2001년 국민총생산 5% 과기 투자, ④ 연구체제 효율화, ⑤ 전방위적 과기외교, ⑥ 국가 과학기술 정책의 종합 조정체제 강화였다. 대통령 실제 발표에서는 ① 정보통신산업기술 선진국 수준 노력, ② 신물질 신소재 개발 및 생명공학 발전, ③ 해양항공우주기술 본격 개발, ④ 쾌적한 환경, ⑤ 경제적이며 쾌적한 교통혁명(고속전철), ⑥ 원자력기술 자립으로 되어 있다.

내 초고보다 훨씬 상세한 프로젝트를 강조한 내용이었다. 바뀐 이유와 의미에 대한 나름의 추측은 있으나 적시할 만한 근거는 없어 생략한다.

당초 부총리, 상공부, 보사부 장관과 국회 정당관계자까지 참석대상이었으나 국무위원은 나와 동자부(이희일), 체신부(송언종), 공보처(최창윤)가 참가했고, 대학 연구기관 민간단체 및 기업 대표 등 50여 명이 참가했다. 대우 사장이 참석한다 통보하고는 그날 불참했다. 사후에 설명도 없고 미안하다는 말 한 마디 없었다.

과기처에 범(汎) 부처적 종합기능 강화에 대한 지원은 노재봉 총리가 많이 도왔다. 4월 11일 열린 종합과학기술심의회의를 일부러 과천 과학기술처 상황실에서 부총리 등 16개 부처 장관이 참여토록 했다. 여기서 지금까지는 27개 국립연구기관의 연구개발사업에 대해서만 단편적 종합조정을 실시했으나 앞으로 과학기술업무 모두는 종합과학기술심의회에서 다루기로 했으며, 모든 부처에 과기진흥방안을 5월 10일까지 과기처에 제출토록 했다.

이 기세를 몰아 나는 5월 8일 12시 과학기술정책 종합조정 강화를 위한 경제기획원, 국방부, 노동부 등 15개 부처 국장급(과기연구개발담당관) 회의를 국무위원 식당에서 열었다. 노 대통령의 과학기자클럽에서의 언급과 범부처 차원의 세부지침 실천계획 수립추진(6월까지)을 설명하며 협조를 요청했다. 여기에 끝내 내무, 재무, 농수산, 교육, 교통부는 불참하여 15개 부처가 아닌 10개 부처 회의가 되었다. 불참 부처들은 대표적으로 관료 입김이 센 곳이기는 하지만 당시 과기처의 위상이 그러했다.

취임 이후 가장 답답하다 못해 짜증나는 일이 내부, 외부용 과학기술의 중요성 설명원고에서 한결같이 경제성장에 과학기술이 중요하다는 식의 설명, 과학기술을 경제의 하위 종속변수로 매김해서 써 오는 것이었다. 그런 부하들 원고를 내 손으로 일일이 고쳐 썼다. 이제는 테크노 헤게모니(*Technohegemony*) 시대, 세계화 시대 마지막 남는 주권(主權)이 기술주권이라는 주제와 과학기술은 경제발전에만 필요한 것이 아니라 안보, 평화, 교육, 금융, 의료, 보건, 안전, 문화, 정보, 복지에도 꼭 필요한 — 이들을 '선제'하는 우위, 초월 개념임을 누누이 강조하고 친필로 고쳤다.

3실장 동시 퇴진: 인사태풍

취임 4개월 지나며 그간의 경험으로 단호한 인사가 필요하고 과기처의 위상을 확실히 다지는 조치가 필요하다는 결심을 했다. 내 원리적 의중은 서정욱 차관의 임명과 취임사를 통해 알 수 있으려니 했으나 역시 관료적 타성과 과학기술을 모르는 외부인에 대한 불신(경멸) 같은 것이 역력했다.

정말 너무 피곤했다. 5분, 10분 쪼개 쓰는 시간이 몇 개월씩 계속되고, 내 사람이 없으니 스케줄 관리에서도 내 보호가 사실상 비었었다. 입이 부르트다 못해 다음엔 열 손가락까지 모두가 가렵고 부르텄다. 동네 병원에서 사온 약을 발라도 낫지 않아 겨우 겨우 틈내 고려대병원에 들렀다. 극단으로 피곤하면 특이현상이 나오는데 나는 손가락으로 왔다고 했다.

1991년 3월 20일 본부의 세 실장인 기획관리실장, 연구개발실장, 기술정책실장을 과기처 내 인사이동이 아니라 과기처 밖으로, 산하 출연연구소와 과학재단으로 내보내고 경제기획원에서 기획조정실장을 받고 나머지 두 자리는 내부에서 승진, 발령했다. 모든 신문 방송이 일제히 '멋대로 인사', '전격인사 구설수', '직업공무원제 위협 …' 이란 제목의 기사를 냈다. 나의 친정으로 알려진 동아일보까지 나를 공격했다. 오직 중앙일보만 "'무사안일주의 · 창의성 부족' 비판 수용 - 정책입안, 행정처리 등의 새 바람 일 듯" 이란 제목이 나온다.

연말연초 정상외교, 국회, 예산, 특히 새 예산 진행과정을 겪어보니 과기처 내에서는 감당할 사람이 안 보였다. 내가 취임했을 때는 이미 1990년 초부터 시작된 1991년 예산안은 경제기획원 편성을 거쳐 정부안으로 국회로 넘어가 심의가 진행될 때였다. 여러 요인이 있어 1990년 예산보다 오히려 1991년 예산이 마이너스로 계산된 예산이고, 연구예산도 1990년에 비해 10% 가까이 줄어든 예산이었다. 나는 기획관리실장을 많이 독촉했다. 어떻게든 늘려 보자고 했으나 진전이 전혀 없었다. 앞뒤가 안 맞는 말만 여러 번 되풀이했다. 그래서 내가 앞으로 두 번 더 이런 가식적인 발언을 하면 해임하겠다고까지 경고했다. 하도 답답해 내가 기획원 예산실장을 직접 만나 호소할 테니 실장에게 연락하라고까지 했다. 아무 소용이 없었다. 그래서 내가 최각규 부총리를 직접 만나 나의 과기처 소임의 소신을 간곡히 설명하고 예산문제를 맡길 수 있는 사람을 기획원에서 추천하면 내가 무조건 받겠다고 약속했다. 그래서 온 사람이 박진호였다. 예산국으로, 국회파견으로, 공정거래위원회로 다양하게 경험한 성실파 관료였다. 연구조정실장은 내부의 의견을 물어 기계조정관으로 있는 이종원 박사를 승격시켰다.

기술정책실을 없애고 대신 원자력국을 원자력실로 승격시키고 실장엔 한영성 생물해양조정관을 임명했다. 참신한 듯한 내용의 사신(私信, 원본을 아직도 보관하고 있다)을 두어 번 받았다. 몇 분이 행동력도 있다고 했다. 결과는 내 판단 실수였다. 그의 작문 작전에 내가 넘어간 것이다. 인사발령을 공포하고 나는 다음 날 예정된 일본, 유럽 원자력 관련 출장을 떠났다.

과기처의 안정

사실상 나의 과학기술정책의 기본 골격과 과학기술처 장악은 1991년 3월 20일 인사태풍과 4월 11일 노 총리 주재 종합심의회에서의 '2000년도 과학기술 선진 7개국권 추진 기본방향'과 '1992년도 과학기술정책의 종합조정 촉진 방향 및 지침'의 의결로 확정된 셈이다. 특히 무엇보다 4월 30일 대통령 과학기자클럽 초청 출연의 가시적인 효과가 컸다. 여기서 G7 프로젝트 11개 선정작업에 발동이 걸렸고, 예산 및 인력의 확충과 기술복권을 포함한 과학기술 진흥 확대의 기반이 잡히기 시작한 것이다.

1993년 2월 퇴임 무렵 그러니까 정확하게는 1992년 후반, 특히 9월부터 슬근슬근 나왔던 몇 개의 전형적 관료적 이반 사건을 보면 1991년 3~4월에 장악국면이 없었으면 나의 특이한 기록은 세우기 어려웠을 것이라는 판단이 선다.

그런 나의 결단과 장애 극복에도 원자력 쪽은 끝내 장악에 성공하지 못했다. 나는 취임 후 초도순시를 통해 1차적 파악을 끝낸 2월 초쯤 노 대통령에게 김종인 수석 통해 내 의견, 방침을 전달했다. ① 과기처 인사는 제게 맡겨 달라, ② 세 기관 KIST, KAIST, 원자력연구소는 실질적 상징적 이유에서 매우 중요하더라, 그래서 세 기관장 교체 때는 두 명의 복수로 대통령께 상신할 것이다, 그러나 나머지 기관은 나에게 맡겨달라고 했다. 그러겠다는 대답이 왔다. 차관을 포함한 부처 내 인사 그리고 연구소 인사를 내 재량껏 했다.

그러나 또한 이것이 결국 발목을 잡았다. 어차피 안면도 사태 이후 원자력연구소장은 바꿀 수밖에 없었다. 이미 안면도 사태에서 다루었듯이 한 소장은 안기부와의 밀착으로 유임을 바라는 것이 분명했지만 나는 후임을 이리저리 궁리했다. 청와대와 동자부, 한전을 상대하고 다룰 만한 능력이 있어야 한다는 조건을 따지면 인물난이었다. 내 수첩엔 김성진, 이정오 전 장관의 이름이 나온다. 특히 나는 김 장관을 마음에 두고 있었으나 청와대는 대통령 과기자문위원장으로 돌렸다. TK가 맹렬히 추천하는 인물(임창생 박사)도 있어 1위 아닌 2위로 올렸더니 청와대는 그를 임명했다.

G7 프로젝트의 보람

연구개발의 새 바람

과기처 장관 시절을 한 마디로 요약한다면 'G7 프로젝트'의 추진이라 하겠다. 실제로 나의 과학기술처 시절에 대해 가장 기억에 남는 것을 물으면 과기처 관료들은 3실장 동시해임과 G7이고, 과학기술계 전반이나 언론에서는 G7을 꼽는다.

과학기술을 산업 경제성장을 위한 하위 종속변수로 여기던 개념을 바꾸어 4대 강국과 겨루고 어울리고 살아야 하는 대한민국의 목표를 분명히 하는 의식에서 출발했다. ① 첫 국가 연구개발정책, 좀더 구체적으로 2000년 선진국 7대국 진입이라는 목표, ② 국가의 필요에 의한 범(汎)정부 부처적, 범관민(기업) 연구(연구소, 대학)계 참여, ③ 프로젝트 계획 구상, 추진체 구성, 선정 과정과 심사 모두 위와 같은 범, 다원적 주체 참여, 공개 추진 등 지금까지 특정 연구사업의 틀을 발전시키면서 동시에 차원을 월등히 종합, 고도화시킨 것이다. 나는 취임 직후 브리핑을 받는 자리에서 전임 장관의 ERC, SRC 프로젝트나 과학산업이라는 개념은 과거보다 진일보 발전시킬 만한 가치가 있다고 판단했다.

1990년 1월 10일 노태우 대통령의 연두 기자회견에서 '앞으로 10년 안에 우리 과학기술을 선진 7대국 수준으로 발전시켜야 합니다'라고 선언했다. 또 1990년 7월 대덕에서 열린 과학기술진흥회의에서 노태우 대통령은 '10년 후 선진국을 만드는 초석이 되었다는 평가를 받게 되기를 기대합니다'로 끝을 맺는다. 두 선언 모두 당시로서는 획기적인 것이나 여전히 산업, 제품경쟁력 강화를 위해 과학기술연구개발이 뒤따라야 한다는 논리, 즉 과학기술 후위 논리였다.

내가 G7 프로젝트 정책 추진에서 분명히 한 것은 첫째, 노 대통령이 1990년대 들어 특히 1991년 신년사에서 강력히 부각하는 '2000년 7대 선진국' 개념은 철저히 부각시키고, 둘째, 과학이 산업경쟁력 강화에만 필요한 객체 하위가 아니라 앞으로 더욱 국가적 필요성이 커지는 환경, 복지, 안보(에너지 먹거리 안보 포함)의 핵심 결정요소 상위 중심이며, 셋째, 따라서 목표와 접근방식에서 ① 철저히 최선진국 따라잡기에 그치지 말고 이를 뛰어넘어 일등하기, ② 그러기 위하여 한국 연구풍토를 개별연구자 취향, 개별연구소 편의주의를 뛰어넘어 범연구진, 범과학계, 범시민적 관점을 강조했다.

나는 일본 도호쿠(東北) 대학 총장인 니시자와 준이치(청색 다이오드 발명자요, 일본 반도체 기술의 대부 격)의 '발명도 발견도 철학'이라는 용어를 자주 인용, 일본이 2차 세계대전 후 폐허에서 어찌 미국을 따라잡고 추월하여 반도체 왕국이 되었나를 몹시 강조했다. 그의 사명감, 정직, 정면돌파의 도덕력에 감명받았고, 이를 거듭하여 강조했다. 나는 그를 초청해서 전 과기처 직원들(1992. 10. 23.)과 대덕연구소에서 특강의 기회를 마련했다. 이야기를 해볼수록 '보통의 일본사람'을 넘는 과학기술과 인문학, 인류의 생존, 평화를 생각하는 진정한 세계적 과학기술인이었다. G7 프로젝트 과

G7 프로젝트 추진단계와 7개 프로젝트 선정

1단계	**1991. 4.11.** 종합과학심의회에 '2000년도 과학기술 선진 7개국 진입추진방향' 보고. **1991. 5.20.** 6개 대분류 기술분야별 최고전문가 7명으로 'G7전문가기획단' 발족. 연구기획 · 평가위원회를 비롯한 13개 중분류 기술분야 연구회 구성(5명의 과제선정작업 전문지원요원 파견).
2단계	후보과제 조사-설문조사방식(210여 개 주요기술 개발 과제 제안받은 후 기업인, 대학 교수, 연구원 등 총 439명에게 설문). **1991. 8.19.** 제 7회 종합과학기술심의회에 '2000년대 과학기술 선진 7개국 수준 진입을 위한 선도기술 개발사업 추진계획' 상정. '7개 제품기술', 7대 기반기술을 'G7 후보 프로젝트'로. **1991.10.17.** 언론에 과기, 상공, 체신부 등 7개 부처 공동명의 13개 후보과제에 대한 '연구기획 주관기관 신청 공고'(공모기간 10.21.~11.12.)(14개 중 HDTV는 이미 연구수행 중이라 제외). **1991.10.21.** 산업계, 학계, 연구계 전문가 800여 명 참석, 연구기획 응모요청에 대한 설명회. **1991.12.13.** 국가 대형연구사업의 연구기획 방법론 세미나 개최(450여 명 참가). **1991.12.18.** 응모한 33개 연구기획 주관기관 중 사업별 주관부처 책임 하에 13개 G7 프로젝트 선정위원회 구성, 전문가 200여 명 참석한 가운데 14개 기관 선정(환경공학기술은 2개 기관). **1991.12.~1992.4.** 1,100여 명의 각계 전문가 참여하에 세부 연구기획을 실시. 8개 프로젝트는 외국 전문가 49명에 자문. 4월 말까지 총 2천여 명이 참석한 공청회 거쳐 5~6월 세부 연구개발 추진계획의 타당성과 참여방법 관계부처와의 협의 완료.
3단계	**1992. 6.17.** 종과심 심의 거쳐 1개 프로젝트 선정 **1992. 7. 8.** 대덕에서 개최된 '과학기술 진흥회의'에서 대통령에 보고함으로써 연구 착수의 신호가 울렸다. 8월부터 연구개발사업 협약이 체결되기 시작했다. 선정 마지막엔 제품기술개발 5개, 기반기술개발 6개였다. 당초 14에서 전기자동차와 차세대 수송기계, 부품개발사업은 1개 사업으로 통합, 인공지능컴퓨터 개발과 감성공학기술 개발사업은 목표와 개발전략 미흡으로 탈락, 11개가 되었다.

G7 프로젝트별 선정 추진목표

연구개발비 단위: 억 원

기술개발 사업명	주요 개발목표	개발기간	연구개발비
① 초고집적 반도체	1996년까지 256 메가D램, 1997년까지 주요 반도체 장비 및 소재 국산화의 기반 조성	1993~1997	5,540
② 광대역종합 정보통신망	1996년까지 정보통신용 교환기, 2001년까지 종합정보통신망 기술개발	1992~2001	5,790
③ 고선명 TV	1993년까지 시제품 개발, 1994년까지 양산화 준비 완료	1992~1994 * 주	625
④ 신의약 · 신농약	1997년까지 2~3개 신물질 제품을 개발하여 2000년경 연간 29억 달러 상당 생산	1992~1997	1,964
⑤ 첨단생산시스템	1995년까지 유연생산시스템, 1998년까지 통합생산시스템, 2001년까지 완전자동화 지능생산시스템기술을 개발하여 생산성 5배 향상	1992~2001	4,393
⑥ 정보 · 전자 · 에너지첨단소재	2001년까지 고기능 · 고효율 · 고부가가치의 첨단소재를 국산화	1992~2001	2,719
⑦ 차세대 자동차	1996년까지 시속 120km의 상업용 4인승 전기자동차 기술을 개발하여 세계시장에 진출	1992~1996	4,500
⑧ 신기능생물소재	1997년까지 생물신소재 실용화 기반 구축, 2001년까지 대량생산기술 확보 및 산업화	1992~2001	3,860
⑨ 환경공학	1997년까지 환경기반기술을 구축하여 2001년까지 환경산업을 수출산업화	1992~2001	2,315
⑩ 신에너지	1996년까지 50KW급 연료전지 개발, 2001년까지 석탄가스화 복합발전기술을 확보하여 총에너지 수요의 3%를 공급	1992~2001	2,856
⑪ 차세대 원자로	1994년까지 노형을 확정하고 1997년까지 개념설계기술, 2001년까지 상세설계기술을 확보	1992~2001	2,380
총연구개발비			36,942

* 주: 1990~1991년 중에 375억 원을 투입하였음

정에 참여한 모든 분들께 끊임없이 강조한 것은 '1당 36의 능력', '우리도'(따라잡기) 아닌 '우리만'(창조 1등)의 과학기술, 제 2 독립운동'이란 정신도덕운동의 비전과 혼이었다.

G7 프로젝트에 대해서는 후에 과기처뿐 아니라 서울대 행정대학원 정부정책 평가기관들에서 사후 여러 평가 보고서가 나왔다. 내가 알고 있는 것만 해도 다음 세 편이 있다. ① 〈G7 사업의 연구개발사적 의의 분석과 종합적 성과분석〉〔과학기술연구원(연구책임자 조황의, 참여자 8명). 한국연구재단. 2012. 10. 1. ~13. 3. 25.〕 ② 〈선도기술개발(G7) 프로그램 종합분석 연구 II〉〔고등기술연구원(연구책임자 최기련, 참여인원 24명. 2012. 12. 20. ~ 2013. 12. 19.). 과학기술부. 2013. 12. 19.〕 ③ 〈선도기술개발사업(G7) 사례〉〔중앙공무원교육원 2006년 학습용 정책사례보고서. 한국정책학회(연구책임자 홍성걸, 참여인원 8명). 2006. 12. 24.〕

평가

2017년 과학기술정보통신부가 편《과학기술50년사》제 2편 '과학기술정책과 행정의 변천'에서는 아주 드라이하게 다음과 같이 기술하고 있다.

"선도기술 개발사업은 특정 연구개발사업의 한 프로그램으로 특정 제품 및 특정 기술분야에서 세계 일류 수준의 기술력을 확보하기 위하여 '선진 7개국 과학기술 수준으로의 진입'이라는 명시적 목표를 정하여 1992년부터 2001년까지 10년간 추진된 국책연구사업이었다. 1982년부터 2000년까지 투입된 특정 연구개발사업의 총연구비 5조 원의 약 70%인 3조 6천억 원이 투입되었기 때문에 특정 연구개발사업의 사실상의 실체라고 할 수 있는 중점 연구사업이었다. '우리만의 기술'을 확보하여 선진국 진입을 위한 국가발전 장기전략을 마련하자는 취지의 정책 일환으로 추진된 것이 2001년 G7 선진국 진입을 위한 장기발전전략' 수립작업이며, 그중 연구개발 부분이 바로 선도기술 개발사업으로 추진되었다.

2001년까지 '과학기술능력 G7 국가 수준 진입'이라는 과감하고 획기적인 목표를 설정하고 이를 위해 2000년대 세계시장에서 경쟁력을 가질 수 있는 전략제품군을 선정하여 집중적으로 개발하는 제품기술개발 9개 과제와 이에 필요한 원천·기반 기술을 개발하는 기반기술개발 9개 과제가 추진되었다. … 선도기술 개발사업이 그 이전의 연구사업과 차별화를 시도한 것은 크게 3가지가 있다. 첫째, 5~10년 기간의 소수의 중장기 대형 프로젝트를 선정하여 범부처적으로 참여하고, 둘째, 실용화 전망이 뚜렷한 대형기술을 도출하여 철저한 연구기획 단계를 거쳐 체계적으로 추진하며, 셋째, 연구수행기관을 공개경쟁으로 선정하고 엄격한 평가를 적용했다." (p. 180)

"1990년 이후 정보통신·환경·보건 등 각 부문에서 국가 연구개발사업의 다원화가 촉진되면서 산업현장 기술개발이 관련부처에 대폭 이관되고 부처 간 역할이 재정립되었다. 이에 따라 특정 연구개발사업은 대형 국책과제, 핵심 원천기술 개발, 거대과학 및 공공복지관련 기술과제에 중점을 두게 되었고, 이후 범국가적 대형연구개발 중심으로 정착되었다. 1992년에는 산·학·연의 협동연구체제가 강화되고 범부처적인 협력체제로 6개 부처가 기획단계부터 참여한 선도기술 개발사업이 착수되었다."(p. 174)

G7 프로젝트의 혼과 줄기에 대해서는 나의 강조점이 녹아 있지만 실제 사업추진에서는 연구조정실에서 노력을 많이 하여 지금까지의 개인연구자 중심, 끼리끼리의 연구개발 방식을 많이 고쳤다.

우리 부처에서는 기술진흥국과 연구조정실 사이 어디에서 G7을 다룰지 의논이 많았다. 서정욱 차관의 조정으로 연구조정실로 결정했는데, 특히 기획과 추진 담당자까지를 고려한 아주 적절한 판단이었다.

G7 프로젝트 중 반도체, HDTV, 원자로 등은 세계 최고의 수준, 때로는 유일 수준에까지 이른 것이 있다. 신의약·환경공학 분야는 새 씨를 뿌

리는 역할을 충분히 한 셈이다. ISDN 광대역 통신망 사업은 인터넷의 빠른 등장을 예견하지 못해 확실히 실패한 사업이다. 신기능생물소재도 담당 연구소의 폐쇄주의로 성과를 올리지 못한 분야이다.

새로운 관리수행 주체의 도입

구분	G7 사업 추진 전	G7 사업 추진 후
기획방식	연구자 중심의 Bottom-up 방식	정부중심 Top-down, 전주기적 연구단계
관리방식	주관연구기관 중심의 관리, 다양한 과제와 혼합되어 관리	연구사업단 중심의 관리, 단일 해당사업만 중점적으로 관리
평가방식	관련 전문가 활용	동료전문가 활용한 Peer Review 방식
책임자	과제 단위의 책임자	전문위원이 해당 사업의 책임자
전문위원	없음	기술분야별 전문가 1인 공모, 선정 박사학위자, 연구경력 10년 이상인 자 2년(연임가능) 1992. 4.부터 7~10명 전문위원 운영 연구개발사업 및 기술분야의 기술동향, 기술예측, 기술수요조사 연구개발과제의 도출 및 기획, 과제선정 심의 및 평가 등
관련규정	기술개발촉진법, 특정연구개발사업 처리규정	특정연구개발사업 처리규정 제39조, 전문위원운영요령
미래의 모습	경제적, 기술적, 정치적 환경을 극복하기 위한 돌파구 제공	차세대 연구리더 육성, 새로운 영역의 연구집단 형성, 새로운 연구수행방식(연구단 등) 등 시대적 변화에 부응하는 형태로 진화

* "전문관리기구" 체제 도입
* R&D 수행 부처별로 '연구관리전문기관'을 둠, 연구관리전문기관협의회도 구성, 운영

출처: 박영일 · 이상혁, "선도기술개발사업운영과정에서의 특징과 주요성과의 특성", 한국기술경영경제학회 동계학술대회, 발표 논문(2013)

과기처의 사기와 기쁨: 독창이 합창되기

G7은 우리 스스로가 기술예측 연습을 하고 지금까지 연구자 개인 중심의 프로젝트 진행 관행에서 국가, 사회공동체의 필요, 요구, 목표라는 보다 큰 틀과 기준에서 연구개발프로젝트를 들여다보고 만드는 본격적 훈련이었다.

담당자들로부터 과기처 생긴 이후 처음으로 국가 공무원의 역할에 대한 자부심이 생겼다는 말, 또는 타 부처에서 장래 유망하다 해서 과기처에 왔다가 너무 실망했던 분도 G7하면서 비로소 과기처에서 범부처 업무를 다루니 보람을 느꼈다는 회고도 있었다. 나로서는 G7 프로젝트 발상, 기획, 설계, 제도, 실천까지 참여한 많은 공무원, 연구자, 학자들이 '제 2 독립운동'의 정신, '우리도' 아닌 '우리만'의 기술창조 방향, 세계화 시대 최후까지 남는 유일한 국가주권-'기술주권'이라는 내 '독창'이 과학기술계와 '국가의 합창'으로 이어지는 계기가 되기를 갈구했을 뿐이다.

기획단의 처음부터 추진위원회 마무리까지 힘써주신 모든 분들, 특히 강인구 위원장, 맹인영, 한민구, 심상철, 박원훈, 한동철 위원 등 전원과 연구조정실의 이종원 실장, 송옥환, 한기익 등 기획관에 감사한다. 특히 총괄담당 박영일 과장의 정성과 노력을 잊을 수 없다. 박 과장 말에 의하면 두 실무자 배종대, 임윤철 KIST 연구원의 헌신이 결정적으로 컸다는 것을 나중에 들었다. 이들에게도 감사를 전하고 싶다.

G7과정에서의 나의 개인적 경험: 반도체 성공은 G7 인프라, 기술도둑, 호암의 결단, 미국의 일제 수입 규제의 선순환 합작품

강진구 사장의 '정보' 접근

G7 추진과정에서 정부 공직자로서 민간기업의 저력을 발견한 것은 또 하나의 새 경험이다. 삼성의 강진구 사장은 전에 면식이 없는 분이다. 그런데 면회 신청이 왔다. 민간기업인을 굳이 만나지 않는 것도 부자연스럽지만 이유 없이 만나는 것도 도리가 아니다. 용건이 뭐냐 알아보라 하니 일본 과학기술 정보라 했다. 주로 미·일 기술 동향과 일본의 기술연구 동향인데 꽤 유용한 것이었다. 그래서 다음에 면회신청이 오면 바로 오라 했다. 늘 새로운 정보였다. 과기처 실국장들에게 4대국 카운터파트의 지난 1주 뒤 또는 1개월간 움직임을 체크하라는 이야기, 과학기술정보의 중요성과 네트워크 구축 노력 같은 내 정책기조가 삼성에 잡힌 것 같았다. 그런 적응력에서 삼성이 뚜렷이 앞서갔다. 한번은 삼성의 반도체 64k 램 성공 소식이 들렸을 때 그리 빨리 성공한 비결이 뭐냐 물었다. 강 사장의 즉설에 오히려 나는 멈칫했다. 강 사장은 "일본 기술자를 금요일 저녁 비행기로 모셔와 토·일요일 오후까지 기술을 배우고 저녁에 일본에 보내는" 일종의 '기술 도둑질'이라고 했다.

참 아이러니이다. 일본 타도, 미국과 손잡아서라도 일본 타도를 외치는 나의 제 2 독립운동 과학기술 창조 노력의 1차 성공이 바로 일본의 식민지였기에(나를 포함하여 일본말을 할 줄 알기에), 일본을 '도둑질'할 수 있는 능력이 있기에, 1차적으로는 지리적으로 가깝기에 가능했다. 이것이 2차 세계대전 후에 독립한 제 3 세계 국가 중 서양·유럽 식민지 경험 국가와 일본 식민지였던 한국·대만의 근대 경제성장 과정이 다른 '하나'의 특징이기도 한 것이다. 그러나 명성황후 살인, 위안부 강제동원, 씻을 수 없는 일본의 죄를 뉘우칠 수 있게 할 정도의 과학기술력을 키워야 한다.

삼성에 대한 하나의 놀라움: 호암 이병철 회장과 부자 관계

책은 1989년 나왔지만 일본의 니시자와 준이치 도호쿠대학 총장의 《기술대국 일본의 미래를 읽는다》(PHP연구소)를 내가 읽은 것은 장관 취임 후였다. 미국의 영국 따라잡기, 영국의 프랑스 따라잡기 그리고 일본의 전후 미국기술 따라잡기 과정을 독학하는 과정에서 접한 이 책을 읽은 감격은 컸다. NHK에서 나온 아이다 유타카 《일본전자공업 부흥의 발자취》(1991)와 더불어 일본이 무식한 제로상태에서 출발, 미국의 반도체를 따라잡는 과정은 하나의 과학기술 성공사를 넘어 연구자들의 피와 땀과 혼이 섞인 한 국가의 성공사였다.

이 책의 159~161쪽에 걸쳐 이병철과의 대화가 다음과 같이 나온다. "수년 전 한국에 들렀을 때 삼성전자 회장이 나에게 '64k 메모리용 반도체를 하기로 마음먹었다'. 나는 즉각 '하지 않는 게 좋습니다'라고 진언했다. 그 이유를 일본의 기술 축적, 비상히 부담 큰 초기투자, 이미 64k 메모리를 중심으로 집중하는 일본 반도체기업 동향을 설명하며 '일본에 대항했다간 적자가 늘어 회사가 쓰러진다'고 충언을 한다. 그러나 이 회장은 앙연히 가슴을 펴고 이렇게 답했다. '아니야, 회사는 쓰러져도 좋다. 미래 한국을 위해서 나는 하겠소'라고. 참 딱하다는 생각과 동시에 폭주라는 인상을 나는 받았다. 그러나 그 직후 미·일 무역마찰이 표면화, 미국의 일제 반도체 수입 규제가 나왔다. … 결국 일본 대신 한국제 반도체가 쑥쑥 미국으로 눈사태처럼 들어갔다. …"

하나의 드라마였다. 그래서 나는 강 사장 왔을 때 니시자와의 책 내용을 언급하며 왜 이병철 회장의 '사업보국' 스토리의 절정 같은 니시자와의 이 회장 면담내용을 선전하지 않느냐고 물었다. 반응이 영 어색했다. 아주 떨떠름했다. 내가 구해 읽었으니 강 사장이나 삼성에서도 이 내용을 알았을 것인데 이런 좋은 스토리를 내게 자랑은커녕 언급도 없었다. 이상하다는 느낌을 강렬히 받았다.

나중에 알고 보니 그때는 이미 반도체 성공스토리의 주인공은 아버지 호암 것이 되기보다 아들 이건희 쪽으로 가야 하는 중이었다.

G7 프로젝트 주력의 하나였던 반도체는 성공스토리의 대표이다. 하나의 요인만으로 성공한 것이 아니다. 정부의 G7 프로젝트라는 정책 인프라, 기술 도둑질을 할 수 있는 식민지 유산, 이병철 회장 같은 기업가의 미래지향적 결단 그리고 미국과 한국이 손잡은 대일 견제와 한·미 협력의 선순환이다.

연료전지와 최수현 박사

G7 프로젝트 중 내가 특히 남기고 싶은 것은 연료전지를 G7 핵심 프로젝트로 추진한 것이다. 나는 한 나라, 한 사회공동체 그리고 한 생물, 한 인간의 물리적 기반은 에너지와 먹거리라는 기초 중의 기초를 늘 염두에 두고 있었다. 그래서 과기처 장관 이전에도 에너지와 먹거리 관련 모임에는 한 다리 걸치고 있었다. KIST의 콩 박사로 알려진 권태완 박사(나중에 식량연구원장)와 1960, 70년대에 걸쳐 10년 가까이 매월 모인 'Low Cost, High Nutrition' 모임도 같은 취지였다. 원자력에 대한 관심도 같은 차원이었다.

같은 취지로 우리나라같이 철저히 지독하게도 에너지 자원이 결핍한 땅에서는 에너지 자원이 풍부한 기존의 선진국에서 큰 주목을 받지 못하나 우리나라 실정에 맞는 새 에너지원, 새 에너지기술을 찾아야 한다는 내 나름의 사고지향을 갖고 있었다. 그런 나에게 에너지연구소에 들렀다가 눈에 띈 게 연료전지였다.

최수현 박사가 외롭게 개발하고 있었다. 대덕단지 들를 때 시간 나면 연료전지를 찾았고 G7에 주요 프로젝트로 챙겼다. 2021년 수소시대, 연료전지 수소시대, 그린수소, 블루수소가 한국 언론까지 뒤덮고 있다.

최 원장은 에너지연구원장을 거쳐 과학기술출연연구소 관리 총책임자까지 맡았다. 내 퇴임 후에도 연료전지와 에너지 연구개발 그리고 그 산업과 세계동향 관련 대화를 지금까지도 개인 이해관계 없이 꾸준히 이어오고 있다. 삶의 보람, 과학기술처를 거친 보람의 한 줄기이다.

뜻하지 않게 맞고 또 만든 과학기술 광폭외교

밀어닥치는 국제회의: 임명장 다음 날 국제태풍위원회

아무리 뜯어보아도 아무리 의도하지 않아도 가장 큰 보람으로 수행한 국정참여가 과학기술 외교였다. 1990년 11월 10일 토요일 아침 청와대 장관 임명장과 과기처에서의 이취임식, 12일 월요일 오전 9시 소속기관장 인사, 10시 국회방문 인사, 점심과 언론사 방문 그리고 다음 날 13일 첫 아침 행사가 국제행사였다. 우리나라에서 처음 열리는 제 23차 국제태풍위원회 총회에서의 영어 치사였다. 기상청이 오랫동안 준비했던 국제회의였다.

이어서 안면도 민란 사태, 예산, 결산 심의로 국회에 매달리는 일방, 밀려오는 언론 인터뷰 소화에 5분 10분을 쪼개며 쫓겼다.

그런데 또 취임 보름 만인 11월 26일 하루 종일 그리고 다음 날 오전 점심까지 한・일 정기각료회의(외교, 경제, 무역, 과학기술 장관 전체회의와 개별회의)에 시간을 뺏겼다. 나로서는 공식 과학외교 무대 데뷔였다. 일본 카운터파트 오시마 토모미치(大島友治)가 74세 노인에다 참의원, 검도 6단의 특이한 정력가였다. 교토대 농학부 출신으로 지금도 고향에서 직접 농사를 짓는 것을 자랑으로 삼았다. 각료회담 후 고리 원자력발전소를 방문하겠다기에 그 이유를 물으니 '일본에 가장 가까운 외국 원자력발전소가 거기에 있기 때문'이라고 했다. 나에게는 원자력의 지정학, 특히 안전의 지정학을 체감하는 첫 경험이었다.

이어서 보름 뒤 12월 13일 서울공항을 떠나 모스크바로 향했다.

대한민국 외교의 좋은 시절 (Belle Epoch)

나의 과기처 장관으로서의 첫 번째 해외여행은 세계적으로는 탈냉전의 상징이요, 한국으로서는 휴전선 북쪽으로 막혔던 '공산', '대륙'으로의 길을 여는 역사적 상징적 여행이었다. 특히 그 첫 번째 여행이 1990년 12월 13일 한·소 정상회담 대통령 공식수행원으로서 외무부 장관 최호중, 상공부 장관 박필수와 함께였다. 그리고 12월 14일 오전 10시 반 크렘린 예카테리나 훈장 홀에서 노태우 대통령과 고르바초프 대통령이 입회한 가운데 나와 라베로프(N. P. Laverov) 소련 국가과학기술위원장이 서명한 한·소 과학기술 협력협정서를 교환했다.

우리 외무부는 나한테 생색을 냈다. 대한민국과 외국 간의 공식 협정에서 외무부 장관이나 그를 대신하는 대사 또는 대표 아닌 국무위원이 서명한 첫 협정문서라는 것이다(자기들 기억으로는 그렇다는 것이다. 아직도 나는 확인해보지 못했다).

이 예외는 다시 이어져 대륙외교의 완성작품인 중국 방문에서도 이어졌다. 1992년 9월 30일 오전 9시(한국시각 10시) 베이징 조어대 국빈각 1층 회의실에서 나와 송지앙(宋健) 국가과학기술위원회 주임이 서명한 협정서를 역시 노태우 대통령과 양상쿤(楊尙昆) 국가주석이 입회한 가운데 교환했다. 과거나 미래나 과기처 장관으로서는 다시 맞기 어려운 중요한 모멘텀이고 영광이고 기록이다.

이에는 3가지 행운이 겹쳤다. 첫째는 노 대통령의 배려가 깊었다. 감사와 행운이었다. 1990년 12월, 4박 5일간의 모스크바, 레닌그라드(현재 상트페테르부르크) 그리고 1992년 9월 역시 3박 4일간 베이징, 상하이 방문을 노 대통령과 함께한 유일한 국무위원, 공식수행원이었다. 두 번 다 외교,

상공, 과기처 장관이 수행했으나 중국은 이상옥 외교, 한봉수 상공부 장관으로 바뀌었다. 청와대 경제수석도 김종인에서 이진설로 바뀌었고, 노 대통령 5년간 외교안보수석을 지킨 김종휘 박사는 그래서 더욱 정이 들었다. 김 박사가 북방외교와 남북 공동선언, 한·미 전작권 이양의 실질적 주역이었다.

아마 소련 방문에서 노 대통령이 나에게 색다른 호감을 가진 계기가 되지 않았나 생각한다. 귀국 전날 16일 오전 11시, 레닌그라드 IOFFEF 물리기술연구소에서 약 30분 전시실, 실험실 관람할 때 홀로그램 작품이 나왔다. 통역 설명이 부족했다. 내가 몇 년 전 SRI(샌프란시스코 스탠퍼드 연구소)에서 얻은 경험과 지식으로 설명했더니 노 대통령이 언제 과학까지 공부했냐며 놀라고 대견스러워하는 모습을 보였다.

두 번째는 시대적 행운이다. 미·소 데탕트를 넘어 미 단극체제가 전개될 무렵, 이미 88서울올림픽을 계기로 헝가리와 동구권이 열리고, 1990년 6월 4일 미수교국인 한국의 노 대통령과 소련의 고르바초프 대통령이 미국 샌프란시스코에서 만나고 9월 30일엔 드디어 양국 정식 수교가 이루어졌다. 1년 전 1월 한·오스트레일리아 정상회담으로 양국 지도자에 의한 APEC(아시아 태평양 경제협력체) 추진이 1990년에 가시화되고 한국 외교의 황금기였다.

그뿐 아니다. 노 대통령의 모스크바 방문 사흘 전, 고르바초프 대통령은 노벨평화상 수상이 결정되었다. 소련 사람으로는 최초이고 세계 국가원수로도 미국의 루스벨트, 윌슨에 이어 세 번째의 영광이었다. 9월 13일 독일과의 우호조약을 맺고 동독 주둔 소련군 철수, 소련군인 정착용으로 160억 마르크 원조가 결정되었다. 모스크바도 외교의 좋은 분위기였다.

1884년 조선과 러시아 수교 이후 최초의 한국 국가수반 소련 방문은 미국의 지원과 노 대통령의 적극 노력과 소련의 글라스노스트, 페레스트로이카, 개혁개방으로의 전환이 맞물린 역사적 호기였다.

1992년 9월 노 대통령의 중국 방문과 한·중 정상회담 전 나는 과기처 장관으로서 그해 3월 베이징, 상하이를 공식 방문해 한·중 과기장관회의를 가졌다. 양국 정부각료 간의 쌍무회담으로는 최초의 회담이었다. 그전까지 한국의 외무부 장관, 보사부 장관이 중국을 방문한 적이 있으나 중국 땅에서 열린 국제회의 참가였다. 나의 3월 중국 방문은 그해 8월 24일 한·중 국교수교 전 이루어진 이례적인 방문이었다. 3월 9일 오후 3시 인민대회당에서 중국 측 송지앙 주임은 '중국 정부와 국무위원을 대표하여 전폭적인 환영의 의사를 표시하며 나를 환영'하고 회담을 했다.

단군 이래 한민족 역사에서 한반도 남쪽만의 4천 5백만 인구가 12억 중국과 대등한 GNP(약 4,000억 달러 규모)를 갖게 된 국가의 힘의 변화가 이런 행운을 만든 것이다. 국가에 감사한다. 그러나 30년이 지난 지금 다시 복기해보아야 할 과제가 그때 행운에 대한 감사보다 더 많아졌다.

셋째 행운은 미국과 일본의 틈바구니를 찌를 수 있는 기회를 잡은 것이다. 1986년 플라자합의·협박으로 일본의 엔화가치를 3배 가까이 올리고도 미국의 반도체 산업은 일본에 계속 밀리고 있었다. 미국 안에서도 국방부와 반도체 산업계는 경고를 울리는데도 아버지 부시 정부는 시장주의를 고집하며 정부 개입을 반대했다.

나는 나의 지론인 '한·미 과학기술동맹'에 의한 '일본 제일(*Japan as No. 1*)에 대한 대항'의 기치를 들고 정부, 민간, 특히 미 국방고등기술연구소(DARPA) 소장 출신으로 부시 정부에서 쫓겨난 MCC 크랙 필즈 박사와 손잡고 미국 공략에 경주했다. 결국 1988년에 기한 만료된 한·미 과학기술협정을 새로 개정하고 한·미 과학기술협력 포럼을 발족시키는 데 성공했다. 일본이라는 공동의 적을 미국과 같이 맞았다는 것, 그리고 일본에서도 36년의 강제식민지에 대한 사죄의식이 약간 남아있는 그런 시기의 조건이 나의 대미·대일 과학기술외교의 한 자산이 된 셈이다.

정말 바삐 다닌 그리고 외무부 장관만큼은 숫자가 모자라겠지만 많이 세계를 누빈 외교무대였다. 1992년 9월 19일 서울을 출발하여 비엔나에서 열린 제36차 IAEA 총회에 한국대표로 참석하고, 브뤼셀에서 한·EC 과기협력(EC의 역외협력사업 참여) 협의를 가진 뒤 24일 귀국하였다. 그리고 사흘 뒤 27일 노 대통령과 베이징 한·중 회담 참석 후 상하이를 거쳐(1박도 않고) 3박 4일의 짧은 일정 마치고 저녁 7시 20분에 서울공항에 도착했다. 귀국 직전 아직 완공되지 않은 다리를 특별히 넘어 푸동 지역을 방문했다. 아직 논밭만이 널려 있는 특구를 한 바퀴 돌았다. 지금은 천지개벽이다. 세계금융, SW시장의 중심 중 하나이다.

개별 국가 관계

한 · 소 관계: 시작은 이렇게 좋았다

1루블 5달러가 1년 새 1달러 50루블

내가 고르바초프 대통령을 직접 만난 것은 노 대통령을 수행해 소련을 방문하기 전 그해 1월 UN과 소련 정부가 공동개최한 국제환경회의였다. 그때 환경회의 이외에 나에게 강하게 남은 인상은 소련의 경제붕괴였다. 무엇보다 공식환율은 1루블 대 5달러인데 이미 시장에서는 1달러가 5루블이었다. 모스크바 최고 호텔인데도 너무 추워 닫힌 커튼을 열어보니 창문이 깨져 바람이 들어오고 있었던 황당한 경험도 있었다. 그리고 1년도 안 되어 그를 크렘린궁 정상회담에서 만나게 된 것이다.

과학기술 분야는 이미 9월 수교 이후 급격히 접촉이 활발해졌다. 1990년 12월 정상회담 전 내 취임 열흘도 안 되어 한·일 정기각료회담이 끝난 다음 날 11월 28일 오전에 소련 과기위원회 수석부위원장인 미하일로프와도 만나 한·소 협력내용을 다져나갔다. 또 1990년 11월 20일 소련 대통령평의회 자문위원인 V. A. 메데프와 M. G. 크루그로프 그리고 과기위원회 수석부위원장 일행 14인과 만나 한·소 협력관계를 주로 과학원, 연구원, 원자력 관련을 논의했다. 사실상 12월 정상회담의 준비회담이었다.

소련 측이 더 급한 때였다. 모스크바에서 나와 상대 측은 과학기술과 원자력 양 방면에서 협력이 진행되었다. 양국 공동연구과제와 한국 측 국책연구과제 그리고 소련 측 연구원 유치, 서울과 모스크바의 과기협력센터 설립, 한국과학재단과 소련과학아카데미 간의 기초과학 협력 등의 논의였다. 원자력 쪽에서는 첨단기초연구, 우라늄 도입, 핵폐기물 소련 내 저장 등의 논의였다. 과학기술, 원자력 모두 양쪽의 필요가 강력히 맞아떨어지고 민간 기업까지 합세, 상당히 강력한 기세가 있었다.

모스크바 정상회담 3개월 뒤 1991년 3월 25~28일엔 서울에서 1차 한·소 원자력공동위원회가 열리고 두 달 뒤 5월 31일~6월 7일 7일간 N. P. 라베로프 국가과기위원장이 내한했다. 6월 1일 한·소 협정에 의한 한·소 제1차 과기 장관회의가 서울에서 열리고 라베로프 위원장은 회의 뒤 포항, 대덕을 방문하고 6월 5일엔 KIST에서 협력센터 개소식 테이프커팅이 있었다.

1992년 6월 13~19일 간은 내가 모스크바를 방문하여 소비에트가 러시아로 바뀐 제2차 한·러 과기 장관회의(6. 16.)를 가졌다. 상대는 보리스 G. 살티코프였다. 그리고 18일에는 모스크바 한·러 과학센터 개소식을 가졌다. 1991년 1차 장관회의 때 추진키로 한 48개 과제에다 새로 2차 회의에서 26개를 더하여 74개 첨단기술을 공동개발키로 하고 기존의 소련 과학자 100명 유치계획에 200명을 추가키로 했다. 1993년엔 다시 200명을 추가키로 했다. 군수산업 민영화참여협력 의정서도 교환했다. 살티코프는 특히 항공기술협력에 관심이 많아 야크비행기 제작사를 직접 안내하기도 했다.

이때는 이미 러시아가 사실상 기능마비 상태로 정부 상대 회의가 큰 의미가 없을 때였다. 이미 1달러가 50루블로 러시아 사정이 극도로 악화되었다. 회의가 끝나고 한담시간에 전기료가 30배 올랐는데 너희 나라라면 어떻게 하느냐고 물었다.

나는 출연연구소에게 공식 서류협약이나 양국 연구소장 간 협의방식을 버리고 핵심연구원에게 현금을 싸 보내 상대 핵심연구진과 접촉하거나 소련 핵심연구자를 초청, 기술이전에 주력해 달라고 거듭 재촉하였다. 감사원 감사는 내가 책임질 테니 현장 책임연구담당자 중심의 기술흡수를 강조 또 강조했다. 연구소 방문 중 확인한 사실은 연구소 직원 봉급이 몇 달씩 심지어 6개월 이상 밀린 곳이 많았다. 이런 형편에 연구프로젝트 연구비를 공식으로 보내면 해당 연구에 쓰기보다 연구소장으로서는 전체 직원 밀린 봉급주기가 급한 때였다. 정부출연 연구소장들이나 간부들은 소련으로 출장 가는 데는 흥미가 많았으나 언어가 안 통하고 숙식이 불편하니 한 번 여행하고는 뒤로 물러나 소극적이었다.

민간은 아주 적극적이었다. 레이저와 항공 등에서 삼성, 금성이 앞서고 대우는 원자력 쪽에 힘들이고. 이민화 씨의 메디슨(초음파 진단기)이 적극적이었다. 현대는 기술보다 원동(블라디보스토크 등) 쪽 사업에 치중했다. 소련 연구소 방문 중 MiG-29와 수호이-29 개발한 중앙항공연구소가 핵연료를 동력으로 하는 항공기 기술협력을 제의했다. 핵연료 항공기의 공중사고를 상정하면 타당성이 전혀 보이지 않았다. 이제 30년이 지난 오늘 다시 러시아의 푸틴 대통령이 새로운 군사전략의 하나로 핵연료 군용기를 추진하고 있는 것은 우연이 아니다.

제 2차 한・러 장관회담 직전 4일간 방문한 헝가리에서 Gödaliö Biotech Institute의 연구소 소장은 자기 연구소에 유학 온 브라질 대학생은 한 달에 1천 달러를 본국에서 송금받는데 소장인 자기 월급보다 많다고 솔직하게 하소연할 정도로 동구권・공산권이 무너지고 있을 때였다. 우리가 정부, 민간 모두 좀더 체계적이고 좀더 실질적으로, 좀더 의욕적으로 다가갔더라면 우리 과학기술은 기초에서 산업까지 좀더 빠른 퀀텀 점프의 기회를 당기지 않았을까 미련을 갖고 있다.

노 대통령 방소 후 불과 4개월 만에 고르바초프 대통령이 제주도를 방문해 제 2차 노·고르비 정상회담이 열렸다. 모스크바회담처럼 외교, 상공, 과기장관이 배석하였다. 원 스케줄은 오전 11시부터 단독회담, 12시 반부터 확대회담, 기업인들 만남, 환영공연과 만찬이었으나 고르비가 밤 9시가 넘어 도착, 만찬까지 배를 쫄쫄 굶었다. 일본에서의 협상이 늦어져서라고 했다. 우리에겐 너무 큰 결례였다.

그때 캄차카 반도를 빌렸더라면 …

이 무렵 우리 정부가 결정한 12억 달러 소련 차관 제공문제로 정치권에서 시비가 벌어지게 된다. 나는 국무회의 시작 전 국무위원들끼리 환담하는 자리에서 이런 말을 꺼냈다.

"기왕 소련하고 좋은 기회가 왔으니 캄차카 반도를 한 100년 조차(租借) 혹은 독점사용권을 협의해보자. 환경문제로 지구가 따듯해지니(그때는 '지구온난화'라는 말이 없었다) 몇십 년 후 거기 농사지을 수 있을 것이고, 또 우리가 지금같이 경제성장하면 우리 국민들 1년에 몇 개월은 좋은 공기 맡기 위해 캄차카쯤 가야 할 것이다. … 농담으로 들릴지 모르겠지만 나는 진담이다."

아쉬운 것은 우리 정부도 이만한 대국적, 지구적 관점에서 소련을 요리하지 못했다. 물론 소련 붕괴와 혼란이 최대 원인이지만 그럴수록 우리가 더 유연하게 접근할 수 있었다.

한·소 관계 중 가장 인상에 남는 사람 중의 하나가 올레그 M. 소호로프(Oleg M. Sokolov)이다. 주한 소련대사이다. 유엔대사를 지낸 외교 거물을 한국에 초대 대사로 보낸 것으로도 한·소 수교에서 소련 측이 두는 비중을 가늠할 수 있다. 영어를 정말 원어민 수준으로 했고, 그렉 주한 미국대사는 '저 친구 나보다 영어 더 잘한다'고 할 정도로 스마트했다.

1991년 4월 27일 토요일 오후 3시 소호로프 대사를 판교 호남정유회관에 초청하여 테니스를 쳤다. 저녁은 한강이 화려하게 내다보이는 무역회관 51층 릴리룸에서 했다. 동반한 과기처 간부들도 같이 기쁜 시간을 나누었다. 만찬에는 부인과 6살 딸 다샤, 주한 소련상공회의소장 V. K. 나자로프, 우리 측 권갑택 기술협력국장과 박원희 KIST 소장, 권오관 한・소 기술협력센터 소장이 같이했다.

시작은 이렇게 좋았다. 소호로프 대사가 떠나기 전 6월 모스크바에서 열리는 제2차 한・러 장관회의 준비로 만났다. 머지않아 이임했는데 떠날 때까지 다음 보직이 확실치 않았다.

소련과의 협력에서 가장 큰 장애는 언어 소통이었다. 밖에 알려지지 않았지만 1990년 12월 크렘린 첫 번째 한・소 정상회의에서 우리 측 통역이 너무 신통치 않아 바로 소련 시민인 교포로 바뀌었다. 낙마한 예일대학 출신 교수인 여자 통역이 울상이 된 표정이 안쓰러웠다. 서울에 온 라베로프 위원장에게서 북한 핵 관련정보를 얻을까 해서 단둘이서만 만나는 자리를 어렵사리 만들었다. 막상 통역이 없으니 내가 러시아어 모르고 그는 영어를 거의 못해 사실상 의사소통이 안 되고 북한 핵 정보를 얻는 데 실패했다.

한 · 중 관계: 최초의 방중 장관 · 최초의 방한 각료

감격: 인민대회당 앞 태극기와 애국가

1992년 9월 28일 아침 10시(중국시간) 천안문광장 인민대회당 앞마당에 태극기와 중국기가 올라가고 중국 국가와 애국가가 울릴 때 나는 내 가슴에 얹은 손과 눈이 같이 울었다. 2000년을 넘는 대륙과의 비대칭적 역사관계 그리고 대한민국, 그 과정에서의 수많은 전쟁들과 특히 분단, 항일 독립운동 임시정부의 원한…. 그리고 이제 해양화의 성공으로 베이징 심장부에서 대통령을 모시고 26발의 예포와 인민군의 사열을 받는 순간, 그 현장에

선 대한민국 대표의 한 사람으로서의 감격이었다.

이어진 동대청(東大廳)에서 열린 정상회담에서 노 대통령(PN)과 양상쿤 국가주석 간의 개회사, 내 두 장짜리 메모에는 이렇게 적혀있다.

"중국 습관대로 PN 먼저, PN 개 짖는 소리 들리는 지근. 신의, 의리 존중 국가 — 원상회복. 경제 개혁개방 진전, 깊은 존경심으로 주목. 중국의 역사, 위대한 국민, 자원+한국의 성공경험이면 중국발전 지속. 오늘 압박, 가난 벗어나는 기념일. 21세기 세계문명 중심 깃발 하늘 높이 천릿길 첫 발 — 東北亞, 亞太. 기업인 대동. 기업인 한 덩어리(양국). 양국 정상 각료교류, 남북관계 → 의리, 평화, 신의의 매듭 옛날로 복귀.

楊. PN의 중국 친선말씀 국제관계 같은 견해 기쁘게 생각. 바다 바라보고 있는 나라 → 무역, 문화전통 공통. 신의, 상호존중 양국 훌륭한 전통. 지난 40년간 단절 — 비정상상태 — 불만족. 국제정세변화 '한반도 변화' - 국교정상화 3단계, 양국의 동북아 평화안정 기여. 5개 원칙 상호인정 = 양국 사회원칙 다르다. 중국 경제건설 = 개혁, 타국협력 강화. 직접상호성강(强-잠재력 크다). 경제무역협정 중시. 한국기업인 투자 환영. 공장(합작, 독자) 호(好)."

다음 날 장쩌민 당 주석과 식사자리에서 장 주석의 말이 인상적이었다. 내 메모엔 "배울 점 많다. 전자공업 칩. 멀리 보려면 높이 올라가야. 과거는 잊자. 처음이지만 옛 친구 만난 듯." 만찬장으로 걸어가면서 장 주석이 PN에게 직접 영어로 묻는 것이 특별히 기억에 남아있다. 'GNP 속도 어느 정도가 적정성장이냐?' '인플레를 어떻게 잡느냐?' 능숙하지 않지만 또렷한 영어로 격식 없이 자연스럽게 묻는 것이 약간 놀라웠다.

당시 국가주석이나 당주석의 관심과 한국과의 수교 초점이 어디에 있는지를 명료하게 알 수 있는 대화. 내 메모에 남겨진 것이다.

이때도 중국 측의 결례는 있었다. 리펑 총리 주최 오찬이 무려 두 시간이나 지체되어 참으로 지루했다. 내 옆에 서 있던 전 외무부장 황하(黃河)가

만리장성 보존협회 회장으로 있다면서 만리장성 옛이야기 나누는 것으로 기다리는 시간을 때웠다. 80 넘은 노인이 두 시간 곧장 서 있으며 대화했다.

수교 전 공식방중 첫 각료

나는 국교수립 전인 1992년 3월 6일부터 11일까지 중국을 과기처 장관 신분으로 방문했다. 외교적 타이틀로는 한국과학재단 고문자격이었으나 송 주임은 '중국정부와 국무원을 대표하여 환영'했다. 9월 1일 오후 3시부터 베이징 인민대회당에서 나와 우리 측 대표 7명을 공식 환영하고 이어서 나와 송지앙 주임 임석하에 한국과학재단(권원기 총장)과 중국 국제과기협력협회(惠永定 회장) 간에 양해각서를 체결하여 사실상 정부자금에 의한 양국 협력이 가시화되었다.

① 양국의 첨단기술 개발계획인 우리 측의 G7 프로젝트와 중국의 863 고도기술개발계획 및 화거(火炬) 계획(*Torch Program*)에 공동참여 및 협력 추진, ② 구체적으로 38개(중국 측의 17, 우리 측의 21) 공동연구 과제를 상호제의하고, ③ 황해지역 환경·자원 공동조사 및 동양 의약·문화재 연구를 통한 첨단관련기술 공동개발, ④ 두만강유역 개발 등 동북아지역 협력 확대를 위한 공동노력을 합의했다.

우주항공 전문인 송지앙 주임은 그가 전에 하와이에 체재했던 인연으로 하와이대 조리제 교수와 친교를 갖고 그와 가까운 최영철 의원이 정부와 다리를 놓았다. 한·중 수교과정의 막후 역할을 했다. 온화하고 단정하여 중국사람 특유의 오만은 찾아보기 어려운 신사였다.

송지앙 주임과의 계속된 인연: 최초의 중국각료 방한

이어서 6개월 뒤 9월 조어대 한·중 정상회담에서 나와 같이 과기협력협정을 서명 교환하고 두 달도 안 돼 서울에 왔다. 내가 한국에서 첫 번째 방중 각료였듯이 송 주임의 방한 역시 중국각료로서 첫 번째였다. 11월 23일부터 12월 3일까지 11일간의 긴 방한이었다. 기록으로 보면 한국방문 역대 외국장관 중 최장의 체류 기록이다. 양국 과기장관회담, 대통령 예방, KIST에서 열린 한・중 과학기술협력센터 개소식과 박성용 금호그룹회장 주최 포함 여러 번의 만찬이 있었다. 대덕, 울산, 포항, 부산으로 찬찬히 한국을 살폈다.

11월 25일 송 주임 주최 만찬에서 그는 산동성이 한국서 제일 가장 가까운 곳이고 그래서 자기 같은 산동성 사람은 반(半) 중국인, 반(半) 한국인이고 노 대통령의 노씨 집안은 송(宋) 대 산동성에서 왔다며 분위기를 돋웠다. 27일 장 대사 주최 신라호텔 만찬에서는 뼈있는 이야기도 했다. "한국이 12억의 중국을 도울 수도 없고 중국이 한국을 해코지하지 않는다." 그래도 같이 온 혜영정 차관이 한국과학재단과 중국 자연과학재단에 인도를 '동참', '아시아노벨상'을 제정하자고 제안, 꿈이 남아 있었다.

송 주임과는 내 퇴임 후에도 내가 장준하기념사업회 회장으로 청년장정단을 이끌고 중국을 방문할 적마다 또 이런저런 회의로 베이징에 들르면 늘 저녁을 같이했다. 박성용 회장 초청으로 방한했을 때는 통영까지 동행했다.

1992년 3월 처음 한・중 각료회담을 한 송 주임과는 20년 전의 의미를 되새기는 공식 회고만찬까지 있었다. 1년 늦었지만 2013년 4월 베이징에서 "한・중 수교 20년의 과학기술협력과 전망"을 주제로 세미나에 같이 참석하고 28일에는 상동성무반점(上東盛貿飯店) 에서 즐거운 만찬을 가졌다.

동양의약물 협력연구의 자멸: 서울대 의대의 훼방

가장 아쉬운 것은 동양의약협력연구계획이 엉뚱한 결말을 낸 것이다. 나는 미국의 특허, 지적재산권(IPR) 이 강화되면서 보틀링 수준에 머물고 있는 우리나라 제약업을 살리고 비용 높은 의료비를 줄이는 원천적 복지노력은 동양 전통의약품의 개발에 의한 새로운 접근으로 돌파구를 찾아야 한다고 판단했다. 또 한국이나 중국 전통문화재에는 현대과학을 넘는 첨단과학기술의 원소가 있다.

그래서 첫 한·중 장관 의제로 동양 전통의약과 문화재 연구를 통한 첨단관련기술 공동개발을 제의하고 합의했다. 서울대 천연물과학연구소가 소유한 약초샘플(원래 개성에 있던 것을 6·25 때 서울대로 이전)은 중국보다(일본은 아예 없고) 양이나 질로 더 충실한 것이기에 더더욱 가치가 있었다. 당시 장일무 소장으로부터 개발가능성을 자세히 들었다. 첫 번째 방중 직후 4월 29일에 서둘러 신동의약개발추진위원회를 대학 교수 4명, KIST 등 정부연구소 4명, 국립보건원 생약부장과 5명의 제약회사 부사장 등을 위원으로 장 소장을 간사로 구성했다.

중국의 장팅옌(張庭延) 초대 주한대사의 한국에서의 첫 공식행사가 1992년 9월 18일 원남동 서울대병원 내 서울대 천연물과학연구소 터에서 나와 장 대사, 장 박사가 간판을 같이 건 '한·중 전통의약물 연구협력센터' 개소식이었다. 장 대사, 송 주임, 나 역시 서로 한·중 수교 관련 역사에서 최초를 장식하는 기록을 쓴 것이다. 전통의약물연구 역시 한·중 공동연구 외형적 '행사'치고는 첫 번째 행사였다.

나는 특별한 관심을 갖고 특히 미국과 일본과는 다른 차원의 한·중 고유 과학기술 협력대상이라는 점에서 의미가 있는 이 사업을 열심히 응원했다. 정상회담 뒤에는 가속도도 붙고 1993년 예산액까지 반영시키고 퇴임했다.

그런데 퇴임 후 장 박사로부터 하소연이 왔다. 서울대 안의 직제상 의과대학 소속인 연구소는 연구비 신청에 의과대학장의 사인이 있어야 하는데 도장을 안 찍는다는 것이다. 양의사님들의 한의학에 대한 편견이 작용하는 것이다. 그래서 당시 이기준 서울대 총장을 내가 직접 만나 선처를 요구했다. 국가가 확보해준 국가프로젝트 연구비마저 비과학적 편견으로 일개 학장이 사인을 거부해 연구비가 잠자는 사태를 풀어 달라 호소했다. 과기처도 성의가 없고 아무 진전이 없었다.

결국 3년인가 4년 걸려 나온 작품이 엉뚱하게도 《한·중·일 전통의약용어사전》(영어와 한·중·일어) 출간으로 끝났다. 참으로 어이없고 나쁜 사람 나쁜 과학자 나쁜 전문인들이었다. 대한민국의 모순, 현실을 드러내는 결말이다.

하기는 중국 측도 다소 엉뚱했다. 중국 측 첫 요구가 의약물 연구가 아니라 약병마개 기술이전이었다(당시만 해도 중국 병마개가 잘 닫히지 않는 후진 상태였다). 지금은 COVID-19에서 보듯 고급의약품 수출국이 되었다.

중국 방문과 한·중 회담과정에서 남기고 싶은 기록

첫 번째 방문에서 중국에서 지정한 호텔이 영 신통치가 않았다. 그래서 알고 보니 중국은 정부기관, 군, 국영기업체 모두 자기소유 호텔, 여행사, 관련 기업체 등을 갖고 있었다. 우리가 묵은 호텔도 중국 과기위원회 소유 호텔이었다.

내가 그 후로 세계은행, 아시아개발은행 사람들과 만날 때마다 중국협력에서 국영기업 민영화 촉진을 타임테이블까지 만들어 추진하지 않으면 앞으로 중국이 커졌을 때 중국 특유의 전통습관과 맞물려 서방의 민간기업 경쟁이 어려울 것이라는 경고를 계속하게 된 계기가 되었다. 한국을 포함해 공적 원조자금 제공 국가들이 공동의 전선을 펴 원조를 조건으로 국영기업 민영화를 연계, 압박해야 한다는 지론을 폈다.

한국의 어설픈 경제학자 출신 최고경제정책 책임자 중엔 나에게 '그거 경제학을 모르셔서 그렇지, 경제성장하면 다 시장자유화도 되고 정치민주화도 됩니다'라고 한 자도 있다. 오늘의 미·중 충돌과 시진핑 중화주의를 그는 어찌 보려는지.

둘째, 참 행복한 시기였다. 서울에서 만찬 중 송 주임이 나를 따로 불러 산동해양대학에 30만 달러를 원조할 수 없겠느냐고 넌지시 제의했다. 그는 산동성 출신이다. 양국 간에서 중국이 한국에 머리 숙이고 아쉬운 소리 하던 시절은 이 시기, 1988년 올림픽부터 1998년 외환위기 발생까지의 10년일 것이다.

셋째, 첫 번째 상하이 들렀을 때 왕다오한(汪道涵, 대만과의 양안협정 책임자) 전 시장 주최 만찬을 베풀 정도로 극진했다. 필경 송 주임의 주선이었을 것으로 믿는다. 3월 10일 상하이 중국 최고의 레이저연구소인 광학정밀기계연구소 방문 시 다소 과장하면 기절할 정도로 놀랐다. 연구소장 방은 초라하지만 깨끗했다. 그러나 회의실, 연구실, 실험실 안에 들어가니 석탄먼지가 얼마나 묵혀 쌓였던지 구둣발을 옮길 적마다 먼지가 연기처럼 폭폭 올라왔다. 이런 실험연구실이 세상에 다시 있을까 싶었는데 지금 중국은 WIPO(세계특허기구) 조사로는 2020년에 미국을 제치고 특허출원 세계 1위가 되었다.

넷째, 백범 김구를 존경하는 나로서는 상하이에서 임시정부 청사와 홍구공원을 꼭 들러야 했다. 너무 실망이 컸다. 1층부터 3층까지 살림집이었다. 간간히 옛 유물들이 있기는 했으나 빨래 널린 여염집 살림살이를 밟지 않으려 피하면서 오르내렸다. 백범과 독립운동가들의 처절한 체취를 맡고자 하는 나의 노력은 너무 허무했다. 그러나 입장료는 꼬박꼬박 받았다. 장관의 방문이니 특별기부도 했다. 오늘 상하이 임시정부 방문하는 사람들은 상상하기조차 어려울 것이다.

다섯째, 30년이 지난 지금 1992년 송 주임이 신라호텔에서 한 말 "한국이 12억 중국을 도울 수도 없고 중국이 한국을 해코지 않는다", 그리고 마홍 총재와 현대국제관계연구소 학자들이 베이징에서 만났을 때 언급한 '중국식사회주의', '고급사회주의'(결코 서방식 민주주의 안 한다는 뜻)를 되씹게 된다. 역시 중국다운 강점이 그때도 있었음을 알 수 있다.

형세가 역전된 지금 우리가 다시 30년 뒤 1992년 무렵의 대등한, 그들이 우리를 아쉬워하는 미래를 만들 수 있을 것인가.

한 · 미 과학기술동맹의 추진: 6개의 X커브 그래프 차트

장관 재임 중 방미는 3번이다. 한・미 정상회담 참석은 서울에서였다. 3번의 방미 모두 '일본 제일' 도약시대에 일본 견제, 한미 협력에 의한 대일 무역역조와 기술패권 견제라는 뚜렷한 목표를 갖고 있었다.

한 · 미 과기동맹: 백악관, 국무성에서의 설명과 호응

1991년 9월 15일 비엔나에서 열리는 35차 IAEA(국제원자력기구) 연차 총회에 앞서 9일부터 13일까지 워싱턴과 서남표 교수가 있는 MIT를 방문코자 미국을 방문했다. 국가적인 과제는 1988년 기한이 만료되고 연장・개정되지 않고 폐기된 한・미 과학기술협정의 새 체결이었다. 그러나 미국은 1987년부터 특허 지식재산권(IPR)의 대등한 보호를 한국에도 주문하며 협정개정을 요구했다. 그러나 과기협정이 직접적인 초점이 아니고, 백악관이 직접 감독하는 군사특허비밀 보호협정(PSA)과 연계되어 있었다.

대통령 과학기술고문(OSTP, 미국 정부 특성상 외국의 과기장관에 해당) 알렌 브롬리도 과기협정 체결에는 열의가 없고 한국 관련 주관심도 PSA라는 점을 분명히 했다. 그러나 내가 대일 공동전략으로서 특히 반도체, 메모리 반도체, 반도체장비, 공작기계, 자동차, 컴퓨터 등 1980년대 전반까지도 미국의 압도적 우위였던 기술분야가 일본우위로 바뀌는 6개의 X커브 차트를 들고 설명하니 충분한 공감을 표시했다. 이어서 국무성의 안보과학 담당차관인 레지랜드 바솔로뮤에게도 같은 논리로 한국과 손을 잡는 과기동맹을 강조했다.

구체적으로 과기협력재단 즉 미국 측은 480호 잉여농산물 원조상환기금 3천만 달러로, 한국 측도 동액을 합쳐 6천만 달러의 재단설립을 요구했다. 그는 반도체칩은 평소 우려하던 사항인데, 구체적으로 설명하고 지적해주어 고맙다며 실무자인 I. D 보스킨(Director of Advanced Technology)에게 구체적 검토를 지시하겠다고 즉석 대응했다.

당국자들과의 대화에 그치지 않고 미국의 반도체장비 제조업자단체인 SEMI를 방문, 한국 반도체기업의 가입을 요청했다. 미 하원 우주과학위원장인 조지 브라운과도 만나 X커브 차트 설명과 한미 과기동맹의 필요성을 강조했다. 이런 노력으로 SEMI 회장은 다음 해 2월에 내한하여 업계와 접촉하고 20일엔 내 방에서도 만났다. 브라운 위원장은 이런 인연으로 1993년 1월 한·미 과학기술협력포럼에 직접 참석, 개회식 축사를 했다.

메모리형 반도체의 세계시장점유율

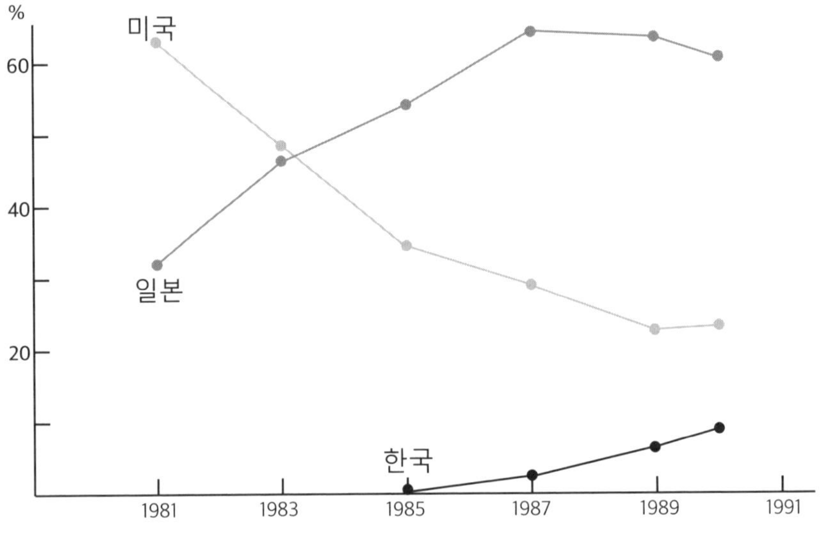

연도		1981	1983	1985	1987	1989	1990
합계 (단위: 10억 달러)		2.1	3.7	3.8	6.1	16.4	13.1
시장점유율 (%)	미국	62.5	48.3	35.7	28.1	22.5	22.8
	일본	34.5	46.2	57.5	64.5	64.5	61.3
	EC	3.0	5.2	5.8	3.9	4.8	5.8
	기타	-	0.3	1.0	3.5	8.1	10.1
	(한국)	-		(0.6)	(3.3)	(7.5)	(9.0)

Source: Dataquest Dec. 1990, May 1991

물론 에너지장관 제임스 왓킨스(James Watkins), 원자력규제위원회(NRC) 이반 셀린 위원장과 폐기물 협상대표도 만났다. 서울에서 만났던 언론인 제임스 팰로, 동아일보 시절 내가 북한평화군축위원회 사람들과 만나게 주선한 G. 시거 조지타운대 동아시아연구소장에게도 한·미 과기동맹을 세일했다.

그리고 보스턴으로 가서 서남표 기계공학 학과장과 공대교수, 한인 교수들을 두루 만났다. 기계공학과에서 새로 의학과 심리학 정교수를 모신다는 것과 교수 한 분 선정하는 데 인터뷰, 교통비, 숙식비용 등 2년여에 걸쳐 1인당 수만 달러가 들었다는 이야기에 머리가 숙여졌다. 사람과 기계간의 관계연구를 위하여 기계공학과에서도 의학과 심리학 교수가 필요한 것이다.

크랙 필즈 소장과의 의기투합

두 달 만인 1991년 11월 28일부터 12월 4일까지 두 번째 방미였다. 공개목적은 1992년 1월 부시 대통령 방한 전 과기협정 마무리이고, 재미과학자협회(회장 한무영) 창립 20주년 행사 참가였다. 그러나 핵심은 첨단기술과 광범위한 국가연구프로젝트 참여에 의한 한미 과기동맹관계로의 격상이었다. 나는 출발부터 경상현 전자통신연구소장을 동행시켰다. 실리콘밸리에서 IBM, VARIAN, LAM 등 반도체 전자 관련 기술기업들과 또 이곳에 진출한 한국 기업연구소 책임자들과도 만났다.

나는 이 무렵 중요한 인물을 찾아냈다. 크랙 필즈(Craig Fields) 전 국방부 DARPA(군사첨단연구프로젝트기구) 소장이었다. MIT 물리학과 출신으로 1974년부터 DARPA 최고책임자였던 그는 반도체 연구개발이 일본에 쫓기자 DARPA 자금 즉 국가연구자금을 써야 한다고 주장했다. 그러나 부시 대통령은 그건 민간영역이니 DARPA에서 손 떼라 해서 사표 내고 1990년 MCC(Micro-Electronics & Computer Technology Corp.) 사장으로 옮겼다. MCC는 미국의 기술대기업 20개(휴렛패커드, 모토로라, AMD 등)가 가입한 연구개발조합이다. 연구원만 400명으로 고집적 VL SI칩 설계를 위한 CAD/CAM 연구 등을 진행하고 있었다.

워싱턴 도착 다음 날인 11월 29일 오전 그는 첫 번째 만남에서 즉각 나의 한미동맹 계획에 호응했다. 나의 초청에 응하여 다음 해 1992년 2월 9일부터 13일까지 3명의 부하를 데리고 방한해 정부, 민간 주요연구소를 방문하고 G7 프로젝트를 중심으로 협력방안모색 세미나도 가졌다.

필즈는 나에게 독특한 선물을 했다. 힘센 물고기 핀이었다. 튀는 물고기를 잡아 꽂듯 꼭 성공하라는 뜻이었다. 이번 여행에서 당시 한국인 최고 반도체 연구자였던 김완희 박사와 1993년 한·미 과기포럼 프로듀서가 된 김재욱 박사도 만났다. 김 박사는 TK 측 추천이었다. 미국 하원의원 출마를 목표로 민주당 소속이었던 그는 한국 정부 노통 정권과 발맞추려 공화당으로 당적까지 바꾸어 출마했으나 실패했다.

역사적 제1차 과학기술포럼: 1993년 1월 12일 범 워싱턴 행사

세 번째 방미는 1993년 1월 12일 열린 워싱턴 맥리안 힐튼호텔에서의 '역사적' 한미 과학기술 협력포럼(U.S.-Korea Forum on Science and Technology Corporation) 창립행사였다. 한미 과학기술 관계 모임에서 처음으로 미 행정부와 연구계, 기업계 차원을 넘어 백악관과 미 상하원 지도자들까지 참여했기 때문이다. 2년 공들인 효과가 있었다. 현홍주 주미대사와 그렉 주한미대사의 적극적 지원(이 포럼 후원자명단에 'U.S. Embassy in Korea'로 직접 참여했다), 워싱턴 엘리트 특히 의회 쪽에 폭넓은 김재욱 박사의 조직능력 그리고 반도체 중심 대일(對日) 공동전선에 의기투합한 MCC 필드 사장의 노력이 주효했다.

아침 조찬회의는 전 상원의원 J. 사이밍톤이 개회식을 주재하고 G. 브라운 하원 우주과기위원장이 20분간 키노트 스피치, 공식주최자인 서정욱

KIST 소장이 환영사를 했다. 그리고 첫 번째 세션은 김재욱 박사가 주재, C. 필즈, H. G. 스티브 전 카네기멜론대학 총장(전 NFS 총장), R. J. 케슬러(상원 외교위원회 전문위원) 가 발표했다.

내가 기조연설 “New Dimensions for Korea-U.S. Cooperation in Science and Technology: Toward a Korean American Science and Technology Alliance in Opening a New Chapter in Cold Peace Going Beyond the Cold War”을 하고, 미국 측은 취임 직전의 클린턴 대통령 선거캠페인 과학기술책임자인 T. J. 슈나이더 박사가 새 정부 정책방향을 각각 20분씩 했다.

11일 저녁만찬에 존 글렌 상원의원 부부가 참석하고 D. 밍그 하원의원이 축사를 했다. 한국 측에서는 정부 측에서 현홍주 대사와 경제기획원 권오규 국장, 연구계에서 서정욱 KIST 원장, 강신호, 서상기, 홍재학, 강진구, 이경훈, 심의택, 김원택, 맹일영, 그리고 학계에서 재미과학자협회 현건섭 회장, 중앙대 안충영 교수, 문정인(미 캔터키대 정치외교학과) 교수 등이 등장했다. 문 교수는 서울의 김상현 의원이 소개했다.

아침 본회의 개회식에는 양국 국기의장대 입장식이 있었다. 동맹의 상징적 의식이었다. 김재욱 박사 아이디어였다.

나는 이 짧은 기간에도 다시 브롬리 백악관 고문과 세 번째 만남을, 그리고 국무성 안보담당 F. 위스너 차관, 상무성 기술담당 R. 화이트 차관을 만나 한미 과학기술동맹과 한미 과학기술연구재단 설립을 통한 대일본 공동전선을 거듭거듭 강조했다. 브롬리 장관은 자기나 나나 곧 물러나는 입장에서 아쉬움에서였던지 백악관 표장 넥타이핀과 카우스버튼을 선물로 주었다.

포럼이 끝난 뒤 정리한 회의록 단행본이 나왔다. 정리된 자료에 의하면 회의참석 기관과 사람은 210명에 이르고 그중엔 특이하게 중국, 러시아, 핀란드, 오스트리아 대사관도 보인다. 미국 정부와 정부연구기관 그리고 군부기관, 워싱턴 주재 국제기관들 이름과 15개 미 대학의 이름들이 빼곡 채워져 있다. 그만큼 한국의 과학기술 움직임을 주목한 것이다.

또 하나의 역사적 기록: 내셔널프레스클럽(NPC) 연설

나는 이 포럼뿐 아니라 미국 언론계와의 접촉에 힘을 기울였다. 워싱턴 주재 한국 특파원들과는 회식도 하고 포럼 다음 날 13일 오전 10시부터 워싱턴타임스 K. Gibbons 기자, 11시 15분 워싱턴포스트 D. Southerland, J. Burger, P. Bohr 기자와, 오후 2시부터는 월스트리트저널 B. Davis 기자와 각각 인터뷰를 가졌다.

점심에는 유서 깊은 내셔널프레스클럽에서 "한·미 과학기술파트너십" 제하의 오찬연설(A New Korean-American Partnership in Science & Technology)과 회견을 했다. 지금까지 신문기자로서 동아일보 특파원사무실이 거기 있어서 들렀던 NPC , 그리고 서울언론문화클럽에서 서울외신기자클럽회관을 짓고자 NPC 건물과 운영을 배우러 1977년 방문했던 NPC에서 주빈이 되고 인터뷰 대상이 되어 발표하는 남다른 감회가 깊었다. 외무부 장관 이외에 NPC에서 연설한 유일한 장관이라는 말을 들었다.

한·미 간의 역사적, 지정학적 이해 특히 미국의 일본과의 지속되는 무역역조와 첨단기술분야에서의 미·일 간의 X커브, 역전현상을 설명하며 한미 과학기술동맹을 강조했다. 특히 언론인 출신으로서 미국 언론계에 호소한다는 것을 강조했다. 만약 미국이 아시아에서 동맹파트너를 찾는다면 교육, 산업, 지정학, 기술 그리고 문화에서도 한국이 유일한 동맹임을 언론계에 호소했다.

짧은 방미 끝엔 워싱턴을 떠나 보스턴 하버드대학 과학기술정책토론회에 참석했다. KIST 설립에 도움을 준 노인이 된 H. 브룩스, L. 브랜스컴 교수의 요청을 거절하기 어려워 잠자리를 빼고 4시간 머무는 무리한 시간 쪼개기였다.

클린턴 정권과 YS 정권의 연결을 위해

나는 2월에 물러날 예정임에도 불구하고 클린턴 새 정부와 YS 새 정부와의 연결을 위해 노력했다. 자이스만(John Zysman) UC 버클리대학 교수가 운영하는 BRIE(Berkeley Roundtable on International Economy)에서 같은 동료가 클린턴 정부의 경제자문위원장이 되었다. 나는 자이스만과 새 경제자문위원장이 된 로라 타이슨 교수와의 연결을 위해 자이스만과 연구용역 계약을 맺었다. 퇴임 후에도 한동안 연락이 있었다. 1995년 10월 17일 한국경제신문 창간 30주년 기념호에 타이슨 자문위원장과 대담이 전 페이지에 실렸다. 그는 이스라엘과의 인연도 깊었다. 꽤 활용할 만한 가치가 있었다. YS 정권이 얼마나 활용했는지 나는 알지 못하고 있다.

그렉 대사에 대한 감사와 특별한 인연

포럼을 마치고 귀국하니 그렉 대사가 포럼 성공을 크게 축하했다. 그리고 자기가 국무성은 물론이고 의회 여러분들에게 본인이 직접 지원하는 편지를 썼다고 나에게 말했다. 미국 전반의 무드가 일본 무역역조 개선을 위한 대일 압력을 가할 때라는 타이밍의 조건도 있었다.

그러나 내 개인적 인연도 좀 있다. 그렉 대사가 주한대사 지명 뒤에도 근 1년 가까이 의회 청문회의 벽에 걸려 있었다. 그가 미 CIA 근무 시절 니카라과 내란사건 관여여부로 청문회에서 진통을 겪었다. 우리나라 언론에서도 CIA 경력을 문제 삼는 기사가 나오고 있었다. 논설주간으로 있던 나를 김상만 회장이 부르더니 '그렉 대사를 좀 돕는 글을 써', 한국에서는 그렉 대사를 환영한다는 글을 써 달라 했다. 그래서 '횡설수설 칼럼'에 미국 CIA는 정보나 공작만 하는 것이 아니라 정책연구도 활발히 하는 기관이다, 그렉은 기본적으로 정보나 공작통이 아니라 외교정책통이라는 점을 강조해서 썼다.

서울 부임 후 김 회장과 나를 초대하여 식사했고 이런 이야기도 나누게 되어 나에 대한 고마움도 표했었다. 그래서 1991년 남·북 비핵화 선언 이후 나의 한·미 과학기술동맹 제안에 대한 적극 후원자 역할을 했다.

내가 만난 외국 과학기술 장관들: 나만의 특별히 외로운 기록

2년 4개월 사이 참 많은 외국의 과학기술 장관, 에너지·원자력 장관들을 만났다.

두 번 이상 만난 외국 장관들

내 재직 중 두 번 이상 만난 외국 카운터파트가 5명이다. 미국의 브롬리 백악관 대통령과학고문은 모두 워싱턴에서 세 번, 중국의 송지앙 주임은 베이징에서 두 번, 서울에서 한 번, 소련의 N. P. 라베로프 위원장과는 모스크바와 서울에서, 영국의 케네스 H. 클라크 장관과는 런던과 서울에서.

독일의 리슨후버 과기 장관: 기술복권

특별히 기억에 남는 것은 서울과 독일 본에서 각각 만난 하인츠 리슨후버 장관이다. 서울에서 1991년 3월 4일 저녁, 코리아하우스에서 내가 만찬을 베풀 때 우연히 기술복권(福券) 발행계획을 이야기했더니 무릎을 치며 "아, 왜 복권 천국인 우리나라에서 기술복권 생각을 못했지?" 하며 한국의 기술복권안을 달라고 했다. 바로 영어로 번역하여 전달했다.

그런 인연 때문이었는지 1991년 9월 19일 본에서 만났을 때 점심도 라인강 가 고성에서 아주 고전적으로 우아하게 베풀고, 호텔도 나로서는 지금까지의 독일 여행 중 최고의 5성급 Maritim에 마련해주었다.

그때 그의 1991년 2월 방한은 '독일 기술의 날' 행사 때문이었다. 프랑스와 경부고속철도 경쟁이 붙어 독일철도 세일즈를 위한 외교였다. 나와 동갑내기인 그는 이미 나를 만난 1991년에 9년째 과기장관이었고 같은 해 본에서 만났을 때는 과학기술부와 정보통신부를 합쳐 미래부 창설에 노력했으나 그 후 결국 실패했다는 소식을 들었다. 2010년 무렵 독일 의회 최다선 의원으로 영예를 누렸다.

프랑스의 쿠리엔 장관: 2박 3일간의 가이아나 여행

H. 쿠리엔 장관과의 첫 번째 만남은 1991년 3월 핵폐기물 처분장 시찰을 위해 프랑스에 간 내가 장관실에서 만났었다. 두 번째는 1992년 8월 내가 파리까지 가서 쿠리엔 장관과 같은 비행기로 나란히 앉아 파리에서 프랑스령 남미 가이아나를 동행한 기록이다. 9일부터 11일까지 2박 3일 여행이었다. 나로서는 지구를 한 바퀴 돌고 또 반 바퀴 더 돈 셈이다. 11일 꾸르 발사장에서 발사한 '우리별 1호' 과학위성 발사 현장을 같이 지켰다.

67세의 물리학 전공자였고 과학기술연구기관장을 거쳐 두 번째 연구기술부 장관 재임 중이었다. 그의 권유로 그 유명한 〈빠삐용〉의 악마의 섬을 구경했다.

그 외 1회 만난 장관들

현지에서 만난 러시아, 헝가리, 스웨덴, EC, 벨기에와 서울에서 만난 파키스탄, 슬로베니아 장관 등이 있다. 1992년 6월 2일 동구권 슬로베니아 장관은 외무부의 갑작스러운 요청으로 예정에 없던 만남이었다. 어떤 형태로든 연구협력을 통해 연구비 지원을 받았으면 하는 간절한 표현이 보였다. 우리 쪽에서 전혀 흥미도 대비도 없어 만나는 예의만 차리고 보냈다. 마음이 짠했다. 나라가 망하면, 망할 지경의 위기로 가면 저렇게 애처로운 것이다.

에너지·원자력 장관과의 만남은 영국, 프랑스, 미국과 소련이 두 번, 러시아가 한 번이었다.

일본은 특이해서 내 재임 중 4명의 카운터파트를 만났는데 서울에서 한 번, 도쿄에서 세 번, 비엔나 IAEA 총회에서 한 번이었다. 배우 출신의 산토 아키코 대신만이 도쿄와 비엔나에서 두 번 만났다. 여배우 출신답게 옷, 화장, 액세서리로 되게 멋을 냈다. 제일 처음 만난 오오시마 장관 이외에는 대화내용에서 특기할 게 없었다.

비과학자 출신 과기처 장관들: 그러나 언론인 출신은 없었다.

내가 만난 과학기술 장관 또는 그런 급의 책임자중 과학기술자 아닌 인물도 의외로 많았다. 일본은 모두가 그랬다.

영국의 클라크 장관은 케임브리지대학 법학과 출신이고 총학생회장이었다. 벨기에의 장 모리스 더후스 장관의 전공은 법학, 1992년 9월 23일 같은 날 더후스 장관과 조찬을 함께한 EU(과기, 통상, 통신 담당) 집행부위원장 필립 M. 판돌리는 철학, 1991년 3월에 만난 스웨덴의 S. B. 요람손 장관은 문화, 1991년 9월 18일 뮌헨에서 만난 막스플랑크연구소(MPG) 한스 F. 재커 소장은 헌법이었다. MPG 연구의 15%가 사회과학이라는 것도 처음 알았다.

비과학자 출신 장관을 낸 모든 나라는 내각책임제 국가이고 국회의원이라는 특징이 있다. 나 같은 언론인, 비정치인은 없었다. 내 외로운 기록이 깨지기를 바란다.

과학기술 외교전략 모색: 과기처의 단련과 외부 협력

내 보관자료에는 과기기술 외교에 관련한 서류철이 따로 있다.

① 'G7을 향한 과기외교 확대 추진방안에 관한 토론회'(1992. 2. 1. 16:00 ~21:00. 워커힐호텔. VIP맨션 1층. 참여자 — 김경원, 이기택, 최형섭, 경상현, 강진구, 강인구, 전성원, 맹일영, 박종식, 김홍식 등의 이름이 나온다. 과기

처 장차관 실국장 전원. 주제 1. G7 프로젝트의 성공적 수행을 위한 과기 협력 확대, 주제 2. 첨단기술 이전을 위한 과학기술 정보의 효율적 수집·활용체계 구축, 주제 3. 기술 중심의 세계질서 변화에 따른 과학기술외교 강화 등)

② '한·일 과학기술협력방안 모색을 위한 토론회 결과'〔기술개발국, 1992. 5. 23. (토) 12:00~21:00, 워커힐 호텔 본관 2층, 참석범위 — 내부인 장관, 연구소장, 기술개발국장, 기술협력국장, 외부인 (기업인) 강진구, 천진환, 이길현, 조규하, (학계) 김영호, 김용운, 김영우, (연구소) 최영환, 성기수〕

약 23페이지에 이르는 토론요지가 나온다. 물론 그냥 연 것이 아니라 이 회의를 열기 위해 기술개발국에 지시하여 '대일무역 역조개선방안(시안)'을 사전에 준비했다. 아주 진지하고 실용적인 토론이었다. 토론 중 내 말 중에 '제 3차 한·미 경제협의회서 일본의 시장을 침투할 수 있는 정보·전략 제공할 수 있는 나라로서의 역할을 못해서 미안했다'는 대목도 있다.

③ '대일의존 극복대책(시안) : 산업 및 기술 측면을 중심으로'(1992. 6. 연구조정실) 도 나온다. 배경, 원인, 중심과제, 대책방안, 실효성 확보를 위한 보안대책 등 39페이지에 이른다. 전문연구기관 관리공무원들인 연구조정실에 이런 테마를 지시한 것은 꼭 유효한 대책이 나오기를 기대하기보다 전문과학기술자들도 대일무역 경제의존 탈피를 위해 과기 측면 즉 과학기술 주도 대일의존 탈피, 자강의식을 추동, 훈련시키기 위함이었다. 산하출연연구소와 외부학계와 전문가를 포함시켜 의외로 핵심 있는 대책 제시가 있어 기뻤다.

④ '무역적자 개선을 위한 기술개발정책 방향'(기술개발국) 이 역시 무역적자 원인과 과학기술 그리고 과학기술에 의한 적자해소 방안을 연구시키는 훈련이었다. 몇 가지 대안이 나왔다. 'G7 프로젝트에서 무역적자 품목 우선선정', 교육제도 개선 등 안목의 확장과 실용성의 접근이 눈에 띄었다.

⑤ '탈냉전과 군산복합체: 한국의 방위산업을 중심으로'〔1991. 9. 18. 주제발표자: 문정인(미국 켄터키대학 정치학 교수)〕

'미·일 동경선언 중 방산기술협력분야에 관한 분석'(국방과학연구소. 1992. 1. 9. 부시 미국 대통령과 미야자와 일본 총리에 의한 선언)

⑥ '2000년대 한국군 발전방향과 국방자원의 효율적 배분'(1992. 6. 17. 국방대학원 안보문제연구소)

⑦ '최근의 국제과학기술 정책동향 보고: 냉전종식 이후 선진국의 정책 전환을 중심으로'(1992. 3. 과학기술처) 등이 있다.

⑧ 미국, 일본, 소련, 중국, 대만 등 이들 나라 대학과 연구소들이 발간한 자료. 그리고 퇴임 무렵 클린턴의 과학정책 진단자료들은 너무 많아 버려야 할지 남겨야 할지 고민이다.

나는 과기처 직원들에게 주기적으로 4대 강국 자기 카운터파트의 동향을 체크하기를 권면하고 과학기술 외교에서 정보의 중요성 그리고 무엇보다 과학기술 외교의 중요성을 강조하고 훈련시켰다. 직원들 고생 많이 시킨 것을 후회하지는 않으나 개인적으로는 너무 혹사시킨 것은 아니었는지 되돌아보게 된다. 이런 새 기풍만은 이어졌으면 했는데 그렇지 못했으니 더욱 미안하다.

한국의 원자력 다루기 한계와 김성진 박사의 결정적 도움

나는 안면도 민란(民亂) 뒤치다꺼리와 핵폐기물 처분장 찾기 과정에서 이미 쓴 대로 대한민국의 국가적 특히 본래적 의미의 정치, 좀 더 구체적으로 거버넌스, 즉 국정운영의 한계를 절절히 느꼈다.

코헌 과학관의 결례: 약자의 비애

그중 또 한 토막은 더욱 이런 인식을 강화했다. 취임 직후부터 미국 대사관의 코헌 과학관(*attaché*)이 면회를 요청했다. 나는 일언지하에 거절했다. 정부 직제로 보면 사무관이나 서기관일 정도의 관리가 상대국의 장관을 면

회신청하는 것 자체가 있을 수 없는 결례였다. 한국 측 상대라면 특별히 한미 관계를 예우해서 원자력국장이면 충분한 것이다. 하물며 차관을 제치고 장관을 만나겠다는 격식을 이해할 수 없었다. 그런데 우리 실무자들 말로는 그게 지금까지 관행이었다는 것이다. 어느 전임 장관은 미 대사관 코헌 사무실까지 가서 만났다는 것이다. 한두 번 더 코헌의 요청이 왔으나 물론 거절했다. 그랬더니 한 번은 대사인지 부대사인지 저녁을 정동관저에 초대한다 했다. 코헌도 동석한다 했다. 내 일지에는 부대사 초청사실은 나오지 않는다. 그렉 대사와는 자주 만날 무렵이었다. 아마 처음에는 그렉 대사 명의로 초청했다가 마지막 순간 부대사 명의로 바뀐 것이 아닌가 추측된다.

몹시 바쁠 때 그날도 약속시간 직전까지 바삐 일정을 소화하다 부대사관저에 다소 늦게 도착했다. 들어서니 집주인보다 임창생 원자력연구소장과 핵심 연구실책임자들 대여섯 명의 얼굴이 먼저 띄었다. 화가 목을 치밀었으나 참을 수밖에 없었다. 국가의 비애를 절감했다.

두 가지 이유에서였다. 첫째, 미국의 메시지가 분명했다. '75사업' 따위 비밀계획하고 있는 거 다 안다. 봐라. 그 핵심 연구책임자들이 다 여기 있잖아. 우리 다 알고 있으니 허튼수작 말라는 것. 그 이야기를 코헌이 나한테 직접 하려는데 거절하니 길들이기 위해서라도 욕주는 것이었다.

둘째, 대한민국 거버넌스의 무능, 무실, 부실에 대한 절망이었다. 과기처 사무실(원자력국, 비서실)도 대사, 부대사 초청이 오면 장관 단독초청이냐, 누구누구 오냐 정도는 반드시 체크했어야 했다. 원자력연구소장과 연구원 대거 초청이었으면 당연히 거절했어야 했다. 더욱 분개스러운 것은 원자력연구소장은 미 대사 또는 부대사의 초청이 있고 더구나 핵심 연구책임자 거의 전원을 부르는 정도의 행사였으면 사전에 과기처 본부에 보고했어야 했다. 제대로 된 나라라면 그 초청에 응해야 할까 말까, 응하면 우리는 무엇을 어디까지 이야기하고 무엇을 요구해야 할까 정도는 과기처와 상의해야 하는 것이다.

대한민국은 그런 국가행위, 외교행위의 기본 기초가 빠진 채, 그런 의식조차 없는 채, 개별 그때그때 이기외교만 진행되고 있었다.

원자력: 북한, 일본 다루기

이래저래 원자력, 원자력연구소에 대한 관심이 떨어지게 되었다. 아마 김성진 원장이 내 의도대로 원자력연구소장이 되었다면 달랐을 것이다. 원자력문제를 둘러싼 대내외 환경은 만만치 않았다. 이미 1980년대 중반부터 부분적으로 일어나다가 1990년대 안면도 사건을 계기로 뭉치기 시작한 반핵운동권은 반핵평화운동연합회(1991. 4. 13.) 창립대회를 열고 반전반핵군축운동을 확대해 전교조와 공동으로 청소년 반핵평화교육운동까지 기획하고 있었다.

또한 미국은 한국이 캐나다 중수로형 월성 1호기 가동을 계기로 핵무기화 계획을 하지 않는가 의심하고 있었다. 기술적 문제로 보이지만 미국 원자력산업의 이해가 걸려 있고 한국의 기술자립 문제와 민감하게 깊이 연결되어 있는 문제였다. 13차 한·미 원자력공동상설위원회(1991. 5. 13. ~ 17.)의 중요한 안건이었다. 이런 과정을 부대끼면서 이 나라의 실체에 대한 비애를 절절히 체감했다.

그래서 나는 원자력연구 자체보다 원자력을 둘러싼 국제정치 외교안보에 집중했다. 1991년 6월 25일에는 원자력국제협력간담회를 워커힐에서 열었다. 저녁식사하며 밤늦게까지 진행했다. 북한 원자력 동향과 9월 IAEA 총회 참석에 앞서 큰 틀의 대책회의였다.

우리 내부를 넘어 임동원 외교안보연구원장, 청와대, 안기부, 외무부, 국방부(박영옥 군비통제관) 담당자와 최영, 하영선 교수가 참여했다. IAEA 및 우방국들과 북한 핵사찰을 수용토록 하는 조치들을 논했다. 미국의 대북정책, 일본의 반응 그리고 대한민국의 선택 등을 이야기했다.

북한은 핵확산금지조약(NPT)에 1985년 가입했다. 그러나 18개월 내에

IAEA가 해야 하는 전면안전조치 즉 핵시설 안전사찰을 북한다운 억지와 간지(奸智)로 거부하고 있었다. IAEA가 안전조치 요구 공식서한을 북한 외무부에 보냈는데 주소번호 끝자리 하나를 잘못 썼다. 예를 들면 평양시 OO구 XX동 232번지였다면 231번지로 오기한 것이다. 그간 북한은 서류를 못 받았다는 공식반응으로만 5년을 뻗치고 있었던 것이다.

과기처로서는 처음 주최하는 이런 범부처적, 범국가적 논의였다. 나로서는 또 과기처로서는 예상하지 못했던 것이나 1991년 11월 노태우 대통령의 비핵화 선언과 연말 남북공동선언 이후 전개된 남북 핵통제위원회 구성과 논의에 좋은 자료가 되었다.

또 1992년 8월 18일 저녁 워커힐에서 일본 원자력 동향에 관한 간담회를 개최했다. 안기부, 외무부(정태익 미주국장과 과장), 국방부 윤여길 보좌관, 외교안보연구원 신희섭 부장, 국방연구원 차영구 기획연구부장, 장순흥, 하영선, 김영작 교수 등 외부 전문가와 과기처 관계관과 원자력연구소 임창생 소장과 연구부장들이 참여했다.

주로 일본의 핵연구가 핵무기까지 갈 것인가, 어떤 방법으로 가능할까, 미국 등의 반응과 대처는 어떤 것일까, 주일대사관과 원자력연구소 등의 발표문도 제출받아 토론했다.

이때쯤은 북한도 핵 안전사찰을 수용(1992. 5. 11. ~16. 한스 브릭스 IAEA 총장 방북) 한 뒤여서 1991년 IAEA 총회 참석 때보다는 북한에 대한 경계심도 많이 누그러졌고 북한 비핵화를 전제로 일본의 동향과 미래를 체크했던 것이다.

무책임한 연구비

마침 1992년 12월 서울대 한 교수가 연가를 미국 워싱턴연구소에서 하게 된다며 연구비 부탁을 해왔다. 내가 잘 되었다 싶었다.

1년간 미국 자료를 접하고 관계자를 만나 어떻게 나카소네 총리가 미국과 흥정하여 즉 어떤 수단, 인맥을 동원하고 어떤 흥정을 통하여 핵 재처리 시설을 허용받았는지 연구해 달라고 부탁했다.

원자력연구소와 계약하고 떠났다. 1개월 만에 YS 초대 청와대 요직으로 취임, 귀국했다. 나도 퇴임했다. 연구는 형식상 다른 교수로 이름을 바꾸어 국내에서 이루어진 것으로 되어 있으나 사실상 정부 돈 낭비가 되고 말았다.

김성진 원장의 고마운 역할

김성진 박사는 이미 안면도 사건 과정에서도 나왔지만, 나의 안면도 사건 뒤처리와 원자력연구소 다루기에서 결정적 조언과 후원을 아끼지 않았다. 1991년 4월 국가과학기술자문위원장이 된 이후로는 사실상 과기처와 동자부의 상왕과도 같은 위치에서 원자력연구소 문제, 예산확보 특히 한전으로부터의 프로젝트 연구개발비 확보 같은 문제에서 결정적 주동자, 중개자 역할을 해 주었다.

내 일지를 보면 취임 한 달도 안 된 1990년 12월 6일 오찬을 시작으로 거의 매달 정기적이라 할 정도로 자주 만났고, 특히 나와 동자부 장관과 같이 3자 회담하는 자리를 자주 마련했다. 내가 특별히 손을 쓰지 않았는데도 원자력연구소 연구비가 획기적으로 확보된 것도 김 위원장의 덕이었다. 소리 없이 과기처의 원자력 다루기 한계를 보강해 준 것이었다.

취임 후 연구소 소장 임명부터 시작, 방폐장 부지선정 과정, 전임 정근모 과기처 장관이 과기처를 패스하고 IAEA 대표단 고문 운동한 사건이 벌어지고, 선갑도 대체부지 선정문제 등으로 원자력연구소와 원자력 인사들과는 정이 떨어졌다.

그 대신 대(對) 북한, IAEA, 대미, 대일외교에 전념토록 여유를 만들어 준 김성진 전 장관께 깊이 감사를 드린다. 전적으로 나를 믿어주었다. 1992년 후반 김 박사께 다음 정권에 과학기술 중심으로 한 '국가경쟁력 향상방안'을 만들어주자고 제언하니 바로 수용해 자문위원회에서 한 반년 작업(조동성 서울대 교수 연구책임), 다음 정권에 넘겨주었다. 퇴임하는 마지막까지 손발을 맞추었다.

김 박사를 만난 것은 큰 행운이었다. 참 훌륭한 인격자였다. 조용하지만 사리가 분명하고 정직한 분이었다. 취임 전 개인적 인연이 전혀 없어 살가운 보답을 제대로 못한 것을 지금도 크게 후회하고 있다.

새 차원의 개혁

이해찬 + 재무부 난관 뚫은 기술복권 발행

취임 2개월여 뒤 1991년 1월 내 노트에는 첫 페이지에 1991년 주요행사 다음 페이지마다 '인사', '재원', '연구', '평가'의 순서로 페이지가 펼쳐진다. 이 중 '재원' 페이지 첫 줄이 "Tax, Fund 난(難) — 인프라, SOC, 경기, 선거, 복지, 농촌", 다음 줄이 "자문위 = ST tax — 어디서 얼마 어떤 방법 누구 협조?"라 쓰여 있다.

이미 내 취임 전 정부안으로 책정된 1991년 예산이 전년보다 크게 줄어든 상태에 충격을 받은 나는 내가 손쓸 여지가 거의 없었지만 그래도 예산 자금 확보방안을 구상하고 있었다. 내 나름의 포괄적 접근을 시도했다. 정상적인 예산 즉 세금이나 재정기금에 의한 과기재정 확보는 그 당시 경기 수출이 악화되고 지방선거, 국회선거 앞두고 사회간접시설 투자와 복지 요구가 커지면서 과학기술 재정확보가 어려운 것을 예상하고 있었다.

그래서 과학기술자문위원회를 동원해 '과학기술 특별세'를 해볼까 하는 구상도 하고 있었다. 과기세를 어디다 매기고 얼마를 목표로 하고 어떤 방법으로 징수하느냐, 누구의 협조를 얻으면 가능할까를 궁리하는 것이었다. 그 아래로 "공채, 산금채 자금, 공기업 민영화, 주식, 기금 등의 난 옆으로 일본 경륜(競輪), 호남사업 연결(광주하이테크 같은 지방이익 동원 재원 확보), 민간기업"이라 쓰여 있다.

그런 2년여의 노력 중의 하나로 기획원 예산실을 움직이기 위해 기획관리실장으로 기획원 예산실 출신을 요구하여 받는 대용단까지 발휘했다. 그러나 과학기술 특별기금 설치, 사실상 과기세 같은 개념을 담은 '과학기술혁신 특별조치법'은 퇴임 직전 2월 18일 국회경제과학위원회 제안 설명까지 마치고 끝을 보지 못한 채 물러났다.

과학기술진흥기금 1조 원 목표 설정 착수하고 원자력연구기금도 2조 원 계획을 확정하고 한국전력으로부터의 의무연구개발비 갹출비율을 획기적으로 늘리는 조치까지는 그런대로 성공한 셈이다.

가장 보람을 느꼈던 일은 기술복권 발행, 한국종합기술금융주식회사를 설립한 것이다. 이미 앞에 기록한 내 1991년 신년 메모 끝 '재원' 중 "일본 경륜"에서 힌트를 얻어 나온 것이 기술복권이다. 일본은 자전거 경륜을 허가하면서 그 수입의 일정 부분을 특정국가목적에 쓰도록 했다. 구체적인 기술복권 아이디어는 기술개발국장 유희열의 것이었다. 기존의 일반 주식회사 한국기술개발회사를 한국종합기술금융주식회사(종기금) 특별법인으로 강화하고 여기서 기술복권을 발행하는 것이었다.

그러나 두 가지 난관에 부딪혔다. 첫째는 다른 경과위원들은 여야 모두 종기금법을 찬성했는데 야당 간사인 이해찬 의원만이 끝내 홀로 반대한 것이었다. 야당 간사가 반대하니 같은 야당인 위원장도 안건을 올리지 않는 것이었다. 나는 열심히 이 의원을 설득했다. 마침 이 의원이 건강문제로 병원에 입원하면서 다시 설득했다. 병원에 있어 심의에 참석 못 하니 처리하시라는 '암묵적' 기회제공이었다. 이 사실을 당시 여당 간사였던 정몽준 의원에게 바로 알려 경과위에서 긴급통과, 본회의로 넘겼다.

둘째 난관은 재무부의 반대였다. 경과위에서 통과된 안건도 법사위원회에서 걸러 본회의에 넘기는데 재무부가 반대하여 법사위에 상정조차 못 하고 있었다. 1991년 12월 31일 국회회기 마지막 날 밤이었다. 안건이 폐기될 운명이었다. 재무부에 긴급담판을 요청했다. 재무부 이용만 장관과 담당자 그리고 나는 유희열 국장을 대동하고 국회의장실 옆 작은 방에서 마지막 담판을 벌였다. 기술복권이 결코 재무부의 기존권력을 침범하는 게 아니고 새 영역 개척이라는 점, 과학기술연구개발의 획기적 재원마련이 필요한 점, 특히 기술벤처의 활성화를 위하여 '종합기술금융'의 발족이 필요함을 재무부 장관에게 이야기하며 간곡히 설득했다. 그래도 재무부 담당자는 내 앞에서 대놓고 반대 입장을 고수했다.

듣기만 하던 이용만 장관이 '김 장관 도와주지' 하고 실무자에게 한 마디 함으로써 끝났다. 바로 법사위에 재무, 과기 양부 합의 통고, 다음 해 1월 1일 새벽 본회의를 통과했다. 이 장관에게는 지금까지도 감사하고 있다. 이 장관 아니었다면 아마 마지막 순간의 담판도 불가능했을 것이고 여명기의 벤처 산실인 '종합기술금융'과 기술복권은 탄생하지 못했을 것이다. 아이디어와 열성적으로 추진한 유희열 국장에 감사한다.

문화예술계 접근: 문화재 연구 통한 첨단기술 개발

나는 취임 초부터 과학기술이 종속변수, 하위개념이 아니라 중심 상위개념으로 국가정책 주류로 매김해야 한다고 강조했다. 군사, 경제, 산업, 서비스뿐 아니라 교육, 복지, 금융 특히 문화예술도 과학기술 없이는 발전이 어려워지는 새로운 시대적 전환을 강조했다.

① 그래서 나는 취임 초부터 종래 과학기술처가 접근했던 분야 이외에도 요구가 있으면 내 몸이 허락하는 한 다가갔다. 그중 하나가 문화예술이었다. 내 일지에는 '과학문화의 창조' 리셉션(1991. 4. 29.), '테크놀로지의 예

술적 전환' 학술모임(1991. 4. 11.), 예술원 주최 스카트 브라운 건축작품전에도 얼굴을 내민 것으로 되어있다. 〈과학과 예술, 예술과 과학전〉(1991. 11. 5.)에는 격려사도 했다. 안성 출신 예술인 조병화 시인, 강선영 무용가, 박서보 화가, 홍성우 배우 등과는 저녁도 함께하고 박 화백 전시회(1991. 12. 4.)도 참석했다.

② 내 과학기술 중심 개념과 이어령 문화장관의 디지털 관심이 맞아 떨어져 새 일이 벌어졌다. 1991년 4월 11일 점심이 첫 계기였을 것이다. '문화재 연구를 통한 첨단기술개발' — 우리 문화재의 가치를 현대 과학기술로 재조명해 옛것에서 첨단기술의 새싹을 찾고 훼손된 문화재 복원에 현대 컴퓨터시스템 기술을 활용해보자는 프로젝트였다. 성기수 박사가 소장으로 있는 시스템공학연구소(SERI) 과학자들이 애를 많이 썼다.

그 결과 선정된 것이 경주 에밀레종 쇠고리의 신비와 익산 미륵사 석탑 원형 찾기였다. 에밀레종 걸이 쇠막대를 포항제철 전문가들이 진단했는데 현대기술로도 에밀레종 무게를 원형의 강도로 만들 수 없다는 것이었다. 필경 종걸이 쇠 자체보다 쇠줄과 쇠고리의 꽈배기 기술에 비밀이 숨어있을 것이라는 결론이었다. 익산 석탑은 9층(현재는 6층)이 원형이었을 것이라는 분석이 나왔다.

이 장관과 1991년 11월 14일 문화부에서 공동기자회견을 갖고 결론을 발표했다. 이어령 장관과 추진한 현대 과학기술에 의한 우리 문화재 재조명 사업은 우리 과기처 예산으로 첫출발하여 1992년부터는 문화부에서 하는 것으로 양해되었는데 이 역시 연말 이 장관이 갈리면서 결정적 진전을 보지 못했다.

다만 내 남은 파일 하나가 있는데 연구개발조정실에서 만든 '첨단과학기술을 통한 문화재 재조명 사업추진방안'(1992. 4. 20.)이다. 3월 중국 방문 뒤 동양의약물 공동협력연구와 같은 차원에서 이 프로젝트의 필요성을 더욱 절실하게 느낀 나의 독촉으로 만들어진 결과이다.

4월 16일 오후 과기처 연구조정실장 방에서 문화부(정재훈 국장, 김종철 실장), 호암갤러리(이종선 부관장), KIST(최극), 한양대(이철) 등이 모여, 문화재 재조명 개념 정립, 추진위 구성, 추진방안, 한·중 문화재 재조명 협력방안을 논의했다. 명칭, 기능, 내용, 구체적 예산, 아이템, 한·중 문화재 분석능력 등을 열거하고 국내 문화재 분석대상 과제예시와 분석사례, 외국의 사례, 국내문화재 전문가들을 조사한 기록이 남아있다. 정권의 레임덕 현상, 아이디어를 같이 나눈 장관의 퇴임 등으로 동력을 얻지 못했다.

일본만 해도 옛 문화재의 과학적 재조명, 재발굴에서 새 기술을 많이 찾아낸 기록이 있다. 중국이 아쉬워할 때 바짝 서둘렀으면 한·중 간의 좋은 역사적 과학외교 유산이 될 수 있었는데 하는 아쉬움이 크다. 장관으로서 앞장섰던 나로서는 결과적으로 연구조정실과 KIST, SERI의 과학자들의 에너지를 공연히 소비시킨 미안함을 금할 수 없다.

다만 한 컷의 장면에 불과했지만 한국의 문화재와 한국의 과학기술이 만났다는 이런 기록이 언젠가 후대의 과학자 중 새 각성의 모멘텀이 될 수 있기를 기대한다.

한국철학회가 주최한 한민족철학자대회에서 주제발표

1991년 제 4회 한국철학자 연합대회가 '변화하는 시대와 철학의 과제'를 주제로 서울에서 개최되었다. 그 초청을 덥석 받아 기술, 환경 제 3주제를 서울대 인문관에서 발표했다(1991. 8. 22.). '새로운 세기 한국의 과학과 사회'란 제목의 원고를 힘들여 썼다. 그때 철학자대회 측에서 누가 왜 나한테 그런 요청을 하게 되었는지 대회조직자들 명단 보아도 감이 잘 오지 않는다. 내가 과기처 장관 된 다음 '한국의 생존조건', '테크노 헤게모니', "'우리도' 아닌 '우리만'이 등 핵심기술개발 등을 외치고 다니던 것이 철학자들 귀에 들리지 않았나 생각된다. 원고도 그런 용어의 원고였다.

국방과학기술-안보정보 자립의 절실함: ADD 방문

내가 국방과학기술의 중요성을 일반론으로서가 아니라 구체적, 실천적 필요를 느낀 첫 번째 계기는 장관 취임 뒤 안기부와의 접촉에서였다. 취임 4개월 뒤 있었던 1991년 2월 28일 안기부 모임에서였다. 주제는 폐기물 처분장 문제와 '75사업'이었다.

그리고 안기부의 기술개발 지원요청과제 협의대상과 관련, 대한민국의 북한정보 획득에서 과학기술적 한계, 결정적 취약점을 처음으로 알았다. 미국은 북한 일대, 특히 영변지대를 1년 365일 매시간 위성사진을 찍는데, 우리 정부에게는 1주일에 한 컷 영변 사진만 준다는 것이다. 우리는 미국이 준 한 컷짜리 위성사진을 연결, 해석하고 있는 것이다.

그래서 안기부는 '위성을 통한 영상처리기법 개발—위성사진으로 북한 지역에 대한 지형지물 파악 및 변동사항 분석: 좌표, 지도제작기법, 영상분석기법, 데이터베이스 등으로 과제 구성'이라는 4년간 총 12억 원 사업을 요구하고 있었다. 북한 특히 원자력군사시설에 대한 정보파악을 위해서는 우리 독자의 첩보위성 제작과 북한 커버 위성 띄우기 위한 발사체(로켓)가 필요했다.

우리는 미사일기술통제체제(MTCR)에 가입되어 사거리 300km 이상, 무게 500kg 이상 발사체를 만들 수 없을 뿐만 아니라 미국과의 별도 합의에 의해 180km(평양 이남) 이내의 기술만 허용된 상황이었다. 알고 보면 슬픈 일이다. 이미 1971년 박정희 대통령의 국산 미사일 보유 구상으로 국방과학연구소(ADD)는 최대 250km 사거리의 백곰 1호 발사에 성공했었다. 그러나 박 대통령 피살 다음 해 군인 출신 전두환 정권은 미국으로부터 정권을 승인받기 위해 ADD의 미사일팀을 완전 해체시켰다.

나는 위성발사체 독자개발을 위한 국방부와의 협력 가능성을 연구토록 지시하고, 1991년 6월 13일 오후 국무회의가 끝나고 이종구 국방장관과 따로 만나기로 했다. 북핵이 안보이슈인데 이런 정보능력으로 되겠느냐, 순수과학기술이란 옷을 우리가 입고 달려들 테니 국방부와 기술, 자금 등 긴밀히 협조해서 독자 첩보위성, 독자 발사체 갖도록 방안을 추진해보자 제의했다. 전적으로 찬성이고 손잡기로 했다. 내가 이런 제안을 한 데는 소련과 동구권의 붕괴로 소련 측에서 우주항공기술 제공에 적극적이었기 때문이었다. 실제로 그 후 한·소, 한·러 협력교류에서 우주항공은 중요한 위치를 차지했다.

11월 5일 내가 ADD를 방문했다. ADD를 방문한 두 번째 과기처장관이라고 했다. 그리고 다음 해 1992년 1월 20일 새로 바뀐 최세창 장관과 점심을 나누며 협의했다. 내가 챙긴 서류에는 국방비 중 연구개발비 증대 및 첨단기술 개발, 과기외교 통합 방위기술 확립, 과기정보수집 및 활용체제 강화, 국방부와 관련된 출연연구소의 현안사업협력, 연구원 병역특례제도 보완 등 양 부처 간의 협력사항을 포괄적으로 논의했다.

우주개발계획에 대해서는 보다 구체적인 추진방법, 양 부처 간의 역할, ADD와 항공우주연구소(항우연) 간의 협력 및 분담에 대한 논의가 이루어졌다. 그리하여 1993년 예산에 반영하는 문제까지 다뤄가기로 했다.

1992년 들어서 국방과학기술 쪽에 시간을 많이 할애했다. 과기처는 독자적으로 '국방 연구개발 투자의 확대와 민수기술 개발지원 유도 방안'(1992. 2. 10.)을 마련하고 국방부와 접촉토록 했다. 어차피 부처 간의 작은 이해가, 구체적으로는 ADD와 항우연과의 역할, 돈 문제 같은 것이 걸리게 되어 있으니.

내 일지에는 국방안보 관련 강연이 여럿 나온다. 한국방위산업학회, '우리나라 과학기술 현황과 방위산업'(1992. 2. 21.). 한국방위산업학회·한국방위산업진흥회 공동주최, '기술패권시대 한국방위산업의 새 진로'(1992. 7. 1). 국방대학원 특강, '제 2 독립운동'(1992. 9. 9), '국격·국력과 과학기술선진화'(1993. 1. 27.). 경찰대 특강, '한국의 생존과 과학기술'(1993. 2. 13.) 등이 그것이다.

안타까운 것은 장관이 바뀌고 1992년 들어서는 정권 말기 현상, '귀찮은 일, 새 일 안 하기', 적극성의 후퇴였다. 모든 것이 정체되는 듯했다. 아마 북한, 북핵문제에 대한 낙관론이 지배적인 분위기도 작용했을 것이다. 이것이 국산장비 비율이 육군 61%, 해군 3%, 공군 8% 시대의 정부 현상이었다.

나 개인으로는 국방안보와 과학기술의 연계관계를 대한민국에서 구체적으로 설계해보고 추진해본 귀중한 경험이고 동시에 한계를 절감했다. 또 우리나라 방위산업 민간재벌과 정부권력과의 친소관계 등을 알게 된 특이한 기회였다.

그때나 지금도 잊지 말아야 할 것은 중요 군사첩보, 기본 안보정보에는 결코 우방이 없다는 사실이다. 그 자립 없이 국가의 안전과 평화는 없다.

출연연구소 문제들: 비정상의 정상화

출연연 개혁 독촉: 변칙 운영

내 임기 중 계속 언론에서 심심치 않게 제기하는 문제가 출연연구소의 사기 문제였다. 또 방만 운영 문제였다. 어느 기관이나 전문인 특히 전문엘리트가 많은 기관은 이 엘리트 대우 문제가 있기 마련이다. 유연할 수 있는 민간기관연구소도 문제가 있게 마련인데 특히 경직적일 수밖에 없는 정부통제를 받는 국가출연연구소의 경우에는 더욱 그러하다. 취임하기 전에도 언론에서 심심찮게 접했던 이슈인데 비과학자 출신이 장관이 되니 더욱 좋은 먹잇감이 되었을 법하다. 전형적인 한 분야 전문연구자 즉 관리행정 경험이 부족하거나 관심이 적은 연구자, 과학자들이 연구소살림 잘 관리할 수 없는 것이 어찌 보면 당연할 것이다.

그런데 취임 후 새해 들어 바로 위로부터 이 문제가 제기되었다. 왜 이렇게 출연연구소 운영(기강 및 효율)의 방만성이 제기되었는지 그 직접 배경을 잘 모른다. 취임하고 보니 전임 정근모 장관과 청와대는 틈이 아주 컸다. 이 틈이 1991년 예산축소와 출연연구소의 운영문제가 청와대 쪽에서 제기되고 감사원 감사가 동원되는 사태의 본질임이 분명했다. 전임 장관 시절 과기처는 청와대에서 매우 멀리 있음을 직감할 수 있었다. 강영훈 총리, 이홍구 통일부 장관들은 정 장관의 경기중 선배들로 나에게 정 장관 동정론을 많이 폈다. 정 장관에겐 불행하게도 이들은 모두 한 달 뒤 연말개각에서 물러났다.

노재봉 총리가 1990년 말 취임하면서 '새 생활 새 질서'라는 구호와 기치 아래 부정부패 사회 적폐청산에 열을 올리는 또 하나의 큰 틀이 생겼다. 노 총리 본인이 교수생활하면서 '연구전문인'들의 문제점을 잘 알고 있었던 측면이 있었던 것 같다. 또 같은 비중이거나 더 큰 비중일 텐데 김종인 수석의 의중도 있었다. 본인이 교수였고 부인이 식품영양학 교수이기 때문에 직접 간접으로 과학기술계 풍토를 잘 아는 뉘앙스가 많았다.

출연연구소 정밀진단에 대한 대통령 지시(1991. 3. 14.)에 의거, 3월 29일엔 과기처뿐 아니라 정부의 모든 출연연구기관에 대한 평가사업 추진 기본계획을 국무총리가 결재하고 4월 3일엔 1차 합동평가단회의가 개최되는 빠른 스피드였다. 나는 이런 식의 발상이나 진행을 탐탁지 않게 생각했다. 동기나 방법에 나는 의문을 품으며 진행해 나갔다.

과기처 관료의 입장에서 봐도 출연연의 자의적 운영 실태는 방관만 하기 어려운 대목도 있었다. '장관께서 판단해 주십사' 하고 낸 부하들 자료를 보면 문제의 핵심을 알 것 같았다. 과연 관행으로 보아 지나칠 대목인지, 연구의 자율이란 명분과 정부 돈 쓰는 규율과의 간격을 어찌 조정할 것인지, 또 연구소 간의 실질소득 격차로 인한 불만들, 원자력연구소 소장 순수판공비(3억 3,657만 원)가 과기처 장관 판공비의 2.3배에 이르는(전체 연구소 예산의 1.5%) 사실 등은 참 딱한 현상이었다.

그리고 어느 기관이나 흔한 일이지만 업무비와 인건비의 혼용 같은 것, 소장들이 관리경영 쪽에 경험, 훈련이 약하니 이런 법률적, 규제적 틈이 계속 쌓였던 것이다.

외국 평가기관에 맡기자: 서남표 김재일 박사에 의뢰

내 4년간의 한국경제연구원 책임자로서의 경험, 심지어 주인인 정주영 회장과도 다른 길을 걸었던 경험과 소신으로 해서 연구의 자유, 자율을 아주 귀하게 생각하는 입장이었다. 그래서 출연연 평가도 정부가 하는 방식에 회의적이었다. 나는 지금까지의 평가방식대로라면 권력자나 관료, 예산당국의 입김 아니면 끼리끼리(학벌, 지연) 패거리 평가가 되기 쉽다, 따라서 외국 평가기관에 맡기자는 생각이었다.

이런 생각은 처음이 아니다. 내가 1974~78년 재무부 조세제도심의회에서 세제세정 개혁을 공부하며 다뤄보니 핵심은 '세원' 파악인데, 이에 결정적 장애는 세무사, 회계사의 정직, 신뢰문제였다. 납세자의 조세회피 본능에다 권력입김과 끼리끼리 왜곡, 은폐로 항상 그리고 근본적으로 세원세정의 실체가 가려져 있는 데 문제가 있었다. 그래서 국내 세무사, 회계사만 쓰지 말고 외국 회계사, 외국 회계법인 개방을 주장했다. 국내 기득권 또는 관행에 물들지 않은 외국 회계사면 사실대로 세원을 포착, 신고가 가능할 것이다. 심의회에서 난리가 났다. 그 당시로서는 관료나 납세자 모두 상상 밖의 발상이었기 때문이다.

나는 차라리 확실하게 정직하게 연구평가를 외국 평가기관에 맡기면 첫째, 연구원이나 과기처나 외부에서 큰 저항이 없을 것이고, 둘째, 이들이 도출한 개선, 개혁방안이 힘을 얻을 것이라고 판단했다. 그러고 나서는 연구소 운영의 자유, 자율을 확실하게 제도화하자는 입장이었다.

막상 실행하려 실무적으로 상의해보니 난관에 봉착해 바로 포기했다. 외국 기관에 맡기려면 연구소마다의 그 많은 한글서류를 영어로 번역해야 하는데 실무적으로 불가능했다.

그래서 내가 대안으로 제시한 것이 한국 과학계에서 누구나 실적과 권위를 인정하는 한국 2세 해외교포 과학자(한글을 이해하니)로 하여금 간이평가부터 해보자는 것이었다. 그래서 MIT의 서남표 박사와 독일 핵폐기물 연구소장 김재일 박사에게 부탁, 약 한 달 간 몇 개 기관만 진단했다.

지금까지도 기억에 남는 것은 공식평가를 완료한 다음 김 박사가 따로 꼭 할 이야기가 있으니 시간을 내달라 했다. 말씀인즉, 지금 대덕연구소들의 실험기자재가 너무 낭비되고 있다고 했다. 독일서도 3~4개 연구소가 공동으로 쓰는 비싼 실험기자재를 독일보다 훨씬 작은 대덕연구소들이 모두 제각기 보유하고 있는 것은 꼭 시정하라고 간곡히 권고하고 떠났다.

내가 직접 당한 한국표준과학연구원(표준연) 케이스

이런 청와대와 과기처 내의 배경과는 무관하게 내가 출연연구소 운영에 '문제'를 직감하는 일이 생겼다. 1990년 12월 1일 오전 9시 30분, 첫 대덕 방문 이틀째였다.

표준연에 도착해 소장의 안내받아 브리핑받기 전, 차 한잔하는 응접실에 들어가니 웬 젊은이가 혼자 앉아 있었다. 소장이 인사를 시켰다. 연구소 노조위원장이라 했다. 부임 후 표준연 첫 브리핑을 받으러 왔는데 날 기다리는 연구소 연구책임자들보다 먼저 노조위원장부터 만나게 된 것이다. 그래서 소장과 노조위원장에게 내가 말했다. '경제개발 공부할 때 유럽 노동운동사 책 몇 권은 읽었다. 연구소단위 노조위원장이 정부의 장관과 직접 만나는 것, 그런 맥락 없었고 이해가 안 된다'며 인사만 받고 나가라 했다. 보아하니 응접실 티타임에 소장, 감사와 같이 합석해서 나와 대담할 참이었다.

공식브리핑을 마치고 나오면서 더 깜짝 놀랐다. 소장실 옆방이 바로 노조위원장실이었다. 이것이 민주화일 수는 없다. 노조의 원조격인 영국, 유럽, 미국에서는 노조사무실은 회사 밖에 있어야 하고 데모도 회사 밖 주변 몇 미터 거리를 두고 하게 되어 있다.

나는 표준연을 떠나면서 이충희 소장을 갈아야겠다고 결심했다. 돌아와 조사해보니 마침 다음 해 초가 임기만료였다. 서울대 물리학과 출신으로 나와는 문리대 동기생이었다. 물리학과 출신들뿐만 아니라 과기처 안 담당관조차도 노골적으로 반대의 목소리를 냈다. 참 많은 잡음에 시달렸다. 그러나 나는 예정대로 인사조치했다.

최소 10년 리더십의 연구소장 꿈: 경상현 소장 끝내 사양 — 노조 때문에

나는 취임 전 한국경제연구원 시절 미 국무성 초청과 1962~63년 아시아재단 초청으로 두 번 미국 스탠퍼드대학 SRI연구소를 시찰했다. 또 취임 후 미 MIT와 일본, 독일, 소련의 대학과 연구소를 두루 방문하여 적어도 한 연구소가 빛깔과 성깔 있는 연구소가 되려면 훌륭한 연구소 책임자가 최소 10년은 맡아서 강력한 리더십을 발휘해야 한다는 판단을 갖게 되었다. 그래서 이런저런 계제에 우리 출연연구소 책임자급 중에 그럴만한 인물을 혼자서 또는 넌지시 간접으로 알아보는 일을 게을리하지 않았다. 최종적으로는 서정욱 차관과 깊이 상의했다.

그래서 점찍은 인물이 연구능력, 기관운영실적, 인격, 리더십으로 해서 전자통신연구소(ETRI)의 경상현 소장이었다. 경 소장 두 번째 임기인 6년 임기가 끝날 무렵, 직접 불러 내 견해와 판단을 설명하고 경 소장은 ETRI를 적어도 10년을 꼭 맡아 반도체와 통신 선진국을 만드는 대한민국의 역사적 주인공이 되어 달라 부탁했다. 의외로 더 연임 않겠다고 했다. 일단 겸손으로 받아들였다. 나는 거듭 부탁했다.

그런데 정말 연임 않겠다고 한다는 소식이 들렸다. 왜 그러는지 무슨 집안사정이 있느냐고까지 물었다. 솔직히 털어놓은 말은 '노조 때문에 도저히 더 못하겠습니다, 죄송합니다'였다.

이런 비정상이 축적된 것이다. 노조 때문에 이충희 표준연 소장을 갈고 노조 때문에 경상현 10년 소장의 꿈이 깨졌다.

1992년이었을 것이다. 노동부 장관이 국무회의에서 금년도 최저임금협상이 정부가 제시한 어느 선(숫자는 잊었다)에서 원만히 노사 간에 타협, 완결되었고 정부산하기관들의 노사협상도 모두 정부안대로 타결되었다는 보고를 했다. 마침 그날 오후 대덕연구단지의 연구소장 한 분이 내 방에 들렀기에 '노동부 장관 보고 들으니 모두 잘 됐다고 하니 그 연구소도 잘 됐죠?' 하고 물었다. 대답이 '아닙니다. 정부안보다 훨씬 높이 타결했습니다'였다. 보고는 정부안대로 된 것으로 보고했고, 실제는 다르다 했다. 어떻게 그럴 수 있느냐 하니 '이면계약'으로 한다 했다. 겉과 속이 이렇게 달랐다.

다음 해 임금협상 역시 이전 해의 이면계약을 기초로 또 다른 변칙, 또 다른 이면계약이 지속되는 것이다. 그러니 이 나라 제도나 공직기능이 겉과 속이, 통계와 실상이 계속 겉돌 수밖에 없다.

30년이 지난 지금은 실상이 어떤지 알고 싶다.

KIST의 역할 재조정, 승화: '성공의 희생자'

KIST는 한국 근대화 성공, 특히 과학기술 성공사의 '상징'이다. 여기서 상징이라 쓰는 이유는 원자력이 역사성으로 보아서는 KIST보다 앞섰으나 한국과학기술계 전체에 미친 영향은 KIST가 더 크기 때문이다. 한국적 근대화 성공의 특이성인 한미 협력, 국가 최고권력의 비호, 젊은 과학자들의 귀환과 애국심 등이 합쳐진 한국적 특성, 독특성의 산물이다.

서양의 과학기술이 대학과 과학아카데미의 교육과 인재, 리더십으로 이루어졌고, 후발 일본도 도쿄대, 교토대, 도호쿠대 등 대학이 원천이었다. 그러나 한국의 경우 근대 과학기술 연구의 출발점은 서울대도 연세대, 고려대도 아니고 기업도 아니고 홍릉의 한국과학기술연구원(KIST)이라는 하이브리드가 산파역할을 한 것이다. KIST에서 출발하고 담겨진 인재가 대학으로 기업으로 흘러갔다. 또 KIST의 성공으로 해서 KIST 안의 여러 분야 연구자들이 대덕의 화학연구소, 정보통신연구소, 생명과학연구소, 기계연구소, 표준연구소, 해양연구소 등으로 새끼를 쳐 나간 것이다. KIST의 극적 성공은 오히려 시간이 지나가면서 KIST 스스로에게 '성공의 희생자'라는 역리(逆理)를 낳게 되었다.

내가 과기처 장관이 된 1990년, 1965년 KIST 설립 후 25년이 지난 시점의 KIST는 성공의 모태라는 권위와 새끼 쳐 나간 대덕 각 연구소 인맥 위에 선 '권위'는 있었지만 '연구성과'는 개별연구소와의 경쟁에서 밀리고 있고 밀리게 될 운명이었다. 최장수 과기처 장관이며 KIST 성공의 전설적 주인공인 최형섭 박사와도 계속 걱정했다. KIST 이사장이었던 이한빈 박사와 셋이서 여러 번 상의했다. KIST가 변신해야 한다는 데 200% 합의했다. 대덕연구소와의 차별성을 분명히 해야 한다는 데도 200% 동감이었다. 그러나 방안을 특별히 내놓지는 않으셨다.

나는 KIST 성공의 전설과 명예와 영광과 상징은 꼭 지켜야 한다는 대전제를 강조했다. 그 전제, 위에서 변신 승격하는 길의 궁리를 거듭했다. 나하고는 제일 배짱이 맞았던 KIST의 인재 윤창구 박사와도 상의에 상의를 거듭했다. 그래서 나온 구상은 3가지 기능으로의 재편이었다.

첫째, 국가 대형 메가프로젝트를 맡는다. 구체적으로 내가 예시한 것은 환경(이미 CFC 연구에서 큰 실적을 올렸다)과 전국교통망 구축(경부고속전철 같은 것, 전국교통망 장기계획과 교통기반기술 확충계획) 연구개발이었다.

둘째, KIST만이 갖고 있는 특성 즉 대덕 개별 연구분야 연구소와 구별되는 결정적 특성인 과학기술 거의 전 분야를 커버하는 인력의 존재를 기반으로 국가 R&D 종합평가기관화하는 것이었다. 내가 과기처에 오면서 최영환 차관을 KIST에 보낼 때 평가센터장의 자리를 마련한 것도 이런 발상의 시초였다.

셋째, 정부의 과학기술외교를 돕고 또 국가출연연구소 단위의 실천적 외국 연구기관과의 교류협력에서 중심역할을 하는 기능이었다. 한·소 과기협력이 구체화되면서 한·소 과기협력센터를 과기처나 대덕이 아닌 KIST에 둔 것부터가 이런 발상이었다. 나중에 한·중 수교센터도 KIST에 두었다.

그러나 KIST 내부에서는 저항이 심했다. 박원훈 소장부터 탐탁지 않은 기색이 역력했다. 기술평가센터기능을 KIST 안에서 본격화하는 문제는 최 차관과 박 소장 간의 지속적 다툼의 영역이 되어 버렸다. 최형섭, 이한빈 박사께 사정을 전달하고 좀 더 적극적으로 나서주시길 바랐지만 워낙 점잖으신 분들이라 싫은 소리를 안 하셨다.

결국 환경문제는 퇴임 후 내가 세계화추진위원장으로서 적극 권장한 요인도 있어서 환경연구가 환경부에서 본격적으로 강화되었다. 과학기술평가원(STEPI), 과학기술정책기획평가원(KISTEP)이 따로따로 생기고 좀 시간이 지나서는 각 부처마다 자기분야 과학기술 '연구평가원'이 생기는 평가기관 과잉양산 현상이 벌어졌다. 참 어이없는 짓이다.

반관반민의 권위 있는 연구소 KIST가 정부 과학기술정책 평가와 범정부 출연 연구소의 R&D 평가센터로 터를 잡았더라면 KIST의 성공신화와 한국 특색, 과학기술 스토리의 또 하나의 승화가 되지 않았을까.

과학기술처의 국가 과학기술정책 종합조정기능 강화와 짝을 맞추어 갔다면 하는 내 나름의 아쉬움이 짙다.

쓰고 싶지 않은 반동, 반격, 무염치들

광주하이테크: KAIST보다 더 우월한 대학이기를 박성용 이사장의 등장

노태우 대통령의 호남 전략의 두 기둥은 인프라사업으로서 새만금 개간이고, 교육으로서 광주하이테크였다. 나의 취임과 무관하게 그 전에 정권 차원에서 발표한 프로젝트였다. 1991년 11월 2일 설립위원회가 발족되었다.

1991년 말부터 본격적으로 부지 결정, 이사회 구성이 논의되기 시작했다. 나는 후발기관을 만들 때는 반드시 앞선 기관보다 더 높은 목표, 가치를 지향해야 한다는 신념이었다. 앞선 것과 비슷한 것들 만들려면 현재 있는 것 중에서 다소 처진 것을 부추겨 키우는 것이 합리적이라 생각했다.

광주하이테크 설립을 맡게 된 나는 서울대보다 앞선 KAIST를 목표로 세웠듯이, 20년 된 KAIST보다 더 높은 출발선을 세우고 또 그것이 실천가능하리라 믿었다. 어차피 호남 선물이라는 정치적 고려에서 출발한 것이니 예산확보는 호남의원들의 집단지원을 받으면 어느 국내 대학들보다 유리한 조건이라 판단했다. 라이벌격인 서울대와 KAIST 교수들의 불평에는 광주하이테크 예산을 늘리면 서울대, KAIST 지원도 함께 늘 수밖에 없으니 과학계 전체로는 국가 예산의 증가를 유도할 수 있다고 설득했다.

이런 기조 위에서 내 주지를 박성용 금호그룹 회장과 상의코자 내가 골프 제의를 먼저 했다. 그는 바로 광주 출신이요 광주, 호남을 대표하는 기업인이요, 동시에 예일대학 박사 출신으로 대학강단에서 교수도 역임한 학자이기도 해서 내 상의대상 1호로 꼽고 있었다. 필드를 돌면서 내가 뜻하는 설립취지 즉 ① 출발부터 KAIST보다 우위, 한국 최고의 과학기술연구대학으로 세계적 대학 지향, ② 그러기 위하여 출발부터 KAIST, 서울대보다 우수한 교수인력 초빙, ③ 시설과 운영 역시 최고 지향, ④ 이를 위해 첫 총장은 '반드시 노벨상 수상자'로 하는 구상을 설명하며 결론은 이런 것을 해 낼 수 있는 대학이사회 이사장감을 찾고 있는데 조언을 해달라는 것이었다. 사람이 안 보여 답답하다고 했다.

이야기를 나누고 라운딩이 끝나갈 무렵, 박성용 회장이 정색을 하더니 "그거 내가 하면 안 되겠냐?" 했다. 놀랐다. 나는 전력투구할 이사장감을 찾고 있다고 했다. 박 회장은 다시 정색을 하고 "그러잖아도 그룹을 동생한테 넘길까 하던 참이다. 아주 보람 있는 일이고 내 적성에 맞으니 금호그룹 일 던지고 광주하이테크에 전념할 각오가 있다" 했다. 이렇게 해서 나는 박 회장에게 큰 기대를 걸었다. 임기가 다가와 기공식만 겨우 끝내고 나는 퇴임했다.

그런데 정권이 바뀌고 바로 얼마 안 돼 박 회장이 급히 만나자고 연락이 왔다. 새 장관은 전혀 딴판이라는 것이다. 안타까워 발을 동동 굴렀다. 결국 과총(한국과학기술단체 총연합회) 학맥패거리에 막혀 평범한 총장의 평범한 대학으로 출발했다. 내 지론은 그러려면 새 대학 만드느니 그 돈으로 광주에 있는 기존의 전남대 이공대학을 서울대나 KAIST 정도로 키우는 것이 실효성, 경제성에서 훨씬 낫다고 판단한다.

30년이 지난 오늘의 신문사설 제목으로도 "교수 이기주의가 미래 발목 잡아"라는 제목이 보인다.

정권변동과 기득권 안주세력들의 반란

퇴임 후 내가 가장 상심한 것이 두 가지였다. 하나는 광주하이테크의 목표, 의미 상실이고, 또 하나는 서울대 의과대학의 횡포로 한·중 동양의약물 공동협력프로젝트의 탈골화, 사실상 백지화였다. 심지어 건국 이후 최초의 범부처적 합동작업으로 완성한 G7 프로젝트까지도 내 프로젝트로 낙인, 중단시키려 공작했다. 오히려 경제기획원과 청와대의 반대로 G7 프로젝트는 국가종합연구 프로젝트로 결실을 보게 되었다. 나는 당시 박재윤 경제수석과 YS 측근인 김덕룡 의원도 직접 만나 설명했다.

과총의 반격: 외로운 비과학자 출신 장관

1992년 후반 들어 노 정권이 말기에 들어가니 비과학기술인 장관에 대한 반격이 노골적으로 나타났다. 1992년 7월 21일 자 매일경제신문에 "김영삼 민자당 대표 초청 과학기술인과의 롯데호텔 간담회" 기사가 나온다. '정가' 소식란에서였다.

"현재 제조업 경쟁력 추락이 바로 노태우 대통령 책임이라고 주장하면서 과학기술인의 등용문제와 과학기술인 복지 및 지원문제에 대한 6공 정부의 실정을 낱낱이 열거"하고, 이에 "김 대표는 케네디 미 대통령의 취임사 중 '국가가 무엇을 해주기를 바라지 말고 국가를 위해 무엇을 할 것인가 생각하기 바란다'는 대목을 인용, 특히 김 대표는 '각종 건의사항에 대해 대통령 후보로서 실천가능성이 없는 것에 대하여 함부로 약속하지 않겠다며 국민을 속여 가며 공약을 남발할 생각은 없다'라고 단언"한다.

밑으로부터 사전에 이런 모임을 갖는다는 것도 보고받지 못했다. 그만큼 외로운 비과학자 출신 장관이었다. 그러나 신문을 보고 왜 이런 일이 벌어졌는지 나는 금방 알 수 있었다. 당시 과총(한국과학기술단체 총연합회) 은 김시중 회장대리 체제였는데, 공식회장인 권이혁 씨가 속한 특정 학맥 세력이 강했다.

권이혁 씨는 전두환 정권에서 교육부 장관, 노 정권 출범과 동시에 1988년 2월에서 12월까지 보사부 장관을 지내고 물러난 뒤 내가 과기처 장관 임명되고 6개월 뒤 1991년 4월 다시 환경처 장관으로 입각, 1992년 6월까지 재임했다. 1990년에 과총 회장이 되고 본인 이력란에는 1992년 말까지 회장으로 되어 있다.

환경처 장관이 되었으니 당연히 과총 회장직은 사임할 줄 알았다. 과기처에서는 모두 그리 알고 있었다. 과기처 산하 국책기관은 아니지만 거의 100% 국가지원금으로 과기처의 보조금을 200개 가까운 과학기술학회에 배분하는 기능이 가장 중요한 이 기관은 누구나 과기처 식구로 인식하고 있었다. 그런 기관의 회장이 환경처 장관이 되었으니 새 회장을 모실 줄 알았다. 아무 기별이 없었다. 실무자 선에서 타진해보았으나 반응이 없다는 보고이고 국무회의에서 마주쳐도 아무 내색이 없었다.

주변에서 말씀 좀 하시라는 권고도 잦아졌다. 과총 기득권에 반발하고 있는 다른 과기인 단체(아마 한국엔지니어클럽일 것이다)에서도 말이 들렸다. 몇 개월 뒤에 국무회의 끝나고 나오면서 과총 회장 후임 누가 되느냐는 식으로 말을 건넸다. 의외라는 표정. 왜 그런 말 하느냐는 식의 표정이었다. 내가 오히려 놀랐다. 계속 환경처 장관 겸 과총 회장을 유지했다. 자연히 청와대에서도 관심을 갖게 되고 결국 과총은 김시중 회장 대행체제로 갔다. 공식으로는 여전히 권이혁이 회장이었다. 7월 21일 김영삼 대표 초청간담회는 말하자면 6월 환경처 장관 퇴임 후 권이혁의 나에 대한 공격인 셈이었다.

YS 취임 직후 YS가 각계 전직 장관, 학자들과 간담회를 가진 적이 있다. 나는 노태우 정권에서 한 말이나 같은 취지로 "이제 테크노 헤게모니가 국가주권을 결정하는 시기가 되었으니 경제, 재정, 산업부총리가 아니고 과학기술이 부총리가 되는 시대를 열어야 한다"고 말했다. YS는 내 제언에는 답하지 않고 "여성계가 제일 말이 많다 하더니 알고 보니 과학계는 여성계보다 훨씬 더 심하데이 …"라고 엉뚱한 응답이 왔다.

권이혁 씨는 자전적 에세이문집 13권이 있다. 박근혜 대통령 탄핵 무렵에 쓴 에세이에서는 자기의 평생 신조가 '유유자적, 세상일에 관심 갖지 않고 사는 것'이라 했다(《우강 에세이》 13, 2018). 지금도 그렇게 산다고 했다. 97세에 세상을 뜨기 직전까지 올림픽평화문화상 재단이사장직 감투를 쓰고 있었다.

언젠가 과총 고문단 회의에서인지 MB 청와대 원로회의 때인지 "나는 열심히 가족계획 했더니 이젠 잘못이라 하네 …"라고 남 이야기하듯 했다. 서울대 의대 교수 시절부터 가족계획 담당이었고 보사부 장관까지 했다. 인류 역사상 있어본 적 없는 최저의 출산율, 최고의 낙태율. 최고속 노령화, MZ세대의 절망 소리가 넘치고 세대갈등의 굉음이 들리는데, 일말의 어른다운 반성, 어른다운 책임감이 보이지 않았다. '한국식 성공자'들의 전형이다.

장관도 모르는 정근모 원자력 협력대사 임명

1992년 5월 28일 국무회의에는 외무부 안건으로 '정근모 원자력 협력대사 임명' 건이 상정됐다. 나는 그 순간까지 알지 못했다. 그러니 총리도 외무장관도 놀랐다. 그래서 일단 보류되었다. 이 소동으로 인하여 한영성 원자력실장, 김지호 원자력정책관, 조청원 원자력협력과장은 시말서를 쓰고 경고장을 받았다. 한 실장은 대덕과학관장으로 좌천시켰다.

이 정도로 끝을 낸 것은 이 사건의 단초와 책임이 이들 관료들의 본능적 이중플레이에 있다기보다 과기처 장관까지 지낸 정근모 박사라고 판단했기 때문이다. 나와 과기처와는 사전협의, 상의도 없이 외무부 일부 학맥서

클을 동원하여 IAEA 사무총장 운동을 하기 위한 공작이었다. 아마 김종인 수석이 청와대에 있었더라면 생각도 못할 일이었을 것이다. 나중에 외무부 공문을 보니 이를 위한 대외 타이틀로 원자력 협력대사직을 한시적으로 1992년 6월~1993년 6월까지의 IAEA 이사회 및 총회 개최기간만 허용하는 것으로 되어 있다(IAEA 한국대표단 고문을 겸하여 단장은 과기처 장관).

이미 정부 안에서도 북핵문제로 한국이 그 직책을 맡는데 국제적 동의를 받기 어려울 것이라는 우려가 그때 이미 있었다. 그럼에도 정권이 바뀐 뒤 정 박사의 집요한 욕심은 끝내 사무총장 후보출마를 고집, 본인 포함 단 2표만 얻는 대참사를 일으켰다. 국가적 망신이요, 개인적 비극이다. 그래도 그 후 또 대통령 후보까지 뛰었다. 안면도 민란으로 퇴임할 때 1990년 11월 13일 자 한겨레신문 인터뷰에서 "앞으로 작은 일에 충실하면서 성실하게 살겠다" 했다.

더욱 놀라운 일은 한영성 실장의 반응이었다. 시말서를 쓰고 내 앞에서 한 말. 자기 친척인 일본에 있는 사업가가 YS의 큰 파이프라인(자금 소스)이어서 YS가 대통령 되면 자기가 큰일을 할 것이니 인사조치 말아 달라고 노골적으로 호소인지 협박인지까지 했다. 실제로 YS정권 들어서자 바로 과기처 차관으로 승진, 여러 소문이 들렸다. 핵 폐기장 예정지로 확보한 선갑도를 사건화하려 시도했다. 과학재단 사무총장으로 옮긴 박진호 차관이 이 일로 무척 고생했다는 소식을 사후에야 들었다. 박 차관에게 아주 미안했다.

정권 말기에는 또 정권이 바뀔 적마다 이런 추악한 일들이 벌어지는 것이 대한민국의 실상이다. 에너지가 엉뚱한 데 소진되고 있는 것이다.

김시중 장관의 변신

내 후임으로 온 김시중 장관은 이틀 뒤 일요일 저녁을 냈다. 그 자리에서 나에게 여러 가지 얘기를 했다. 28일자 내 수첩엔, 고려대 기초과학연구분원 설치(내 재임 중 수도권 기초과학분원 설치를 놓고 고려대, 연세대 등이 치열하게 경쟁, 고려대로 낙착) '신세 갚아야', 김 장관 새 일 정착 노력, 임창생 갈아야, '선갑도 양방향, 포항도 포함', 과총-민(민관식)과 최근 틈, 인연-이인제, 박재윤-사돈 등 11개 아이템이 적혀있다.

그런 김 장관도 누구에게 밀렸는지 본인의 변심인지 28일 저녁 다짐은 그냥 말로 끝났다. 나는 취임서부터 그만두면 문패 안 달고 내 본래 일인 언론으로 돌아가겠다고 공언했는데도 나에게 새 일을 돕겠다고 나섰던 분이다.

퇴임 직전 기획관리실인지 총무과인지에서 써온 '이임사 참고자료(안)'에는 '후임 장관에 대한 치사, 칭찬 넣을 것. 전임 장관은 이임 시 일체 언급, 치사 없었다'는 대목이 있다. 나도 처음 알았다. 전임 장관이 그랬다는 것을. 나는 이런 것도 모르고 2년 4개월 전 내 취임사에서 "정근모 장관에 각별히 위로의 말씀과 그동안의 노고에 감사를 드린다"고 했다. 그래서 나는 후임 김 장관에 대한 칭찬과 기대를 담고 장관실을 나오기 직전 응접실 탁자 위에 갓 출판된 내 저서《한국은 어떻게 가야 하는가: 국격, 국력 … 선진화를 위한 제 2 독립운동》한 권을 친필사인하여 선물로 놓고 떠났다.

한국경제신문 2016년 1월 25일 자 "과학기술진흥 50년" '김시중 전 과학기술처 장관 특별기고'에는 다음과 같은 대목이 나온다.

"1993년 2월 18일 취임을 앞둔 김영삼 대통령 당선인이 만나자고 연락했다 … 김 당선인은 "과학기술계는 왜 그리 말이 많으냐"며 과학기술처를 맡아 신한국 창조 위해 일하자 … . 노무현 정부 때 도입한 과학기술부총리 제도에 대해 이명박 정부 들어 무용론이 고개를 들었다. 행정부의 모든 부처가 연구개발사업을 하는 마당에 선진국에서는 찾아보기 어려운 부총리급의 과학기술부가 필요치 않다는 이유에서다. 과학기술계가 들고 일어나 과기부, 정통부, 해양수산부 해체를 반대했지만 역부족이었다. 박근혜 정부가 들어서면서 미래창조과학부가 생겼지만, 선진국에서도 부러워했던 과학기술전담부서의 부활에는 여전히 미치지 못한다 … ."

내가 이렇게 인용하는 이유가 있다. 이 기록만 보면 김 장관은 철저한 과학기술부 독립론자이다. 내가 YS에게 과기부총리를 경제, 재정, 산업 우위부서로 하라는 제의는 오히려 노무현 정권에서 이루어졌다. 그리고 MB는 부총리급 과기부를 없애고 교육부에 합쳐버렸다. 물론 과우회 모임에서도 반대 목소리가 높았고 이 자리에서 그도 같은 반대 목소리를 나누었다.

그런데 MB 취임 후 전직 과기장관 포함 과학계, 교육계 인사초청 청와대 스탠딩다과회가 열렸다. 미리 짰는지 김시중에 마이크가 가고 발언기회를 주니 교육부와 합치는 것은 잘된 것이고 과학계가 환영한다는 말을 이어갔다. 내 옆에 서 있던 그의 한참 후 과기처 장관 지낸 C 박사가 "저 … 저 미친놈 … 저 무슨 소리야 … " 하며 탄식했다. 너무 터무니없는 권력좇기 변신이었다. 참으로 어이가 없었다.

나는 퇴임 전 다음 정권을 위한 조언과 준비작업도 열심히 했다. 대통령선거로 YS 당선이 확정된 뒤 1992년 12월 31일 자로 〈신한국창조를 위한 과학기술정책과제(안). 내부 구상자료. 공식발표 이전에는 알려지지 않도록 협조해주십시오 — 과학기술처 기술진흥국〉이라는 자료가 있다. YS 정권이 내건 '신한국 5대 지표 및 10대 정책과제'에 맞춘, 말하자면 주문형 과제로 삼고 과기처 나름으로 부문별로 복안을 마련하여 85페이지에 이르는 나름의 조언을 새 정부에 넘기려 했던 것이다.

실제로 신정권 인수팀과 좀 더 다듬은 자료를 갖고 협의도 했다. 이미 기술한 바 있지만 1992년 중반 들어서는 다음 정권에 우리가 꼭 강조하고 싶은 대목이 무엇인지를 궁리한 끝에 '국가경쟁력 강화'로 잡고 김성진 과기자문위원장과 상의, 6개월에 걸쳐 종합연구보고서로 마련, 다음 정권에 넘기고 떠났다. 미국의 새 클린턴 정권의 과학기술 파이프라인 연결까지 마련했다.

나는 이런 것이 전임이 해야 할 후임에 대한 도리라 생각했다. 나라를 위해 국무위원으로서 국정의 조화를 위한 노력으로 당연한 의무라 생각했다.

소소한 인연과 보람과 감사

연구실 지키는 연구원들 그리고 행정 · 기획부장에 드리는 글: 이례적인 일, 비과학자 출신 장관 업적

나는 진실로 연구실을 지키는 연구원들, 소장, 박사님들 그리고 연구현장이 가능케 뒷받침하는 관리자들이 각기 자기 본령에 충실케 하는 일에 원칙을 지키려 했다. 장관으로서 직접 서신도 보냈다. 1992년 2월 설날을 맞아 아주 길고 긴 책활자로 18페이지에 이르는 편지를 띄우기도 했다. 또 퇴임 직전 "연구소 운영에 애쓰시는 행정 · 기획부장께" 하는 서신도 띄웠다. 내 육필원고였다. 과기처 장관 시절 쓴 그 많은 글들 중, 내 128주의 재임 중 1주일에 1편 이상이었던 글, 인터뷰 가운데서도 꼭 남겨야 할 다섯 가지만 들라면 이 두 글은 들어가야 한다.

매일경제신문은 내 퇴임 일주일이 지나(1993. 3. 5.) "출연연 실무 책임자에 김 전 과기처 장관 편지 '눈길'"이란 제목으로 "장관직에서 물러나면 모든 게 그만이라는 지금까지의 풍토 아래에서 이 같은 일은 이례적인 것으로 받아들여지고 있다"며, 내가 2월 27일 자로 보낸 "연구소 운영에 애쓰시는 행정 · 기획부장님들께"를 4단 크기로 내용을 요약 전달했다. 내 편지가 일선에서 화제가 된 것을 뒤늦게 알게 된 것 같다.

이런 노력 때문인지 의외로 늘 비판적이던 한겨레신문이 퇴임 3일 전(1993. 2. 23) 특별히 큰 박스기사로 "'기술주권' 공감대 씨앗. 연구기관 정비, 북방·과기외교 등 성과"라는 타이틀로 '비과학자 출신 장관'의 업적을 다루었다.

나는 연구소에 독립자존의 길을 걸을 수 있는 환경을 만들기 위해 연구소 리더십의 도덕력, 모범력 발휘를 북돋고자 내 나름의 노력을 했다. 1991년 2월 27일에는 일선 연구원들과 직접 간담회를 가졌다. 내 일지를 들추다보면 취임 4개월 뒤서부터 KIST, 해양연구소, 대덕 그리고 과학기술인 모임, 테니스 모임 등에 부지런히 다녔다. 이럭저럭 10번 이상 현지 연구원들과 테니스 시합을 했다.

이태규 박사의 국립묘지 모시기

1992년 말에 KAIST 석좌교수로 계셨던 이태규 박사가 만 90세에 승천하셨다. 나는 우리나라 최초의 이학 박사(교토대학, 1931년)요, 최초의 국제적 석학(미국 유타대학 명예교수)이신 이 박사의 별세 소식을 듣고 행사계획을 챙겼다.

10월 30일 KAIST에서 장례 치르는 것으로 보고받았다. 한국 근대화의 상징이요, 1세대 대표 과학자요, 존경의 모범으로 삼을 수 있는 인물이기에 무언가 특별한 대우를 해야 한다고 궁리했다. '과학기술인장(葬)' 같은 형식이 좋을 법한데 과총에서 아무 말이 없었다. 내가 대덕 옆에 있는 대전 국립묘지에 모시도록 해보자 하니 KAIST, 유가족 모두 대찬성이었다. 총무처, 국방부와 협의하여 과학자의 공로로 국립묘지에 묻히는 첫 번째 인물이 되셨다(그 후 최형섭 박사가 두 번째). 내가 조사(弔辭)를 했다. 하늘로 가시는 그 순간까지도 과학의 길만을 걸으시고 한국인 최초의 세계적 석학이 되신 그의 '연구문화'와 '학문자세'를 기렸다. 조카 되시는 이회창 전 총리가 아주 고마워했다.

나는 예전부터 과학관 같은 것도 비록 정명(正名)으로는 '국립과학관'이라 해도 부제로는 예를 들면 '이태규 과학관'이라는 간판을 다는 것이 좋다는 주장을 했다. 서울과학관은 예를 들면 '최형섭 과학관'으로 하던가. 다만 과학계 안에서 그런 합의를 하지 못하는 풍토가 안타깝다.

울릉도 기상대 방문, 세 번째 국무위원: 과기처 산하 중 가장 외로우나 가장 센 기관

나는 취임 이후 내 임기 중 산하기관 가운데 가장 외지고 고생하는 기관을 꼭 방문하겠으니 그런 곳을 찾아보라고 지시했다. 그래서 의견이 모아져 밑에서 점찍어온 곳이 울릉도 기상대였다.

1992년 11월 12일 아침 7시 성남비행장에서 공군헬리콥터로 강릉을 거쳐 울릉도로 갔다. 기상청장이 동행했다. 기상대 방문, 격려하고 울릉군수가 주최하는 지역 관서장, 경찰서장, 교육감, 군의회 의장 등과 오찬을 하고 군 행정선으로 울릉도를 해상일주했다. 아직 다 뚫리지 않은 육지일주 도로도 주행했다.

거기까지는 생각하지 못하고 방문했던 것인데, 도착해보니 내가 대한민국 국무위원으로서는 세 번째 방문이었다. 울릉도 역사상 총리가 한 번, 내무부 장관이 한 번, 그리고 엉뚱하게도 과기처 장관이 세 번째로 들른 것이다. 우리 기상대는 물론 군 기관장들이 아주 좋아했다. 나 역시 그림으로만 보던 울릉도 땅을 밟고 바다를 헤치니 참 신선함을 느꼈다.

현장에서 처음 안 것이지만, 과기처 산하기관 중 지역에서 가장 '센' 기관으로 되어 있는 곳이 울릉도였다. 울릉도의 행정, 어업활동에서 특히 극한상황에서는 기상대 '명령'을 따르게 되어 있기 때문이다. 마치 경주에서 경주박물관장이 경주시장보다 토지 사용에서는 더 권한이 센 것과 같은 이치였다.

새로운 배움이었다. 삼무(三無, 뱀·도둑·거지)와 오다(五多, 바람·향목·맑은 물·돌·미인)의 72km² 섬의 역사와 천연기념물, 약초, 감자, 옥수수, 오징어, 먹거리 이야기를 나누던 아름답고 소박한 풍광을 맛본 추억은 지금까지도 선명하다.

'장관님, 최 과장, 국장 승진 안 됩니다'

과기처만의 문제는 아니었다. 또 거시적 판단은 달리 나올 수 있을 것이다. 과기처만 해도 본부, 대덕단지관리소, 과학관 등 산하기관(기상청 제외)까지 합쳐서 사무관 이상 일반직 공무원이 약 160명 선인데 근 30명이 연수 또는 파견이었다. 국방대학원, 중앙공무원교육원, 해외연수 등 꼭 필요한 연수의 양을 어느 정도로 보아야 할 것인지 판단이 쉽지 않다. 그렇지 않아도 엘리트 관료가 많이 필요한 과기처로서는 현역으로 쓸 수 있는 인력도 부족함을 많이 느꼈다.

나는 양이 부족하면 질로 대처하는 수밖에 없다는 원리로 우수한 엘리트를 가급적 발굴 격려하는 방향으로 인사를 잡았다. 그래서 30대에서도 국장시키겠다고 공언했다. 상급자들에게 그 후보를 골라보도록 했다. 인사는 워낙 까다로운 것이어서 반응이 적극적이지 않았다. 결국은 그간의 내 나름의 평가와 실적을 토대로 기술진흥국 기획총괄과장 최석식을 국장으로 승진시키는 인사를 단행했다. 총무과에 지시했는데 서류가 쉬이 올라오지 않았다.

어느 날 총무과장이 들어왔다. 들어올 때부터 잔뜩 긴장한 모습이었다. "장관님, 총무과장으로서 드릴 말씀이 있습니다. 최 과장, 국장 승진 안 됩니다… 안에서 모두 반대입니다." 알 만했다. 나무랄 필요도 없었다. 젊은 엘리트에 대한 반감은 어느 직장이나 대다수이기 마련이니까. 총무과장의 뜻은 알겠는데 장관 판단은 따로 있으니 결재서류를 올리라 했다.

1992년 후반, 우리나라 최초의 범부처 전주기 범산업 연구프로젝트인 G7 선도기술 프로젝트를 본궤도에 올려놓고 고생한 엘리트들을 위로 출장을 보냈다. 연구조정실의 송옥환 조정관, 박영일 총괄과장 그리고 진흥국의 최석식 과장이었다. '작은 나라가 사는 길'을 유럽에서 아무 출장의무 없이 3주 전후기간 체험하고 오라는 취지였다. 최 과장은 긴 논문, 보강하면 책 한 권이 될 만한 보고서를 제출했다. 소소한 일이지만 마음속으로 고맙고 기뻤다. 내 판단이 틀리지 않은 것 같다. 그때 내가 중용했던 관료들은 거의 대부분 과기처의 중심 인재로 성장했고 졸업했다.

임 과장의 유쾌한 변신

1990년 3월 27일 나와 과기처 원자력실의 임재춘 과장은 영국을 거쳐 프랑스의 파리 서쪽 대서양가에 있는 르하그 핵폐기물저장소, 정확히는 중저준위 폐기물저장소를 방문했다. 그야말로 쓰레기저장소였다. 지하와 지상에 규격 통 안에 담겨 있었다. 정돈이 잘된 쓰레기장이었다. 프랑스도 그때까지는 고준위 폐기물의 영구저장소는 확정하지 못하고 있었다.

방문을 마치고 저장소 문을 나서니 바로 담벼락에 붙어 목장이 있고 소들이 유유히 풀을 뜯고 있었다. 그래서 동행한 임재춘 과장에게 저 광경, 중저준위 폐기물처분장 담벼락에 붙어 있는 목장에서 풀 뜯는 젖소들 사진을 찍어 원자력이해 국민운동에 활용하자, 꼭 사진을 구하라 했다. 물론 대답은 '네'였다. 나는 그런 사진은 프랑스 폐기물 당국에도 있겠지만, 없으면 대사관 직원에 부탁해서라도 현장서 찍을 것을 당부했다. 귀국 후 챙겨보니 사진이 없었다. 다시 프랑스 쪽이나 파리대사관에 부탁하라 재촉했다. 끝내 못 구했다. 그 당시 과기처의 실력이었다.

임 과장은 내 재임 중 재미를 못 봤을 것이다. 특별한 기억이 없다. 나도 퇴임하고 상당한 시간이 흐른 후 임 과장이 과학기술 저술과 문장 관련 연사로 변신했다는 소식을 들었다. 인기가 좋다고 했다. 그때 나한테 야단맞은 것을 계기로 과학기술자도 과학기술 논문이나 글 메시지의 전달에 있어 표현의 세련과 전달 대상에 대한 이해가 필요하다는 것을 깨달았다고 한다. 과학기술계로는 새로운 수확이다.

퇴임 후 감사의 편지

그런 나도 퇴임 직후 받은 몇 통의 편지는 나에게 감동이었다. 그중 특히 두 통은 내 가슴을 흔들었다. 편지 보낸 세 분 모두 나와는 흔한 인연, 학연, 지연, 혈연 직접으로도 간접으로도 전무하고 취임하고 처음으로 얼굴 대하는 사이였다.

이종원 연구실장의 편지

… 장관님, 제일 먼저 과학기술의 위상과 역할에 대하여 과학기술인들을 일깨워주신 데 대하여 감사를 드립니다. 재직 시에도 장관님께서는 과학기술인들을 대하실 때 많은 어려움을 겪으셨습니다만 과학기술인이란 원래 미시적 시각을 갖고 분야 이기주의가 심한 분들입니다.

이들에게 장관님께서는 혹은 편지로, 혹은 강연으로, 혹은 글로, 혹은 연구원과의 대화를 통하여 기술주권의 확보와 기술에 의한 제 2의 독립운동만이 우리 민족의 살길임을 심어주시고 이를 통하여 과학기술인들에게 새로운 위상에 대한 긍지와 자부심을 갖도록 하셨습니다. 이것은 과거 누구에게서도 얻지 못했던 귀중한 가르침으로 제 자신도 과학기술인의 한 사람으로서 무한한 감사를 드립니다. …

또한 정보의 중요성에 대하여 가르쳐주신 데 대하여 감사드립니다. 과학기술과 과학기술계의 동향에 대한 정확한 모니터링과 이것에 근거를 두어서 정책과 행정이 이루어져야 한다는 것은 정보력이 부족한 저로서는 두고두고 명심할 사항임을 잘 알고 있습니다. …

중국과 일본, 미국, 특히 한·미 포럼 시 우리나라에서는 처음 있는 역사의 현장을 만들어 나가시는 것을 장관님 곁에서 같이 경험할 기회를 주신 것에 대하여 감사드립니다. …

장관님, 장관님께서는 취임하시는 날부터 과학기술계에 큰 집은 지으나 그곳에 명패를 달지 않고 외롭게 가시겠다고 하셨습니다. 그러나 장관님께서는 비록 명패는 달지 않으셨어도 과학기술계의 큰 집에 장관님의 이념과 철학과 도덕성으로 꽉 채우셨다는 것을 제 자신 과학기술인의 한 사람으로서 확신을 하고 있습니다. …

1993년 3월 4일

이종원 올림

송옥환 국장, 박영일 과장의 편지

… 어려운 시기에 부임하셔서 부처 내외의 장벽을 깨뜨리시고 장관님의 인기보다는 과학기술의 발전과 국가 백년대계를 위해 항상 애쓰시는 모습을 지난 2년여 동안 옆에서 지켜보는 것만으로도 저희 후학들에게는 큰 기쁨이었고 산 배움이었습니다.

멀리 그리고 정확히 보시는 장관님의 혜안과 통찰력, 또 실천 가능한 대안을 찾아 강력히 추진하시는 실천력을 보고 배웠습니다. 사실 저희가 장관님을 모시기 이전까지는, 언론인은 문제점만을 찾아내고 제기는 하나 실천력과 추진력은 부족하다는 생각을 가진 것도 사실이었습니다만, 장관님께서는 정확히 문제제기도 하셨을 뿐만 아니라 강력한 실천력과 추진력도 발휘하셨습니다. 때문에 장관님께서 강조하셨던 "우리나라에서의 개혁은 곧 정상화로부터 시작한다"는 말씀도 실천을 강조하신 것으로 알고 본받으려고 노력하고 있습니다. …

구호만 있던 과학기술 G7 선진국 진입에의 논리와 실천계획을 만드셨고 또 실제 착수하셨습니다. 내부적으로는 중병을 앓고 있고 외부로부터는 타율적인 사망진단의 기로에 서 있던 출연연구기관들에 대해 정확히 진단하시고 그 회생에 앞장서셨습니다. 수많은 오해들과 무책임한 비판을 담담히 웃어넘기시면서 연구원 개개인, 출연연구기관의 발전을 위해 분명한 발전방향을 정립하시고 하실 수 있는 최대한의 제도적 개혁을 추진하셨습니다. 이러한 일들을 추진하시면서 저희들의 이해와 능력 부족, 그리고 소극적인 자세에 많은 고통을 받으셨으리라 믿습니다. …

또 출연연구기관의 개혁 — 이는 장관님께서 신년사에서 강조하신 정상화의 과정입니다만 — 에 대해 장관님께서 모든 내부 비판과 외압을 막아주시고 저희를 성원해주신 데 대해 감사드립니다. 무엇보다도 저희들을 믿어주신 데 대해 감사드리고 기대를 가져주신 데 감사드립니다. 내외로부터 많은 비난과 고통을 받은 것도 사실이지만 옳은 일을 한다는 신념을 갖고 열심히 노력해 왔다고 생각합니다. 종전에도 출연원구기관에 대한 비판과 개선요구가 외부로부터 있었습니다만, 과학기술을 편애(?)하는 목소리에 묻혀 근원적인 개혁은 무시했던 것이 사실이었습니다. 결국은 과기처와 출연연구기관의 위상만 더욱 약화시킨다는 사실을 모두가 깨닫지 못했습니다. 그러나 장관님의 결단으로 그 험난한 지난 2년여 동안 과기처의 위상이 그래도 예전보다 떳떳해졌고 출연연구기관도 큰 태풍을 정면으로 맞지 않았다는 사실을 저희는 깊이 인식하고 있으며 또 중요한 교훈으로 간직하려 합니다.

1991년도 봄에는 장관님께서 '과학기술 G7 선진국 진입을 위한 실천계획'의 아이디어를 내도록 저희에게 지시하셔서, 저희가 "과학기술 G7 선진국 진입을 위한 종합대책(안)"을 연구개발조정실의 이름으로 제출했었습니다. 이 대책(안) 속에 과학기술진흥법에 의한 과학기술진흥기금의 설치·운영방안을 포함시켰는데, 이를 장관님께서 채택해주시고 또 실현해주셔서 감사하게 생각하고 있습니다. …

1993. 2. 25.

송옥환 · 박영일 삼가 드립니다

코피: 그 많은 글들

재임 124주 중 육필원고 110편(잡지 빼고)

1992년 11월 수첩에는 이런 글이 나온다. "원고 마지막 책임 지고 읽었는가. 공보 쪽에 … . 내용은 내가 책임지는 것인데 문장상의 숫자, 년도는 전적으로 여러분의 책임"이란 대목이 나오고 이어서 "코피 … , 1990년 12월 모스크바(주: 한 · 소 역사적 정상회담 참여). 1992년 11월 26일 한 · 중 과학기술 장관 회담 귀가 중. 머리 당기고 피곤. 3번째 코피 흘리고 싶지는 않다."

3개월 뒤에 물러날 때까지도 또 코피 흘릴 정도 일하게 되는 비감이 묻어 있다.

이 무렵이면 11월 12일 도쿄에서 열린 제 1차 세계과학언론인총회에 참석하지는 못하고 발표문 "과학기술 국민이해의 양면성"(*Dual aspects of Public Understanding on Science & Technology*) 을 보냈고, 18일엔 서울 남산 클럽에서 이 총회에 참석하고 방한한 미국, 인도네시아 언론인 3명과 점심을 했다. 혹시 이 세계과학언론인회의 관련, 발표문 관련 오류가 생겨서 그랬는지 또는 그 무렵 옐친대통령 방한(11. 19. 전후), 송지앙 중국 과기장관 방한(11. 23. ~12. 3.) 행사 또는 대덕단지 준공식(11. 2.) 관련 스피치 작성 문제가 있었던지 공보 쪽과의 대화 또는 독려였던 것 같다.

지금 당시 공보실에서 챙겨둔 신문철을 보고 나 스스로 놀랐다. 어찌 이 많은 글들을 쓰고 인터뷰하고 방송 출연하고 감당했는지. 내 육필이 담긴 특별강의, 주제발표가 37편, 일반기사 아닌 내가 직접 쓴 신문칼럼 또는 인터뷰가 45편, 그리고 방송 TV출연이 27건이었다(잡지는 정리되지 못했다). 잡지를 빼도 최소 1주일에 한 편씩 강의하고 출연한 셈이다.

정진익 공보관 계속 유임

다소 사족이지만 나는 전임 장관이 쓴 정진익 공보관을 계속 유임시켜 같이 일했다. 언론 출신 장관이 왔으니 으레 내 사람으로 갈려니 했던 것 같다. 나도 처음 보지만 일하는 것 보니 일정 수준은 되는 것 같다. 또 언론계와의 중요한 일, 결정적 사태는 공보관이 감당 못 할 것이고 어차피 내가 직접 다룰 수밖에 없는 약한 과기처의 대외교섭력을 파악했기 때문이다. 정 공보관은 전임 정 장관과는 지금도 자주 만난다는 말까지 나에게 할 만큼 전임 정근모 사람이었다. 일을 크게 그르치지 않는 한 또 악의가 없는 한 괘념치 않는 것이 내 방식이었다.

나 때문에 일이 많아 고생스러웠을 것이다. 세속적으로 돈 쓰며 홍보하지 아니 한다 했으니 중간에 힘든 때도 많았을 것이다. 그러나 어느 부처 공보관보다 보폭이 넓고 다원적으로 일한 보람이 있고 그 후 도움이 되었을 것이다.

나는 내 이름으로 나가는 모든 논문, 발표문, 칼럼, 인터뷰 자료는 내가 직접 챙겼다. 동아일보 때나 한국경제연구원 때나 윗분의 글, 대신 대필해 주기는 했으나 나의 글을 대필시키지는 않았다. 물론 형식적 공문이나 인사말 같은 것은 예외이나 내 이름으로 나가는 중요한 글은 꼭 육필이거나 줄거리 잡고 자료만 첨삭하도록 했다.

꼭 남기고 싶은 글들

과기처 장관 시절 육필원고 중 특히 남기고 싶은 것은 1993년 2월에 매일경제신문사에서 나온 나의 저서 《한국은 어떻게 가야 하는가》에 대략 추려져 있다(거기엔 과기처 장관 취임 이전 것도 좀 있다).

그러나 기록이나 내용으로 해서 꼭 남기고 싶은 것은 꽤 있다.

과학기술처와 연구계 식구들에게 보낸 것으로는 아래 글들이 있다.

"과학기술처 장관 취임사"(1990. 11. 10.), "전 산업의 과학기술집약화를"(1991. 1. 신년 시무식사, 19페이지), "나라의 중심이 되자"(1993. 1. 신년 메시지, 13페이지), "연구실을 지키는 연구원 여러분께"(1992. 2. 설날, 18페이지), "연구정신 재무장운동을 제안함"(1992. 1. 27. 연구원 간담회, 21페이지), '연구소 운용에 애쓰시는 행정기획부장들께'(1993. 2. 23. 12페이지).

또한 취임하자마자 그 어수선한 안면도 사건에 국회에 외교에 시달리면서도 보름 만에 1990년 11월 24일 여성경제인연합회의 조찬강연을 시작으로 30여 개에 이르는 강연, 강의, 특강, 주제발표를 했다. 꼭 내용까지 남겨두고 싶은 것을 추리면 10여 편이 되는데, 대부분 이미 본문에서 언급했거나 내 저서에 실려 있어 생략한다.

기타 강연, 특강, 행사와 언론 인터뷰는 기록만 남기고자 한다.

내가 쓴 칼럼, 단독 인터뷰(전 기자단 상대 인터뷰는 제외), 좌담이다. (▲는 전면 커버, 내 이름이 들어간 일반 기사는 제외). 평균 3주일에 하나씩이었다.

신문 기록

일자	보도지	종류	일자	보도지	종류
1990.11.10.	매일경제		11.27.	전남일보	
11.11.	한국경제	▲	1992. 1. 4.	서울	▲
11.11.	中國時報		1. 9.	동아	
11.11.	동아		1.12.	중앙	
11.11.	세계		1992. 1.14.	경향	▲
11.11.	한국		1.14.	한국경제	▲
11.12.	중앙경제	▲	1.14.	내외경제	
11.12.	경향		1.25.	한국경제	
11.21.	한국경제	▲	3. 2.	日本経済新聞	▲
11.25.	주간조선		4.20.	서울	▲
12.12.	과학동아		4.21.	내외경제(창간특집)	▲
12.19.	매일경제		4.21.	동아	▲
12.21.	강원일보		4.27.	중앙경제	▲
1991. 1. 1.	전자신문	▲	5.25.	중앙경제	▲
1. 5.	한국경제		6. 2.	광주매일	
1. 5.	중앙		6. 2.	무등일보	
1. 7.	서울경제		6. 3.	중앙	
1.16.	내외경제		9. 8.	Korea Times	
8.22.	동아		1993. 1. 4.	서울	
8.28.	조선		1.21.	중앙	
10월호	나라경제(대담)		1.27.	동아	▲
10. 6.	국민(앞뒤면 전면)	▲▲	2.18.	중앙	▲
11월호	월간조선 대담		2.23.	한겨레	
11월호	옵저버 대담		2월호	외교(월간)	
11.21.	한국경제	▲			

* Nature지 편집인(1992. 4.29), Scientific America(1992. 7.10.)을 포함 내외 주간, 월간, 계간 인터뷰기사가 꽤 있는데 정리가 미흡하다.

** 과기처 장관으로서 내 이름이 난 기사는 일일이 체크할 수 없이 많다. 매일매일 내 기사 체크한 공보관실 대장의 숫자(한 대장에 10개 가까운 기사가 담긴 것도 있다)만도 5권, 대략 206대장이나 된다.

방송, 인터뷰 출연(공동기자회견 보도 제외)은, 비서실 일지에는 실제 방송시간과 녹음시간이 혼재하여 실제 방송시간은 확실치 않은 부분이 많다. 1990년 11월 10일 취임 무렵 공동기자회견 말고 개별신문회견이 많았듯, 방송도 꽤 있었을 법 한데 비서실 일지엔 1990년 11~12월 2건밖에 없다. 한동안 전임 장관 비서들이 일했다. 워낙 갑자기 인연이 전무한 부처에 임명되어서 비서실 개편도 한참 뒤였다. KBS, MBC, SBS, CBS 4개 매체와 총 26회 방송 인터뷰를 했다.

강연, 특강, 행사 기록

일자	대상	일자	대상
1990. 11.24.	여성경제인연합회	1991. 12.11.	LG경영인포럼
12.10.	기술경제연구회	1992. 1.23.	한국정보산업연합회
1991. 3.20.	21세기 경영인클럽	4.15.	인간개발연구원
4.11.	서울대공대 최고산업전략과정	5.14.	환동해개발협력심포지엄
4.16.	중앙공무원교육원	5.20.	금융연구원
5.22.	전국경제인연합회 국제경영원	8.18.	삼성종합기술원
5.29.	서강대 최고경영자과정	10.12.	연세대 경영대학원
6.12.	숭실대 중소기업대학원	10.30.	건국대 경영대학원
6.13.	대한화학학회	11.24.	고려대 자연자원대학원
6.28.	대한기계학회 학술대회	1993. 1.27.	국방대학원
7.23.	한국능률협회	2.13.	경찰대학
7.25.	인간개발연구원	2.20.	과천시청
9. 5.	과학기술정책연구소 국제심포지엄	3.	인간개발연구원*
10. 4.	수원대	3.	중앙대 사회개발대학원*
10.25.	한국능률협회	3.11.	포항공대*
10.30.	한국공업표준협회	3.25.	한국전력*

* 1993. 3. 4개 강연은 퇴임 후(약속은 퇴임 전)

노태우 대통령에 대한 고마움, 쓴소리, 미안함: 마음의 갈등

'노태우 당선자'에 대한 혹독한 비판과 국회의원, 장관제의 거절

나의 노태우 대통령과의 인연은 세속의 인연(혈연, 지연, 학연)과는 한 톨도 관계가 없다. 1987년 12월 23일 자 나의 동아일보 칼럼 "노태우 선생에게"는 당시 권력 - 언론 관계에서는 아주 이례적 독설이었다.

특히 "외로운 대통령이 돼 달라는 것입니다. 직설적으로 말하면 대구 경상북도(앞으로 TK라 부르겠습니다) 인맥과 손을 끊어 달라는 것입니다"와 결론의 "민주주의를 착근한 대통령, 중진국에서 선진국으로 가는 길목을 다진 대통령, 40년 방황했던 대한민국의 정통성 문제를 해결한 대통령으로 남기를 간절히 바랍니다"는 대단히 큰 반향이 있었다. TK인맥 끊으라는 내용도 대담했지만 내용보다 박정희부터 이어지는 대구·경상북도 권력인맥을 뜻하는 'TK'라는 단어 창조자로 내가 더 유명해졌다.

그럼에도 불구하고 노통은 취임 직전 대통령직 인수준비위원회 위원장인 홍성철 씨를 통해 나에게 문화공보부 장관을 제의했다. 전화에서 옆에 언론계 대선배인 설국환 씨도 있다고 했다. 말하자면 설 선배와 자기가 공동으로 추천한다는 투였다. 첫마디 주저 없이 거절했다. 내 평생 언론의 신조에다가 아직 노 정부를 군부정권의 연장으로 보고 있었다. 그러나 1990년 7월 YS-JP와의 3당 합당 이후에는 달리 평가했다. 그 후 환경처 장관 제의가 또 왔었다. 물론 한 마디로 거절했다.

1988년 국회의원 선거에서도 또 노통의 의사가 반영된 것이겠지만 서울 강남(을)구 국회의원 출마를 심명보 당 사무총장이 제의해왔다. 물론 거절했다(나 대신 전 과기처 장관 이태섭 박사가 나가 당선되었으나 바로 한보사건 연루로 불행하게 되었다).

노통은 그래도 어떤 이유에서인지 내가 짐작하지 못하겠으나 나에 대한 관심은 계속 있었던 듯하다. 나에게 특별히 기억에 남은 것은 없으나 기록상으로는 과학기술자문위원, 행정개혁심의위원의 임명장이 남아 있다. 다만 한 가지 기억나는 것은 있다. 나는 행정개혁위에서 해외공보관을 문공부에서 외무부로 넘기자고 계속 주장했다. 이제 민주화되어가니 국가의 대외홍보도 외무부가 국가 외교의 일환으로 수행해야 한다는 것이었다. 내가 끝까지 고집하니 당시 신현확 위원장(전 총리)이 나를 따로 불렀다. 아직은 대통령의 정치홍보가 필요하니 현상유지하자고 말렸다. 나는 소수의견으로 달아서 처리하시라 했다.

고마움

노통은 언론인 출신 나를 많이 옹호해주었다. 1991년 4월 한국과학기자클럽의 초청에 응하는 형식의 대통령의 등장은 분명히 '역사적 파격'이었다. 대통령이 경호실의 만류에도 불구하고 광화문 프레스센터에 직접 등장, 과학기술의 새 시대의 사명을 강조하니 지금까지 하급부처·힘없는 부처로만 통했던 과기처와 과기처 장관의 위상을 높여준 것이다. 범부처적 연구개발에서 과기처 중심이라는 메시지가 큰 힘이 되었다.

두 번째 노통의 주도는 1991년 10월 25일 청와대 춘추관에서 열린 '젊은 과학기술인을 위한 가을밤 음악회'였다. 학계, 연구계, 산업계의 30, 40대 연구원 106명을 초청, 숙대에 와 있던 소련 교포가수 엘리 리 등의 노래를 들었다. 또 대통령이 직접 연구원 6명과도 대화를 나누었다. 이것도 내 아이디어는 아니었으나 김종인 수석 부인이 참석하고 숙대 엘리 리가 노래한 것을 보면 김 수석의 주동이 아니었나 짐작할 뿐이다. 그러나 나로서는 이런 대통령의 파격적 행사만으로도 내 위상을 높여주는 효과가 있었다고 믿고 있다.

1992년 두 번의 대덕 행사: 헬리콥터 속에서의 대화

1992년 후반엔 노 대통령과 두 번 대덕 행사를 갔다. 1992년 7월 8일 제 1회 과기진흥회의가 대덕과학재단 회의실에서 열렸다. 대통령 옆에 부총리와 내가 앞에 나란히 앉고 국회 여야정책위 의장과 외교, 내무, 국방, 상공, 농림수산, 동자, 건설, 교통, 체신, 환경장관이 한쪽 줄에 앉고 맞은편 줄에는 민간 경제단체장들과 KAIST, KIST, 과학재단 등 과학계 수장들이 앉았다. 기관장 아닌 한 사람의 예외가 있었다. 김명자 숙대 교수가 '과학기술 국민이해협의회' 위원 자격으로 말하자면 여성 몫이었다. 김 교수는 청와대 1991년 가을밤 음악회에서 대통령과의 대화자 6명 중 1명으로 등장한다. 김 교수가 DJ정부 시절 환경부 장관이 되었다. 취임 직후 내 문화일보 사장실로 황급히 찾아왔다. 용건을 상의하고 내가 자문일까 충고일까를 간곡히 했다. 정부에서 일해 보니 뜻대로 한 가지 일이라도 하려면 장수해야겠더라. 내 충고가 효과가 있었던지 그는 환경부 최장수 장관이 되고 그 후 승승장구했다.

같은 해 11월 27일에는 대덕연구단지 준공식과 정부출연연구기관 이전 완료 기념행사가 열렸다. 노 대통령의 과기정책 업적 결산이랄까 그런 행사였다. 대덕단지의 상징인 두 개의 뫼비우스의 띠도 이때 등장한다. 의외로 아침 청와대로 와서 같이 헬리콥터로 대덕 가자는 연락이 왔다. 서울-대덕을 대통령 전용헬기로 왕복했다.

퇴임 3개월 앞둔 감회가 겹쳐있었다. 나로서도 단둘이 긴 이야기 할 수 있었던 처음이자 마지막 기회였다. 후임이 될 예정인 YS에 대한 이야기, 특히 따님 사랑, 자랑(1990년 12월 한·소 정상회담에도 따님을 동반시켰다) 과 사위 이야기, 대덕단지의 장래 이야기, 6공의 장관들(평균 임기 1년) 이야기 등을 나누었다. 인간 체취가 물씬 풍기는 시간이었다. 대통령으로서 국방, 대륙외교 개척 시절의 정열적 언행과 대조적이었다. 두 번의 대덕단지

행사, 노통대로의 의도가 있었겠지만 나, 과기처 장관의 위상을 잡아주는 행사가 되었다.

테니스 한 번 같이 쳤으면 좋았을 것을 하는 아쉬움도 토로했다. 내 수첩에는 '엘친과 테니스 싸울 뻔', '성질 특이 … '라 적혀 있는데 엘친 방한 시 테니스 쳤던 일화였다.

이때 정해창 비서실장으로부터 12월 1일이면 6공 최장수 장관이 되는데 한턱 쏘라는 농담도 들었다.

아주 미안한 일: 내 주변머리 없음

나는 국무위원으로서 노통의 사돈 되는 SK그룹에 제 2 이동통신을 허가하는 것에 반대하는 쓴소리도 했다. 또 아주 건방지게 과기부 인사는 나한테 맡겨 달라고도 했다. 관행으로 보면 지나친 행동이었다. 그런 나에 대하여 한 마디 불만이나 불평의 내색을 띤 적이 없다. 이 점을 생각하면 더욱 고맙다.

1998년 1월 2일 아침 11시 새해 인사차 연희동 노통 댁을 들렀을 때이다. 비자금사건으로 고생하다가 사면-복권된 직후였다. 집사람과 응접실에서 인사드리고 환담했다. 고생한 분풀이도 있었을 것이다. 노통은 느닷없이 '알고 보니 YS, DJ 같은 민간정치인들이 더 독재적'이라는 말을 했다. '민주화운동이 아니라 권력투쟁'한 것이라고도 했다. 군인 출신들은 미국서 훈련받아 모든 결정에 앞서 반드시 참모회의를 하게 되어 있어 '협의'결정이 습관화되어 있는데 민간정치인들은 개인적 독단으로 결정하더라며 긴 설명을 이어갔다.

나는 잠자코 듣기만 했다. 내 마음이 선뜻 동의하지 않았기 때문이었을 것이다. 옆에 계신 사모님이 참 대단했다. "여보, 김 장관은 좀 달라요" 하며 그만하라고 말렸다.

그 순간 참 내가 미안했다. 억지로라도 마음에 없더라도 “그렇습니다, 옳습니다” 머리 끄덕거려야 예법일 텐데 …. 그런 데는 미련한 나는 반응 없이 침묵했던 것이다. 대문을 나서면서 마누라한테서 꾸지람을 호되게 받았다.

나도 충분히 이해는 가는데 마음에 없는 거짓 짓은 못 하는 미련함을 어찌하겠는가. 노통께는 이 대목에 참 미안한 마음을 지금까지도 간직하고 있다. 노통이 나한테 마음 쓴 것보다 내가 노통 개인에게는 마음 쓰지 못했구나 내 나름의 생각을 하고 있다.

내 마음의 갈등

나에게 국무위원으로서 국정 참여의 기회를 주고 지금까지의 언론인으로서는 닿을 수 없었던 폭넓은 경험을 하게 해준 고마움과 그가 결국 비자금 사건에 연루, 대통령 영어(囹圄) 기록으로 ‘한국 대통령 비극’의 한 페이지를 남겼다는 참담한 사실을 어찌 해석해야 할지 인정과 국정책임자 사이의 갈등을 소화하고 수렴하기가 개인적으로는 참 힘들다.

그러나 노태우 대통령은 2013년 9월 4일 추징금을 완납했다. 17년 전 대법원에서 내란, 반란, 뇌물수수죄로 징역 17년, 추징금 2,628억 9,600만 원을 선고받았었다. 원인이야 지워지지 않겠지만 전두환 대통령과는 달리 또 대우 김우중 회장과는 달리 추징금을 완납함으로써 대한민국의 법적 의무는 다 채웠다. 이 점은 공수래(空手來) 공수거(空手去) 한 것 같아 한결 노통을 동정하게 된다.

참사까지 겪은 그리고 나 개인적으로 인연 있는 함병춘, 김재익, 서상철 박사가 지금 환생한다면 전두환 대통령을 어찌 평가할까. 그들의 자손들은 지금 전통을 어찌 평가할까.

노통 아드님 노재헌 씨가 광주 망월동묘지를 찾는 데서 시대, 역사의 교정을 보며 역사의 전진을 믿게 된다. 그런데 또 이 화합의 계기마저 거부하는 극렬세력이 있다니. 어찌할 것인가.

아직도 우리는 더 고민해야 한다.

추고 — 탈고 직후 2021년 10월 26일 노 대통령이 운명했다. 두 번 문상했다. 후에 파주 하관식장까지 갔다. 인간적으로 너무 불쌍하고 허무하다. 말년 14년이란 긴 시간을 소통 못 하고 누워 지내고. 문상받는 자리에 아드님 따님만 서 있어 너무 안타까웠다. 서울 - 대덕 왕복 헬리콥터 안에서 나한테 하던 가족(특히 따님) 이야기가 떠올라 더욱 안쓰러웠다.

정부의 국장 결정을 놓고 여당 안 일부와 정의당 그리고 광주단체들과 한겨레신문 사설이 공식으로 반대의견을 냈다. 그러나 정부의 국장 집행과 노 대통령 아드님의 5·18 사과와 겸손한 행보로 대한민국 정통성 논란에서 조금은 개선의 문을 넓혔다.

법적으로는 YS 때 김대중 야당 대표 의견을 받아 사면복권되었고, 광주희생의 상징인 DJ가 청와대로 전두환·노태우 전 대통령을 초치 국정을 논의한 사실도 있다. 그럼에도 문재인 정부의 국가장 영결식 현장에 국회의장, 대법원장 등 헌법기관장과 여당 당수가 불참한 것은 대한민국 정치파행의 비극적 단면이다. 대한민국의 국체(國體)적 질서와 현실정치 파행 간의 틈은 노 대통령 서거, 국장을 계기로 어찌 좁힐 수 있는 것인지 한때 노통과 함께 일했던 분들과 상의해야겠다.

(2021. 11. 3. 밤)

6장

동아일보 시절 ①
언론인의 보람과 정열

광화문 칼럼니스트 시절: '김진현 칼럼'과 NYT 칼럼

내 꿈: 광화문의 아롱, 리프만, 레스턴

1984년 말 동아에 복귀하고 1985년 6월 19일 첫 칼럼에서 1990년 10월 27일 마지막까지 총 120여 편의 '김진현 칼럼'을 썼다. 2주 1편 간격이었다. 내 언론인으로서의 꿈에 가장 가까웠던 시간이기도 했다.

1985년 동아일보사 다이어리(동아 복귀 후 받은 첫 다이어리) 첫 장에는 나의 다음과 같은 글이 나온다.

Herald Tribune(당시 뉴욕타임스 국제판), 1983. 10. 7. Raymont Aron 죽음. 드골(De Gaulle) 대통령 평. "Journalist at the College de France and professor of the *Le Figaro*."〔프랑스 대학의 저널리스트요, 피가로 신문(프랑스 신문이라는 뜻)의 교수〕 그리고 이어 아롱이 한 말이 영문으로 적혀 있다.

"나는 질문을 던지는 부류에 속한다. 나는 질문하는 사람, 의문을 던지는 사람 그리고 자기비판하는 사람이다. 나는 나 자신을 정치와 철학과 사회과학의 교차점에 세운다."

나는 드골 대통령의 평가가 참 마음에 들었다. 또 아롱의 자기위치 설정도 참 마음에 들었다. 1983년, 언론계에서 추방되어 한국경제연구원에서 일하면서도 아롱의 평가에 마음이 움직였던 것은 내 칼럼니스트의 꿈이 얼마나 컸었는지 되새기게 한다.

실제로 동아일보 복귀 뒤 1987년 8월 5일 자 내가 쓴 '횡설수설'도 나로서는 남기고 싶은 단편의 하나이다. 여기서 나는 뉴욕타임스의 전설적 칼럼니스트 제임스 레스턴이 30년 매주 계속했던 고정 칼럼을 78세 고령으로 부정기적으로 바꾼다는 소식과, 내가 1972년 하버드대학 니만 펠로 시절 만났던 인상 — 계속 파이프담배를 피우는 그의 오른쪽 엄지가 아예 검게 변색된 글쟁이의 연륜, 그리고 아롱 얘기를 인용하면서 이렇게 끝을 맺었다.

"일생을 일관하여 신문 글 쓰는 데 이바지할 수 있는 미국과 프랑스의 정치와 지성의 환경이 부럽고, 80이 되도록 글을 쓸 수 있는 그 노력이 부럽다. 한국의 레스턴, 한국의 아롱을 만들고 가꾸는 것도 새 민주화 뿌리작업 중의 하나이겠다."

내 심정, 나도 80 넘도록 칼럼을 쓰고 싶은, 그리고 그런 민주화, 그런 정치와 지성의 세계, 그런 교차점에 내가 서기를 바라는 심정의 표현이었다.

내 꿈은 한국의 아롱, 레스턴, 리프만이 되는 것이었다.

가장 힘 들였고 힘들었고 고통스러웠지만 가장 보람 있던 동아 칼럼니스트 시절

1985년 3월 논설위원실장에서 1990년 11월 10일 논설주간으로 동아일보 퇴사할 때까지 내 칼럼은 일생에서 가장 힘 들였고 힘들었고 고통스러웠지만, 칼럼니스트로서만은 보람 있던 시절이었다.

고통이라 함은 두말할 것도 없이 전두환 정권 말기 아직도 언론은 자유롭지 못해 틈을 비집고 들어가기 쉽지 않았다. 내 낡은 보관함에는 끝내 살리지 못한 칼럼 몇 개 있다. 그중 하나로 "김대중 씨의 귀국 — 정치의 실체와 음영 — 이질성 극복을 위한 정치장(場)의 구조변경을" 하는 제목의 2백자 칸막이 원고지 뭉치가 나온다. 2년여 미국 망명생활을 마치고 귀국할 무렵의 글이다.

또 "올림픽 국운"(1986. 2. 5.) 칼럼은 마치 '1986 아시안게임'과 '1988 서울올림픽'에 국운이 달린 것처럼 '정치휴전'을 떠드는 데 대한 정면비판이었다. 결국 3, 4판(지방판)에서 빠졌다.

정보부로부터 몹시 시달렸다. 나만이 아니라 며칠 동안 내 윗선들도 모두 문공부, 정보부, 청와대로부터 협박을 받았다. 경향신문은 며칠 뒤 내 칼럼의 반박칼럼을 실었다.

혼과 정력 몽땅 바친 칼럼: '담배=글' 30년 동반의 절연

혼과 정열, 혼신의 정력을 바친 칼럼이었다. 저널리즘의 대의를 지키기 위해 몇 날 며칠을 생각하고 뒤집어보고, 어제와 오늘과 내일을 새겨보며 그러면서도 '당국'의 감시, 압력을 뚫고 갈 예지까지 챙기며 좋은 결의 글을 써야 했다. 한 편의 칼럼을 완성하기 위해 밤을 꼬박 새운 적도 흔했다. 담배 잿더미가 수북이 쌓였다. 그만큼 한 편 한 편 칼럼을 갈고 닦았다. 정성을 다했다. 밤새 한 갑 피우는 것은 보통이었고 그 이상일 때도 꽤 있었다. 35년이 지난 지금까지도 집사람은 그 시절 담배 이야기를 많이 한다. 하루 서너 갑이 평균이던 시절이다.

그런 내가 1986년 3월 1일 아침 금연을 결심, 30년 피우던 담배와 절연했다. 당시 신문사의 휴일은 오직 '절' 4일, 3·1절, 제헌절, 광복절, 개천절뿐이었다. 그래서 모처럼 쉬는 날, 늦잠 자고 눈 뜨며 이부자리 속에 누워서 으레 하듯 담배를 찾아 손에 쥐었다. 그 순간 문득, 이 생각이 들며 내가 스스로 부끄러워졌다.

오늘이 3·1절, 67년 전 독립만세를 외치며 무려 2천여 명의 선인들이 생명을 바치고 그 많은 선열들이 독립운동에 희생됐는데 … 어찌 너는 그런 거창한 대의도 아니고 네 건강 네 생명 위해 담배를 끊는 게 좋다고 그리 권고하는 것도 실행하지 못하는, 그리도 의지가 약한 자냐, 하는 자문이 떠올랐다. 참으로 부끄럽고 한심했다. 그 순간 금연을 결심하고 쥐었던 담배를 버렸다. 이불을 젖히고 일어나 담뱃갑과 재떨이를 치워버렸다.

그리고 한두 달은 참 절절한 고통이었다. 글쓰기 = 담배피우기, 30년 글잡이 습관을, 그것도 논설실 책임자이며 칼럼니스트로서 정치권력과의 긴장의 나날을 보내는 처지에서 금연의 결단은 참 보통 고통이 아니었다. 물리적 금단현상은 물론 처음 며칠은 글이 나오지 않는 사고의 단절현상도 느꼈다. 그러나 3·1절의 애국선열들에 드린 작은 결심을 무너뜨릴 수는 없었다.

나 자신과의 싸움, 금연결심 하나 못 지키며 무슨 언론자유, 정의, 공동선을 말할 수 있느냐는 자신과의 의지 싸움이었다. 한 달을 지나며 자신이 생기고 두 달을 지나며 평상에 가까워졌다. 그리고 3개월 들어서부터는 금연 승리의 자신감과 함께 좀더 대의, 공익을 위해 글을 써야겠다는 칼럼니스트로서의 자신감까지 돋아났다.

내 칼럼에서 그리고 사설에서 비전지향, 미래 꿈이 좀더 대담해지고 정의, 국익, 희생, 참회에 대한 주장, 결의 다짐이 견고해지고 결연해진 것은 '금연' 성공의 자신감이 큰 역할을 했다.

왜 난데없이 '칼럼니스트 김진현'을 말하는 대목에서 '금연' 계기를 꺼내느냐고 의아할 수 있을 것이다. 나로서는 그때 금연의 금단 극복의 고통, 담배 안 피우고 글쓰기 시작하는 고통이 너무 큰 만큼 금연 성공의 자신감도 너무 컸었다. 그 후 지금까지 담배는 손대지 않았다.

TK, 대한민국 정통성: "노태우 선생에게"

내 120여 편의 '김진현 칼럼' 중 단 하나의 하이라이트를 뽑으라면, 특히 반응에 있어 하나만 뽑으라면 1987년 대통령선거 직후 취임 전 노태우 당선자를 향해 쓴 "노태우 선생에게"(1987. 12. 23.) 이다.

첫째는 대통령 당선자라곤 하지만 군인 출신이요, 또 대통령만이 아니라 DJ조차도 '선생'이라 부르지 않고 '씨'라 불렀다고 야단맞는 보스독주 정치, 언론 풍토에서 노태우 '대통령 당선자'가 아니라 '노태우 선생'에게라고 보통 편지형식을 빌린 표현이었다. 나는 칼럼 서두에서 '노태우 선생에게'라고 제목을 붙인 이유를 지금까지의 대통령 언급 '절대금지'를 비판하면서 "앞으로 우리 언론에서도 대통령을 상대로 쓰는 칼럼이 있도록 돼야겠다는 언론인적 발상에서입니다. … 솔직히 말하면 대통령에 취임한 뒤 딴소리 안 나오도록 지금 '당선자'의 자격으로 있을 때부터 아예 그런 글이 가능하도록 새 전통을 굳혀야겠다는 생각도 곁들여 있습니다"라고 강공했다.

둘째는 TK라는 용어의 힘이었다. 대구, 경상북도가 박정희 이래 전두환 - 노태우(1961~1993년)로 32년간 집권하게 된 권력독점 현상을 신랄히, 격렬히 비판했기 때문이다. TK는 이제 사전에까지 등재된 내 조어이다. 이 대목은 2017년 4월 13일 자 매일신문에 쓴 차재원 부산가톨릭대 교수의 글 중 일부를 옮기겠다.

> 한국 현대정치사에서 대구경북이 차지하는 비중은 상당하다. 박정희, 전두환, 노태우, 이명박, 박근혜, 무려 5명의 대통령을 배출했다. 이들의 집권 기간을 합치면 모두 40년. 대한민국 헌정사 69년 중 절반 이상을 대구경북이 호령해온 셈이다. 이 과정을 거쳐 대구경북은 한국 '보수의 안방'이 돼 버렸다. 그런데 정작 '대구경북'이라 부르면 이런 정치적 의미가 선뜻 떠오르지 않

金鎭炫 칼럼

盧泰愚 선생에게

〈本社 논설위원실장〉

내 조어 TK가 등장하는 칼럼
"노태우 선생에게"(1987.12.23.).
TK 마피아 차단과 대한민국 정통성
문제 해결을 촉구했다.

는다. 대신 'TK'라고 불러야 그 정치적 실체가 묵직하게 다가온다. 그만큼 TK라는 지역명 이니셜이 지닌 정치적 함의가 크다는 얘기다.

TK라는 말이 세간의 시선을 끌게 된 것은 1987년 12월 23일 자 동아일보 칼럼이었다. 논설실장이던 김진현이 당시 노태우 대통령 당선자에게 부치는 편지글 형식이었다. 칼럼은 당선축하보다 TK정치의 불편한 민낯을 아프게 지적했다. 먼저 다소 뜬금없이 "대구경북을 앞으로 TK라고 부르겠다"고 한 뒤 본격적 포문을 열었다. "직설적으로 말하면 TK인맥과 손을 끊어 달라는 것이다. 權(권력), 金(돈), 名(명예)이 따르는 곳의 높은 자리는 으레 TK生(출신)들이 실력이 있건 없건 버티고 있다. … 이제 TK 마피아는 노 정권하에서 다시 등용하지 않는다는 각오로 임하셔야 될 것이다." 박정희 이후 대구경북이 독차지해 오다시피 한 정치기득권 포기를 강하게 요구한 것이었다. 칼럼 파장은 컸다. 대통령 당선자에게 직설적 글쓰기가 생경했던 시대상황 탓만은 아니었다. 모두가 알지만 대놓고 말하기 어려운 대목을 직격했기 때문이다. 그래서 인구에 상당히 회자됐다.

셋째는 이 칼럼이 워낙 TK 용어와 함께 권력독식 비판의 톤이 강했기 때문에 TK 비판 칼럼같이 알려져 있지만, 실은 이 칼럼에서 '특별히 두 가지를 실천해 주십사고 호소합니다. 하나는 대한민국의 정통성 문제를 해결하는 대통령이 되어 달라는 것입니다. 선생께서는 대통령으로서는 법률적 정당성을 얻었습니다만 도덕적, 역사적 정통성을 확립할 일은 지금부터의 과제입니다"라고 했다. TK는 둘째였다.

이 첫째의 "시작과 비결은 딴것 아닙니다. 인사입니다. 독립운동, 건국, 자유민주주의, 도덕주의, 정통 쪽에 있는 분을 중용하시고 친일, 반민족, 반진보, 반도덕적, 근대화지상주의들은 멀리하고 청소하는 것입니다. 이 점을 따로 쓸 기회가 있을 것입니다" 하고 맺고 있다.

특별히 눈물, 공감, 절감(絶感)의 글이 독자의 호응 받았다.
남북이산가족 만남의 "눈물의 승화"(1985. 7. 25.), "정직한 역사의 희생자", "영광스러운 패배자"가 그런 것이다. 특히 위의 두 편은 DJ를 위해 20여 년 온몸을 바친, 'DJ의 미 국무성 담당관'이란 별명이 붙은 미국 매사추세츠주 우스터대학 최기일 교수의 회한의 눈물 이야기였다.

김준엽, 장준하와 같이 순정 민족주의자. 그가 권력탐욕 DJ에 대한 순정이 배반당한 회한의 눈물을 열 살이나 어린 내 앞에서 쏟을 때 당황을 넘은 절망. 그리고 그런 열렬한 자유민주주의 민족주의자가 남한 정치에 절망, '남한 주도 통일을 포기'하겠다는 한숨을 듣는 절감이었다. 이런 경험으로 해서 "노태우 선생에게"의 글 첫째 부탁이 대한민국 정통성 문제를 해결하는 대통령이 되어 달라는 주문이 나온 것이다. 특별히 가슴으로 쓴 글. 반미 외치며 미군철수 과격시위 하는 젊은이들에게 절절한 호소를 한 글이 "세대 간의 신음소리"(1986. 4. 30.)였다.

"주한미군 철수 부르짖을 필요가 있을 때는 반드시 온다. 남북민족세력이 자주적으로 한반도 평화 정착시키고 우리 정치가 서독처럼 공산당까지 합법화시킬 수 있도록 성숙했을 때, 다원적 협력에 의한 대소, 대일, 대미, 대중공 견제가 가능할 만큼 국력이 컸을 때, 주한미군 영구주둔세력을 향하여 대학생들의 철수 데모가 필요할 때는 반드시 온다. 지금은 아니다. 아들들아, 우리 세대의 고뇌와 신음소리를 한 번쯤은 귀를 기울여다오."

이 글이 나간 뒤 얼마 후 강남 어느 결혼식장에 참석하게 되었다. 식후 서너 명 젊은이들이 내게 다가왔다. 칼럼을 잘 읽었고 토론 끝에 주한미군 철수 주장을 접기로 했다는 일종의 새 각성의 소리였다.

내 칼럼의 네 기둥

가장 강렬하게 표현했던 가치는 진실 추구, 대의, 공익, 국익, 공동선, 기본, 기초였다. 절대주의, 일원론, 극단독선, 폭력적 이념, 운동의 지상(至上) 주의(그것이 민주건 민족이건 경제성장이건 환경이건 문화이건 종교이건)에 대한 저항이었다.

대표적인 것 제목만 추린다. 참회를 위한 특별법(1985. 12. 18.), 영광스러운 패배자를 만들자(1987. 7. 15), 정직한 역사의 희생자가 됩시다(1988. 4. 20.), 인간과 역사발전에의 신뢰(1988. 5. 18.), 두 눈으로 봅시다(1988. 6. 15), 준 만큼 받습니다(1988. 7. 7.), 선의 적은 최악과 최선입니다(1988. 9. 7.), 한 가지만 잘한 건 잘못한 것입니다(1990. 3. 31.), 절대주의의 역리(1989. 8. 5.) 등이다.

전두환 정권 말기 10년 군인통치 연장론자들 그리고 강고한 맹목적 YS, DJ 친위그룹 그리고 친북급진 좌파세력들에 대한 경고요, 비판이었다.

가치의 두 번째 기둥은 우리 스스로의 진실, 우리 자신에의 충실, 우리 스스로를 거울에 비추는 것이었다 — 가장 많은 횟수를 기록하고 있다. 그 중 몇 편만 고르면, 오 … 대한민국(1985. 11. 20. 일본 〈세카이〉(世界)에 전재), 한국의 선택(1986. 1. 8.), 고독한 길(1986. 7. 9.), 만들어가고 있는 나라(1986. 12. 3.), 한국의 길(1987. 4. 9.), 마지막 선택(1987. 5. 9.), 이러고도 되겠습니까(1987. 6. 3.), 나라세우기(1987. 8. 19.), 우리는 누구입니까(1987. 11. 25.), 사람의 공화국을 만듭시다(1988. 3. 30.), 이 나라의 공동화를 막자(1988. 6. 1.), 대한민국의 현주소(1988. 8. 10.), 5공과 김일성 극복의 민주화(1988. 11. 9.), 우리는 어디로 가고 있습니까(1988. 12. 7.), 민주주의의 확신을(1988. 12. 21.), 우리를 압시다(1989. 1. 11.), 나라를 위한 질문들(1989. 1. 25.), 나라의 중심을 새로 세웁시다(1989. 2. 8.), 나라를 생각해 주십시오(1989. 2. 22.), 우리는 너무 너무 건방집니다(1989. 3. 22.), 나라가 망한다는 것(1989. 6. 24.), 책임 있는 지도자가 없다(1990. 3.

3.) 등이다.

세 번째 기둥은 대한민국의 세계적, 역사적 위치, 위상, 실적과 과제와 명제를 내 나름의 비교방식으로 설파하는 것으로 한국혁명 150년(1986. 5. 28.), 한국은 세계의 중심에 서 있습니다(1988. 2. 3.), 한국에의 충실이 인류에의 충실이다(1989. 7. 13.) 등이 있다. 이 범주에는 국제회의 또는 외국정부 초청으로 해외에서 쓴 글도 꽤 있다. 워싱턴에서의 남북대화(1990. 5. 26. '미, 학술회의 남북대화, 동구 같은 변화 기대는 환상' 주장, 1990. 5. 21. 통단기사), 모스크바에서의 두 실감(1990. 2. 3. '인류의 자살을 막자. 모스크바 환경포럼' 참관기. 1990. 1. 26. 2면 전면기사), 의젓하게 갑시다(1990. 10. 6. 타이페이 '아시아언론과 민주발전' 세미나), 태평양의 대화(1986. 1. 22. 하와의 동서센터 대화), 프랑스에서 듣는 소리(1988. 10. 26.)가 그것이다.

나쁜 정치 속의 발전(1986. 11. 12.), 제 2 정치건국(1986. 4. 16.), 님의 침묵과 중산층(1987. 1. 7.), 미래의 착취(1985. 10. 23.) 등 내 독창적인 개념, 술어, 조어로 해서 회자된 칼럼도 꽤 있다.

독자가 보낸 감사선물

이런 것이 당시 칼럼니스트로서의 보람이었다. 세모에 이르면 뜻밖의 선물이 왔다. 이름 모를 남해안의 어부가 멸치 몇 포를 보내고 강릉 낙산사 스님이 한 다발 산채를 보냈다. 1년간 칼럼 읽은 감사를 조금이라도 보답하고 싶다는 사연과 함께. 여러 선물 중 이런 선물이 가장 강렬하게 기억에 남아 있다. 그 어떤 선물, 칭찬보다 흐뭇한 격려가 되었다.

광주의 홍남순 변호사, 조선일보 주필·고문이던 최석채 씨는 거의 정기적 코멘테이터였다. 이런 객관적 순수한 격려와 감사를 받은 것은 일생의 축복이었다.

열렬한 크리스천 청년 한 그룹이 꼭 나를 입교시키라는 성령을 받았다며 열심히 나를 추적한 적도 있다. 곤혹스러웠다. 그중 한 분은 지금까지도 왕래가 있다.

'김진현 칼럼'을 계기로 1988년 두 권의 책이 나왔다. 7월엔 동아일보 출판으로 《한국은 어디로 가고 있습니까》(1985. 6. ~1988. 6. 김진현 칼럼 전집), 그리고 8월엔 내 칼럼 일부와 신문 밖에 발표한 좀더 긴 글들을 합쳐 나남출판사에서 《한국의 선택》으로 나왔다. 《한국의 선택》에 나온 "통풍의 정치여 오라"(p. 21~24)는 1979년 10월 26일 밤 쓴 글이다. 다음 날 아침에 보니 내가 글을 쓸 때 박정희 대통령은 시신이 되어 있었다. "국회의원에게 띄우는 편지"(p. 25~26)는 원래 "N형에 띄우는 편지"였다. 언론인에서 국회의원, 정치인이 된 그때까지도 내가 크게 기대했던, 나보고 돈 걱정 말고 정치로 오라고 재촉하던 N의원에 대한 기대와 걱정과 한국정치의 지향을 꽤 깊이 여기저기 찌른 편지형식의 글이다. 나로서는 의미 있는 글이다. 지금은 결국 배반당했다는 기분이다.

《한국은 어디로 가고 있는가》는 내 아들 개혼 직전에 나온 것이어서 식후 답례 겸해 감사 인사장과 함께 이 책을 증정했더니 많은 답신이 왔다. 그중 아직도 보관하고 있는 답신이 몇 개 있다. 내 존경하는 신상(紳商) 한국유리 최태섭 회장님의 친필과, 특히 붓글씨 달필인 김종필 당시 신민주공화당 총재의 답신이었다. 편지 겉봉 수취인, 주소, 이름부터 '운정 전용전' 한지에 그 유려한 붓글씨로 " … '머리말에 붙여'에서의 담담한 술회 가슴에 닿습니다. 주옥같은 말씀들, 항상 제 좌우(座右)에 있을 것입니다"라고 썼다. 지금 내가 쓴 그 '머리말' 읽어도 1980년 동아일보 쫓겨나서 다시 복직 후 칼럼 쓰는 결의와 인내와 담담해지려는 노력의 과정을 절절이 느낀다.

NYT(1987. 7. 8.)에 쓴 칼럼: 동아일보 최초, 전무후무 기록

NYT 로젠탈 편집인과 J. 팰로우와의 만남

1985년 12월 7일 일요일 아침 7시 반, 뉴욕타임스 편집인 A. M. 로젠탈, W. 호그 외신부장을 서울 힐튼호텔에서 조찬하며 만났다(만났다기보다 그들의 신중한 선택으로 나를 고른 것이다). 그의 방한은 단 하루 일정이었다. 필경 서울을 커버하던 도쿄 특파원과는 물론이고 서울 대사관과 워싱턴 국무성 한국담당자들에게서도 딱 한두 사람 서울의 언론인을 만나려면 누가 좋을지 탐색했을 것이다. NYT의 성격상 '상의'라는 말은 적합지 않다.

이때 내 한국정세에 대한 설명을 들은 뒤 '1950년대나 80년대나 같은 이야기', '정부는 독재, 학생은 저항', '야당은 분열'이란 이들의 반응이 내 메모에 나온다. 또 '대안이 뭐이냐', '학생들 제시 대안은 뭐이냐', '학생운동과 야당 학생운동과 종교'란 대목도 나오는데 이들의 질문이었을 것 같다. 아니면 이들과 만난 뒤 이들의 반응을 듣고 내가 더 천착해야 할 대목을 적어놓은 것인지 확실치 않다.

또 지금까지도 저널리스트로, 저자로 유명한 패트릭 스미스가 뉴욕타임스 일선기자일 무렵 서울에 들렀을 때 두어 번 만났다. 1987년 4월 27일 자에는 서울발로 "지금 서울은 '정치공백': 한국인들은 새 정당, 야당 분열 그리고 전(전두환) 을 걱정한다"는 장문의 기사를 2면에 싣는다. 그 기사 한중간에 동아일보 논설주간 김진현의 말 인용을 표제활자로 중간제목으로 달았다. "만일 이 상황 심각히 잘못 다뤄지면 군의 재등장 가능성도 배제할 수 없다"(*If this situation is seriously mismanaged, we can't rule out a more by the military*).

이런 인연으로 해서 뉴욕타임스 도쿄특파원은 사람이 갈려도 계속 나와 접촉이 있었다. 1987년 6월항쟁으로 대통령직선제 민주화가 성공한 직후 뉴욕타임스(국제판인 *Herald International Tribune*) 에서 급히 오피니언면에 칼럼을 써달라는 부탁이 왔다.

1987년 7월 8일 자 서울발 동아일보 논설주간의 칼럼 "New Korean Terms and High Hope, But a Miracle as Yet Unworked"("새 한국의 기회와 높은 희망. 그러나 기적은 아직 오지 않았다")였다. '정치 기적', '제 2 건국', '신흥 민주국가'('신흥 공업국가'와 대비) 등의 새 용어가 번지는 희망과 기대로 시작, 결말은 예상 가능한 전개 — 또 하나의 군사쿠데타에서부터 강력한 기독교사회당의 등장까지 포함, '한국의 정치 기적은 아직 확실치 않다'라고 끝낸다.

칼럼이 나간 지 나흘 뒤 NYT 홍콩특파원으로 있는 P. 스미스로부터 7월 12일 자로 팩스가 왔다. 8일 자 내 칼럼에 대한 반응이었다. 뉴욕타임스 기자들과 한국에 관심 있는 인사들이 긍정적(*favorable*) 코멘트였다는 것과, 특히 로이터통신 사람들은 현 한국 상황에 대한 최고(*one of the best*) 의 글이라 했다며 칭찬했다.

언론 글쓰기에도 참으로 여러 급이 있구나.

역시 뉴욕타임스였다. 전에 긴 특집기사 썼던 런던타임스나 *FEER*도 영문 다듬기에 까다로웠지만 두어 번 손보면 끝이었다. 뉴욕타임스는 비교가 안 되었다.

6·29 나고 원고청탁 온 것이 7월 1일 무렵이었을 것이다. 4일 자 내 첫 원고 보낸 뒤 5일 자로 온 첫 수정원고까지는 보관되어 있다. 4일간을 서울과 뉴욕 간 팩스로 추고하고 추고한 끝에 나왔다. 마지막 원고는 처음 내 원고를 사실상 완전히 개작한 것이라 할 수 있다.

나도 글쟁이지만 어휘 하나하나에 그리고 문맥잡기에 이렇게 엄격한 것은 처음 경험했다. 언론, 글쓰기의 경지에도 참으로 여러 급이 있구나 하는 깨달음, 큰 경험이었다.

내 뉴욕타임스 칼럼은 나로서는 일생의 귀중한 자산이다. 동아일보 역사상, 또 한국 언론사상 뉴욕타임스에 칼럼이 실린 최초요, 지금까지도 전무후무한 기록이다.

그러나 뉴욕타임스 칼럼 나온 것, 김상만 회장만 칭찬했지 동아일보 안에서는 아무도 언급이 없었다(웬만하면 이 칼럼을 동아일보에 번역·전재할 만한데 아무도 제기 안 했다). 그 무거운 침묵은 무거운 질투의 표시였는데 나는 너무도 둔감했다.

나는 광화문 한복판 동아일보에서 '김진현 칼럼'을 쓴 것, 그리고 세계 양대 최고 권위지인 미국 뉴욕타임스에 칼럼을, 영국 런던타임스에 특집 전면 커버기사를 쓴 동아일보 언론인으로서의 기록을 내 칼럼니스트 인생 절정의 기록으로 꼽고 있다.

International Herald Tribune
WEDNESDAY, JULY 8, 1987

New Korean Terms and High Hopes, But a Miracle as Yet Unworked

By Kim Jin Hyun

Democracy for Everyone, but Maybe Not Now or Even Soon?

IHT(New York Times 국제판) 나의 칼럼(1987. 7. 8.). 아직까지 한국 언론인 중 누구도 NYT 칼럼을 쓴 내 기록을 깨지 못했다.

런던타임스와 FEER 특집기사와 일본 신문들 기고문

방송국에서 보도국장의 악몽이랄까 고생에서 그리고 회사에 대한 실망이 겹친 나는 1975년 말 겸직에서 해방된 논설위원(1978년 초까지)으로서 밖에 눈을 많이 돌린 것 같다.

특히 그 시기는 1962년 홍콩 방문에서 인연을 맺은 아시아 유일 커버 주간지 *FEER*와의 인연으로 홍콩 본사의 필립 바우링 경제부장이나 시니어기자였던 아와노하라 스스무가 서울에 오면 으레 논설실 내 방을 찾거나 식사하며, 말하자면 이들의 취재원 노릇 또는 취재소스 연결을 해주었다. 1976~78년 걸쳐 이들의 기사에서 내 이름이 자주 나온다.

그리고 이 주간지 1977년 5월 20일 자 "1977 한국경제" 특집 첫 총론(*overview*) "성장목표 향해 가속페달 밟기"(Pedaling Faster in Hot Pursuit of Growth Targets) 기사 4페이지를 내가 썼다. 사진은 포니자동차 조립라인을 싣고 "현대 포니: 다음 수출 상징"(Hyundai Pony: The Next Export Symbols)이란 캡션이 나온다.

이것을 계기로 해서 같은 영국 계통 일간지 중 최고 권위지인 더 타임스(보통 런던타임스라 부른다)로부터도 특집기사 요청이 왔다. 1977년 9월 7일 11면 전면을 덮는 "국제수지 처음 흑자로"(Balance of Payments Surplus for the First Time)이 실린다.

런던타임스 기고 영문 다듬기에 당시 서울 *FEER* 주재기자였던 심재훈 씨의 큰 도움을 받았다. 당시 한국경제는 경공업 성공의 신화에서 머물지 않고 선뜻 조선, 기계 등 중공업을 지향하는 만성 국제수지 적자국에서 중동건설 진출로 흑자로 돌아서는 굴기(崛起)가 전개되고 있었다.

정치정세는 2년 뒤 10·26을 향해 가고 있었으나 경제적으로는 '한강의 기적'의 1차 마무리 단계에서 외국으로부터 경제기사 요구가 늘어났다. 일본경제신문(日本経済新聞), 요미우리신문(讀賣新聞), 주간 도요게이자이(東洋経済日報), 월간 〈세카이〉(世界) 등 일본 신문 등에도 내 기고문과 내 칼럼 번역문이 실려 있다.

광화문 밖, 제 2 칼럼니스트 시절(1993~99)
제 3 동아일보 객원논설위원 시절(2017~18)

1993년 2월 정부에서 퇴임 후 고려대 언론대학원 초빙교수, 한국경제신문 회장 거쳐 1999년 서울시립대학 총장 퇴임까지 6년은 나로서는 제 2의 칼럼니스트 시절이었다. 2기로 나눠지는데, 장관 퇴임부터 대학으로 가는 1993~95년 전반과 총장에서 문화일보 가기 전까지 1995~99년 기간이다. 그리고 2017~18년 동아일보 객원논설위원으로 동아광장 칼럼 집필 제 3의 칼럼니스트 시절이다.

전기(1993~95)

중앙일보 "시평"
이미 장관 퇴임하기 1개월 전 중앙일보 "시평" 칼럼 집필자가 되어 1993년 1월 21일 자로 "아태평화 위한 기술동맹전략"을 시작으로 6개월간 다양한 주제의 글을 썼다. 6월까지 모두 6편을 썼다. 이 중 내가 가장 아끼는 글은 "관(官)도 민(民)도 공(公)이다"(1993. 2. 18.). 관만이 공적 책임 있는 게 아니며 기업 영역도 주식회사 설립과 자본시장 발달과정을 추적, 기업은 민간부문이나 공공영역임을 강조했다. 언론, 대학, 노조, 교회, 자선단체들 이른바 중간 조정기구들도 사(私)적 영역이 아니라 공공영역, 특히 지도층의 공인화가 절실함을 강조한 것이다.

조선일보

1993년 10월 25일 "한·중·일 모두 변해야 한다" 시론을 시작으로 1994년 1월부터 6월까지 조선일보 "아침논단" 집필자로 "정보고속도로망 시급하다"(1994. 2. 14.)가 눈에 띈다. "국제주의적 민족주의가 살 길: 신 4강시대 세계화와 한국좌표" 8·15 특별기고(1993. 8. 17.), "21세기의 한국 민족주의" 창간 94주년 심포지엄 주제발표(1994. 3. 5.)도 했다. 이 무렵 조선일보 21세기 정보화포럼 위원으로 참여했다.

한국경제신문

조선일보 필자를 끝내면서 이어 한국경제신문 회장 취임을 계기로 격주로 '김진현 칼럼'을 싣게 된다. 총 7회, 첫 회가 "중심을 새로 세워야 한다"(1994. 9. 15.)에서 1995년 1월 20일까지 총 6회 쓴다. 두 번째가 "역설 정보교육망국론"이다. 1950~60년대 교육망국론이 나온 만큼 정보기술자, 정보SW, HW 기술교육을 극대화하여 정보교육망국론이 나올 만큼 정보기술 인력이 넘쳐흐르게 하자는 주장이었다.

한경에서 회장 사무실을 쓰던 1994년 3월부터 1995년 5월까지(실제는 1월) 불과 10개월 사이 "김진현 칼럼"과 한경시평 "의식개혁칼럼" 등 칼럼만 10여 개, 그리고 각종 국제회의, 국내회의 주제발표 또는 기조연설문으로 "신동북아시대 한국과 일본의 역할", "동북아의 새 기류", "전환기 도시 — 삶의 변화와 도시위기 해결의 길" 등 세 편이 2면 또는 3면을 모두 채웠다. 또 1994년 3월 31일 자엔 유니세프(UNICEF) 베트남 방문단장으로서 한국전쟁 후 UNICEF 원조만 받던 한국이 최초로 베트남 어린이와 초등학교를 지원하러 배우 안성기 씨, 박동은 사무국장과 같이 간 여행기를 또 한 면 차지하는 글로 썼다. 한국경제신문은 그 후 서울시립대 총장, 세계화추진위원장 시절 계속 다보스회의, 몽펠르랭소사이어티(1994. 9. 25. ~30.), 미국과 태평양 지역에서 열린 국제회의 참가 글과 여러 세계화 관련 글을 실었다.

또 한국경제신문 창간 30주년 기념특집으로 1995년 10월엔 워싱턴까지 가서 미국기업연구소(AEI)의 종교경제철학자인 M. 노박과 당시 클린턴 정부 대통령 경제자문위원장인 로라 타이슨 박사와의 장문의 대담 인터뷰를 한다.

부산일보

1994년 4~5월에 걸쳐 "부일시론", 5월 26일 "정보화, 선진국보다 더 필요하다" 등 4편을 집필했다.

이 무렵 칼럼들은 정치보다 균형개발(중앙 '시평', "목포 쪽의 제2해양화"(1994. 5. 20.), "세계 중심에 서는 황해와 동해"(1994. 6. 17.) 등 보다 현실적인 논의들을 많이 쓴 셈이다.

후기(1995~99)

서울시립대 총장 시절 여러 글을 청탁받아 썼지만 일간신문 정기 고정칼럼은 문화일보와 한국일보가 가장 길었다.

문화일보 자문위원을 겸하면서 사외 집필자가 되어 1996년 10월~12월에 2회, 1997년 7회, 1998년 7회, 1999년 3월까지 3회 모두 19회를 썼다. 그중 "'살신성국'을 보여라"(1997. 12. 18.)의 나의 원제는 "새 대통령의 비장한 희생"이었다. 김대중 대통령은 영광과 꾸밈보다 희생의 모범을 보여 달라는 것이었다.

1998년에 "IMF 국난 참회의 한 해"〔1998. 1. 5., 내 원제목은 "오직 새해 참회의 제전(祭典)을"〕, "제2 건국과 지도자의 헌신"(1998. 8. 31.), "나라의 기본을 세우는 일"(1998. 11. 30.) 등 이른바 IMF 외환위기 극복을 위해 DJ를 포함한 과거와 현재 기득권 세력에 대한 자발적 희생과 참회를 촉구했다.

한국일보 정기 칼럼니스트로 격주 간으로 1998년 4월 14일부터 1999년

2월 23일까지 17회를 썼다. "전직들의 참회 없이 개혁 안된다"(1998. 4. 14.)의 첫 칼럼을 시작으로 "반체제 만드는 지도자들"(1998. 4. 28.), "신화의 붕괴"(1998. 6. 9.), "하늘이 무너지면 무너진다"(1998. 7. 28) 등이 눈길을 끈다. 외환위기 시절 강한 위기의식과 우리 모두에 "주체적 비판적 판단"(1999. 2. 23)을 요구했다.

도서신문에는 1997년 12월 16일 "개혁 넘어 혁명"을 시작으로 1998년 6월까지 6편을 월 1회 원칙으로 "국무위원의 세 가지 조건"(1998. 3. 16.), 교포 출신으로 도쿄대학 정교수가 된 강상중 박사의 지론인 "한·일 대(對)미·중?"을 다룬 글이 새롭다.

문화일보, 한국일보와 도서신문같이 정기칼럼은 아니지만 한국경제신문에는 1995년 5월 29일 자 "한국 경제성장의 돌출과 변용"을 시작으로 1999년 3월 3일 "센 교수의 메시지"에 이르기까지 8편을 썼다. 특히 샌프란시스코에서 열린 제1차 아시아태평양 정보산업정상회의(APITS) 참석 칼럼(1997. 11. 26.)과 10월 9일 한경 창간 33주년 기념 '환황해 경영 한·중·일·미 국제포럼' 기조강연, "세계경제에 있어서의 동북아시아: 근대화 넘어 동양의 르네상스를 위해"는 기록해둘 만한 기록이다.

이외에도 칼럼으로 조선일보에 "정보, 환경, 미래지향의 실업대책을"(1997. 12. 19.)을 그리고 매일경제신문 "자율적 한국혁명 필요하다"(1997. 4. 16. 비전코리아 특별기고)와 서울신문에도 칼럼을 썼다. 서경석 목사가 하는 NGO 활동 주간지인 〈시민의 신문〉에는 거의 매호 서비스했다.

광화문에서 쓰는 칼럼과 광화문 밖에서 쓰는 칼럼의 차이

1990년대 제2의 칼럼니스트 기간(1993~99)을 회고해보면 외환위기 전후로 나뉘어 주제와 강조점의 차이가 있기는 하나, 진실에의 외경(畏敬), 주제 선정과 성격 규정의 예민함, 종합, 통섭적 분석과 판단 그리고 통시적 맥(*context*), 호소력에 있어 큰 차이는 없다.

그러나 내가 생각하기에 동아일보에서 쓸 때같이 내 터, 내 생명의 기관, 이 나라의 중심에서 좌정(坐定)해서 쓴다는, 상징적으로 말하면 '광화문'에서 쓰는 칼럼과 광화문 밖에서 쓰는 칼럼의 차이를 느낀다.

그것은 혼과 정열과 정성, 한 편 한 편의 칼럼에서 심혈이 함께한 혼, 정열, 정성이 담겨 있느냐 없느냐의 차이이다. 겉으로는 밤새워가며 쓰는 것이냐 시간 맞춰 쓰는 것이냐의 육체적 차이이다. 광화문 "김진현 칼럼" 시대 6년…. 그립다.

칼럼을 정리하다 보니 "2020년대와 21세기"(한국경제, 1997. 7. 22.)와 "역사의 분수령, 2020년의 준비"(한국일보, 1999. 2. 2.)가 나온다. 다시 읽어보니 꼭 4반세기 전 진단과 2021년 오늘의 실체를 재점검하는 글을 써야겠다는 충동이 강하다. 이 지면에 쓸 수는 없다. 회고록 마친 후 꼭 점검하고 다시 미래 20년, 2040년을 써야겠다.

제 3의 칼럼니스트 시절(2017년 동아일보 객원논설위원)

2016년 박근혜 대통령 정국운영이 꼬이고 갈등을 빚으니 동아일보로부터 대담, 정담의 요청이 자주 들어왔다. 연말엔 아예 새해부터 객원 논설위원이 되어 '동아광장' 정기 집필자가 되어 달라 했다. 3주에 한 번씩 1년여에 걸쳐 나로서는 제 3의 칼럼니스트 생활을 한 셈이다. 박 탄핵-문재인 등장의 과도기, 광화문 촛불 광풍과 덕수궁 대한문 앞 태극기 열풍 속에서 이성, 통합, 국가정체성 살리기 어려운 시절이었다. 1985년 무렵 김진현 칼럼 시절의 물리적 위협과는 비교가 안 되지만 폭론의 공격은 그때만 못지 않았다.

"2017년 역사의 반복이냐 창조냐"(2017. 1. 6.), "이 땅에서의 삶에 대한 묵시록적 성찰"(2017. 2. 24.), "실패한 북핵게임에서 나라를 지키려면"(2017. 7. 6.), "이 땅이 아프다"(2017. 8. 31.), "이 귀중한 64년(1953~2017) 간의 평화"(2017. 10. 19.), "희생으로 성공한 대통령을 보고 싶다"

(2018. 1. 26.), "대 반동의 시대와 대한민국의 가치"(2018. 3. 15.) 등 20여 편을 쓴다. 특히 마지막 칼럼은 문재인의 오늘을 내다보고 있다.

대륙과의 데탕트시대: 동아의 국제창구

소련 타스통신 스포츠사진전: 최초의 소련 언론과의 공동주최 행사

1980년 중반 이후 한국으로서는 1988년 서울올림픽, 그리고 세계적으로는 1989년 6월 4일 베이징 천안문사태, 11월 11일(한국시간 10일 새벽) 베를린 장벽이 무너지기 전후부터 완연히 남·북, 미·소 관계는 데탕트의 훈풍을 탄다. 나는 11월 11일 자 사설을 "허물어진 분단의 벽"이란 고딕체 제목의 통단사설로 28년간 닫힌 동서장벽의 붕괴를 다뤘다.

소련 접촉 — 먼저 제의

동아일보 역시 막혔던 대륙 소련, 중국, 북한 접촉에 나섰다. 가장 구체적 첫 작품이 1988년 9월 5일 세종문화회관에서 열린 소련 타스통신의 '스포츠 사진전'이었다. 올림픽 개최를 계기로 소련 유일 국영통신인 타스가 보유한 소련 스포츠행사 기록, 흥행 등의 사진 250매를 골라 12일까지 서울올림픽을 축하하는 사진전을 연 것이다.

세 가지 의미에서 획기적이었다. 첫째, 한국 언론사로서는 소련 언론사와의 공동주최라는 점에서 처음 있는 일이었다. 둘째는 이 무렵 '볼쇼이발레단'의 공연이 같은 세종문화회관 중앙홀에서 열림으로써 한·소 데탕트의 문화적 전개를 동아일보가 압도하는 효과가 있었다. 셋째는 사진전 개막식에 릴리 주한 미국대사가 직접 참석하며 서울 광화문 한복판이 미·소

데탕트의 현장이 된 것이다. 1990년 9월 한·소 수교 꼭 2년 전이다. 개막식 사진에는 맨 왼쪽부터 김상만 회장, 릴리 대사, 나, 블라디미르 쿠츠코 타스통신 도쿄지국장, 그리고 타스통신 본사 빅토르 자스핀 부사장이 나란히 나타난다.

나는 이 무렵 회사의 명을 받아 정확히는 김상만 회장의 명을 받아 동아일보와 미수교 북방국가와의 교류를 모색하고 있었다. 당시 나하고 친했던 도쿄의 뉴욕타임스, 뉴스위크, LA타임스 그리고 뉴욕, 워싱턴, 샌프란시스코에 있는 미국, 한국 교수·언론인들에게 접촉 통로를 여러 각도에서 모색하고 있었다. 타스통신 도쿄지국장 쿠츠코와의 접촉도 이런 과정의 산물이었다.

첫 만남은 1988년 3월 24일 밤 삼청동 대원각에서였다. 외무부 박수길 차관보와 같이했다. 내 이름과 소개를 뉴스위크의 버나드 크리셔로부터 받았다 했다. 그와의 대화기록 중에는 "① 북한보다 한국이 더 가까워, KAL기 사건 반(反) 문명, ② 일본이 INFC(핵금지협정) 제일 반대. 미·소 대결을 원한다. 그래야 양쪽 장사, 한국전 베트남전 덕, ③ 미, 핵+미군 철수하면 한·소 실질협력, ④ 소련 사진전 올림픽 전후"가 나온다.

올림픽 계기 스포츠 사진은 타스 쪽 제안이었다. 신문사로서는 특파원 파견이나 소련 입국 취재가 우선 관심이었다. 쿠츠코에게 보다 구체적으로 서신을 달라했으나 쉽게 답이 안 왔다.

이 무렵 나는 소련과 꽤 접촉이 잦았다. 타스통신과 만난 다음 날 소련 무역지의 도쿄특파원 세르게이 V. 부리에가 내 방을 찾고 그는 다음 달 18일 아침에 또 내 방을 찾는다. 타스통신과의 사진전 1주일 뒤에는 다시 티타렌코 소련 극동연구소장을 만나고, 또한 8월 4일 저녁을 소련 문화성 대외국장 V. G. 알렉산드르와 같이한다. 일본예술(Japan Arts)사 총무부장의 주선으로 일본 측 통역의 도움을 받았다.

다음 주에 동아일보 주최 볼쇼이발레단의 내한공연 계약이 성사된다.

타스통신과의 사진전 개막 1주일 뒤엔 다시 티타렌코 소장과 만난다.

6월 12일에서야 '스포츠는 평화다'라는 제목으로 250장의 컬러와 흑백사진과 이 전시를 위한 타스 사진부 직원 파견 등을 제안하는 편지를 보내왔다. 나는 전화로 본사의 책임 있는 서신을 요구했다. 20일에는 본사로부터 OK 받고 본사 간부가 서울 전시에 직접 참석한다는 통고를 해왔다. 나는 6월 24일 자 편지로 경비, 장소 등에 동아 측의 입장을 밝히고 동아가 23년째 매년 개최하는 동아 국제사진전 출판물을 같이 보냈다. 이 국제사진전은 김병관 부사장 겸 발행인의 각별한 관심과 주관으로 진행되어 왔다는 해설이 담겼다. 그의 소련 방문 의지, 즉 전시회 후 그의 방소를 염두에 둔 것이다.

꼭 개인 선물 바라는 소련상대들

사진전 성사도 맨입으로 된 것은 아니었다. 왜 그런지 쿠츠코는 대우자동차의 르망 세단차를 원했다(자기가 3천 달러는 낼 용의가 있다며). 동아일보에 있다가 1975년 파동에 나간 대우기획실의 김욱한 씨가 나에게 보낸 8월 12일 자 편지를 보면 공장도가격 5,625달러 르망을 도쿄 타스통신사에 주는 데 수송비, 통관비, 일본 내 등록비 등 총 1만 490달러가 들었다.

가짜 초청 소동

그러나 김 부사장이나 나의 소련 취재 약속은 물거품이 되었다. 내가 9월 14일에 문공부에 제출한 소련 취재 신청공문을 보면 그전에 쿠츠코로부터 초청통지가 온 것 같다. 나의 본사 초청이 결정되었으니 타스통신 파리지사에 가면 모스크바로 가는 절차가 준비돼 있다 했다. 바로 파리로 갔다. 그러나 파리지사는 전혀 모르는 사실이라 했다. 서울서 연 사진전 기사 보여주며 말해도 모스크바에서건 도쿄에서건 연락이 없었다는 것이다. 황당했다. 쿠츠코에 전화해도 받지 않았다.

그래서 내가 한국경제연구원에 있을 때 처음 한국방문 기회를 마련해준 교수, 지식인, 평론가 나중에 총리특보를 지낸 기 소르망에게 급한 도움을 청했다. 그는 러시아어에도 능통했고 모스크바 고위급에도 친구가 꽤 있었다. 나를 위해 이틀간 모스크바의 외무부와 타스통신 본사, 파리 소련대사관 등에 전화하고 확인했다. 쿠츠코가 사기친 것이다. 소르망의 판단은 소련 정부나 타스통신 본사의 방침은 특정 이벤트에 대한 취재 같은 것은 몰라도 한국의 큰 신문 경영, 논설책임자를 초청하기에는 한・소 관계가 시기상조라는 것이었다.

소르망의 판단이 맞는 것인지, 아니면 당시 소련의 무너져가는 경제를 보면, 또 다른 선물, 쿠츠코 개인이건 모스크바 본사이건(어쩌면 자스핀 부사장, 그의 내한 시 특별선물을 한 기억이 없다) 선물이 부족해서였는지, 씁쓸하다.

김 회장과 샌타바바라 '동아 새질서' 6개국 회의

왜 나를 방일 수행시켰는지

나는 김상만 회장을 수행, 1988년 4월 10일부터 13일까지 도쿄를 다녀왔다. 와세다대학 동창인 다케시타 노보루 일본 수상과 김 회장의 만남의 수행원 자격이었다.

왜 나를 시켰는지 까닭을 모르겠다. 지금 생각해도 이런 대목에 둔감한 나 스스로가 너무 실망스럽다. 현지에 국장급 동아지사장이 있고, 또 본사에도 도쿄특파원 지낸 이사급 간부가 3명이나 있는데. 타스통신과의 사진전 그리고 볼쇼이발레단 초청 격려였는지. 일본 다녀온 뒤 한 달쯤 뒤 5월 6일 나를 불러 당신이 10일 영국 방문하는데 귀국하는 대로 한・미 관계 따로 메모해 보고하라 했다. 이런 경위를 보면 나를 동아의 국제창구로 쓸 요량이었던 것으로 보인다.

방일 전 특별한 준비, 지시한 것도 없었다. 12일 다케시타 수상 면담에 대한 기록이 없는 것을 보면 동창간의 회고담이 많았고 내가 신경 써야 할 외교정세 사안이 없었던 것 같다. 저녁에 동아의 제휴사인 아사히신문 전무, 편집국장과의 만찬은 올림픽 취재에 대한 상호협력이 주 화제였다. 지금까지 인상에 남는 것은 떠나기 전날 점심을 당신께서 와세다대학 시절 잘 다니던 집이라며 허름한 대학 근처 닭집을 간 것이다. 닭집이라지만 닭 날개 요리만 전문으로 하는 집이었다.

1989~90 샌타바바라 1차 DAIS

김병관 부사장의 북방 노력

1988년 올림픽 계기로 동아의 대륙 접촉, 북한 접촉은 활기를 띠었다. 1989년 2월 12일 김병관 부사장이 북한 방문을 위해 출발한다. 이때 김병관 북한 방문은 내가 간여하지 않았다. 사내선이 아닌 외부비선으로 알고 있다. 다만 2월 10일 자로 대표이사 발행인 김병관 명의로 북한 사회과학원 양형섭 원장에게 쓴 편지에 ① 내년 4월 1일 창간 70주년 맞아 남・북, 미・일・소・중 6개국 국제관계 권위자들이 모여 '동아시아의 새질서'를 주제로 토론회를 갖자고 제안하고, ② 장소는 서울, ③ 비용은 본사 부담, ④ 본사 사업담당자로 김진현을 지정하고 있으니 보다 자세한 문의는 언제든지 연락하라는 내용이 적혔다.

이 6개국 국제학술회의 '동아시아의 새질서' 아이디어는 이미 1979년 내가 1980년 동아 창간 60주년 행사계획으로 짜 놓은 것이었다. 이때 3계획안을 회사에 제안한다.

I. '동아(東亞)'의 새질서 구축 국제학술회의

1. 배경: 동아일보 국제학술회의(그간 동아는 1968년부터 1975년까지 6번의

국제학술회의, 1978, 1979년 두 번의 한・미・일 학술회의 열었는데 모두 미국대사관 또는 미국・일본 측의 공동후원이었다) 의 확대 발전으로 통일지향뿐 아니라 통일 이후에도 계속, '동아시아'의 세계 중심무대화와 일치

2. 시기: 1980년 4월 1일 이전 또는 직후
3. 장소: 서울 또는 미국(아마도 SF 또는 호놀룰루)
4. 참가자 후보명단
5. 의제를 나열하고 추진방법으로 ① UC 버클리대학, 스칼라피노 교수의 IEAS 연구소 동원 — 일괄청부형식, ② 일본의 'Forum 80' 동원, 중국사회과학원, ③ 소련 …, ④ 북한은 스탠퍼드의 J. 루스 참여 알선 등이 기록되어 있다.

II. 한민족문화회의 개최

1. 제목: 한문화의 국제화
2. 시기: 1980. 3. 1.
3. 장소: 서울 아니면 홍콩(도쿄는 피하는 것이 可)
4. 대표선정 …
5. 의제 …

III. 아시아인의 상호 이해: 6개국 언론 심포지엄

1. 한국 동아일보, 북한 노동신문, 일본 아사히, 미국 LA타임스 또는 SF *Examiner*, 소련 프라우다, 중국 인민일보 참가
2. 배경: 고재욱언론상의 축적 동원〔아시아신문재단(PFA: *Press Foundation of Asia*) 주관 아시아언론인상 수여〕
3. 동아일보와 PFA — 동아는 1960년대 말부터 노력, 아시아언론 상호교류와 이해 증진을 목표로 한 PFA를 설립, 홍콩의 인도 출신 언론인 초들리를 초대 사무국장으로 마닐라에 사무국을 차리고 그 후 홍승면 논설위원이

마닐라에 상주했었다. 그러나 오래 지속은 못하고 PFA나 고재욱언론상 모두 중단상태였다.

1999년 문화일보 회장 취임 후 사실상 이름만 남은 PFA 이사장을 맡고, 당시 그리고 현 사장인 김재호 씨를 보스턴 국제언론인협회(IPI) 회의에서 만나 동아시아시대 정말 동아일보가 아시아 언론의 중심 매개역할로 비상하시라는 말씀과 PFA 이사장 맡으라 간곡히 권유했다.

1979년에 1980년의 창간 60주년 행사용으로 만든 이 아이디어를 1988년 말부터 김병관 부사장에게 그대로 다시 전달했다. 부사장 대표이사이나 사장으로 전권장악 욕심이 충만했던 그로서는 새 경지 새 이슈 북방대륙 통로에서 찬스를 잡으려 노력했던 것 같다.

그러나 방북 이후에도 별다른 지시나 결정이 나에게 없었던 것을 보면 진전이 없었거나 다른 비선을 동원했던 것 같다. 특히 워싱턴의 문명자 씨를 통한 작업은 내 기록에도 나오나 결과에 대한 흔적이 없다.

스칼라피노 교수에의 편지

1989년 3월 3일 나는 UC 버클리대학의 로버트 스칼라피노 교수에게 3페이지에 이르는 긴 편지를 쓴다. 이쁜 크리스마스카드 주신 데 대한 감사와 7월 3차 한·미 관계회의 참석하겠다는 인사와 함께 최근 부시 대통령의 아시아 방문에 대한 교수의 백그라운드 페이퍼에 대하여 특히 마지막 장에서 'Asianization on the basis of soft regionalization by vortex of Japan'에 대한 의문과 〈이코노미스트〉가 신년호에서 아시아 발흥에도 불구하고 "범대서양 관계는 결코 범태평양 관계에 의해 대체되지 않을 것이다. 먼 장래까지도"라는 서술에 대한 의견을 물었다.

그리고 이 편지 본론으로 ① 내년에 동아일보가 70주년을 맞는데 '동아시아의 새질서를 찾아서'라는 주제로 이 지역 6개국 주류 지성인들의 국제회의를 개최코자 하며, 1990년 1회에 그치지 않고 '동아국제심포지엄(DAIS)'의 시리즈는 매년 열 계획이다, ② 5개의 의제, ③ 나름의 참가후보자 리스트, ④ 북한 참가에 대한 기대와 걱정을 전한다. 특히 DAIS는 김상만 회장의 적극적인 의지와 지지로 하는 것이며 이 편지도 그래서 쓰는 것이니 DAIS의 리더십 역할을 맡아 달라는 결론이었다.

3월 14일 자로 답신이 왔다. 국제회의 참석하고 원칙적으로 내 제의를 수락하는데 먼저 날짜를 확정지어 달라는 것이었다. 참가후보는 내 제의에다 몇 명의 추가인원을 제시하고 북한은 현재로서는 참가가 의문시되는데 내년까지 변할지 기대해보자는 판단이었다. 다만 의제에 '경제지역주의—실체냐 꿈이냐'를 추가하자는 제안이었다. 일은 순조롭게 진행되어 갔다. 동아일보와 회의 일시, 장소, 예산 그리고 회의참석 발표자 합의되자, 7월 24일자로 스칼라피노 교수가 참석 후보자들에게 공식으로 초청서한을 발송한다.

동아는 내가, UC 버클리대학의 동아시아연구소(IEAS)는 해리 H. 켄달이 카운터파트로 결정되었다. 켄달은 공식창구이고 실질적 진행은 스칼라피노 제자인 이정식 펜실베이니아대 교수가 맡았다.

7월 4일엔 통일원에 국제회의 개최 공식공문을 보낸다. 당시만 해도 북한은 물론 소련, 중국, 공산권 접촉에는 정부의 사전허락을 받아야 했다. 동시에 이홍구 장관, 최창윤 청와대비서관 만나고 다음 날 점심을 워커힐에서 이정식 교수와 함께했다.

8월 10일엔 마침 내한중인 스칼라피노 교수 일행과 워커힐에서 조찬하며 김병관 사장이 직접 이미 약속한 10만 달러 집행을 재확인하고 북한 참가자의 질과 수에 따라서는 부담 추가도 약속한다('선물 실크 4,000$'이란 기록이 나온다). 오후엔 따로 이정식 교수와 롯데호텔 바에서 다시 만났다.

11월까지는 북한을 제외한 나라들의 참가가 사실상 확정되었다. 문제는 북한이었다. 8월 29일 켄달의 편지는 중국 참가예정자들이 11월까지는 답을 주겠다고 한다는 것과 당초 북한을 포함한 6개국 회의였는데 북한이 몽골, 캐나다와 같은 나라 포함하자니 몽골을 추가하자고 제안한다. 이때부터 몽골 포함 7개국 회의로 진행된다.

7월 13일 회의장소 예약을 더 이상 지체할 수 없으니 오늘내일 사이 샌타바바라 빌트모어호텔로 하겠다는 연락이 온다. 샌타바바라엔 김 회장과 오랜 친분이 있는 프랭크 기브니(범태평양 연구소장)가 있는 곳이다(1990년 들어 그가 경영하는 '엔사이클로피디아 브리태니커' 한국판을 동아에서 내기로 하고, 이대훈 편집부국장을 동아-브리태니커 회사의 임원으로 파견하는 일도 내가 맡았었다).

이정식 교수와의 통화에 의하면 9월 4일 모스크바 북한대사관 장영철 부대사와의 접촉에서 처음엔 왜 신문사가 주최냐 하다 다음엔 호의적이었고 이때 몽골에서 한 사람 부르라는 말이 나온다. 일단 북한 유도하기 위해 장소를 옮기는 것도 고려하고 있었다.

북한 참가 실랑이: 북한의 동아일보에 보낸 질문

북한 초청에는 두 가지 난제가 겹쳤다. 첫째, 우리 생각과는 달리 그때까지만 해도 미국 정부는 북한 고위급의 미국 방문을 꺼리는 입장이었다. 스칼라피노의 당시 미국 국무성 시거 차관보 접촉에서도 허담(외상) 정도의 북한인사 비자는 쉽지 않을 것이라는 말이 오간다.

둘째는 물론 북한 측의 애매모호성이다. 이정식 교수가 나서 북측과 접촉을 시도했다. 7월 7일 아침 이 교수와의 통화에서는 뉴욕 북한대사관에서 회신이 아직도 없는데 1주일 기다려도 회신이 없으면 개최지를 서울로 하는 것도 좋겠는데, 단, 소련 중국 측이 불참할 경우 책임을 동아에서 지라는 것이었다.

이정식 교수와 북한 뉴욕 유엔대표부 허종 공사의 접촉에서는 북한 경제분야에 과학원 경제연구소 김명우 소장, 군사문제에 송효경 군축연구소장, 한반도문제에 김정수 국제관계연구소 부소장의 이름이 오르내렸다.

이런 교섭이 진행되는 도중 스칼라피노 교수가 평양에서 만난 외무성 국장이며 군축평화연구소 부소장인 최우진은 "발표 비중, 다른 나라 참가자와 같은 비중. 6개국 안 된다, 늘려야 한다(일본 요미우리신문 조지워싱턴대 회의도 8개국). 참가자 자신들이 선택한다"고 말했다. 그리고 부소장인 최우진의 편지로 동아일보에 다음과 같은 질문에 대한 답을 요구한다.

① 동아일보는 남한의 민주화에 더 기여할 것인가, ② 동아는 남북 관계 개선과 긴장완화를 도울 것인가, ③ 동아는 통일을 지지하고 분단에 반대할 것인가. 그리고 끝에 "동아는 이번 회의에서 북한에 피해 입히지 말아야 한다. 올해 동아일보는 남북관계 악화시키는 여러 건의 기사를 실었다. 우리는 동아가 우리에게 친화적이길 바라며 최소한 중립적이기를 바란다"고 끝맺는다.

스칼라피노 교수와 그가 묵고 있던 신라호텔 2247호실에서 9월 11일 오후 2시 깊이 상의했다. 일단 추상적인 내용으로 동아가 직접 최우진에 답하기보다 동아가 최우진의 편지를 전한 스칼라피노 교수에 답신하는 형식으로 하기로 했다.

9월 15일 조찬을 스칼라피노 교수와 그가 묵고 있는 신라호텔 일식당에서 이홍구 통일원 장관, 한승주 교수와 같이한다. 이 장관은 북쪽 방송이나 신문에서 악용 안 되도록 하고 민주화를 강조하라는 조언을 한다.

그리고 16일까지 회사의 간부회의, 안기부와의 협의를 거쳤다. 안기부(이경식 차장보)는 북한에 흔들리면 안 된다, 북한 공작 차원 조심, 정식서류 정부에 제출하고 결정하라, 그러지 않으면 책잡힌다고.

그래서 ① 직접 최우진 아닌 스칼라피노에게로의 회답 형식, ② 사시(社是) 중심으로 추상적 질문에 추상적 답변, ③ 북한에서 악용할 여지 주어서는 안 되고, ④ 남쪽의 안기부나 정보기관, 정부기관에서 유화적이라 트집잡아서는 안 된다는 기본선에서 9월 16일(토) 밤 참가 확정된 한승주 고대 교수와 함께 답장문을 작성했다. 9월 18일까지 답을 달라고 했기 때문이다. 그리하여 스칼라피노 교수가 서울 떠나기 전에 편지 수교하려 한다며 권오기 부사장과 이경식 차장보에게 밤 9시 30분 편지내용 전화한다.

내부 견제

그런데 17일(일) 아침 8시 느닷없이 권오기가 보류를 요청한다. 할 수 없이 스칼라피노 교수에 1주일 내 확답을 주겠다고 약속하며 답신을 보류하게 된다. 9월 20일 오후 제작회의에서 ① 원칙 찬성, ② 서식 편지 아닌 전화로, 그것도 '스칼라피노 교수 아닌 IEAS 켄달 사무국장에게로'라는 결정을 내린다.

사실상 효력 없는 답변을 하라는 뜻이다. 국제회의 말자는 뜻이나 같다. 그래서 다시 재고를 요청했다. 9월 21일 아침 간부회의에서 ① 내 개인사신 형식으로 하고, ② 16일 자 답신편지에서 동아일보란 활자가 들어간 편지지 쓰지 말고 내 사인도 하지 않은 편지를 스칼라피노 교수에게 전달하라 결정했다.

이런 우여곡절을 겪으며 11월 3일 이정식 교수로부터 북한의 참가와 소련의 마르티노브 참석가능 연락이 왔다는 소식이 왔다. 그러나 12월 28일자 켄달로부터 긴급 팩스가 왔다. 방금 북한 유엔대표부 허종 부대사로부터 스칼라피노 교수가 전화를 받았는데 북의 군축평화연구소(최우진이라는 뜻)가 샌타바바라 회의 참석이 어렵다는 통고를 받았다는 것이다. 북측의 포기로 이제 북이 빠지고 몽골이 들어간 6개국 회의로 진행되었다(그 최우진을 1990년 5월 17~19일 워싱턴에서 열린 조지워싱턴대 일본 요미우리신문 주최 회의에서 만났다).

동아일보 창립 60주년 기념 '동아시아 새질서' 6개국 심포지엄은 결국 미국 스칼라피노, D. 퍼킨스 하버드대학, 이정식 등 4명, 소련 V. 마르티노프 세계경제국제관계연구소(IMEMO) 연구소장 등 3명, 중국 마홍 전 사회과학원장(논문만 제출, 주미대사관 공사가 대독), 우찬 중국사회과학원 미국연구소 부소장 등 2명, 일본 오키타 사부로 전 외상 등 2명, 몽골 겐덴기인 냠도 주미대사 등 2인, 한국 한승주 고려대, 안병준 연세대, 남덕우 무역협회장, 김진현 등 4명 총 17명의 참가자들이 1990년 2월 1일 김상만 명예회장과 스칼라피노 교수의 개회사로 시작, 3일간 진행되었다. 동아는 3월 21일 9, 10, 11면의 3면 시작으로 22, 23일 연속 3일간 3면을 할애, 보도해, 그때 동아만의 압도적 국제역량을 과시했다. 이어 10월 책으로 출판되었는데 머리말을 내가 썼다. 1991년에 UC 버클리대학에서 영문판이 나왔다.

11개월의 준비 끝에 열렸다는 사고(社告)는 바로 1989년 3월 3일 자 나의 스칼라피노 교수에 보낸 편지를 기점으로 한 것이다. 그러나 1979년 다음 해(1980년) 창간 65주년을 준비하며 구상했던 '동아의 새질서 구축 학술회의', '6개국 언론포럼'으로부터 치면 11년의 기간이었다.

지금은 그런 정도 6개국 회의, 심지어 북한까지 포함한 국제회의가 별것이 아니지만, 30년 전 그때는 비록 북한 불참이라도 중국, 몽골 포함 일본의 오키타 사부로, 소련의 마르티노프, 중국의 마홍 정도의 거물의 등장은 세계적으로도 주목할 만했다. 한국의 남덕우 무역협회장은 내가 천거했고 한승주 교수는 스칼라피노 교수 제자고 마침 고려대에 재직 중이었다.

지금 다시 그때 논의 노트를 훑어보아도 딱히 30년 뒤 오늘을 꿰뚫었다 할 만한 것을 찾기 어렵다. 다만 분위기는 탈냉전 국제주의, 세계화 쪽으로 많이 기울었다는 것과 가장 현실적으로 진단한 스칼라피노 교수가 동유럽과 달리 아시아 레닌주의 국가들—중국, 북한, 베트남은 결코 의회주의로 나가지 않을 것이고 '독재적 다원체제로 갈 것'이라는 견해가 돋보인다. 30년이 지난 북한, 중국은 결코 독재적 다원체제도 아니고 오히려 시진핑의 중국과 김정은에 이어지는 김일성 3대 세습의 1인 독재로 가고 있는 아이러니를 발견한다.

숙소인 빌트모어호텔에서 아침마다 고래 떠다니는 것을 보며 신선한 바닷가 바람을 맞으며 식사한 것, 그리고 회의 전체를 리드하는 스칼라피노 교수의 압도적 권위랄까 능력이 돋보였다. 김 회장은 2년마다의 심포지엄 정례화를 약속하고 헤어졌다. 회의에 만족한 김 회장은 격년 원칙이지만 북한이 참석 가능하면 격년을 깨도 좋다고 나에게 따로 말씀했다.

논설실, 경제부 책임자 시절

논설실(1985~90) : 한국 지성의 네트워크, 살롱 만드는 꿈

나는 동아 논설위원들에게 끊임없이 공인의식을 재촉했다. 첫째, 중앙청 광화문에서 남대문에 이르는 중앙대로 양쪽에 책상 하나 걸상 하나라도 걸친 사람은 모두가 공인이다. 외무부, 재무부 같은 정부 관청뿐 아니라 주식회사로 되어있는 민간기업, 동아일보, 조선일보, 삼성 모두 사인(私人)의 조직이 아니라 공(公) 조직이다. 관(官) 조직은 아니되 사조직도 아니고 공조직이라는 것을 강조했다.

둘째, 그 주에 전개된 사항을 연구해서 쓰겠다는 것 최소 1회는 만들어 보라. 그때그때 사건 전개에 쫓아 다니지만 말고. 나는 우리 논설실이 개혁, 발전하여 한국의 민족 민주 문화의 중심, 지성살롱이 되기를 바랐다.

논설위원 평가방식 다이어그램

내 별지노트 '1989'라고 되어 있는 지면엔 "마음, 불편"이라는 네 글자가 위에 쓰여 있고, 그 밑으로 다음 단문들이 계속된다.

"1. 고재욱, 천관우, 이동욱, 홍승면, 김성한, 박권상, 송건호, 권오

논설위원 객관적 평가

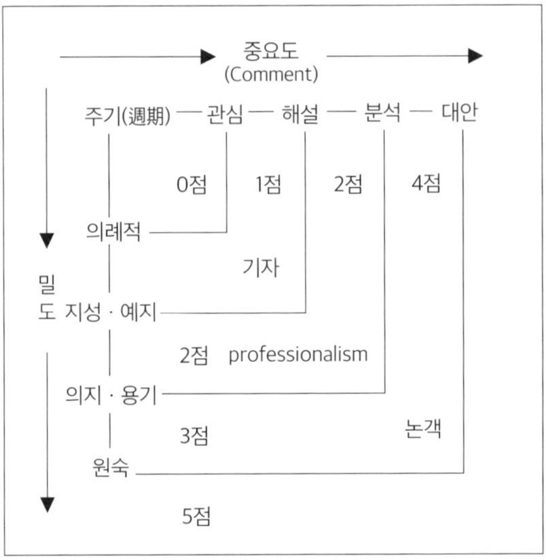

기. 그러한 영광 고생 다 함께, 동아에 그리고 한국 언론에 하나의 이정표 2. 과거 우리 주필, 주간, 나 나름의 평가 — 그 위에서 새 모범 새 모델 새 방식 솔선수범, 궂은일 마다 않기로 내가 앞장. 인원 들고 나는데 — 자꾸 편집국 편의 인사 → 그러나 논설위원 달라야 → 그런 능력 인격밖에 안 되는 → 갈고 닦도록 수범. 요새 세상 불신 〈추상적 언어, 점잖은 척〉 불신 더 늘어. 있는 그대로. 비정상 언론. 3공, 5공."

다음 장엔 이렇게 나온다.

"① 저는 결정만 하겠소, ② 남 실장(남시욱)과 상의 회의시간 바꾸든가 철저히 보겠소. 11시 30분까지. 그 넘으면 … 게재 중단, ③ 여유 없으면 … (나중에 보니 이런 경우 대비 예비사설 한두 편 준비 지시했다), ④ 남 실장 정치 쓰기 바랍니다."

1989년 3월 28일 논설주간 받은 날이거나 그 직전에 발령 통고받고 끄적인 흔적이다. 내가 동아 입사 후 처음 논설실로 간 1967년 초 이후 논설실에서 주필 또는 논설실장으로 만났거나 내 논설실 상사는 아니었으나 논설실에서 같이 일하다 나중에 논설실 책임자였던 여덟 분을 차례로 머리에 새기며 단상을 적은 것 같다. 그리고 별지로 6페이지에 이르는 "논설실 운영개혁방안"을 쓰고 있다.

약간 새삼 놀라는 것이 있다. 논설위원 평가방식에서 내 스스로 다이어그램을 만든 것이다.

관심, 해설, 분석, 대안이라는 깊이, 중요도의 X축과 의례적, 지성 예지, 의지 용기, 원숙이라는 주기(週期), 밀도의 Y축으로 논설위원 능력을 평가하는 내 나름의 발상이었다. 본격적, 전국적 '논객'으로 동아일보 논설실을 격상시키고자 하는 노력의 하나였다.

한국 지성의 중심, 객원논설위원 10개 분야 34명의 후보명단

이런 각오로 논설실 개편구상을 담은 원문이 남아 있다. I. 논설위원과 논설실의 이상, II. 현황, III. 개편방향으로 나눠져 있다.

논설위원은 a. 학자의 깊이, 시인의 문장력, 종교인의 판별력, 철학자의 통찰력을 겸비하는 수준을 겨냥하는 노력인, b. 취재하는 논객, c. 시대변화를 선도하는 지성인, d. 민족, 민주, 문화, 독립, 정통지에의 확신 있는 논설위원, e. 사(社)의 간판스타가 될 수 있는 필자이기를 희망했고, 필요분야에서 객원논설위원을 인선하고자 했다(10개 분야 총 31명). 논설실 운영방식에서는 논설실을 궁극적으로 한국 지성의 네트워크 포인트(network point)며 살롱(salon)이 되도록 하는 꿈을 꾸고 있었다.

의욕 넘치던 경제부장: 새 시도(1969~72)

전태일 분신자살사건 특종보도

노동문제 다루기, 사회부에서 경제부로

경제부장 시절 회고에서 첫 기억은 1970년 11월 14일 자 전태일 사건이다. 동아일보 경제부의 특종보도였다. 경제부였기에 가능한 보도였다. 상식적으로 이해가 잘 안 될 것이다.

1969년 경제부장으로 발령 난 뒤 편집국장에게 사회부에서 커버하는 노동, 노동운동, 노동청, 노사 관련 커버를 경제부에서 맡겠다고 요구했다. 당국의 감시가 특별히 심한 분야요, 세속 말로 '먹을 알'이 별로 없는 분야이니 사회부에서 선뜻 양보하여 문명호 기자가 노동청을 떼어 경제부로 왔다. 그러니까 도하 모든 언론이 노동문제를 사회부에서 커버하는데 동아일보에선 유독 경제부에서 다루게 되었다. 이런 내 요구, 방침은 내 나름의 경험과 판단 때문이다.

심사숙고한 빌렌슈타인 제안

그 무렵 미래학회 모임에서 한국에 나와 있는 독일 에버트재단 책임자인 디더 빌렌슈타인과 인연을 맺었다. 내가 경제부장이 되니 한번 단둘이 만나고 싶다 했다. 독일 민주주의의 독특한 단면인데 국민들의 민주주의 교육, 훈련을 위해 기민당은 아데나워재단, 사민당은 에버트재단, 자유당은 나우만재단을 갖고 대외적으로도 자기 정당의 가치, 이념, 정책을 전파하고 있었다. 빌렌슈타인의 상의 요지는 이랬다.

"한국이 급속히 공업화하며 제조업, 규격노동자가 늘어나고 노동조합 활동이 늘어날 수밖에 없는데 그럴수록 노조 지도자, 리더십을 어떻게 양성, 구성, 구축할 것이냐는 것이 한국의 장래에 결정적으로 중요하다. 한

데 정부는 막으려만 하고 한국 문화 때문인지 기업과 언론과 지식사회 역시 무관심하다. 그 틈을 산업선교회를 비롯한 기독교세력이 노조리더십 교육을 도맡다시피 하고 있는데 종교세력이 노조를 리드하는 건 비정상일 뿐 아니라 앞으로 큰 위험요소가 된다. 그래서 독일 사민당 입장에서 한국의 건전한 노조운동과 우호적 관계 맺고 싶은데 …. 그러기 위해서 한국의 건전한 교육, 사회기관과 협동으로 노조리더십 훈련프로그램을 진행하고 싶다. 당신과 대화해보니 보수적인 평판의 동아일보가 오히려 더 자유주의적인 것 같다. 동아와 공동협력 프로젝트로 하면 한국 보수의 사회주의 정당에 대한 편견도 해소하고 정부 당국이나 외부의 오해를 예방할 수 있을 것 같다. …"

참 심사숙고한 결론의 제언이었다. 당시 한국의 좌파, NGO와 할 법한데 한국 군사정권의 압력, 노조 성격으로 보아 성공 가능성을 낮게 보고 오히려 보수로 평판이 나 있으나 자유주의적인 동아를 택한 것이다. 노동, 노조문제를 억제, 강압으로 최소화하려는 정부 그리고 보수 쪽의 아예 무관심한 사정을 걱정하고 있었다.

그래서 그의 제안을 홍승면 편집국장 통해 '동아·에버트재단 공동 노조리더십 교육 프로그램'을 기안해 올렸다. 물론 기각되었다. 이런 경위와 내 심려가 겹쳐 '노동'문제는 '사회'문제 넘어 '경제', '국가'문제로 다뤄보자는 의도로 노동청을 경제부로 떼어온 것이다.

문명호 기자는 열심히 뛰는 기자였다. 전날 낮 1시 35분 청계천에서 일어난 사건, 다음 날 석간 동아일보 2면(경제면)에 3단으로 났다. 당시 중앙정보부 감시원이 편집국에 진을 치고 있을 때였다. 경제면에 나가니 정치와 사회사건에만 매달리던 이들이 '전태일 특종'이 나가는 것을 눈치 채지 못했다. 동아일보는 의도적으로 19일엔 안수길 작가의 "두 '거룩한' 죽음"을 싣고, 이어 "근로정신" 특집좌담으로 사회학자, 노동경제학자, 노총위원장, 노동청장 등 8명을 등장시켜 한 면 전부를 쓴다. 이런 영향으로 12

월 들어서서는 노동청의 노동부 승격 정부 개편안이 떠돈다.

'경찰국장 출신 노동청장 그만두라'

유신 이후 내가 논설위원으로 있을 때 1973~74년 사이 어느 해인가 신문에 우리나라 제조업 노동자 100만 명이 넘었다는 보도가 나왔다. 나는 청와대 정무수석실(수석 되기 전이었다)에 있던 유혁인 대학 선배를 불렀다. 1972~73년 니만 펠로로 가서 서양 노조운동사 책도 좀 읽은 뒤였다. 꼭 할 말이 있다고 했다.

"제조업 노동자 100만은 정부의 공업화, 경제성장정책 성공의 결과이다. 그런데 공장노동자란 규격화, 표준화된 노동자이고 서양의 노조사를 보아도 표준노동자 증가는 반드시 노조운동을 급증시킨다. 공장노동자 증가 커브와 노조설립 커브가 다르더라도 일단은 같은 상승각도로 가야 한다. 그런데 유신으로 오히려 노조설립 커브가 꺾이니 이 중간에 증폭하는 역리적 공간은 폭발의 위험을 안고 가는 것이다. 제발 경찰국장 출신 노동청장 그만두고 노조와 대화할 수 있는 민간인, 국민이 인정하는 인격자를 노동청 책임자로 하라. 그리고 상공부 장관도 이제는 민간경제가 컸으니 관료 출신 장관 그만하라. 대한상의회장 하는 정수창 씨 같은 분은 인격적으로나 능력으로나 공인다운 풍모가 있더라. 제발 대세 꺾으려 하지 말라"고 간곡히 충언했다.

말, 표정이 신중한 그이지만 퍽 감동적 반응을 보였다. 위에 꼭 이야기해보겠다 했다. 그러나 결과는 아무것도 없었다.

"한국의 경제학과 경제학자" 12회 시리즈:
한국 경제학이 한국 경제에 새 심장 달아주길

1970년 10월 28일부터 시작 12회에 걸쳐 "한국의 경제학과 경제학자: 그 시대적 사명과 책임"을 연재한다. 한국 언론에서는 처음 시도하는 경제학과 경제학자에 대한 성찰기획이었다. 얼마나 의욕을 냈던지 시리즈 첫 회 고승제 교수의 글 옆으로 연재, 기획 의도를 편집자·경제부장의 이름으로 다음과 같이 쓰고 있다.

"시대가 학문을 낳고 학문이 시대를 낳는다고 할 수 있다. 산업혁명 이후의 경제학의 발전은 바로 이를 실증하고 있다. … '케인즈 혁명' 이후나 '뉴이코노믹스'의 성공은 더욱 그렇다. 같은 말을 우리나라에서도 할 수 있다면 한국의 경제학과 경제학자는 참으로 위대한 도전을 맞고 있는 셈이다. … 한국의 경제학엔 엄청난 역할을 요구하고 경제학자에겐 … 국민경제와 국가발전을 위해 창조의 책임을 요구하고 있다. … 한국의 경제학이 한국경제에 새 심장을 달아주고 우리나라 발전이론을 정립하여야 할 본래의 역할과 책임을 기대하기 때문이다."

고승제, 최호진, 조기준, 김만제, 유인호, 남덕우, 유호선, 부광식(부산대 교수는 지방대학 경제학 교수 1명을 의도적으로 선발한 것임), 조순, 이만갑, 이동욱의 칼럼과 최종회로는 2면 전면을 덮어 고영복, 김입삼, 정재석, 노재봉, 이규호, 한배호, 안승철, 성기수, 최영박 등의 '기대와 충고'를 담았다. 당시 경제학자를 총동원한 셈이다.

이 시도, '한국의 경제학', '한국의 경제개발', '한국의 경제학자' 이런 문제의식은 1968년 11월 9일 한국편집인협회 주최 "신문과 경제" 세미나에서 나의 제 1주제 논문 "경제개발과 신문의 역할"에서의 제일 끝 결론의 연장이라 할 수 있다.

"한국의 신문은 그 어느 발전도상국보다도 엄청나게 짧은 기간에 엄청나게 무질서하게도 전통적 가치를 상실한 메마른 땅에 서 있기 때문에 그 새롭고 적극적인 역할을 경제개발이 지향하는 새로운 문화적 가치를 확립하고 토착화시키는 데 두어야 한다. 이것은 경제개발에 국적을 부여하고 심장을 달아주는 작업이다."

이 문제의식은 끝내 동아일보를 떠나 한국경제연구원 시절에도 이어져 16명 경제학자의 글로 《한국 경제학의 모색》을 1983년 5월에 발간한다. 그 발간사의 끝부분만 소개한다.

"경제학의 종사자들은 새로운 보편적 패러다임의 형성과 한국의 필요에서 출발하고 충실한 접근, 즉 창조와 도전의 각오가 필요한 것이다. 종교가 원적지를 떠나면 기복화(祈福化)되고, 사회과학의 이론이 원적지를 떠나면 귀족화 · 규범화되고, 이데올로기가 원적지를 떠나면 추상화 · 권력화된다. 그러나 한국의 경제학도들은 이점을 늘 경계하며 이 독특한 지리, 참담한 역경의 역사, 질박으로 연면한 문화 속에 살아가고 그 삶 속에 담긴 이 민중의 경제적 필요에 충실한 경제학이 되도록 남달리 힘써야 할 것이다. 이론의 필요에서 연역되어 온 실험이 아니라 한국경제의 필요에서 출발하고 이에 충실한 이론과 패러다임의 모색이 어느 때보다 절실하다."

경제부장이 쓴 최고의 대선 비판: "곡(哭) 4 · 27이여"

"오늘과 내일"은 부장급 이상이 비정기적으로 돌아가며 쓰는 작은 칼럼이다. 1970년 3월 30일부터 매월 1회 평균으로 1971년 7월 22일까지 13회를 썼는데 시작과 끝이 더 있는지 확실치 않다. 그중에 가장 소란 파문이 인 것이 바로 1971년 4월 30일 자 칼럼 "곡(哭) 4 · 27이여"였다.

"슬프다. 분노하라. 속죄하라. 4 · 27이여"로 시작된다. "교육자 출신 국회의장(이효상)이란 자가 '적진상륙'이라니 반쪽짜리 나라 안에서 또 적국이 따로 있나 …." 지방색으로 후퇴한 4 · 27 대통령선거를 통렬히 비난한 것이다. '경제부장'이 쓴 칼럼이었다. 난리가 났다. 인쇄를 멈추고 제목을 "걱정되는 민족국가의 앞날"로 바꿔달았다. 참 눈치 없는, 그래서 4 · 27

대선에 대한 가장 신랄한 언론 비판이 되었다. 경제부장이 쓴 칼럼이라는 데 의미가 있다. 이 글 DJ가 요긴하게 활용했다(500쪽 참고).

작은 기록들

기자 해외취재 출장과 해외경제란

나는 수출의존 지향 경제에서 외국을 제대로 아는 게 중요하다 생각했다. "해외경제"란을 만들어 거의 매주 경제부 기자, 논설위원, 외지에 실린 외국 경제학자 또는 기업인의 글들을 실었다. 경제부 기자들 훈련이 주목적이었다. 국세청, 노동청, 수산청, 농협담당 기자에도 해외경제를 쓰도록 했다.

부장이 되는 즉시 소속부원들 해외취재 출장기회를 만들려 노력했다. 그때만 해도 올림픽이나 정상회담 같은 큰 이벤트 아니면 취재기자로 해외 나가는 것이 어려울 때였다. 나의 1962~63년 선·후진국 경제개발연구 시찰이나 1966년 6개월의 "코리안의 고동"은 예외 중 예외의 특수 케이스였다. 머리를 짜냈다.

한국무역협회였다. 수출입국을 내건 박 대통령 정부도 10년이 되고 수출이 급성장하니 민간협회인 무역협회도 살림이 부유해졌다. 이를 간파한 나는 무역협회 이활 회장을 직접 만나 "코리안의 고동" 1970년대 판을 만들어 협회의 홍보도 되고 국민사기도 높이자 했다. 선뜻 응했다.

그래서 신동호, 이계익, 민병문 기자가 무역협회 돈으로 해외취재 출장여행을 하게 되었다. 모두 해외취재가 처음일 뿐 아니라 해외여행이 처음이었다. 다른 신문의 선망과 질투가 벌떼같이 일어났다. 결국 무역협회는 다음 해부터 동아 독점이 아니라 신문사를 돌아가며 해외취재 기회를 제공하게 된다. 내 덕에 다른 신문사도 혜택을 받은 셈이다.

"한국의 대 역사 — 내일을 향한 새 설계, 새 시도"는 사실상 내가 1962

년 동아일보 입사 직후 전국 새 국토건설사업 취재한 경험을 10년 뒤 재현한 것이다. 1972년 5월 29일부터 6월 12일까지 한 면 전면을 덮는 거대 프로젝트를 3회에 걸쳐 실었다. 1회 "세계 최난 공정 인천도크", 2회 "항공측량지도", 3회 "동해군 고리에 설 원자력발전소" 등이다.

나와 같이 일한 이들의 특징

엉뚱하게 정치부에서 이러저러한 사정으로 있기 어렵게 된 박경석, 김진배 정치부 차장을 경제부에서 받았다. 나는 두말 않고 받았다. 능력문제가 아니라 회사를 위해 희생된 이들의 피난처를 제공하는 것은 당연한 일이라 믿었기 때문이다. 두 분 다 다시 정치부로 갔다. 결국 정계로 진출, 국회의원을 역임했다.

내가 노동청 커버를 경제부로 불러들이면서 온 문명호 기자를 포함하여 기존의 민병문, 김욱한 그리고 방송보도국 견습 출신이지만 7기에 가까운 정출도를 포함, 동아공채 7기 근처 인원이 4명이나 되는 셈이었다. 박창래, 김욱한 기자 결혼에는 내가 청첩인이 되었다.

내 방송보도국장 시절의 악운 같은 고통의 기록에 나오지만 내 경제부장 시절 부·차장 빼고 평기자 8명 중 4명이 같은 입사동기라는 불균형, 불안정 인사구조 속엔 이미 동아의 인사경영 실패의 단면, 노조사태의 먹구름이 끼어 있었다.

나는 내 나름의 노동 문제의식으로 문명호 노동청 기자를 불러들였다. 또 정출도는 윗선의 지시로 받았다. 당시 경제부 다른 7기들 입장에선 달가울 리가 없을 것이 분명하다. 이런 것을 나는 그때 고려치 못했다. 좀더 신중했어야 했다.

오해 그리고 직업윤리: 경제부장 증권투자 못 한다

점심은 주로 광화문 또는 을지로입구 쪽 하동관 설렁탕, 때로 명동까지도 가끔 갔다. 점심 먹고 오다 생각나면 증권가에 있는 지금 LG그룹의 당시 '락희'증권 사장이요, 문리대 동창인 이헌조 사장 방에 불쑥 들러, 있으면 잡담하다 오고 없으면 비서에게 지나가다 들렀다 하라고 인사하고 나온다. 그러던 어느 날, 증권취재 기자가 부장님 여쭤볼 게 있다 했다.

아주 비밀스럽게, '락희증권에 몇 억 투자하셨냐?'라고. 아니 나는 주식 투자 자체가 한 톨도 없는데 하니 의아해했다. 지금 증권가에는 동아일보 경제부장과 락희가 작전하고 있고 내가 몇 억인가 투자했다는 소문이 돈다 했다. 기가 찼다. 내 점심 발걸음이 만든 루머였다. 세상 무서운 줄 모른 내 무심이었다. 그때 증권시장이란 그런 것이었다. 내 초년병 시절 경제부 선배들끼리도 패가 갈려 시세 다루는 기사 놓고 편집국 사람 다 보는 데서 대놓고 싸우는 풍경이 가끔 있었다. 자기편에 유리한 기사를 싣기 위해서였다.

1972년 경제부장 마치고 니만 펠로로 미국 가게 되었다. 증시 출입기자와 상의해서 1년간 묵혀둘 유망한 주식이 뭐냐 하니 이른바 증권 전문가와 상의하여 온 답이 어떤 방직회사 주식을 추천했다. 하버드대학 니만 펠로 프로그램 중 하나로 세계적 통신사인 UPI 사장과 토론하고 식사하는 기회가 있었다. 뉴욕에 들르면 UPI 본사 시찰하라며 부부를 같이 초청했다. 여름방학에 UPI 들러 사장의 점심 대접도 받고 편집국과 세계적 통신망도 견학했다.

이때 경제부장과 대화 중 미국다운 기율을 알게 되었다. 월스트리트 담당기자, 경제부장, 편집국장은 재임 중 주식투자 거래를 금지하는 윤리규정이 있었다. 직업상 얻은 정보의 사용금지 원칙이었다. 체크해보니 미국의 큰 언론사는 유사한 윤리준칙이 있었다. 역시 언론 선진국이었다.

귀국해보니 방직회사 주식 값은 반 토막도 안 됐다. 이후로 나는 내가 공인, 준공인(언론인)으로 있는 한 절대 주식투자 거래는 않는다는 원칙을 지금까지 유지하고 있다(KT&G 사외이사 6년 한 덕에 퇴임 시 공로주 받은 것이 내 주식의 전부이다).

그 후 가끔 유력인사가 식사하자 해서 나눈 대화 중엔 이런 투자정보 건네주는 게 꽤 있었다. 나에게 인심 쓰는 거였다. 내가 관심 자체를 안 보이니 의아해하는 기억, 지금 생각해보면 아마 그분은 내가 단수가 꽤 높다고 생각했을 것 같다. 관심 없는 척 제 체면은 살리고 뒤에 가면 투자했겠지 하며 이중인격자로.

경제부에 대한 질투

경제부 기자에 대한 질시도 대단했다. 나는 내 자동차로 골프장 드나들 수 있는 여력이 생길 때까지 초청자의 차로 골프 대접받는 관폐, 민폐 골프 않겠다는 원칙으로 경제부장 시절에도 골프를 안 배웠다. 타사 경제부장들로부터 오만하다는 욕을 많이 먹었다.

대신 경제부원들과 테니스를 배웠다(지금 남산 제2터널 입구 한국은행 코트에서). 그런데 테니스 치는 것까지도 당시 동아일보 편집국의 감각으로는 사치였다. 테니스채, 가방 들고 드나들면 동료들이 빈정댔다. 그래서 아침 출근 때 경제부원 자주 가는 다방에 맡겨놓고 점심시간이나 퇴근 후 레슨 받곤 했다.

동아: 언론인으로 자리매김

"코리안의 고동":

가슴으로 실감하고 머리로 기획하고 발로 뛰는 기자 시절의 절정

동아일보이기에 가능했던 대기획물: 김상만 전무의 대용단

나의 발로 뛰는 기자의 절정, "코리안의 고동 — 해외로 향하는 한국, 한국인, 한국상품"은 1966년 1월부터 매주 1회 1년 연재한 자이언트 해외취재 기획물이다. 한국 언론에서 새로운 장르를 개척했다는 자부심이 크다.

'1억 달러 수출'이라는 상품 해외진출 성공스토리만이 아니다. 때마침 광부와 간호사들의 독일 취업, 베트남전 참전, 아프리카에 의사 파견, 브라질 아르헨티나의 이민 등 사람의 해외진출도 시작되었다. 또 해외 한인 성공사례들이 일기 시작했다. 지난날 전통 한인의 바깥 접촉(만주, 일본, 동남아) 범위, 지리적 접근의 거리를 넘어 세계를 무대로 펼쳐지고 있는 새 현상과 관련이 있다.

또 이런 전 세계적 한인 활동, 한국 역사 그리고 상품들의 진출과 퇴적을 1년에 걸쳐 취재 보도할 수 있는 1966년 당시 동아일보의 압도적 능력도 결정적 기여였다. 55년이 지난 지금 아직도 내 연배 전후 분들은 나를 이 연재와 연계해서 기억한다. 젊은이 중엔 1985~90년 내 칼럼을 기억하며 인사하는 이들이 많다.

내가 쓴 1966년 1월 1일 자 "코리안의 고동" 서언은 이렇게 시작한다.

"우리가 디디고 살 '땅'은 여기 조국 — 우리가 뻗치고 살 '길'은 건너 세계 — 싸우고 분열하고 시기에 찬 몹쓸 습성에 젖은 이 땅의 비극을 한없이 자괴하지만 그래도 우리가 가꾸고 다짐하고 살찌워야 할 곳은 역사의 유산을 안고 있는 우리 조국이다. … 그러나 이 자원이, 이 농본국이, 이 인격들이

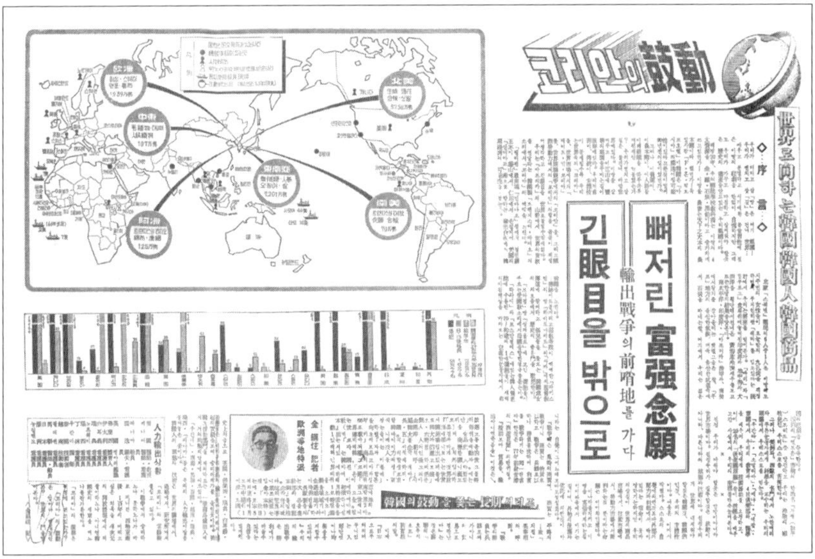
코리안의 鼓動
世界로 向하는 韓國·韓國人·韓國商品
◇…序 言…◇
뼈저린 富强念願
輸出戰爭의 前哨地를 가다
긴眼目을 밖으로

동아일보 "코리안의 고동" 첫 기사(1966. 1. 1.). 전 세계적 한인 활동, 한국 역사 그리고 상품들의 진출을 취재하여 1년간 매주 1회 연재했다.

왜 조국을 하루하루 여위게만 만들었는가? 우리가 뻗치고 살 길은 물 건너 바깥 세계에 있다. 이 땅을 살찌우고 이 강산에 풍요의 정원을 꾸미는 길이 피안에 있다. 우리의 빈곤이, 전통이, 주체성이 문제될수록 우리는 세계 속의 '코리아'를, 세계시장에서의 '메이드 인 코리아'를, 세계 두뇌경쟁에서의 '코리안'을, 그리고 국제노동력에서의 '코리안'의 팔을 곰곰이 되씹어 생각하고 긴 안목을 세계로 돌릴 수밖에 없다."

이 첫날 전면 지면에는 세계지도 위에 북미, 남미, 동남아, 중동, 아프리카, 유럽지역으로 나눠 상품수출, 인력수출, 국교, 영사관, 기술원조 제공, 참치조업 상황을 표시한다. 또 20개국의 인력수출 상황과 28개국과 기타국의 한국유학생, 한국학과 있는 대학, 8·15 이후 이민, 교포 현황을 막대그래프로 표시하고 있다. 내가 지면기획하고 기사도 썼다.

그리고 12월 20일 37회로 1년 연재를 마치며는 "6대주에 뻗친 새 조국의 좌표 — 그 끈기 내일은 영광, 세계사는 '겨레의 예지'를 희구"라는 제목으로, 역시 내가 썼다.

"그대는 서번(西蕃)이 먼 것을 한탄하고 나는 동방으로 갈 길이 먼 것을 애달파한다. …"로 시작되는 1240년 전 신라 혜초 스님의 글, 내가 프랑스 파리 국립도서관에서 직접 본 혜초의 《왕오천축국전》 원본을 떠올리며 시작한다. 그리고 "맵싼 손재주 때문에 수출이 늘고 있다. '비상히 빨리 배우는' 두뇌 때문에 코리안의 해외진출이 늘고 있다. 사람에 의해서 피폐된 땅. 사람에 의해서 조락(凋落)됐던 우리의 역사는 정녕 이 우수한 사람을 새로운 세계의 가치 창조에의 참여를 불러일으킬 때 이 땅 이 역사에 영광이 있을 것이다. …"의 기대로 끝을 맺는다.

계획 1년, 연재 1년: 독립신문기념상

다음은 "언론이라는 것: 현재적 조명과 회고". 〈관훈저널〉 2006년 가을호에 쓴 원고를 일부 첨삭 옮긴다.

1964년은 우리나라가 수출 1억 달러를 달성한 해다. 당시 정부로서도 경제성장정책 성공의 상징으로 크게 고무되었다. 정부와 대립각을 세우고 있던 동아일보에 있었지만 1962~63년의 선후진국-경제개발 성장 실태를 심층적으로 시찰한 나는 1억 달러의 의미를 높이 평가했다. 그래서 1965년 초에 1억 달러 수출달성의 해외현지 몇 곳을 취재하는 계획안을 냈더니 어느 선에서 거부되었는지는 모르겠으나 채택되지 못하였다. 1965년 봄 한·일 국교정상화 협정이 타결되면서 한·일 협정 반대 최선봉에 섰던 동아일보로서는 이슈를 잃은 셈이 되었다. 〔한·일 협정 타결 막판에 협정문 내용을 당시 경제기획원 협력국 사무관으로 있던 최수병(崔洙秉, 후에 보사부 차관, 한국전력 사장) 씨로부터 자세히 취재, 세상을 놀라게 하는 1면 톱 대특종을 캔 기억이 새롭다.〕

나는 동아일보가 지난 4년간 매달리던 한·일 협정문제 같은 정치명제에서 방향을 바꾸어 이제는 좀더 근대, 개명적, 세계적인 것으로 방향을 바꾸는 것이 좋겠다는 사시(社是)적 주장을 폈다.

한·일 협정이 끝난 뒤 나는 코트라(KOTRA)와 접촉하여 상품 중심으로 국민이 관심을 가질 대상을 정리하였다. '이런 것도 수출이 되고 있다', '이런 외국에서도 한국제가 쓰이고 있다', '외국에 진출해 있는 한국인은 누구인가', '한국학, 한국문화에 관심을 갖고 있는 외국 대학, 전문가는 어떤 사람인가', '한국과의 인간적, 역사적 사연이 얽힌 외국의 지역, 사람, 물품은 어떤 것이 있는가' 이런 항목을 정리해 갔다. 미국, 일본 등 본사 특파원이 있는 곳을 제외하고 나머지는 내가 혼자 취재하는 계획을 짜기 시작했다.

홍콩 - 의류와 인삼, 타일랜드 - 고속도로 건설(현대건설), 싱가포르 - 오징어, 말레이시아 - 고군분투하는 한국 상인, 이란 - 모직물, 케냐와 우간다 - 한국의사와 한국에서 기술연수 받은 케냐 기술자, 프랑스와 네덜란드의 한국학, 이탈리아 - 태권도, 영국 - 섬유, 스웨덴 - 의류, 독일 - 유학생 형식으로 각 나라의 취재대상, 인물, 상대회사 또는 기관, 소재 지역까지 자세히 계획을 세웠다. 대학노트로 두 권이 되었다. 내 커버대상은 약 석 달 걸릴 것으로 예정했다.

내가 취재하지 않는 미국, 일본의 취재대상과 내용도 나 나름대로 연구하여 제시했다. 기타 지역은 그 지역 출장 가는 편집국 기자가 있으면 취재시키는 것으로 했다. 계획은 쉽게 편집국장한테까지 올라갔다. 당시 천관우 국장은 계획은 너무 훌륭한데 돈이 워낙 많이 들어 돈 문제는 자신이 없다며, 말하자면 내용 문제가 아니라 신문사 돈 쥔 분의 의사에 달렸다는 뜻으로 말씀하셨다. 듣고 보니 내가 생각해도 그러했다. 내 취재비만 1만 달러 가까이 들게 생겼다. 빨라야 한 달, 어쩌면 두 달은 걸려야 결론이 날 것이라 예측했다. 그때 신문사의 해외 출장은 여간 어려운 일이 아니었다.

그런데 불과 사흘 뒤 김상만 전무가 불렀다. 김상만 선생님과의 첫 업무상 대화였다. 첫마디로 극찬이었다. 내 계획을 보고 1930년대 후반 동아일보가 미국, 독일, 일본 등 외국에서 성공한 한국의 철학자, 음악가, 문인들을 5회인가 6회 연재한 기억이 난다며, 그때 신문 찾아보라 했다. 꼭 성공하고 돈 걱정은 말라는 게 아닌가.

편집국에 올라와 천관우 국장께 보고했더니 어안이 벙벙해하셨다. 아니, 해외출장 결정엔 몇백 달러짜리도 몇 달씩 걸리는데 동아일보 역사상 1인의 해외 취재기획으로는 가장 비싼 1만 달러 가까운 전대미문의 대계획을 사흘 만에 허가하다니, 천 국장은 취재계획 때문에 회의가 몇 번쯤 열릴 것으로 생각했던 것 같다.

막상 회사 허락을 받고 3개월 출장여비를 신청하니 은행에서 불가능했다. 당시 외환규정은 1개월 이상 체재비는 교환이 불가능하고, 한 달마다 돈 바꾸러 귀국하거나 해외현지 자회사가 있으면 그리로 송금해야 했다. 나 같은 3개월 순회특파원의 경우 동아일보 지사가 없는 곳을 다니고 계속 움직여야 하니 송금처가 없었다. 은행은 재무부 지시가 있어야 한꺼번에 3개월 여비 외환지급이 가능하다 하고, 재무부 외환국은 물론 장관까지도 청와대 지시 없으면 규정상 안 된다고 했다.

청와대 출입 유혁인 기자에게 부탁했더니 이후락 비서실장이 직접 무슨 계획인지 듣고 싶다고 했다. 미군 지프를 개조한 낡은 시발택시를 잡아타고 덜덜거리며 청와대 본관으로 들어가는데 검문깨나 심했던 것이 기억에 남는다.

출장 2개월쯤 지났는데 본사에서 독자의 반응이 좋으니 마음껏 연장해도 좋다고 해서 6개월이 되었다. 취재국가만 16개국, 취재 도시 및 지역으로는 60개쯤 밟아 마지막으로 독일에 오니 정말 피곤했다. 1966년 6월 독일 취재를 마칠 무렵 인도네시아에서 정변이 일어났다. 본사에서 자카르타로 가라는 지시가 왔다. 너무 피곤해서 쉬고 싶다고 했더니 보너스로 1주일 쉬라고 해서 스페인과 포르투갈을 그야말로 유람하고 귀국했다.

동남아 · 중동 · 아프리카 · 유럽: 16국 60개 도시 6개월 취재

1면 전면을 기사와 그림, 도표로 채운 "코리안의 고동"은 1년간 연재되었다. 1월 1일 자 1회와 마지막 회의 글은 내가 정성을 다한 것이어서 지금 읽어도 힘과 의욕을 느낀다. 나의 한국 세계화 취재 결정판이라 할 수 있다. 한국 언론에서 '세계로 진출하는 한국'이라는 취재장르의 개척자가 되었다는 자부심을 갖고 있다. 그 후 매년 각 신문 신년호나 창간호 특집 가운데 하나로 이 '세계로 향하는 한국'이 늘 등장하는데 이들을 읽을 때마다 1966년 6개월간의 순회취재를 회상하고 한국의 변화를 실감한다.

"코리안의 고동"으로 동아일보는 앙숙이던 박정희 대통령으로부터 표창을 받았다. 고재욱 사장과 변영권 편집국장이 청와대로 가서 받았다. 당초 청와대가 나에게 포상하겠다는 제의가 와서 맹렬히 반대했다. 그러면 나도, 정부도 의도하지 않은 오해를 받는다고 절대 반대했다. 그 대신 신문사에 주라고 주장했다. 나 개인은 상공부 장관 감사장으로 낙착되었다. 9월 27일 박충훈 장관실에서 받았다.

삼성이 사카린밀수사건으로 총공격을 받고 있을 무렵이었다. 삼성과 중앙일보가 바짝 긴장했을 것이다. 나는 이 취재로 1967년 5월 10일 의양언론재단이 재정한 제 1회 '독립신문 기념상'(국제보도부문. 국내부문은 최석채 조선일보 주필)을 받았다. 상금이 거금 100만 원으로 당시 상금 중에서는 최고였다.

"코리안의 고동" 60년 뒤 이제는 수출이 주종 아닌 '한국인', '한국인 + 외국인'이 주축인 K-pop, BTS가 코리안의 고동을 넘어 "세계인의 고동"을 울리고 있다. 나는 이 한국에 의한 세계의 고동이 1966년 1년의 기획시리즈 '한국의 고동'이 씨앗을 뿌렸다고 자부한다. 내 머리와 정열을 바친 이 취재, 내 발로 뛰는 기자생활의 절정인 이 기획 — 꿈을 가능케 펴준 그 동아일보와 당시의 KOTRA 현지직원들에 감사한다. 당시의 다른 신문은 물론 공기관들조차 엄두도 못 냈다.

박정희 대통령이 동아일보사에 수여한 표창장 (1966. 9.20.).
"특히 '한국의 고동'이라는 기획기사를 통하여 …"라 명기했다.

꼭 후세에 남기고 싶은 이야기

지금도 눈에 선한 것은 파리의 정착 1세, 1910년대 정착 1세들의 외로운 한(恨). 모두 대한민국 땅을 밟은 적 없는 북한, 만주 출생이면서도 조국을 그리워하며 독립운동가를 소리 높여서 불렀던 박병서 노인. 김규식 씨를 도와 독립운동을 하러 파리에 왔다 남아 1930년대 시트로앵 자동차 노무자로 일하면서 하도 고생스러워 자살하려 했던 그 공원 그 벤치에까지 나를 데려가 조국 독립의 한을 토했던 전영희 노인.

특히 싱가포르에서 만난 지미 한(Jimmy Han). 당시 세계 최대통신이라 할 수 있는 로이터통신의 아시아지역(영국 개념으로 아시아는 이스라엘부터 중동, 인도를 거쳐 동남아, 중국까지 커버하고 의외로 한국, 일본은 극동으로 제외) 최고책임자였다. 상하이 임시정부 요인의 아들로 한국말을 한 마디도 못 했다(부인도 외국인이었다). 그러나 그는 그때까지도, 내가 그를 만난 1966년 1월까지도 '대한민국 여권'을 지키고 있었다. 당시 수교국이 극히 적은 대한민국, 참 불편하다 했다. 시간을 다투는 통신사 책임자로서, 특히 중국, 당시 중공을 들어가려면 '대한민국' 여권은 예외를 인정받아야 되는데 시간이 너무 걸려 지장이 많다 했다. 그래도 아버님의 독립운동, 한국인으로서의 자부심이 대한민국 여권을 지키고 있었다. 이광요 독재에 언론자유를 지키다 추방되어 런던 본사로 갔다. 런던에서 마지막으로 만났다. 깡마른 체구에 대쪽 같은 인상이었다.

이런 애국자를 발견하는 것, 나로서는 일생의 교훈이었다. 싱가포르에는 똑같은 분이 또 있었다. 정원상 씨였다. 역시 아버님이 상하이 임정 요인이셨고 중국 공산화 이후 싱가포르에서 터 잡아 무역으로 성공해서 사실상 이 지역 교포의 대부 격이었다. 내가 싱가포르 취재 중 마침 아르헨티나로 가는 이민 배가 기항했는데, 100여 명 이민자를 하루 저녁 대접하는 큰 일을 목격했다. 한참 후 동생을 시켜 한국에서 건설업(경남기업)에 진출했는데 박정희인가 전두환 시절 정치자금을 안 내서 손 떼고 물러났다. 역사, 사람을 제대로 보지 않고 돈만 보는 세상에선 지미 한, 정원상 씨 같은 진짜 영원한 애국자가 눈에 안 보이는 것이다. 정말 안타깝다.

내가 아는 이 부류에 윤태희 박사가 있다. 일찍 미국으로 유학을 가서 대학을 마치고 캐나다 정부관리로 또 세계은행에서 한국 출신 최고의 자리까지 오른 그였고, 부인도 아일랜드 여인이었다. 한국말보다는 영어가 편해서 그와의 통신은 단문이든 장문이든 모두 영어였다. 그 역시 대한민국 패스포트를 고집했다. 2020년에 뉴욕 자택에서 눈을 감았다. 그는 눈감기 2년 전 나에게 긴 편지 썼다.

"이제 남한은 되돌아갈 수 있는 지점을 넘었다. '자유세계'에서는 사라질 것이다. 나는 사회주의, 평등, 인간주의 철학 소신자로서 김대중, 노무현을 지지했으나 종당은 그들의 정책과 싸우는 결과가 되었다. 박정희가 나를 경제장관으로 임명하려 했던 고마움과, 박근혜 씨와의 사적 만남에서 영어 잘하고 센스 있는 여인으로 훌륭한 대통령감으로 기대했었다. 그러나 똑같은 결말 …. 나는 그들의 독재적 종말에도 불구하고 이승만과 박정희가 두 위대한 대통령이라 믿는다. … 한국 국민들은 지금 집단적 건망증에 걸려 … 문재인을 대통령으로 뽑았다.

P.S. 아마도 한두 세기 안에 한국인들은 행복하게 대중화제국 지배하에 있을 것이다. 좌파든 우파든 자식들을 미국대학에 유학시킨 대부분의 한국 부자들은 미국시민으로 자유롭게 살고. 나는 아직도 대한민국 패스포트를 갖고 있다"(2018.12.18.).

마지막 'I am still holding a Korean passport'가 내 가슴을 울린다. 박병서, 전영희, 지미한, 정원상, 윤태희 … . 하늘나라에서 꼭 다시 만나고 싶다.

늙은이들, 요새 젊은이들에 '폐 끼치는 세대'가 되었지만, 지미 한, 정원상, 윤태희 그리고 박병서, 전영희 씨들의 애국심 — 개인적으로 손해 보는 애국심의 나무가 자라 대한민국이 존재함을 기억해주기 간절히 간절히 바란다.

추고. 2021년 11월 19일 자 동아일보 오피니언 면에 탈북기자 김명성 씨가 "대한민국 여권의 힘"이란 칼럼을 썼다. 북한을 탈출한 한국 기자의 대한민국 여권으로 전 세계 191국을 무비자로 여행하는 행복. 일본, 싱가포르 다음으로 세 번째로 세계 많은 나라를 비자 없이 출입할 수 있는 자유를 보장 받는 대한민국 여권(북한은 세계 꼴찌 39개국).

내가 첫 여행한 1962년엔 한 나라도 비자 없이 들어갈 수 없었다. 이런 자유, 이런 대한민국 여권의 힘이 생기기까지 지미 한, 윤태희 같은 대한민국 여권을 지킨 국제적 애국자의 공로가 국내에서 포상받는 사이비 애국자들보다 몇백 배 더 나라에 기여한 것이다.

1962~63년의 선 · 후진국 경제 시찰과 하버드대학 니만 펠로: '나의 세계화' 눈 뜨게 하다

나는 이미 1961년 봄 아시아재단에서 선발한 3개월에 걸친 '후진국 개발과 선진국 경제시찰' 경제기자 4명 중 하나로 시험을 거쳐 선발되어 있었다. 5 · 16 군사혁명이라는 돌발변수가 생겨 계획의 집행이 미뤄지고 있었다.

동아일보사에서는 아시아재단 해외시찰 계획을 마친 뒤에야 배치하겠다며 내근을 시켰다. 홍콩, 인도, 파키스탄(오늘의 방글라데시 포함), 이스라엘, 제네바, 파리, 미국, 푸에르토리코, 일본, 대만 등 10개국과 테헤란, 프랑크푸르트 등을 지나는 3개월간의 여행은 1962년 11월에야 시작되었으니 10개월의 지루한 내근기간이었다. 시찰을 마치고 난 뒤에는 중앙청과 외무부 출입을 거쳐 경제기획원을 맡게 되었다.

나에게 아시아재단이 원조한 3개월간의 해외여행은 '세계'에 눈을 뜨게 하는 결정적 계기였다. 당시 한국 언론으로서는 상상할 수 없는 프로그램이었다. 또 나로서는 첫 해외여행이 무려 3개월 세계일주라는 남다른 것이었다. 그 당시 내 경력과 영어 수준으로는 그런 '계획여행'을 할 수도 없거니와, 취재기자로서 여행했어도 당시 한국과 한국 언론의 위치에서는 각 나라의 그만한 당국자나 전문가를 만날 수 없었다.

더구나 최극단의 후진국인 인도, 파키스탄과 개발에 성공했다는 홍콩, 대만, 이스라엘, 일본을 비교할 수 있었고, 특히 최선진국인 미국과 선진국들의 국제기구인 GATT(관세 및 무역에 관한 일반협정)와 OECD(국제협력개발기구), UN 등을 방문하여 설명을 들을 수 있었던 것은 국제기구와 기능에 대하여 일찍 이해할 수 있는 계기를 만들었다.

"세계의 국경선"을 포함한 작은 칼럼 3편과 이스라엘 2편, 인도 2편, 파키스탄 1편, 제네바, 파리의 국제기구 2편 등 당시 한국 신문에서는 커버할 염두조차 못 내는 긴 기사를 계속 싣는다. 인더스강 댐에 네루가 한 말 '현대

사원'(*Modern Temple*)이라 크게 쓴 글, 강한 인상으로 남아 있다. 옛날의 사원이 종교의 공간이라면 현대의 사원은 전력산업의 공간이란 뜻이다.

당시 한국에서 국제기구에 대한 인식이 얼마나 낮았는지는 이런 에피소드를 소개하면 이해될 것이다. 파리 OECD를 방문할 당시 백선엽 프랑스 대사가 OECD 기구 얘기는 많이 들었는데 방문할 기회가 없었다며 아시아재단이 주선하는 우리 신문기자들 방문 때 같이 설명을 들을 수 없겠냐고 제의, 우리와 같이 OECD를 방문하여 브리핑을 들은 기억이 새롭다.

김성진 당시 동양통신 기자(나중에 문화공보부 장관)가 나의 룸메이트였다. 김성진 씨는 박정희 공화당 창당에 참여, 도중에 일찍 귀국했었다.

첫 도착지가 홍콩인 것은 무엇보다 인도, 파키스탄 등의 비자를 받기 위해서였다. 당시 서울에는 이들 대사관, 영사관이 없었다. 이 홍콩에서 내 인생에서 건강을 지키는 데 가장 중요한 충고를 얻은 것, 크게 감사한다. 첫 도착지 홍콩에서 홍콩 개발 브리핑을 듣고 앞으로의 행선지 비자를 받느라 시간을 보내는 어느 날 우리 일행은 점심을 먹고 공원에서 쉬고 있었다. 맞은편에 정장한 60대 노신사가 혼자 앉아 있다. 우리가 떠나려 그 신사 쪽 방향으로 움직이니 오라고 손짓했다. 홍콩 정부에서 일했던 은퇴 노인이었다. 어디로 가느냐, 얼마나 여행하느냐 묻더니 자기도 여행을 많이 했다며 꼭 조언할 게 있다 했다.

보아하니 돈도 절약해야 할 텐데 하며, 첫째 비타민, 즉 오렌지주스 많이 들라 했다. 특별한 조언이 아니었다. 둘째, 반드시 현지 음식을 먹으라는 충고였다. 흔히 후진국 음식을 위생적으로 문제 있는 것처럼 말하는데 현지주민 몇 백만, 몇 천만이 몇 백 년 먹는 음식은 영양이나 위생이나 이미 증명된 것이다. 냄새, 모양, 신경 쓰지 말라. 또 현지음식점 드나들어야 현지민과 접촉, 실정을 알 수 있다는 것이었다.

120% 맞는 말이었다. 나는 이후 중동, 아프리카에 가서도 현지음식을 고집했다. 김치, 고추장 싸들고 다니는 여행을 난 일생 한 번도 한 적 없

다. 미국, 유럽 가서도 그 나라, 그 고장 현지 '전통'음식이라는 것 주로 찾아다녔다. 단, 한 번 아프리카 가봉에서 현지음식점에 갔는데 음식보다 입구에서 맞부딪힌 현지민들의 몸, 옷 냄새가 너무 역해 물러난 적 있다.

나 개인으로서는 특히 분단, 전쟁 비극을 겪은 나라 국민으로서 홍콩-쿠룽 사이 중국 국경선, 인도-파키스탄의 국경선, 이스라엘-요르단 국경선을 직접 보고 그 '평화로운 국경선'에 서서 우리 땅의 휴전선을 깊이 곱씹었다. 나의 "세계의 국경선"(1963. 2. 16., 동아일보 칼럼), "대한민국의 좌표", 지정학적 경계 위치, 자강으로의 신념 다지기의 시작이고 계기였다.

1962년 11월에서 1963년 1월 말까지 석 달간의 세계경제 시찰은 '나의 세계화'에 지속적으로 도움을 주었다. 첫째는 해외여행이 지극히 어려웠던 시절 매년 유럽 여행을 갈 수 있게 만들어주었다. 1964년 언론파동 과정에서 생겨난 한국기자협회 부회장이 된 나는 '기협'의 국제분과를 맡게 되었고, 기협이 준회원으로 가입한 국제기자연맹(IFJ: International Federation of Journalist)에서 한국을 대표하여 집행위원이 되었다. 그리하여 1966년 베를린, 1967년 이스탄불, 1968년 더블린, 1969년 취리히 집행위원회 회의에 계속 참가했다.

당시 유럽을 신문사 돈으로 갈 수 있는 처지가 못 됐다. 아시아재단에 여비를 대줄 수 있느냐고 문의했더니 바로 지원하겠다는 연락이 왔다.

IFJ 회의에서는 주로 일선기자들의 복지, 언론사 노사관계 등이 다루어졌지만 세계 언론 동향도 늘 다루었다. 선진국의 신문 운영구조를 아는 데 큰 도움이 되었다. 사실 한국에 외국의 언론노조 활동을 보고하고 글을 쓴 것은 내가 처음이다. IFJ 참석 후 한국신문기자협회보에 썼다. 2차 세계대전 후 프랑스의 르몽드와 피가로 신문은 발행인, 사주가 따로 없이(독일 점령기간 협조한 죄로 추방되어) 사내 편집인(*editor*, 한국으로 치면 편집국 부장)들로 구성된 기구가 최고경영 결정권자, 발행인인 시스템이라는 것도 내가 소개했다. 그런 내가 1974년 동아일보 사태(노조사태로 시작)로 회사에 반항하는 노조를 다루다 스스로 보도국장 자리에서 물러나는 일이 생겼다. 운명이다.

물론 IFJ 회의 참석으로 끝나지 않았다. 갈 때마다 취재계획을 세워 런던의 금융중심가 시티와 영국의 중앙은행, 로이드 보험회사 같은 세계 최고 금융센터, 프랑스 중앙은행, 취리히 반하프 스트랏세(기차역 거리)에 있는 이른바 스위스 은행들을 취재했다. 또 OECD와 GATT 사무총장 인터뷰도 했는데 한국 언론계에서는 엄두도 못 냈던 시절이었다. 동아일보도 회삿돈 안 내고 국제뉴스를 커버할 수 있어 좋은 일이었다. 나를 국제통으로 만든 계기가 되었다.

그 후 언제인지는 기억나지 않으나 아시아재단 사람에게서 나에게 지속적으로 지원한 이유를 알게 되었다. 1962년 석 달간 해외시찰 여행을 한 경제기자 4명 중 보고서를 내도록 사전에 서명하고도, 약속을 이행한 사람은 나 하나뿐이었다는 것이었다.

귀국 후 반드시 영어로 시찰소감과 평가를 쓰도록 시찰계약이 되어 있어 모자라는 영어실력에 끙끙대며 보고서를 썼었다. 또 IFJ 참가 뒤에도 역시 계약대로 보고서를 냈었다. 아시아재단 측 이야기에 의하면 누구누구 당대뿐 아니라 지금까지도 유명한 교수와 원로들 이름을 대며 아무리 의무이고 계약서에 서명한 일이라고 해도 보고서를 내지 않는 분이 태반이라고 했다. 이 당사자들 보고서를 아시아재단 본부로 보내야 하는데 서울 실무자들로서는 아주 난감하다고 했다. 그런데 나는 꼬박꼬박 보고서를 내니 신용이 높다고 했다. 서양 사람들과의 거래에서 계약과 신용이 얼마나 중요한지 알게 되었다.

둘째는 1972~73년 니만 펠로는 나로서는 외국에서 집사람과 생활한 유일한 해외 경험이었고, 하버드대학의 학문과 역사는 현대문명과 그 뿌리를 체험하는 아주 중요한 기회였다. 그런데 니만 펠로 결정과정이 의외로 꼬였었다. 다른 신문사가 왜 동아일보만 계속 우대하냐고 항의했기 때문이다.

1971~1972년 펠로를 정하면서 나를 1972~1973년 펠로로 미리 정하는 이변이 생겼었다. 아시아재단 측이 나에 대한 신용을 높이 평가한 결과였다.

아시아재단과 하버드대학 니만 펠로, 이 두 뿌리가 그 후 서울국제포럼에서의 활동과 과학기술처 장관 시절 '한미 과학기술동맹' 구축, 그리고 미국 경제계, 언론계 교류의 하부구조가 된 셈이다. 니만 펠로도 아시아재단의 지원이었음을 생각하면, 아시아재단이 나의 세계화 원천이라 할 수 있다. 나는 이런 과거에 대한 보답으로 아시아재단 활동에는 최선을 다하여 참석했고, 2004년 창립된 'The Friends of Asia Foundation'의 창립이사로 있다. 2010년에 1천만 원 기부하여 내 고마움을 표했다. 죽기 전, 얼마든 더 내놓을 작정이다.

역사의 고비: 현장을 알린 기자

한미 관계 현장(1962. 6. 통화개혁과 1979. 10 · 26 직후)

내 특수한 경력 중 한미 관계도 한 장을 이룬다. 과기처 장관과 동아일보 대외창구로서의 한미 관계 역할은 이미 앞장에서 대강 썼다. 한미 관계 고비에서 현장증언자 노릇한 것이 좀 있다.

하비브 참사관의 '국교단절 선언'

1962년 6월 9일 일요일 밤, 박정희 군사정부가 통화개혁을 발표하고(통칭 6·10 통화개혁) 나흘 뒤쯤, 용산 미군기지 내 주한 미국대사관 공보관 집으로 저녁초대가 있었다. 당시에는 국내 영어통용 기자가 별로 없어 늘 그 사람이 그 사람, 즉 주로 관훈클럽 주동기자들이 초청대상이었다. 이날도 내가 초청기자 중엔 제일 후배였다.

의외로 정치담당 참사관 하비브(레바논 출신으로 후에 파리에서 베트남전 휴전 협상자로 이름을 날린다. 주한 대사도 역임했다)가 가운데 있었다.

나에게 의견을 물어 나는 주로 당시 유원식 최고위원의 통화개혁 취지와 설명을 중심으로 단순한 통화개혁이 아니라 모든 금융 + 주요산업의 국유화, 산업은행을 통한 민간기업 지배가 주목적이고 시장경제체제 부정이고 사회주의 개혁이라고 해석했다.

저녁모임 끝나고 나오는데 아무래도 선배들 먼저 신발 신고 내가 끝 무렵 신발 신고 있는데 미 대사관 참석자 하나가 나를 신발장 안으로 밀어붙이고 신발장을 닫았다. 깜짝 놀랐다. 기자들이 모두 집 밖으로 나가자 문을 열면서 "아주 미안하다. 다른 기자 안 보이게 당신과만 이야기 나누고 싶어서 그랬다"라며 거듭 사과했다. 그리고 하비브가 입을 열었다. "당신 판단이 가장 정확한 것이다. 미국으로서는 한국의 사회주의화를 도저히 받아들일 수 없다. 통화개혁 철회 안 하면 미국으로서는 한국과 외교관계 단절한다. … 내 이야기 써도 좋다." 그만큼 당시 한미 상황은 나빴다.

참 가슴 막히는 현장이었다. 다음 날 아침 출근하자마자 김성열 부장에 보고하고 내 의견을 붙였다. 국익과 기사 썼을 때의 '국내외' 파장을 고려, 미국 진의에 대한 추가 취재와 보도에 신중을 기해야 한다는 것이었다. 그리고 우리가 보도할 때도 사전에 정부에 알리고 단단한 각오로 해야 할 것이라는 의견도 붙였다. 끝내 기사화도, 보도도 못 했다. 동아아카이브에는 내 보고가 보관되어 있을 것이다. 또 정부의 사회주의 경제지향 통화개혁은 33일 만(7월 13일)에 상처만 안고 백기를 든다.

10 · 26 직후 R. 쿠퍼 미 국무성 차관 내한 인터뷰

1979년 10·26 박정희 대통령 시해사건 뒤 미 국무성 제 2인자인 R. 쿠퍼 차관이 내한했다. 그 무렵 일본에 들른 그는 급히 일정을 바꿔, 제 1회 한미경제정책협의회 참석 형식으로 내한했다. 미 대사관에서는 10·26 이후 북한에게 미국의 한국에 대한 방위공약의 확고함을 보여주기 위한 비상한 일정변경 방한이라는 설명과 함께 나에게 인터뷰 요청을 했다. 논설위원

시절이다. 국무성 2인자이지만 그가 바로 전 하버드대학 경제학 교수였기에 나를 지명한 것인가 추측할 뿐이다.

글라이스틴 대사 배석하에 대사관에서 45분간 인터뷰했다. 1979년 11월 13일 자 2면 지면 거의 전면을 차지했다. 인터뷰 텍스트가 미국대사관과 몇 번 오고 간 것을 보면, 실제 인터뷰는 11월 10일 전이었을 것이다.

특기할 것이 있다. 당시 세계 2차 석유파동의 고통 때문인지 이런 문답이 오갔다. 내가 "중공(중국)이 가까운 장래에 한국에 주요 석유공급국이 될 것이냐"고 묻고, 그가 "중공은 분명히 그렇게 되기를 바랄 것이다. 문제는 그들이 어떻게 석유자원을 개발하고 또 그 비용을 해결하느냐에 달렸다. …". 그런 일은 그 후 1980년대에도 1992년 한·중 수교 무렵에도, 그리고 지금도 없다. 중국은 그 후 그리고 지금 세계 최대 석유수입국이 되었다.

'울산공업지구설정' 및 기공식

1962년 2월 3일 하오 1시 12분, 울산군 대현면 고사리 정유공장 대지를 뒤로한 식장 통칭 '울산공업단지' 착공식을 1면 거의 전면 커버하는 기사를 쓴다. 제 1차 경제개발 5개년계획의 첫 고동이다.

박정희 최고회의의장과 각 분과위원장, 송요찬 내각수반과 김유택 경제기획원장 및 각료, 버거 주한 미국대사, 독일, 이탈리아, 프랑스대사, UN군 총사령관, 주한미국경제협조처(USOM) 부처장 등 서울서부터 200여 명이 특별열차로 해운대서 1박 다음 날 울산 현지에 도착, 다이너마이트 발파현장에 섰다.

여러 의미에서 이날 기공식에서의 '박정희 의장 치사'는 지금까지도 기록할 만하다. "4천 년 빈곤의 역사를 씻고 민족숙원의 부귀를 마련하기 위하여 이곳 울산을 찾아 여기에 신생공업도시를 건설하기로 하였습니다. 루르의 기적을 초월하고 신라의 영성을 재현하려는 이 민족적 욕구를 이곳 울산에서 실현하려는 것이니 … 자손만대의 번영을 약속하는 민족적 궐기인 것입니다. 제 2 산업의 우렁찬 건설의 수레소리가 동해를 진동하고 공업생산의 검은 연기가 대기 속에 뻗어가는 그날엔 국가민족의 희망과 발전이 눈앞에 도래하였음을 알 수 있을 것입니다. 빈곤에 허덕이는 겨레 여러분! 5·16혁명의 진의는 … 영원한 민족적 번영과 복지를 마련할 경제재건을 성취해야겠다는 숭고한 사명감에서 궐기한 것입니다. 이 울산공업도시의 건설이야말로 혁명정부의 총력을 다할 상징적 웅도이며 그 성패는 민족적 빈부의 판가름이 될 것이니 온 국민은 … 분투 노력해주시기 바랍니다."

이 치사 말고도 버거 대사의 외국서도 지원용의 연설, 이 식장에서 김 경제기획원장이 미·독·이탈리아 각국 원수와 3개국 대사와 USOM AID처장, 세계은행, UN군 사령관, 윤보선 대통령, 박정희, 송요찬, 김종필(정보부장), 재무부, 상공부 장관과 이병철 외자도입 미주 민간교섭단장과 이정림 유럽단장 등 국내외 26명에게 사자와 치타 새긴 금메달을 증정하는 이색행사도 있었다.

외자의 지원이 관건인 이 울산공업단지, 경제개발계획의 염원을 담은 것이다. 박 의장은 기공식 현장에서 기자회견을 갖고, 케네디 대통령을 비롯한 미 원조당국자들도 적극 지원을 약속한 바 있다고 강조하고 국교정상화 전이라도 일본의 민간투자 문호를 개방하겠다고 밝힌다.

'희망의 땅을 찾아서' (1962. 2. 9.~27.)

이 울산의 역사적 공업단지 기공식을 마치고 나는 그길로 "희망의 땅을 찾아서: 산업 현지르포"를 위해 전국을 후빈다.

2월 9일 울산 정유공장, 비료공장, 종합제철, 2월 13일 부산 보세가공, 2월 18일 진주 제일 긴 다목적댐, 2월 23일 섬진강 동진강 댐, 2월 27일 목포 삼학도 축항 영산강 개척.

7장

동아일보 시절 ②
운명

운명 ①: 왜 운명인가 — '동아일보맨'으로서

나는 1984년 10월 동아일보 복귀 후 1990년 11월 10일 청천벽력 같은 전격적 과기처 장관 임명으로 떠날 때까지의 시점을 정리하는 데만 두 달 넘는 시간을 보냈다. 1984년부터 1990년까지 다이어리와 따로 1985년과 1990년의 두 권의 별도 노트북과 같이 쌓인 자료들을 뒤지며 1차 정리하는 데 한 달가량, 다시 1차 정리 자료를 회고록용으로 추리는 데 또 두 주일, 그리고 2차 정리한 것을 놓고 어떤 순서, 연도별, 이슈별, 사람별로 어찌 정리할까 궁리하는 데 또 시간을 허비했다. 펜이 잡히지 않았다는 것이 솔직한 표현이다.

이 자료들을 다 원본대로 쓰자니 너무 많은 사람들과 그 후손들까지 원망을 들을 것 같고. 추상화하자니 애매모호해지고. 결정적 자료 한두 가지를 당시 동료들에게 보여주니 원수 될 사람 생긴다고 만류하고. 또 그 자료 쓰면 동아자유언론투쟁위원회에서 얼씨구나 하고 쓸 텐데 걱정하고….

이 순간까지 마음이 흔들린다.

동아일보 안의 처절한 내전 속에서도 나는 레이몽 아롱과 월터 리프만에의 꿈, 그리고 내 그간 굴절의 아픔을 겪은 인내를 바탕으로 나의 꿈과 동아일보의 '부활'에 전력을 바쳤다. 그러나 결과적으로 보면 좋은 의미의 보수 생리라 할 수도 있고 나쁜 의미의 복종 또는 아첨 생리가 필요한 현실에 적응할 수 있는 한계가 분명했고, 실패할 수밖에 없는 운명이었다. '현명', '지혜', '영악'함이 결핍된 나의 운명이다.

동아일보 65주년, 70주년 창간기념사를 두 번 쓰는 동아일보 역사상 드문 동아일보 가치와 사시(社是)의 대변자요, 동아일보 간판 칼럼니스트면서도 사내 권력투쟁과 집안싸움의 현실에서는 내가 설 틈이 없는 결국 쫓겨나는 신세가 된 것이다.

창간기념사 두 번, 신년사 두 번 쓰다

나는 창간기념사를 두 번이나 쓴 해방 후 동아일보 역사에서 거의 유일한 '동아일보맨'이다. 혹시 고재욱 주필 이외에는 다시없는, 즉 동아일보 사시, 정신적 가치를 상징적으로 대변하는 창간사를 1985년 4월 1일 65주년 "정통지의 자부와 다짐", 1990년 70주년 "새 역사 새 세계의 중심 동아에 — 동아가 부활한다" 두 번 썼다. 뿐더러 신년사도 두 번 썼다. 1989년 "우리 스스로에 달렸다"와 1990년의 "새 역사의 주인이 되자"였다.

1990년 창간사는 2판에서 제목의 '부활'이 '거듭난다'로 바뀌었다. 70주년 창간사 제목에서 동아가 '부활'한다는 제목은 그 전해 창간 69주년 되는 날, 김병관 사장이 "제 2의 창간을 다지면서"라는 특별한 취임사를 발표했기 때문이었다.

나는 창간기념사에 혼신을 불어넣었다. 창간사 "① 조선 민중의 표현기관으로 자임하노라, ② 민주주의를 지지하노라, ③ 문화주의를 제창하노라"를 1985년, 1990년의 실체에 맞게 그 시대의 민족주의, 민주주의, 근대화에 맞게 해석, 동아일보 가치와 비전, 주지를 천명하는 노력이었다. 나는 이를 쓸 때마다 창간사, 즉 10주년, 30주년, 40주년, 50주년, 60주년 창간사는 물론 당시 논쟁적이었던 자료들을 뒤적이며 며칠씩 궁리하여 썼다. 지금도 그 원본들과 내 창간사 200자 본래 초고도 보관하고 있다. 동아일보 퇴사 후 30년, 2020년 동아일보 100주년 기념사 한 자 한 자를 열심히 읽었다.

1985년 65주년 기념사는 내가 논설실장 된 지 1개월, 재입사 5개월 만에 집필하게 되었다. 왜 주필이 쓰지 않고 내가 썼는지, 왜 10년 단위가 아닌 5년 단위 창간사를 쓰게 되었는지 기억이 안 난다. 동아일보 복귀시점과 당시의 내 직위 등 모든 여건으로 보아 내가 앞장서 주장할 처지는 아니었다. 다만 당시 김상만 명예회장과 김병관 부사장까지 극찬했다. 송수환 판매국장이 간부회의에서 창간사 반응이 매우 좋으니 판매프로모션용으로 이 창간기념사만 따로 찍어 돌리겠다고 했다.

동아일보 100년 역사상 논설책임자인 주필, 주간이 몇 명인지 모르겠으나 분명한 것은 해방 후사에 있어서 두 번의 창간기념사를 쓴 사람은 혹시 평생을 동아일보에서 지내고 1946년 이후 15년간 장기 주필하신 고재욱 선생을 제외하고 나뿐이라 믿는다. 1950년과 60년에, 30년과 40년 창간사를 쓰셨을 것이 거의 확실하다. 그리고 1970년은 이동욱 주필, 1980년은 박권상 주간 작품이었을 것이다.

창간사는 아니지만 1980년 4월 1일 창간 60주년 기념 특집좌담 "2000년대의 신문 = 갑오년 맞은 동아 … 다시 60년이 지난다면"의 사회를 내가 맡아 진행한다. 그러고 보면 1980년의 60주년, 1985년의 65주년, 1990년의 70주년 창간지면에 10년 연속 등장하는 유일한 동아일보맨이다.

'동아신문박물관 개요' 제안

내가 동아를 하나의 직장, 하나의 신문사로만 생각하지 않고, 동아의 존재를 대한민국의 국가적 대표, 사회적 기구, 역사적 가치로 매김하고 봉사했던 것만은 꼭 기록하고 싶다.

1972년 9월 7일 나는 미국 케임브리지에서 김상만 사장께 편지를 쓰며 3장짜리 '동아신문박물관 개요'를 동봉한다. 하버드대학에 공부하려 미국 온 지 2개월 만이다. 워싱턴의 스미소니언, 하버드박물관, 뉴욕타임스, 보스턴글로브 등 신문을 둘러보고 '동아신문 박물관'을 개설, 동아일보의 기사, 행사를 중심으로 개화, 근대화의 실상을 실물로 전시, 보관 그리고 근대, 현대 문제연구센터로 자리매김하자는 제안이었다.

동아신문박물관 개요

명칭: ① 동아일보 박물관, ② 인촌 신문박물관, ③ 김 사장 아호를 딴 이름, ④ 현대박물관, ⑤ 현대생활관

성격: 고고학, 고미술적인 연구를 필요로 하는 대상 제외, 개화 이후 근대 100년의 생활 변화를 교육시킬 목적으로 자료수집, 연구, 보관, 전시

운영주체: …

장소: ① 본사를 여의도로 옮기는 전제로 현 광화문 사옥. ② …

전시내용: ① … ② … ③ … ④ … ⑤ …

전시관 배치: 신문관. 생활관. 연구실. 특별전시관. 도서실. 박물관 목적과 일치하는 영화, 강연, 연극 활동을 위한 홀

효과: A.… B.… C.… D.… E.…

F. 만일 동아일보가 어떤 불행이 생기더라도 박물관은 남아 동아의 명예는 계속되고 국민들에게 미국의 스미소니언(워싱턴) 인스티튜트같이 영원히 살 것입니다.

G. 한국에서 동아는 단순히 신문이 아니고 국민교육과 생활의 한 인스티튜트(제도기구)임을 물리적으로 실증하게 될 것입니다.

H. …

I. 박물관의 내용이 충실해 갈수록 동아일보만이 독점할 수 있는 양질의 기사가 늘어날 것입니다.

내가 가슴에 품고 있는 동아의 가치와 미래상을 읽을 수 있다. 김 사장 성격으로 보아 내 편지와 '동아신문박물관 개요' 원본이 보관되어 있을 것이다. 나는 날림으로 쓴 초본을 귀하게 보관하고 있다.

막상 2000년 12월 15일 '동아신문박물관' 개관 때는 초대받지도 못했다. 그러나 이런 발상이 37년 뒤 대한민국역사박물관 건립위원장을 맡게 되는 '운명'적 계기가 되었는지.

'비상시국하의 동아일보 제작방침'

또 하나 김 사장 보관함에 남아있을 것이 1979년 10·26 직후 김 사장께 드린 '비상시국하의 동아일보 제작방침'이다. 당시 논설실에 있던 나는 편집부국장과 방송보도국장으로서의 경험과 1974~75년 동아사태 체험자로서 내 나름의 제작방침을 14페이지로 정리했다. 전두환 등장 직전이었다.

① 기본방침, ② 위기와 과도기를 안정적으로 극복하기 위한 지침, ③ 국가사회 발전을 위한 지침, ④ 동아일보 공신력 제고를 위한 지침으로 나뉘어져 있다.

"국가안보와 사회질서 안정과 유신체제하 폭력적 정치 행태, 잔재 제거. 모든 분야의 발전, 정상화, 합리화, 민주화에 충실. 극한세력 간의 화해 분위기 조성. 군부 정치 개입 않도록 유도하고 과격 반체제세력 견제. 유신체제하 기본인권 유린 사건의 기획취재와 노사분쟁 균형. KIST, KDI, KREI, 정신문화연구원 등은 비판하지 말며 '새마을'은 동기를 비판하지 말고 운영상의 부조리에 초점 맞춰 퇴색토록. 민간 기능의 자율화, 민영화 촉구하되 TV의 공영화 필요와 1년에 1천 명씩 신학생 배출하는 신학대학 과열은 방지되어야 한다"고 쓰고 있다.

특히 동아일보의 공신력 제고를 위해 ① 기사화되지 못했던 김대중 납치사건, 김형욱 망명 사건, KCIA와 박동선 사건, 유신헌법과 긴급조치법 등을 검열해제 시 특별시리즈로 연재, 책으로 출판할 수 있도록 특별취재팀 구성, ② 헌법 개정을 포함 '대안'을 본격, 밀도 있게 탐구하는 조직 만들고, ③ 극단적 대립세력 간 화해 분위기 조성 유도(대립세력 포용인사 호의적으로 보도하고 영남에 편중한 관료인사는 냉철히 지적)를 제언하고 있다.

동아맨으로서의 대외 보폭

① 1960년대 초 아마 1963~64년일 것이다. 동아일보와 현대그룹과 합작으로 IFC(세계은행 자매 민간차관기관) 자금으로 신문용지 공장 건설을 위한 차관 신청작업을 했다. 그때 현대는 정인영 씨가 담당했다. ② 1960년대 중반(아마 1965년일 것) 인촌과 수당 형제가문 간 동아일보 지분정리 시 상업은행 융자교섭, ③ 동아의 경영다각화를 위해 신문의 정보 우위 영역인 도시계획, 토지계획, 도시개발사업 개척, ④ TV 진출 위한 LG 구자경 회장과 김 사장 연대 작업〔7장. 운명 ⑥(379쪽)의 '어인 일잇고' 대목 소개〕, ⑤ 숙명적인 삼성, 중앙일보 저격수 역할, ⑥ 1990년 창간기념일 고려대 조용만 교수 기고를 둘러싼 조선일보와의 격한 난투전에서 동아일보 입장문 정리했던 추억 등이 그것이다.

지금 다시 그때로 돌아가면 그만한 정열과 사명감을 쏟아낼 수 있을까. 아련하고 아리다. 나는 아직도 스스로 120% '동아일보맨'이라 생각하고 있다.

운명 ②: 동아일보와 삼성싸움 — 그 전위에 섰던 나

한국비료 밀수사건 담당이 된 기자 · 논설위원(1966~67)

1966년 1월부터 6개월에 걸친 "코리안의 고동" 해외취재를 마치고 귀국하여 경제부 차장으로 복귀했다. 그러나 일복 많다 해야 할는지, 운명이라 해야 할는지. 3개월 뒤부터 동아일보의 숙적 삼성과 그 삼성의 이병철 회장이 1년 전 창간한 중앙일보와의 결투장 한복판에 내가 섰다. 한국비료 사카린 밀수사건이다. 최근 〈한미저널〉(2021년 5월호)에는 《호암자전》에서 한국비료 부분을 인용해 싣고 있다.

"사태는 심각했다. 한국 제일의 재벌이 밀수했다고 신문들은 연일 대서특필했다. … **어느 신문은 반년 동안에 걸쳐 사설이나 기사를 통해서 계속 삼성을 비난했다.** 일단은 벌금으로 사건을 처리했던 검찰도 이러한 여론에 눌렸음인지 일사부재리의 원칙을 위배하면서까지 나서 차남 창희를 비롯한 몇 사람의 삼성 사원을 구속하기에 이르렀다. … 다만 한 가지 분명히 해두고자 하는 배경에는 몇몇 정치인의 공작이 숨어 있었다는 사실이다. 현재로서는 이름은 굳이 밝히지 않으나 장차 그 진상이 밝혀질 날이 있을 것이다. 그뿐 아니라 당시 권력구조의 중추에 있던 인물이 OSTA(사카린) 문제가 일어나기 전에 '한국비료주식의 30% 증여'를 요구해 왔었던 사실도 있다. 아무튼 삼성의 잘못을 인정하지 않는 것은 아니다. 그러나 과장되어 마치 국가적 범죄라도 저지른 것처럼 몰아붙이는 것은 정도를 넘는 일이었다."

이 《호암자전》에서 "어느 신문은 반년 동안에 걸쳐 사설이나 기사를 …"에서의 주인공은 바로 나였다. 당시 경제기획원 출입기자라는 직책도 그러하거니와 내 필력을 기대했던지 회사에서 나에게 전적인 커버를 명했다. 당시 국장이나 부장은 위에서 나를 지명한 것처럼 말했다.

1966년 9월부터 10월 5일까지 사이. 9월 17일 "국민 분노케 한 파렴치, 산산조각난 상(商)도의, 사형대에서 사라진 밀수범도 통분함이 …". 10월 5일 "한비, 헌납하는 건가". 10월 13일 "주는 것과 갖는 것", 10월 14~15일 "한비 국유화 시비, 국민경제에 귀의하는 길"(상·하). 11월 15~19일 "밀수 암장 종합보고 — 한비사건의 의혹" 5장 중 2장 "헌납의 주변", 4장 "정책과 법령"을 내가 썼다.

불과 한 달 사이 5건의 주제로 7번의 전면 또는 전단 해설 특집기사를 담당했다. 물론 출입기자로서 그때그때 스트레이트 기사 따로 쓰고. 신문지면뿐 아니다. 1966년 11월호 월간지 〈신동아〉에는 "한비 헌납의 문제점"이란 장문의 글도 썼다.

이병철 회장의 한비 헌납과 차남 이창희 씨 구속, 그리고 정부의 헌납 수용과 한비 완공 지시로 일단 1966년은 마무리되었다.

다음 1967년 2월 논설위원이 되어서는 다시 한비사건 담당이 된다. 4월 13일 "한비 '헌납'의 결론은?", 4월 21일 "한비의 준공과 사회정의", 9월 8일 "한비는 아직도 재촉을 받고 있다", 10월 4일 "한비 헌납의 행방" 등 4건의 사설을 쓴다. 이병철 회장 글에서는 반년 동안이라 했지만 나는 1966년 9월 경제부 기자 입장에서 시작, 1967년 4~10월 논설위원으로 1년 동안 한비사건 전담기자, 논설위원으로 동아일보의 특급 공격수였다.

이맹희 씨와의 일생 단 한 차례의 만남: 필동밀회

아마 1966년 10월이었을 것이다. 한비사건이 한참 피크를 지날 무렵이었다. 이 무렵 어느 날 오후 나에게 전화가 왔다. 받으니 자기가 이맹희라고 했다. 이병철 회장 장남이다. 비서를 시키지 않고 직접 건 전화였다. 한번 만나서 이야기하고 싶다 했다. 내가 지금 광화문 사옥에 있는데 어딘지 알려주면 가겠다 하니 자기가 감시를 당하는 몸이 돼서 밖에 나갈 수 없으니 자기 집으로 오는데 여기도 감시가 있으니 차를 광화문 근처 종로 어디어디에 몇 시에 보낼 테니 거기서 타고 오라했다. 꼭 007 같은 절차를 거쳐 필동 지금 코리아하우스 뒤 그의 집에 도착했다(그의 집은 지금 CJ 연수원으로 쓰인다고 한다).

그의 말인즉, "아버지와 사이 나빠진 이유—6·25 때 아버지와 장자인 자기가 도쿄에서 피란생활을 했는데 같은 집에서 아버지, 일본 부인과 지내니 자연 사이가 나빠지고 아버지와도 불화가 시작되었다", "지금 삼성은 사돈 홍진기(3남 이건희 장인)가 사실상 2인자로 삼성을 장악하려 한다. 장남인 자기나 둘째 창희는 이 홍진기 작전의 희생자이다. 그래서 저항하는 것이다. …"라고 했다. 그의 말의 초점은 삼성 내분, 특히 홍진기 부분을 써달라고 했다.

내 답변은 이랬다.

"고맙다. 나를 믿고 개인사까지 얘기해줘서. 그러나 나는 삼성의 사카린 밀수사건과 한국비료 건설에 대한 기사를 취재하는 기자이지, 한 집안의 부자간 갈등을 취재하는 것이 본업은 아니다. 나도 부모를 모시는 사람으로서 여기서 기사화하겠다는 약속은 못 하겠다. 그러나 편집국장께 보고하여 위에서 쓰라 명령하면 물론 쓴다."

귀사 후 바로 홍승면 편집국장에게 자초지종을 보고했다. 그리고 이맹희 씨에게 답한 대로 사의 방침이라면 기사화하겠다고 했다. 격려였다. "잘했다, 기사화 말라." 대화내용을 위에 보고할 테니 자세히 쓰라 해서 보고서를 썼다. 동아일보 비밀철 어디에 남아있을 것이다. 그 후 동아와 삼성 대결이 벌어질 적마다 최고간부회의에서는 '내 이맹희 밀회 대화' 폭로 여부가 떠올랐었다.

다시는 이맹희 씨와 만난 적이 없다. 일생 단 한 번의 밀회였다.

운명의 장난 같다. 회사의 특명으로 김상만 회장의 격려로 동아의 '앞잡이'로 삼성과의 대결 선봉이었던 나였다. 이제 시간이 흘러 나를 동아에서 사실상 쫓아낸 김상만 회장의 아들 김병관 사장의 둘째아들과 이병철 회장 셋째아들 이건희 회장의 둘째따님이 결혼, 사돈 사이가 됐다. 이건희 회장 사위가 된 그 아드님은 삼성주력회사 경영자가 되었다.

시대에 따라 신문도 사람도 변한다. 나의 이병철, 이건희 회장에 대한 평가도 과기처 장관을 지나며 많이 바뀌었다. 다만 동아일보의 역사 속에 삼성과 전투 전위대에서 마음, 몸 고생했던 사람과 흔적이 정확히 기록되었으면 한다.

동아일보에 있었기 때문에 시대와 인물의 변화에 치인 나의 운명이지만 동아일보의 역사를 객관화할 수 있는 기제가 있기 바란다. 정말 당시의 동아일보는 이병철 회장 말대로 한국비료주식 30%를 먹으려 한 '정치인'의 작난에 놀아난 것인가. 나는 그런 작난에 놀아난 말단의 꼭두각시였나. 이 대목을 동아일보가 밝혀주었으면 한다.

1977~78년 신문 재편의 격동과 중앙의 반격

내가 논설위원 편집부국장 시절. 1977년 다이어리. 7월 14일부터 15일, 16일, 그리고 18일 연속 다음과 같은 기록이 나온다.

> **1977. 7.14.** 김입삼(전경련 부회장)
>
> **1977. 7.15. 오후** 정(정주영 회장)
>
> ① 홍, 이(홍진기, 이병철 의미) 제거, 제3자 사장, 공개, 삼성문화, ② 삼성 떼게 하는 것, ③ 현대·럭키 공동인수, ④ 현대 혼자, 럭키, 동아-TV Network, 13일 전경련 회장단 모임, 공식거론, 문공(문공부 장관) 내주 방문, 중앙-정주영 연재 중단

1977. 7.16. 오전 김 문공(김성진)

① 기자 재훈련 기금, ② 三자만(金, 鄭, 金) 한국 인수 OK - 단독, ③ 자기 인수 개입 않겠다, ④ 중앙 문 닫기야.

1977. 7.16. 오후 7:20 鄭

① 3억 매년 1억씩 3년 성공, ② 중앙 손 떼게 전력 계속 김용환(재무부 장관) 기업공개, 주식의결권 사용 제한, ③ 한국 - 鄭은 내가 간여. 不問.

'三자만(金, 鄭, 金) 한국 인수'는 당시 경영난에 빠졌던 한국일보를 김우중, 정주영, 김성곤 등 재계에 인수시키려 한 것 같다. 이날 오전 김 문공 장관, 오후에 정주영 회장을 만난 것을 보면 일이 급박하게 돌아갔던 것 같다. 정 회장과의 대화에서 "③ 한국 - 鄭은 不問 - 내가 간여"란 기록이 나오는 것은 김 장관 얘기 전하니 정 회장은 한국일보는 관심 없고 나보고 간여하라는 뜻이었는지?

1977. 7.18. 김성진

① 金, YH(김윤환) 와 상의: ⓐ 재계관련 ⓑ 주식 의결권 10%,

② BC(이병철) 홍진기 경고, ③ press club 빨리 하자

1977. 7.19. 정 - 김 문공 방문

1977. 8. 1. 김우중

① 대우 피해 없도록, ② 서울경제신문 끼어서 - 권리금 붙여서라도,

③ 내가 알아서 처리, ④ 부·차장 젊은 기자

7월 14일부터 8월 1일까지의 흐름을 보면

내가 정주영 회장 2번, 김성진 문공 장관 2번, 김우중 회장 1번, 김입삼 부회장을 1번 만났다. 특히 7월 14일부터 18일, 5일 사이에 6번이나 만났다.

정주영 회장과 전경련은 중앙일보를 삼성에서 손 떼고 인수하는 데 전력하는 데 비하여, 김성진 문공부 장관은 중앙일보 문제는 이병철과 홍진기에게 경고하는 선에서 그치고 한국일보는 김우중, 정주영, 김성곤 등 재계에 인수시키려 한 것으로 보인다. 그러나 정 회장은 한국일보엔 관심 없고, 김우중은 한국일보-서울경제신문 인수에 적극 관심을 보인다. 동아일보는 중앙일보와의 생래 숙적 관계로 정 회장의 중앙일보 인수는 지지하면서 TV 진출을 위하여는 전자산업을 갖고 있던 럭키그룹과의 제휴에 관심이 있었다.

김성진 장관이 왜 나를 적극 개입시켰는지, 그 정치적 배경은 잘 모르겠으나 두 가지로 추측한다. 하나는 같은 일선기자 시절 그는 동양통신, 나는 연합신문과 동아일보를 거치면서 같이 부흥부를 출입, 커버했고, 또 1962~63년 석 달간 아시아재단 초청에 의한 선진-후진국 경제개발 연구 시찰 때 두 달 넘게 룸메이트로 지낸 인연이다.

둘째는 내가 김우중 대우 회장의 출연 약속으로 서울언론문화클럽 설립을 추진하고 있었기 때문이다. 유신 시절 언론기관은 물론 언론단체도 설립을 억제, 불허하던 시절, 그는 오히려 클럽 설립을 빨리 서두르라고 재촉했다. 나중에 보니 김 장관과 김 회장 간에는 별도의 관계가 있었다. 결국 내가 1980년 강제로 언론계 떠나게 된 후 그는 클럽 이사장이 된다.

중앙일보의 반격: 김 · 정 회장의 격렬한 분노 그리고 부자 관계의 그늘

이런 나의 중앙일보-삼성 저격수로서의 역할을 숙지한 중앙일보로서는 다음 해 1978년 7월, 현대아파트 사건이 났을 때 당연히 현대와 동아일보에 총공격을 가했다.

나는 당시 편집부국장직에서 7월 5일 대기발령을 받았다. 김상만 회장이 바로 전화했다. 내 수첩엔 "미안하네, 낙심 말게-두 번, 용기를 내게"로 적혀 있다.

그리고 7월 12일 12시 정주영 회장과 만났다. 아주 격렬한 반응이었다.

"동아 중심 누구냐", "김용완(경방 회장, 전 전경련 회장) 절교 - 삼성", "고려대 돈 대겠다", " 9월부터 착수 1년 작업하자 홍진기 기록, 이병철 탈세", "싸움은 이겨야 한다."

당시에 김 사장, 정 회장의 분노의 정도를 읽을 수 있다.

그러나 그 사이에 낀 나는 신문사 안의 시기꾼들과 밖의 사수(射手)들에 의하여 결국 1980년 8월 동아일보를 떠나 낭인이 되는 운명을 맞는다.

1977년 7월의 사건들이 바로 7월 3일 현대건설 주식 500억 기금의 '아산복지재단' 설립을 발표하고, 9월 3일 1억 원을 출연, 동아일보 기자로 있다 독일 유학중 사망한 동생 정신영의 이름을 딴 '신영언론연구기금'을 설립하는 배경이다. 아산복지재단이 펴낸 사진첩엔 아산재단 10주년 기념식(1981. 7. 31.)에 정 회장 바로 옆에 유창순 전 총리에 이어 김상만 동아일보 회장 얼굴이 나온다. 결국 10년 뒤 1991년에 현대는 문화일보 신문을 직접 발간하게 된다.

정주영 회장과 현대로서는 더 큰 대정부, 대언론관계 특히 중앙일보와 삼성 관계의 전략으로 해서 나온 출연이요 설립이었다. 또 동아일보와 나의 움직임을 보아도 확연히 1977~78년의 재계(현대, 대우, 삼성), 문공부, 동아일보, 중앙일보, 김성곤, 김우중, 한국일보 간에 맞물린 갈등상황의 전개를 알 수 있다.

세월이 흘러 그 아산복지재단은 정주영 회장으로부터 아들 정몽준 이사장이 이어가고, 아버지의 숙적 삼성, 홍진기 씨의 기념재단 유민재단 이사장인 이홍구 전 국무총리를 아주 오랫동안 극진히 모시고 있다. 나도 한동안 재단이사였다. 아버지 정주영 회장 때 이사장으로 있던 문인구 변호사를 제치고 이사장이 된 아들 정몽준 이사장은 결국 문인구 씨와 인연 있던 사람들을 다 치웠다. 초기 정몽준 씨와의 연락과 부탁을 나한테 하던 이홍구 씨는 아마 아산재단 최장수 이사일 것이다. 시간의 변화와 한국적 부자관계의 미묘함, 특이한 현상이 빚은 운명이다.

운명 ③: 1980년 8월 여름과 1984년, 1987년의 기도

국보위 칼날에 쫓겨나다

1980년 전두환 국보위 등장과 더불어 언론계 '숙청' 계획이 진행되었다. 나는 2월까지만 해도 최규하 대통령 정부의 신현확 · 이한빈 · 김재익 체제에서 언론인으로서 경제전문가로서 동행했었지만 국보위체제가 들어서며 분위기는 일거에 변했다. 드디어 5월 광주민주화운동으로 동아일보 논설실은 아연, 긴장했다. 저항이었다. 사설(社說) 거부에 일치했다. 강도의 농담(濃淡) 차이는 있었지만 거의 전원일치에 가까웠다. 나는 경제전문이라는 핑계로 소극적, 안이하게 대할 수도 있었으나 가장 강경한 편이었다. '민주화의 갈 길'을 전두환의 광주개입으로 막아서는 안 되는 것이었다.

숙청 대상에 내 이름이 오르내렸다. 또 나중에 사장 비서실과 당시 보안사령부와의 접촉창구로 역할한 분들의 얘기에서는 사내 특정인이 내 추방을 계획적으로 공작했다. 나중에 사내 실력자의 충견 노릇을 한 사람이다.

나는 내 일생에서 처음 내 문제로 상사에 자리문제를 상의했다. 김상만 당시 사장을 뵙고 사태가 아무래도 심상치 않으니 급히 워싱턴 특파원으로 발령, 해외로 나가면 이 위기의 순간을 피할 수 있을 것 같다고 청원드렸다. 생전 처음 내 자리 얘기를 꺼낸 것이다. 편집국장 이웅희 씨에게 바로 지시가 내려갔다. 그런데 이 국장이 차일피일 워싱턴 특파원 발령 서류를 미루고 있었다. 그러더니 어느 날 갑자기 동아일보 편집국장이 그 자리에서 곧장 전두환 청와대의 공보수석으로 직행했다. 나의 워싱턴 특파원 발령은 나지 않고 동아일보를 떠나게 되었다.

결국 논설실에서 박권상 주간, 최일남과 내가 그리고 편집국, 방송보도국, 출판국 합쳐 30여 명이 신문사를 떠났다. 몇몇은 불과 1년도 안 돼 전두환 정권 쪽으로 가고 각자도생, 나는 한국경제연구원을 만들어 언론 밖을 처음 경험하게 된다.

시간이 바뀌어 1984년 10월, 동아일보로 복귀하게 되었다. 박권상 선배는 끝내 정권에서 거절해 돌아오지 못했다. 실은 1984년 3월쯤 동아일보에서 복귀하라는 연락을 받았다. 내가 복귀 첫 케이스였다. 극구 사양했다. 1980년 해직자 중 내가 박권상 주간 다음 위치인데, 후배들 다 들어간 뒤에 가겠다고 거절했다. 결국 최일남 논설위원 뒤 결과적으로는 제일 마지막 입사자가 되었다.

복귀 직전 나는 1980년 언론숙청 칼잡이였던(당시는 '강 보좌관'이라 불렸던) 이상재 민정당 사무차장을 만나자고 했다. 내가 저녁을 사겠다고 하니 주저주저했다. 내가 꼭 할 말이 있다 하니 더욱 기피하는 것 같았다. 내가 동아일보 복귀 전에 꼭 할 말이 있다고 우겨 안국동 한식집에서 만났다. 내가 입을 먼저 열었다.

"… 4년 전엔 참 슬프고 고통스러웠다. 원망도 했다. 그러나 지금 나는 당신과 전두환 씨에게 개인적으로 고맙다는 인사를 하고자 한다. 만일 내가 4년 전 당신들 칼날을 비켜갔다면 지금까지도 한갓 글쟁이요, 세상 모르고 날뛰는 신문쟁이였을 것이다. 4년간의 마음고생, 돈고생, 사람고생, 갈등 속에서 정말 많은 것을 새로 배우고 깨우쳤다. 내 마음의 수양, 인격

함양의 좋은 계기였다. 전통에게도 기회가 되면 이 이야기 전해라. 감사하다고 ….”

이 차장은 몹시 당황해 했다. 내 진실이었다. 그 후 사무적으로 만난 일도, 개인적으로 만난 일도 없다. 1980년 여름 양산 영축산 깨우침의 기회, 성서, 불경을 읽게 만든 기회 만들어준 점은 전두환, 이상재 씨에게 감사한다. 이 점만은, 이 개인적 체험은 잊지 않을 것이다.

나는 무엇인가

1980년 8월 전두환 국보위의 사정(司正)이라는 칼날에 동아일보를 쫓겨났다. 나는 2년 전 현대아파트 사건으로 집을 잃고〔구자경 회장 - 논설실 시절 신갈 땅이 맺은 기연 - 평생 처음 거금(521쪽 참고)〕, 이제 천직으로 알았던 언론의 길, 동아일보마저 잃게 되는 고통, 마음의 고통, 경제적 고통. 거기에다 경찰에 불려 다니며 감옥 가는 공포를 느끼며 …. 당황, 황망 …. 참 힘들었다.

1980년 8월 동아일보 해직 후

동네 천주교 성당에도 조용히 남의 눈에 띄지 않게 참석하기도 하고, 신갈, 용주사, 칠장사로, 안성 고향산천을 휘휘 돌기도 하고 …. 나는 이 무렵 제목 없는 이런 두 편을 남기고 있다. 시도 아니고 기도도 아니고 하나의 간절한 호소이고 절규였다. 심정을 고백하는 짤막짤막한 토로였다.

무제(無題)

나는 무엇인가. 나는 어디에서 왔는가. 그리고 어디로 가야 하는가.

바다도 있고, 산도 있고, 들도 있다.

분화구도 있고, 석회암도 있고, 모래도 있다.

하느님이여, 내 갈 길을 밝혀주소서.

모두로부터 떠나버려진 저는 누구입니까. 저는 무엇입니까.

절규해도 몸부림쳐도… 베어져도. 제 갈 길이 안 보이는 것입니까.

제가 왜 세상에 있었습니까. 제 존재 이유는 무엇이오니까.

저는 영원한 나그네입니까.

무엇을 위하여, 누구를 위하여 저를 바쳐야 하는 몸입니까.

인생은 정말 공허한 것인가요.

그래서야 되는가요.

저로 하여금 이렇게 공허하게 만드는 것은 무슨 까닭이오니까.

저에게 의지를 주소서. 한 줌의 회의도 없는 의지를 주소서.

양심과 의지가 일치하는 그런 저를 만들어주소서.

인간적인 것과 사욕은 일치하지 않는다는 제 소신이 잘못되었나요.

저를 보살펴주소서.

저에게 용기를 주소서. 내일을 확신하는 용기를 주소서.

저의 죄를 용서해주소서. 제 2의 인생에 등불을 밝혀주소서.

하느님이여, 하느님이여, 저에게 확신을 주소서.

회의 없이 다음의 인생을 살아갈 길을 비춰주소서.

모두가 저를 버려도 제 마음만큼은 믿게 해주소서.

그렇지 않거든 더 큰 벌을 주소서.

저는 무엇이오니까. 왜 제가 있어야 하는 것입니까.

그 존재 이유를 밝혀주소서. 그러면 길이 보이겠지요.

길을 비추어주소서. 빛을 주소서.

무제(無題)

성실하되 분별이 있게 하옵시고 인내하되 용기를 북돋아주옵시고

관용하되 엄정하도록 하여 주옵시고 겸손하되 자중함을 일깨워주시고

신중하되 일관된 원칙에 충실하도록 하옵시고
온유하되 통찰을 깊이 있게 해주옵시고
말은 적되 눈빛을 발하게 해주옵시고
마음의 평화와 안정을 중히 여기고 행동은 반드시 법도와 절차에 어긋남이 없도록 하옵도록 이끌어주옵소서.
아버님과 아내와 범수, 윤수, 형수, 정수의 건강과 평화와 성공을 이끌어 주소서. 네 아이들의 인격을 닦고 마음을 닦고 경험을 충성시켜 이 세상에 나온 하느님의 뜻에 따라 훌륭한 몫의 삶을 실천하도록 해주소서.

극락암에서의 두 깨달음

옛 친구이며 사찰 일을 보고 있는 김인봉의 친절로 양산 통도사 극락암에서 1980년 9월 8일부터 한 열흘 지냈다. 극락암엔 당대 고승인 경봉(鏡峰) 스님이 계셨다. 인봉이와 같이 문을 열고 방에 들어서니 좌정하신 스님께서 나를 척 보시고는 '보살 될 사람이 속세에서 고생하는구나!' 벧듯이 외쳤다.

아침, 오후로 뵐 수 있었다. 항상 웃으시며 말씀하신다. 불경 말씀은 거의 안 하셨다. 주로 일본 신도, 외국 신도를 만난 말씀을 하셨다. 내가 묻지 않아 그랬는지. 말소리는 노인답지 않게 맑았다. 말씀보다 마주 앉으면서 세속과 다른 인간을 볼 수 있었다. 그때 이미 80쯤이었던 듯. 불가의 그리 작은 소식(小食)을 하시는데도 얼굴색이 맑고 윤기랄까 화기랄까를 느꼈다. 흠집이 전무했다. 전에 한경직 목사님을 뵈었을 때와 같은 화색을 느꼈다. 잘 먹어서 윤택하고 살찐 것과는 다른 윤기랄까 화색이었다.

떠날 때 "呑盡大海水, 露出珊瑚枝"(탐진대해수, 노출산호지) 글을 주셨다. 고진감래라는 뜻으로 새겼다. 고생 오래 안 가고 곧게, 경험 많이 하며 살 것이라는 위로의 말씀도 함께.

이 극락암 시절 새벽 4시에 일어나 5시에 아침 먹고 점심, 그리고 오후 5시에 저녁 먹고 …. 아침식사 후 스님과 이야기 나누고 뒷산 영축산을 오른다. 그리고 점심 먹고 또 오후에 다시 오른다. 이 등산에서 두 가지 큰 깨달음을 얻었다.

하나는 등산 시간이다. 첫 등산에서 얼마 걸렸는지 세지 않았다. 그다음 어쩌다 한번 재보니 등 · 하산 시간만 한 시간 반이 걸렸다. 조금만 더 빨리, 조금만 더 빨리 작정하고 달려보니 마지막엔 등 · 하산시간이 15~20분까지 짧아졌다. 물론 뛰는 것이다. 나도 놀랐다. 이럴 수가. 아마 고기능성 신발을 신고 뛰었으면 더 짧아질 수도 있었을 것이다. 옛날 신출귀몰한다는 이야기, 축지법 쓴다는 이야기, 간첩들 산타기 이야기가 거짓이 아니고 훈련에 따라서는 가능한 것이로구나 하는 깨우침이었다. 인간의 능력에 대한 깨우침 훈련과 자기 탁마(琢磨)에 의한 능력향상, 자력갱생, 자립, 자강의 가능성에 대한 깨우침과 믿음이다.

두 번째 깨우침은 강한 생명력이었다. 새벽에 등산하면 영축산 꼭대기 큰 바위들 위에는 사람 손바닥보다도 작은 또는 반도 안 되는 작은 웅덩이들이 있고 그 안에 고인 적은 물에 하루살이인지 날파리인지 헤엄치고 있다. 신기했다. 그 작은 물컵 반쯤이나 될까 말까 하는 물속에 생명체들이 떠다니고 꼼지락거리고 …. 그러나 오후에 등산하면 그 작은 물웅덩이들이 햇볕에 완전히 말라 있고 …. 다음 날 아침 가보면 또 물이 조금 고여 있고 꼼지락거리고 ….

참으로 생명력, 저런 미물도 저 작은 물에서 생명을 유지하고 활동하는데 … 하는 위로랄까 자괴(自愧)랄까. 하염없이 그 물속에서 꼼지락거리는 놈을 바라본다. 일종의 나의 생명력 부활 같은 깨달음이었다. 뜨거운 햇볕에선 사라지는 저놈도 어김없이 아침이슬 물 먹고 살아남는데 … 내가, 나는? 하는 의지의 다짐이었다.

이 고통의 여름에 나는 내 일생에서 처음으로 기독교의 구약, 신약을 독파했고, 금강경 등 몇 개 불경도 읽었다. 구약은 너무 지루하고 잔인하다는 느낌이 지금까지 남아 있고, 바울과 알 듯 모를 듯한 금강경을 제일 좋아했다. 1980년 여름은 마음은 아팠지만 내 일생에서 가장 소중한 시간이었다.

1984년의 기원

1984년 3월이면 내가 아직 한국경제연구원에 있을 때이다. 그 편안할 수 있는 자리에 있으면서도 나는 '제가 누구입니까?' 하며 하느님께 간구하고 있다. '어디에 서야 하고 … 평화를 주시옵소서' 하며. 한국경제연구원은 내 있을 자리가 아닌 듯 '동아일보, 언론'을 말한다. '저는 어디에 서야 합니까?' 물으며 나라를 구해주십사고 간구한다.

기도 1

1984년 3월 13일 새벽

하느님! 제가 누구입니까.

우리 인간은 영원히 진리를 알 수 없는 것입니까. 우리가 진리를 안다는 것, 그 원리를 진리를 추구한다는 것은 인간의 오만인가요. 원리를 말하고 지성을 말하고 도덕규범을 말하다가도 시대에 따라 장소에 따라 이 모든 원리, 지성, 도덕이란 것이 변하는 것을 보게 되면 저의 눈이 색맹입니까. 아니면 인간의 인간다운 원죄는 영원히 씻기지 않는 것입니까. 인간의 생은, 진리니 이성이니 진보니 발전이란 것은 결국 하느님의 인간에 대한 더 진실된 인간허무를 증명시키는 과정인가요. 저는 무엇입니까. 무엇이 제 갈 길입니까.

김재익 … 박권상, 동아일보, 언론, 소외, 피해 그리고 나와 내 가정. 왜 이리 괴롭힙니까 … .

하느님, 인간으로 사는 것이 아니라 하느님의 권위로 사는 것이 인간입니까.

하느님의 권능은 언제까지 인간을 이리도 전쟁, 피난, 피식민, 착취, 악한의 등장을 통하여 실험하고 계십니까. 남미, 이란, 레바논, 소련, 동구, 중국, 아프리카, 필리핀, 한국 … 왜 이다지도 많은 지구상의 인간에게 독재자들을 내려보내셨습니까. 언제 이 땅에 평화가 오는 것입니까. 언제 인간에게 양심의 평화를 주시렵니까. 노아의 방주는 겨우 한 식구만 구해주시면, 나머지 모든 인간은 사탄입니까.

하느님! 이 나약한 인간들을 어떻게 하면 나약에서 구해주시렵니까. 우리를 구해주소서. 우리 인간을 거두어주소서. 아름다움과 평화를 위한 대가나마 우리 모두 알게 해주소서. 아껴서 실험하지 마시고 노아의 홍수처럼 실험하여 주소서. 그러면 아무도 두려움 … 독재자도 살인자도 두려움 없이 하느님 앞에 나아갈 것입니다.

하느님! 이 나라를 구해주소서. 이 백성을 구해주소서. 5천 년이나 짓밟히고 피를 본 이 겨레를 구해주소서. 용기를 다시 주시고, 착함을 다시 주시고, 인류를 구할 꿈을 새로 주소서. 저를 인도하여 주시고, 저를 일깨워 주시고, 이 못난 이상에 등불을 붙여주소서. 끝내 속물이 되고 싶지 않습니다. 하느님의 인도를 경건히 따르겠습니다. 진실 되게 살게 용기를 주시고, 겸손을 채찍질 해주소서.

님 앞에 무릎 꿇어 인간을 생각하고 있습니다. 저는 무엇입니까. 저는 당신의 무엇입니까. 저는 저 풀뿌리와 더불어 숨 쉬는 그 무엇입니까, 인간임을 포기하고 님 앞에 서는 것이 옳은 것입니까.

님이여, 응답해 주소서. 이 몽매한 저에게 용기와 지혜를 주소서.

하느님, 하느님!

저는 무엇입니까. 저는 어디에 서야 합니까. 저의 잘못을 용서하여 주시고, 저에게 참회의 길을 주시고, 저에게 평화를 주옵소서.

기도 2

대치동 선경아파트 이사 온 날

1984년 3월 30일, 오늘이 있기까지 얼마나 많은 고통과 수난과 모욕이 있었습니까.

하느님! 진실로 저에게 새 길을 계획하여 주심에 더없는 감사를 올립니다. 덧없음이 많았습니다. 한눈을 판 적도 있었습니다. 외도의 고비도 있었습니다. 공익에 충실치 못함도 있었습니다. 겸손이 적었던 것이 사실이었습니다.

하느님! 이를 깨우쳐주시기 위해 채찍을 들어 먼 옛날 저의 진정 아픈, 잊고 싶었던 운명의 약점까지 까뒤집어 놓으셨습니다.

이제 저에게는 저 자신의 글을 쓴다는 것 이외에 다른 저 자신은 존재하지 않음을 믿고자 합니다.

도덕적으로 인격적으로 양심적으로 부끄러움 없이 사는 것, 이것이 저의 제 2의 인생이 되도록 하옵시고, 그렇게 인도하여 주옵소서.

이제 마지막 10여 년의 인생이 저 자신과 이웃과 가족과 나라와 한민족에 뿌리 깊은 기여 있도록 인격을 누룩처럼 양성하여 주시고, 지혜를 깊은 샘처럼 주시옵소서.

용기를 주시고 겸손을 주시고 그간의 시행착오가 큰 용광로에 끓어 영원히 맑은 새 종을 구워 만들도록 큰 사랑 주시옵소서.

하느님! 저로서는 셀 수 없이 많은 이사를 다녔습니다. 안성에서 4번(6·25 전 2번, 사변 후 2번), 서울에서 장가들기 전까지 2번, 부산에서 4번, 장가든 후 부암동, 연희동, 압구정동 현대아파트 3번, 삼익아파트, 그리고 7번째를 이 집에 들어옵니다.

이제 주거의 안정이 얼마나 귀중한지를 뼈저리게 느꼈고 이 교훈을 널리 전하고 실천할 것입니다.

마음의 안정이란 마음의 의연함이며 생활의 의연함이며 올바름을 보는 지혜의 의연함일 것입니다. 뿌리가 흔들림 없음이 안정의 원천일 것입니다.

지금까지 저 자신도 뿌리를 제대로 못 찾았었습니다. 그리고 방황이 있었습니다. 이제부터 저는 도덕적으로 인격적으로 양심적으로 부끄러움 없이 살 길이 있다면 어느 일이건 의연하게 수행할 것입니다. 기회를 엿보지 않고 제 능력, 제 분수, 제 양심에 의연하게 맞추어 갈 것이며, 겸손하고 침착하게 소명에 응할 것입니다.

갈수록 일, 생활, 자식 다루기가 얼마나 어려운가를 절실하게 배우고 있습니다. 어떤 계획이 있을 수 없고 하느님의 뜻, 인류가 배워온 바 원리와 생활의 지혜, 무엇보다 도덕적이고 인격적인 개인으로는 양심적이며 그 사회적 표현으로서 의로움만이, 그리고 태도에 있어 겸손하고 평화롭고 침착함만이 합당한 줄로 믿습니다.

저의 제 2의 원년 … 첫날밤 새 장도와 인생의 뜻있는 결실을 비오며 비나이다. 이 민족에 뿌리 깊은 밀알이 되도록 인도하여 주시기 비옵니다.

마음의 진통: 침묵하라는 충고와 이를 떨치는 '1987년의 기원'

또 1986년 말에는 동아일보에 복귀한 뒤 논설실 책임자로서의 괴로움, 글 쓴다는 것의 괴로움, 선배들의 글 쓰지 말라는 충고와 로마서 2장의 남을 판단함의 어리석음과 매일 매시간 기사와 논설을 판단, 결정해야 하는 내 고민을 쓰다 남긴 원고가 그대로 남아있다. 그 당시 내 가슴, 마음, 머리, 혼이 얼마나 아팠는지 가늠할 수 있다.

1987년의 기원

글을 쓴다는 것이 무슨 업보인가 하는 회한(悔恨)으로 한 해를 보내고 1987년을 맞는다. 학창시절 읽었던 만해 한용운 스님의 〈님의 침묵〉 한 권을 들고 여행을 떠났지만 세속의 잡사는 조용히 마음을 새길 시간을 주지 않았다.

작년에 생각 깊은 몇몇 선배가 글을 쓰지 말라는 충고를 간절히 했다. 한 선배는 출세에 지장이 있다는 세속적 기준에서의 충고이고, 또 다른 선배는 노자의 말을 들었다. "言者不知, 知者不言", 내 천박한 지식과 지혜를 탓하는 말일 수도 있고 지금 돌아가는 이 판의 격류와 급류를 어찌 감히 말로써 표현하고 분석할 수 있겠느냐는 보다 깊은 뜻일 수도 있는 충고였다.

1980년 정치격동 속에 유탄을 맞아 실의와 방황 속에 나는 또 하나의 갈등을 더했다. 하나는 신자도 아니면서 새겨 읽은 성서 가운데 로마서 2장 첫 구절에 접하고서였다.

"그러므로 남을 판단하는 사람아. 무릇 누구든지 네가 핑계치 못할 것은 남을 판단하는 것으로 네가 너를 정죄함이니 판단하는 네가 같은 일을 행함이니라. 이런 일을 행하는 자에게 하느님의 판단이 진리대로 되는 줄 우리는 아노라. 이런 일을 행하는 자를 판단하고도 같은 일을 행하는 사람아! 네가 하느님의 판단을 피할 줄로 생각하느냐."

'네가 하느님의 판단을 피할 줄로 생각하느냐'는 말씀은 지금까지 어쭙잖게 붓을 들고 살아온 나에게 폭풍노도(暴風怒濤) 같은 충격으로 가슴을 쳤다.

무릇 모든 글은 묘사함이 아니다. 거기엔 어떤 판단을 기초해서 무엇을 묘사하는 것이다. 더구나 언론의 논평은 하나하나가 내 판단인 것이다. 꼭 예단이라는 뜻이 아니다. 적어도 사물을 보는 나름의 기준에서 남을 판단해가는 것이다. 중립이라는 말도 판단인 것이다. 선악미추(善惡美醜)의 판단만이 판단이 아니고 중립이란 판단도 판단이며 '판단중지'도 판단인 것이다. 이런 의미에서 보면 글을 쓰는 자, 모두 판단하는 자이며 판단하는 자 모두 죄인이며 나는 한 죄를 짓고 지난해를 보냈고 또 죄를 짓기 위해 이 글을 쓰고 있는 것이다. 어찌 업보가 아니겠는가.

어릴 적에 읽었던 영국 유일의 공화정을 폈던 올리버 크롬웰의 전기 가운데 한 토막이 생각난다. 1649년 찰스 1세를 처형하고 호국경으로서 청교도주의에 기초한 엄격한 군사독재를 펴고 있을 때 시골에 있던 그의 형은 장문의 편지를 동생에게 보냈다. 민심의 흉흉함을 알리고 요샛말로 하면 온건한 정치를 하라고 충고했다. 크롬웰은 그 답장에서 "사람은 자기가 어디로 가고 있는지를 모를 때 가장 멀리 갈 수가 있다"는 말로 "나는 내 길을 가겠노라"고 선언했다. (1986년 말)

왜 여기서 이 글을 끝냈는지 모르겠다. 제목을 '1987년의 기원'이라 붙이고 붓을 든 것을 보면 민주화 거리투쟁, 학원 내 화염병이 가득할 무렵 동아일보 논설책임자로서 1987년의 고비를 육감하며 사설의 선택과 결론과 제목을 매일같이 결정, 판단해야 하는 고뇌를 그리고 내 딴에 하느님의 정죄를 각오하면서도 인간으로서의 떨리는 두려움이 엉켜 시원한 맺음을 못 짓고…. 내가 크롬웰의 길을 가는 것은 아닌가 하는, 두려움까지도 있었던 것인지.

운명 ④: 내전(內戰)의 끝
— 김상만 회장과 형제들 그리고 김병관 사장의 비극, 동아일보의 상처

경영리더십의 혼란

1984년 말 복귀, 1985년부터 1990년 퇴사까지 6년. 동아일보의 세월은 나의 한국 레이몽 아롱, 월터 리프만, 제임스 레스턴 꿈과는 너무 멀었다. 동아 내부의 독특한 적나라한 그리고 결과적으로는 동아일보를 약화시키는 추한 내전, 권력투쟁의 연속이었다.

참으로 동아일보 창간의 역사성과 당시 인촌을 중심으로 한 창간, 창사

주동자들의 애국심과 근대화 의지, 모두 한국의 민족혼과 지성의 중심이기 충분했다. 그리고 극악한 일제강점기 말기 압제시기를 제외하고는 자유, 민주, 지성, 근대화의 주류 중심으로서 하나의 신문사를 넘어 대한민국의 정통성 대표, 상징 기관, 제도로 자부할 수 있었다. 대한민국의 거목(巨木)이었다.

그러나 결국 이런 뿌리의 거목도 인사경영, 기관의 중심(경영리더십), 인사통치에서 실패하면 거목도 흔들리고 소목(小木)이 되고 만다.

1980년 퇴사 때까지 나는 회사 경영진 인사리더십에 관심가질 입장도 아니었다. 최두선 사장 밑의 고재욱, 김상만 이름까지 그리고 이희승 사장이 온 것까지는 알고 있으나 그리고는 이사, 감사가 누구인지도 관심이 없었다. 내 관심은 사람을 보는 것이 아니라 언론 일을 열심히 하는 것, 회사명을 충실히 하는 것이었다.

다만 편집, 영업 부문 모두 호남 한민당 인맥이 압도적으로 많다는 인상은 확연했다. 그럼에도 호남분인 고재욱 주필이 1960년대에 걸쳐 앞장서서 천관우, 홍승면, 박권상 씨 등 외부 엘리트를 영입하고 나나 권오기 같은 차장급 젊은이를 논설위원으로 발탁하는 파격과, 견습기자를 대거 공채하는 변혁, 개혁을 하고 있었기에 동아일보-호남신문이라는 인상은 동아일보에 대한 신뢰, 장래성을 확신하는 데 지장이 되지 않았다.

그러나 1984년 말 정확히 1985년 이사 논설실장이 된 후의 동아일보 리더십 내부는 영락없이 1974~75년 겪은 노조·광고탄압 당시의 리더십 혼란을 다시 겪는 듯했다.

첫째, 경영리더들이 너무 많았다. 김상만(SM) 명예회장, 김상기(SK) 회장, 오재경 사장. 그 후 김성열(SY) 사장. 김병관(BK) 부사장, 권오기(KO) 전무·주필. 게다가 편집 출신 상무와 이사도 나를 포함 4명이나 되었다.

앞으로 한두 예만 들고 말겠지만, 이 많은 수의 경영리더들에게 외부,

즉 청와대, 안기부, 보안사, 문공부 때로는 대통령, 총리가 각기 손을 대고 '대화'가 오간 것이다. 그게 정상같이 되었다. 당연히 정보, 접근성, 인맥 갖고 보이지 않는 경쟁, 시기, 질투가 있을 수밖에 없다.

게다가 이미 쌓인 호남과 영남의 인맥 경쟁까지 가하게 되니 회의 때마다 복잡성은 더해간다. 시간이 갈수록 기본, 원리, 대의, 공익의 관점보다는 각자도생, 출세, 이권 챙기기. 그러니 고집, 아첨, 교언(巧言), 폭언이 심심치 않게 되었다. 특히 김씨 집안사람, 그중에서도 김상석의 횡포는 목불인견(目不忍見)이었다. 1974~75년 방송보도국장 때 겪은 폭언, 폭력과는 질이 다른, 그러나 신문사로는 더 악성인 것이다.

김상만 회장, 결단력과 타이밍 일실(逸失).

이 가운데서 동아일보의 사시(社是) 생명, 역사를 의식하고 경영하려 애쓰는 사람은 오직 김상만 한 분뿐이었다. 마음씨도 고왔다. 신사였다. 꼭 예의를 차렸다. 그러나 의지와 결단력, 최고경영자로서 특히 많은 형제를 거느리고 숙질간의 관계가 나쁜 집안문제 다루기부터, 회사 인사경영에 꼭 필요한 실적 능력이냐 인정 관대냐, 정직이냐 아첨이냐의 결정적 선택의 과제에서 결단을 못 하셨다. 또 했을 때는 이미 시기를 놓쳤다.

나중에 알고 보니 당신께서 이미 이 모든 사안을 다 알고는 계셨다. 그러나 마음씨가 고우셔서 그런지 '실천'이 없었다. 나는 그래도 1974년 노조파동 때 '신문사 문 닫자'는 내 진언에 보이신 그 신음 깊은 고뇌에서 나온 말씀(370쪽 참고), "신문사 문, 어떻게든 닫지 말아야겠다"는 그 충정을 믿고 당신을 중심으로 내 일을 하면 되는 것으로 믿었다.

그러나 1985~90년의 세월은 결국 마치 노조파동·동아사태를 이동욱·김병관 씨의 손을 빌려 겨우 수습했듯이, 이 5년의 내분도 종당은 당신이 한때 나에게 "안심하게. 나에게도 생각이 있네" 하시던 말씀이랄까 약속과는 달리 김병관(BK) 사장 1인의 손으로 정리되고 5년의 시간은 BK 1인 체제의 길로 가는 시간이었다.

나는 이 5년 동안 내 6권의 다이어리와 노트 그리고 논설실 중심으로 쌓인 자료들을 정리, 축소하는 데만 한 달 가까이 걸렸다. 그래도 너무 많았다. 다시 요약정리하다 너무 가슴이 아파 1985~90년의 리더십 내분은 아예 통째로 빼버릴까 망설이기를 몇 날 며칠 …. 결론은 추려 놓은 14여 개 테마 중 '두어 대목'만 싣기로 했다(특히 개인의 술, 사생활 이야기, 또 지나치게 충격적인 사건은 모두 빼기로 했다). 다만 회사의 공적 업무, 공적 회의석상 처사, 공개된 공적 행사와 관련된 부문 중 불가피 '두어 대목'만 '간략히' 추렸다.

슬픈 연극 시리즈

아주 간략하게 대표적 유형 몇 건만 쓰기로 한다. 설명을 붙이기보다 내 메모, 자료를 그대로 옮긴다.

1987. 2.28. 주총 뒤. BK 발행인 겸직, SY 양보 못 한다. 1주일 전 사표(결국 SY 포기)

1987. 3. 5. SK; '하극상 — 회장직 걸고 단호히 본때 보여주겠다.' BK; '몸조심할 것 — 자기에겐 윤전기 도입 약점 잡혀 꼼짝 못 한다.'

1987. 9. 2. 오후 3시 제작회의. SY-BK 정면충돌. 제작회의 불참

1987.10.23. BK; 'SK, SY, KO 갈아치울 수밖에.'

1989. 3.25. 오전 11시 주총 SK 회장 폭력, 난리(이날 주총에서 회장 자리 뺏기자, 회의 중 마이크와 기물을 들고 책상 회의실 때려 부숴)

1989. 4.19. BK 사장-논설위원-폭탄선언

— 이상하(전 사회부장) 여당행 - 앞으로 여당 가면 파면

— SM, 고대문제, 1차 재단, 2차 총장

— 쿠데타 아닌 혁명과업 수행 위해 숙청. SK, SY

— 개인플레이 불용, 내가 먹고 나눠 준다.

— 1989년 이전 BK 불문해야

— 앞으로 유리창 경영, 제 2 창간, 제 2 고대 예방

1989. 4.12. 제작회의. KO; '신문이란 본질적으로 기회주의여야'

〔메모 속 약자의 의미는 다음과 같다: SM(김상만 회장), SK(김상기, SM의 손아래 동생, 사장-회장), BK(김병관, SM의 장남, 부사장-대표이사-사장), SY(김성열, 사장), SS(김상석, SM의 여덟째 동생), KO(권오기, 주필-전무)〕

김상석, 동생들의 패악

이 대목에서 김상만 회장의 여덟째 동생인 김상석의 패악을 아니 쓸 수 없다. 1987년 기록.

1987. 3. 3. SS

— SM이 지면(동아 소유) BK도 간다. 그것을 까줘야 한다. 그런데 권한이양을 몰아내는 것으로 오해.

— SK, 멀리서 대포만 쏘지. 대면해서는 말도 못 한다.

1987. 3. 9. SM 회장 사모님. SS건, 체면 세워 달라(이어 SM 회장에게서도).

1987. 3. 9. SS

— 더 이상 SM, BK 신세-현대 때문에 안 진다.

— 개인적으로 도와주려면 폰티악, 벤츠(대리점) 옆 2/3 acre.

— SM-식언 6번째 위약.

1987. 3.18. 오후 3시 정세영(현대자동차 사장)-SM 사모님. SS. 1차 건축 허가 불가능 / 2차 SS와야 검토 설명.

1987. 3.24. SS. ① 정세영 ② 전성원(부사장) 해주라.

SY, 여섯 째 상종(SM 회장 6번째 동생). SM 제소. SM 사모님, SS, 여섯 째 상종 고소. 각 신문에 안 나오도록.

1987. 3.25. 오전 11:50. SM 회장에게 보고. ① SS 건 완료 ② 홍일식, 한·중어 사전-김우중.

이상의 기록에서 보듯이 나는 김상만 회장과 사모님의 간청으로 현대자동차 정세영 회장과 전성원 부사장과 접촉, 미국 LA에 현대자동차 대리점을 김상석에게 따 주었다. 할 짓이 아니라는 것을 알면서도 동아일보의 마지막 의지처인 김상만 회장의 부탁, 더구나 사모님까지 나서는 데는 어쩔 수 없다 생각했다.

그러나 일이 끝나고 한 달여 지나서 배신이랄까 패륜 같은 일이 또 일어났다. 1987년 5월 15일 영등포우체국 소인이 찍힌 김상석의 편지가 왔다. 모든 동아일보 간부들에 보낸 5월 16일 자 김상석 명의로 "동아일보 명예회장 김상만 씨에게 묻는다" 제하 신문광고 사본이었다. "고대중앙학원에 속해 있던 30% 주식인 액면가 5억 7천만 원을 빼돌려 사유화를 계획하고 있기에 불가피 공개 건의하는 것이다. … 5월 30일까지 다음 사항에 대하여 신문지상을 통하여 소명하라"는 것이었다.

내 자료집엔 내용은 똑같은 광고 사본이 또 하나 있는데 5월 13일 자이고 김상만 씨의 소명 마감일이 5월 16일로 되어있다. 정말 조선일보에 광고를 냈는지 여부가 나로서는 확실치 않다. 다만 조선일보 광고라고 하는 카피본을 동아일보 간부들 사무실로 보낸 것은 사실이다.

능히 이런 작난을 칠 인물이었다.

1987. 5.20. 제작회의 BK 주재: 무조건 미안 / SS, 단호히 끝까지 하려면 한다. / SS, 인촌 유지 끄낼 놈 못되다/ 남(楠, SM 회장 일곱째 동생)도 정리. / 이미 5년 전 각서/ J. H(나를 말함) 구설수 오르고.

참으로 상상키 어려운 막장 같은 형제간, 숙질간 싸움이다. 김상석은 그래도 계속 전화로 협박하고 으르고 했다.

1988. 6.29. 동교동에서 DJ와 저녁을 나눴는데 SS가 자기한테까지 협조를 요구했다며 조언을 부탁했다.

지긋지긋한 김상석은 다시 김상만 회장과 화해했는지, 1988년에도 내가 정세영, 전성원 부사장과 김상석 LA대리점 건으로 만난 걸 보면 얼마나 김상석의 패악이 극심했는지 적나라하게 드러난다.

샌프란시스코의 벤처기업인 이종문 회장이 의외로 김상석을 알고 있었다. 까닭은 사기를 당해서였다. 이 회장 소유 그림을 사겠다며 가져간 뒤 끝내 요리조리 차일피일하여 돈도 못 받고 사기 당했다는 분노였다.

하늘에 계신 인촌 어른께선 아들 김상석을 어찌 맞으셨을까.

신문제작을 둘러싼 논쟁거리는 꽤 많다

1986년 8월 30일 중공기 불시착, 정부의 엠바고 요구를 깬 사건으로 편집국장, 사회부장 기자가 정보부에 연행, 고문당한 사건으로 9월 2일 열린 간부회의(그 분위기). 결국 이 사건은 미국 대사관까지 개입하게 된다.

1986. 9. 5. 오후 1시 50분 나와 폴 클리블랜드 부대사와의 면담기록에는 ① 상황설명, ② pm 3. 외무장관(면담한 듯), ③ 정식 국무성 보고, 미 정부

로서 한국 정부에 항의, ④ 엠바고와 고문 구분, 기사화했어야.

3일 밤 나는 풀려난 이채주 편집국장을 아현동 집으로 찾아가 위문했다. 지금 기억에 남는 한 토막은 고향 덕을 톡톡히 보았다는 것이다. 마침 심문 담당자가 울산 후배여서 때리는 척하면서 고성을 질러 엄중히 취조하는 척 하더라는 것이다. 같이 잡혀간 광주 출신 이상하 사회부장은 혹독히 고문 당해 오랫동안 입원했었다. 이런 트라우마 때문에 이상하 부장이 몇 년 뒤에 노태우 정권 시절 여당 국회의원으로 가게 된 것은 아닌지.

1987년 6·29 이후로는 민주화 과정으로 들어서면서 정부와의 관계로 해서 간부회의가 썰렁해지거나 다투는 일은 비교적 줄어들었다. 대신 YS, DJ 관계를 중심으로 한 대선 정치과정에서 특유의 혼미는 계속되었다. 지금까지도 가장 대표적인 것이 DJ 다루기였다.

가장 아쉬웠던 것은 간부회의, 제작회의에서 화기애애하고 웃고 즐거운 유쾌한 농담과 대화가 참으로 드물었다는 사실이다. 음산하고 침묵하거나, 돌려 말하기 대회 같았다.

DJ 다루기의 곤욕: 결국 동아일보에서 추방되다

가장 이해하기 어렵고 논설주간으로 곤혹스러웠던 대목은 DJ 다루기였다. 1987년의 일련의 움직임을 보면 김상만 회장이나 김병관 부사장 모두 철저한 반(反) DJ였다.

1987. 4. 8. 제작회의. SY, 장행훈, 이채주 — 양김 옹호. BK, KO 야당 비판.

1987. 4. 9. 오전 9시 30분 SM 회장 — tone-up. 큰 김씨 사상불가. 오전 전화 BK, 야당에 강성비판. SY, KO 두 번씩 전화 — maybe 발행인(이

때 양김 배제 이민우 등장)

1987. 7.10. BK — DJ 불출마, 비판토록.

1987. 7.17. BK — 16일 YS와 회동, DJ와 중재요구 각서. ① 먼저 YS ② 다음 DJ ③ 당직 50:50 ④ 총재 DJ. 친필은 아니고 부르는 것 받아 적었다.

반(反) DJ, YS를 위하여 신문사 발행인 이상으로 정치 간여했던, YS에게서 각서까지 받았던 김병관 사장은 노태우 정권 들어선 이후 완전히 DJ 일변도로 바뀐다. 1989년을 계기로 사내 리더십을 장악한 그는 사내 편집국장을 남시욱에서 1989년 장행훈, 1990년 김중배로 바꾸면서 노골적으로 DJ일변도 지지 사설을 요구했다.

아침 제작회의 때 편집국장이 그날의 중요기사를 브리핑하고 그중 DJ 관련 기사가 있으면 거의 매번이라 할 정도로 사설 쓰기를 요구했다. 나는 논설책임자로서 경중과 완급, 균형을 따지며 사설 채택 여부에 내 의견을 개진한다.

따로 만나 나와 DJ의 오랜 관계, 1980년 민주화 봄 때 DJ 비서실장 하던 내 자형의 이야기. 그러면서 그렇잖아도 전라도신문이라 폄하하는 부류도 있는데, 또 독자 구성이 압도적으로 비호남인데 너무 DJ 편향으로 가면 언론 원리뿐 아니라 회사 경영에도 불리하다는 솔직한 진언을 올렸다. 내가 DJ 어려울 때면 철저히 DJ 옹호사설로 돕겠다고까지 했다. 그러나 막무가내였다. 지금도 진짜 속내, 그 이유를 모른다.

이런 일을 두어 번 당하고 나서부터는 나는 절망했다. 관행대로 편집국장 브리핑 끝나고 김병관 사장의 DJ사설 썼으면 하는 발언이 나온다. 내가 논설주간으로서 반대랄까 다음 기회를 보자고 발언하면 사장은 참석자 의견을 묻는다. 남시욱 논설실장이 대개 내 말을 지지하는 발언을 하고 편집국장은 의견 내지 않거나 사장 지지 발언하는 경우도 있다. 그러면 마지막으로 "권오기 편집인은 어찌 생각하시오" 한다. "이 대목은 김 주간 말이 옳고 저 대목은 DJ를 고려할 만도 하고 이 대목은 때가 이르고 저 대목은 괜찮고…", 한참 헤매다 결론은 "이번에는 사장 말씀대로 한 번 해 보시지요"였다. 이런 일이 몇 번 있었다.

드디어 9월 3일 오후 3시 간부회의 끝나고 김병관 사장으로부터 청천벽력 같은 통고를 받는다. 다음 해 2월 주총에서 정관을 바꾸어 앞으로는 사장 할 사람은 반드시 노조담당 임원을 거치도록 수정할 테니 내년에 노조를 담당하는 전무를 하라는 것이다. "당신은 사장 한 번 해야 한다"고 했다. 그간의 경위로 봐서 더 말할 계제가 아니었다. 또 담담한 척 '알았다' 하고 나왔다.

한국의 아롱과 리프먼, 레스턴이 되기 바랐던 내 꿈이 깨지는 순간이며 동아일보에서 추방을 선고받은 날이었다.

결국 나는 그 2개월 뒤 11월 9일 오후 뜻밖의, 그 순간까지 상상도 못 하던 과학기술처 장관으로 징발된다.

DJ를 편향되게 지지했던 김병관 사장은 장행훈, 김중배 편집국장 그리고 권오기까지도 떠난 1인 집권체제를 완성한다. 그러나 그가 그리도 편애했던 DJ정권이 1998년 들어서고 난 뒤 조선, 중앙 사장과 함께 감옥에 가는 놀라운 역전드라마를 본다.

김병관의 비극(DJ에 의하여 감옥에 가는 역전극): 한국 '정통', 불쌍한 비극의 주인공

DJ 사설 문제로 틈이 벌어졌을 때 사직동 향원식당에서 간부 저녁식사 자리가 있었다. 1990년 6월 20일이다.

"야 저 먹물 든 새끼 뭐, DJ 편들어서 부수 떨어져? … 임마, DJ 대통령 당선시켜. 한 건만 해도 몇십 억, 몇백 억 나와. … 뭐 부수 떨어져 손해 봐. 한 건만 해도 돼 … ."

더 무슨 말을 하겠는가. 그러던 그가 얼마나 한 건을 했는지는 모르나 끝내 DJ 손에 의하여 체포되는 비운을 맡는다. 나는 동아일보에 연락, 안양교도소 위문날짜를 받아놨는데 공교롭게도 방문예정일 전날 보석 출소되어 위로할 기회를 잃었다.

지나고 보면 그도 불쌍한 비극의 주인공이다. 1985년 2월 내가 논설실장 발령 받은 며칠 뒤 따로 불러 긴 저녁을 했다. 자기 어린 시절 대가족 장남으로 맞은 혹독한 시련, 반항, 고등학생 시절, 할아버지 부통령 시절 가출 이야기 …. 나에게 도와달라는 호소였다. 동아일보라는 역사의 등짐이 무거운 명가(名家)에서 형제, 숙질들 간 가족싸움에 휘말리고, 장손의 무게를 제대로 대접받지 못한 성장의 콤플렉스까지 겹쳐, 아내가 자살하는 비극, 감옥까지 가는 비극을 겪었다.

이것이 대한민국 정통의 참모습인가, 제발 다시 되풀이되지 말기를. 하늘에 가서도 빌겠다.

그때 내가 어찌 처신했어야 그의 비극도 막고 동아도 화목한 정도언론이 될 수 있었을까. 그가 대표이사 발행인이 된 무렵부터 시작된 아무 때나 공개적으로 '야, 너….' '먹물 든 놈' 따위의 쌍말, 공개모욕만 삼갔어도 내가 계속 꾹 참을 수 있었을 것이다. 나는 꼭 동아에서 한국의 레이몽 아롱이 되기를 너무도 간절히도 원했기 때문이다. 이런저런 가정, 가설을 생각해 보아도 답이 나오지 않는다. 1차 술 간구에 그치지 말고(BK에의 충간 … 379쪽) 모든 자존심 버리고 무릎 꿇고 제 2의 술 간구 한 번 더 해보았어야 했는지.

눈물만 나온다.

운명 ⑤: 1974~75년 '동아사태'
자책 탄압 자해 — 광화문의 참극

가장 고생하고 가장 보람 없던 방송보도국장 시절

1973년 니만 펠로로 하버드대학을 다녀와 1973년 가을부터 논설실에 있었다. 그런데 날벼락같이 동아방송 뉴스담당 부국장(신문의 편집국장과 대칭, 통칭 '보도국장'이라 한다) 으로 발령 난 것은 1974년 3월 5일 오후였다.

바로 이날 오전, 12인으로 구성된 동아일보 노동조합 발기위원회가 발족되고 다음 날 항일 3·1독립운동의 33인을 상징하듯 33명의 '출판노동조합 동아일보지부' 창립총회가 열린다. 창립 간부 중 위원장을 제외한 부위원장 3명 모두 그리고 사무장과 쟁의부장이, 쟁의위원 중 과반을 넘는 5명이 모두 방송뉴스 보도국 소속이었다. 사실상 집행부와 행동대는 모두 4배나 기자수가 많은 편집국이 아니라 방송뉴스 쪽이었다.

전날 오후 방송국장 김성열 씨가 급히 나를 찾았다. 보도국장을 맡아달라는 것이었다. 노조 움직임이 급박하다는 것과 당시 뉴스담당 보도국장에 대한 비난이 한 사발이었다. 1962년 동아일보 입사 시 가장 먼저 실무적으로 만난 분이고, 또 정경부장으로 나를 강하게 야속할 정도로 부려먹으면서도 나를 인정해준 점을 기억하고 있는 나로서는 그의 간청을 거절키 어려웠다. 김상만 사장, 고재욱 회장도 나의 인선에 적극적이라 했다. 그래서 나는 논설위원을 떠나지 않겠다고 고집, 논설위원 겸 보도국장 겸임 발령이었다.

전임 국장에 대한 부하들 불평은 나도 편집국 시절 들은 적이 있지만 막상 부임하니 대단했다. 이뿐만이 아니라 보도국 쪽에 대한 차별, 불만이 이만저만이 아니었다. 내가 너무 쉽게 생각하고 수락한 것이다. 1975년 9

월 논설위원 전담으로 다시 가기 전까지 1년여 시간은 나에게 몸, 마음 모두 고생스럽고 또 결과도 가장 보람 없는 시절이었다.

원죄: 인사경영의 참담한 실패

동아일보에서는 '동아 광고탄압 사태'라 부르고 노조-동투위(동아 자유언론수호투쟁위원회)에서는 '자유언론투쟁 사태'라 부르는 '1974~75년 동아사태' 비극의 핵심은 두말할 것도 없이 1972년 유신 이전부터 시작된 박정희 정권의 언론탄압에 있다. 그러나 한국 언론 중 가장 박 정권에 저항했던 동아일보가 '동아사태'라는 비극을 겪게 된 직접적 요인은 안에도 있었다. '동아사태' 전개를 내부요소, 외부요소까지 통합해서 보면 사태 악화의 큰 부분이 동아의 인사경영 실패에 있다.

첫째, 미시적 인사경영 실패는 ① 1959년부터 시작한 견습기자 공채를 1965년부터 갑자기 그전에 비해 5배(1기~6기 6년간 27명에서 1965년부터 13기까지 6년간 93명)나 폭증시키고, 이를 적절히 소화하지 못한 점, ② 이렇게 폭증된 견습기자를 편집국과 방송보도국으로 배치하는 데 있어 원칙, 기준 없이 인연으로 배치하여 방송보도 쪽 원망과 자존심 훼손을 집단화시킨 점이다.

더 중요한 미시적 인사경영 실패는 ① 이미 1972년 4월부터 인사불만으로 인한 제작거부 사태가 편집국 7기 이후 기자들을 중심으로 발생하고, ② 1년 지나 1973년 3월에도 인사 공정성, 급여 인상, 신문 제작 활성화를 주장하는 집단사태가 발생했음에도 핵심요인을 제대로 파악, 선제적으로 대처하지 못한 것이다.

우선 동아일보의 1959년부터 실시한 견습기자 공채와 그 배치의 모순을 살펴보자.

동아일보는 1959년부터 견습기자를 시험공채 한다. 6기까지 6년간 27

명 연평균 4명 정도를 채용했으나, 1965년 7기에 갑자기 12명으로 늘리더니 1967년 한 해에만 공채시험을 두 번 치러 34명을 뽑고, 1970년 13기까지 6년간 연평균 16명, 무려 93명을 뽑는다. 이들 중 1/5이 넘는 23명을 방송보도국으로 배치한다. 회사도 7기~13기 과다 채용의 문제점을 인식했던지 1971년부터는 채용을 중지했지만 불과 1970년 13기 입사 3년 뒤 노조파동이 터진다.

회사의 논리는 동아일보 사원 견습기자 공채로 들어왔으니 편집국 기자나 방송뉴스 기자는 같은 사원 기자라는 입장이었지만, 방송뉴스로 배치된 기자로서는 납득하기 어려웠다. 우선 동아일보 기자 하면 당연히 신문기자를 희망해서 온 것이지 방송기자를 희망한 것이 아니었다. 더구나 방송기자는 당시 2류, 3류 기자 취급을 받고 기자실에서는 일간지 기자실과 방송기자실이 엄연히 나뉘어 차별했다. 방송기자실이 없는 경우도 많았다. TV

신문사 견습기자 공채와 방송보도국 배치 현황(1959~1970년)

<table>
<tr><th rowspan="2">입사년도</th><th rowspan="2">기수</th><th colspan="2">신문사 견습기자 공채(명)</th><th rowspan="2">기수</th><th colspan="2">방송기자 전담 공채(명)</th></tr>
<tr><th></th><th>보도국 배치</th><th></th><th>편집국 이동</th></tr>
<tr><td>1959.</td><td>1</td><td>6</td><td rowspan="6">2</td><td></td><td></td><td></td></tr>
<tr><td>1960.</td><td>2</td><td>3</td><td></td><td></td><td></td></tr>
<tr><td>1961.</td><td>3</td><td>6</td><td></td><td></td><td></td></tr>
<tr><td>1962.</td><td>4</td><td>3</td><td></td><td></td><td></td></tr>
<tr><td>1963.</td><td>5</td><td>4</td><td>1</td><td>5</td><td>2</td></tr>
<tr><td>1964.</td><td>6</td><td>5</td><td></td><td></td><td></td></tr>
<tr><td colspan="2">1~6기 소계</td><td>27</td><td>2</td><td></td><td></td><td></td></tr>
<tr><td>1965.</td><td>7</td><td>12</td><td>1</td><td>2</td><td>7</td><td>3</td></tr>
<tr><td>1966.</td><td>8</td><td>11</td><td>5</td><td></td><td></td><td></td></tr>
<tr><td>1967. 1. 5.</td><td>9</td><td>14</td><td>4</td><td></td><td></td><td></td></tr>
<tr><td>1967.11.16.</td><td>10</td><td>20</td><td>4</td><td></td><td></td><td></td></tr>
<tr><td>1968.</td><td>11</td><td>17</td><td>4</td><td></td><td></td><td></td></tr>
<tr><td>1969.</td><td>12</td><td>9</td><td>1</td><td></td><td></td><td></td></tr>
<tr><td>1970.</td><td>13</td><td>10</td><td>4</td><td></td><td></td><td></td></tr>
<tr><td colspan="2">7~13기 소계</td><td>93</td><td>23</td><td></td><td></td><td></td></tr>
</table>

방송 영향력이 아직 본격화되기 전이었다.

더욱 불만스러운 것은 일상의 불편함과 자존심의 상처였다. 신문기자는 펜 하나 들면 취재가 되지만 방송기자는 '아이스케키통'이라 불리는 녹음기를 어깨에 메고, 마이크를 손에 들고 다녀야 한다. 단순히 메고 들고 다녀야 할 뿐 아니라 정기적으로 배터리 갈아줘야 하고, 고장 나면 수리도 해야 한다. 같은 시험장에서 시험 치고 같이 합격했는데 편집국 배치 동료는 신문기자고 방송기자는 '아이스케키통' 기자였다.

이런 자존심 상처에 더욱 아린 분노를 키우는 것은 이들 눈으로 볼 때 왜 편집국으로 배치되고 왜 방송보도국으로 배치되는지에 대한 기준, 합리적 판단근거를 발견키 어려웠다. 내가 보도국장이 되고 발견한 더 큰 모순은 단순히 방송뉴스로의 배치 기준보다 일단 방송뉴스로 배치되었다 다시 편집국으로 가는 경우 왜 그는 어떤 기준에 합격이 되었기에 편집국으로 다시 가고 나는 못 가는지에 대한 기준은 더욱 알 수가 없었기 때문이다. 공정성의 문제였다.

이 경우의 극치는 방송뉴스 전담으로 공채한 2개 기수 12명 중, 1963년 5명 중 2명, 1965년 7명 중 3명이 이미 편집국으로 이동한 것이다. 이 역시 객관적 기준은 전무했다. 끼리끼리 알음알음 인사였다.

신문기자로 알고 온 공채기자가 방송뉴스로 가고, 방송기자 전담으로 입사한 기자가 신문기자로 가는 기준 없는, 누가 봐도 납득할 수 없는 인사행정이 쌓여 왔던 것이다. 더구나 1974년 노조사건이 터지기 직전 방송뉴스부 기자까지도 방송제작 PD로 전출시켜 '기자'의 꿈을 완전히 깨는 인사경영을 했다. 기자들 공분을 샀다. 차장급 간부들조차 가만있으면 안 되잖냐고 분노했다 한다. 노조 비가입자들도 이 인사에 대한 비난을 나에게 많이 거론했다.

동아노조 : 방송보도 · 제작국의 분노

1972년 인사, 호봉사태 때부터 7기 이하가 주동이 되고 1974년 노조사태부터 9기~11기가 주동이 되는 것, 특히 방송보도국 배치 기자들이 주동되는 것은 인사경영 결과로 볼 때 당연한 귀결이었다.

동아노조분회 결성 사흘 뒤인 3월 9일 현재 노조가입자는 총 173명, 그 중 방송보도국 31명, 방송 PD 제작국이 52명으로 방송이 총 83명이고, 출판국 30명, 그리고 가장 인원이 압도적으로 많고 '자유언론'의 주동 부서여야 할 편집국은 불과 59명이었다. 방송보도 제작국 쪽의 인사불만이 얼마나 강했던가를 알 수 있다.

그런 결과 노조, 노조 간부 직책에 따라 내린 내 취임 3일 뒤 3월 8일부터 시작된 인사징계조치도 (편집국에 비해 1/3도 안 되는, 156:45) 방송보도국이 압도적으로 많았다. 편집국 17명(해임 11, 정직 · 감봉 6)인 데 비해 보도국 11명(해임 7, 정직 · 감봉 4)이었다. 결과적으로 방송뉴스 기자들이 10월 24일 언론자유투쟁의 불쏘시개를 3월에 담당한 셈이 되었다.

문영희, 이영록, 정영일, 강정문, 김두식, 김종철, 고준환, 김민남, 최학래, 이태호, 오정환의 이름과 그 옆에 각각 만난 시간에 따라 적은 내 기록. 이들 각자의 능력, 동기, 성격, 노조기간 동안의 태도, 수습관(觀), 사태수습 후 입장 등이 다섯 장에 걸쳐 적혀 있다.

결국 모두 동아를 떠났지만 결과적으로 동아에 남기보다 훨씬 더 잘된 분들도 꽤 있다. 그때 이들과 각각 나눈 대화, 눈물을 회고하면 운명이란 게 너무 가혹하다는 사실에 가슴이 떨린다.

보도국장 취임하고 놀란 것은 이런 회사에 대한 불화감, 불신 때문이었는지 상식으로 납득할 수 없는 일들이, 기강해이, 몰상식이 너무 많았다. 수석부장이란 자는 까딱하면 결근, 조퇴, 지각이었다. 부 · 차장 중 몇 명은 밤샘 포커 때문이라는데 며칠씩 결근이고, 뉴스 스튜디오에서도 버젓이 포커들을 하고 있었다. 그러잖아도 뉴스부에서 '아이스케키통'을 메고 다니는 불만에 쌓인 젊은 기자들 눈에 선배들의 언행에 대한 불신이 켜켜이 쌓여간 것이다.

편집국, 출판국, 방송보도기자들이 합세, 거기에 뜻밖에 방송 PD들까지 가세하는 사원들의 거대한 집단항의 사태가 가열되어 갔음에도 회사는 편집국장, 방송국장 인사에서 결정적 실책을 범했다.

결과는 정권의 탄압에 힘을 합쳐 싸워야 될 '동아'가 안에서 분열, 몸싸움, 난장판, 폭거가 전개되고, 동아 역사는 물론 한국 언론사상 다시 있기 어려운 대량해고 사태로 끝장난다.

왜 그들이 편집국장이었는지

1972년 4월 사태란 4월 제정된 '직급호봉제'에 대한 불만으로 7기 이하 기자들이 25일 봉급수령을 거부한 편집국 집단행동이었다. 직급호봉 전면개폐를 포함한 건의문을 내고 27일까지 답을 달라고 요구했다. 통고시간이 지나자 60여 명이 모여 ① 29일 3, 4판, ② 5월 1일 2판부터, ③ 5월 2일부터 전면 제작거부를 결의하자, 회사 측이 28일 백기를 든다. 7기 이하 기자들의 승진 인사불만에다 당시 박권상 편집국장의 편파 인사에 대한 불만까지 겹쳐 나온 첫 '제작거부' 소동이었다.

1973년 3월에는 신문제작에 불만을 품은 기자들이 10인위원회를 구성, 신문제작 활성화, 인사의 공정성, 급여인상을 요구하는 건의문을 작성, 60여 명의 서명을 받는다. 서명거부 측 반발도 생겨 15일에는 서명파, 서명거부파가 모여 격론도 벌인다. 결국 서명파는 절차상의 잘못을 인정, 건의문을 회수하고 회사 측은 정상화된 후 건의내용을 듣겠다는 사장의 뜻을 전하고 일단 봉합했으나, 젊은 기자들의 결속력은 다져진 셈이다.

그리고 1974년 3월 노조설립 투쟁으로 합법화, 조직화 투쟁으로 그리고

10월 24일 '자유언론실천선언'으로 전진한다.

내가 도저히 납득할 수 없는 대목, 그때나 지금이나 아무리 이해하려 해도 해석이 되지 않는 인사가 편집국장 인사였다. 1972년 사태 이후 박권상 국장이 물러나고 김성한 논설위원이 편집국장이 된다. 논설실에서 같이 겪어본 소설가 김 씨는 사교성 전무의 무미건조한 분이었다. 점심 먼저 제안하는 법도 없고 말수가 적은 대신, 입을 열면 단칼로 자르는 어법이었다. 신문사는 동아일보가 처음이고 더구나 편집국은 거친 적이 전무했다. 더구나 몸이 약하고 거동이 불편했다.

노조사태로 24시간 긴장하고 편집국의 기사 취급(몇 면, 몇 단으로 낼 것인가)과 방송뉴스의 회수와 길이 문제, 노조와 기자협회 분회의 모임과 결정에 대한, 즉 기자동향과 대책에 대하여 급히 상의할 일이 어떤 날은 하루에도 몇 건씩 생긴다. 참 어처구니없는 것은 내가 급히 찾아가도 국장실 소파에 다리 뻗고 누워서 일어나지도 않은 채 '무슨 일인데요' 한다. 용건 말하고 상의하자면 나중에 보자고 한다. 매번은 아니지만 몇 번 이런 꼴을 당하고 나면 맥이 빠진다. 점점 상의하고 싶지 않고 편집국과 보조 맞추기도 어렵게 된다.

뒤를 이은 분이 역시 수석논설위원인 송건호 씨였다. 사람은 착하고 순진한 분이다. 김성한 씨보다는 좀 나으나 어느 쪽이냐 하면 비사교적이다. 논설위원 시절 집이 송건호 서교동, 박권상 동교동, 나 연희동이어서 출퇴근할 때 신문사 승용차를 같이 타고 다녔다. 박은 바쁜 분이라 퇴근차량에 동승하는 기회가 적었다. 나와 송 둘이서 퇴근하는 경우가 많았다. 한 번은 이런 말을 했다. "김형, 나 동아에 오래오래 있고 싶어." 좀 어색하게 느꼈다. "왜요" 하니 답이 이랬다. "이렇게 월급 많이 주고 출퇴근 차까지 태워주고 … 이런 신문사 어디 있어요." 심성 착한 분이었다.

더구나 주로 통신사 외신부에만 근무했고 동아일보와의 인연도 불과 논설위원 3년여인가 뿐이었다. 동아 편집국과 인연이 전무하고 착한 분이

'월급 적고' '인사불만'에 가득 차고 언론자유투쟁에 몰입한 젊은 기자들을 과연 어찌 다룰 것인지에 대해 회사 최고경영진은 얼마나 교량하고 고민하고 임명한 것인지. 나는 도저히 이해가 안 된다. 그때나 지금이나.

1974년 3월 5일~1975년 3월 17일 새벽까지의 기록. 나는 지금까지도 끌고 다니는 동아사태의 자료, 기록들을 기초로 일기 순으로 동아사태를 자세히 쓰려다 포기했다. 우선 옛날 다 삭은 종이들이어서 이를 만지고 뒤지다보니 눈, 코, 피부가 가렵고 불편했다. 종이들이 삭고 부스러지고 먼지 나기 때문이다(결국 한 6개월 눈 고생했다).

또 내가 보관하고 있는 1974년 3월 15일부터 1975년 2월 14일까지의 기자협회보, 동아투위에서 발행한 '알림', 동아노조에서 발행한 '회람', 동투위가 발행한 〈'동아'사태의 진상〉(1975. 3. 25.), 신문연구소 발행 〈신문평론〉(1995년 5월호)의 "조선·동아사태의 경위" 특집 등과 동아일보 사사연구실에서 제작한 "노조파동으로부터 제작 거부, 공장 점거, 해고까지의 경위 정리서류" 등을 모두 소화하면 책 한 권도 모자라다.

다만 시간이 흘러 사건 자체의 일지적 정리는 그 후 동아사태 관련 동아일보나 동투위 모두 정리가 끝났을 테니 내가 더 추가하고 싶지 않다.

1974년 4월 16일~10월 23일 간의 평화: 그리고 10·24 사태 파행

동아노조사태와 회사 측의 1974년 3월 8일 자 주동자 해고·징계 조치 그리고 4일 뒤 3월 12일 김상만 사장 사면 언급, 4월 13일 사면 조치, 4월 16일 사장 면담으로 노조사태가 일단락된 후 10월 24일 '자유언론실천선언'이 나오기까지의 6개월간의 평화기간이 있었다.

3월 5일 국장에 취임하고 8일 해임 조치 이후까지 나는 밤을 새워가며 집에도 못 가며 못 마시는 술을 마시며 방송보도 쪽 노조 간부들을 설득했다. 정영일, 강정문 그리고 김종철만 거절하고 나머지는 노조운동을 '재고'하겠다는 답을 받는다. "'문'—재고-눈물까지"라는 기록도 보인다. "문—4월 7일(노조 서울시) 인가 받고 해산", "오 … 지금은 설득 어렵다. 깨는 방법은 일단 인정—깨자. 회사 위기"라는 기록도 보인다.

그래서 그런지 이 평화기간, 노조 간부들이 열심히 일하는 모습을 본다. "6. 7. 장성원 특종, 7. 4. 강정문 특종, 7. 5. 우수기획 취재 김민남·최동호, 7. 24. 강정문 특종, 7. 25. show 이영록 우수, 7. 30. show 특집 김민남·이성주, 8. 10. 김민남 특종, 8. 17. 노력상 이성주, 강정문, 김종철…". 이 무렵 이런 기록이 계속된다.

9월 19일에 방송국장(이사)이 갈려 이동수 씨가 온다. 솔직하고 사교적인 분이었다.

항상 이상적인 나는 이 짧은 평화기간 동아방송 뉴스를 수도권 뉴스로 특화하도록 한다. 사회부를 수도권부로 개편하고 서울, 인천, 수원, 천안, 원주, 춘천 주재기자들을 묶어 수도권을 전문 커버하는 체제로 바꾼다. 지금 생각하면 쓸데없는 짓이었다. 노조사태가 형식적으로만 마무리된 셈이고, 속으로는 10·24의 마그마가 끓고 있는데 결과적으로 기자들 일만 늘린 셈이다. 나는 그때 '정상화'란 이런 작업이라 믿었다.

10월 22일, 이틀 뒤 10·24 사태가 벌어질 줄도 모르고, 내년 동아 창간 55주년 사업 논의가 있다. 내 노트엔 또 11월 6일 ① B. Brant, ② NYT, CSM, WP, 아사히(朝日)신문, ③ 한국인 집단, 타슈켄트, 간도, 사할린의 기록이 나오고, 7일 고려대 김준엽 교수를 만나 간도문제를 상의한다. 나는 따로 방송보도국 신년 초 계획으로 '태평양을 간다'를 계획, 2개월간 KAL이 비행하는 아시아, 미주를 중심으로 교포생활, 한국과 태평양, 눈뜨는 아시아(베트남전 이후 아시아의 정치, 경제, 문화, 생활의 변화)까지 취재계획을 세운다. 12월 8일 KAL과 45일 기간으로 합의, 몇 명의 기자까지 거명해 놓는다.

이 모든 계획은 10·24 사태로 허물어진다.

10·24 이후 신문 방송제작은 파행이 계속된다. 동투위 입장에서는 언론자유 쟁취과정이라지만 신문 방송제작자의 입장에서 보면 편집제작권 방해이고, 제 3자가 객관적으로 그 과정을 보면 싸움이고 폭력이고 난장판이다.

10월 24일 '선언' 기사 다루기 시비로 "본보 발행지연·방송보도 못해 사과드립니다 — 24일 자 신문 오늘 배달합니다"라는 사과 사고(社告)와 함께 '동아일보 기자일동 자유언론실천선언' 기사가 1면 3단으로 나간다. 180여 명의 기자들이 편집국에서 모여 기자 전체의 합의선언으로 채택된 선언문 신문게재를 놓고, 7면 1-2단이냐 1면 3단이냐로 홍승면 주간 송건호 국장과 줄다리기 끝에 밤 11시에야 기자들 요구대로 낙착, 11시간 발행지연이 발생했다.

방송은 뉴스가 중단된다. 방송뉴스는 이날 12시 뉴스 전 스튜디오를 점거하고 세 기자가 뉴스원고를 탈취하고 "왜 편집권 못 지키고 사장에 끌려다니냐"며 이동수 방송국장에게 윽박질한다. 3시 뉴스 송출 중 스튜디오 문 열고 전용우 아나운서의 뉴스원고를 탈취해간다. 이후로 천주교 사제단이나 기독교단체 중심으로 한 박정희 대항세력의 움직임 기사마다 크고 작은 시비가 계속되고 방송뉴스 중 스튜디오까지 난입하는 사태도 계속 나온다.

이 무렵 간부회의 풍경은 극한상황에서 군상들의 적나라한 표현 그대로였다. 간부회의도 여러 종류였다. 고재욱 회장 참석회의, 사장 참석 간부회의, 관계국장 연석회의, 확대 간부회의 여럿이지만 회의에서 결정을 찬성하고도 현장에서는 실천이 안 된다. 젊은 기자들이 반대해서 안 된다는데 그러면 처음부터 그 결정은 이런저런 문제가 있으니 안 되겠다든가, 대안 B, C도 고려해보자든가 해야 하는데 … '간부회의 결정 따로, 현장 실천 따로'가 하나의 관행같이 진행되었다.

'간부회의 노트' - 끝내 돌려받지 못했다

나는 노조사태 간부회의 때부터 특히 회장, 사장, 주필, 이사, 편집국장, 방송국장, 나, 수석방송해설위원 등이 참석한 회의 풍경이 하도 무책임해서 별도 간부회의 노트로 회의진행발언 등을 기록해두었다. 내가 동아 '사태' 후 논설실 복귀 뒤 방송국장에서 물러난 김성열 씨와 대화 중 내가 당시의 기록, 기자협회보, 동투위의 '알림', 노조의 '회람', '공지사항' 등을 모두 보관하고 있다고 하니 당신도 그때를 정리하고 싶으니 보자고 해서 건네주었다. 잠깐 빌려보는 줄 알았더니 한 달, 두 달이 돼도 돌려주질 않아 재촉을 거듭하니 '간부회의 노트'만 빼고 반환했다.

끝내 간부회의 노트는 돌려받지 못했다. 회의에서 당신의 언어가 담겨 있는 것이 마음에 걸렸던 것 같다. 이 간부회의 노트까지 빌려준 것이 내 큰 실수였다. 이후 1985년 복귀 뒤 그분은 사장으로, 나는 논설주간 상무로 일했으나 인간적 신뢰를 주지 않았다. 참 지혜로운, 영리한 분이었다.

빼앗긴 간부회의 노트가 없어 보다 자세한 일탈의 풍경, 직접표현은 한계가 있으나 내 제작노트에만도 이 무렵 이런 기록 나온다.

> 1974.10.24. 저녁회의. 이사회, 신문기사 내는 책임, 주간, 국장 회피.
>
> 1974.10.28. 월요회의. 중심을 잃었다. 이미 모반과 배신의 기강 세우기는 무망.

어른들의 영리한 게임, 극단적인 예를 하나만 들겠다. 갑자기 간부회의 소집 연락이 오든가 또는 내일 몇 시 간부회의 소집 통보가 온다. 내 육감에도 안건이 대단히 시끄럽거나 기자 징계 같은 예민한 문제일 것으로 짐작되는 회의였다. 이런 회의일수록 두 분 모두 또는 이 중 한 분은 영락없이 빠진다. 갑자기 이가 아파 치과 갔다든가 속이 아파 병원 갔다는 것이다. 뻔히 속이 보인다(두 분 다 사장까지 올랐다).

인민재판 받다: 10 · 24 선언 이후

이런 내부의 취약한 경영리더십 속에서 12월 24일 박 정권의 광고탄압이 전개, 새 국면으로 들어선다. 나는 노조사태 때나 자유언론실천선언 때나 하나의 일관된 주장을 갖고 또 펼쳐왔다. 편집 방송보도국 차장 일동의 1974년 3월 13일 수습방안 결의였다.

"어떤 경우에도 동아일보가 지켜져야 한다는 결의는 변함이 없다. ① 기자 측은 신문, 방송뉴스 제작에 지장 주는 노조결성을 자진 철회한다. ② 회사 측은 해임된 13명을 구제해주기 바란다. ③ 노조활동의 발단이 된 사내 부조리를 개선해주기 바란다"였다.

노조사태 때나 10 · 24 선언 때나, 이에 가담하는 기자들이나 이에 적극적이지 않은 기자들이나, 압도적 다수의 의견은 이 차장단 결의의 선이었다. 어떠한 경우에도 '동아'는 지켜져야 한다는 기본선을 유지하려면 기자들은 편집권, 경영권을 폭력으로 범해서는 안 되고 또 회사는 박 정권에 결연하게 대응하여 젊은 기자들의 의기를 이해하며 이들을 선도하는 희생을 보이고, 무엇보다 이들 모든 사태에서 앞장서는 7기 이하 특히 9~11기 중심의 인사불만 해소방안을 추진해야 한다. 그러기 위하여 전략적 차원(경영 다각화, 토지 도시개발사업과 미디어 다각화)에서 모색하고 지역, 인연, 패거리 관행, 인사 적폐를 과감히 정리하는 것이었다.

신문편집과 방송을 폭력으로 방해하는 기자들에게는 편집, 제작권의 권위와 책임을 단호히 보이고 차장들 결의에 나오는 '사내 부조리', 특히 인사 부조리를 과감히 털자는 지론을 내 성격대로 간부회의에서 자주 털어놨다. 일부 강경폭력 기자에겐 편집원칙대로 대하고 대신 압도적으로 팽배한 7기 이하 사원들 사기저하와 인사불만 해소를 경영전략, 인사혁신을 통해 병행추진을 주장한 것이다. 이런 주장이 무책임하고 '지혜로운' 상사들에 의하여 나를 언론자유투쟁 반대 강경파로 몰리게 만들었다.

한 번은 강경파지만 인품이 좋은 한 기자가 "김 국장님이 우리 투쟁에 가장 반대라지요" 하기에 누가 그런 소리 하느냐 하니 내 직속상사인 이동수 이사, 국장이라 했다. 너무 화가 나서 방송국장실로 쫓아가 물으니 두 손을 싹싹 빌며 "미안해, 미안해. 애들이 쳐들어와 하도 야단해서 변명하다 고만 실수했네 …. 내가 잘못 했어 …." 기가 막혔지만 그때 우리 세대 관행으로는 윗사람이 싹싹 비는데 내가 참을 수밖에 없었다.

그러나 이런 해프닝, 책임간부들의 요령, 지혜에 회의가 쌓여 가고, 기강은 깨졌다.

10월 31일 오전 9시 갑자기 방송보도국에서 '기자총회를 열겠다'며 편집국 기자까지 몰려와 보도국을 점령했다. 사전통고, 허락 없이 뉴스제작 시간에 집회를 연다. 민간뉴스의 방송보도가 신문에 비하여 반도 안 된다는, 사실과 다른 주장을 선동하고…. 내가 그 능력을 높이 사 특진 신청까지 마크해두었던 정영일 기자는 내가 부·차장들과 농담한 가운데 옛날 파리 코뮌의 책 읽은 기억과 극단주의가 프랑스혁명 실패하게 만든 이야기한 것을 들어 자기들을 공산당시 한다고 인신공격을 했다. 나는 놀랐다. '너마저' 하는 기분이었다. 중학, 대학 후배로 편집국 경제부에서 키운 기자도 서 있었다. 그가 당한 인사 불이익을 생각하면 이해도 된다.

보도국 간부들이 뉴스 만들어야 하니 이제 그만하라 해도 한 시간 반을 끌었다. 일종의 인민재판이었다. 편집국장도 방송국장도 한 시간 반의 인민재판장에 얼굴 내밀거나 말리는 상사가 없었다.

'신문사 문 닫자!': 김상만 사장, '복간 때 동아일보가 살아남을 수 있을까?'

나는 그 이유를 안다. 나는 10월 24일의 '언론자유실천선언'의 신문, 방송 뉴스 제작과정에서의 참담한 대치, 육탄전이 벌어지는 난장판을 직접 겪고 육감적으로 제 2의 노조파동으로 가는구나 하는 걱정을 했다. 그래서 간부회의에서 제 2 노조파동으로의 악화를 예방해야 하고 그러기 위하여 순수 자유언론과 동아가 문 닫아도 좋다는 운동권적 자유언론을 구분해서 대처해야 한다고 제언했다. 예리하고 진지하게 사태악화 예방조치를 연구해야 한다는 제의를 조심스럽게 했다. 그것이 벌써 새나간 것이다. 개인적으로 참기 어려운 난동이고 모욕이고 인민재판의 내용은 너무 진실과 다른 것이어서 분하지만 당장 사표 내는 것은 회사를 더 곤경으로 모는 것 같아 참았다. 겸임이니 논설위원실로 가겠다고 버텼다. 회사는 만류하고 형식적이나마 위로도 한다.

나는 현저히 의욕이 떨어졌다. 이 허약한 사내 최고경영진의 리더십, 이 극성의 운동권적 투쟁방식의 지속으로 과연 나 개인의 위치가 아니라 '동아'라는 기구, 자랑스러운 한국의 상징이 살아남을 수 있을까 하는 고민에 빠졌다. 그러는 중 크리스마스 날 박 정권은 동아일보에 광고게재 금지조치, 광고탄압을 자행한다. 사실상 동아일보 압살이었다.

이 무렵 나는 김상만 사장을 찾아뵙고 신문사 문을 닫자고 했다. "지금 내부역량으로는 기자들 언론자유파동을 수습할 수 없다. 안팎 조건을 볼 때 차라리 정권에 대한 저항의 확실한 표시로 자진 폐간하자"는 요지였다. 내 말이 끝나고 5분이 됐는지 10분이 됐는지 눈만 감고 아무 말씀이 없었다. "제 솔직한 판단입니다. 물러가겠습니다" 하니 "아냐, 앉게" 하신다. 또 5분인지 10분인지 침묵이었다. "제가 괜한 말씀 불편하게 해드린 것 같습니다" 하고 일어서니 또 "앉게" 하신다. 그러고는 아주 오랜만에 입을 여셨다.

"문을 닫세! 6개월이 될지, 1년이 될지, 2년이 될지 …. 그러면 그사이 조선일보, 중앙일보, 한국일보가 어찌 나오겠는가. 어떤 짓을 하겠는가. 다시 문 열면 동아가 살아남을 수 있을까?…" 말을 이어가지 못했다. 나는 전광석화같이 경영책임자의 관점과 방송보도국장인 나의 관견, 안목의 차이를 몸으로 느꼈다. 언론의 기능과 사내 간부와 기자들의 갈등 현실, 그리고 정권과의 마찰 부문만 생각했지 동아에 저격을 노리고 있는 경쟁지와의 관계는 전혀 고려 밖이었다. '생존하며 양면투쟁해야 한다'는 결론이 전율같이 머릿속을 스쳤다. "그 대목 저는 생각 못 했습니다. 동아생존 지키며 난국 돌파하는 방법 더 연구해보겠습니다" 하고 물러났다.

고민, 고민의 끝은 결국 다시 1974년 3월 13일 자 편집, 방송국 차장들의 결의를 기초로 이제는 편집, 뉴스제작을 극단적으로 방해하는 운동권적 행위자를 최소한으로 일벌백계 징계하고 그 대신 신문사의 간부, 특히 사를 지키겠다는 온건 중심 주류를 적극 총동원 앞장세워, 사태질서를 회복하자고 주장했다. 빠르면 빠를수록 좋고 시간이 갈수록 외부세력, 정부권력과 정치권까지 휩쓸려 풀기 더 어려워질 것이라 했다.

그러나 실천자가 없었다. 모두 몸을 사리고 있었다. 나는 1975년 새해 들어서부터 겸직인 논설실로 더 자주 내려갔다. 보도국 일을 맡으면서 다음 해 9월 논설실 전임 복귀까지 그 '혼란'에서도 1년 반 동안 126편의 사설, 횡설수설을 썼다. 4일에 한 편꼴로 쓴 것이다. 지금 생각하면 괜한 정력 낭비했다.

새벽의 파국(1975. 3.17.):
천관우 주필까지 나선 사옥 앞 데모 — 광화문 참극

내가 인민재판 받으면서까지 회사생존 실천방안을 내놓는데 윗선에선 아무 결정도 못 하고 시간이 흘렀다. 결국 2월 말 이동욱 주필의 등장과 사실상 김병관 당시 광고부장의 실천이 있었고, 1975년 3월 17일 새벽 공장과 편집국 점거농성 중이던 기자들 포함 150명이 넘는 사원의 대량해고로 끝났다. 나는 이런 방식, 이런 대량해고의 파국을 예방하자고 그리도 건의 제의했었는데…. 너무 원망스럽고 실망이었다.

나는 방송보도 쪽 기자 해임서류에 서명하지 않았다. 이동수 이사에 대한 섭섭함과 회사의 우유부단에 대한 실망의 표현이었다. 1975년 3월 대량 해고 파동 한참 뒤 회사에서 사태수습 기여 사원에 대한 우대조치가 있었다. 나는 빠졌다고 들었다. 관심도 없었다. 그러더니 얼마 뒤 추가로 포함시켰다는 소문이 돌았다. 아마 김상만 회장의 배려였겠구나 하는 추측만 하고 있다.

동아사태는 한편에서는 동아의 '다량 인재 방출' 사태이며, 더욱 비극적인 것은 동아일보와 동투위 간의 기나긴 투쟁, 충돌 갈등의 비극으로 갔다는 사실이다.

동아의 생존을 위한 언론자유 투쟁이냐, 언론자유 투쟁을 위해 동아의 죽음을 재촉하는 투쟁이냐라는, 보다 실존적, 보다 핵심적 과제를 간과하고 대치한 것이다. 내 판단이 틀리기를 바라지만 '간부회의 풍경'을 밑바탕으로 보면 이 핵심과제를 알았다면 간부들이 너무 이중적, 회피적, 영리함을 발휘한 것이요, 몰라서 실천이 더뎠다면 비극을 자초한 경영능력의 한계였다.

내 스승이요 상사였던 거구의 천관우 전 주필을 필두로 내가 며칠 전까지 데리고 일했던 부하들이 매일 아침마다 회사 출입구 마당에서 구호를 외치며 데모하는 공간을 비켜 출근하는 심정, 곤혹을 넘어 참담함의 극치였다. 그래도 동아가 생존해야 장래 이들까지도 구제의 길이 있다는 신념이 없었다면 단순히 월급쟁이 심산으로는 겪어낼 수 없는 절망의 벽 같은 비극이요, 희극의 출근길이었다.

출근사원들을 향해 주먹을 쥐고 데모하는 천 선생과 어제까지의 내 부하들에 대하여 함께 끓어오르는 연민과 분노의 감정, 광화문, 한국의 근대화 민족 민주 문화의 역사적 체제적 중심인 동아의 광화문 마당이 대정권 언론자유투쟁의 마당이 아니라, 우리 한 식구끼리의 처절한 대치, 투쟁의 현장이 된, 이 믿기지 않는 창피하기 그지없는 모순의 현실 - 참극.

창간 55주년을 10여 일 뒤에 맞는 동아일보 풍경이었다. 그리고 다시 동아의 명예가 회복되기 어려운 전기가 된 셈이다.

끝내 못 이룬 인재 재등용: 두 가지 가정 — 꿈과 회한

나는 지금도 문득 동아일보에 김병익, 권근술, 국홍주, 김욱한, 김언호, 이종대, 박순철, 김민남, 강정문, 정영일 같은 인재들이, 또 비록 정치인이 되어서 비교가 어렵지만 이부영, 임채정, 장성원 같은 인재들이 동아를 지키며 활동했었다면 하는 꿈을 그려본다.

언론, 신문은 결국 지식산업이요, 인재싸움이다. 150여 명이라는 다량의 인재를, 그것도 원수가 되어 헤어지는 것. 그런 사태는 동아일보 역사에서 그리고 한국언론사, 또 한국정치사, 지성사에서 치명적 비극이었다.

나는 이런 신념으로 1984년 복귀, 논설실장이 된 다음 김상만 사장을 열심히 설득했다. 김병관 부사장도 소극적이지만 찬성했다. 내 책임하에 쓸 테니 필력 우수한 권근술과 국홍주를 '횡설수설' 칼럼 담당 논설위원으로 복직시키자는 제안이었다. 설득 끝에 국홍주부터 허락을 받았다. 그런데 국홍주는 권 선배와 같이라면 가겠는데 혼자서는 어렵다 했다. 다시 김 사장에게 어렵사리 설득 권근술까지 허락받았다. 권은 대단히 호의적, 긍정적이면서도 처음부터 꼭 동료들과 상의해야 한다는 꼭지를 달았다. 한두 달을 설득했으나 끝내 성사되지 못했다.

나는 1975년 3월 사태 뒤 포항제철, 대외경제연구원, 농업경제연구원 또는 민간기업에서도 그 책임자들, 예를 들면 정재석, 정소영 장관 등이 해직자들의 신원보증을 서 달라 하면 능력 있는 사람들이면 모두 보증서를 써 줬다.

나는 논설실을 한국 지성의 최고 교류장, 살롱으로 만들려는 구상을 추진했고 그 안에는 외부 객원논설위원제를 두었다. 거기에는 해외경제 파트를 당시 대외경제연구원에 있던 이종대, 박순철에게 맡기려 노력했으나 객원논설위원제도가 원만히 되지 못했다.

나는 '인재' 활용이라는 측면에서 '동아사태'의 비극을 최소화하고 해결하려는 입장을 견지하고 있었다. 끝내 실패했다.

'동아자유언론투쟁'의 원천적 근거인 유신반대 민주화 투쟁에 대해서도 다음의 가정을 해본다. 만일 윤보선, YS, DJ, 노무현이 당시 대통령이었으면 박정희와 얼마나 다른 정치를 했을까 하는 가정이다. 나는 이 점을 동투위 진영에서도 한 번쯤은 숙고해야 한다고 믿고 아쉬워한다.

① 윤보선, YS, DJ, 노의 청와대가 북한 무장간첩단에 습격당했다면(1968. 1.21. 그 후 북한 무장간첩이 동해안에 계속 출몰했다), ② 1974년 8월 15일 이들 대통령 부인이 일본에서 침투한 간첩의 총격으로 숨지고 본인은 간신히 죽음을 피한 경험을 했다면, 그리고 ③ 미 7사단이 철수하고 1972년 북한과 7·4공동성명이 나오고 ④ 이어 유신을 감행하는 … 박정희와 얼마나 차별적이고 다른 차원의 정치가 나왔을까.

그때 미국 중심으로 세계가 요동했다. 1971년엔 두 개의 닉슨 쇼크가 한 달 사이에 세계를 강타한다. ① 7월 15일 밤 닉슨의 중국 방문계획 발표가 나오고, ② 한 달 뒤 8월 15일 금·달러 태환 중단조치가 나온다. 미 상원은 외국원조 폐기법을 통과시킨다. ③ 1973년 미군 베트남 철수(75년 사이공 함락), ④ 그해 국제석유값이 일거에 4배(3.5달러에서 13달러로)가 오르는 1차 석유파동이 일어난다. 석유를 100% 수입에 의존하는 만성 국제수지 적자국에서 석유값이 4배 뛰는 경제쇼크까지 겹친 시기였다.

1972년까지도 1인당 소득에서 북한이 앞선 시점이다. 인도 파키스탄 중동 아프리카에서는 북한 외교가 한국을 압도하고 있었다. 나는 하도 판단이 답답하여 유신 전 경제부장 시절(1969~72년) 안보문제 전문가인 김점곤 교수와 좌담도 하고, 하버드대학에서 공부하고 1973년 귀국해서는 내가 인격적으로 존경하는 경방 김용완 회장을 일부러 찾아 경제계에선 유신을 어찌 보시느냐고 여쭤봤다. 정치적으로는 모르겠는데 경제적으로는 불가피하다 보고 찬성하는 입장이라는 말씀이었다. 솔직히 김 회장 개인 의견은 어떠시냐 하니 '환영'이라 하셨다. 우리 기업계는 박정희 경제조치를 환영한다는 것이었다. 나는 조용히 놀랐다. 김 회장까지도, 하는 언론인 다운 회의였다.

윤보선, YS, DJ, 노무현이 당시 대통령이라면 물론 박정희와 다른 면도 있었을 것이다. 그러나 외교, 안보, 경제, 노사정책의 구조차원, 패턴에서 같은 것도 많았을 것이다. 정도의 차이일까 차원의 차이일까. 이런 지적은 유신을 찬성하는 것이 그때 선택이라는 뜻이 아니다. 유신 전후 4~5년 국내 여야 정치지도자들, 각계 어른들이 급변하는 국제 군사 경제정세에 좀더 밀착하여 대처했어야 했다는 점을 강조하기 위한 것이다. 우리 모두 50여 년 세월이 흘렀으니 냉정히 모든 당사자들이 통합적으로 통찰해봤으면 한다. 지금도 국내정치 그리고 진보 보수 모두 기득권 이기주의에 매몰되어 국제적 요소, 세계 4강에 둘러싸인 지구상 유일한 지리적 역사적 조건을 잊고 있는 것은 아닌지.

나는 2019년 12월 동우회 망년회에서, 지나놓고 보니 또 '쓸데없는 소리'를 했다.

"내년 4월 1일 동아 창간 100주년이다. 지금 1974~75년 동아사태의 비극의 현장, 책임결재 라인에 있던 사람 모두 세상을 떠났다. 김상만 회장, 이동욱 주필, 홍승면 주간, 편집국 김성한 송건호 국장, 방송국 김성열, 이동수 국장 모두 세상을 떴다. 이제 방송보도국장 하던 나 하나 남았다. 나는 요사이 꿈속에서도 김 회장께 신문사 문 닫자 진언하고 김 회장의 긴 침묵과 다시 살아날 수 있을까 탄식하던 목소리가 들린다. 내년 100주년 전에 우리 모두 상처 씻는 작업 노력해보자." 김재호 현직 사장도 동석한 자리였다.

나와 같은 시대 지냈던 남시욱, 조강환 등 동료와 동우회 간부 몇 분, 김병익, 이부영 등 밖에 나갔던 몇 분에게 내 심정을 토로했다. 김병익 씨만 적극적이었고 나머지 분들은 고개를 저었다. 회사에 정식으로 이야기 건넬 필요도 없다는 판단들이었다.

나도 이제 더 이상 옛날 '동아시절 정열' 살리기 힘들다. 가끔 내가 그때 동아 입사 13기 방송보도국 기자였으면 어찌 행동했을까 생각해본다. 인간이란 정말 무력한 운명의 한 모래알인가. 거부하고 싶지만 슬프다.

4가지 기록만 남기고

1974~75년 사태 회고 부문에서 4가지만은 남겨야겠다.

첫째, 내 국장 1년여 동안, 그 비상한 상황(그러잖아도 인원이 적어 한 달에 두 번 이상 야간숙직 하는 비정상)이 1주일에 한 번씩 숙직하는 초비상상황이 되고, 기자들의 뉴스제작 거부로 통신사에 교대로 가서 대기하다 통신뉴스 들고 오리동 송신소로 달려가는 비정상 상황 속에서도 이 고생을 마다않고 참아준 보도국 동료들에 대한 감사이다.

특히 남의 숙직까지도 대신 맡아 하던 이성주, 이문조, 묵묵히 회사에 충성하던 최종철, 박미정 차장, 이승, 박응칠, 최동호, 노재성, 김정서 등은 특히 기억에 남고 감사한다.

둘째, 1975년 8월 17일 장준하 선생이 포천 약사봉 계곡에서 추락사하는 사고가 발생했다. 신설동 상가에 조문을 가니 타살이라는 분위기에 격앙돼 있었다. 나는 CBS에서 동아사태 후 갓 방송뉴스로 온 송석형 경찰기자를 조용히 불러냈다. "나와 당신만의 비밀이다. 내일부터 병가든 휴가든 핑계 대고 회사 나오지 마라. 장준하 사인을 독자적으로 추적해보라. 상가에서 들으니 동행한 등산자가 의심을 받고 있더라." 그래서 한 10여 일 취재가 진행되니 정보부에 걸렸다. 더 이상 취재가 어려웠다. 그 송석형 기자의 10여 일 취재일지 원본은 내가 보관하다 장준하기념사업회로 넘어갔다. 민주화 이후 정부의 장준하 사인 규명에 귀중한 자료가 되었다. 송석형 기자의 수고에도 감사한다.

셋째, 이 난리 통에도 김성열 방송국장은 또 광고 따오라고 했다. SK, 한국은행, 롯데, 현대에 부탁해서 프로 한 편 매회 35만 원씩 1년 계약을 뉴스프로 중심으로 따냈다. 방송기자 사기 올리려고 현대 정세영 사장에 부탁, 마침 이탈리아에서 열리는 현대 신차 발표행사에 보도국 기자 파견하려니 편집국에서 챙겨갔다. 방송보다 신문에 내면 광고료 더 많이 받을 수 있기 때문이었다. 대신 김상만 사장이 로터리클럽 초청 미국 방문 케이스를 줘서 김기표 기자를 선정했다. 미국 가서 귀국 않고 '망명'했다. 허탈했다.

넷째, 1974~75년 노조·동아사태 겪으면서 이해할 수 없는 대목의 하나는 기자들의 집단행동으로 제작이 위협받고 실제로 뉴스가 못 나가는 이 난리 통에 이들과 직접 몸으로, 술로, 정성으로 부딪치는 국장, 부장들에게 한 푼의 판공비도 주지 않는 사실이다. 이들을 설득하기 위해 밥 먹고 술 먹고 심지어 여관까지 가서 밤새 토론하고 자고 하는 값도 내 월급에서 써야 했다. 사장께 직소했는데도 반응이 없었다. 당시의 동아의 경영은 이렇게 '실체'와 멀리 떨어져 있었다.

내가 보도국 그만두는 그달에 규정을 만들어 판공비가 나오게 되었다. 내 후임은 사태가 진정되고 판공비 쓸 일도 없을 때 판공비 나오는 행운을 맞았다. 너무 억울했다.

운명 ⑥: 너무 씁쓸한 세 토막

BK에의 충간과 구자경 회장의 '어인 일잇고…'

1986년 2월 18일(2. 13. 주주총회) 점심을 김병관 당시 대표이사, 부사장과 함께했다. 이때 나는 결심하고 충간(忠諫)을 했다. "이런 말은 한 번밖에는, 특히 상하관계에 있는 사람으로는 딱 한 번밖에는, 두 번 다시 할 수 없는 간언입니다. 내일 중요한 사람을 만나거나 중요한 결정, 중요한 회의를 하게 되면 오늘 저녁 '약을 드는 기분으로 술을 삼가주시오(아마 대표이사 된 뒤라 그랬을 듯).' 어제까지는 동아일보의 대표간판이 아니니 술 실수를 해도 개인의 실수요, 동아일보의 실수가 아니나 이제부터 김병관 씨의 술 실수는 동아일보의 실수가 되는 것입니다. 개인적으로는 물론 회사를 위하여 충간하는 것입니다. 거역해도 두 번 다시 더는 않겠습니다. …"

내 다이어리에는 '① 술' 이야기 뒤에 '② 구자경 회장 - 사과 연락'이라는 글이 나온다.

이 술 충언 중 럭키 구자경 회장을 동아일보 이사로 처음 모시게 된 날 그의 큰 실수를 상기시키며, 구자경 회장께 사과를 권고한 것이다.

나는 '동아 - 현대', '동아 - 삼성' 관계 편에서 기술했지만 일찍부터 신문 단독미디어로는 미디어기업의 장래가 어렵고 TV, 전자매체 시대에 대응하기 위해서는 특히 삼성과 대결에서 이해관계가 일치하는 럭키그룹과 협력관계를 가져야 한다고 주장했다. 동아가 인적관계는 정 회장 동생 관계로 현대와 가깝지만 전자, TV 관련 산업이 없고, 특히 김상만 회장 성격으로는 강성 정주영 회장과 동업관계 유지가 어렵다고 판단, 영국 신사형 성격에서 김상만 - 구자경 궁합이 맞는다고 진언을 거듭했다. 나는 김 회장을, 구자경 회장에겐 이헌조 사장이 열심히 설득, 결정 느린 김 회장께서도 결단했다.

주주총회에서 구 회장을 이사로 선임하고 대기하고 있던 구 회장이 이사로 참석하는 첫 이사회였다. 이사회가 시작되고도 자리를 비웠던 김병관은 회의진행 중 늦게 술이 잔뜩 취한 채 이사회 회의장에 나타나서는 오재경 사장을 향해 "야, 너 왜 아직 거기 앉아 있어, 빨리 나가야지…" 하며 문 열고 선 채로 소리쳤다. 당황한 오 사장이 노해 소리 지르고, 대경실색한 의장석의 김상만 회장이 "이 자식아, 나가!" 라고 몇 번씩 소리소리 지르고 난장판이 되어…. 경비들이 김병관 끌어내고 이사회는 파장, 약속된 이사 전원 저녁회식도 취소되었다.

참 어이없는 일. 열심히 공들여 김-구 합작 동아미디어 비약의 꿈을 그리던 나로서는 더욱 비감했다.

내 방에 돌아와 멍하니 앉아 있는데 구 회장으로부터 전화가 왔다. 첫마디가 "어이 된 일잇고…" 투박하고 강한 진주 사투리. 구 회장의 호소 담긴 경악이랄까 하는 소리에 할 말이 없었다. 나는 동아일보 안에서 숙질간에 몸싸움, 사원들 보는 복도에서 공공연히 몸싸움하던 것을 떠올리며 문득 나온다는 소리가 "동아에서는 가끔 있는 일입니다. … 죄송합니다" 하니, "뭐라꼬, 가끔 있다꼬…" 하시던 구 회장 특유의 어감, 귀에 쟁쟁하다.

이 사건을 상기시키며 구 회장에 사과를 권고했다. 내 충간 6일 뒤 김병관, 구 회장, 나 셋이서 점심을 한다. 그럼에도 구 회장은 한동안 동아일보 이사회에 참석을 안 했다. 실제로 약 한 달간 그는 술 횟수나 양이 현저히 줄었다. 실수도 안 나왔다. 나는 충심으로 기뻤다. 그 어려운 충간의 효과가 있구나 했다. 그러나 두 달을 넘기지 않았고, 그 뒤로는 술만 먹으면 '먹물 든 놈'이라는 말로 나를 겨냥했다.

2월 18일 김병관과의 점심 다이어리 제일 끝에 이런 글씨가 나온다.

"결단력, 추진력 — 자질, 만, 기, 열보다 우수 — 인내, 표현력. 콤플렉스." 어리석게도 이런 모욕을 당할 줄도 모르고 몇 개 약점은 있으나 현 리더십인 김상만, 김상기, 김성열보다 결단력, 추진력은 낮다는 판단과 기대를 적고 있는 것이다. 재입사 2년 만이니 아직 기대, 동아의 꿈이 실망보다는 컸던 것 같다.

심술

1985년 논설위원실장이 되기 전이나 되고 난 후에도 도저히 이해할 수 없는 일이 있었다. 아침 8시 반 논설회의 시간인데 권오기 주필은 거의 단 한 번도 시간을 지키질 않았다. 최일남 논설위원하고는 여러 번 충돌했다. 아침 빠듯한 시간에 최 위원 표현을 빌리면 '이 골목 저 골목', 자기 마음대로 헤매다 또 발언자를 헤매게 만든다. '엉뚱하게 결론' 내는 버릇. 이 불만은 전직 논설위원들 회고록에도 나오니 나는 여기서 생략하겠다.

여북하면 1985년 9월 1일 제작회의에서 판매국장이 8월 중 시쇄(첫 인쇄) 상황을 집계, 보고했다. 발행 27일 중 12시 이전 시쇄, 정상적으로 마친 건 6일뿐이고, 21일은 지체, 그중 사설 늦은 날(11시 35분 기준)이 19회. 19회 중 12시 이후 5회, 사설이 제일 늦은 날도 2회라고 보고했다. 사설의 마감시간 지체를 통계적으로 꾸중한 것이다.

그러잖아도 1984년 동아로 복귀 직전 당시 대구MBC 고문으로 있던 유혁인 선배를 MBC 경향신문 사옥으로 찾아가 만났다. 동아로 복직하기로 결정되었다니 어디로 가느냐 반문했다. 논설실로 간다니 "권오기 능소능대한데 … 괜찮을까 …" 걱정했다. 그때 나는 옛날 천관우 씨 밑에서 논설위원을 같이 했을 때의 동아일보만 주로 기억하고 그게 무슨 말인가 의아했다. 1974~75년 동아일보 노조 광고 언론자유 파동 났을 때 수석방송해설위원으로 어쩌다 간부회의에 참석하면 다소 비겁한 듯한 회피적 태도를 보인 기억은 있지만 자기소관 없으니까 그런가 보다 했다. 사디즘이 있는 것은 전혀 눈치 채지 못했다.

역시 같은 TK에서도 같은 안동 출신, 정치부에서 둘이 같이 일했고 청와대 정무수석실에서 동아일보와 깊숙이 거래해본 유혁인 고문의 판단이 옳았었다.

논설주간실에 갇히다. 대우, MBC 노조의 폭력

1989년 들어 두 번의 동아일보다운 사설로 해서 나는 물리적으로, 사법적으로 시련을 겪었다. 두 번 다 내가 직접 지시해서 사설이 나갔다. 1989년 2월 14일 자 사설 "조선산업 지원 말라: 대기업이 국민세금 탐하면 경제기반 깨진다"였다. 다음은 《취재현장의 목격자들》(대한언론인회, 청미디어, 2016, pp. 84~86)에서 옮긴다.

"지금 우리 산업의 '미운오리'는 누가 봐도 조선산업이다. … 국민 부담이 너무 크다. 대우조선은 1조 원이 훨씬 넘는 빚을 졌고 현대중공업, 삼성중공업도 8천 5백억 원이 추가로 필요하다는데 대우조선 지원문제는 더 이상 부실기업에 세론에 밀려…."

이 무렵 대우조선 노조는 위원장 양동생, 부위원장 하영선 이름의 협박편지와 협박방문, 동아일보 구독중지 등의 폭거에다 논설주간이던 내 방문 앞에 노조원들이 신문지를 깔고 앉아 출입을 방해하는 일이 며칠씩 계속되었다.

조선업 전반의 부실경영과 노조행태를 비판한 사설에 마치 대우노조가 한국 조선업 전체와 대우조선의 최고 경영주체이듯 말과 활자와 물리적 폭력을 휘둘렀다. 이리도 날뛰는 노조 뒤에 무엇이 있었을까?

사설이 나가기 며칠 전 양동생 위원장은 TV토론에 나와 극한의 폭론을 벌였다. "적자가 나서 구제금융을 요구하는 기업이 임금 대폭인상을 요구하며 파업하는 것은 회사 문 닫게 하는 것 아니냐"는 토론자에게 이렇게 답했다. "대우조선은 기간산업이기 때문에 경영적자가 나면 당연히 국가가 보조해야 한다"고. 이 말 속에 경영자와 노조의 본심을 본다.

가장 내 마음이 아팠던 것은 대우 노조와 김우중 회장보다, 폭력 앞에 고통받는 나에게 격려와 위로는커녕 왜 그런 것 써서 골치 아프게 하느냐고 핀잔하는 사내 윗선과 꽁무니 빼는 간부들이었다. 대우 노조원들의 문 가로막기에 갇혀 있는 나에게 빠끔히 얼굴 내밀고 위로하며 지나가던 동료들의 얼굴을 지금도 잊지 못한다. 한국의 '민주화' 과정엔 이런 역행, 방종, 음모, 비겁, 도착 현상이 깔려 있었던 것이다. 김 회장은 18조 원의 채무불이행자로 남고, 양동생 씨는 장로로 변신했다.

두 번째 사설은 1989년 9월 16일 자 사설 "방송의 조속한 정상화를: MBC 노조파업의 장기화를 우려한다"였다.

이 날짜 내 다이어리에는 "언로연(언론노동조합연합회)의 데모 각오, MBC 사설 쓰다"라 적혀 있다. 그간 5공 아래 일그러진 MBC 방송상을 개혁하려, 노조도 승인한 새 경영진이 들어섰음에도 선거에 의한 보도제작국장 임명 등을 요구하며 2주째 불법파업, 정규방송의 차질을 걱정하며 쓴 것이다. 그때 내가 MBC 노조에 문제가 있다고 본 것은 단순히 파업뿐만이 아니었다. 8 · 15 경축 플래카드가 여의도 본사 현관입구 전부를 점령했다. 노태우 대통령과 김일성의 사진이 좌우 양쪽 끝을 차지했다. MBC 노조 이름이 걸려 있었다. 해방과 대한민국의 정체성, 역사성을 훼손, 반하는 표현이었다.

즉각 반발이 왔다. 논설주간 개인에 보내는 공문은 물론 신문사에도 사과문과 5천만 원 배상을 요구했다. 이에 그치지 않고 50명, 100명씩 며칠 동안 계속 신문사 사옥 앞에서 데모도 했다. 노조 제소로 1990년 7월 6일엔 서울지방법원 남부지원 법정에 서야 했다. 물론 MBC가 패소했다.

그때 MBC 사장 하던 분도 만났다. 전에 같이 일한 경험 있다, 걱정 말라고 했다. 노조가 떠들지만 약점도 많다고 했다. 무슨 약점이냐 하니 노조와 협상하다 잘 안 되면 '최후의 카드'로 협박하면 된다 했다. 직원(노조 간부 포함) 임금을 공개하겠다 하면 꼼짝 못 한다고 했다. 그래도 끝내 나는 재판장에 서게 되었다. 그만큼 앞뒤가, 겉과 실체가 다른 세상, 다른 행위가 판쳤다. 윗사람은 몸, 마음 고생하는 나를 도와주기는커녕 또 쓸데없는 것 써서 귀찮게 한다고 핀잔했다.

양동생 대우 노조위원장의 전격 사퇴(선교 전념): 꼭 만나고 싶다

1989년 2월 14일 동아 사설 나가고 나를 방에 가둬둘 정도로 극성 횡포를 부리던 대우 양동생 노조위원장은 뜻밖에도 10개월 뒤 임기를 1년여 남겨두고 '노조위원장'직을 자진 사퇴한다. 노・노 갈등 해소가 6・29 이후 노조운동이 해결해야 할 급선무라며 앞으로의 노동운동은 국민의 공감을 얻느냐 여부에 있다고 했다. 심지어 정부의 불법쟁의 '진압'까지도 당연한 것이라 했다. 다음은 1989년 12월 21일 자 한국일보에 실린 앞으로 전도・선교활동 하고 싶다는 그의 사임 인터뷰 내용이다.

"6・29 이후 신생노조들이 해결해야 할 급선무는 노・노 간의 갈등을 해소하는 것이라고 생각한다. 노조가 강・온파로 갈라져 서로의 주장만 내세울 것이 아니라 대화와 설득으로 공통된 주장을 찾은 뒤 사용자와의 협상에 임해 문제를 풀어나가 주길 바란다. … 정부가 현재 취하고 있는 조치들은 당연한 것이라 생각된다. 2년여 동안 노조위원장 일을 해오며 노조 간부는 국가경제를 생각해야 한다는 것을 배웠다. 나라경제가 후퇴하거나 파란에 빠지면 많은 사람이 일자리를 잃게 되고, 저소득 근로자 계층・농어민 등 소외계층의 고통이 더 깊고 커질 게 아닌가. … (사후의 계획은) 노조 일에만 전념하면서 신앙생활을 소홀히 한 것이 가장 마음에 걸렸다. 앞으로 건강이 회복되면 전도・선교활동도 하고 싶다."

1989년의 20년 전 1969년, 내 경제부장 취임 후 독일 에버트재단 빌렌슈타인이 제안한 대로(경제부장 시절 참조 296~298쪽), 즉 한국의 보수진영이 막 싹터 활개치려는 노동운동을 앞장서 선도순화, 한국화하는 노력, 당시 이미 개신교 중심으로 산업선교회가 노동지도자, 조직교육, 훈련하는 것을 대체하며, 노동운동의 정상화, 한국화를 추진했어야 했다. 결국 노사관계도 1970년 유신 전후부터 급격히 노동탄압, 공적 노조조직과 활동의 쇠락과 음성화, 지하화를 거쳐 1986년 민주화 이후 질풍노도(그전 1980~1986년 평균의 13배에 이르는)의 노동운동, 노사분규가 발생한다.

한국 언론이 동아일보같이 비정상적 노조행패는 물론 심지어 사내 경영간부로부터도 핀잔을 받으면서까지, 또 정부에는 경찰국장 출신 노동청장 임명 반대 목소리를 내고 노조 과격 불법성을 비판하는 쓴소리를 하고 또 그런 쓴소리를 지속했더라면 … 20년 뒤 내가 노조비판 사설로 법정까지 서는 일은 없었을 것이다.

그리고 대한민국은 산업화에 성공했듯이 지금쯤 K-노동, K-노사관계의 한 모델을 만들었을 것이다. 이제 1989년에서도 30여 년이 흘렀다. 1969년, 1989년, 2021년을 관통하는 생각 — 양동생 전도사 한 번 만나고 싶다.

8장

신문기자 되는 것

내 의지요 운명이었다.

아버지 인연: 해방 전 국민학생 시절 신문 만지기

나는 국민학교 2, 3학년 때부터 신문과 인연을 맺는다. 해방 전 일이다. 아버지가 당시 중앙일보, 시대일보, 조선일보 등에 계시다 왜정 말기 조선 신문들이 모두 폐간되자, 고향 안성으로 돌아오셨다. 그리하여 안성 양조장 지배인으로 계시면서 당시 유일한 조선어신문인 매일신문(每日新聞) 판매지국 일을 겸하여 보고 계셨다. 양조장이어서 쌀을 대량 쪄서 말릴 때 옆에서 찐쌀 먹는 재미가 꽤 있었다.

종종 아버지 사무실로 놀러 갔다. 1943년 이후 식량 사정이 어려워 쌀밥 먹기도 힘든 때였다. 그러다 어떤 날 오후엔 지국 사무원을 따라 안성역에 가서 서울에서 오는 매일신문 뭉치를 자전거에 싣고 지국으로 와서 각 동네로 가는 분류작업을 도와주기도 했다. 1년에 한두 번 사무원이 사정으로 못 나왔을 때는 내가 역으로 가서 신문뭉치를 자전거에 실어 가져오기도 했다. 그러면서 어려서부터 신문 읽는 버릇이 생겼다.

지금도 신문사들이 실제로 신문인쇄 때까지는 일어나지 않은 일을 배달 시간에 맞춰 이미 일어난 것처럼 기사화하는 일은 흔하다. 그때 어린 나이에도 일어난 행사시간을 보면 안성에서 신문배달 받는 무렵인데 기사를 보면 자세한 행사내용과 참가자들의 말들이 있어 기사 쓴 신문기자는 대단한 '신통력'을 가진 사람으로 생각했었다. 미래를 내다볼 줄 아는 사람으로 생각한 것이다. 이런 착각된 매력 때문에 커서 꼭 신문기자가 되겠노라 결심했고, 중학교 가서도 친구들끼리 장래 이야기가 나오면 나는 고민 없이 신문기자가 될 것이라고 대답하곤 했다.

신문기자 되려 사회학과로(신문방송학과 없던 시절)

고등학교 3학년(1953~54), 부산 피란시절이 끝나고 1년도 안 되는 기간을 서울 양정본교에서 다니며 대학입시 준비를 하게 되었다. 담임선생님에게 신문기자가 되려면 어느 대학, 어느 학과를 가야 하느냐 물으니 모른다고 했다. 다른 선생님과 상의했는데도 잘 모르겠다고 했다.

지금과 같은 언론학과, 신문방송학과가 없던 때였고, 더구나 언론대학원 같은 것은 꿈에도 없던 때였다. 마침 서울대 법대를 나와 고시에 합격, 내무부 관료로 있던 자형이 내 얘기를 듣더니 서울대 문리대 사회학과를 가라고 했다. 사회학과 변시민 교수한테 사회학 강의를 들었는데 그 속엔 신문, 언론 이야기가 나온다고 했다.

이런 경위로 서울대 사회학과를 갔으나 신문, 언론 강의는 없었다. 3학년째인가 되어서야 국사학자 천관우 씨가 '저널리즘'이라는 제목으로 강의했는데 별 재미가 없었다. 신문, 언론 관계를 이미 혼자 공부한 뒤여서 그랬을 것이다.

이때 천 선생님은 역시 국사학자이면서 여러 사정으로 서울대 사회학과 창시자가 되신 이상백 선생이 사회학과장을 지내고 서울대 박물관장 하실 때 박물관에서 기거하면서 강사로 1주일에 한 시간짜리 저널리즘 강의를 한 것이었다. 두 분 다 국사학자이면서 국사학과에 적을 두지 못하였다. 나중에 안 일이지만 천 선생님은 아르바이트로 합동통신에 근무했는데, 1년간 미국에서 언론연수 기회가 있었다. 그 인연으로 저널리즘 강의를 한 것이다.

천 선생님과는 그 후로 연합신문에서, 또 동아일보에서 계속 인연을 맺다가 1975년 동아일보 광고사태가 나면서 사실상 입장을 달리하게 된 셈이다. 세월이 흘러 전두환 정권 때 나는 동아일보에서 물러나고, 천 선생님은 민족통일 관계 민간단체장을 맡아서 반체제 운동권에서 변절자라고 비판받고 있을 때 서대문 사무실로 찾아뵌 적이 있다. 너무 외로우신 것 같아 마음이 꽤 아팠던 기억이 새롭다〔나는 기억이 없었는데 대학, 동아 시절 친구 손세일에 의하면 그 시절(한국경제연구원) 내가 자기 통해 때마다 생활비를 보태 드렸다고 한다. 액수가 적었는지. 왜 기억에 없는지 모르겠다〕.

지금 생각해보면 문리대 3, 4학년 동안은 무엇에 홀렸던 것 같은 생각이 든다. 그런 꿈을 꾼 적이 없는데 문리대 안의 5대 사립(양정, 배재, 중앙, 휘문, 보성) 대표들이 나를 학생회장 후보로 내놓고 맹렬히 선거운동을 했다. 경기고, 서울고, 지방 대표들이 뛰는데 5대 사립이 뭉쳐서 이들의 독점을 막아야 한다는 것이었다. 여기에 지방에서도 영남이 5대 사립에 가세했으니 문제없다는 계산이었다. 그러나 경기고 출신이 당선되었다. 3학년 내내 학생회장 선거운동과 그에 이은 대의원 활동 등으로 까먹었다. 이때 인연으로 영남 친구, 특히 영문과 이상회, 정치학과 박희선, 법대 김덕 등이 친구가 되었다. 통일부총리 지낸 김덕 박사가 미국 유학 중일 때 같은 대학 유학 오라 채근하고 나도 가고 싶었지만 그럴 돈 여유가 없었다. 또 재학 중 신문기자로 일찍 취직된 것도 유학 못 간 이유의 하나이다. 김 박사와는 지금까지도 마음 트고 지낸다.

4학년 들어선 경기도 학우회가 새로 결성되는데 또 회장 선거에 휘말렸다. 다른 후보자들의 대학 격이 떨어지는 데다, 아버지가 경기도지사를 했으니 1대 회장엔 내가 꼭 나가야 된다는 유혹에 밀렸다. 쉽게 회장으로 당선되었다. 당선되고 보니 이게 보통 일이 아니었다. 간부 인선에서부터 군(郡)별, 대학별 안배 갈등이 대단했고, 외딴 지역을 찾아다니며 계몽강연도 해야 했다. 요새로 말하면 벽지 무료봉사였다.

중학교 때부터 신문기자 하겠다던 내가 제헌국회의원과 경기도지사를 하신 아버님의 후광이랄까 그늘을 의식한 좋은 의미의 '선거꾼'들, 친구들 유혹에 밀려 학생운동판에서 2년을 헤엄친 셈이 되었다. 졸업이 가까워지자 정신이 번쩍 들었다. 결심이 서자 경기도 학우회장직을 즉각 내놓고 손을 털었다.

그리고 내 원래 꿈인 신문기자로 가는 길을 찾기 시작했다. 그런데 이미 때는 늦었다. 한국일보 견습기자 시험이 지나 때를 놓쳤다. 한국일보 견습기자 시험이 제일 권위가 있었고 동아, 조선 등은 입사시험 제도가 아직 없던 시절인 1957년 말이었다. 마침 11월인가 연합신문 견습기자 1기 시험 공고가 나서 응시했다. 나중에 동아일보에 합류한 김영수(MBC 사장), 이석열(在美)과 김진규(국민일보 주필), 연세대 국문학과 교수가 된 전규태가 입사동기다.

연합신문 견습 1기로(1957년 말~1961년 폐간)

연합신문에서 단기간의 견습을 거쳐 경제부로 배치되었다. 왜 경제부로 배치되었는지 지금도 경위는 모른다. 그때는 4면짜리 신문이어서 웬만한 기사는 기사화되기 힘들었다.

1958~60년 무렵은 이승만 정부의 부흥부에서 처음으로 경제개발 3개년 계획을 수립할 때였다. GNP를 계산하기 위해 통계부터 정립하고 있었다. 한 번은 한국의 투자함수, 투자승수가 얼마로 처음 계산했다는 기사를 썼더니 데스크에서 이것도 기사냐고 야단치던 기억이 난다. 마침 한국 정부의 통계고문인 미국 대학 교수 라이스 박사를 지금은 롯데백화점이 된 옛 산업은행 건물 사무실에서 인터뷰했다. 지금도 잊어버리지 않는 명구를 들려주었다. 한국 통계의 여러 문제들을 짚어주고는 "통계가 완벽하면 이미 선진국이니, 통계만 걱정하지 말고 빨리 선진국이 되도록 노력하라"는 말이었다.

그때는 올챙이 신문기자 눈에도 신문 근대화의 맹아기인 무질서 시기였다. 기사를 쓰는 신문기자, 데스크와 기사는 안 쓰고 또는 못 쓰고 입과 교제로 신문기자 하는 사람을 확연히 구분할 수 있었다. 신문사의 특권, 신문기자의 특권도 꽤 커서 당시 정치부장, 경제부장, 사회부장, 국방부 출입기자는 운전기사가 딸린 지프를 갖고 있었는데, 무슨 특수넘버이기 때문에 세금도 안 문다고 들었다. 편집국을 통틀어 취재차가 2대밖에 없던 시절이었다.

한국일보 차장 발령받은 다음 날 동아일보로(1962)

1960년 4·19가 나자 동양통신과 연합신문 사주이며 금성방직회사 소유주이자 자유당 정권 정치자금 제공자였던 김성곤 씨는 매우 처지가 어려워졌다. 회사 이름도 '서울일일신문'으로 바꾸고 사장으로 언론계 원로인 이관구 선생님을, 주필로 천관우 선생을 모셨다. 이어서 1961년 5·16 군사정변이 나자 현저히 움츠리는 모습이 역력하더니 1962년 1월 1일 자 신문 발행하고 자진 폐간을 선언한다. 사내 불만이 대단했던 것으로 기억한다.

나는 당시 한국일보의 산뜻한 편집과 기사의 선진성을 좋아하여 한국일보에 지망했다. 장기영 사장이 직접 인터뷰하겠다는 연락이 와서 중학동 옛날 한국일보로 찾아갔다. 평소 내 기사를 보았다며 한국일보가 곧 경제지(서울경제신문)를 발간하는데 경제부 차장을 맡으라고 선언하는 것이었다. 당장 내일부터 근무하라는 명령이었다. 아주 기분이 좋았다. 신문기자 겨우 4년 된 나에게 경제부 차장이라니. 바로 집으로 전화, 아버님께 경위를 말씀드리고 내일부터 한국일보로 출근하겠다고 말씀드렸다.

그런데 아버님께서 그러잖아도 연락하려던 참인데 연락이 안 됐다며 서울일일신문 이관구 사장 비서실에서 급히 찾으니 당장 가보라는 것이었다. 한국일보에서 택시를 잡아타고 서울일일신문 이관구 사장실로 갔더니 내일 당장 동아일보 최두선 사장실로 가라는 말씀이었다.

이 사장님은 그때까지도 김성곤 씨에 대한 분을 삭이지 못하고 있었다. 사장이요, 발행인인 자신에게 한 마디 상의도 없이 폐간을 결정했다는 내막을 처음 들었다. 그러나 폐간된 신문사 사장이지만 당신 할 일은 해야겠기에 실직된 사원들을 구제하는 데 모든 힘을 다하려 한다는 말씀이었다. 그래서 편집국에서 한 사람, 공무국에서 한 사람씩 추천받아 우수한 사람 순서로 각 신문사, 통신사 사장님들께 부탁하였다는 것이다.

편집국에서 제일 우수한 사람을 뽑으라고 했더니 내가 추천되었고, 동아일보에 부탁했더니 부탁을 받겠다는 연락이 왔다며 내일(시간은 잊었다) 최두선 사장실로 가라는 것이었다(공무국 케이스로 동아일보 공무국에 같이 간 분은 얼마 뒤 노조운동 비슷한 일로 퇴사했다).

참으로 즐거운 일이었다. 장기영 사장이 경제부 차장으로 당장 내일부터 출근하라고 했는데 이관구 사장님으로부터는 또 동아일보 입사 통고를 받은 것이다. 아버님께 연락드렸더니 역시 즉답을 못 하셨다. 문뜩 생각난 것이 당시 세계일보 경제부장 겸 부국장으로 계시던 안정모 선생님이었다. 경제 언론계에서는 명실공히 현역으로서는 최고의 선배였고, 재무부 출입 시절에 보니 판단이 제일 완숙하셨다.

을지로입구 일일신문사에서 남대문 세계일보까지 부지런히 걸어가 자초지종을 얘기했다. 안 부장께서는 주저 없이 동아일보로 가라고 했다. 젊으니까 한국일보가 매력 있을지 몰라도 직업의 안정성이나 대우는 물론, 역사의 권위나 회사의 재정 건전성이 단연 한국일보와는 비교가 안 된다는 것이었다.

저녁에 아버님과 다시 상의하여 동아일보로 결심하고 다음 날 동아일보 최두선 사장 방으로 갔다. 인터뷰 내용은 전혀 기억나지 않는데 인터뷰가 끝나자 "자, 고 군한테 가보게" 하시는데, '고 군'이 누구인지 알 길이 없었다. 그렇다고 그게 누구냐고 물을 수도 없었다. 그만큼 위풍과 권위가 당당하셨다. 방을 나와 당시 비서로 있던 임학수 씨에게 "고 군한테 가보라는데 누굽니까?" 하니까 크게 웃더니 바로 옆의 고재욱 부사장 방으로 안내했다.

당시 김상만(전무인지 상무인지) 씨와 같은 방을 썼는데 두 분 책상 사이가 꽤 멀었던 것 같다. 나에게는 두 분 다 아주 노인으로 보였는데, 최 사장이 부사장을 '고 군'이라 부르는 것이 당연한 당시 예의범절의 한 단면이었다.

김상만 선생께도 인사드린 뒤 '고 군'의 지시로 김성열 정경부장에게 갔다. 김 부장은 이것저것 자세히 묻더니 그간 신문에 쓴 중요기사나 잡지에 쓴 기사를 갖고 오라고 지시하기에 다음 날 제출했다. 한 번에 그치지 않고 몇 번 더 나를 체크했었다. 역시 동아일보였다. 또한 지정된 병원을 대주며 건강진단서가 있어야 입사수속이 시작된다고 했다. 그리하여 실제 입사는 최 사장 인터뷰 후 보름쯤 지난 2월 초에야 정경부 기자로 발령이 났다.

입사 때 까다롭게 기사검열(?)과 능력을 따지던 김성열 부장은 1년 뒤 "자네에게 만족했다"라며 "자네 같은 사람을 추천하라"기에 함께 경제기획원에 같이 출입했던 서울신문 이채주를 추천해서 같이 정경부에서 일하게 되었다.

언론계 시절 관훈클럽, 신영기금, 서울언론문화클럽의 책임자로, 또 기자협회, 편집인협회, 발행인협회, 아시아농업언론인협회(AAJWA), 국제언론인협회(IPI) 회원으로서 국내외에서 겪은, 꼭 남기고 싶은 대목 여러 개가 있으나 언론대목이 너무 긴 것 같아 줄인다. 아쉽다. 특히 천관우, 홍승면, 박권상 등 동아일보 선배와 최석채 조선일보 주필 가심에 내가 쓴 조사를 싣지 못해 못내 아쉽다.

9장

서울시립대 총장 시절

세계 최초 종합도시과학대학으로의 특성화

서울시립대학으로 가게 된 경위

동아로 못 가다

과기처 재임 중에도 김상만 동아일보 회장은 "딴 생각 하면 안 되네. 꼭 신문사로 와야 하네" 하셨다. 특히 기초과학지원센터 서울분소를 고려대로 결정하고 1992년 4월 2일 김 회장, 김희집 고려대 총장과 함께 현판식 행사를 가진 뒤로는 더욱 자주 만났다. 김병관 사장이 반대한다, 할 것이라는 소문에는 "내게 생각이 있어 … 조금만 참게" 하셨다. 그래서 다른 곳 갈 곁눈질할 생각이 없었다.

그래서 조선일보 방상훈 사장으로부터 논설고문 제의, 중앙일보로부터의 사장 제의(KBS사장으로 가게 된 홍두표 사장 통해)도 쉽게 또는 조건 달아 거절할 수 있었다. 한국의 아롱, 리프만 되는 꿈. 꼭 동아에서 이루고 싶었다. 그래도 동아의 사시(社是), 사혼(社魂), 시대정신을 한반도의 중심 광화문, 광화문의 중앙 동아일보에서 펴고 싶었다. 지금 와서 이성적으로 회고해보면 내가 1990년 11월 9일 기상천외의 계기로 동아에서 추방, 과기처 장관으로 간 그 맥락에서 보면 가당치 않은 꿈이었다. 꿈을 향해 직진하는 나의 아둔하고 미련함이었다.

나는 그렇게 동아일보로 가고 싶어 김병관 사장을 남극 세종기지 방문단에 끼워 보내는 선심도 썼다. 원래부터 그런 계획이었던 것은 아니었다. 당초 계획이 바뀌면서 기왕이면 선심 쓰자 한 것이었다. 본인의 희망이 아니라 김 사장을 보내기 위하여 한국신문협회장(김병관)과 방송협회장(홍두표) 두 언론계 대표를 뽑는 식으로 머리를 쓴 것이다. 아주 좋아했다. 고마워했다.

원래 남극방문 원안은 국회 경과위 이해찬 의원과 나와 박준규 국회의장이 가기로 되어있었다. 발상은 이해찬 의원이 했고 나는 마침 그 시기 한미과학기술동맹회의가 워싱턴에 있으니 겸사겸사 남극을 들를 심산이었다. 그런데 갑자기 박준규 국회의장이 자기도 가고 싶다 청해서 남극방문 최고위 그룹이 되었다. 이래서 소문이 커졌던지 YS가 호통을 쳤다. 12월 대선에 자기 선거운동 도와야지 박준규, 김진현 어디 남극 외유 가느냐는 호통이었다. 그러니 박 의장과 내가 빠지고 이 의원도 어쩐 일인지 빠지게 되어(아마 같은 이유, 대선일 것이다) 김병관, 홍두표 사장을 대입시킨 것이다.

장관 퇴임 직전 3개월간은 매월 김 회장과 점심을 나눈다. 우선 논설고문으로 일단 복귀하라는 것이었다. 그리 알고 있었다. 그런데 3월 주총을 앞두고 아들 김병관 사장이 만나자더니 오지 말라 했다. 내 수첩엔 내가 오면 "① 권오기 체제로 짜인 사내 질서가 흔들릴 염려가 있고, ② 노조가 반대하고, ③ 자기가 YS하고도 친하니 경제부처 장관 시켜줄 테니 돌아올 생각 말라. 아버지가 정 내 복귀를 고집하면 아버지가 주총 사회를 보시라 하고 나는 주총 안 나가겠다"라는 주석까지 적혀 있다. 완강했다. 기가 찼다.

이에 그치지 않고 그 무렵 이런저런 행사에서 만나면 여러 사람 앞에서

"너, 올 생각 마" 반말이었다.

서울시립대로부터의 초청

그래서 1980년 전두환 정권 칼날에 쫓겨난 뒤 내가 설립 작업했던 한국경제연구원 고문과 한국경제신문 회장으로 한적한 시간을 보내고 제 2의 칼럼니스트로, 또 그간 정부 봉사로 참석하지 못했던 국제회의 다니는 데 시간을 보냈다. 그중에 또 다른 한직, 서울시정개발연구원(SMDI)에 이사와 서울 21세기위원회 위원장으로 이름을 걸기도 했다. 연구원은 이사장이 변형윤 교수였는데 누구 추천으로 이사가 되었는지 기억이 없다. 그래도 1994년 11월 1~4일 서울 정도(定都) 600년 기념행사로 서울시와 21세기위원회가 공동주최한 '서울 21세기 국제학술대회'에서 기조연설을 맡았다. "신흥공업국 및 저개발국의 도시위기에 대한 새로운 접근 — 삶의 변화와 정보기술의 활용"의 제하였다.

아마도 이런 인연 때문인지 서울시립대 총장으로 가는 운명이 작동된다. 그 한 달 뒤 세모(歲暮)인 12월 31일(토요일) 국립서울산업대 교수 네 분이 찾아와 30여 명 교수서명을 받은 총장초빙 서류를 보이며 수락을 요청한다. 별로 내키지 않았다. 너무 생소했다. 또 산업대학의 장래도 판단이 서지 않았다.

그리고 닷새 뒤 1995년 1월 5일 오후 3시 30분. 대학 후배인 서울시립대 이병혁 교수가 꼭 뵙고 할 말이 있다고 해서 잡은 것이 이 시간이었다. 한국경제신문 회장실로 이 교수 혼자가 아니라 나중에 '경제정의실천연합운동'으로 변신한 '우리모임'에서 1980년대 중반 만난 이근식 교수, 그리고 이날 처음 뵙는 김동규, 홍대형 교수 등 네 분 일행이었다. 서울시립대 총장으로 모시고 싶다는 의사타진이었다. 첫 반응이 어떠했는지. 별로 기억이 없고 기록에도 남은 것이 없다. 아마 총장 선거운동 하면서까지 총장 할 생각이 없다는 반응이었을 것 같다. 그 자리에서 응했더라면 다음 날 또는 며칠 내 선거운동 채비를 했을 터였다.

1주일 뒤 1월 12일 11명의 각 단과대학 대표 교수들이 다시 한국경제 회장실로 찾아왔다. 이들은 개혁파였고 그 대표 격인 이상범 교수가 추천 경위를 상세히 설명했다. 현 총장에 대한 비판, 새 총장 후보로 나선 학내 기존세력으로는 대학의 앞날이 어두우니 나를 모시고 개혁을 하겠다는 것이었다. 이 개혁파들의 설명에 의하면 처음 20명의 총장 후보를 무작위로 추출, 10명, 5명, 3명, 2명, 1명 단위로 압축했다. 꽤 오랜 시간 걸쳐서 했다. 그 최종후보가 나였다. 고맙기도 하고 그들의 작업, 접근방식과 자발성, 개혁성이 마음에 들었다. 내 수첩에는 11일 이후 한동안 시립대 기록이 없다(21일 발족한 세계화추진위원회 준비 때문이었는지).

1월 26일부터는 대학 원로교수들을 시작으로 주로 개별이 아니라 그룹으로 교수들을 만나고 27일 만인 2월 23일 선거에서 압승한다. 나로서는 대학시절 경기도 학우회 회장 선거(당선), 서울대 문리대 학생회장 선거(낙선) 이후 세 번째이며 마지막 선거경험이었다.

개혁파 교수들이 내가 걱정하지 않을 정도로 열심히 뛰었다. 내가 쓴 경비는 200여만 원이었다. 총장시절 제주도 행사에서 제주 유지들과의 지역식사 옆자리가 어느 대학 총장이었다. 나에게 총장선거에 얼마 쓰셨냐 물었다. 200여만 원 들었다 하니 좀 의아해했다. 최초의 언론인 출신 비(非)교수 출신 대학 총장이니 꽤 돈을 썼으리라 짐작했던 것 같다. 내가 되물으니 2억 썼다 했다. 대학 규모가 뻔한데 4년 임기 중 2억을 어찌 뽑느냐 반문하니 "'총장' 명예 사는 데 2억 든 셈 치고 있지요" 하는 답이었다. 그때 민주화시대 대학 총장선거의 적나라한 상식의 한 단면이다.

최초의 언론인 출신 대학 총장

비교수 출신 총장 비난

내가 서울시립대 총장 되는 것이 세간의 주목을 받은 가장 큰 이유는 언론인 출신으로는 최초의 종합대학 총장이었기 때문이다. 좋은 의미든 나쁜 의미든. 내가 과기처 장관 되었을 때 과학기술계에서 언론 출신이라고 빈정대는 대학 교수들이 있었듯이, 나중엔 같이 바른사회시민운동을 주동했던 꽤 유명한 연세대 교수조차 신문칼럼에서 정교수 이외의 사람이 총장 되는 것은 교권침범이라는 논리로 나를 공격했다.

두 번째 이유는 시립대 교수 11명이 나를 찾은 이후 1주일 뒤 이홍구 총리 공관에서 정부의 세계화추진위원회(세추위) 준비회의가 열리고 나는 1월 21일 오전 청와대에서 세추위 위원장(국무총리와 2인 공동위원장) 임명장을 받으며 동시에 9시 30분 제 1차 위원회 그리고 25일 제 2차 위원회를 연다. '국무총리'와 동격의 '언론인' 출신이 서울시립대 총장이 되었으니 나와 시립대가 동시에 각광을 받았다. 신문기사들은 세추위 기사 보도할 때마다 '김진현 위원장(서울시립대 총장, 한국경제신문만은 '한국경제신문 회장') 으로 표기했다.

'초유'의 기록들이 쏟아지다

이 한국경제신문 회장 겸직의 언론인 출신에다 세계화위원장까지 겸직하는 서울시립대 총장은 서울시립대에 초유의 기록들을 양산시켰다.

대학 역사상 최고로 화려한 총장 취임식

우선 형식 의식(儀式)에서 파격이었다. 1995년 5월 23일 서울시립대 3대 총장 취임식은 대한민국 대학 총장 취임식 사상 가장 화려한 인물 등장의 취임식이었다. 지금도 이 기록을 깨지 못한 것 같다. 국회의장 황낙주, 국무총리 이홍구, 교육부장관 박영식, 교육개혁위원장 이석희, 서울시장 최병열 등의 현직이 참석했다. 게다가 강영훈, 현승종, 이회창, 노재봉 등 전 총리로 단상이 꽉 차 버렸다. 김종인, 이동호, 유혁인, 오명, 권이혁, 윤영섭, 노건일, 이해구 등 전직 장관 그리고 정근모, 경상현 등 현직도 단상에 자리를 마련하지 못했다. 외국 대사관에 양보할 수밖에 없었다. 물론 한두 자리야 단상에 마련할 수 있었지만 전·현직 모두 단상으로 모실 수 없는데 차별할 수 없어 외국기관으로 돌린 것이다.

러시아 대사(G. 루노두), 베트남 대사(N. P. 뉴엔), 미국·프랑스 공사, UNDP, UNHLA 대표 등은 단상에 모셨다. 김상하 대한상의 회장만 기업계 대표로 단상에 모셨다.

많은 전·현직 대학 총장님들이 오셨는데 역시 단하(壇下)였다. 홍일식, 송자, 장선식, 장세표, 김원섭 특히 명지대 창립자 유상근 이사장 … 방법이 없었다. 내가 존경하는 홍남순 변호사와 임원택 교수 그리고 김지길 목사, 이세중 변호사. 김상현, 손세일, 김정수, 강성재 국회의원들. 그리고 언론의 박권상 선배와 윤세영 SBS 사장, 박용정 한경 사장 등에게는 한없이 죄송스러웠다.

나중에 기록을 보니 직접 참석 135명, 축하 또는 난, 화환 축전 주신 분 311명 등 총 446명이었다(국회의원 30여 명, 전국 대학 총장 20여 명, 기업계 30여 명, NGO 지도자 40여 명, 변호사 10여 명).

강당에서 취임식이 끝나고 화창한 날씨에 학교 중앙 잔디밭에서 축하연을 베풀었다.

4년 농사 두 달에 끝내다

취임사 고려대도서관 영구보존관에

총장 당선 직후부터 나는 시립대 발전의 길을 골똘히 연구했다. 인연 있는 전·현직 총장들도 많이 만났다. 세추위원장으로 위원으로 있는 전·현직 총장들과도 많이 상의했다. 그리고 사무국에 지시해서 서울대, 고려대, 연세대, 서강대 등의 최근 총장 취임사도 구해 읽었다.

내 결론은 '서울시' 대학, 세계 인류문제군 중심으로서 동북아시아(황해, 동해 지역), 21세기 문명중심축 아시아 BESETO(Beijing- Seoul-Tokyo)의 중앙에 위치한 서울에서 '도시문제군'을 학문적으로 탐구하고 통합적으로 연구하는 세계적 중심대학, 특히 BESETO 문제군 종합연구대학으로 서울시립대를 자리매김하는 것이었다. 서울의 문명사적 도전을 해결하는 창조의 대학이 되어야 함을 도전적으로 제기했다.

"서울시립대가 교육하고 연구하는 도시 사회과학 공학 환경학, 도시문화, 도시문학, 도시예술, 도시복지학, 도시경제학, 도시법률, 도시외교… 등에서 세계에 발신하고 세계 지성이 몰려드는 도시학문의 메카가 되어야 합니다."

취임사에서 시립대의 비전과 목표를 그리고 그 제도개편을 선언했다. 1997년 3월 설립한 도시과학대학 개편을 예고했다. 나는 영국 옥스퍼드대학, 케임브리지대학의 총장 또는 정교수 취임사의 의미를 단편적으로 들어왔고, (또 하버드대학 시절 사회학의 원로 탈콧 파슨스 교수의 은퇴 강의를 직접 듣고 또 이를 언론이 다루는 비중을 알고 있었기에) 총장 취임사를 책임 있게 갖고 싶었다.

총장 취임사는 한 시대, 한 사회공동체의 가치와 이상을 담아야 한다고 믿었다. 또 내 심층심리엔 언론인 출신 최초의 종합대학 총장이라는 독특한 위치로 빈정 받는 현실에서 돈 모으는 이야기, 학교 땅 넓히고 건물 짓는 이야기, 교수복지 이야기가 많은 기존 대학 총장 취임사와는 확실한 차이, 구별을 하고 싶은 심정이 깔려 있었을 것이다. 촘촘한 인쇄로 11페이지에 이르는 긴 취임사요, 인류의 생존, 문명, 동북아문제군, 도시, 서울, 시립대학의 학문을 연결하는 담론의 취임사였다.

단상 내빈의 압도적 면모에다 내 취임사의 큰 그림과 결기가 합쳐져서 취임사에 대한 평가가 학내외로 많이 나왔다. 특히 홍일식 총장은 며칠 뒤 전화를 했다. 현장에서 하도 감명 깊게 들어 고려대 회의에서 내 총장 취임사를 고대 도서관 분류상 영구보존서로 처리키로 했다는 소식이었다. 나의 취임은 모든 신문방송이 다뤘을 뿐만 아니라, 조선일보는 시론으로, 서울신문은 언론인 출신 최초 종합대학 총장으로 취임한 김 총장이 "취임사를 통해 '우리나라는 이제 제 3의 물결을 타고 비상, 도약해야 한다'라는 내용의 독특한 연설을 하여 화제가 되고 있다"라는 편집 주를 붙이며 오피니언면 전면을 내 취임사로 채웠다. 문화일보도 거의 전면으로 내 취임사를 할애, 보도했다.

교수 정원 2배 증원, 예산 3배: 최병열 서울시장, 이해찬 부시장에 감사

총장 당선-취임까지의 2개월여의 대부분은 세추위 활동에 많은 시간을 뺏겼다. 그러나 여러 교육자들에게 열심히 자문했다. 초점은 대학의 재정, 시설, 교수, 행정, 학생문제 다루기의 우선순위를 어찌 두느냐가 제일 고심되는 대목이었다. 이 점에서 가장 명쾌한 답을 준 분이 이한빈 박사였다. 교수 최우선주의였다. 우수교수만 확보하면 재정문제 해결도 따라오고, 재정문제가 풀리면 시설문제는 같이 해결된다는 지론이었다. 내 경력

이나 활동영역으로 보아 행정, 특히 서울시나 교육부 관계는 크게 신경을 안 써도 될 것이라 했다

지나고 보면 학교현장에서 그리도 시끄러운 '학생문제'의 심각성을 아무도 제기하는 교육계 원로들이 없었던 게 특이하고, 바로 이 점이 대한민국다운 최대의 약점이고 도착(倒錯)이다.

나는 취임 열흘 뒤 5월 10일 조찬을 최병열 시장과 세종호텔에서 갖고 저녁은 강덕기 부시장과 플라자호텔에서 갖는다. 나는 단도직입적으로 현재 150명의 교수를 단번에 두 배 늘리고 내년 예산을 3배 늘려 달라 했다. 취임사에서 밝힌 세계적 도시과학대학으로의 비상, 아시아, 도시학 연구의 중심으로 바꿔 서울시 발전에 획기적 기여를 하겠다는 것. 교수 1인당 학생 90명이 넘는 숫자로는 대학이랄 수 없고, 하버드대학같이 교수 1인당 학생 4 내지 5명은 못 되더라도 우선 50명 이하로는 내려야 된다는 것. 그러니 새로 150명을 배증시켜 달라. 1조가 넘는 서울시 예산에서 197억의 시립대 예산을 3배 올려도 600억도 안 된다는 것, 이 3가지를 역설하고 다짐받으려 했다.

최병열 시장은 그가 조선일보에 있을 때는 전혀 인사도 없었다. 1994년 12월호 〈월간조선〉 인터뷰에서 다음과 같이 나와의 인연을 소개한다.

"호불호가 분명해 입맛이 맞는 사람과는 쉽게 친해진다. 그가 민정당 국책연구소 정세분석실장이던 1985년 6월 가락동 연수원에서 정세보고를 하면서 '정치는 야당을 상대로 하는 게 아니라 국민을 상대로 해야 한다'라고 말한 게 신문에 크게 보도됐다. 당시 동아일보 논설주간이던 김진현 씨(전 과기처 장관, 한국경제신문 회장)가 전화를 걸어와 '동감이다'라며 원고를 보자고 했다. 일면식도 없던 두 사람은 바로 만났고 의기가 투합돼 그 뒤 아주 친한 사이를 유지하고 있다."

나를 노 대통령으로 하여금 과기처 장관으로 전격 징용시킨 조연 중의 한 분이기도 했다. 큰 그림에서 시립대 지원 언질을 받았다.

취임하고 며칠 뒤 부총장감으로 학내에서 가장 강력하게 거론되고 또 학내 인망도 괜찮은 K교수가 한 가지 꼭 청원이 있다 했다. 대학의 숙원이니 꼭 이뤄 달라 했다. 재임 중 교수 5명만 증원시켜 달라는 것이다. 역대 총장은 2명 또는 1명이거나 제로였다는 것이다. 어이가 없었다. 또 한 번은 신임 기획실장이 아주 으쓱대는 표정으로 내 방에 오더니 시에서 교수 정원 증원(정확한 숫자는 잊었지만 10명 정도였다) 받았다고(말하자면 자기 노력으로) 자랑했다. 나는 입을 다물었다. 어림도 없는 소리였다. 나는 150명 배증을 요구하고 있는데. 최 시장이나 강 부시장으로부터 증원지시는 받았는데 시청 실무자들은 5명, 10명 정도만 되어도 어마어마한 생색이었던 것이다.

6월 말 최병열 시장 이임 사흘 전 시장실로 찾아가 당신과 구두로만 남겨서는 당신 떠난 뒤 시립대 지원원칙이 깨질 염려가 있으니 아주 당신의 친필로 시립대 교수 정원 증원, 내년 예산증액 메모를 관계관에게 내려 달라고 강력히 요구했다. 최 시장이 '그러마' 하고 약속을 지켰다.

142명의 교수 증원이 결정되었다. 이 역시 우리나라 대학 역사상 전례 없는 기록이다. 일거에 배 가까이 교수 정원이 는 것이다. 내 임기 중 내가 얻어온 교수를 겨우 90명만 쓰고 후임자에게 나머지를 넘겨주었다(그 사연은 뒤에 적겠다).

2년 사이 220%는 서울시 지원액

1995년 내 취임 때 서울시 일반회계 지원액은 197억 원. 바로 다음해 1996년 341억, 1997년 429억으로 2년 사이 232억 원 220%가 늘었다. 이 역시 국공립대학으로서는 믿을 수 없는 숫자이다. 1999년엔 600~800억 원 이상 더 늘어 1천억 원을 넘겼을 것이다. 그러나 IMF 위기로 1998년 406억, 1999년 388억 원으로 줄어들고 모두 1997년 수준을 밑돌았다. 만일 총장 취임 첫해와 둘째 해의 획기적 예산 증액을 못 했더라면 얻어온 교수 정원도 더 못 쓸 뻔했다. 중앙정부의 국고보조금은 1995년 1억 7백만 원을, 취임하며 3억 4백만 원, 1996년 4억 4백만 원, 1997년 13억 원으로 늘렸다. 주로 도시과학 연구 특성화 우수실적 때문이었다.

시설의 획기적 증설: 80년 걸린 시설의 70%, 4년간에 늘리다

서울시의 1996, 1997년 예산의 획기적 예산증액으로 1995년 당시 28개동 연면적 20,963평이던 학교 시설물은 1999년 34개동 29,165평으로 늘었고, 2001년 준공예정인 21세기관 4,695평을 합치면 내가 재임 중 늘린 학교시설은 12,999평이다. 80년 걸린 시설물의 70%를 4년의 임기, IMF 위기를 겪으며 늘린 셈이다.

가장 편안했던 시절

내 임기 4년의 서울시립대 총장의 기능은 취임사에서 선언한 종합도시과학대학으로의 목표와 비전, 최병열 시장의 협조에 의한 일거에 교수 정원 배증, 예산규모 3배 증액 약속으로 사실상 취임 두 달 만에 4년 농사의 그림을 마무리한 셈이다. 1995년 7월 조순 시장 취임 뒤로는 이해찬 부시장이 많이 도왔다. 내가 10월 12일 이 부시장실을 찾은 것으로 나온다. 이때 다음 해 1996년 서울시 지원예산을 전년 197억 원에서 일거에 80% 144억을 늘려 341억 원으로 마무리했다. 큰 틀에서 학교경영 4년의 틀과 돈과 사람(교수 증원)이 취임 두 달 만에 확정된 것이다.

내 직장생활에서 '방학'이란 긴 휴가(?) 기간을 즐기고 출퇴근 마음대로 조절할 수 있는 직장, 그것도 책임자로서, 처음이었다.

세계화추진위원회 위원장의 명함은 시립대에는 더욱 후광이 되는 역할이 되었다. 시장이건 교육부 장관이건 과기부 장관이건 시립대 일로 그들 사무실로 찾아갈 필요가 없었다. 세추위원장으로서 각종 청와대 행사 또는 총리나 내가 주재하는 행사에 그들도 대개 참석하거나 그 외 외교관계 회의에서 만나게 되니 그런 자리에서 잠깐씩 상의하면 되는 일이었다.

예를 들면 1995년 8월 15일 50주년 광복절 기념식엔 내가 세추위원장 자격으로 연단석에 앉고 뒷자리에 조순 시장과 전직 총리들이 앉았다. 1987년 이후 10년 만에 서울시장이 처음 1997년 2월 22일 학위수여식에 참석한 것도 이런 배경이다. 1996년, 1997년 가을마다 청와대 뒤뜰에서 열리는 주한 외교사절단을 위한 가든파티에도 늘 참석하고 정부, 민간 행사장 또는 신년인사회나 외국 대사관 주최 파티에서 늘 윗자리에 임석하니 시립대의 일은 자연스럽게 이런 후광을 받았다.

대학에서 알게 된 대한민국의 실상

뉴스기사 아닌 '공작'의 작품 나오는 대학신문

나는 선거과정을 통하여 현직 대학 교수들의 선거에 임하는 태도에서 교수사회도 일반사회와 큰 차이가 없다는 것을 속속들이 알게 되었다. 그러나 학생사회가 어떤지에 대하여는 미처 신경 쓰지 못했다.

막상 취임하여 총장실에 좌정하고 현장을 둘러보니 '차마 그럴 수가!' 하는 현상이 일상인 현실. 너무 일상이 되어 '문제'로 보이지 않는 '비정상', '도착(倒錯) 현상'이 너무 많았다.

첫 번째 놀라움의 발견은 서울시립대신문이었다. 매달 한 번씩 나오는데 총장 당선기사가 신문 1면도 아니고 3면에 3단 정도였다. 깜짝 놀랐다. 지면을 훑어보니 이건 '시립대신문'이 아니었다. 시립대 '학생회 신문'이었다. 엄연히 시립대 예산으로 나오고 발행인이 총장, 편집인이 경제학과 S교수로 되어 있는 시립대신문인데, 내용은 시국기사, 북한소식, 북한문화 …. 이건 아니었다.

취임 뒤 S교수 불러 몇 번 교정을 부탁해도 다른 대학신문도 아이들이 만든다 했다. 왜 편집인 수당을 받는지 이해가 안 되었다. 편집인 교수 그리고 학생들인 편집국장 기자를 불렀다.

"나는 언론인으로 치면 여러분들의 아버지, 할아버지 정도가 아니라 증조, 고조할아버지쯤 된다. 우리가 왜 신문을 만드나. 첫째, 학내 구성원인 교수와 학생 그리고 총장, 사무국 직원들 간의 소식과 소통, 둘째, 대학의 재정적 제도적 리더십인 서울시의 소식과 소통, 셋째, 대학의 지리적 위치인 대학 주변지역과 동대문구청의 소식과 소통, 넷째, 동창 학부모의 소식과 소통이 목적이다. 이에 충실하고도 지면이 남으면 시국담론, 북한문학도 실을 수 있겠지만, 어찌하여 학교 소식은 없다시피 한가. 나는 총장 발행인으로서 언론원칙에 어긋나는 이런 신문은 만들 수 없다. 지금 같은 신문 만들고 싶으면 너희들 돈으로 만들어라. 학교 돈 대면서 현재 같은 시립대 신문은 만들 수 없다. 2개월 말미 주겠다. 그래도 여전하면 폐간하겠다"라고 선포했다.

이런 조치를 취하기 전 서울대, 고려대, 연세대, 서강대, 성균관대 등의 신문을 구해서 계속 점검해 보았다. 놀라운 것을 발견했다. 그래도 서울대였다. 서울대를 빼고 내가 계속 구해본 모든 대학신문과 시립대신문에는 필자 이름만 다를 뿐 글자 하나 다르지 않은 '친북' 또는 그와 비슷한 똑같은 기사가 거의 매달 한두 건씩 실렸다. 이건 '공작'의 작품이지 기사가 아니었다.

나는 서강대 박홍 총장에게 전화했다. "박 총장 발행인으로 되어 있는 신문에 총장과는 정반대 기사가 계속 실리네!" 하니 무슨 소리냐 했다. "서강대 신문에 박 총장이 가장 강경하게 비판하는 폭력과 반체제 주장 많이 실리던데" 하니, 대학신문 안 본다 했다. 보기 싫어서 안 보는 게 아니라 서강대 신문이 발행되는지 자체에 관심이 없었다는 어투였다. "당신 이름으로 발행되는 신문, 당신이 안 보고 고치지 않으면 어찌하느냐" 핀잔을 주었다.

총장실 점거하면 즉시 사표 선언

학교 안에 학생동아리가 50여 개 있었다. 총장실로 불렀다. 나는 과기처 장관 취임 때 직원들에게 이야기한 똑같은 심정으로 호소했다.

"나는 시립대 교수들의 자발적 초청으로 오게 된 사람이다. 내가 총장 하고 싶어 운동해서 온 것도, 과거의 인연 있어 온 사람도 아니다. 나는 내 취임사대로 시립대를 단순히 한국의 대학 중 하나가 아니라 세계 최고의 종합도시과학대학으로 만드는 사명감으로 일할 것이다. 내가 어떤 자세, 어떤 스타일로 일하고 어떤 실적을 냈는지는 과기처 장관 기록을 보면 알 것이다. 나는 공익, 국익 최우선으로 했고, 시립대에서도 똑같은 자세와 정열로 할 것이다. 학교와 교수와 학생을 최우선, 최선을 다할 것이다. 새 기록, 새 역사를 쓰자. 단, 만일 다른 대학에서 흔한 총장실 무단점거 같은 사태가 나면 나는 단 하루도 더 총장직에서 머물지 않을 것이다. 즉각 사표 쓰고 나가는데 그냥 사표만 쓰는 게 아니라 그런 폭행학생은 물론 그 학생의 지도교수, 학과장, 단과대학장 모두 연대책임을 물어 고발하며 물러갈 것이다. 나 시립대 발전에 최선의 헌신을 하겠는데 불법, 학사 방해는 절대 용서할 수 없다. 내가 진정 여러분을 내 자식, 내 동생으로 생각하기 때문이다. … "

어찌 이럴 수가: 쓰레기장 같은 동아리방

그리고 학생 동아리방을 들러보겠다 하니 사무국에서 극구 말렸다. 역대 총장이 가본 적 없고, 말하는 투로 자기들도 가본 적이 없는 듯했다. 50여 동아리가 다 방이 있을 리 없을 텐데 정확히 방이 몇 개인지도 답을 못했다. 며칠 뒤 사무국장을 대동하고 각 건물 지하에 흩어져 있는 10여 곳 동아리방을 들렀다. 이건 말이 방이지 사람 드나들 방이 아니었다. 쓰레기방이었다. 어느 방은 바닥에 물이 흥건히 차 있고 어느 방 의자는 30년을 썼는지, 40년을 썼는지 모서리까지 다 해져 있었다. 냄새 고약하고 방에 앉아 회의할 수 있는 방은 사실상 없는 셈이었다. 학생들이 아니라 내가 분노했다. 이러니 학생과 대학 간에 교육은커녕 최소한의 인간적 대화가 되겠는가. 당장 제대로 수리하고 의자, 책상 다 새로 바꾸고 소제 깨끗이 하고 예산 봐서 컴퓨터 한 대씩 넣어주라 야단쳤다. 사무국 책임이 아니다. 동아리 담당교수, 대학 총장을 포함한 리더십이 대학이란 한 기관의 기본에서 너무 멀리 떨어져 있던 것이다.

식당에 꽃 한 송이라도: 재임 중 총장실 점거당하지 않은 유일한 총장

학생식당, 교수식당도 완전히 손을 봤다. 내 대학, 내 캠퍼스라는 정감의 장이 식당인데, 이렇게 아무렇게나 먹는 장소에 불과해서는 안 된다. 단순히 시설의 수리, 교체뿐 아니라 식탁마다 꽃 한 송이라도 놓으라 했다. 꽃이 있는 식탁에서 대화하는 것과 꽃이 없는 곳에서 대화하는 차이는 시간이 쌓이면 확연히 달라진다. 우리 대학도 미술교수들이 있으니 그분들은 자진해서 식당 벽에 걸 만한 그림 한 점씩이라도 기증해 달라 했다. 꽃과 그림이 있는 식당을 만들자 했다. 꽃은 되었는데 그림은 안 된 것으로 안다. 나중에 내 재임 중인지 그 후인지 미술교수 한 분이 기증했다는 소식을 들은 듯하다.

이런 노력 탓인지 나는 신문을 정간시키는 강경책을 썼음에도 서울 소재

대학에서 재임 중 총장실을 점거당하지 않은 거의 유일한 총장의 기록을 남겼다. 서울 소재 명문대학 총장들도 1년이면 한두 번은 물론, Y대학 총장은 5번 총장실 뺏기고 밖에서 일했다. 내가 직설로 그런 창피, 자존심 상하면서 어찌 총장 하느냐 면박 주었다. 학생회도 내 열성을 어느 정도 이해한 것인지 아니면 취임하자마자 교수 증원, 시설 증설로 학내 분위기의 나에 대한 공감이 압도적이었던 때문인지 학생회 중에서도 PD, NL보다 더 급진혁명노선으로 가장 강경하다는 경기동부연합 소속 시립대학생회도 조용했다.

재임 중 딱 한 번 한영회 비서와 소리치며 싸우는 소리를 내 방에서 들은 적 있을 뿐 총장실에는 접근하지 않았다.

대학에 주인, 중심, 정체성이 없었다

스승 없는 대학: 추락사, 사고사를 '민주투쟁열사'로 둔갑시키려

1996년 1학기 등록 끝나고 개학할 무렵 3월 22일 새벽 경영학과 3학년 원광식이 친구와 밤새 학교 건물 옥상에서 술 마시다 추락, 사망했다. 아침 출근하니 뒤숭숭했다. 경위를 들으니 법만 따지면 학교는 사망 학생과 친구의 불법행위에 배상을 청구해야 할 일이었다. 밤새 옥상에서 불법으로 술을 마시다 추락 사망사고를 일으키고.

그런데도 뒤숭숭한 이유는 학생회에서 '민주투쟁열사'로 둔갑시키는 작업을 하고 있다는 것이다. 그러니 총장께서는 청량리 위생병원에 있는 학생 영안실 조문도 하고 사죄하는 제스처를 써야 한다는 것이다. 마음에 내키지 않았다. 그러나 경위, 원인이야 여하튼 학내에서 사망한 우리 학생 영혼에는 위로하는 게 옳은 것 같아 조문까지는 했다. 그리고 '추락사고사'가 '민주투쟁열사'가 되지 않도록 독려했다.

그런 와중의 어느 날 점심을 먹고 사무실로 들어가는 입구에서 경영학과

J교수와 마주쳤다. "오늘 상황 어때요?" 하니 "예? 무슨 상황이오?" "아니 당신 학과 학생이 죽어 이 야단인데 관심도 없소? …" "학생처에서 알겠지요", 이것이 제자가 죽은 학과 교수의 답변이었다.

이 학생은 부모를 일찍 잃고 숙부 집에서 자랐다. 그런데 1학기까지는 시골의 숙부가 학비를 대 줬는데 2학기부터는 대 주지 못하겠다는 통고를 받은 것이다. 그래서 등록금 납부 마감일을 지내고 친구와 한풀이하면서 밤샘 술 마시다 실수로 떨어진 것이다. 적나라한 대학의 실상이었다. 내가 정리해보니 ① 성적은 형식 기준으로는 장학금을 받을 만한 우수학생은 아니었다. 그러나 그런 고민을 털어놓고 구제의 길을 상의할 스승이 없었다, ② 이 사건을 계기로 학내 장학금제도를 보니 너무 획일적, 성적 중심이요 학생 '종합평가'가 결여되어 있었다. 장학금제도를 손질했다. 겨우겨우 민주투쟁열사장(葬) 막기에 성공했다. 총장과 학생처장 일부 보직교수 그리고 책임감 있는 한두 분 교수 외엔 교수들 관심이 전무했다.

내 일, 우리 일, 우리 학교 일이 아니었다. 제자에 대한 관심, 대학신문에 대한 관심, 학생회 활동에 대한 관심, 즉 이들이 내 아들이요, 동생이요, 내가 이들의 스승이라는 의식이 철저히 없었다. '학생'문제 그것은 경찰, 검찰, 정보부가 다룰 문제였다. 내 아들, 내 동생 일이니 스승인 우리가 1차적 책임을 갖고 다루고 그래도 안 될 때 차라리 우리가 이들을 경찰, 검찰로 넘겨야 하는 것이다. 그런 호소도 했다.

시립대학 교수만의 문화가 아니라 대한민국 대학 전체에 이미 정착된 무책임, 무(無) 스승 문화였다.

무책임의 극치: 신입생 오리엔테이션

교재 첫 장: 백기완의 글

나 역시 신입생 오리엔테이션에 대해 관심을 갖기 시작한 것은 1997년부터였다. 1996년 원광식 사망사고로 인해 학생문제에 더욱 깊이 관심을 갖게 된 것이다. 1997년 2월 27일~3월 1일은 공대가 이천에서, 2월 28일~3월 2일은 단양에서 경상대, 법대, 문리대가 신입생 오리엔테이션 행사를 한다는 계획에 나는 당연히 총장이 참석하는 것으로 알았다. 대학입시 이후 시립대 학생으로 신분이 확정된 신입생과 시립대학의 첫 만남은 3월 9일 입학식이 아니라 이 오리엔테이션 만남이기 때문이다.

그런데 보고하는 사무국이나 학생처 교수나 모두 대경실색이었다. 우리 대학은 물론 다른 대학도 총장 참가 예가 없다는 것이다. 그럼 단과대 학장, 학과장이 가느냐 하니 안 간다 했다. 그럼 이 신입생의 시립대학과의 첫 공식 만남은 누가 응대하느냐고 물었다. 교수학생처장이 사무국의 학생과장과 하루에 세 곳 돌고 온다 했다. 오리엔테이션 행사 이틀인가 사흘인가 하는데. 그럼 누가 주최, 주관하느냐 하니 학생회가 한다 했다. 그러니까 형식적 입학식 행사는 총장과 교수들이 가운 입고 학교 강당에서 하고, 실질적 입학식은 '학생회'가 야외에서 가슴 펴고 술 마시며 젊음을 만끽하며 사흘씩 하는 것이었다. 학교 돈으로.

나는 도저히 납득할 수가 없었다. 내가 직접 참석하겠고 단과대학장, 학과장 전원 총장과 동행하자 했다. 그런데도 한 단과대학과 세 학과장은 '이유 설명'도 없이 끝내 불참했다.

첫 번째 오리엔테이션 지역이 아마 공대 신입생팀이었던 것 같다. 총장으로 인사말하고 학생들과 둘러앉아 점심을 함께하는데 무심히 옆에 놓인 오리엔테이션 교재를 들어보고 깜짝 놀랐다. 내 가슴이 놀랐다. 이럴 수가 없는 것이다. 시립대학 소개, 역사, 특징, 교수진, 선배, 배출인물 그런 것이 아니고 교재 첫 장이 민중혁명주의자 백기완 씨(백 씨와는 대학시절 나무심기운동 같이 다니고 내 혼사나 자기 혼사로 서로 드나들고 장준하 선생 일로 교류가 있었다)의 글이었다. 다음 장도, 그다음 장도 그런 류의 글이었다. 지금 아쉬운 것은 그 교재를 보관하지 못한 것이다. 지금도 다시 구해보고 싶다.

1997년 오리엔테이션에서 내가 무슨 이야기했는지 기록이 없다. 그러나 1998년의 경우 텍스트 전체가 남아있다. 내가 1997~98년 외환위기가 나자 1998년 3월 중순까지의 국내외 기록을 중심으로 "새 시대, 새 국난, 새 정부하의 대학개혁"이란 자료집 책자를 내 전 학내 관계자들에 돌렸다. 1부에 변혁의 뇌성들, DJ정부 출발(정권교체), IMF 외환위기 그리고 새 정부의 교육개혁정책과 대학구조조정, 대학 부도, 대학 빅딜, 교수임용 부정고발과 같은 당시의 위기상황을 편집했다. 2부는 "김 총장의 1998년 호소"로 1998년 신년사(대학공동체의 자율), 학위수여식사(졸업생들에 드리는 3가지 거울), 오리엔테이션 특강(이 땅에서 살아가는 사람의 기본명제), 입학식사(조국의 새 도전을 극복해야 한다).

2월 23일 행한 신입생 오리엔테이션 특강은 이렇게 시작한다.

"사실 저는 3월 2일 거행하는 여러분들의 입학식사를 가다듬느라 어젯밤 2시까지 원고를 썼습니다. 그래서 오늘은 62세가 되도록 살아온 인생 선배로 대학을 일찍 다닌 대학선배로 말한다"며, 한국인의 삶의 기본명제, 작은 국가 스위스의 힘, 세계인류문제에 대한 도전으로 나누어 연설을 한다.

"한국 안에서 대학사회 안에서 그리고 시립대학 안에서 누구누구보다 낫다는 그러한 정도의 비교만 갖고는 이 사회, 이 땅에서의 삶의 사명을 다하는 것이 아닙니다. 우리 시립대학을 넘어서, 대한민국 대학을 넘어서, 일본의 대학을, 미국의 대학을 넘는, 그러한 세계를 향한, 세계를 상대로 한 경쟁과 극복을 해야 합니다"로 호소했다. "대한민국에서의 삶이란 선진국이 되어도 좋고 안 되어도 좋은 것이 아니라 선진국이 되는 것이 반드시 이룩해야 될 절대명제입니다. 선진국이 되고자 하는 것은 되면 더욱 좋고 안 돼도 상관없는 그런 명제가 아니라 이 민족, 이 사회공동체가 갖춰야 할 최소한의 생존조건이기 때문입니다." 나는 정말 절절히 호소했다.

학생처장을 지낸 차민환 교수가 조사해준 대학신문 자료를 보니 1998년엔 5개 대학별로 교수들이 대거 같이 참여했다. 그래서 그런지 오리엔테이션이 끝날 무렵인 23일 공동연수, 대강당에서 했다. 여기서 내가 특강을 한 것이다.

학교 측 참가: 긍정적 반응 - 학생신문 보도

최근 차민환 교수가 조사해준 당시 학생신문철을 보면 총장과 학과장 교수들 참석을 눈 흘겨보고 비판적이려 애쓰면서도 학교의 적극 참여를 긍정적으로 평가했다. 1997년 2월 신문은 교수들이 상당부분 참여하여 학생들과 함께하려 했다고 보도했다. "학생들의 참여가 과거에 비하여 증가한 것도 특기할 상황"이고 "아울러 학교 측이 이번에 참여한 것은 그 의도가 어떻든 긍정적 반응을 얻었다."

나는 아직도 주는 만큼 받는다 믿고 있다.

총장을 만나러 오는 학생회장, 경호원인지 비서인지 두 명의 보디가드를 붙이며 거니는 것이 볼썽사납기보다 참 신기했는데, 그런 문화가 '386' 내로남불의 원천인 것이다. 나는 특별한 경우 아니면 굳이 비서 대동을 하지 않았다.

안병영 장관에 학생지도프로그램 직소

대학의 돈, 대학의 행사 오리엔테이션인데 대학 총장도 학장도 학과장도 사무국장도 학교 주인들은 다 빠지고 교수학생처장과 사무국 학생과장 단 둘이 딸랑 하루에 세 곳 돌고 이틀 밤, 사흘은 '학생회' 천하. 첫 장은 백기완 글이 차지하는 교재로 '토론', '담론'하는 신입생들의 첫 만남 대학행사.

그런 '학생회' 행사가 '오리엔테이션' 생긴 이후 1997년까지도 계속되었으니. 유신 이후 20년이 되었는지.

나는 오리엔테이션 행사 관행이 옳다, 그르다 말하려는 것이 아니다. 돈 여유 있고 시간 여유 있으면 신입생들과 교수들이 강가로, 숲으로 바다로 나가 이틀, 사흘씩 대학 새내기의 스승으로 인격으로 교감하면 얼마나 좋은 것인가. 그런데 어찌하여 학교가 스승이 이끌고 또는 동락(同樂)하는 게 아니라 겨우 2년 선배인 '운동권' 편향 '학생회'가 스승이요, 대학의 주인 역할을 하도록 만들고. 그것이 당연한 것처럼 그 긴 시간이 흘렀다. 대학의 주인, 중심의 무관심, 무책임의 극치이다.

대학 교수 출신, 대학 총장, 교육부 장관, 총리 한 사람들은 정말 교수 시절 학생, 제자와 학생회 제자와 인격적 스승의 대화를 나누어 본 적이 있는지. 이 제자 이 학생회와 학교발전 개혁을 통할, 통합 조정 노력을 해봤는지. 이런 오리엔테이션 20년 축적이 대한민국의 어떤 도착(倒錯), 왜곡, 갈등, 파행을 만들었는지 반성, 참회해 본 적이 있는지.

나는 대학 총장 회의에서 안병영 당시 교육부 장관에게 호소했다. 내 자식 내 동생들인데 학생지도에 이렇게 무책임할 수 없지 않나. 왜 학생문제만 나면 경찰, 검찰, 정보부로 돌리나. 대학마다 정치학, 사회학, 국사학, 역사학, 국제학 교수 다 있는데 자기 대학 학생들에게 대한민국의 정체성, 근대화 과정을 책임지고 가르치자. 시립대학에서 이런 특강강좌 개설, 전 학생 상대로 하는 계획을 짜보니 연 1억 원(실은 5천만 원가량) 정도면 가능할 것 같다. 대한민국 정체성 확립 학생지도 특별프로그램에 예산 확보해 달라고 호소했다. 이경숙 숙명여대 총장을 비롯 몇몇 총장들이 전적으로 찬성발언을 하고 뒤따랐다. 내 기록을 보면 이 때문에 안 장관을 따로 만난 것 같다.

그러나 그뿐이었다. 책임회피인지 무감각인지. 내부 학생문제를 경찰, 검찰, 정보부 등 외부에 넘기는 데 익숙해졌는지 스승, 선비, 어른으로서의 최소한의 염치가 없었다. 아픈 일, 피 묻히는 일을 피하고 대접만 받는 못된 습관이 붙었는지. 내가 이런 표현까지 쓰는 것은 이 시립대에서의 경험뿐 아니라 서경석 목사와 같이 NGO 운동하는 과정에서 실제 회비 내고 시간 내 봉사하는 희생에는 쏙 빠지고 대접만 받으려는 교수, 교수 출신 국무위원들을 너무 많이 겪었기 때문이다. 사재까지 보탠 박세일, 이각범 교수 같은 분들은 예외 중 예외에 속하는 분이었다. 이들의 반만 되었더라도 '386' 문제는 많이 달라졌을 것이다. 두 번 교육부 장관을 지낸 안병영 교수는 내가 왜 이런 말 하는지 이해할 것이다. 'Up-Korea' 인터넷뉴스 만든 시절 기억, 되살리면 알 것이다.

사서 고생한 일들: 함께 자성을

막상 교수 정원 늘리니 안 뽑는 교수 이기주의

총장 선거기간 중 그리고 취임 후 교수들은 원로, 평교수 할 것 없이 모두 교수 늘려 달라 했다. 그런 교수들 요구뿐 아니라 이미 서술한 것과 같이 내 나름의 경영방침에 따라 최병열 시장과의 결판으로 교수 정원을 배증시켰다.

나는 신임교수 채용의 원칙을 분명히 천명했다. ① 젊은 우수 일류교수, ② 종합도시과학 육성에 필요한 교수, ③ 중국, 일본지역 중점연구, ④ 환경, 도시환경 연구교수 … 등.

그런데 어제까지 교수 부족하니 늘려 달라던 몇 학과에선 신청이 없거나 미적댔다. 알고 보니 사정이 복잡했다. 일찍부터 점찍은 제자 또는 인연 있는 후배교수 있었는데, 내 기준에 안 맞으니 주저하거나 젊은 우수교수 대거 늘어나면 학과에서의 자기 위치가 흔들리니 망설이는 것이었다. 이렇게 갑자기 교수 배증하는 사안은 생각 못 해 허를 찔린 듯했다.

나는 빨리 신임교수 뽑으라 하고, 일부 원로 전횡이 심한 학과는 안 뽑거나 덜 뽑겠다고 저항하고. 참 희한한 갈등이었다. 우리나라 대학사상 전무후무한 그 어려운 교수 증원 따오고도 오히려 학내에서 실랑이하는 심정이 많이 불편했다.

'당신은 2년 있다 나갈 사람, 나는 평생 있을 사람'

이런 일의 극치가 국제관계학과였다. 나는 도시과학대학, 동북아 BESETO 중심연구라는 기본 방침에 따라 미국, 유럽보다 동북아, 특히 우선순위 1번 중국 다음 일본으로 교수를 뽑도록 권했다. 누구나 다 납득하는 원칙이었다. 당시 국제학과 K교수 1인이어서 일거에 서너 명 뽑을 줄로 예상했다. 엉뚱하게도 프랑스 정치를 연구한 교수 한 명 뽑겠다고 했다. 자기도 프랑스에서 공부했고 자기 '꼬붕' 될 사람이었다. 일언지하에 거절했다. 계속 고집을 부렸다.

그런 어느 날 그 교수가 면회 왔다고 비서가 알려 들어오라 했다. 앉자마자 한다는 소리가 "당신은 2년 있다 나갈 사람이고, 나는 평생 여기 있을 사람인데 왜 내 말을 안 듣느냐!"는 것이었다. 참 어이가 없었다. 이런 저품질 아집 이기주의의 인격이 교수라니. "실력 없으면 너도 내일이라도 쫓겨나야 하는 거야. 무슨 근거로 네가 여기서 평생 있겠다는 거냐!" 당장 나가라 내쫓았다. 내가 퇴임할 때까지 국제관계학과 새로 만들어주고 교수 정원 늘려 주고도 중국연구 금희연 교수 달랑 한 명 뽑고 말았다. 1996년 신임교수 50명을 뽑았으니 다음 해도 50명은 뽑았어야 했는데, 22명에 그친 것은 노교수들의 이기적 저항 때문이었다. 다음 해 외환위기가 닥치며 4명을 추가하고 떠났다. 취임 2개월 만에 교수 배증시키고도 재임 중 40여 명은 채우지 못한 채 4년 임기를 마쳤다. 그래도 하버드대학을 비롯 세계 최고대학 박사들을 시립대에서 채우게 된 결정적 계기가 되었다.

저질 행태의 극치: 환경공학과 패거리 분쟁

저질 행태의 극치가 환경공학과였다. 나는 환경에 대한 남다른 관심으로 환경공학과 교수 숫자를 서울대보다도 많은 한국에서 제일 교수 많은 학과로 키웠다. 한 번은 사무국장이 총장께서 결재해달라는 서류를 디밀었다. 어투도 이상해서 무슨 안건인가 물으니 이랬다. 몇 년 전 외부에서 어떤 얼마짜리 연구 프로젝트를 따서 집행한 연구, 이제 끝나 연구비 정산하는데 마지막 잔금 20만 원을 어느 쪽이 갖느냐에 학과 합의가 안 돼 총장이 결정해달라는 서류라는 것이다. 우습기도 하고 기가 찼다. 이들이 학생 가르치는 교수라니. 무슨 소리인지 알 만했다.

환경공학과는 서울대 출신 패와 한양대 출신 패로 쩍 갈라져 있었다. 겨우 20만 원을 어느 패가 가져야 할지 스스로 결정 못 한 것이다. 서류를 보지도 않고 이렇게 지시했다. "내가 결정, 결재하겠다. 단 그 전에 학과장, 공대학장, 부총장 사표 함께해서 서류 올리라. 20만 원도 결정 못 하는 학과장 그리고 학과 다루지 못하는 학장, 부총장은 왜 '장' 수당 타 먹고 연금 더 받는 혜택 누리느냐. 모두 해임감이다." 다시 서류는 올라오지 않았다. 그 학과장이 바로 신입생 오리엔테이션에 이유, 설명도 없이 불참한 세 명 중의 하나였다.

자성과 개혁을

나는 25년이 지난 지금 그때 몇몇 개별 교수의 무책임, 이기주의 행위를 비난하며 회고하는 것이 아니다. 정도의 차이일 뿐 그때 모든 대학의, 어쩌면 우리 사회 지도층의 일반화된, 상식화된 풍토요, 관행이었음을 환기시키고, 오늘의 대학문제, 교육문제, 사회정치적 위기의 씨앗들을 통합적으로 평가하는 노력을 하자고 권하기 위해서이다. 그런 반성, 실질적 참회가 없이 과거의 과오가 쌓여 오늘의 젊은이들이 분노하는 사회를 만드는 것이다. 개인적으로는 지금 만나면 다 반갑고 그 일을 입에 담고 싶지도 않다.

보람과 기쁨

나는 내가 비과학기술인으로 처음 과기처 장관이 되었을 때 내 전문도 인연도 없지만 '대한민국의 과학기술정책', 국가과학기술정책의 중심기능, 종합통합조정기능에 충실함으로써 과학기술부처로서의 정체성을 확립하려 했다. 마찬가지로 시립대에서도 '왜 시립대가 존재하는가' 하는 기본 질문부터 어떻게 과거, 현재, 미래의 조건 속에서 시립대의 정체성, 중심성을 확립할 것인가를 지속적으로 모색해갔다. 비단 시립대뿐 아니라 일류대학에서도 발견되는 패거리와 적나라한 이기주의 캠퍼스 교수 풍토를 고쳐, 스승이 존재하는 선비문화, 대학문화를 만들고 싶었다. 또 지구촌 미래문제군 해결의 중심이 되는 꿈을 간직했다.

교수, 대학 주인의식

나는 정년 되시는 교수들에게 정년기념식과 특강을 하도록 제도화하고, 내가 직접 축사하고 특강에 참여했다. 대학의 주인의식을 세우기 위하여, 교수 중심의 대학 정체성을 세우기 위하여 시립대에서 전무했던 전 교수 또는 전 교수 부부동반 음악회, 또는 연수를 장려했다.

1996년 5월 8일, 개교 78주년을 맞아 정동극장에서 '제 1회 서울시립대 교직원 친선의 밤'을 부부동반으로 음악감상과 저녁을 같이했다. 7월 13일엔 '하성호 서울팝스 1000회 콘서트'에 전 교수들을 초청하고, 10월 29일 연말에는 역시 정동극장에서 '제 2회 교직원 친선의 밤'을 즐겼다.

1, 2회를 밖에서 하니 이에 자극된 듯 음악과 교수들이 주최가 되어 제 3회 친선의 밤은 1997년 11월 13일 대학 내 자연과학관에서, 제 4회는 1998년 11월 27일 서울시립교향악단을 초청 대학 대강당에서 열었다. 효과는

아주 좋았다. 특히 교수 부인들의 반응이 뜨거웠다.

역대 학생회장을 모두 불러 식사도 하고, 시립대 출신 고시 합격자, 시립대 출신 언론인들을 따로 모아 시립대의 개혁과 사기진작을 도모했다. 모두 반갑고 즐거워했다.

개교 80주년, 개교 이래 최다 모임

UI 선포

마침 시립대 중심성, 정체성 세우기의 좋은 계기가 바로 1998년 5월 1일 개교 80주년 기념일이었다. 1996년부터 80주년 기념 준비를 진행했다. 1년여 준비한 끝에 인간, 도시, 미래를 상징하는 대학통합 이미지(UI: *University Identity*), 80주년 기념식에서 선포했다. 모든 서류, 건물, 게시판, 명함, 각종 증서, 서식을 모두 새로 정비, 새롭게 단장했다. 교기도 새 UI로 바꿨다. 모든 총장 재임을 골고루 평균적 서술한 《서울시립대학교 100년사》도 UI가 내 지시로 1996년부터 시작되었다고 기술하고 있다. 한글명 '서울시립대학교'는 그대로 두고 영어명칭은 Seoul City University를 교수들의 요청으로 University of Seoul로 바꿨다. 이건 내 주장은 아니었다. 일부 교수들의 자존심 고집이었다. 말렸어야 했다. 서울대에서 항의성 불만이 왔으나 공식 법적 제소까지는 가지 않았다.

KBS 열린음악회: 시립대 출신 보람에 눈물

개교 80주년 행사 하이라이트는 1998년 4월 25일 저녁 KBS 열린음악회였다. 모든 시립대 식구들이 모인 유례없는 잔치였다. 《서울시립대학교 100년사》에서 "대운동장에 모인 열린음악회는 … 개교 이래 최다인원이 모인 행사였다. 참석인원은 약 3만 명. 재학생, 동문, 가족, 교직원, 인근 주민 모두 함께였다"라고 나온다. 2시간여 걸친 열린음악회를 모두 즐겼다. 특히 시립대 출신 소프라노 이수경과 색소폰 연주자 그리고 시립대 합창단도 프로그램에 넣도록 힘썼다.

개교 80주년 의미와 시립대 비전도 내 인사말로 펼쳤다. KBS 열린음악회 주최는 쉽지 않은 일이었다(마침 KBS 홍두표 사장이 대학 후배였고, 장관퇴임 후 나를 중앙일보 사장으로 천거하기도 했다). 발상부터 내 제안이었다. 그 성사에 모두 기뻐했고 실제 공연이 끝나니 학생, 교수, 교직원 모두 만족감에 찼다. 특히 동창회 간부들은 4월 25일의 열린음악회, 30일의 개교 80주년 기념식과 UI선포 그리고 18명의 재일경농〔일제시대 경기농업학교(京畿農業學校)〕일본 동창 참석 … 등 연이은 행사의 즐거움에 진심으로 감사했다.

몇 분은 동창회 끝내고 내 앞에서 "일생에 처음 시립대 출신의 보람을 느꼈다"라면서 눈물까지 보였다.

새로운 개척

도시과학대학, 21세기관, Seoul Metropolitan Fora 1996

물론 가장 보람 있고 의미 있었던 것은 도시과학대학 설립과 1996년 12월 10일~13일 워커힐호텔에서 연 'Seoul Metropolitan Fora, 1996'의 개최이다. "Cities in a Time for Paradigm Shift? Re-thinking Modern Urbanism" 이란 제목에(국제포럼 이름도 주제도 처음부터 국제포럼답게 영어를 원명으로 썼다) S. 사센 컬럼비아대 교수를 포함한 외국학자 17명과 23명의 국내학자가 참가했다.

아시아 최초로 지구환경 및 도시문화의 패러다임 변화를 전제로 한 동북아시아 도시문제 해결대안을 모색하는 세계 최초의 국제포럼을 목표로 하고 열었다. 물론 우리 대학의 도시과학대학 설립과 아시아 도시연구 중심 지향을 세계에 알리는 첫 국제신호이기도 했다.

내 환영사의 제목은 "도시과학, 그 패러다임의 변화"였다. Fora에 이어 1997년 7월엔 *International Journal of Urban Science* 저널도 시립대에서 창간했다. 가장 상징적, 물적 상징은 내 퇴임 후 2001년 완공한 5천 평짜리 7층 '21세기관'이었다. 도시과학대학 건물이었다.

보람 있는 출발들이 꽤 있었다. 안도열 교수의 양자정보처리연구단 발족과 박선우 교수의 G7평판디스플레이 프로젝트 중 장비분야 거점연구단 유치가 특별히 기록할 만하다.

민경태 처장, 한영회 비서의 희생에 감사

시립대학을 떠난 지 22년이 되었다. 아직까지도 이런저런 계제로 또는 일부러 연락하고 만나는 교수들 있어 고맙다. 정재정, 이근식, 이병혁, 안도열 교수는 지금도 이어지고 있다. 요새 뜸하지만 강철규, 이상범, 박선우, 강홍빈, 권원용 교수와는 퇴직 후도 한동안 만남이 이어졌었다. 공대의 홍대형, 이특구, 차민환, 동창회장 지낸 장종식 회장도 생각이 난다.

한영회 비서가 희생을 많이 했다. 본청 이동 후 각별히 보살피지 못해 마음에 걸린다. 감사한다. 사무처장 중엔 2대인 민경태 처장이 제일 인상에 남는다. 대학의 본격적 혁신 시기, 아주 어려운 변신의 시기 호흡을 잘 맞춰주었다. 4년 임기 중 4명의 사무처장과 일했다. 총장과 같이 4년을 지속적으로 동행할 수 있는 체제였으면 좋았을 것을 하는 아쉬움이 있다. 총장 취임식에 시립대로서는 생전 모셔 보지 못한 거물들이 오니 의례, 의식, 절차, 접수에 대한 일대 혼란이랄까 고생이 따랐던 것 같다. 나중에 교수들한테 들으니 사무처장 이하 직원들이 되게 불만이었다고 한다.

취임식에 축가 불러준 박미혜 교수, 이임식에서 바이올린 연주해준 김영준 교수의 소리는 잊을 수가 없다.

내 반성: 가장 편했으나 어리석게 번잡했고 중심을 잡지 못한 안일함

번다한 겸직

시립대 총장 시절에 내가 겸임한 공직은 세계화추진위원회 위원장, 한국경제신문 회장, 서울 21세기위원장, 동해연구회 회장, 국제교류기금 이사, 세종연구소 이사, 정보문화협의회 의장, 초고속정보통신망 자문위원장, KISTEP(한국과학기술기획평가원)) 이사장, 노동개혁위원회 위원, UN 50주년 기념사업위원회 위원, 광복 50주년 기념사업위원회 위원, UNICEF 한국위원회 부위원장, 바른경제동인회 회장, 우리민족서로돕기 공동대표, 동원육영재단(한국외국어대) 이사, 제헌의원 유족회 회장, 이봉창기념사업회 회장, 장준하기념사업회 회장, 한국 Green Cross 공동의장, 경제정의실천시민연합 고문, 생명의숲 공동대표, '일가상' 심의위원 그리고 조선일보와 중앙일보에 정보관련 자문기구와 문화일보 편집자문회의에 참여했다. 따라서 이 4년 동안 본격적 논문서부터 주제발표문, 발제문, 칼럼, 식사, 축사 등도 방대했다.

퇴임 무렵 대학에서 정리한 것을 보면 1995년에 인쇄물로 173쪽, 1996년 106쪽, 1997년 162쪽, 1998년 124쪽으로 총 565쪽(1999년 4개월분은 정리가 안 됐다)에 이르렀다(해외 국제회의서 발표한 영문원고 제외하고서도).

해외출장만 30회

해외출장만도 1996~98년 매년 초 다보스회의에서 열리는 WEF(World Economic Forum)에다, 홍콩에서 열린 1997~98년 아시아 WEF 회의로 5회 등 취임 이후 해외여행은 1995년 3회, 1996년 6회, 1997년 8회, 1998년 11회, 1999년 4월 퇴임까지 2회 총 30회였다. 중국 5회, 일본 5회, 스위스(다보스회의 포함) 4회, 홍콩 2회(아시아 다보스회의), 인도, 독일, 이탈리아, 캐나다 각 1회, 나머지는 다른 나라 출장과 겹치는 것을 포함 20여 회가 미국이었다.

그것도 한 곳만 다녀오는 경우보다 몇 곳을 겹치는 경우가 대부분이었다. 예를 들면 1995년 7월 20일 서울국제포럼이 워싱턴 D.C.에서 여는 "Korea-US North East Asia Looks Toward"에 참석하고 미 국무성, 조지워싱턴대학 김영진 교수(1996년 4월 워싱턴에서 열리는 북한과의 회담 준비차)와 일본 측 참가자들과 따로 만나고, 25일엔 샌프란시스코(SF)로 가서 초고속통신 자문위원장 자격으로 실리콘밸리, 이어서 시애틀로 가서 마이크로소프트 방문하는 데 3일을 쓰고 다시 뉴욕으로 가서는 세계화추진위원장 자격으로 시튼홀대학에서 열린 '한국의 세계화' 국제회의에서 기조연설 "Korea's Turn to Globalization and Korea-US Economic Cooperation" 마치고 다시 초고속정보자문위원들과 30일 뉴욕서 합류, IBM 시찰하고 5월 2일 로스앤젤레스로 가서 다시 세계화추진위원장 자격으로 3차 'Global Korea Network' 회의에 참석한다. 이어 한민족청년대회와 교포지도자회의에서 연설하고 8일 귀국한다. 18일 동안 미국을 동서로 두 번 왕복하고 세추위원장 자격으로 워싱턴, 뉴욕과 LA 세 곳, 정보통신관계로 SF, 시애틀, 뉴욕, LA 네 곳을 방문하고 시찰한다.

1996년 1월 28일 이병혁 교수를 대동, 파리대학의 도시학 연구상황을 탐방하고 이어서 2월 1일 다보스회의 WEF에 참석, 한국세션과 고등교육 및 Megacity Mayor Club 세션에도 참석(이 부분을 귀국 후 조순 시장에게 알리니 흥미를 보였다), 7일엔 미국 워싱턴으로 가서 3차 한미 21세기위원회에 참석하고, 9일 LA로 가서 서던캘리포니아대학(USC)의 도시학과 동아시아연구를, 그리고 13일 SF로 가서 UC 버클리대학의 동아시아 지역 도시연구 시찰하고 14일 귀국한다.

집중 없는 봉사와 실속 없는 명예, 안일을 후회, 반성한다

참으로 번잡하게 지냈다. 우선순위를 제대로 잡지 못한 생활이었다. 일단 시립대 총장이 주직이었으면 이를 중심으로 일하고 4년 뒤 임기 후 내 갈 자리까지를 내다보고 '내 중심'을 잡고 살았어야 했다.

그렇지 못하고 이리도 번잡하고 바삐 지낸 이유의 첫째는 시립대 일, 언론인 최초의 대학 총장으로서의 긴장이 있었지만 초기 두 달 만에 너무 쉽게 일이 풀려 대학 일엔 전념 안 해도 '성공 총장'이 보장되다시피 되었기 때문이다.

둘째는 세계화추진위원회 일도 중요한 국사로 여겨졌고, 쓸데없이 바쁘긴 했어도 총리와 공동위원장 자격으로 대접받는 재미도 있었던 것이 사실이다. 또 이 시립대 총장과 세추위원장, 한국경제신문 회장의 공직 관직 언론직의 3중 겸직의 복합효과, 중층효과랄까, 이런저런 곳에서 함께 일하자는 제의가 많이 들어왔다. 이를 너무 분별없이 받았다. 어떤 경우는 한국 관행상 거절이 어려워서, 어떤 경우는 이름만 거는 것이니까 하는 안이한 판단으로 또 어떤 경우는 학교 일에 도움 될 테니까 하는 것이었다. 참으로 실속 없이 번잡하게 지냈다.

가장 대접받고 보람 있고 마음 편한 시기였으나 너무 안이하고 번잡하게 지낸 세월이었다. 내 가장 왕성한 활동기를 초점을 맞춰 미래를 준비하지 못한 어리석음을 후회하고 반성한다. 공짜는 없다는 교훈을 동아일보 시절

현대아파트 사건과 정주영 회장과의 한국경제연구원 시절을 통해 내 딴에는 철저히 체화했다 생각했는데, 이 시립대 시절을 다시 살피면 너무 세상을 쉽게 여기고 지낸 것이다. 내 어리석음이고 수양의 부족이었다. 딱히 무슨 욕심이나 목표가 없이 일상의 일이 너무 쉽게 편하게 풀리니 내 자세가 해이해진 것이다.

그래서 총장 퇴임이 다가올 때까지 미련 없이 지내다 문화일보 사장 제의를 받은 것이다. 그 순간 가슴속에 묻혀 있던 한국의 레이몽 아롱의 꿈이 살아나 너무 문화일보와 현대의 실상을 경시하고 일생 최대의 판단 착오를 범한 것이다.

1995~99년간의 언저리: 고려대 명예 경제학 박사와 회갑논문집

인촌기념관에서의 명예박사 수여: 정주영 회장과 나란히

나는 서울시립대 총장 결정으로 고려대에서 명예 경제학 박사를 받게 된다. 아무래도 총장으로 취임하려면 박사가운이 필요하다 권면해서 홍일식 고려대 총장에 부탁했다. 고려대는 내가 과기처 장관 퇴임 후 동아일보 복귀가 어렵게 되자 김상만 고려대 이사장의 주선으로 그때 언론대학원 초빙교수로 있었다.

1995년 3월 18일 고려대 인촌기념관에서 나는 명예 경제학 박사를, 정주영 현대회장은 명예 철학 박사학위를 받았다. 정 회장과 같이 인촌기념관에 나란히 앉아 학위수여식을 가족, 내빈들과 나누는 영예를 누렸다. 어쩌면 4년 뒤 현대그룹의 문화일보로 가는 예증이었을까. 그 답사는 짧지만 내 가슴속 부르짖음이었다.

"… 오늘 저는 일민(一民) 김상만 선생님의 필생의 작품 중의 하나인 인촌기념관에서 이 학위수여식을 갖게 된 데 특별한 감회가 있습니다. 50년 전 아버지께서 인촌 선생을 계동에서 뵙고 오셔서 저에게 들려주셨던 얘기가 새롭습니다. 식탁의 간소함과 양담배 껍질을 아껴 모아 손수 끈을 꼬시던 절약과 근면의 현장에 대한 얘기였습니다. 그런 인촌의 근검과 더불어 '공선사후'의 정신이 오늘의 고대로 발전시킨 근원이라 믿습니다.

그 인촌정신의 또 다른 열매인 동아일보에서 30년간 언론의 길을 걸었던 것은 더 없는 행복이었습니다. 1960, 1970, 1980년대의 언론은 가장 어렵고 또한 긴장과 위험의 연속이었습니다. 그러나 일민 선생의 그늘 밑에, 이 나라 지성의 중심을 잃지 않으려 노력했던 땀과 눈물과 정열로 해서 오늘 저의 인격을 다듬게 되었기에 보람 또한 크게 느끼고 있습니다. … 아직도 일민 선생께서 살아계셨다면 저는 오늘 이 자리가 아니라 아마도 신문사에서 글을 쓰고 있었을 것입니다. 또 그랬어야 한다고 지금도 믿고 있습니다. 이 점을 생각하면 뜨거운, 가슴속 깊은 뜨거운 감상을 떨칠 수가 없습니다.

제가 감히 레이몽 아롱 같은 대철학자, 대사회학자, 대언론인에 어찌 비견할 수 있겠습니까마는 제 인생의 결론이 '한국 학문의 저널리스트이며 한국 언론의 교수'라는 평가를 받을 수 있도록 현장의 지성과 학문의 진리에 충실하고자 끊임없이 노력해왔고 앞으로도 노력하고자 합니다. 이것이 제 생명의 불꽃이기도 합니다.

이제 오늘의 명예로운 학위는 저의 이런 목표와 신념에 대한 소중한 채찍질이며 격려로 겸허히 받고자 합니다. 앞으로 학문의 길이거나 언론의 길이거나 저는 이 나라 지성의 중심으로서 봉사함에 부끄러움이 없도록 열정과 정성을 다할 것을 고려대학교와 인촌기념관에서 다짐합니다. …"

회갑기념논문집, 《한인(韓人), 삶의 조건과 미래》: 한인 삶의 새 틀 시도

양력으로 내 생일은 1936년 1월 2일이다. 음력으로는 1935년 11월 20일이다. 그래서 같은 돼지띠인데도 항상 같은 급우들에 비해 양력 나이로는 한 살 늦다.

내 회갑은 1996년 1~2월에 했어야 했고, 회갑기념논문집도 그에 맞추어 연초에 발간했어야 했다. 그러나 내가 5월로 늦추자고 했다. 세추위원장을 겸하고 있는데, 4월 총선 전에 하면 불필요하게 오해를 살 수 있는 일이 생길 수 있다 우려했기 때문이다. 동아일보에서도, 1980년 해직된 후 한국경제연구원에서도 같이 일한 김용정 동아일보 논설위원이 앞장서 논문집 편찬위원을 구성하고 경비는 김 위원의 친구인 금호그룹 이원우 부사장의 협찬으로 추진했다. 편찬위원으로 시립대 교수는 강철규, 이근무 교수 두 분뿐이었다(위원 김성훈, 김영평, 김형국, 안충영, 원우현, 이근무, 강철규, 최정호, 김용정, 이원우). 또 출판비용이나 편찬에도 시립대는 개입하지 않았다. 논문집의 서명 《한인, 삶의 조건과 미래》와 4부의 챕터링 "삶, 공간, 환경, 틀"의 구분은 내 의지였다. 36명의 참여와 논문만 584쪽에 이르는 큰 책이고 표지화는 안성 고향 후배인 이반 화백의 작품이었다.

나는 오래전부터 대한민국 중심으로 북한의 동포, 온 세계 700여만의 교포를 포괄하는 개념으로 한민족이라는 개념보다 한인(韓人)으로 승화하고자 했다(지구촌 인류와의 연계를 강조하는 뜻도 겸하여, 뒤에 편찬위원회 토론기록 보니 출판사 측에서 '한국인'으로 고치자고 제의했다). 한인의 삶(김우창, 김지하)을-가정(김형국), 주거(한명주), 음식(이철호), 미디어(원우현), 통신(서정욱), 기술(김명자, 이상희, 윤정로)로 나눠보고, 다시 공간조건을 국토(박양호), 해양(허형택), 우주(홍재학)로 나눴다. 가장 역점을 둔 것이 환경인데 공기(김신도), 물(김상종), 흙(오왕근), 인구(권태환), 핵(이은

철), 해양환경(이창복, 고철환), 쓰레기(이동훈)를 다뤘다. 오왕근, 김신도, 이동훈이 시립대 환경공학 교수였다. 틀은 외교안보 동북아(한승주, 정종욱, 김영호), 정치(문정인, 오연천), 시민사회(한상진), 문화국가(김영평), 새 패러다임(안충영, 최동규, 김성훈) 등이었다.

출판은 동아일보 시절 나의 사회비평집 《한국의 선택》(1988)을 출판한 나남출판사에서 맡았다.

1996년 5월 2일 광화문프레스센터에서 출판기념회를 가졌다. 방명록 548명이 적혀 있다. 이수성 총리 비롯, 이회창, 현승종, 이홍구 전 총리, 기업계 최태섭, 정세영, 박용학, 강신호 회장, 그리고 이석채 통신, 추경석 건설, 안병영 교육장관 등과 윤여준, 이각범, 송태호 등 청와대와 국무총리실에서, 홍남순, 한승헌, 김영무, 안동일 등 변호사, 최형우, 이해구, 박정수, 신기하, 김진재, 장재식, 김상현 등 국회의원, 고건, 선우중호, 홍일식 등 대학 총장, 김병관, 홍석현, 박용정 등 언론계 사장, 송월주, 이세중, 이인제, 임창열, 이부식, 프랑스대사관 문정관, 아시아재단의 D. 스타인버그 이름도 보인다. 비교적 많은 시립대 교수들이 참석했다. 고등학교, 대학, 동아일보 후배인 이계익 전 교통장관이 사회를 보고 축사는 이한빈 박사와 박권상 두 분으로 끝냈다.

이 박사는 나를 '대기자', '민주화', '세계화'의 세 단어로, 박 선배는 'Something in Everything', 'Everything in Something', 'Everything in Everything'의 세 단어로 압축, 축하해주었다. 한인, 한국, 한국땅에서의 삶, 그 삶의 문제의식을 인간의 보편적 삶, 미래의 삶에 초점을 맞추고 시간적 공간적 조건을 나누어보고 이를 다루는 틀의 정합성, 새로 짜보려는 접근으로서는 처음 시도가 아니었나 생각한다.

내 회고록은 여러 곳에서 1990년 11월 10일의 날벼락 같은 과기처 장관 발령의 놀람, 당황, 혼란의 이야기가 거듭되지만, 내가 그날 오후 과기처 차량으로 동아일보를 떠나기 전 사내 인사할 때 눈물 흘린 것은 나도 잊었다. 김용정 군의 내 회갑논문집 글에 "지난 1990년 그가 그렇게 사랑하던 동아일보를 떠나 과기처 장관으로 자리를 옮기면서 연신 흘러내리는 눈물을 훔쳐내던 모습이 지금도 눈에 선하다"라는 대목에서 다시 한 번 그날의 '극적' 상황을 떠올리게 된다. 나의 장관 발령이란 통속적인 명예와 영전이 아니라 떠나기 싫은 눈물의 발령이었다.

이 기념논문집 증정식에서 나는 또 인사성 답사 아닌 스스로 다짐하는 경성 답사를 했다(회갑논문집이 나온 3개월 뒤 나남출판사에서 같은 제목의 책을 김진현 편으로 출간했다. 거기 머리말을 내가 썼다).

> 오늘 이 자리에 서니 31년 전 이 자리를 회고하게 됩니다. 1965년 1월 8일 아버지의 회갑축하연을 바로 이 자리, 자리는 같으나 건물은 오늘의 20층 빌딩이 아닌 3층짜리 옛날 신문회관에서 모셨습니다. 시간이 흘러 제가 이 자리에 서니 감회가 남다릅니다. …
>
> 글쟁이로서 글모음을 받게 된 것은 저 개인의 영광일 뿐 아니라 앞으로 지성과 인격이 연마된 제대로 된 언론인, 언론지성인 — 유럽의 고전적 지성 무대가 그러하듯 고전적 지성인의 자리로 승화되는 전기가 되었으면 합니다. 언론인, 지성인은 지성과 이상과 비판정신과 인격을 갖추고 이 4가지의 균형을 갖추어야 하고 그렇게 되려면, 또한 4가지 뚜렷한 실천적 특징이 있어야 한다고 저는 믿어왔습니다.
>
> 첫째, 두루뭉술 애매모호한 언어를 써서는 안 된다는 것입니다. 한 시대 그리고 그 시대정신의 표현자가 되어야 합니다. 둘째 통찰력과 천착력(穿鑿力)이 출중해야 한다는 것입니다. 한 사회공동체의 총체적, 그리고 개별적 문제를 정확히 보고 판단하는 안목이 있어야 합니다. 셋째, 창조력이 뛰어나야 한다는 것입니다. 사회발전과 개혁의 대책을 제시할 수 있어야 합니다. 넷째, 정직해야 한다는 것입니다. 자기는 실천하지 못하거나 하지 않으면서 남에게만 요구하거나 비판해서는 안 됩니다.

찬성을 해도 지성, 이상, 인격을 갖춘 깊은 비판을 거쳐 결론이 나왔을 때 찬성해야 합니다. 반대를 해도 그런 비판을 거쳐 확신이 서고 대안이 섰을 때 반대해야 합니다. 감정과 인연과 어제와 오늘을 끌어안으면서도 또한 이를 넘는 그리고 이를 극복하는 지평에서 보고, 생각하고, 행동해야 합니다. 그러나 아직까지는 지성, 이상, 비판정신, 인격의 4가지를 갖춤과 이 4가지의 실천적 특징을 갖춘다는 것은 이 땅에서의 처세, 출세, 인간미, 인심 얻기 풍토와는 크게 역행하는 일입니다.

이 4가지 자격을 갖추려고 충실히 노력하는 언론인, 지성인이라면 그리고 그런 체질이 밴 언론인, 지성인이라면 이 땅의 정치에서 성공한다는 것이, 관료로서 성공한다는 것이, 기업인으로서 성공한다는 것이 거의 불가능에 가까울 것입니다. 이것이 아직까지는 이 땅에서 소명감 깊은 언론인, 지성인의 본질이고 어쩔 수 없는, 피할 수 없는 일상의 체질이라 믿습니다.

그렇지 않아도 원래 부족한 그릇입니다. 게다가 이 땅의 지성인 언론인의 본질과 체질에 대한 나름의 정의에 충실하려다 보니 저는 주변의 선배 동료 후배들로부터 이리도 큰 아낌과 성원을 받고도 따뜻하고 여유 있는 공간과 시간을 마련하는 데 한없이 부족했습니다. 우리식의 인간미와는 거리가 멀었던 것에 스스로도 안타깝고 후회도 하게 됩니다. 역경과 좌절의 경험에서도 오히려 언론인, 지성인 체질이 더 강렬해졌던 스스로 만든 외로움에 번민도 많이 했습니다.

이 자리의 여러분께서는 저의 이런 부족과 부덕을 널리 관용해주시기 간절히 바랍니다. …

내 회갑논문집과 출판은 김용정 논설위원의 헌신적 노력 없이는 불가능했다. 그는 나중에 동아일보 편집국장까지 하고 내가 문화일보 회장 시절에 청와대 실력자 P와 뜻을 맞춰 문화일보 접수계획을 알려올 정도로 가까웠다. 내가 그때 그와의 인연, 인정으로 그와 합작했더라면 어쩌면 편하게 문화일보를 사유(私有) 화하며 지냈을 것이다. 말썽 많은 문화노조도 정부 편이었으니. 그러나 나는 언론 원리원칙에 맞지 않기에 내 오른팔 같은 김 국장의 청을 거절했다.

그가 너무 일찍 떠난 게 매우 슬프다. 그가 살아있다면 내 이 회고록도 아마 그의 손을 거쳤을 것이다.

민주화의 '노도질풍 시대'이던 1985년, 우리 모임부터 인연 있던 이근식 교수와는 그 후 시립대 시절을 거쳐 지금도 가끔 연락이 있다. 2015년 1월 편지에서와 같이, 아직도 이런 대화를 나눌 수 있는 인연이 있다는 게 행복하다.

> 총장님 연배에 돈, 명예, 권력과 같은 개인적 보상을 일절 바라지 않고 공익을 위해 정력적으로 꾸준히 활동하시는 것은 참으로 보기 힘들고 귀한 일입니다. … 엊그제 연두 (대통령) 기자회견을 보니 자다가 봉창 두드리는 소리를 하더군요. 개념도, 사리분별력도 없는, 맹한 치매노인 같더군요. 그 사람만이 아니라 요즘 우리나라 국민들 대부분이 치매노인이 아니면 철딱서니 없는 아이들 같다는 생각이 듭니다.
>
> 돈과 자기밖에 모르는 천박하고 경박한 천민자본주의 풍조가 과거보다 더 만연하고 있는 것 같습니다. 방송에 나오는 교수와 변호사들도 마찬가지고. 각계의 이른바 사회지도층 인사들이 이런 사회 분위기의 조장에 앞장서고 있는 것 같습니다. 다음 달 다 가기 전에 제가 식사 한번 모시고 싶습니다. 늘 건강하시기 바랍니다. 연락드리겠습니다. 안녕히 계십시오."
>
> 2015년 1월 13일
>
> 이근식 드림

이종문 회장: 우연히 만나 불꽃 폈다 사라진 독불장군 — 삼성과 AAMSF 연결의 비화

실리콘밸리에서 만남

내가 실리콘밸리(SV)에서 한국인 최초 벤처 성공신화 이종문 씨를 처음 만난 것은 과기처 장관 현역 시절 그곳을 방문했을 때였다. 1989년 PC 그래픽카드 기술에서 호환성의 혁신적 성과로 성공한 분이라는 소식은 알고 있었으나, 그가 이를 아주 성공적으로 상장시켜 요사이 말로 유니콘 기업, 다이아몬드 멀티미디어 시스템이 유명해진 것은 그 후였다. 내 장관 시절 샌프란시스코(SF) 거치다 두 번 여러 사람과 함께 만났다. 첫인상부터가 대단히 독존적이고 자기가 쓸 만하다는 사람 아니면 관심조차 안 보이는 듯한 타입이었다. 당시 SV에서는 스탠퍼드대 물리학 박사학위 받고도 대학으로 안 가고 현지에서 스승에게서 배운 원자현미경으로 벤처 창업한 박상일 박사(이 인연과 호의로 2013~19년 사이 파크시스템스 고문으로 편히 지낸 것 특별히 감사한다)와 두 분이 회자되고 있었다. 두 분 다 본격적인 인간관계는 오히려 시립대 총장이 되고 나서이다.

시립대 총장 이후 최초의 이종문 등장은 1996년 4월 1일 오전 9시 나와 이종문 회장이 한용외 삼성문화사업 담당상무를 만나는 것으로 나온다. 그의 나와의 본격적 접촉 의도는 박물관 일이었다. 당연히 나는 시립대 총장으로서 대학기부금 모금 관심도 있었다. 그는 이미 SV의 거물이 되었으며 샌프란시스코 Asian Art Museum(AAM, SF) 개보수에 1,500만 달러를 기증한 SF의 유지였다.

결정적 계기는 같은 해 8월 10일 그가 살고 있는 산호세 스탠퍼드파크호텔에서 긴 시간을 나누었다. 이 회장도 그의 인생의 꿈을 나에게 펼쳤고 나도 "선생님을 뵙고 의기투합하는 접점을 발견했을 때는 용기백배 창조의 혁신과 민족자존과 '한국혁명'의 꿈을 더욱 확신케 합니다"로 시작되는 9월 4일 자 긴 편지를 쓴다. 이 편지에서 보면 그날 나눴던 애국의 역사, 도전, 운명, 세계화의 담론을 넘어 구체적 안건이 4개 걸렸었다.

① 대학동창인 정양모 국립박물관장을 만나 보니 AAM SF에서 상설전시, 과거에도 했고 앞으로도 할 의향으로 그쪽에서 오해가 있는 듯하다는 소식, ② KBS 홍두표 사장과 재외동포 활동 지원문제 협의, 방한 시 특별 프로그램 제작키로 합의, ③ 조순 시장과 서울-SF 자매도시 친선협회 관계 상의한 결과 협회 만들기로 하고 서울을 벤처비즈니스센터로 만드는 정책 펴내는 데 이 회장에게 적극 지도 바란다는 뜻 전해 달라(실제로 그 후 이 회장은 서울-SF 친선위원회 미국 측 위원장으로 활약), ④ "회장님의 특별 관심분야인 민족문화진흥은 저희 대학으로서는 국문학과와 국사학과에 각각 교수 4명밖에 없어 오히려 백지나 다름없습니다. 이 백지 위에 민족문화 관련 교육연구를 회장님 뜻대로 그려주신다면 이 역시 저의 대학으로서는 큰 은혜이겠습니다"(나중에 고려대 국문, 국사학과에 100만 달러를 기부했으나 목적에 맞지 않게 쓴다 해서 회수선언 했다. 어찌 결말났는지는 모른다).

"본 대학 전자제어계측, 반도체전산, 정보관리, 산업디자인학과를 종합 활용하여 정보, 전자연구 랩을 키워주셔도 본 대학의 영원한 초석이 되겠습니다"라는 내용도 나온다. 이후 11월 29일에 시립대 방문하고 30일엔 조순 시장과 만난다. 조 시장 면담일지 옆에 '전자공학과'가 나오는 것을 보면 이쪽 지원을 요구했던 것 같다.

다음 해 1997년 1월 20일엔 미 의사당 앞마당 클린턴 취임식에 참석한다. 이 회장의 주선으로 취임 선서하는 바로 그 옆 단 B. North 1, 세 번째 줄에 이 회장 부부와 함께 추위에 떨며 클린턴 취임 전후 2시간을 광장에서 보냈다. 뒷줄 박스인지 아랫줄 박스인지에 김덕룡 국회의원과 오세응 부의장이 보였다.

취임 전후하여 18일엔 테드 케네디 상원의원 저택과 존슨 대통령 사위인 C. 러브 상원의원 댁 축하파티에 참석하고, 19일 밤엔 티켓 한 장 값이 3천 달러라는 민주당 주최 공식 호텔축하연에도 참석했다. 클린턴도 깜짝 얼굴을 비췄다. 포토맥강 양안에 있던 두 상원의원 집이 좀 과장하면 왕궁 같아서 집 유지비만도 적지 않겠구나 속으로 걱정하던 생각이 난다. 지금까지 뉴욕이나 워싱턴에서 한국 부자라던 인사들 집과는 규모와 격이 달랐다.

어찌 클린턴과 그리 가깝게 만들었느냐 물으니, 공식후원금 말고 백악관에서 하루 자는 데 20만 달러씩 냈다고 했다. 한 번 아닌 몇 번 묵은 것으로 말했다. 클린턴 부패의 전형이다. 국가 세금으로 운영하는 백악관을 호텔로 쓰고 돈 받은 셈이다.

AAM, 삼성홀 뒤끝 매끄럽지 못했던 이야기: '한국 최고 부자라며'

귀국 후 2월 25일 자 이 회장에 보낸 편지엔 박성용 금호그룹회장이 AAM SF에 50만 달러를 1998년에 기증 약속했고, 계속 접촉 중인 삼성은 100만 달러 기부는 가능할 것이라는 내용이 나온다. 그러자 3월 20일 자로 AAM의 '한국이름(Korean Name)' 문제 협의차 3월 20~26일 기간 초대한다는 편지가 왔다. 1등 비행기표였다. 박물관 측 공식초대로 박물관 내 소장품을 자세히 살필 수 있는 기회였다. 그리고 일본, 중국에 비하여 한국의 전시물이 적을 수밖에 없는 고충도 알 수 있었다.

새로 단장, 개관하는 박물관 메인 홀(Grand Hall, 이때는 이미 AAM SF를 Chong Moon Lee's Center for Asian Art Museum - CMLAAM로 개명까지 한 상태였다)을 이 회장의 뜻을 따라 한국인 또는 한국 기업의 이름으로 하고자 하는 노력을 피력하고, 나에게 협조를 요청했다. 귀국 즉시 열심히 삼성을 설득 500만 달러 선으로 하고 1차로 300만 달러를 기증할 수 있다는 기쁨을 전했다.

그런데 '갑자기' 4월 8일 오후 도착, 9일 오후 출발의 하룻밤 여행으로 CMLAAM의 J. 보가드 이사장과 J. 윌버 이사가 서울을 찾게 된다. 이들을 모시고 아침을 송태호 문체부 장관과, 11시에 홍라희 호암미술관장, 점심을 한국국제교육재단 김정원 이사장, 정양모 국립박물관장과 차례로 하게 된다. 삼성 측에서 '현재로서는 경기가 워낙 나빠 자기네 미술관 전시계획도 일부 취소하는 형편'이라 CMLAAM 3백만 달러 기증 약속대로 바로 집행이 어렵다고 했기 때문이다. 끝내 언제까지 낼 수 있겠다는 답을 못 들었다.

지금도 앞으로도 영영 잊어버리지 않을 대목이 있다. 서소문 전 중앙일보빌딩 내 홍 관장 사무실에서 실망스러운 담판을 끝내고 빌딩 현관을 나서 자동차 타기 전 보가드 이사장이 계단 앞에서 발을 멈추었다. 나에게 이렇게 물었다. "홍 여사 한국 최고의 부자라며 … 그런데 왜 삼성경영이 어려우니, 세계 경기가 어떠니 하며 3백만 달러 정도 약속을 못 지키겠다 하나 …".

그는 부동산으로 큰돈을 모아 박물관에 대부분 기증했다. 한국전쟁에 참가하고 하버드대학 나왔다. 도저히 이해가 안 간다 했다.

그래서 내가 설명했다. 말은 홍 관장이 하나, 이건희, 홍라희 개인 자산의 돈이 아니라 주식회사 삼성 법인의 돈을 써서 그러는 것이라 하니 더욱 이해하기 어려워했다. 한국식 기업거버넌스의 최대 취약점이다. 형식은 개인의 '돈 기부' 개인의 미술품 '구매'인데, 실질은 개인 아닌 그가 회장, 관장으로 있는 회사나 '법인'의 돈이다.

내가 미국서 미술관, 박물관 들렀을 때 처음에 의아했던 거꾸로였다. 뉴욕의 현대미술관이나 구겐하임의 현판에 적힌 것을 보면 미국 최대기업인 GM, 듀퐁, IBM 등도 몇 십만, 많아야 100만 달러 기부이다. 오히려 개인 기부는 몇 천만, 몇 억 달러다. 기부는 돈 번 개인이 하는 것이고 기업은 종업원, 지역사회, 소비자 그리고 투자자의 이익을 보호해야 하는 것이다. 기업은 관(官)이 아니다. 그렇다고 사(私)가 아니다. 그러나 공(公)인 것이다.

내가 이번 보가드 이사장 일행 방문에서 문체부 장관과 교류재단을 끌어들인 것은 최악의 경우 삼성이 후퇴할 경우에 대비하기 위한 것이었다. 송 장관이 참 열성적이었다. 나와 우리 일행이 그를 만나고 나온 직후 홍 관장과 정양모 관장을 장관실로 직접 불러 방금 내 일행이 다녀갔다는 말과 도우라는 부탁을 직접 했다. 김정원 이사장은 자기 재단에서 300만 달러를 해보겠다는 언질도 7월에 한다.

이들 일행을 떠나보낸 같은 9일 자 이 회장에 대한 나의 편지엔 보가드 이사장의 설득력이 다소 처졌다는 점과 좀더 구체적으로 ① 설계완료와 착공예정일, ② 삼성그룹 또는 호암미술관 관련 명칭 기대, ③ 홍 여사 CMLAAM 방문 초청장 내도록 권고한다. 결국은 삼성이 기부할 것이라는 판단을 붙인다. 4월 8일과 9일은 총장이 아니라 미국 샌프란시스코 미술관 일에 바쳤다.

내 권고대로 홍 여사를 초청했다. 저쪽 박물관 초청으로 샌프란시스코를 방문한 홍라희 관장은 이종문 회장에게 1997년 9월 24일 자로 편지를 썼다. "작금의 경제상황을 고려할 때 시기적으로나 기업여건상 상당히 부담이 되는 실정이어서 흔쾌히 답을 드리지 못하고 있습니다. 회장님께서 수고해주셔서 당초보다는 저희에게 유리한 방향으로 일이 진행되었으나 좀더 유리한 조건을 제시해 주시면 저희가 의사결정을 하는 데 큰 도움이 되겠습니다"라고 여전히 기부금액 깎자는 흥정을 한다. 실은 6월 초에 이 회장 서울 방문 시 홍 여사와 만나 얘기하던 중 700만 달러로 올려 잡았던 모양이다. 그래서 이·홍 간의 혼란이 생기고 결국 8월 박물관이사회에서 최종적으로 그랜드홀은 500만 달러로 결정을 내리기로 의결하는 과정에서 왜 한국과 삼성에만 유리한 결정을 하느냐는 일본, 중국 가까운 이사들의 불만이 있었다는 편지가 왔다(필요하면 Grand Hall 위해 200만 달러 더 기부하겠다고까지 이 회장이 주장했다). 결국 IMF 외환위기 한참 뒤 삼성은 500만 달러를 기부하고 CMLAAM의 본관 홀은 '삼성홀'로 문을 연다.

개관식 때 꼭 모시겠다던 삼성 측의 약속은 어디로 갔는지. 시립대 총장 그만두니 사라졌다.

명예 공학 박사 수여: DJ정부와의 접촉과 이 회장의 낙담

나는 열심히 시립대의 전자, 반도체, SW 쪽 학과 육성에 관심 가져줄 것을 요구했는데 눈에 안 찼는지 별 반응이 없었다. 결국 명예 공학 박사를 드리기로 결정하고 10억 기부를 받았다. 자기 혼자만이 아니라 W. 브라운 샌프란시스코 시장과 함께 명예박사를 타게 해 달라 해서 그에게도 문학 박사학위를 수여했다. 1997년 10월 23일이었다. 이날 만찬은 이미 서울시를 떠난 조순 시장을 대신해 강덕기 시장대리가 주최한 것으로 롯데호텔 버클리수트에서 미국 측 15명, 시청 7명 나와 주한 미국대사관 두 명 등 25명의 큰 잔치였다.

다음 날 홍라희 여사와 일행 신라호텔 저녁, 25일엔 안양골프장에서 이 회장, 보가드 이사장, 윌버 이사, 나, 홍 여사가 함께 골프를 쳤다.

1997년 말부터는 외환위기 바람이 거세고 활동이 멈춰선 듯했다. 나는 이 회장에게 오히려 이런 위기가 전자정보 혁명을 이끄는 계기가 될 수 있으니 새 정부 들어서면 벤처교육, 투자 중심으로 한국에 기여하는 방안을 찾자고 제안한다. 나는 그의 초청으로 1997년 11월 19~21일 샌프란시스코 페어몽호텔에서 열린 Asia-Pacific International Technology Summit(APITS, 아태정보기술 수뇌회의)에 참석하여 더욱 열심히 설득했다. 나중에 보니 내가 설득할 필요도 없었다.

김대중 대통령이 당선되면서 나와 함께 한국만 접촉하는 게 아니라, 미국 측을 움직이는 데도 이 회장다운 총력을 기울여 스탠퍼드대학의 아시아

태평양연구소(APRC) 현 소장인 H. S. 로웬과 D. I. 오키모토 전 소장으로 하여금 스탠퍼드연구소의 자문교수인 이종문 교수가 당신을 돕기 위한 그룹을 조직한다는 내용의 편지를 DJ에게 보낸다(1998. 2.18.). 9일 뒤엔 APRC의 시니어펠로인 W. 페리 전 국방장관, 특별펠로인 G. 슐츠 전 국무장관, 국제연구소의 W. 팰컨 소장, APRC 소장인 H. 로웬 등 공동명의로 DJ에게 당선축하와 함께 실리콘밸리가 있는 스탠퍼드대학을 꼭 방문해 달라는 편지를 보낸다(1998. 2.27.).

나도 이 무렵 그를 도와 DJ의 김중권 청와대 비서실장, 임동원 수석을 만나고 전부터 알고 제헌의원 유족회 일로 친근한 나종일 교수(청와대와 국정원 차장, 주영, 주일대사)에게까지 편지를 쓴다. 이 회장의 샌프란시스코와 스탠퍼드대에서의 영향력과 APITS 조직력을 상세히 소개하고, "DJ가 SF를 들르시고 SV와 특별한 연결을 가지신다면 SF대학에 한국학연구를 위해 따로 돈을 더 내고 아태재단에도 기부하실 의향이 있는 것으로 알고 있습니다. 기회 만들어 이 회장 말씀 직접 듣고 DJ께 진언하실 수 있는 기회 주선해주시기 바랍니다. …"(1998. 2.11.). 이렇게까지 열심히 외환위기 맞은 DJ를 도와 조국에 정보기술과 벤처환경을 만들어보겠다는 이 회장의 노력은 막상 6월 11일 DJ의 SF방문에서 완전히 낙담으로 좌절되었다.

그는 4월 29일 자 편지에서도 ① DJ의 SF 환영만찬은 일본천황, 중국 장쩌민 때보다 수도 훨씬 많고 지역유지들의 자발적 마련으로 위상이 다르며, ② 한국에 필요한 자문할 수 있는 전문가 13인을 천거하며 이들과 따로 조찬, 만찬 갖기를 원한다는 뜻과 이들의 비중을 상세히 적고 있다. 그리고 끝에는 이미 낙담이 예고되어 있다. "SV에서만 28년간 기업을 달구며 쌓은 경영철학과 인맥을 이 기회에 모국의 어려운 경제현실에 보탬이 되는 데 활용할 수 있지 않느냐는 김 총장님의 말씀을 듣고 이 일을 적극 추진해왔습니다. … 서울과 연락하는 과정에서 중간에 있는 관계자들로부터 전혀 예상치 못했던 수모까지 당하면서도 모국에 보탬이 되고자 하는 일념에서

이 시간까지 왔습니다. 저로서는 힘닿는 마지막 순간까지 모든 노력을 기울였다 말씀드릴 수 있습니다. 그간 김 총장님의 각고에도 감사드립니다."(1998. 4.29. 이종문 올림)

나는 그의 요청대로 6월 11일 서울에서 보도된 DJ의 샌프란시스코 방문 소식 신문기사철을 팩스로 보내주었다. 이런 편지 내용과 함께. "이너서클과의 권력관계 없이 일한다는 게 한국에서 얼마나 힘든지 실감하셨을 줄 믿습니다. … 여기 보내는 한국 신문들의 SV와 SF 방문 스크랩 보면 그쪽(정부)의 PR방향과 무게를 짐작하실 것입니다. 그 어느 곳에서도 이 회장님 200만 달러건 한 줄도 안 나왔습니다. 당초 생각했던 대로 정부 상대 아닌 우리 나름으로 깊게 한·미·일 극동의 평화, 번영에 기여하는 일을 차근차근 하는 것이 옳을 줄 믿습니다."

그리도 샌프란시스코 유지, 스탠퍼드대학, 실리콘밸리 전문가 동원에 애쓴 그에게 준 기회는 도착 첫날 교포 만찬에서뿐, 그가 그리도 SV와 한국을 연결시키려던 13인 기술 벤처전문가 권위자와의 만남도 없었고 스탠퍼드와 한국 정보통신벤처 연결을 위한 200만 달러 추가 지원까지 약속했던 그로서는 이런 기사 한 줄 안 난 게 보통 낙담이 아니었다.

6월 16일 팩스로 온 7쪽의 긴 편지 첫 문장이 "누울 자리 보고 다리를 뻣(뻗)어야 한다는 옛말이 생각납니다"였다. 이 회장이 11일 만찬에서 대통령에게 직접 설명한 미국 하이테크 13인 명단과 한국이 하이테크 국가로 가기 위한 체크리스트와 이를 스탠퍼드와 DJ가 지정한 한국 기관과 합동으로 조사하여 대통령께 보고하자고 제안했고 이에 필요한 경비는 이종문재단에서 부담하겠다고 설명했다는 내용도 있다. 그러고는 "그때까지는 대통령께서 기분이 좋은 것으로 느껴졌으며 다음 날 아침 몇 사람이 어젯밤 회의는 아주 좋았다고 대통령께서 말씀 계셨다고 들었습니다. 다음 날 총장과의 점심에서 그 금액 200만 달러를 스탠퍼드에 기부한다는 발표로 이꼴이 된 것 같습니다."

10장

문화일보 사장 · 회장 시절

일생 최대의 실수: 취임 9개월 만에 깨진 꿈

'TV까지 하겠다'

내 일생일대의 오판과 실수는 서울시립대 총장 마치고 문화일보행을 택한 것이다. 아니 내가 언론복귀에 집착했던 자업자득이라 해야겠다. 취임 1년도 못 가 정확히는 9개월 만에 꿈은 깨졌다. 현대그룹으로부터의 광고약속이 깨지고, 또 노동조합으로부터 취임 전 받은 '3년 경영전권 위임' 약속은 한갓 종잇조각이 되고 … 현대와 노조 양쪽으로부터 배신, 배반당하고 고생만 한 22개월이었다.

시립대 총장 임기가 2개월여 남아있던 1999년 3월 15일 오전 11시쯤 세종연구소에서 이사회가 열리고 있었는데 현대그룹 종합기획조정실장 박세용 사장이 아주 다급한 목소리로 전화에 매달렸다. 문화일보 사장을 맡아달라는 것이다. 김 총장을 모셔야 된다는 윗분의 지시니 꼭 좀 맡아줘야겠다는 것이다. 그래서 물었다. 문화일보 최종권한은 정주영 회장이냐 정몽준(MJ) 의원이냐 하니 정몽준 의원이라 했다. 그러면 정 의원과 직접 만나 의견을 들어야겠다 했다. 그래서 다음 날 16일 오전 10시 조선호텔 나인스 게이트에서 둘이서 만났다. 문화일보에 대한 현대 측의 지원 의지가 얼마나 확고한지를 듣고 싶었다. 정 의원은 극도로 말을 아꼈다. 거듭 물어도 똑 떨어진 답은 없었다. 그래서 적어도 신문사는 물론 TV까지도 할 정도의 의지가 있어야 한다는 말이 나왔을 때서야 "TV까지 해야지요" 하는 말이 나왔다.

지금 생각하면 너무 공허한 말이었다. 당장 내부혼란으로 노조파동으로 생존 자체가 흔들리는데 신문사에 TV이야기까지 꺼낸 것이. 내 딴엔 현대 측의 의지를 알아보고 싶었던 것인데 하도 말을 아껴 더 큰 꿈을 그리는 것으로 의중을 헤아려본다고 한 말이었다. 지금 생각하면 내가 이성적이지 못했다. 또 현대 측에서 파견한 간부에게 전화해 물어보니 전임 남시욱 사장의 전적인 미스테이크이고 노조는 순진하다고까지 했다. 'TV까지도 할 의지'와 노조 순진하다는 말에 수락하겠다 했다.

바로 다음 날 오전 문화일보는 주주총회와 이사회를 열어 나의 대표이사 사장을 내정하고 5월 1일(실제는 5월 3일) 취임을 신문에 발표했다.

'경영전권' 위임: 회사, 노조, 우리사주조합 결의문

수락하고 찬찬히 내부 사정을 알아보니 사태는 심상치 않았다. 그래서 나는 4월 3일 자로 신문사 법적 소유주인 문우언론재단 이사장(조용중), 동양문화재단 이사장(서기원), 문화일보 우리사주조합 조합장(문성기), 문화일보 노동조합위원장(최형두) 앞으로, "3년 이상 문화일보 경영의 전권(경영, 인사, 편집, 제작 등)을 본인이 행사할 수 있는 비상한 권한을 주시면 문화일보 공동체 가족 여러분들과 함께 명실공히 제 2 창간의 항해를 시작

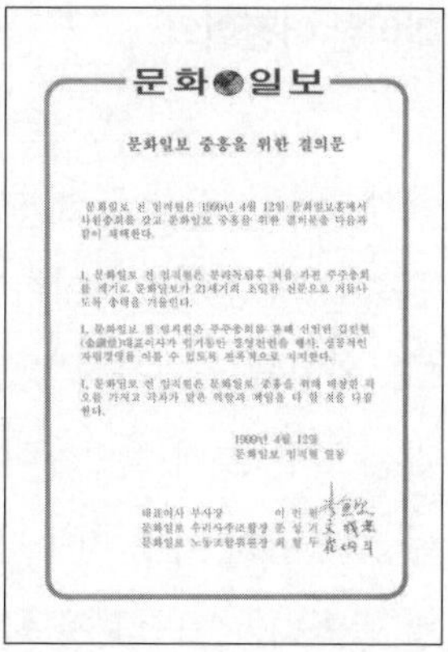

문화일보

문화일보 중흥을 위한 결의문

문화일보 전 임직원은 1999년 4월 12일 문화일보홀에서 사원총회를 갖고 문화일보 중흥을 위한 결의문을 다음과 같이 채택한다.

1. 문화일보 전 임직원은 분리독립후 처음 가진 주주총회를 계기로 문화일보가 21세기의 초일류 신문으로 거듭나도록 총력을 기울인다.

1. 문화일보 전 임직원은 주주총회를 통해 선임된 김진현(金鎭炫)대표이사가 임기동안 경영전권을 행사, 성공적인 자립경영을 이룰 수 있도록 전폭적으로 지지한다.

1. 문화일보 전 임직원은 문화일보 중흥을 위해 비장한 각오를 가지고 각자가 맡은 역할과 책임을 다 할 것을 다짐한다.

1999년 4월 12일
문화일보 임직원 일동

대표이사 부사장 이 인 원
문화일보 우리사주조합장 문 성 기
문화일보 노동조합위원장 최 형 두

문화일보 사장 부임 직후 받아낸 전권위임결의문. 사내경영의 전권을 손에 넣고자 했으나, 한갓 휴지조각이었다.

하겠습니다" 하는 서신을 띄웠다. 사내경영이나마 전권을 잡지 않으면 어렵겠다는 판단이었다.

그리고 4월 12일 자로 '결의문 채택과정'을 적은 서류까지 동봉한 '문화일보 중흥을 위한 결의문'을 받았다. "문화일보 전 임직원은 주주총회를 통해 선임된 김진현 대표이사가 임기 동안 경영전권을 행사, 성공적인 자립경영을 이룰 수 있도록 전폭적으로 지지한다" 등 3개 항의 것으로 문화일보 대표이사 이인원, 우리사주조합장 문성기와 노동조합위원장 최형두의 자필사인이 든 결의문이었다.

이때 내 결정적 실수는 두 가지였다. 하나는 이 결의문을 믿은 것이었다. 강압적으로 사장을 내쫓고 노조위원장 단식농성하고 내부는 사분오열된 회사였다. 현대건 신문사건 구심점이 없고 노조의 힘을 아무도 제압하지 못하는 사내 질서를 내가 부사장, 편집국장 정도를 데리고 처리할 수 있다고 판단한 잘못이었다. 전권위임 결의문은 한 조각의 휴지였다.

괴이한 어전회의

둘째는 4월 22일 오전 8시 계동 현대사옥 정주영 왕회장 어전회의, 그 불편하고 냉랭하고 괴이한 분위기를 겪었으면 바로 취임 거부를 했어야 했다. 왕자들 간, 특히 장남 몽구(MK)와 5남 몽헌(MH) 간 암투가 이리도 깊은 줄을 그때 알았어야 했다. 그 무렵 정세영 회장이 '몽헌이 어렸을 땐 안 그랬는데 아주 저돌적으로 변했어!' 하며 좀 어이없어 하는 얘기를 몇 번 들었다. 그러나 정 회장답게 더 이상 왕자의 난 실체는 알려주지 않았고, 나는 정주영 '왕회장'의 권위가 있는데 설마 막장까지 가겠느냐는 낙관이 지배했다.

어전회의 시작은 박세용 실장의 경위보고와 내 취임일정 보고였다. 그런데 바로 몽헌이 "현대가 문화일보 지원할 필요 없다", 심지어 "노조가 하겠다면 하라"는 말까지 나왔다. 그런데도 왕회장은 침묵이었다. 몽구는 입을 꽉 다물고 으레 동석할 줄 알았던 몽준(MJ)은 아예 자리에 없었다. 박 실장이 반박일지 해설일지 몇 마디 더했다. 이미 노쇠하고 어눌해진 왕회장은 말이 잘 들리지 않을 정도였다. 회의 제일 마지막에 짤막하게 한마디 했다.

내 수첩엔 '기적을 만들어야', 그리고 'cy -朴과 협의하라'는 대목이 나온다(정주영-박 실장과 협의하라는 뜻-나는 이를 실질적으로는 MJ와 협의해 하라는 뜻으로 새겼다). 이때 '기적을 만들어야'를 나는 기적 만드는 데 전적으로 돕겠다는 뜻으로 해석했다. 결과적으로 보면 자식들 싸움 통에 기적이 되겠나 하는 부정의 판단이 아니었을까 생각된다.

나는 1981~84년 한국경제연구원 시절 정주영 회장이 주신 두터운 인간적 신임과 자상한 인격적 가르침, 그리고 내가 1989년 신영기금이사장으로 결정되자 12년 동안 총 8억 원이었던 기금에 11억 원을 새로 출연하신 통 큰 축하를 이번에도 기대했었다. 이런 과거 20여 년 거울이 나를 1999

년 4월 22일의 괴이한 어전회의의 실체를 똑바로 못 보고 착시현상을 일으켰던 것이다.

광고 직접 교섭하라

그리고 취임 1개월 좀 지나 지금까지 현대그룹 종합기획실에서 매월 그룹 산하 기업들의 문화일보 광고 일괄제공하던 방침을 바꿔 신문사가 직접 그룹 각사와 광고 교섭하라는 통보가 왔다. 몽헌의 지시였을 것이다. 자존심도 상하고 마음에도 없으나 그래도 직원 먹여 살리려면 사장님이 직접 나서야 한다는 광고국장 성화에 현대그룹 형제 및 일가 기업들 사무실로 찾아다니며 부탁했다. 하다못해 현대해상, 현대엘리베이터, 현대투신, 금강기획, 현대정유 정도 회사까지 찾아간다. 그중 참으로 오만하고 불경스러운 태도를 보인 몇몇 2세들도 있었다. 특히 7월 21일 찾아간 성우그룹이 그랬다.

1년 전 3월 문화일보 사장 교섭 받으면서 닦았던 내 꿈은 9개월여 만인 2000년 3월 22일 끝났다.

수도권, 고급지로: 새 디지털미디어에 의한 '독립' 의지

나는 전권을 쥔 문화일보, 왕회장의 신임 받는 경영자로서 내 필생의 언론인 꿈을 실현하고 싶었다. 서울시립대 총장 4년에 세계적 도시과학전문 최고대학 기반 마련에 성공했듯이 임기 걱정 없는 문화일보에서 수도권 중심, 엘리트와 중산층 중심 여론주도 미디어, 구체적으로 시대정신, 가치, 미래지향의 독보적 질(*quality*)의 미디어를 만드는 꿈이었다.

편집국의 사진부, 체육부를 없애고, 외주 또는 통신에 의존하고, 사회부도 대폭 축소하는 대신 문화부, 국제부, 정치부 강화 그리고 (국내외) 외부필진을 혁명적으로 대폭 강화하는 것이었다. 심지어 40대 주필 구상까지 다듬고 있었다.

김대중 정부 작난, '왕자의 난', 후임 결정하고 퇴임 합의

나는 지금도 '2000년 3월 22일'이라는 날짜와 시간을 정확히 기억하고 있다. 이날은 오전 내 사무실 TV에서 왕회장 청운동 집을 장남 몽구에게 물려준다는 뉴스가 흘렀다. 3월 15일부터 시작된 본격적 '왕자의 난'의 한 토막이었다.

오후 2시 반쯤엔 전윤철 당시 공정거래위원장으로부터 문화일보 세무사찰을 통고받았다. 나는 오전에 TV로 왕자의 난 뉴스를 들으면서 속으로 문화일보를 떠날 것을 결심했다. 1년 전 문화일보로 오기까지의 조건을 실행할 수 없을 것이 분명해졌기 때문이다. 오후 내내 내 방에 틀어박혀 홀로 문화일보와 언론계 앞날에 대한 많은 생각을 했다. 다음 날 홍콩으로 예정된 개인여행을 하겠다며 이계익 부사장도 퇴근해버렸다.

오후 전윤철 공정거래위원장의 전화는 정확히 한 달 전인 2월 22일 박지원 문화부 장관과의 플라자호텔에서의 조찬결과임을 나는 직감적으로 알고 있었다. 이날 박 장관은 김호준 편집국장의 퇴진을 요구했고, 편집노선 변경을 강력히 압박했다. 물론 나는 거절했다. 내 자진퇴임 결심을 바로 공표하면 그러잖아도 문화일보의 실질적 재정소스가 동요하고 있는데 사내혼란이 극심할 것 같아 가슴에 묻고 있었다.

4월 15일의 '왕자의 난' 막장드라마가 연출되고 5월경 MJ에게 그만두겠다는 뜻을 직접 전했다. 완강히 만류했다. 그러나 계속되는 나의 요청에 후임자를 정하고 떠난다는 타협이 되어 여러 사람을 물색했다. 고대 오택섭 교수(문화일보 이사), 전 왕실장 비서였던 이병규 전 현대백화점 사장 등을 만나 부탁도 했다. 이미 세무조사 받는 신문사, 재정이 흔들리는 신문사, 노조가 몹시도 드센 신문사가 된 문화일보에 한결같이 손을 저었다(그 때 완강히 손사래 치던 이병규 씨 경위는 모르겠으나 나중에 사장으로 와 한국신문사상 사주 아닌 최장수 신문 CEO가 되었다).

6월경엔 사내 간부회의에서 퇴임 결심을 공개적으로 밝혔다.

퇴임 결심 공개: 아산(峨山)의 서거

마침 '영구아트'에서 15억 원 회계비리 사건이 발각되어 예방 못한 책임을 지고 대표이사 부사장 하던 이계익이 사임함에 따라 부사장도 함께 물색해야 하는 일이 생겼다. 현대의 그룹광고 일괄제공 원칙이 깨져 현대계열사 개별접촉의 책임자도 있어야겠고, 또 내 후퇴에 대비한 부사장을 보내 달라 MJ에 요구했다.

그러나 쉽지가 않았다. 노조와 사주조합 그리고 한국기자협회 문화일보지회 공동명의로 결의문을 내고 "1998년 문화일보와 현대와의 계열분리 결정이 위장분리라는 것을 자인하는 것"이라며 반대운동을 폈다. 현대그룹 광고지원 없이는 며칠도 버티지 못하는 것이 실체인 신문사에서 일종의 어깃장이었다. 나에게 3년 전권을 주지 않았느냐 해도 완강했다.

겨우겨우 6월 27일 주총을 열어 나는 회장으로 한발 물러서고 현대 홍보팀에 있었던 이영일 부사장이 대표이사 겸직으로 취임했다. '왕자의 난' 터지고 거의 정확하게 1년 뒤 그리고 내가 문화일보 꿈 갖고 일한 지 9개월 22일 만에 퇴임을 결심하고 1년 뒤, 2001년 3월 21일 왕회장은 세상을 뜨셨다. 그다음 날 열린 주주총회에서 나는 공식으로 1년 10개월 22일 만에 문화일보를 떠났다(후임은 현대건설 사장 출신이 왔다). 고문으로라도 남아 달라는 것을 완전히 뜨고 싶어 사절했다.

그리고 사흘 뒤 25일 왕회장 영결식엔 문화일보와 무관한 하나의 자연인 조문객으로 먼발치에서 그를 보냈다.

문화일보에 바친 정열 (1999.5.3.~2000. 3.22. 전까지)

나는 '왕자의 난'과 김대중 정부의 방해음모가 겹친 2000년 3월 22일 이전까지 미친 듯이, 반듯한 신문 한번 만들어보자 매달렸다. '기적을 만들어야' 하는 왕회장 말씀을 '열심히 잘하면 기적을 만드는 데 도와줄 것'이라는 식으로 해석했던 것이다. 그래서 내 리더십으로 내부가 바뀌고 영업이 신장하고 사원들 자립의지의 싹이 보이면 기적을 만드는 도움을 줄 것이라는 뜻으로 받았다.

지금도 회사에서 당시 만든 "김진현 사장 취임 후 일지(1999. 5. ~12.)" 6개월을 보면 내 스스로도 눈이 부시다. 퇴임하면서 받은 "1999. 5. 1. ~ 2001. 3. 22."도 마찬가지이다.

살구꽃 고운 종이: 한국 최초 색깔신문

취임하고 두 달도 안 돼 6월 19일부터 9월 1일 사이에 같은 인원을 갖고 20면의 지면을 32면으로 과감하게 증면했다. 기존 권위지와 증면경쟁은 안 된다. 그러나 일단 기세를 올리자는 전술이었다. '새 문화일보' 기상을 보이기는 어렵다. 어떤 전기를 마련해야 했다.

나는 일단 석간을 고수할 계획이었다. 당장 조간으로 바꿔봐야 현 수준으로는 경쟁력이 더 떨어질 뿐 아니라 미래이념, 가치, 문화의 저널리즘으로 차별화하는 데는 석간이라도 무리가 없을 것이라 판단했다. 취임 후 확실한 석간의 특징을 살리는 궁리를 여러 가지로 했다. 수도권 뉴스 중심이 그중 하나이다.

그런데 점심이나 저녁 먹고 나서 시간 날 때마다 지하철이나(가판 확장을 위해 사장인 내가 신문 들고 을지로입구 지하철역에서 판매도 했다) 동네시장 가

판대를 둘러보면 어제 낮 문화일보가 오늘 아침 조간신문과 같이 끼어 있는데 전혀 구분이 안 되었다. 문화일보가 석간인지도 모르는 가판대 아주머니도 있었다.

이래서는 안 되겠다. 어찌 외형적, 물리적 차별화를 할 것인가, 궁리에 궁리를 거듭했다. 문뜩 떠오르는 것이 내가 즐겨 읽는 영국 파이낸셜타임스의 살구꽃 '색깔'이었다. 바로 총무국, 공무국장에 지시 국내 신문용지 공장에서 가능한지를 체크했다. 전주제지 공장만이 가능해서 여러 차례 실험 끝에 1999년 11월 1일 창간 8주년 신문이 새 색깔로 나올 수 있었다. 이

신문용지 혁명

창간 8 주년

살구빛 고운종이 신문' 개성선언

'문화일보만의 색깔' 한국언론사 변혁 큰획

뉴밀레니엄 다원사회 독자욕구에 적극 부응

문화일보는 창간 8주년을 맞아 국내 신문사상 최초로 '살구빛 고운종이'를 신문용지로 사용했다. '살구빛 고운종이'는 기존의 신문용지인 무채색의 '갱지'와 달리 부드럽고 엷은 색감이 가미된 고급스러운 용지로, 이러한 시도는 편집내용은 물론이고 형식면에서도 획일주의를 벗지 못했던 국내 언론계에 신선한 충격을 던지며 새 밀레니엄을 앞둔 한국신문의 변화 모색에 기폭제로 작용할 것으로 기대된다.

문화일보의 '살구빛 고운종이'는 '유일 석간종합지'라는 기치아래 오피니언 리더는 물론이고 개성적이고 변화를 추구하는 30~40대를 주타깃으로 한 공격적인 제작이념에 따른 것이다. 한국신문시장은 1백년이 넘는 역사에도 불구하고 모든 신문이 중앙에 집중되며, 신문판형 등 양식에서 논조에 이르기까지 대동소이한 획일화를 보여왔다. 이러한 신문의 천편일률성, 몰개성화는 점차 전문화·다원화되는 사회현실과 독자들의 급격한 변화를 따라잡지 못했을 뿐만 아니라 신문산업 내적으로도 득보다 실이 많았다.

특히 80년대 이후 언론산업의 비약적 확장에 따라 새로운 매체의 창간이 잇따랐으나 기존 매체와의 차별성 확보나 그에 따른 신문시장의 다양화는 이루어지지 않았다. 지면의 차별성, 개성 확보에 실패한 신문들은 경품, 무가지 살포 등 독자 유인책을 내세웠고 이러한 제살깎기식 경영은 한국의 시장질서를 뿌리째 흔든 '국제통화기금(IMF)체제' 앞에서 무력할 수밖에 없었다.

영상매체의 끈질긴 추격에 IMF라는 극단의 조처까지 더해져 한국의 신문은 생존을 위협받는 상황에 이르렀다. 이제 신문은 더 이상 불가침의 권위를 인정받는 성역이 아니라, 변화와 개혁, 경쟁만이 절체절명의 과제인 치열한 생존경쟁의 장에 내몰린 것이다. 지난해 모태이던 현대그룹으로부터 독립한 문화일보는 이제 변화와 탈바꿈의 보다 분명한 모습을 제시하려 한다.

문화일보가 새로이 선보인 '살구빛 고운종이'는 영국의 권위지인 '파이낸셜 타임스(The Financial Times)'가 한세기 넘게 써오고 있는 '새먼 핑크(Salmon Pink·분홍연어색)'지다. '새먼 핑크'는 파이낸셜 타임스의 트레이드마크일 뿐만 아니라 권위지의 상징적 색깔로 받아들여지고 있다. 1888년 창간한 파이낸셜 타임스는 경제지이지만 정치·국제 등 전방위에서 심도깊은 기사와 고급스러운 편집으로 최고의 권위를 인정받는 고급지이다. 창간 초기 매체차별화의 한 방안으로 도입한 것이 새먼 핑크지였다. 당시로는 흰색용지보다 제작비가 싸고, 시각적 피로감이 덜하고 가독성이 높아 각종 도표 등 작은 글자체가 많은 경제지의 특성에 잘 맞는다는 이유였다. 지금은 오히려 흰색용지보다 새먼 핑크지의 제작비가 훨씬 높지만 파이낸셜 타임스는 독자서비스 차원으로, 또 그 색이 갖고 있는 고급스럽고 세련된 이미지때문에 높은 제작비를 감수하고 있다.

이 '살구빛 고운종이'는 부드러운 바탕색때문에 검은색의 글자색과 잘 어울려 시각적 피로감이 덜하고, 펄프가 기존용지보다 5% 정도 더 들어가기 때문에 컬러의 색감이 깊이 배고 인물사진에 생기가 도는 등 한단계 진보된 인쇄기술의 수준을 보여준다.

신문산업의 전반적인 위기상황에서 문화일보가 모험적 시도로 위기를 타개하려 하는 것은 '위기가 곧 기회'라는 신념때문만은 아니다. 다원주의가 인류의 새 가치로 자리잡는 미래 신문의 존망은 개성과 차별화에서 출발한다고 확신하기 때문이다.

개성있는 신문은 개성있는 시각, 개성있는 글쓰기, 개성있는 편집, 그리고 개성있는 독자로 완성된다. 개성있는 독자들은 색에 민감하며, 색은 단순히 색이 아니라 패러다임이다. '살구빛 고운종이'는 패러다임 바꾸기에 나선 문화일보의 첫걸음이다.

<이정필·양성회기자>

1999년 11월 1일, 문화일보 창간 8주년에 한국 최초로 '살구꽃 고운 종이' 신문으로 변신했다.

땅에서 흰색 종이 아닌 유일한 색깔신문이 탄생한 것이다. 취임한 지 6개월, 아이디어 짜낸 지 3개월 만이었다. 문화일보는 정신적으로나 인맥으로나 떠났으나 아직도 내 궁리궁리 끝의 산물은 색깔로 남아 있다(특히 2021년 11월 1일 창간 30주년 기념호에서는 이 살구꽃 분홍지면 변경에 큰 의미를 두어 기술했다. 물론 나의 독창적 노력은 한 줄도 없었다).

'영구문화아트'와 디지털타임스 발간: 자립에의 몸부림

MJ와 조선호텔 대화에서 TV이야기를 꺼냈지만 취임 후 자립이란 관점에서 검토해보니 기존 TV 통신 분야에 약체 문화일보가 끼어들 틈은 보이지 않았다. 마침 '신지식인 1호'가 된 심형래 씨 영구아트무비의 제의도 있어 '용가리' 인기와 영상사업의 장래를 내다보았다.

1999년 8월에 49억 원을 투자, 심 씨 51억 원을 합쳐 100억 원 '영구문화아트' 법인설립 계약 체결, 11월 24일 법인등기, 12월 15일 롯데호텔에서 퍼포먼스 겸한 창립기념식을 가졌다. 다음 해 5월 칸영화제에서 용가리는 900만 달러 계약을 땄다.

홍사종 교수가 대표로 있는 '아트노우'에도 1억 원을 출자, 예술인 매니지먼트, 이벤트 기획사업에도 손을 뻗쳤다. 신문으로서 기존의 TV, 통신 이외의 것으로는 장래성이 영상이나 예술 이벤트 쪽에 있다고 보았다. 오늘의 CJ모델이었다. 내가 꿈꾸는 질 좋은 신문이 되려면 확실한 캐시 카우를 찾아야겠다는 의지였다.

또 하나는 디지털신문의 창간이었다. 디지털하드웨어 쪽은 언감생심이지만 언론이건 기업이건 디지털에 장래성이 있는 것은 확실한데 현대는 이 쪽이 약해서 문화일보의 디지털화 강화와 함께 디지털신문으로 가장 유망한 정보 분야 개척을 시도했던 것이다. 또 하나 문화일보 인사정리를 원만하게 하려는 포석도 있었다. 이 역시 구상 뒤 3개월 만인 1999년 12월 12일

"디지털타임스"로 법인 등기 마치고 '왕자의 난' 발생 전 2000년 3월 3일 첫 창간호가 나왔다. 왕자의 난 전후하여 자립에의 마지막 몸부림이었다.

디지털타임스 창간 기념 리셉션은 기록할 만하다. 큰 기대를 엿볼 수 있다. 박지원 문광부 장관을 비롯, 서정욱 과기부, 안병엽 정보통신부, 김명자 환경부, 김성훈 농림부, 차흥봉 보건복지부 장관, 안철수 소장, 전하진 한글과컴퓨터 사장 그리고 정몽준 의원과 동아일보 김재호 전무도 보인다. 디지털 IT 통신계 인사가 대거 보인다.

발행인, 편집인으로서

취임하자마자 나는 미친 듯이 '젊고 미래를 개척하고 창조하는 신문', '착한 시민에게 희망을 주는 신문', '수도권 시민, 착한 시민의 가슴을 울리는 기사', '수도권 중심 30~40대 중심 젊은 신문'을 회의 때마다 강조, 패러다임 시프트(사고의 전환)를 외쳤다.

"기사는 기자만 쓴다는 생각 버리십시오", "우리 문화일보는 두 개의 신을 두려워해야 합니다. '독자라고 하는 신'과 '역사의 신'입니다", "최대의 명제는 생존입니다". 직원 전체회의, 경영간부회의, 편집회의를 통해 끊임없이 설득했다. 기록으로 남아있는 이 많은 간부회의 어록 중 1999년 11월 27일 편집국 간부오찬회의 발언(녹취록으로 12쪽), 6월 13일 국장단, 논설실, 편집국 간부 지면개선회의 발언(9쪽) 중 한 대목씩만 살리고자 한다.

"내가 러시아의 이인호 대사에게도 장문의 편지를 보냈습니다. 나는 확신컨대 21세기의 새로운 사상, 21세기의 새로운 장르는 러시아 같은 데서 나올 거라 믿는다. 한때 공산주의라고 하는 세계의 가장 첨단의 사상을 실천하고 또 톨스토이, 도스토예프스키, 차이코프스키까지 그 많은 예술가를 배출했던, 그리고 팩스 루소-아메리카나(*Pax Russo-Americana*) 한 50년을 양분해서 세계를 지배하던 그런 민족이 1991년을 계기로 하루아침에 제국이 무너지고 연방이 깨지고, 그리고 루블화의 가치가 10년 만에 10분의 1이 아니라 4만분의 1로 절하되는 이런 참담한 비극, 그래서 이 지구상에서 오로지 러시아와 북한만이 뉴 제너레이션이 올드 제너레이션보다 키가 더 작고 평균수명이 줄어드는 비극, 그 엄청난 제국에서 그 엄청난 문학과 예술 사상의 실험장에서, 그 탤런트가 하루아침에 10년 만에 저렇게 무너지는 저 속에 정말로 자기 삶과 자기 조국과 자기 민족과 현대성과 근대성을 고민하는 지식인 예술가 철학자가 있을 것이다. 그런 사람의 고민에서 새 세계적 사상과 예술의 장르가 나올 것입니다. 그런 사람들 200달러 주면 넉넉해요. 그런 러시아의 그런 고민하는 젊은이건 늙은이건 간에 자기 조국과 자기의 삶과 근대문명에 대한 전반적인 회의와 거기에서 새로운 치열한 자기 아이덴티티를 확립하고자 하는 필자를 잡아라 이거에요. 그런 사람을 알려달라고 이인호 대사에게 편지했고, 이인호 대사가 참 감동을 해서 찾는 중입니다. 돈이 없으니까 특파원 못 보내니까 이런 말만 하지 말라 이거에요."(1999. 11. 27. 아주 긴 편집국 간부 오찬간담회 녹취록. 특파원 없으니까 돈 없으니까 하니)

"여기서 조심할 것은 우리가 작은 신문이라거나 영향력이 적다고 적당히 눈치 보는 것이다. 그래서는 생존할 수 없다. 우리는 우리 나름의 독자적인 시각과 영역을 가져야 한다. 동물적 감각을 넘어 보편적인 것을 갈고 닦는 지성이 뒷받침되면 조선과 한겨레, 보수와 진보의 양극에 선 신문들을 넘는 우리만의 수준을 확보할 수 있다. 비정상적 사회에 사느라 놓친 것들을 정상적이며 원칙이 살고 보편성이 있는 시각으로 다루다 보면 발굴 가능한 기사들이 있다. 패러다임을 바꾸면 기사가 나온다. 지하철 파업의 경우 신문 안 봐도 알 수 있는 것들만 다루더라. 알고 싶은 것은 원인과 전개과정이 어떻게 될 것인가이다. 뻔한 반응을 다루는 것은 무책임한 신문제작이다. 객관적이고 보편적인 토론의 근거를 제시해주는 것이 중요하다. 석간의 경우 화제가 필요하지만 다 아는 미담보다도 한 차원 높은 수준으로 다뤄줘야 한다.

박노해가 말하는 깨끗한 절망, 정직한 절망이나, 황지우의 21세기 귀족주의를 보면 알 수 있다."(6월 13일 지면개선 회의)

또한 나는 물러나는 날까지 편집인, 발행인으로서 특히 대정부, 정치권 외풍에 대하여 내 의견을 제시했다. 민감하고 논쟁적인 이슈마다 발행인, 편집인으로서의 결론과 논리를 논설실, 편집국에 밝히는 편지를 건넸다.

북한 다루기, 정계개편, DJ, YS와 JP, 박태준, 이한동 총리 그리고 전두환, 박철언 등의 언동 등에 대한 것이다.

김호준 편집국장의 노고

내 꿈이 9개월 만에 산산조각 났으니 내가 중흥개혁 창조의 꿈을 갖고 개편한 진용, 특히 새로 외부에서 데리고 간 인사들도 모두 나의 퇴진과 더불어 시차만 있을 뿐 문화일보와 이별했다.

김호준 편집국장의 노고는 기록으로 남기고 싶다. 유능하고 차분한 성격으로 성실히 편집국을 끌고 갔다. 성깔 강하고 마찰 많은 기자들 다스리느라 고생 많았다. 내 제작방침에 충실하다 보니 정부, 특히 박지원 장관으로부터 노골적 압박을 받았다. 유병옥 판매국장, 김정명 광고국장도 애많이 썼다. 이름 기억하고 싶다.

정상언론의 작은 시도

발행인협회에서 나는 각 신문사마다 때마다 성금모금 경쟁은 불가피하다 해도 언론원칙은 지켜야 한다고 계속 귀찮게 주장했다. 우리나라 언론은 관행으로 성금모금 성과의 자랑과 광고영업 이해까지 겹쳐 각 기업, 특히 재벌그룹의 성금기사에 그룹 또는 회장 사진을 낸다. 마치 재벌, 개인 성금 같은 냄새를 풍기게 한다.

나는 어린아이가 자기 저금통장 털어 불우이웃 도왔다면, 그런 순수 개인기부행위라면 액수불문 사진 내고 격려하자, 그러나 법인기업은 법인격이 내는 것이지 그 회사 회장 개인돈 아니잖은가, 회사 이름은 낼망정 회장 개인 사진은 내지 말아야 한다는 주장을 폈다. 계속 떠드니 한 1년여 만에 드디어 합의가 되어 얼마간 유지됐다. 내가 문화일보 발행인 퇴사 후 몇 개월 만에 부활했다.

같은 취지로 나는 문화일보에서 동창회 회장 기사 싣기를 금했다. 그러잖아도 혈연, 지연, 학연으로 얽힌 이 나라 하부구조가 기능의 정상화를 막고 있는데 동창회 같은 끼리끼리 조직은 미디어에서 장려할 필요가 없다는 논리였다. 물론 내가 서울대 사회학과 동창회장이 된 것도 싣지 못하게 했다.

운명의 장난인지 내 문화일보 시절은 사회학과 출신 언론계 영향력이 다시없는 절정기였다. 편집국장으로는 동아 박기정, 조선 강천석, 서울 이경형, 한국경제 유화선, 세계 구월환, 문화 김호준, MBC 엄기영 7명이고 사장으로는 경향 홍성만과 나 둘이었다. 어느 대학 어느 학과도 중앙 언론, 특히 편집 책임자를 이렇게 압도적으로 장악한 적 없고 앞으로도 없을 것이다. 사회학과 교수들 후배들 참 기뻐했다. 내 동창회장 취임글을 학생들에게 돌린 교수도 있다. 그러니 사회학과 동창회도 다시 부활 전성기를 누렸다. 동문회, 향우회 등 가급적 동아리 영향력 줄이는 근대화 주창자인 내가 언론계 선배로서 후배들로부터 대접받고, 정계 재계 후배들 모임에 구심점이 되는 아이러니였다.

퇴임 전, 정권과 사내에서 벌어지는 추태들

2000년 3월 22일 이후 특히 6월 27일 회장으로 물러난 이후 일은 별로 논급하고 싶지 않다.

꼭 남기고 싶은 한 대목은 2000년 6월 이후 이미 전부터 꼬리가 보이기 시작한 정권으로부터의 신문 침투와 인수공작 그리고 이에 놀아나는 제 알속 차리기 사내 간부들의 모습이 노골화되었다는 사실이다.

어느 날 느닷없이 '충성맹서' 서약서신을 들고 온 간부가 있어 기이하다 했다. 나에게 편집국장 운동을 열심히 하는 동아일보 출신이었다. 나중에 보니 이 역시 이미 떠날 결심 공표하고 고문직도 안 맡겠다는 나의 퇴진을 불신하고 나를 제치려는 공작의 하나였다. 지금도 이 서약서를 보면 씁쓸하다.

DJ 정권 실력자는 심지어 내가 믿는 김용정 동아 편집국장을 꾀어 나를 회유 문화일보를 접수하려 했다. 최근에야 듣고 놀랐는데 김용정이 문화 편집국장 김호준에 직접 전화 걸고 왜 빨리 그만두지 않고 미적거리느냐고까지 했다.

문화일보는 안으로는 정치화된 이종(異種) 노조세력, DJ와 연결된 정치세력, 그리고 현대그룹 내 왕자 편 따라 갈라진 '친현대 간부들'로 갈기갈기 갈라져 표류하고 있었다.

김정일 초청에 의한 북한 방문(2000. 8. 5.~12.)

1962년서부터 시작된 나의 직접・간접 북한 접촉은 〈철학과 현실〉 2019년 겨울호에 30쪽에 걸쳐 '나의 북한, 북한 사람 체험기' 속에 자세히 실려 있다. 또 〈관훈저널〉 2000년 가을호 권두시론으로 방북 후 '언론의 북한 다루기'가 실려 있다. 여기서는 김정일 초청에 의한 방북기록 중 분석적인 것, 내 비망록은 빼고 에피소드 중에서도 두 대목만 추리고, 거기 실리지 않은 새 에피소드 두 대목을 싣는다.

다양한 대북 경험

나는 북한 전문가가 아니다. 나 스스로는 물론이고, 누구에게도 북한 전문가란 말을 듣고 싶지 않다. 그러나 나의 북한 접촉, 또는 업무 관련은 나의 일생의 다면적 특징과도 같이 매우 다양하게 얽혀 있다. 공식적 계기만 추리면 다음과 같다.

2000. 8. 5.~12. 김정일 국방위원장 초청에 의한 한국 신문・방송 사장단 방북(문화일보 회장)

1999. 4.25.~27. 대통령 통일고문회의 고문자격으로 금강산 방문(서울시립대 총장)

1995~현재 동해연구회창립회장・고문으로서, 해양지명(Sea Naming) 관련 유엔지명전문가그룹회의(UNGEGN)와 동해연구회 주최 국제세미나. 북한 대표 참석

① 1994. UNGEGN, 뉴욕, 외교관

② 1998. 1. 7차 UNGEGN, 뉴욕, 부대사 등 2명

③ 2002. 7. 24. ~26., 8차 세미나, 블라디보스토크(현대호텔), 학자 전문가 4명

④ 2002. 8., 8차 UNGEGN, 베를린, 전문가 4명

⑤ 2003. 10. 15. ~17., 9차 세미나, 상하이(후단대학), 전문가 2명

1996.~2005. 우리민족서로돕기운동 창립공동대표

2006.~현재 통일경제연구협의회 이사장 고문

1991.~1992. IAEA(국제원자력기구) 총회 한국대표, 과학기술처 장관, 북한 대표 참가

1990.~1996. 조지워싱턴대학 · 요미우리신문 공동주최, 국제회의. 북한 참석

① 1차 회의: 〈아시아의 격동기〉(1990. 5. 17. ~19. 워싱턴그랜드호텔)

〔참가자 — 한국: 김경원 · 김진현 · 민병석(청와대 비서관) · 한승수, 미국: 김영진 교수 · G. 시거 국무성 아태담당 차관보, 북한: 최우진 평화군축연구소 부소장 · 이형철 연구원 · 허종 UN공사〕

② 2차 회의: 〈코리아:경제발전전망〉(1996. 4. 22. ~23. 조지워싱턴대학)

〔참가자 — 북한: 국가대외경제협력총책 김정우 · 위원 황제영, 국제무역 촉진위원회 김종기, 외무성 이송덕 · 북미부국장 박송균〕

이상의 기록에서 보듯 나의 공식적 북한 접촉은 ① 안보 · 원자력에 이르는 정통적 국가 간 관계 ② 민간자격이지만, 사실상 국가적 행위인 통일고문회의 고문과 김대중 · 김정일 6 · 15공동선언의 첫 산물인 언론 사장단 방북과 김정일과의 3시간 직접 대화 ③ '동해' 지명이라는 지리학 국제학술대회와 통일경제 연구라는 두 측면의 학문적 접촉과 관심 ④ '우리민족서로돕기'를 통한 순수 민간 자격으로서의 인도적인 북한 지원 등 다양한 영역에 걸쳐 있다. 각 영역의 연관성이나 지속성은 전혀 없는 것이 나의 북한 인연의 특징일 것이다. 그렇기 때문에 다양한 관계, 접촉은 있었으나 북한 전문가를 자처한 적은 없다.

자존망대의 극치

우리는 김정일(JI) 국방위원장의 정식 초청으로 북한을 방문하였다. 당연히 12일 공식 오찬에서 JI의 환영사 같은 게 있을 줄 알았다. 아니었다. 김용순 노동당 비서 겸 통일선전부장이 환영사를 했다. 이어서 최학래 한겨레 사장이 방북언론사장단을 대표하여 답사를 읽었다. 그런데 JI는 시종일관 환영사를 하는 김용순이나 답사하는 최 사장에게 눈길도 주지 않고 듣지도 않았다. 주로 옆자리에 있는 박권상 KBS 사장 또는 다른 사람과 계속 떠들었다. 최 사장이 열심히 답사를 읽다가 힐끔힐끔 JI를 보더니 끝냈다. 헤드테이블에 앉은 최태복 최고인민회의 의장, 정하철 선전선동부장, 김양건 국제부장, 강능수 문화상 등도 최 사장의 말에 전혀 관심이 없었다. 오로지 JI의 입술에만 눈과 귀가 쏠렸다. 내 옆자리에 있는 강능수에게 말을 걸어도 나한텐 눈도 안 주고 건성으로 "네, 네" 할 뿐, 그도 JI의 입술만 보고 있었다. 최 사장의 말, "역사적인 기록이라 생각해서 새벽까지 답사 원고를 다듬었는데…"하며, 아쉬움을 토로했다. 안하무인 자존망대의 극치였다.

술 '강권' 선동공작과 추태

떠나기 전날 저녁 선전선동부장 정하철의 만찬이었다. 북한엔 자유언론은 전무하고, 국가의 당기관지인 로동신문, 중앙방송, 평양방송 등 로동당과 정부의 입들만이 있다. 다 합쳐봐야 10개다. 그러니 우리 56명의 각각 다른 신문방송사 사장을 맞을 상대가 절대 부족해 희한한 일이 벌어졌다. 이날 저녁, 우리 테이블의 상대역은 철도신문 사장이란 젊은이 혼자였다. 철도신문이 있는지, 정말 사장인지, 어떤 격인지 알 수가 없었다(이런 북한 언론을 상대로 일부 신문 사장들은 자기 신문과 자매결연 하자고 서로 다투는 일도 있었다).

나는 술이 약하다. 그래서 철도신문 사장이 첫 술을 따를 때 어느 자리든 한 잔밖에 못하니 양해해 달라고 했다. "네, 알겠습니다"라고 하곤 건배를 마치자 바로 술잔을 채웠다. 오늘 같은 좋은 자리에서는 더 하셔야 한다는 것이다. 두 잔째를 마시고 나니 또 따랐다. "이거 안 되는데"라고 해도 마지막 밤인데 좀 취하시면 어떠냐며 강권했다. 그러기를 네 번, "그래, 그러면 이게 마지막이오. 더는 권하지 마시오"라고 하고 술잔을 비웠다. 그러자 다섯 번째 또 따랐다. 나는 버럭 소리를 지르면서, "이런 놈이 어디 있어. 내가 미리부터 한 잔만 한다고 알렸고, 성의로 석 잔 더 받고 더 권하지 않기로 했잖아. 고얀 놈!" 하니 그제야 움찔 하고 멎었다. 옆자리 김부기 매일신문 사장이 "아주 잘하셨습니다!"라고 했다.

이 강권에 취해 야단이 났다. 어느 M방송사 사장은 술 빨리 안 갖고 온다고 북 종업원을 때려서 그가 코피를 낭자하게 흘렸고, 또 다른 방송사 사장도 만취해 계단에서 뒹구는 등 해서는 안 될 추태가 벌어졌다. 술자리는 밤 11시 40분에야 끝났다. '우리의 소원은 통일' 노래는 한 열 번 부르고, 몇 분은 북한 노래도 부르고 마이크를 여러 번 잡았다.

귀경 후 KBS 박권상 사장으로부터 '강권'과 '추태'가 계획된 공작이었음을 직접 들었다. 박 사장은 방북단 최연장자인 데다 이미 6월 DJ·JI 정상회담 때도 참가하여 우리 일행 행사에는 많이 빠졌다. 이날 저녁에도 몸이 불편하여 불참하려다 마지막 만찬이라 참석했다. 그러나 만찬이 길어지자 중간에 숙소로 돌아가겠다고 하니 북측이 당황했다. 모든 것이 짜인 계획의 각본대로 진행되는 북에서는 이런 각본 없는 돌발 사태에서 실수가 나온다. 그들은 급하게 만찬장 옆 빈방 책상 위에 박 사장을 눕히고 만찬이 끝나기를 기다리기로 했다.

그 옆방이 바로 술을 강권한 선동공작팀의 방이었다. 조용히 누워 있으니 옆방에서 무슨 소리가 들렸다. 주의 깊게 들으니 공작지휘부에서 각 테이블에 술 강권 지시를 내리는 소리였다. 이런 식이었다. "A 테이블 김 사장 개 몇 잔 먹었어? 10잔? 안 돼 인마! 20잔은 먹여야지. 10잔이 뭐야!" 각 테이블의 담당자를 불러 술 강권을 지시하는 것이었다. 그들에게 우리 테이블의 스토리가 어찌 전달되었을까? 그 철도신문 사장은 문책당하지 않았을까?

많은 남쪽 방북자들의 말 못 할 이야기들이 많이 있었을 것이다. 명색이 JI의 초청에다 JI가 최고로 믿는다는 박지원을 포함한 56명의 '귀한 손님'에게도 이러니, 얼마나 많은 추태와 약점들이 잡혔을까? 그리고 북은 이를 얼마나 이용했을까?

방북 후 북한 보도지침

나는 "이번 방북에서 뼈저리게 느낀 점은 체제와 이념문제에 있어서만큼은 0.01%라도 북한 측과 타협할 수 없다는 점"이며 "우리 신문은 두려움과 편견을 버리고 진실만을 보도해야 한다"고 당부하며 북한 보도지침(2000. 8. 22.)을 내렸다.

"이번 방북에서는 사실 남북 간 언론관계 부분이 별로 언급되지 않았다. 이번에 가서 실제로 북한 언론과의 접촉은 지난 6일 오후 2시부터 1시간 20분 동안 최칠남 책임주필과의 대화가 전부였다. 노동신문의 경우 주인이 노동당이기 때문에 사장이 없고 책임주필이라는 직책이 있다.

최가 그 자리에서 '지난 45년 위대한 수령님께서 신문이 조국통일에 중대한 역할을 해야 한다는 말씀을 따라 그해 11월 1일 로동신문이 창간됐다'고 설명해 나도 '우리 신문과 창간일이 같다'고 말해줬다. 최의 설명에 따르면 노동신문은 150만 부 발간되며 학습지나 독회를 통할 경우 그 이용부수는 몇 배가 된다. 편집위원회에서 지면의 모든 것을 결정한다.

산하 부서가 어떻게 되냐는 질문에 최는 '인간개조와 혁명교양을 중심으로 당생활부, 당역사부, 혁명교양부, 주체사상이론선전부, 문화부, 남조선보도부, 국제부 등 10여 개가 있다'고 대답했다. 그러나 정확하게 몇 개 부서냐는 질문에는 끝까지 답변을 하지 않았다. 최는 또 '위대한 수령과 위대한 장군께서 신문을 직접 지도하시고 때로는 수정 가필까지 하신다. 전체 인민을 주체사상으로 일심단결시킬 수 있도록 사설이나 편집방향을 직접 지도하신다'고 전했다. 노동신문 편집국 곳곳에는 '훌륭한 교양자, 대담한 선전자, 충실한 대변자'라는 구호가 적혀 있다.

이번에 남북언론합의서에 서명한 조선기자동맹은 그들 표현대로 '위대한 수령님의 대담한 선전자'가 되기 위한 연수원에 불과하다. 당의 선전부장이 노동신문 사장이요 조선중앙티비 사장이요 조선중앙통신사 사장이다. 언론기관은 모두 당의 지부일 뿐이다.

이번 방북에서 확인한 것은 북한의 모든 시설에는 김일성 부자를 찬양하는 구호가 어김없이 적혀 있다는 점이다. 어떤 시설이든 입구나 마당, 방마다 아래위로 옆으로 김정일 장군 만세, 김일성 수령 만세 등으로 가득해 사람을 압도했다. 모든 시설에는 '위대한 수령 김일성 동지는 우리와 함께 하신다'라는 주표어가 쓰여 있고 그밖에 '위대한 김정일 장군 없으면 우리도 없고 사회주의도 없다', '주체 77년 8월 11일 현지말씀 철저히 관철하자', '일심단결 자력갱생', '어떠한 고난도 웃음으로 넘기자' 등의 구호를 볼 수 있었다. 만수대 창작사에서는 '김일성 수령께서 김정일 동지를 찬양하는 글'을 목격할 수 있었다. 김일성대학도 마찬가지였다(백두산도 자연의 백두산이 아니라 김일성과 아들 '정일봉'의 백두산이었다).

아마 북한처럼 헌법 전문에서 한 개인에 대해 언급하는 나라는 없을 것이다. 배지, 동상 제작기술은 아마도 세계 최고일 것이다.

결국 이번 방북에서 느낀 것은 북한이 획일의 나라, 한 사람의 나라, 한 태양의 나라, 교(巧)와 술(術)의 나라, 적막한 나라였다는 것이다. 단군릉을 방문했을 때 안내원이 5011년이 된 뼈라고 설명하는 모습을 보고 교와

술이 대단한 나라임을 실감했다. 아마 북한에서 가장 부가가치가 높은 사람은 선전선동에 종사하는 사람일 것이다.

마지막으로 순안공항을 떠나올 때 동원된 군중들을 보면서 인간적으로 불쌍하다는 생각이 들어 눈물이 났다. 그들은 땡볕에 2시간 40분 동안 서서 우리 출발을 기다렸다. 특히 여섯 살 꽃다발 소녀가 '조국통일' 외치며 눈물을 흘리는 모습을 보면서 어떻게 인간을 이렇게 만들어놨나 북녘 내 동포가 너무 불쌍했다."

백두산 소백수 초대소에서 박지원 장관과 단둘의 대화

8월 9일 백두산 등정은 긴 감동의 추억으로 남아있다. 아침 5시경 출발 백두산정에서 해맞이는 하고 점심은 천지연가에서 천지연에서 잡은 생선으로 만끽하고 모터보트로 천지연을 돌고…. 오후 2시 가까이 백두산에 머무는 동안 해가 쨍쨍했다. 1년에 며칠밖에 맞을 수 없는 자연의 행운, 큰 행운의 백두산 여정이었다.

소백수 초대소로 돌아와 나는 뒷동산에 깔린 풀덤불을 뒤져 네 잎 클로버를 두 개나 따는 행운을 맞았다.

저녁 먹기 전 초대소 주변을 어슬렁거리다 역시 혼자 산책하는 박지원 장관과 마주쳐 옆 뜰 돌 위에 앉아 이 얘기 저 얘기 아주 긴 시간 환담했다. 내가 이제 여성 국무총리 한번 시도할 때가 됐다, 내가 겪어본 이화여대 장상, 숙명여대 이경숙 총장 두 분 다 대학 총장 이상의 역할을 담당할 수 있다. 활동력이나 특히 장 총장의 설득력 탁월하다고 말했다. 박 장관은 무릎을 탁 치며 좋은 아이디어라고 환호했다. 몇 개월 뒤 장 총장의 총리 지명이 있었다. 장 총장과는 오히려 DJ 정권 뒤 이어져서 한동안 동지같이 지냈다.

또 하나 기억에 남는 것은 지금, DJ · JI 6월 남북정상회담으로 DJ정권 절정에 이른 때, 박 장관은 왠지 처연한 말을 꺼냈다. 차마 다 옮기기 어려운데, "김 회장은 능력 있으니 정권 바뀌어도 계속 일하시겠지만 나야, 나 같은 DJ 꼬붕은 죽으나 사나 … " 하는 대목도 있다. 나는 문뜩 6월 DJ 방북 전 모 그룹 아드님으로부터 어마어마한 돈(나중에 보니 5~9억 달러 규모), 청와대에서 남북회담용으로 요구하는데 어찌 대응해야 하느냐는 극비의 자문을 요구받은 기억이 떠올랐다. 실제로 2년 뒤 노무현 정권 들어서자 대북송금 특검이 생기고 … . 정몽헌 현대그룹 회장 자살, 그는 감옥 가고.

하루 종일 햇볕 가득한 행운의 백두산 여행 그리고 DJ · JI 손잡은 남북 평화 꿈 가득한 그 절정에서도 정권교체, 돈의 그림자가 그의 가슴 한 곳을 찌르고 있었는지? 왜 그런 처연한 말을 했을까.

세계 최초, "세계평화문화지수 2000" 선포: 세계평화포럼

"그간 여러 자리 참석해 보았지만 오늘처럼 특이하고 기상천외한 자리는 처음이다. … 그러나 가만히 생각해보니 평화문제는 가장 가깝고도 중요한 문제라는 생각이 들어 참석했다."

이것은 문화일보에서의 나의 마지막 작품이라 볼 수 있는 2000년 12월 29일 "세계평화문화지수 2000" 선포식에서 김대중 대통령 축사의 머리말이었다.

나의 평화 염원

나는 일찍부터 많은 해외여행을 통하여 다른 국가와 비교하는 안목을 갖게 되었다. 특히 인도 · 파키스탄, 이스라엘 · 요르단 · 이집트, 동 · 서독, 홍콩 · 중국의 국경선을 눈으로 확인하면서 한반도, 한국의 평화는 휴전선(DMZ)의 평화로부터 확정해야 한다는 지론을 갖고 있었다. DMZ의 '자연의 평화'. 전쟁으로 사람이 막힘으로써 생긴 DMZ 자연의 평화 역설을 남북 평화정착의 장(場), 공간으로 변환시키는 방안을 모색하고 있었다. 그것이 DMZ의 관리권을 남북 정부가 모두 포기하고 UN(현 UN군이 아니라)에 맡기고 UN기구, 특히 UN 난민기구, UN 인권기구, UNICEF 등 인도적 기구를 이 DMZ 안에 (최소한 그 아시아지역담당 업무기구라도) DMZ에 설치하면 전쟁 방지는 확실히 된다는 생각을 갖고 있었다.

마침 DJ 정부가 서기 2000년을 맞아 2000년 기념사업을 추진하고 있었는데 이어령 교수가 위원장이었다. 한 번 만나자더니 "세계평화지수"를 만들어보자 했다. 과기처 장관 시절, 문화재 복원과 문화재 연구를 위한 첨단기술 개발, 기획을 공동추진했던 인연도 있어 바로 합의했다.

평화지수 · 평화문화지수

그리하여 서울대 김경동 교수를 책임자로 "문화일보 평화문화위원회"를 구성하여 지수 산정작업을 시작, 엉성한 대로 2000년이 가기 전에 142개국 상대로 한 '평화문화지수'를 발표한 것이다. 세계 최초의 평화지수 발표였다. 본격적 〈세계평화지수〉 작성은 2001년판부터이다. 2018년까지 매년 발간했다. 평화지수가 아니라 '평화문화지수'로 한 것은 UN이 이미 1990년대 말부터 2000년대 첫 10년을 '평화문화'(*Culture of Peace*) 증진의 10년으로 규정하고 그 평화문화 확산, 적극적, 보편적, 광범위한 평화문화운동 전개를 유네스코에서 계획, 진행하고 있었기 때문이다.

사실상 유네스코와 손잡고 평화지수운동을 펴볼 생각이었다. 그들도 평화문화지수를 만들 생각이어서 공동작업을 기대했는데, 국제기구 특유의 무책임, 만만디 … 그들은 2008년쯤 지수를 작성완료, 2010년 발표 스케줄로 작업했다.

나는 내가 직접 쓰고 읽은 이날의 "평화선언 — 새천년 평화의 인간, 평화의 문명개척을 향한 항해"에서 3가지를 강조한다.

첫째는 한반도, 한민족의 평화갈망 특징이다. "피압박, 식민, 가난, 전쟁, 이산의 땅에서 우리는 평화를 기원한다. 지구 어느 땅 어느 민족 어느 사회보다 평화가 목마른 우리 한반도. 한민족이기에 이 대전환기에 평화의 문화, 평화의 문명, 평화의 역사 창조를 꿈꾸고 기획한다."

둘째는 적극적 평화이다. "전쟁, 분쟁, 범죄의 예방과 빈부격차, 불평등의 완화를 넘어 반(反)평화의 제거 즉 편견, 독선, 광신, 증오, 탐욕, 원한을 극복하는 데까지 이르러야 한다."

셋째는 마음과 인간의 교육이다. "새로운 평화의 마음, 평화의 인간을 기르지 않고는 반(反)평화의 새로운 문명사적 도전을 해결할 수 없다. … 정치도, 학문도, 종교도, 언론도, 스포츠도 급속히 오락화 되어가고, 생명, 양심, 자유, 정의 … 모든 인간행위와 사회가치마저 상업화되어 가고 있다. … 이런 시대에는 웃음이 많다고 평화가 많은 것이 아니며 만족이 있다고 평화가 있는 것이 아니다."

끝을 이렇게 맺는다. "오늘 서울에서 발표하는 '세계평화문화지수'는 세계평화의 문명을 향해가는 지구촌의 새 고동소리이다. 한국에서 발신하는 세계평화문화지수는 작은 외침이지만 에밀레종 소리처럼 은은히 그리고 멀리멀리 지구를 감돌아 새 천 년 새 세기 평화운동의 메시지로 전달될 것이다."

DJ는 연말 언론사장단과의 오찬에서 내가 세계평화지수 선언 행사하니

세계 최초로 적극적 평화 개념을 정리한 〈세계평화지수(World Peace Index) 2001〉(2002)이 나왔다. 2018년까지 지속 발간되었다.

참석해주셨으면 고맙겠다고 제안했을 때 별 반응이 없었다. 그때 나는 이미 문화일보를 떠날 준비되어 있는 상태이고 그의 측근에 의한 문화일보 접수 공작 한창일 때라 내 마음도 썩 내킨 것은 아니고 기왕이면 김정일과 만난 '평화무드' 한창일 때니 제의하면 올 수도 있겠다 해서 초청한 것이었다.

문화일보 역사상 최초의 대통령 행차이고(그 후도 다시 없다) 그 좁은 문화일보 공간 때문에 아마 경호실에서 꽤 고민했을 것이다. 대통령 행차하니 정계, 재계, 학계, 문화계, 종교 사회 시민운동계 100여 분이 참석했다. 문화일보로서는 전무, 후무한 행사였다.

세계평화포럼

문화일보 떠나면서 사주격인 정몽준 의원이 3억 원(형식은 5억 원인데, 2억은 고대 H교수 것을 끼워 넣은 것이다) 을 출연해서 '세계평화포럼'을 법인으로 출범, 엉성했던 '세계평화문화지수'를 다시 개념, 체제, 대상, 통계방식을 본격적으로 '세계평화지수'(World Peace Index) 로 다듬어 발전시켰다. 파리의 유네스코, 도쿄에 있는 UN대학과 세미나도 하고 정착시키려는데 내 특유의 무심함, 남 믿기 때문에 재정이 바닥났다. 믿었던 직원의 불투명한 회계(의도적 낭비인지, 개인 부정인지) 로 재정위기를 맞았다.

남들같이 장관 그만두고 진작 기금을 크게 만들 걸 하는 후회도 있었지만 이미 늦었다. 한국식으로 매년 KT, KT&G, 포스코, 외환은행 등에서 조금씩 얻어 2018년까지 매년 계속 냈으나 박근혜 정부 들어 그나마 돈줄 막혔다. 2015, 2016년도엔 고향 후배인 한용교 장학재단이사장의 도움까지 받았다. 특별히 감사하다. 근 20년 같이 손발 맞췄던 설동훈, 이상현, 김병조, 이현승 교수에게 미안하다.

11장

가장 철저한 한인(韓人) 보편인, 세계인, 전면인 정주영

정주영 회장의 총체적 평가

'현대 스피어'

정주영 회장의 평가는 시간이 갈수록 계속될 것이고 평가의 초점과 각도도 계속 바뀔 것이다. 워낙 극적이고 전면적, 다면적인 삶이었고 업적 또한 매우 다양, 거국적 세계적인 것이어서 시간이 갈수록 검증, 재평가할 부분이 많아질 것이다.

또 정 회장의 그 많은 형제자매 자녀들도 거의 예외 없이 현대그룹이란 하나의 세계 속에 머물고 있기 때문에 시간이 지남에 따라 이 지맥과 지류들의 성패에 따라 이미 고인이 된 정 회장의 평가에도 영향을 미치게 될 것이다.

2021년 3월 21일 고인의 20주기 행사의 초점이 어디에 모였는지를 보면 현대가문의 정통성이 어디로 가는지는 보이는데, 현대 경영거버넌스의 21

세기 혁신은 보이지 않는다. 현대그룹은 삼성, LG·GS, SK, 한화그룹과 더불어 한국에만 존재하는 독특한 기업그룹 — 선진국에도 일본에도 없고 인도, 타일랜드, 필리핀 등에서만 일부 아직 존재하는, 그러면서도 이들과도 다른 독특한 가족기업 복합그룹이다.

'그룹'이라기보다 영어의 Sphere〔천구(天球) 또는 세계〕이다. 경제 금융 산업을 넘어 사회 모든 부분, 정치·외교·교육·예술·법조·의료·복지·스포츠·언론에 큰 영향을 미치는 독립왕국의 한 전형이다. 실제로 스웨덴 기업계에서 가장 모범적이면서도 가장 압도적 위치에 있는 발렌베리 그룹을, 스웨덴 안에서는 발렌베리 '그룹'이 아니라 통속적으로는 발렌베리 '스피어'라 부른다. 그런 발렌베리 스피어도 산업, 금융 영역에서 스피어이지 정치, 사회, 문화, 교육, 언론, 스포츠, 권력구조에서는 손쓰지 않는 스피어이다.

그런 천구적 성격으로 해서도 시대의 변화에 따라 또 그 내부의 변화에 따라 우리나라 다른 '스피어군'들과 마찬가지로 현대 스피어의 평가도 변할 것이고 정 회장의 평가도 변할 것이다.

원형 한인의 세계적 성공신화: 근대 산업화 혁명의 상징

그러나 이 점만은 변하지 않을 것이다. 한국 20세기 근대화 혁명의 큰 줄기의 하나이고 산업화 담당 초(超) 거물, 한국 근대경제성장 산업혁명의 상징 기업인이라는 점이다. 특히 '맨주먹 소박한 한인'(韓人)의 세계적 성공신화, 단군 이래 '원형(原型) 한인'의 '최초 세계적 기업 성공신화'의 창조자라는 점이다. 이 점이 같은 세대, 산업화시대 거대 성공기업인들과도 도전의 질에서 확연히 차별이 난다. 또 삼성, LG·GS, 효성, 쌍용 등 영남 부자 상인 출신들의 재벌 성공신화와도, 또 동양화학(이회림), 대한선박해운(이정림) 등 개성 출신 재벌들과도 차별성이 분명하다.

가장 '원초적인 한인'의 '최초의 세계기업인'. '세계기업'으로의 도전— 해외건설, 자동차, 조선 성공의 모델이 그것이다.

정권에 도전, 대통령 출마한 재벌

또 하나 기업인이면서도 정권에 호락호락하지 않았고 때로는 정권에 도전을 서슴지 않고 끝내 정치에 뛰어들었다는 점이다. 그의 1992년 통일국민당 창당 대표 최고위원 맡고 14대 국회의원 1년 지내고, 대통령 출마한다. 당시 김우중 대우 회장의 대통령 출마선언과 더불어 아직까지도 기업인 정치참여에 대한 평가는 끝나지 않은 대목이다.

나에게는 언론인으로서 객관화해야 할 정주영과 동아일보와 현대 사이에서 몇 가지를 연결한 동아일보 언론인으로서 겪은 '기업인' 정주영과 '정치인', 정치에 발을 담은 정주영 그리고 한국경제연구원 4년 동안 부하로서 겪으면서 얻은 '인간' 정주영으로부터의 강렬한 인격 훈련. 이 모두를 함께 담아내기는 참으로 어렵다.

나로서는 '가장 철저한 한인, 보편인, 세계인, 전면인(*Totalman*) 정주영'이 가장 합당한 평가라 본다. 좋은 의미에서 한국적 기준으로는 가장 동물적인 보편성, 그러나 그 시대 인물 대부분이 그러하듯 '권력-국가' 의식은 강하나 본질적 의미의 사회공동체, 보편적 사회 시민의식은 부족할 수밖에 없는 한계를 극명하게 보여준 인격이라 본다.

자립을 깨우치기까지 뼈아픈 사연과 은혜

1980년 전두환의 등장과 더불어 보안사 쪽지 하나로 동아일보를 쫓겨나 방황하고 있을 때 두 분의 은혜가 왔다. 한 분은 고 김재익 박사로 한국개발원(KDI)의 객원연구원으로 신분을 보장해주었다. 당시 국보위 경제과학위원장의 신분이면서 11시가 넘은 밤중에 손수 차를 몰고 집에까지 찾아와 나를 위로해주던 김 박사를 생각하면 그리움이 간절해진다.

또 한 분은 정주영 회장이었다. 실은 김 박사의 제의를 받아 1981년 3월 1일부터 KDI에 적을 두기로 수락한 며칠 뒤 정 회장으로부터 전경련에 경제연구소를 설치키로 했으니 곧 나오라는 것이다.

나는 정 회장을 따르기로 하고 한국경제연구원(KERI) 설립 준비를 서둘렀다. 그 무렵 고 김용주 전방 회장께서 나를 보시더니 "당신이 KERI 온 것 때문에 정 회장이 보안사에서 압력을 받고 있다"고 전해주어 놀란 기억이 난다. 당시 발전 · 자동차산업 일원화문제로 국보위 정권과 극도로 사이가 나빴던 데다 내 문제까지 겹쳤던 것이다. 그런 어려움에서도 나를 키워주시겠다고 연구소를 만들고 내색도 안 하시고 나를 보호해주셨다. 그 후에도 부족한 나에게 대하여 일관되게 신뢰를 주고 용기를 북돋아주는 큰 은혜를 입었다.

정주영 회장으로부터 받은 직접적 은혜보다 더 큰 은혜는 정 회장과의 관계에서 내가 뼈아프게 체험해서 얻은 '자립'에의 깨우침이다. 아마도 정 회장과의 관계가 평범한 은혜의 베풂과 은혜의 받음이었다면 특히 돈 많은 분과 가난한 사람 간의 주고받음의 속물적, 상식적 관계였다면 아플 이유도 큰 깨우침도 없었을 것이다. 그러나 나는 뼈아픈 사연을 통하여 뼛속으로 자립의 깨우침을 얻었다.

1978년 현대아파트 사건에서 1984년 11월 동아일보에 복귀하기까지의 사연이다. 그런 것을 운명이라 하는지…. 나는 1970년 연희동에 110평 터에 60평 집을 지어 살았다. 그러나 네 아들을 키우며 의사로 근무 중이던 집사람이 단독주택을 유지하기 어려우니 아파트로 이사 가자는 성화가 극심했다. 나는 완강했으나 연년생인 네 아들이 자라면서 사태가 심상치 않음을 알 수가 있었다.

그리하여 아파트 이사를 고려해보기로 하고 우선 아파트 사는 친구들의 형편도 듣고 자문해보자고 몇 주 동안 일요일마다 집사람과 여의도로, 반포로 돌아다녔다. 마침 반포아파트에 살던 연세대 최정호 교수댁에 들렀을 때 현대에서 압구정동에 아파트를 새로 짓는다는 소식과 정 회장께 부탁을 해달라는 얘기를 들었다.

또 동아일보 사주의 사모님으로부터 아드님 부탁까지 받아 함께 정 회장께 부탁드렸다. 최 교수는 64평, 나와 사주 아드님은 55평짜리를 허락받았다. 나는 즉시 연희동 집을 팔고 임시로 구 현대아파트에 전세로 옮겨 갔다. 1978년 '현대아파트 사건'의 날벼락을 맞았다.

아파트 전세를 두 번이나 다녀야 하는 고통에다 명예의 타격은 말할 것이 없었다. 이 전후사정의 진실을 알고 있는 최 교수가 자진해서 정 회장 집안(고 정신영 부인 장정자 여사)에 이야기해서 연희동 집 판 돈 2천 3백만 원을 주고 구현대 큰 아파트에 이사를 갔다(정 회장이 연희동 집 얼마에 팔았느냐고 물으셔서 2천 3백만 원에 팔았다니 그 돈은 내놓으라고 했다).

그러나 불행은 겹쳐 바로 옆집에(알고 보니 박 대통령 시해한 김재규 거주였다) 흉사가 생기고 동호대교가 바로 옆을 지나는 계획 발표로 값이 떨어지고 결국 2년 뒤에 겨우 4천만 원 받고 팔았다. 그 4년간 집값은 천정부지로 뛰어 연희동 집 시세를 알아보니 1억 원이 넘었다. 그 뒤 시골 산을 팔고 보태어 이사를 서너 번 더 해야 했던 고통을 회고하면 지금도 울적하다. 1980년 당시로 6천만 원이나 입은 재산상의 손실은 끝내 회복이 불가능했다.

내가 정주영 회장으로부터 KERI 준비를 수락했던 것은 KDI가 명목 연구비만 있는 객원연구원이었던 데 비해 KERI는 준비책임자여서 대우의 차이도 있었지만, 내심 현대아파트 사건으로 입은 감당하기 어려운 재산상 손실을 현대그룹 회장인 전경련 회장과 일을 하면 회복할 수 있으리라는 극히 '속물적' 기대가 있었던 것도 사실이다.

그러나 정 회장은 일에 엄격하였고 KERI가 기업인의 이익을 대변하지 않으면 안 된다는 원리에 충실했다. 부잣집 전경련에서 하는 연구소니 연구비 많이 내라는 대학 교수들과 정 회장의 추상같은 예산절약, 그리고 당시만 해도 확보키 어려운 연구인재들 사이에서 내 몸으로 때워야 하는 고생이 많았다. 심지어 지금 KERI가 정통사업으로 삼는 민간기업주의 시리즈는 정 회장의 도움을 못 얻고 내가 직접 책을 출간하고 팔아서 얻은 수익으로 겨우 유지하는 지경이었다. 그리도 많은 정 회장의 연설, 축사, 국제회의 발표를 대필했지만 일체 돈 대가는 없었다. 기회는 줄망정 돈은 안 준다는 원칙일 것이고 또 나를 키우겠다는 신의로 받아들였다.

나는 오기로 내가 현대아파트 사건으로 입은 재산상의 손실을 정 회장께 말씀드리지 않았다. 이사 간 뒤에 이사 갔다는 말씀만 드렸다. 얼마 받고 이사 갔냐 하시기에 4천만 원 받았다니까 왜 그리 싸게 팔았냐는 말씀뿐이셨다. 정 회장과의 경험을 말하면 누구나 다 돈으로 큰 덕을 본다고 생각하는 일반인과의 상식과는 달리 나는 너무 큰 손실을 보았다.

더욱 큰 손실은 정 회장을 모셨다는 이유로 엄청난 재산이나 횡재한 것으로 끊임없이 음해를 받고 그런 음해에서 오는 명예의 상처가 컸다. 특히 일부 동아일보 안에서, 내가 키웠다 할 수 있는 동료 후배에서 오는 음해는 나를 처연케 했다.

그러나 이런 재산상이나 명예상의 상처가 아무리 크다 해도 그 아픈 경험에서 얻은 내 마음의 평화와 안정에 비하면 그것은 너무나 훌륭한 반면선생(反面先生)이었다. 즉, 사람은 반드시 '자립'해야 한다는 것이었다. 자기 힘으로 할 수 없는, 분수를 넘은 일은 명예건, 권력이건, 재산이건 바라지 말아야 하고 어떤 경우에도 남에게 의존하고 손 벌려서는 안 된다는 것이다. 돈을 한 푼 두 푼 착실히 저축하고 절약하는 길 이외는 정도가 없다는 것을 깨우쳤다.

정주영 회장과 같이 큰 재벌이 나를 아껴주어도 내가 큰 손해를 볼 수 있다는 사실과 은혜를 받았음에도 그것이 반대로 재산, 명예상의 손실로 되돌아올 수 있다는 세상의 깊은 이치를 깨닫기에 나는 1978년에서 1984년까지를 보냈다. 큰 고통과 참회와 깨우침과 인내를 얻은 기간이었다. 나에게 뼈저리게 '자립'을 깨우쳐주고 자립과 분수를 지키는 마음의 평화와 안정을 되돌려주신 큰 은혜를 베푼 분이 바로 정 회장이시다. 돈으로 환산할 수 없는 큰 도덕적 깨우침을 주신 것이다(《100인 문집 아산 정주영과 나》, 100인 문집 편집위원회. 1997. 7. 1. pp. 123~126).

정주영의 체취: 한국경제연구원(KERI) 시절

김입삼을 어찌 기쁘게 해 줄까: 겸손

1981년 4월, 전국경제인연합회(전경련) 김입삼 부회장이 한국기술개발주식회사 사장으로 옮기기 며칠 전, 오후 회장님으로부터 전화가 왔다. "오늘 저녁 약속 있느냐?"는 것이다. 한창 한국경제연구원 설립 작업을 전경련 사무실에서 혼자서 서두를 때였다.

"물론 있어도 없다"고 해야 하는 그 시대 분위기였다. 저녁 같이하자며 차 보낼 테니 같이 가자 했다. 장충동에서 약수동 네거리 가는 고개 넘어 오른쪽 술집인데 이름을 잊었다(집은 그대로인 것 같다). 정 회장과 전경련의 단골집이었다. 그 뒤 장남 정몽필 씨 교통사고로 잃은 위로자리에 구자경, 이동찬, 유찬우 회장과 함께한 날도 아주 인상적이었다(그날 밤 재계 거물들의 대화는 차마 쓸 수는 없고 내 추억으로만 남기겠다). 이 차 중 말씀이 나의 정주영 개인 체취를 맡는 결정적 순간이었다. "오늘 김입삼 불렀어. 자리를 옮기는데 한잔 사줘야지. 차 타기 전 사무실에서 내내 김이 좋아하는 음식이 뭐더라, 무슨 노래 좋아했나 생각했어. 어떻게 기분 좋게 해줄까 하고…."

나에겐 아주 의외이고 경이로웠다. 정 회장의 낮은 말소리를 듣는 나로서는 '나는 김입삼 하나 자리 옮기는 데도 이렇게 신경 쓰는데, 너 글줄이나 쓴다고 사람을 얕잡아보는 것 같아. 그러면 안 돼!'라고 야단치는 것 같이 들렸다. 그렇게 대입(代入)했다는 것이 정확한 표현일 것이다. 김입삼 술자리를 빌려 겸손을 나에게 가르치는 것처럼 느꼈다. 내 평생 귓전에 맴돈다.

친필 엽서 연하장: 성실

1960~80년대 초반까지만 해도 꼭 새해 인사장 카드(우체국 발행 엽서였다)의 이름은 자필로 쓰셨다.

한 번은 '그 많은 카드에 일일이 이름 쓰는 시간 아깝지 않으세요' 하니 '내 이름으로 나가는데 (내용은 못 써도) 이름만이라도 내 손으로 써야지' 했다. 샘플로 한 장 아직까지 보관 중인데 겉봉이 없어져 어느 해 것인지 확인할 수가 없다(나중에 기억 되살리며 1979, 1980? 이렇게 쓰여 있다).

그러나 일에는 단호했다: KERI 운영의 고통, '금융 연구나 해'

1981~84년 KERI에서 일할 때 정주영 회장과는 운영원칙에서 기본적 충돌이 처음부터 있었다. 기업에 유리하고 도움 되는 것, 즉 기업이 제일 급한 것 금융, 금리 내리고 돈 푸는 것이니 '그쪽 일만' 하라는 게 일관된 정 회장 지시였다. 나는 물론 금융도 열심히 하는데 그것만 해서는 이 나라 유일한 민간연구소, 특히 재벌들 조직인 전경련 연구소로서 출발부터 신뢰, 신용이 깨진다는 입장이었다. 전경련 연구소니까 오히려 정부에서 관심 안 갖는 국가경제의 기본조건 기초문제도 가끔 앞장서 나감으로써 '민간기업도 국가를 위해 큰 안목의 일을 하는구나'라는 인식과 평가를 받아야, 부자들이 하는 연구소의 가치가 있다는 게 나의 설득 요점이었다.

조세, 재정, 민간기업주의, 자본주의 정신과 체제까지는 다뤄야 한다는 주장을 굽히지 않았다. 그래서 우리나라에서 최초로 준조세(*quasi-tax*) 연구, 기업의 법적 제도적 세금 아닌 사실상의 명령세금(매달 하나씩 있는 성금—새마을성금, 체육성금, 이웃돕기성금, 원호성금…)의 폐지, 정상화를 주장하는 업적도 나왔다. 무엇보다 기업, 기업인들부터 시장과 기업, 자본주의에 대한 원리적 이념적 지식이나 생각이 너무 부족하고 정리되지 못한 것을 메워나가기 위해 "민간기업주의 발전전략" 시리즈 발간을 진행했다.

돈이 없어 시행착오 할 여유 없어 미국 경제연구소와 대학들을 뒤지고 뒤져 미국 AEI 연구소의 종교경제철학자 마이클 노박을 발견, 교섭에 성공했다. 그의 《자본주의와 사회주의》, 《민주자본주의와 기업의 성장》, 《민주주의와 중간 조정기구》 등의 출판과 루드비히 폰 미제스의 《자본주의 정신과 반자본주의 심리》 번역 출간이었다. 미제스의 번역본은 그 후 교보문고에서 인수 발간, 우리나라에서 고전의 하나로 이어가고 이 책의 번역자로 나를 알고 있는 분을 종종 만난다.

정 회장은 KERI가 도입한 '민간기업주의'란 말을 특히 좋아하고 자주 썼다. 그리고 노박을 높이 평가, 서울 초청 때나 정 회장 워싱턴 방문 때나 극진히 대접했다. 워싱턴 방문 때마다 정 회장 바로 옆자리에 앉혀 노박은 평생 대기업인으로부터 인간적 친절을 받은 것은 처음이라고 나에게 늘 말했다.

그러나 금융 연구해야지 왜 쓸데없는 조세, 출판하느냐며 출판비용을 예산에서 없애기도 했다(그래서 금융연구담당이었던 구석모 박사가 내 후임 부원장으로, 나중에 전경련 부회장까지 갔다). 나는 내 고집을 꺾지 않고 시장경제 신념자이면서 국가경영의 미래를 고민하는 김재익 당시 청와대 경제수석의 도움으로 출판비용을 마련(한국은행이 책 인수), 《민간기업주의》나 미제스의 책이 나올 수 있었다.

이런 원론적 충돌에도 불구하고 정 회장의 나에 대한 신뢰는 여일했고 일을 맡긴 것은 대인다운 모습이었다.

어느 직장이나 있을 수 있는 일이나 KERI 운영에서도 전경련 조사부의 견제, 그리고 무엇보다 부자 전경련 연구소인데 연구비 많이 내라는 '멀쩡한 학자'들의 강요, 그리고 '작은 민간' 연구소 연구원들의 사기문제 등 나를 괴롭혔던 일들도 끊임없었다. 처음 출발 때 3명, 그 후 2년 뒤 추가로 공모한 초년병 연구원도 4명, 열 명도 안 되고 박사학위 소지자는 구하기 어려웠다. 한참 뒤 구석모 박사가 왔고 서울대 총장 지낸 오연천 박사가 한 6개월 있었다. 그때 뽑은 초년병들 거의 모두 미국서 박사학위 마치고 성장하여 자기 자리 지키고 있는 것은 큰 보람이다. 최근 고인이 된 최동규 전 중소기업청장, 홍순영 한성대 교수, 이한식 서강대 교수, 석영철 산업기술평가원장, 이면희 박사, 정훈 인천대 교수 등은 지금까지 우정을 나누고 있다 (KERI 시절 회고의 좀 더 자세한 것은 "이념, 정책, 연구, 그리고 공익 — 한국경제연구원 30년에 붙여", 한국경제연구원 〈논창〉 창간호 권두언, 2011. 4. 참고).

KERI 떠나 다시 동아일보로

1984년에 전두환 정부로부터 쫓겨난 언론인들 해금령이 나와 복직하겠다고 하니 정주영 회장께서 '정말 가려느냐?'라고 몇 차례 물으셨다. 10월에 동아일보 복직을 최종 통보드렸다.

"평생직장으로 생각하니 가라. 그러나 내가 전경련에 있든 없든 돌아오고 싶으면 언제든 이야기하라…."

이 무렵 전경련에서도 원로 중의 원로이신 김용완 경방 회장께서 특별히 불러 정 회장과 똑같은 말씀을 했다. 꼭 신문사 돌아가려느냐 물으시곤, 그러나 언제든 돌아오고 싶으면 내가 도울 테니 돌아오라 했다. 그때 나는 김 회장님도 내가 전경련 떠나는 것 아쉬워할 정도로 연구원에서의 실적을 좋게 평가하시는구나 하는 정도로 고맙게 생각했다. 그 뒤 다시 생각해 보니 그때 그분의 다소 어색한 표현 등으로 보아 동아일보의 형제간, 숙질간 내분을 잘 아시는 김 회장님께서는 걱정의 간접 표현이 아니었나 하는 느낌이 강하다. 그때 그런 각도에서 김 회장에게 좀 더 가족문제의 심층을 여쭤볼 것을 하는 후한이 있다.

1977 인터뷰, 1981 KBS, 1988 대담의 앞뒤

1977년 10월호 〈신동아〉 인터뷰

정주영 회장이 고사 끝에 전국경제인연합회 회장직을 맡고, 이어서 한국 최대의 공익법인 아산복지재단을 설립한 1977년이었다. 7월에는 독일 유학 중 사망한 동생, 언론인 출신 신영 씨를 기려 관훈클럽에 신영연구기금

1억 원을 출연했었다. 나는 당시 동아일보 논설위원 자격으로 월간 〈신동아〉 10월호 인터뷰를 길게 했다.

재벌 중의 재벌

이 무렵 현대는 재벌 중의 재벌이었다. 국세청의 1978년도 종합소득세 실적에 의하면 고소득자 50인 랭킹에서 1위부터 5위까지 중 4명이, 정주영 회장 1위를 비롯 2, 4, 5위 현대 형제였다. 50명 중엔 11명이 현대가문이었다. 정 회장 신고소득 291억 원, 납세 181억 원에 비하면 17위 이병철 삼성회장은 소득 7억 1천 2백만 원, 납세 4억 2천 6백만 원으로 비교 불가능한 격차를 보였다. 현대가문을 제외한 39인 재벌의 합친 납세실적은 현대가문 11명 것보다 훨씬 작았다. 이 추세는 1979년, 1980년 계속된다.

건설주식 반, 사회 공익재단으로

1977년의 긴 인터뷰에서는 지금 다시 되새겨야 할 대목이 여럿 나온다. 그 중 몇 개만 고르면 이런 것이다.

"현대건설 주식의 반을 사회에 내어 명실공히 우리나라의 없는 사람들을 위하여 복지재단으로서 여러 가지 모범적인 일을 해서 기업인이 신뢰받는 역할을 해 보고 싶은 것이 우리의 바람입니다. 그것이 잘 되면 나머지는 은퇴할 적에 저 전부 내어가지고 기업공개정책 이상으로 모든 국민에게 더 많은 복지를 주고 싶다 하는 것이 우리의 소망입니다. 그렇기 때문에 우리가 우선 반을 내놓고 있는데 그 성과에 의해서 역시 현대건설이 복지재단을 만든 것이 기업을 공개한 것 이상으로 더 국가와 사회에 도움이 되었다는 평가를 듣게 해 볼 생각입니다. … 문자 그대로 한 번 사회의 공익이 되는 공익적 활동을 해 보려고 생각하고 있습니다. …"

"우리 현대건설이 자기는 능력이 없는데 정부의 한두 사람 권력에 의해 컸다고 하는 의아심에 대해서 그렇지 않다는 걸 대중에게 증명할 방법이 없었기 때문에 우리가 우리 힘으로 일해서 우리 힘으로 컸다는 것을 증명하기 위해 해외건설을 시도한 것입니다. 월남전쟁 이전 1965년의 타일랜드 고속도로 건설이 바로 그것입니다. …"〔"부정축재(4·19, 5·16 때) 건설업: 정치결탁에 대한 반론"〕

"기업은 그 시대 이를테면 위정자의 영향을 굉장히 많이 받는다고 생각합니다. 조선할 적에도 경제장관이나 은행가들이 아주 부정적 입장이었어요. … 그래서 걱정하기를… 좀더 쉬운 일을 하는 것이 좋지 않은가 하고 생각도 했었습니다. … 대통령께서 저를 불러서 '한번 해 보라. 너는 할 수 있다. 그리고 정부로서도 이것을 꼭 해야 한다. 그래야지 우리나라의 많은 근로자들한테 기술과 노동의 집약산업을 제공할 수 있는 것이니 뜻있는 일이다'라고 하셔서 대통령 말씀에서 많은 힘을 얻었지요. … 그러나 어려워서 주저앉은 적도 많았습니다(미국, 일본에서 차관 거절해서). 그래도 하여튼 대통령께서 집요하게 조선공업하는 것을 희망하셨고 도중에 주저앉았을 때는 사업가가 무엇을 한번 해보려고 했으면 끝끝내 해보는 것이 어렵다고 주저앉으면 되느냐고 격려도 많이 받았습니다. …"

1988년 〈현대경영〉 인터뷰

〈신동아〉 인터뷰 11년 뒤 1988년 5월 18일에는 한국능률협회 한국경영대상 제정 20주년 기념 최고경영자 세미나가 있었다. 그 행사의 하이라이트가 10년 회장직의 전경련을 물러나신 정주영 현대그룹 명예회장과 동아일보 논설실장이던 나와의 대담이었다(〈현대경영〉 6월호에 전문 게재). 지금까지도 되새길 대목이 많다.

"새로 출범한 제 6공화국은 5공화국의 경제개념에서 완전히 탈피해야 합니다. 나는 민간주도의 경제를 보장하기만 하면 앞으로 10년 이내에 한국은 대만을 능가할 수 있다고 확신합니다. …”

“앞으로 2~3년 뒤에는 서구적인 제도의 장점과 한국의 유교적 인간관계가 접목된 한국적 노사관계가 정착되리라 믿습니다.”

“우리나라 경영 2세들은 창업주들이 못 받은 국제화의 교육을 받았기 때문에 앞으로 한국경제가 개방시대 글로벌화시대를 전진하는 데 있어 큰 역할을 해낼 것으로 믿습니다. 한 가지 부탁을 덧붙인다면 창업주시대의 근검·절약의 정신과 혼신의 열정을 다하는 자세는 잊지 말고 견지해주었으면 합니다.”

“10년 후에는 완전한 민간주도의 경제가 정립되고 거의 대부분의 기업이 전문경영인 시대로 발전해 나갈 것으로 봅니다. 그리고 한국은 물심양면에서 자유와 평등의 사회가 될 것이며 현재와 같은 갈등은 대부분 해소될 것으로 전망합니다.”

제일 끝마무리는 이랬다.

“우리 경제는 상당히 성숙되어 있습니다. 아울러 국민들의 의식수준도 높습니다. 따라서 경제인들이 의연한 자세와 냉철함을 잃지 않는다면 정치인들에 의해 정치혼란이 일부 야기된다 해도 경제는 별 동요 없이 지낼 수 있을 것입니다. 정치인들이 잘해줄 것으로 믿지만 혹시 실수로 어떤 혼란이 일어나더라도 경제만큼은 그 혼란에 휩쓸리지 않도록 의연한 자세로 나가주길 부탁드립니다.”

나와의 인터뷰를 곱씹어보면 그 뒤 일련의 정 회장 결단을 짐작케 한다.

‘현대그룹 자식에게 상속 않겠다’

1977년 인터뷰에서 4년 뒤, 1981년 9월 13일 KBS 교육방송 〈나의 경영철학〉이란 프로그램을 통해 ‘현대그룹, 자식에게 상속 않겠다’ 선언한다. “훗일을 미리 예언할 수 없지만 현대의 재산은 너무 크기 때문에 자손에게 상속할 생각은 없다. 그것은 10년 내지 15년 후에 우리 사회가 바라는 방향으로 사회사업에 기증할 생각이다.”

조선일보는 9월 15일 보도에서 “재계에 충격과 화제를 던져주고 있다. 이같이 정 회장 말대로 현대그룹 재산의 사회환원이 이루어진다면 이는 유한양행 창업주 고 유일한 회장의 쾌거에 이은 두 번째의 일인데, 과연 우리나라 최대기업군의 기업 재산이 어떻게 환원될 것인지 주목을 끌고 있다”고 했다.

이때가 10·26 박정희 피격 사망과 전두환 등장 초기 살얼음판이요, 산업구조 개편 진통이 벌어질 무렵이라는 배경을 참고해야 할 것이다. 그리고 19년 뒤 2000년 5월 31일 오후 4시 20분, 계동 현대 명예회장실에서 벌어진 정주영 몽구 몽헌 3부자 동시 퇴진과 전문경영인체제 선언, 그리고 계속 반전의 반전을 거듭한 ‘왕자의 난’ 추태의 결말, 2000년 대북송금과 DJ와의 대북사업 도박과 1년 뒤 왕회장의 서거, 그리고 2년 뒤 2003년 8월 현대그룹대표 정몽헌의 자살… 1998년 6월 신선한 드라마 소떼몰이 방북과 금강산 관광의 비극적 퇴장, 그리고 오늘 현대그룹, 3세 경영이 터를 잡고 있다.

1988년 인터뷰에서 전망한 10년 후 미래는 모두 희망사항, 허무한 추상화가 되고 말았다. 다만 1988년 인터뷰 말미는 4년 뒤 1992년에 왜 정당을 만들고 국회의원이 되고 대통령에 출마했는지 맥락을 더듬을 수 있게 한다. 정 회장은 한국적 노사관계, 민간주도 경제, 경제인들이 의연하고 냉철하게 가고 물심양면에서의 자유와 평등의 사회를 만들기 위해서는 결국 스스로 정치에 나설 수밖에 없다고 판단했던 것이다.

진실: 마음의 진실은?

진실을 알기는 특히 사람, 사람의 마음의 진실을 알기는 어렵다. 어쩌면 불가능할 것이다. 기록이란 것도 한계가 있다. 내 〈신동아〉 인터뷰는 1977년 10월이지만, 7월 아산 사회복지재단 설립 발표 뒤 회장실에서 만났을 때는 뉘앙스가 달랐다.

박정희 대통령의 지시라며 "이런 것은 정부가 해야 하고, 민간보다 정부가 잘하는 것 아냐?" 했던 기억이 선명하다. 최규하 대통령 시절, 그러니까 10·26 이후 전두환 등장까지 대혼란 시기, 실체적 거래는 밝히지 않았으나 최 대통령을 꽤 물심양면으로 지원하는 말씀을 했다. 아마 강원도 동향의식도 작용한 듯했다. 내가 "최 대통령은 실권 없고 운명이 불확실한데요" 하니 답이 간단했다. "그래도 대통령인데…."

정 회장과 가깝다는 소문 있으니 언론계 출신 국회의원들 또는 지망생들이 선거철에 자금지원 요구가 나한테까지 왔다. 내 신념대로 거절했지만 특별히 가까운 친구들 요청은 거절할 수 없어 한 번은 두 사람 이름 대고 얼마 돈 좀 마련해주시면 고맙겠다 하니 딱 잘라 말했다. "이봐, 투표 전에 줄 것 없어. 필요하면 당선되고 나서 그 두 배 주면 돼…."

조선사업 진출도 사실상 박 대통령 강권이라는 사실도 함께, 또 이병철 회장의 반도체 진출도 함께, 한국의 정치-경제 운용의 핵심, 기업-권력 관계의 실체는 아직도 완전히 탐색하지 못하고 있는 것이다. 인간 정주영의 위대한, 담대한 결단과 세계적 진출 그리고 그를 에워싼 정치권력의 작동은 통합적으로 정리해야겠다.

아마도 정유, 석유화학, 제철, 반도체 재벌들도 똑같은 논리와 분석의 잣대를 대야 할 것이다. 정 회장이 떠난 한 달 뒤인 2001년 4월 26일 "아산

정주영 회장이 21세기에 남긴 유산" 세미나가 조선호텔에서 열렸다. 내가 '국가적 유산' 부문의 주제를 맡았다. 이 발표문의 끝은 이렇게 맺었다.

"20세기 한국을 이끌어온 지도자로서 정주영 회장이 우리에게 남긴 숙제는 ① 현대 혼자서가 아니라 국가와 국민의 차원에서 대북사업을 지속할 수 있는 방안을 모색해야 함, ② '기업은 임직원과 사회, 국가의 것'이라는 믿음을 계승하여 기업을 통하여 개인의 사욕이 아니라 사회에 기여하는 올바른 자본주의를 정립해야 함, ③ 환경보전에 앞장서고 기업이익을 사회에 환원하는 등 기업 시민의식을 확립하는 계기로 삼아야 함."

1995년 3월 18일 오전, 고려대학교 인촌기념관에서 정 회장은 명예 철학 박사학위를, 나는 명예 경제학 박사학위를 홍일식 총장으로부터 나란히 받았다. 그때만 해도 2~4년 뒤부터 정 회장의 건강 악화와 '아들, 형제의 난'의 비극적 소동 그리고 나의 문화일보에서 비운이 펼쳐질 것이라고는 상상도 할 수 없었다. 세상의 진실 알기, 탐구하기가 그리도 어렵다.

1989년 12월 신영언론기금 이사회는 나를 제 5대 이사장으로 선출했다. 동아일보 논설주간 시절이다. 1967년 논설위원 되고 1년도 안 돼 관훈클럽 총무 지냈으니 관훈클럽의 두 기관 책임자를 모두 경험하게 되었다. 그러자 정주영 회장께서 "이사장 됐으니 내가 축하해줘야지!" 하시면서 12월 28일자로 10억 원을 추가 출연하셨다. 1977년 정 회장의 1억 원 출연으로 설립된 신영연구기금은 12년간 합쳐 총 8억 3천만이었는데, 내 취임 축하 명분으로 10억 원을 새로 출연하신 것이다. 정주영 회장의 나에 대한 신임, 신뢰의 한 징표였다.

이 늘어난 새 기금을 바탕으로 제주세미나를 연례 정기화하고, 정진석 교수에게 새 사업구상을 부탁했다. 〈한국 언론연표 색인〉, 〈일제하 압수 기사집록〉, 〈기사 최병우전〉 등의 계획이 결정되었다. 그러나 갑작스러운 뜻밖의 과기처 장관 징발로 1년도 못 가 자리를 뜨는 바람에 실제 새 사업집행은 후임자의 몫이 되었다.

12장

YS와의 인연

'인간적'으로는 정치인 중 으뜸

내가 겪은 역대 대통령을 평가하라 한다면 인간으로서 가장 결함이 적은 분이 김영삼 대통령이다. 지식이 모자라는 허점 있으나 약속 신용을 지키는 것이나 돈에 사리 차리지 않는 것이나 대국, 대의를 위해서 희생도 감수하는 큰 정치가다운 의지.

주로 '인간적' 측면에서는 내가 겪어본 정치인 중에서 단연 으뜸이고 특출했다. 한 번 믿으면 끝까지 믿는 순수형 냄새가 짙은 분이다. 나하고는 노태우 대통령의 경우와 마찬가지로 아무 인연이 없었다. 서울대 문리대 선배라는 것 빼고는. 그러나 나는 주로 경제 쪽에서 컸기 때문에 철학과 출신 정치인 YS와는 만날 일이 없었다.

그러나 내가 1984년에 다시 동아일보로 복귀하고 논설실장이 된 뒤로 YS는 자기 수첩에 어떤 스케줄이 있는 듯했다. 3개월에 한 번 정도는 꼭 점심을 초대했다. '약속시간' 꼭 지켰다. 국숫집이나 양식집이었다. 말이 많지도 않았다. 내 의견을 물어보는 것이 주로였다. 내가 논설주간 거쳐 1990년 11월 과기처 장관 발령 날 때까지 쭉 이어졌다.

지금까지도 미스터리로 남은 것은 현대 정주영 회장과의 관계이다. 이 동안의 YS와 정 회장 양쪽 모두 사이가 특별히 좋았다. 한 번은 YS가 정 회장에게 전해 달라는 메시지도 있었었고, 또 정 회장도 YS가 정치인 중 제일 낫다며 후원한다는 말까지 나에게 했었다. 그런 사이의 두 분이 내가 국무위원 된 1990년 말 이후 1년도 안 되어 정 회장이 당을 만들고 왜 딴 사람 아닌 YS와 대통령 선거에서 맞붙었는지 나로서는 아직까지 미스터리이다.

1988년 국회의원 선거 때는 YS가 점심자리에서 나에게 전국구 3번을 제의했다. 내가 말 끝나기 무섭게 "저 언론계 안 떠납니다. 정치 생각 없습니다"라고 잘랐다. 한동안 말문을 잃고 멍하더니 "참 전국구 3번 거절하는 사람 처음 본데이…" 하고 탄식인지 놀라움인지 어이없어 했다.

전국구 3번 제의 거절: 서울시장설 · 총리설

YS가 대통령 취임 후 나에게 서울시장설이 있었다고 당시 안기부장이던 김덕 박사가 귀띔했다. 그리고 다음 해 1994년 11월 YS의 오스트레일리아 시드니 방문에서의 '세계화' 발언 이후 세계화구상을 중심으로 정부와 여당 개편설이 언론에 등장하기 시작한다. 구체적으로 12월 12일 자 중앙일보는 "정치권에서는 총리와 관련해 김만제 포철 회장, 이원경 전 외무장관, 장덕진 전 농수산부장관, 김진현 전 과기 장관에다 이홍구 통일부총리가 거론되고 있다"고 보도한다. 12월 16일 자 문화일보는 "새 총리 21일께 지명, 이홍구, 김진현 씨 거론" 제목의 기사가 나온다.

이 무렵 나는 전혀 모르고 있었다. 귀띔도 없었다. 그저 신문에서 추측 기사이려니 했다. 내가 총리 하겠다고 나설 꿈도 꾸지 않았다.

신문에 총리설이 나올 무렵 한국경제신문 회장실로 박용정 사장이 와서 좀 거북한 표정을 짓더니 "회장님 자산 얼마 되세요?" 하고 물었다. 그래서 있는 사실대로 몇 억쯤 될 거라 했다. 그랬더니 "지금 회장님 총리설 있는데 회장님 자산이 수십억인지 수백억인지 돼서 어렵다는 이야기가 있습니다" 했다. 모함이었다.

김현철 만나라

그러고 보니 김덕 부장의 말이 떠오르고 이해가 갔다. 워낙 입이 무거운 김 박사는 몇 번인가 나에게 꼭 '김현철'을 만나라 했다. 나는 안 만난다 했다. 내가 감투 쓸 생각 없고 엽관운동 할 생각 없는데 아무 인연도 없는 젊은 사람, 대통령 아들 실세라 해서 연줄 만들어 만나는 것, 나는 그런 짓 못 하고 않는다고 거절했다. 하도 딱했던지 김 박사는 신문에 떠도는 설에 포함된 이들을 거명하며 이런 사람까지 요새 열심히 김현철 찾아다닌다고 했다.

그리고 12월 말 개각 후 다음 해 1995년 1월 21일 세계화추진위원회 위원장(국무총리와 같이 2인 공동위원장 체제)을 맡게 된다. 처음 연락이 청와대 박세일 정책수석한테서 왔는지 이홍구 총리한테서 왔는지 기억이 확실치 않다. 그 후 1998년 2월 YS정권 퇴임까지 이홍구, 이수성, 고건 세 총리와 같이 공동위원장을 3년 2개월 동안 서울시립대 총장직과 함께했다(1995~96년까지는 한국경제신문 회장까지 세 직책을 겸무했다).

과기처 장관 시절에도 과학기술의 국민 이해(특히 안면도 민란과 핵폐기물 처분장 문제와 기술주권 문제) 위해 열손가락이 부르틀 정도로 온갖 곳에 찾아가고 불려 다녔지만, 세계화위원회 첫 1년은 또 과기처 장관 시절 못지 않게 입술 손가락 부르트며 강연, 토론, 주제발표, 인터뷰했다.

세계화 — 1995년 말 이미 동력 잃어: 사의 표명, 후임 추천

1995년 12월 1일 세추위가 '기득권'에 밀린 '실무적' 개혁으로 끝나면서 세추위는 동력을 잃고 더구나 이수성 총리의 등장과 함께 사실상 개혁의욕의 세추위는 1995년 12월로 끝난 셈이다. 주동자 박세일 정책수석도 그 자리를 이각범 박사에 넘기고 사회복지수석으로 옮겨 다시 노동복지 개혁에 힘을 쏟았다.

마침 2012년 9월 28일 서울대 국제대학원에서 "김영삼 대통령 국내인사 구술(口述) 사업" 중 '세계화' 주제로 이근 교수가 당시 대한민국박물관 추진위원장실에서 2시간 동안 구술했다. 그중 국가의 대외비에 속하는 것 빼고, 일부 내 얘기만 추려 소개한다. 다만 구술할 때는 자료 정비하지 않고 기억만으로 했다. 회고록을 쓰기 위해 자료를 찾으며 정리해 보니 몇 가지 구술에서의 뉘앙스가 차이가 나는 사실을 발견했다.

나는 이홍구 총리의 주도로 내가 위원장이 된 것으로 기억하고 있었는데, 이각범 수석 등 당시 관련자들과 대화해 보니 박세일 수석의 결정이 컸던 것 같다. 더구나 세계화의 당초 아이디어를 낸 사람이 이 총리나 박세일 수석이 아니라니, 나도 아니고, 큰 미스터리이다.

둘째, 회의에서나 의제에 있어 이홍구 총리가 별로 앞장서지 않았다는 점을 추가하고 싶다. 그나마 이 총리 때는 서로 간격 없이 일에 충실했으나 특히 이수성 총리 온 뒤로 세계화는 나의 생각과는 멀어졌다. 사의를 표하고 후임으로 송자 연세대 총장을 추천했으나 아마도 YS가 반대했는지 끝내 받아들여지지 않았다.

구술록에 빠진 것 중 하나만 추가하고 싶다. 이수성 총리 온 뒤 나는 강봉균 실장과 셋이 만나자 했다. 대한민국 안보, 안전을 총체적으로 관찰, 정보 교환하는 플랫폼을 만들자고 제의했다. 국방부, 외무부, 농림부, 동력자원부, 환경부, 내무부 … 등의 분할, 단위로 안전, 안보를 보는 패러다임 갖고는 변화하는 환경, 군사, 무역질서에서는 충분하고 효율적이지 않다. 물, 공기(하늘), 땅, 이런 본원적 생명자원, 안보자원 측면에서 모니터링 시스템을 갖자.

'물'— 담당 모니터링 플랫폼은 동해, 황해, 남해 바닷물부터 내륙의 큰 강, 작은 강, 동네 보의 물까지 모니터링하고 그 연결관계를 관찰하자.

'공기(하늘)'— 전국의 하늘, 주변 나라 하늘(공기), 전 세계의 장기 단기 공기(공기의 질과 기상), 우주사이버, 군사(공군) 하늘을 통틀어 종합관찰하자.

'땅'— 흙, 나무, 농지, 집(주거), 길, 도시, 국경선(휴전선), 즉 땅과 흙을 중심으로 먹거리와 삶의 안전과 국경을 동시에 보는 훈련과 모니터링 시스템을 갖춰보자는 것이었다. 대담한 제안이었다.

반응이 신통치 않았다. 다만 강 실장은 재사형이어서 부정적 태도는 보이지 않고 검토해보겠다 했다. 내가 한두 번 독촉해도 적극적 반응은 아니었다. 역시 요령이 좋아서 물 분야 중 한강 등 큰 강 종합관리는 필요한 것 같고 이 관점에서 검토하고 있다 했다.

1년 지난 뒤부터 나도 의욕이 상실된 때라 더 이상 기대도 독촉도 안 했다. 강 실장이 다듬은 큰 강 종합관리 방안이 후에 본격적 한강 수계(水系) 종합관리시스템으로 발전된 것으로 듣고 있다.

세 명의 총리와 지낸 세계화추진위원장

공동위원장

“국민들의 컨센서스 빌딩을 하자는 의도가 아니었나 그렇게 생각을 합니다. 그때 나하고 좀 서먹서먹한 사람이 총리면서 공동위원장 맡아달라고 그랬다면 뭘 하는 거냐, 내 역할은 뭐냐 결정권이 있는 거냐, 대접은 어떻게 해 줄 거냐 물었겠지만은, 이 총리가 공동위원장이라니까 아 그러라고 내가 그랬지. 내 지금 별로 기억 자체가 없어요. 어떻게 해서 그렇게 내가 공동위원장이 됐는지.

내가 언론인 출신에다가 마침 시립대 총장도 하고 있으니까 국민들에게 중도적 냄새를 전달하는 데 유리할 거 아니겠어요. 당시 분위기로 봐서 민주화세력 쪽, 야당 쪽에서도 수용적일 수 있는 그런 사람이라고 본 것 같고, 국가정책의 차원에서 보면 일종의 패러다임 시프트, 그러기 위해서는 많은 PR과 프로모션이 필요한데 그런 세계화를 선전하고 추진하는 데 총리가 나서서 하면은 전부 형식적이라고 생각할 거고, 나 같은 사람이 하면 좀 제 3자적 입장에서 얘기하는 거라 아마 수용력이 높을 거다 그렇게 생각, 판단한 것 같아요.

그래서 저는 이것도 또 팔자인지 모르지만 세계화추진위원회 위원장 되고 나서 한 1년 동안은 거의 아침 점심 저녁을 다 강연하고 돌아다녔어요. 세계화라는 게 뭐냐, 왜 세계화를 해야 하느냐, 세계화를 하면 무엇을 기대할 수 있느냐 하는, 나로서는 아주 귀찮을 정도로, 아침 점심 저녁 어떤 때는 저녁에 3개나, 저녁 먹기 전에 하고 저녁 먹으며 하고, 저녁은 빵이나 먹고 또 다른 데 가서 하고…. 한 1년은 참 고생 많이 했어요. 말하자면 그런 건 총리나 정부 사람들이 못하는 거죠.

그중에서 지금도 제일 기억에 남는 건, 딴 덴 그래도 형식이라도 예우를 갖추는데 법무부하고 검찰에 가서 얘기했을 때 제일 썰렁했던 기억이 나. 딴 데는 다 책임기관 장관이 나와서 인사말을 한다든가 안내한다든가 그러는데, 일체 없고 아주 하급자가 안내하고 청중들도 냉담하고, 끝나고 질문도 하나 없고. 세계화위원장 얘길 좀 들으라고 하니까 날짜를 정해 스케줄은 정해놨는데 싫다 그거지."

세계화 구상

"내가 얘기하는 세계화하고 말하자면 정부가 생각하는 세계화하고는 좀 달랐죠. 나는 이미 이게 1993년에 과기처 장관을 관두면서 쓴 책인데〔《한국은 어떻게 가야 하는가: 국격, 국력 … 선진화를 위한 제 2독립운동》(1993, 매일경제신문)〕 요새 얘기로 하면 소프트파워(*soft power*)라는 개념을 많이 얘기했고 난 그때 소프트패스(*soft path*), 연성의 길이라고 했습니다. 그래서 우리나라같이 자원이 없고 그러면서도 4대 강국에 둘러싸인 특수한 지정학적 조건에 있는 나라의 경우에는 물리력(*physical power*)으로는 감당하기 어렵다, 결국 우리나라가 할 수 있는 건 연성의 길, 그때 내가 소프트파워라는 이야기를 좀더 일찍 했으면 조지프 나이보다 내가 앞섰을 텐데, 내가 '소프트패스'라 그랬어. 우리는 소프트패스로 나가야 한다, 그런 게 내 주장이었고 내용이 결국은 과학기술과 문화라고 하는 두 축이지.

영어를 좀 하고 경제규제를 풀고 자본 무역자유화를 하고 세계무역기구(WTO), OECD에 들어가고. 나하고 좀 다른. 나는 부국 강국이라는 개념보다는 연성 강국이라고 하는… 그래서 내가 이 책에 처음 쓰고 그 이후에 이제 일반 보통명사가 됐는데 "작은 거인"이라는 말을 쓰기 시작했거든. 우리가 작은 거인으로 가야 된다고 하는… 그래서 어디까지나 나는 대한민국이라고 하는, 한민족(韓民族)이라고 하는 기초 위에서 지구촌 쪽으로 접근한 거고, 정부에 계신 분들은 경제의 부국, 그쪽에 좀 중점이 있었던 것 같은데, 구체적으로 내 생각이 반영된 게 몇 개 있긴 있어요. 아이티(IT) 나 한류 같은 것들이 그 기본적인 패러다임, 이걸 좀 예상했던 거죠."

위원장 권한과 역할?

"내가 신문기자 체질이라는 걸 이해하면 이해가 될 텐데, 내가 일생 이렇게 강연하고 글 쓰는 걸 업으로 하지만은 몇 가지 원칙이 있어요. 절대로 원고료가 얼마냐고 물어보지 않는다는 거, 두 번째로 시간이 여유가 있고 그 테마가 특별히 나한테 거부감을 갖는 거 아니면 웬만하면 해 준다, 왜냐 내가 그래도 일생에 50년 가까이를 광화문 근처에서 얼쩡얼쩡 댔으면 대한민국 혜택을 받은 사람인데 그런 사람이 시간 없고 특별히 그 테마가 안 맞으면 모를까 웬만하면 내가 가서 서비스해 주는 게 내 의무다, 그렇게 생각하는 사람이에요. 그러면 속는 경우도 참 많지, 허허. 원고료 얼마냐고 물어보지를 않으니까. 지금까지 그 원칙은 지켜요. 또 어떤 데 가서 기관이 어려워 보이면 그 자리에서 강연료 이거 그냥 내가 기부한 걸로 하라고 놓고 나오고 그러지.

이 근처 태평로에서 일하는 사람은 퍼블릭 서번트(*public servant*) 다, 그렇게 알고 일해야 된다는 게 제 주장이고, 그래서 지금까지도 월급이 얼마냐 원고료 얼마냐, 난 그런 거 안 따진다고."

위원회 망국

"대통령이 일주일에 한 번씩 비서관들하고 회의를 주재한다, 이게 무슨 참… 우리나라 언론이 거 좀, 대학교수, 지성이 말려야 돼요. 미국에서 오바마가 일주일에 한 번씩 비서관회의 한단 얘기 들었어요? 영국이나 일본에서 수상이 비서관회의 한단 이야기 있나? 우리나라 장관들 잘못 생각하는 게 참 많아요. 나라를 다스릴 국무위원 자격이 되는 사람 중에서, 너는 과학기술 맡고 너는 법무 맡고 너는 이거 맡고 하는데, 그러니까 우선 국무위원 될 자격 있냐 없냐 그걸 봐야 되는 거예요. 기능보다.

대통령이 일일이 장관하고 중요한 일은 상의해야 되지만 늘 그럴 수 없으니까 평소에는 메신저 노릇하는 것이지. 비서관 회의에서 뭘 결정을 하고…참 택도 없는. 그 위원회라는 게 역대 대통령들의 총체적인 잘못인데…, 잘못이라기보다 비겁한 거죠. 세계화가 필요하면 대통령이 총리, 외무부장관과 상의해서 구성하고. 필요하면 자문위원회 구성하고 이러는 거지, 까딱하면 위원회 그러잖아 무슨 사회통합위원회, 경쟁력강화위원회, 동반성장위원회 무슨 짓이에요 대통령 책임제에서. 그럼 정부가 뭐 하러 있어!"

의제 설정: "서울 · 동북아지역정보 및 연구중심화" 방안 — 그 허무한 결말

"초기에는 의제설정에서 이홍구 총리보다도 박세일 씨의 영향이 좀 컸다고 보이던데 내가 보기에는. 박세일 씨한테 내가 그건 아니다 하고 정면으로 얘기한 것 중에 하나는 사법개혁을 제 1호 안건으로 올리려고 그랬어요. 내가 적극 말렸어요. 세계화추진위원회에 영어를 확대하는 안과 사법개혁 이렇게 왔어요. 내가 둘 다 아니라고 그랬어. 이 세계화추진위원회가 처음부터 영어나 확대하고 꼭 이명박 대통령 초기에 오렌지(*orange*) 발음 파동이랑 비슷하게 되는 거 아니겠어요. 사법개혁도 난 박 교수가 사법개혁부터 하자는 것 개혁의 열쇠로 단단한 기득권의 고착된 질서 깨자는 것 이해하겠는데, 국민들이 볼 때 세계화추진위원회가 나오더니 첫 번째 안건으로 사법개혁을 다룬다는 거는 상당히 당황스러울 거다. 자연스럽지가 않다.

난 전부터 소신, 내 소프트패스(*soft path*) 이론이지만은. 우리 작은 나라가 살 수 있는 길은 "작은 거인"이 되어야 하는데 몇 가지가 있다. 과학기술을 통해서 거대한 선진국도 요 무기 하나에는 꼼짝을 못하는 그런 거까지 사실은 하드파워(*hard power*)로 갈 수 있는 그런 게 있는데 그건 이 위원회가 다룰 게 아니고. 또 하나가 있는데 이스라엘이 어떻게 해서 그 조그마한 나라가 내가 이스라엘에 간 게 1962년인데 그때는 300만밖에 안 되었는데. 그런 나라가 2억이 넘는 아랍에 둘러싸여 있으면서도 생존할 수 있는 것은 물론 미국과 유럽의 지원도 있지만 그보다 미국이나 영국보다 우수한 정보를 갖고 있기 때문이다. 미국이나 영국도 이란, 이라크, 시리아나 사우디나 거기에 결정적으로 중요한 정보는 이스라엘에서 얻는다더라. 왜냐하면 미국 사람들은 다 못 나가지만 유대인들은 다 나가 있거든.

그런데 우리야말로 4강에 둘러싸여 있지 않냐. 우리가 도저히 우리의 힘으로는 1 대 1은 안 된다. 중국하고 1 대 1 안 되고, 미국하고도 1 대 1 안 되고, 일본하고도 안 되고. 북한은 저렇게 호전적이고. 그러면 우리가 할 수 있는 일이 뭐냐. 거기서 내가 세계화추진위원회가 되면서 내 철학을 추출해서 나온 1호 안건으로 이걸 해보자고 한 것이 "서울의 동북아지역 정보 및 연구중심화 방안"이고 실제로 1호 안건이 되었어요. 정보 및 연구허브(*hub*) 같은 그런 개념인데, 내가 아이디어를 구상했고 그걸 문서화한 거는 길정우 박사(나중에 중앙일보 논설위원, 국회의원 지냈다)가 만들었어요. 그때 통일연구원에 있으면서.

그래서 서울이, 즉 대한민국이 중국과 일본의 정보에 관한 한은 미국 외교관이나 장사꾼도, 영국의 외교관이나 장사꾼도, 남아프리카의 장사꾼이나 외교관도, 브라질의 외교관이나 장사꾼도 다 그 나라의 차이나 워처, 재팬 엑스퍼티즈가 있겠지만, 베이징이나 도쿄에 가기 전에 서울에 들러서 한국의 차이나 워처 혹은 재팬 워처의 얘기를 듣고 갔더니 확실히 도움이 되었다. 그 정도로 우리가 중국과 일본 연구의 중심이 되는. 그래서 중국과 일본에 관한 한은 한국이 세계 최고의 정보 허브다. 마치 이스라엘이 중동의 정보에 관해서는 최고이듯이. 그렇게 만들자.

그게 왜 가능하냐. 지리적으로 우리가 일본이나 중국하고 제일 가깝고 또 이 세계에서 미국 사람은 일본이나 중국이나 러시아의 교포를 못 갖고 있고. 러시아도 중국이나 일본에 못 갖고 있고. 중국도 미국은 갖고 있지마는 일본이나 러시아에는 교포가 없고. 우리 한국만이 세계 4대 강국에 제일 많이 갖고 있지 않냐. 교포가. 특히 중국은 아주 오래되었지 않냐. 일본도 마찬가지이고. 또 우리가 제일 가깝고. 또 한국 사람들이 제일 언어적으로 쉽게 접근되고.

강대국에 둘러싸인 장점 갖고 있어. 강제된 이점이지. 그런데 내가 이런 얘기하면 금방 중국 연구소 만들자 일본 연구소 만들자 그럴 거다. 그러지 말자. 일종의 기초 플랫폼일까 중앙 관리기능을 하나 갖자. 펀딩과 인사만 다루는.

그 대신 어떻게 하느냐. 우리는 일단 전략을 중국의 모든 분야 물론 우선순위는 정해야 하지만, 모든 분야를 다 커버한다고 가정하자. 두 번째로 모든 지역을 다 커버하자. 예를 들면 한국의 광업공사는 공사 안에 무조건 차이나 워처 둘을 둬라. 처음부터 거창하게 차리지 마라. 중국말 하든 못하든 상관없이. 중국말 한다면 더욱 좋고, 두되 앞으로 10년 동안은 꼼짝 않고 옮기지 말고 그냥 차이나 워처 기능만 해서 중국의 석탄, 석유 모든 광물자원 생산은 어떻게 하며 소비는 어떻게 하며 수입은 어떻게 하며 그것을 처음에는 그냥 팩트 파인딩만 해라.

우리나라 관광공사는 중국의 관광 비즈니스가 현재는 어떻고 어떻게 전망될 것이고 시설은 어떻고 관광의 인프라는 어떻고, 그것만 그냥 한두 명 임명해서 무조건 적어도 10년이라고는 하지만 적어도 5년은 꼼짝 않고 탐구하게 하자. 인천대는 제일 가까우니까 산동성을 맡아라. 목포대학은 푸젠성을 맡아라. 부산은 홍콩하고 광저우를 맡고. … 지역으로 그렇게 맡고. 또 서울대 경상대학은 금융 맡고. 고려대 경상대학 무슨 연구소는 산업 맡고. 무역협회는 중국의 무역 맡고. 두 사람의 워처를 두도록 하고 그런데 필요한 보조비는 중앙정부에서 내준다든가.

그렇게 하면 한국 사람들이 영리해서 난 5년, 10년이라고 말은 그러지마는 2년이면 확 달라진다. 나 일본보다는 중국에 중점 두자고 했어요. 중국이 앞으로 더 중요하니까. 전국의 모든 대학, 연구소의 네트워크를, 그리고 모든 기관 총동원하자. 그리고 중앙에는 컨트롤타워만 하나 있고. 중앙에서 직접 연구소 만들고 그런 짓 하면 전혀 비효율이 되고 안 된다. 아주 총동원체제로 나가자.

그런데 영 말을 못 알아듣는 거야. 당장 뭐 있잖아? 이런 것 찾으니까 안 되는 거라구. 그래서 결국 그게 안 되고 여기 나중에 보고서를 보면 미국까지 집어넣고 되나마나 한 얘기 이런 식으로 나중에 결정이 난 거야. 그래서 결국은 지금 남은 게 뭔지 아세요? 여기(대한민국역사박물관 건물) 요 옆에 가면 와이티엔(YTN)이랑 연합뉴스 있어요. 연합뉴스 정면에 조그마한 '동북아 정보센터'란 간판이 있어. 내가 화를 냈더니 중국 일본 연구자들의 연구 협의체. 그게 지금까지 끄트머리 남아서 정부 돈을 좀 받는대. 연합뉴스도 제 돈으로 하는 건 아니고. 그렇게 전락하고 말았어요."

사법개혁: 좌우, 진보 · 보수 없는 밥통지키기 기득권

"사법개혁 의지는 박세일 수석이 참 강했어요. 그런데 그때 나도 직접 로비 당했는데 변호사 단체는 물론이고. 민주변호사들, 인권변호사들까지도 열렬히 반대야. 완전히 여야가 없어. 좌우가 없어. 반체제 친체제가 없어. 민주화 쪽 변호사들도 절대 안 된대. 밥그릇 싸움이야 결국은. 박 수석이 아주 총 표적이었으니까.

박세일 씨가 사법개혁에 그렇게 진지했어요. 그런데 민변, 민주변호사들까지도 안 된다고 이러니. 야, 이거 어렵겠구나 하는 생각이 탁 들더라고. 이홍구 총리도 그렇고 조금 리얼리티가 없는 일을 시작한 거지(사전작업이 있었어야 했었다). 결과적으로 보면 세계화추진위원회의 동력을 떨어뜨린 결과도 되고. 그러나 박세일 씨로서는 할 얘기가 많이 있을 거예요. 그래도 그렇게 했기 때문에 사법시험 합격자를 그전에는 15명, 20명 하던 거를 500명으로 확 늘리지 않았어요. 그만큼 그래도."

사법개혁 · 노동개혁 · 재벌개혁

"본인도 그렇게 진지하면 나한테라도 이런 걸 좀 하려고 그런다는 상의라도 하고 그래서 우군을 어떻게 짜나 고민했어야지요. 힘 있는 자를 상대로 하는 개혁은 반드시 우군을 확보하고, 적어도 대응세력을 어느 만큼 작동해 놓고서 해야 되는 거예요. 그렇지 않으면 일침으로 당하는 거야. 힘이 세지 않은 부분의 손질은 말 한 마디면 되지만, 이미 상대방이 공고한 곳의 개혁은 그런 식으로 접근하면 안 되는 거예요. 한 마디 하면 싹 되는 그건 저 전두환까지의 얘기야. 지금도 마찬가지예요.

파워그룹의 개혁은 그걸 대적할 만한 대응력을 얼마만큼은 형성하고서 덤벼야지 그렇지 않으면 제대로 출발도 못 해요. 재벌개혁이 본격적으로 논의된 적은 없어요, 제 기억에.

노동개혁을 세계화추진위원회하고는 관계없이 추진했는데, 그때 재벌개혁하고 노동개혁을 같이 한 세트로 한꺼번에 했어야죠. 그런데 노동문제는 별도로 하더라고. 현승종 씨 위원장하고. 그러니까 이게 대통령 생각이, 역대 우리나라 대통령 국정운영의 잘못이에요. 그런 점은 박정희가 너무 독재적이기는 하지마는 정부운영의 원칙은 원칙이에요. 내각만 갖고 했지 위원회를 갖고 하지는 않았거든. 그 대신 물론 독재니까 가능했겠지만 장관들이 오래 장수하지 않았어요. 오래 하니까 일관성 있게 할 수 있거든.

그런데 장관을 6개월, 1년마다 갈아치우면서 힘 빼놓고 자기 장관 못 하니까 위원회를 만들고. 그게 자기모순이라 그거야, 우리나라 정치구조의 모순이에요. 지금은 1년 가면 장수 장관이라 그러잖아. 그 말도 안 되는. 원천적으로 우리나라 정치 시스템이, 그리고 행정시스템이 잘못되었어요. 오바마도 보세요. 미국 시스템, 대통령 8년 하면 8년 장관하는 사람도 수두룩하고 아무리 짧아도 4년은 가는 것이지 YS나 DJ나 과학기술부 장관 교육부 장관을 다섯, 여섯 명씩 갈아치웠으니까.

위원회? 택도 없지. 장관? 1년마다 갈리는 장관이 뭐 미쳐서 거기 대통령 한 마디 했다고 몸 바쳐서 재벌개혁 한다고 그러겠어요. 택도 없는 소리에요. 그러니까. 우리나라는 너무 공론이 많아요. 우리나라 지성인들이 그런 점에서는 너무 무뎌. 핵심을 보고 이야기해야지. 뭐 이래도 좋고 저래도 좋고. 애매모호하게."

나라의 방향: 미래지향 우선순위

"나는 철학적으로 비판적인 사람이에요. 여기 1985년 8월 위원회에서 발간한 《세계화시대의 비전과 전략》을 보면 "21세기 진단"에서 첫 번째가 '지구환경시대의 도래'인데. 초안에는 전체 8개 과제 중 6번째에 있었어요. 내가 주장해 21세기 국가과제 1순위를 환경문제로 잡아 놓은 겁니다. '비전과 추진전략'에서도 '환경 모범국가 건설'을 첫 번째로, '지식정보 일류국가 건설'이 세 번째, '문화대국 건설'(우리 문화예술의 세계화 방안)이 일곱 번째로 매겨졌어요.

그러니까 내가 기여했다면 위원회에서도 우선순위 변경시키도록 노력했다는 거. 당시로서는 별로 정책에 반영 안 되었다고 봐요. 이수성 총리 되고 나서는 나도 별로 관여를 안 했고. 일종의 시스템적 생각을 달리하게끔은 내가 좀 했어요. 이각범 수석은 꽤 좋아했어요. 그 양반은 굉장히 내 말을 수용했어요."

13장

DJ, 이론적 인연, 현실 인연, 가족 인연

해외에서의 첫 만남: 1966년 베를린과 1972년 케임브리지

내가 DJ를 처음 만난 것은 1966년 5월 베를린에서였다. 나는 동아일보 "코리안의 고동" 취재가 거의 끝날 무렵 본에 머물고 있을 때 마침 국제기자연맹(IFJ: International Federation of Journalist) 연차총회가 20일서부터 일주일간 베를린에서 열리게 되었다. 서울에서 기자협회 김영수 회장이 왔고, 나도 기자협회 부회장 겸 IFJ 본부 이사였기에 베를린으로 갔다.

마침 같은 호텔에 유럽을 방문 중이던 국회 재경위원회 야당의원들인 김대중, 이중재, 박영록 일행이 묵고 있었다. DJ는 다른 의원들과 달리 초면인데도 따로 부르더니 20달러 든 봉투를 건넸다. 박 의원은 이때 홀로 1936 베를린올림픽 경기장을 들렀다. 사전답사한 뒤 다음 해 손기정 선수의 일장기 부분을 떼어내는 국제소동을 일으킨다.

DJ와 단둘이 만나 긴 이야기 나눈 것은 1972년 가을. 그의 미국망명 시절 내가 하버드대학서 공부할 때 케임브리지에 들러 나를 찾았기 때문이다. 말인즉슨 뉴욕에서 나를 찾아 케임브리지까지 온다고 해서 만났다. 다른 일이 있었을 것이다. 점심을 하버드스퀘어 간편식당에서 길게 나눴다.

그때는 경제부장 시절 1971년 4월 30일 자 내가 쓴 '오늘과 내일' 칼럼의 "곡(哭) 4·27이여"(제목은 2판부터 "걱정되는 민족국가 앞날"로 바꾸었다)로 그는 나를 잘 아는 처지였다. '경상도 대통령을 호소한' 교육자 출신의 국회의장이란 자의 죄를 물으라고 이효상 국회의장을 규탄하고 지방색으로 후퇴한 4·27 대통령선거는 역사의 반역이라 통탄한 4·27 대선 최대 비판 칼럼이었다. 그때까지도 개인적으로 또 업무로 만난 적은 없다. 4·27 대통령선거 패배 후 DJ가 낸 〈대중(大衆)과 함께 전진한다: 1971년 4·27을 전후한 국내외 언론에 비친 김대중상(像)〉(1977. 7.) 팸플릿 속에는 첫 소개로 내 칼럼을 실었다.

케임브리지의 긴 이야기 메모는 남은 것이 없다(귀국 후 안전을 생각해서 메모를 버렸는지). 다만 박정희 대통령의 경제성장 실적을 인정해야 한다는 나의 주장에 자기도 그 대목에 대하여는 다시 생각하고 고쳐야겠다고 분명히 밝혔다. 그후 그는 1996년 《대중경제론》(청사)을 쓰고 나에게 친필서명하여 한 권 보냈다.

그의 방문 후 얼마 있다 우스터대학 경제학 교수인 최기일 교수로부터 만나자는 연락이 왔다. 나중에 알고 보니(그때는 몰랐다) DJ의 사실상 '미국무성 연락관'이었다. 매우 신중하고 응접실 조명도 전기 아끼는 것인지 통상 미국 가정에 비해 아주 어두웠다. 워낙 신중해서 케임브리지 떠나기 전에 세 번쯤 만났는데, 꼭 자기 집이었다. 밖을 경계하는 태도가 분명했다. 보스턴 지역 한인들과도 접촉이 없어 보였다. 반(反)박정희 노선이 선명하고, 고려대 김준엽 교수와는 연락이 있다는 정도 외엔 특별히 정세나 DJ 전략을 들은 게 없다. 서울 소식과 내 의견 듣는 게 목적인 듯했다.

민주화의 짧은 봄(1980): DJ 비서실장된 자형 이기수

1980년 짧은 민주화의 봄에 뜻밖에 내 자형이 정치인 DJ의 '비서실장'이 된다. 모두 충청도, 경기도 출신 사위, 며느리인 우리 집안의 유일한 호남 사위이다. 아버지가 경기도지사 시절 내무국장 최응복 씨가 전남 내무국장으로 전임했다. 갓 고시합격하고 다른 고시 합격자 모두 내무부 본부 근무를 희망하는데 최일선 군수부터 하겠다는 똑똑한 젊은이가 있다 해서 20대 진도군수 이기수와 막내 누님의 혼사가 이뤄졌다. 전남 장성 출신이었다.

승승장구 내무부 요직, 서울시 부시장 거쳐 경남지사하다 쫓겨나 놀고 있었다. DJ가 그를 발탁한 것이다.

1979년 12·12. 전두환의 등장과 국보위 등장으로 1980년 민주화의 봄은 4개월 정도로 끝나버리고, DJ는 사형수가 된다. 자형의 DJ 비서실장도 3개월여 만에 끝난다. 나 역시 전두환 국보위 칼날을 비켜가지 못하고 천직으로 알았던 동아일보를 떠난다.

이 짧은 민주화 봄, DJ 비서실장에게서 나는 밖에서 아는 DJ와 너무나 판이한 DJ를 알게 되었다. 돈이다. 한 번은 자형이 조용히 만나자 해서 집으로 갔다. "어찌 돈을 마련할 수 없겠느냐?"는 하소연이었다. 형님을 현실정치 비서보다는 DJ에게도 이런 믿을 만한 고위관료 네트워크가 있다는 과시용 또는 의전용으로 기용한 것으로 알고 있었다. 정치자금 관리 같은 비서실장은 아닌 것으로 알고 있었다. 그런데 정치자금 관리도 아니고 "돈을 마련해오라!"는 독촉을 두 번이나 받았다는 것이다.

그때 처음 알았지만 전에 서울시에 있던 누구는 얼마를 마련해오고 여의도 어느 교회 목사는 이미 그때 돈으로 몇 억씩 몇 번 기부했다며 어찌 해야 할지 자문하는 것이다. 나는 비서실장 그만둘망정 돈에 간여 말라 했다. 정국이 비상, 혼란스러운데 '불법' 정치자금 걸리면 앞으로 어려울 것이니 돈에서는 손 떼라 했다.

1979년 10·26 당일 밤, 청계천 맥줏집 텅 빈 방에서 단둘이서 맥주 마시며 세월을 탄식하던 인연으로 급격히 인간적으로 가까워진 김상현 의원에게 상의했다.

이 자형의 비서실장 경험 계기로 내가 DJ의 탄압받는 순교자적 상징성, 고난의 DJ와 사욕이 많은 인간 DJ를 구분해 보는 내 나름의 정리를 일찍 마쳤다.

실리지 못한 사설: DJ 귀국(1985. 2. 8.)

이런 내 나름의 정리 때문에 1987년 민주화운동 절정기에도 나는 양김(金) 배제 야권단일화 '이민우의 통합' 쪽에 개인적 취향이 있었다. 물론 동아일보 전체 사시(社是) 결정에 내 사족을 달지는 않았다. 사내에서 민주화사태에서도 특별히 강한 호남, 영남 인맥 빼고는 나와 같은 의견이 많았다. DJ 미국 망명으로 김상현 의원이 DJ 대리로 야권 3김 협의체 진행할 때 그의 부탁으로 미국 여행 기회에 DJ에의 비밀 전달역도 해주고, 그 인연으로 박지원 씨도 처음 뉴욕에서 만나게 된다. 그만큼 나는 이론으로서의 인연은 한국의 탄압받는 정치인 DJ를 구하는 데는 용감했다.

1985년 2월 8일 DJ가 2년여 망명생활(1982년 12월 23일 출국) 마치고 귀국하는 날, 나는 사설을 쓴다. 제목은 두 개를 쓰고 위에서 골라 쓰라 했다. "김대중 씨의 귀국"과 "정치의 실체와 음영" 두 가지 중. 그리고 "이질성 극복을 위한 장(場)의 구조변경을"이란 부제를 달았다.

"김대중 씨가 무사히 귀국했다. 2년 2개월 만의 미국 체재에서 돌아오는 김 씨가 이 땅에서 한 시민, 한 자연인으로서 건강하고 안전하게 생을 누리기 바란다. …

한 '사람', 한 '정치인', 한 '실정법 위반자', 한 '상징'의 옴과 감을 놓고 이 나라의 정치문제, 이 땅의 운명을 처절하리만큼 깊이 생각하지 않을 수 없는 현실에 가슴이 답답하다. 현미경으로는 10·26 이후의 전개와 1981년 이후의 한·미 관계를 보자. 망원경으로는 해방 40년의 정치역정과 필연적으로 엄습해오는 민족통합, 분단극복의 과제 그리고 세계 4강에 끼여 사는 한반도의 지정학적 특수성들의 실체를 보자. … 정치를 '법'과 '과거'에서만 따지면 이상(理想)이 없고, '명분'이나 '한'(恨)에서만 따지면 실효가 없다. 이상이 죽고 실효가 없는 정치는 '부정'(否定)의 전개, 양극(兩極)의 전개, '공허'(空虛)의 지속일 수밖에 없다.

… 다시는 이 나라 국내 정치문제가 외국의 '조정'으로만 풀려가는 치욕을 되풀이하지 말자. 국민에 대한 모독이고 국가에 대한 상처이다. 모든 정치 지도자들은 정치의 장의 구조변경에 그들의 마지막 명예를 걸고 심기일전 분발해주기 바란다."

200자 원고 10매짜리 사설이 왜 못 나갔는지. 이 정도 내용도 당국의 압력이 있을 것으로 본 것 같다. 외부의 직접 간섭을 피하여 할 말은 다 하면서도 품위를 지키고 높은 이념과 지향을 강조했다. 용어 하나 고르고 고르면서 쓴 36년 전 원고 전문 그때 쓰던 핀에 꽂혀 아직도 보관 중이다.

정치활동 재개 1988년 전후

DJ의 기행

동아일보 복귀 후 논설책임자로 있는 동안 논설위원 전원과 YS, DJ와의 저녁은 거의 주기적으로 있었다. 1년에 두 번 이상은 있었다. 두 분 다 남산 아래 외교구락부를 좋아했다. 물론 단둘이서만의 만남도 거의 주기적이었지만 횟수는 YS쪽이 더 잦았다.

DJ는 두 번 동교동 자택에서도 만났다. DJ의 다소 '기행' 같은 것이 지금도 기억에 남는다. 식사 끝나고 논설위원 전원과 헤어질 때 아무리 호스트이긴 해도 어른이요, 대통령 후보감이니 먼저 나가시라 해도 모두 서서 기다려야 했다. YS뿐만 아니라 모든 초청자는 비서가 미리 저녁값을 결제해서 문 앞에서 바로 헤어지게 되는 법이다. 그런데 DJ만은 우리들이 다 기다려 보고 있는 앞에서 지갑을 꺼내 현금(그때는 카드 없었다)을 두 손으로 헤어 계산하니 우리가 기다릴 수밖에 없었다. 자형한테 들은 돈 이야기와 겹쳐 DJ 특유의 기행으로 기억되고 있다.

인연이란 무엇일까. 나는 DJ 장래에 회의적이었는데 1980년 봄 짧은 DJ 비서실장 지낸 자형은, 살얼음판 세월 견뎌내고 1997년 대선에서 열심히 DJ 선거운동 했다. 말리지는 못했으나 부정적인 충고는 몇 번 했다. 물론 DJ 당선 후 자형에게 돌아온 것은 전무했다. 얼마 뒤 세상 뜨셨다.

지나친 꾀, 공작

1985년 5월 23일 대학생들이 서울 을지로입구 미 공보원(USIS) 건물을 점거하는 사태가 벌어졌다. 민주화운동이 아니라 북한이 선동하는 반미(反美)민족주의 운동이었다. P. 클리블랜드 미 부대사로부터 전화가 왔다. YS와 DJ에 연락하여 학생들을 만류하는 성명을 내주면 도움이 되고 고맙겠다 — 급한 부탁이었다. 나는 즉각 YS와 DJ를 전화로 찾아 미국 측의 요청을 전하고 시급성을 강조했다. YS는 다음 날 바로 성명이 나왔다.

약속을 한 DJ는 아무 반응이 없었다. 며칠 뒤 아침 제작회의에서 오늘 중 점거학생들이 자진퇴거한다는 대외비 취재보고가 있었다. 조금 시간 지나 라디오에서 DJ가 학생들에게 즉각 철수 권고하는 성명을 들을 수 있었다. 너무 공작적, 꾀가 지나치다는 느낌을 지울 수가 없다.

순교자 · 정치인 분리 않는 비극

1988년 1월 8일 나는 DJ 참모 한화갑과 만났다. 최기일 교수를 소개하는 DJ 친서와 더불어 이날 메모에는 'DJ 진로에 대한 나의 suggestion'(언급)이라 적혀 있다. " ① 광주 해결의 순교자: 비(非) 광주적 해결할 수 있는 유일한 광주인, ② 근본적으로 순교자 정치인 분리 않는 비극." 이런 내 의견에 한화갑 씨는 "중대한 힌트다. 연말에 꼭 말하겠다"였다.

전국구건 지역구건 마음대로 골라라

1988년 무렵엔 YS와 DJ 양쪽으로부터 국회의원 유혹이 대단했다. DJ는 전국구건 지역구건 본인이 원하는 대로 해줄 테니 오라 하고, YS는 전국구 3번 줄 테니 오라 했다. 물론 일언지하에 거절했다.

내 기록에는 YS와 김상현이 함께 국회의원 출마 권유해서 더 이상 이런 얘기 말라는 '최후통첩' 거절기록도 있다. 꽤 끈질겼다.

대통령 취임 전후

3김 종식운동의 실패

나는 1995년 8월 28일 여의도 중소기업회관에서 열린 정치개혁시민연합〔정개연(政改聯)〕 발기인대회의 멤버로 참여했다. 반(反) 전두환이면서도 "3김 정치시대 종식, 새 정치"를 요구하는 소리였다. 대학에서 나와 한완상, 김대환, 이수인, 임현진, 문화계에선 이문열, 유홍준, 김영동, 신경림, 임진택, 바둑계의 조훈현, 종교계에선 기독교의 김성수, 박형규, 인명진, 불교 명진 그리고 법조계에선 홍성우, 박인제, 윤종식, 이양원, 강대승 변호사 등 926명이었다. 그러나 공동준비위원장으로 추대될 예정이었던 장을병 성균관대 총장이 돌연 사퇴 불참하는 것으로 시작, 3김의 현실권력 흡인력이 매우 셌다. 결국 IMF 외환위기를 거치며 기어코 YS 5년은 DJ 대권 복귀의 길만 열어준 채 실패한 대통령으로 끝나고 DJ는 '한' 많은 역정의 대통령 꿈을 이룬다.

왜 내 이름을 불렀는지

DJ가 당선되고 아직 공식 취임하기 전 1998년 1월 5일 오후 2시 프레스센터에서 열린 시민단체 합동 신년하례식에 DJ가 참석했다. 약 200명 모였다. 두 가지 깜짝 놀라는 일이 벌어졌다. NGO 단체 중 외국인들이 참석했던 모양이다. 인사말 도중 느닷없이 수행하여 같이 온 유재건 변호사를 불러내 통역하라며 말을 이어갔다. 너무 준비 없이 등장한 통역이 좀 빗나가자, 만인환시리에 여지없이 야단쳤다. 너무 면구스러웠다. 그는 DJ 등장과 함께 크게 각광받을 줄 알았는데 외무장관설까지 있었던 유 변호사는 웬일인지 사그라들었다.

두 번째는 갑자기 "저기 김진현 총장이 계시지만…" 하며 또렷하게 내 이름을 부르며 무슨 칭찬을 했다. 그 많은 원로 참석자 이름 하나도 안 불렀는데 유독 내 이름을 불렀다. 저기 서 있는 나를 보고 무슨 생각이 났기에 내 이름을 또렷이 불렀는지. 나는 앞줄에 있지도 않고 뒷줄 눈에 뜨이는 자리에 있지도 않았다. 어느 얘기 대목이었는지 전후 맥락도 기억 안 나고 주목할 발언도 없었던지 내 기록에도 내용은 없다.

그러자 식이 끝나고 퇴장 때 나에게 사람이 몰리고 참석자들의 나에 대한 인사가 달라졌다. 며칠 동안 내 전화가 불티났다. DJ와 가까운 '숨은 사람 발견'이었던 모양이다. 실제로 나에게 열심히 전화한 분 중엔 DJ 첫 내각에 입각한 교수도 있다. 그러고는 아무 관계가 없었다. 있다면 2월 28일 DJ 정책수석비서관인 김한길과 김상현, 이종찬 그리고 한때 김 수석 장인이었던 이어령 장관까지 끼어 골프 친 것밖에는 없다. 특별히 소개한다고 DJ가 편지까지 써 보낸 한화갑 씨도 연락이 없었다.

박권상 정부조직개편위원장 권유로 두 공식서면 건의

오히려 DJ가 당선되며 만든 정부조직 개편심의위원장된 박권상 선배의 권유로 DJ에게 두 가지를 공식 서면으로 건의했다.

첫째는 세계화추진민간공동위원장 자리에서 사직하고자 하니 허락해 달라는 것과 박 위원장 이야기 들으니 폐지 방침이라 하는데 과거와 같은 관민공동위원회가 아니라 순수 민간 4~5명으로 구성된 대통령 자문위원회

(*Wisemen Group*) 로 변용하여 ① 한국의 입장에서 가장 바람직스러운 세계체제 모색, ② 한국 것의 세계화, ③ 특히 대통령의 성명 또는 설명이 따르는 주요 국가정책에서 미래가치나 비전이 차세대에 전달되도록 하는 일, ④ 모든 정부, 민간의 정책결정에서는 가치관, 정보화, 환경이라는 3가지 준거에서 검토하고 이에 미치는 영향을 모니터링하고 유도하는 일(프랑스, 독일에서는 가치 및 비전 담당특보 있음) 을 건의한다(1998. 3. 9.).

또 하나는 지금 과기처 폐지를 전제로 기구 개편을 논의되고 있다는 박위원장 요청으로 "과학기술처 정책 및 MOST(과기처) 처리방안"이었다. 대통령이 위원장인 과학기술위원회 설치(위원장 대통령, 부위원장은 실질 조정자로 하고 3인 정도) 의 위원과 엘리트 요원 사무국 설치하여 반드시 청와대에 상설 과기정책 모니터링실을 둘 것을 건의한다(1998. 1. 5.).

청와대 사저 단독대화(1999. 7.21.)

DJ는 당초 나의 문화일보 사장 취임을 꽤 기대한 것 같다. 취임 1년여 지나면서 자기와 가까웠던 동아일보뿐 아니라 특히 조선, 중앙과는 별로 보조가 맞지 않는 듯 보였다.

내 사장 취임 하루 전 1999년 5월 2일 일요일 나에게 직접 전화하여 "언론개혁 해달라. 김 사장은 할 수 있을 것…"이라고 했다. 내 취임 다음 날 박지원 수석비서가 전화하고 24일 저녁은 신라에서, 6월 10일 저녁은 플라자호텔에서 단둘이 만났다. 무슨 얘기했는지 내용은 기억도 기록도 없다.

그리고 1999년 7월 21일(수) 점심을 청와대 뒤편 그의 사저에서 단둘이 한다. 내 일생에 대통령사저 식사는 처음이다. 내 메모를 보면 세 쪽지쯤 되는데 국내 이야기보다 인도네시아, 몽골, 클린턴, 만델라, 소련 흐루시

초프 아들의 미국 귀화 이야기 등을 DJ가 시작했다. 그리고 내가 내년 다보스회의 꼭 가시라 두 번 권고하고, 우리 둘 대화에서 전 세계 민주주의의 확산에 대한 낙관이 차 있다.

그리고 대우, 삼성, 현대 "재벌 큰돈 벌었다. 앞으로 개혁…금융·외국인"이라 썼는데 "이어서 문제는 주인 없는 공기업 공공부문"이라 나온 것을 보면, 민간경제 개혁은 금융과 외국인 투자 확대로 정부가 손 안 대도 된다는 뜻인 것 같다. 특이한 것은 "이건희 실패한 경영자"라는 DJ의 단언이다. 당시 삼성과는 사이가 좋지 않았던 것 같다. 정치에 대해서는 "야당 사사건건…", "내년 선거 의회 과반수 돼야", "3년 남겼는데 레임덕"까지가 정치였다.

그리고 "언론이 너무 흑백, 부수경쟁…발행인 권력자, 언론개혁"까지 나온다. 취임 1년 반 국내 정치와 언론에 대한 불만 짜증 같은 것이 보인다. 나는 정말 대통령이 "개혁(재벌개혁, 언론개혁) 하신다면 문화(일보) 문 닫겠다"는 답변까지 한다.

결국 그도 정치개혁, 재벌개혁, 언론개혁 그 어느 것도 착실히 한 것 없이 재벌 이용, '햇볕정책'과 김정일과 악수하고 손 흔들고 노벨상 탄 것밖에 남지 않았다.

그의 사저에는 하의도 고향 집과 바닷가 동네풍경 그림이 걸려 있었다. 그림 가리키며 옛날 하의도 시절 제일 기억에 남는 게 뭐냐 물었는데 묵묵부답이어서…. 얼른 화제 돌렸다. 그의 심상의 일단을 보는 듯. 오래 기억에 남는다.

최기일 교수의 눈물

1987년 대선에 최기일 교수가 몸소 한 달 가까이 서울에 머물며 DJ 선거운동 일선에 나섰다. 해방정국 이승만 대통령 비서였고 죽마고우로 장준하, 김준엽을 둔 민족주의자 최기일 교수의 인생 마지막 정열을 몽땅 퍼다 붓는 비장의 헌신이었다. 그러나 DJ 선거 실전의 현장을 쫓아다니던 그는 권력욕의 화신 DJ를 발견하고 절망의 탄식을 쏟아낸다. 그는 선거 전후 몇 차례 내 방을 찾았다. 서울 떠나기 전 고대 김준엽 교수와 같이하는 점심 자리에서 14살 위인 최 교수는 눈물을 보였다. 나중에 본인의 자서전 《자존심을 지킨 한 조선인의 회상》(2002) 에 자세히 나오지만 권력욕에 예의도 염치도 다 버린 DJ의 행동에 절망한 대목이 여러 번 나온다. 사실이 아니기를 빌지만 JP, 전두환과 야합하려 한다는 것도 알고 있었다는 대목이 나온다.

1986년부터 나에게 보낸 편지, 한글 타이프로 치면 반 장짜리밖에 안 되는 것이 3통, 영어는 2~3쪽에 이르는 편지 5통이 아직 남아 있다. 그만큼 영어가 편한 그는 마지막엔 나의 판단 전적으로 신뢰하고 "김준엽 교수 대통령 만들어보자"는 제안까지 했다. 이종문 암벡스 회장과는 전혀 결이 다른 진짜 '애국자'였다(내 평생 이런 애국자 몇 분 더 만났는데, 1966년 싱가포르에서 만난 로이터통신 아시아지역 총국장 지미 한과 정세영 현대차 회장 소개로 만난 윤태희 박사이다).

이들의 공통점은 한국어보다, 한글보다 영어 영문이 편한 정도로 일생을 국제기구에 머물렀는데도 한국 여권을 고집한 공통점이 있다. 한국 지성인들의 '지혜', '요령', '기회주의'적 작태에(그의 자서전 곳곳에 실명으로 나온다) 실망하고 인생의 후반부를 거의 DJ에 걸었던 대한민국의 애국자가 이 땅의 토양에서 자란 현실정치인의 탐욕에 절망한 비감을 나에게 보낸 편지에서 절절히 읽을 수 있다.

DJ를 꿰뚫어본 S. 브래드너, '그는 반드시 돌아온다'

1992년 12월 대선에서 YS에 패배하고 다음 해 대선 불출마 선언, 정계은퇴하고 영국 유학을 떠나기 직전, 미8군 정보고문으로 40년 가까이 있는 스티브 브래드너(전설적 농구선수 박신자 여사 남편)와 저녁을 같이하게 되었다. 간송미술관 위 뜰에 있는 간송의 아드님이고 보성학원 이사장이요 화가인 전성우 씨 댁에서였다.

식전 브래드너와 이홍구 박사, 나는 정원에서 술 한 잔씩 들고 담소를 나눴다. 브래드너가 먼저 이 총리에게 물었다. DJ 불출마 믿느냐고. 믿는 쪽으로 답했다. 나에게도 물었다. 워낙 꾀가 많은 분이나 이번 선언은 번복이 어려울 것이라 답했다. 그는 즉각 부정했다. "노. 그는 돌아온다. 반드시 돌아온다." 단호했다. 나도 이 박사도 놀랐다. 한국 지성의 한계였다. 지금 나는 부끄럽다.

3년도 못 가 그는 정계로 복귀하고 자신의 선언을 뒤집고 대통령이 됐다. YS 5년은 결과적으로 DJ의 부정을 사면하고 외환위기 일으켜 DJ 정권 창출의 도우미 역할을 했다는 비꼬임을 당하게 되었다.

제 2 건국위원장: 내가 거절한 자리 받은 서영훈 선생-NGO 정통에 흠집 내다

가끔 신문지면에 내 이름이 거명되었다. 언젠가는 '비서실장 후보'로 내 이름이 등장한다. 김종인 씨와 복수로 등장한다. 김중권 실장 후임 물색이라 했다. 너무 뜬금없었다. 기사 나기 전후로 DJ 측근들로부터 일체 낌새도 없었는데 이해가 가지 않았다. 이른바 여론 떠보기였는지, DJ가 주변에 운을 떼어본 것인지.

다만 강원룡 목사가 수장으로 있는 통일고문자문회의 20여 명 위원 중 하나로 이름을 올려놨다. 한 번 DJ 직접이 아니라 김한길 수석비서관을 통하여 DJ 뜻이라며 제 2 건국위원회 위원장을 맡아 달라는 부탁이 있었다. 당선 1년도 안 돼 대통령 직속 자문기구로 제 2 건국위원회 설치규정을 1998년 10월 2일 국무회의 통과시키고, 12월 22일 발족한 것으로 나오는 것을 보면 22일 며칠 전이었다. 나는 즉각 답변하지 않고 좀 검토해보겠다고 했다. '제 2 독립운동' '제 2 건국'의 용어는 내가 1990년 초 과기처 장관 시절 열심히 호소하고 다니던 표어여서 나로서는 DJ가 내 특허를 침해한 것 같은 감정이 있었다.

범국민적 개혁을 목표로, 이미 신문에 보도된 위원회 구성을 보니 여당 인사는 포함되어 있으나 야당 인사가 없고, 지방 도 단위 위원회에 경찰국장들이 끼어 있었다. 나는 이런 조건을 제시했다. 내가 위원장이 되면 야당 인사도 포함시키고, 지방 도경국장은 배제하고, 사무총장은 내가 지명하겠다는 것이었다. 내가 조건을 건 지 한 시간은 되었는지 김 수석 전화가 왔다. 첫째, 둘째 조건은 이미 대통령 결정이어서 수정 안 되고, 셋째 조건 사무총장은 김상근 목사에게 통고까지 한 상태여서 불가하다는 것이었다. 그러면 나는 사양하겠다고 전화를 끊었다.

내가 기절초풍 놀란 것은 김 수석과 전화 끝나고 30분도 안 돼, 내 기억으로는 15분쯤으로 기억되는데 그만큼 놀랐다는 뜻이다, 라디오뉴스가 나오는데 청와대 공식발표로 위원장에 서영훈 선생을 임명했다는 소식이었다. 이미 내 조건을 보고 임명할 생각을 철회하고 서영훈 씨에게는 임명통고를 했던 모양이다.

서영훈 선생을 참 아쉽게 생각한다. 서 선생은 강원룡 목사와 더불어 우리나라 NGO 1세대, 상징이었다. 적십자운동으로 출발하여 환경, 의식개혁, 공동선 운동에 큰 업적을 내셨다. 나에게는 김수환 추기경 권고도 있었지만 현장에선 강원룡, 서영훈 그리고 나이는 어리지만 일벌레 서경석 목사 이 세 분이 나를 계속 NGO 영역으로 끌어당긴 자력이고 주역이었다.

특히 서 선생은 내 '선진화'(善進化) 개념을 좋아해서 당신의 잡지 〈우리 길벗〉에서 특집까지 냈다. 그런 서 선생이 내가 걸은 조건 정도도 정리하지 않고 제 2 건국위원장 맡았다가 6개월 만에 DJ의 민주당 당수로 정계에 입문했다. 한국적 NGO운동 — 급진좌파 친북 NGO라는 반체제 집단과 구별되는 정통 NGO의 구심점이 너무 쉽게, 너무 명분 없이 정치인으로 변신한 것이다.

문화일보 사장 취임 하루 전날 전화 걸어 "언론개혁 해달라. 김 사장은 할 수 있을 것"이라 했던 DJ였다. 당시 실력자와 김용정 공작 라인을 탔으면, 현대와 분리된, 내 지분 꽤 있는 문화일보에서 안주할 수도 있을 것이다. 그러나 나는 나를 극도로 폭압한 동아일보 김병관 사장이지만 DJ가 그를 체포, 구금하는 것을 포함한 언론정책, 무엇보다 북한 다루기에는 찬성할 수 없어 끝내 그와는 멀었다.

14장

그들이 있었기에

장기영(張基榮) 선생: 나를 끔찍이 아꼈으나 끝내 일을 같이 못 했다

장기영 선생님께서 나를 사랑하고 아꼈음에도 끝내 그와 인연을 맺지 못한 것이 지금도 정말 한스럽다. 장기영 한국일보 사주를 처음 뵌 것은 1962년 1월이었다. 서울일일신문 폐간 뒤 한국일보로 가기 위한 면접이었다. 그러나 한국일보 차장으로 면접 다음 날부터 출근하게 된 것이 당일 동아일보로 방향이 바뀌었다.

박정희 대통령 민정 2기 정일권 총리 내각이 발족하고, 장기영 사주가 부총리 겸 경제기획원 장관으로 임명되었다. 정일권 내각 출범 기자회견이 중앙청에서 있었는데 경제기획원 출입기자였던 나는 일부러 회견장에 갔었다(나는 예산심의 때도 국회 재정경제위원회나 예결위원회는 경제기획원 출입기자가 정치부 기자와 같이 커버해야 한다는 원칙을 주장했고, 실제로 회의장으로 갔었다. 대단히 관례에선 벗어나는 행동이었다). 기자회견이 끝나고 나오는데 신임 장 부총리가 나를 멀찍이서 부르더니 "내일 내 방으로 오라"고 했다.

만나자마자 경제기획원 공보관으로 같이 일하자고 했다. 그 무렵 나는 한창 물이 오른 기자여서, 또 동아일보에서도 인정받고 있는 터여서 관리로 갈 생각은 추호도 없었다. 내가 부담을 느낄 만한 현직언론 어른들까지 간곡히 나서 권유했다. 그러나 공보관 같은 데는 추호도 관심이 없어 계속 거절했다. 장 부총리는 내가 수락할 때까지 공보관을 공석으로 두고 6개월을 버텼지만 나도 끝내 사양했다.

그러나 나도 장 선생의 고마운 마음을 버릴 수 없어 부총리 재임 중 정확한 햇수는 잊었지만(1964~65년인지 1965~66년인지) 두 해의 9월 정기국회 '경제기획원 장관 예산안 제안설명서'를 내가 작성해드렸다. 출입기자가 출입처 장관의 가장 중요한 공문서를 작성하는 것이 직업윤리상 맞지 않는 것이 사실이나 장 부총리의 간절한 공보관 요청을 받지 못한 나이 어린 후진으로서는 마다할 수 없었다.

장 부총리는 꼭 중요한 일이 있으면 그린룸(*Green Room*)이라 부르는 뒷방으로 나를 데려가서 대화했다. 그때도 나를 부르더니 '이건 한국일보에서 만든 거고, 이건 기획원 예산국에서 만든 것인데 마음에 안 들어. 한 번 작품을 만들어줘요' 하는 것이었다. 이틀을 끙끙대며 새 작품을 써드렸더니 그대로 국회 예산결산위원회에서 읽으셨다. 그다음 해에는 예산국 초안만 넘겨주고 부탁해서 완성해드렸다.

장기영 선생은 문장에 욕심이 많은 분이었다. 젊은 홍승면 선배를 20대에 편집국장으로 발탁한 것도 그의 문장 때문으로 알고 있다. 한국일보가 1960년대 이후 우리나라 신문 문장 개혁의 선봉장이 된 것도 장기영 선생의 리더십 때문이다. 당신 스스로 글을 잘 쓸 뿐만 아니라 경제기획원 장관으로서의 국회 '예산안 제안설명서'를 기록상 매우 중요하게 생각하셨다. 역사를 의식했던 것 같다.

장 부총리와 나만의 비밀이 있다. 일요일마다 사무실에서 만나는 것이었다. 취임 얼마 뒤 기사를 확인할 일이 생겼는데 일요일이라 난감했다. 몇 군데 전화해도 연락이 닿지 않고 담당자 사무실로 전화해도 응답이 없었다. 혹시 장관한테 확인해볼까 하고 부총리실에 전화했더니 비서가 계시다고 했다. 세검정 집에서 택시를 잡아타고 달려갔다. 오히려 반기는 기분이었다. 당신은 새 기록을 세우고 싶다고 했다. 해외여행이나 출장 갈 때를 제외하고는 하루도 빠지지 않고 사무실에 근무했다는 기록을 세우겠고, 일요일도 매일 나오겠다고 했다.

나도 일요일마다 나갔다. 그때 일요일 장 부총리 방에는 김종희 한국화약 회장, 최종환 삼환건설 회장 그리고 나 넷이서 소파에 앉아 있는 것이 하나의 풍경이 되었다. 김·최 회장은 어떤 날은 한 마디도 없었다. 마치 석고 같았다. 말은 장 선생이 90% 하고 내가 10% 거들었다.

어렸을 적 말죽거리와 한강 이야기, 어머니 이야기, 한국은행 시절 이야기, 백두진과의 경쟁 이야기는 듣고 또 들었다. 덕분에 특종을 참 많이 했다. 예산과 이권 프로젝트 갖고 김성곤, 이후락, 김형욱 그리고 야당과의 흥정 이야기도 많이 들었다. 내가 쓸 수는 없어 김성열 정경부장한테 말해서 정치부 취재식으로 특종시킨 것이 꽤 있다.

동아일보의 주식소유 문제로 인촌 김성수-수당 김연수 형제가문 간에 문제가 생겼다. 그 해결과정에서 동아일보 가문이 긴급융자가 필요했는데 당시 동아일보와 청와대 간의 관계로서는 매우 어려웠다. 회사명을 받아 장 부총리에게 부탁드렸고, 장 부총리-상업은행-동아일보 간을 왕복해 심부름하고 해결이 잘되었다. 그런데도 경제기획원 출입기자로서의 기사는 비판을 늦추지 않았다. 그러나 장 부총리는 별로 개의치 않았다. 가끔 사실관계 틀린 것만 지적하고 지나갔다.

내가 1966년 5월 "코리안의 고동" 취재의 마지막으로 독일에 있을 때는 장 부총리가 대한국제경제협력단(IECOK)의 런던 회의를 마치고 독일 정부와 협의코자 본을 방문했다. 라인강가 쾨큰호프호텔에 같이 묵게 되었다. 5월 21일 일요일 오후 4시쯤 되었는데 장 부총리가 직접 전화를 걸어 당장 당신 방으로 오라는 것이었다. 가보니 아무도 없었다. '누구는 어디 가고 누구는 어디 가고 정태연(당시 한국일보)이가 내 방에 있게 되었는데, 쥐새끼같이 싹 빠져나갔어(물론 사랑스런 농담이었다).

오늘이 당신 생일이라며 술을 권했다. 그때나 지금이나 술을 못 하는 나는 한 잔 받아서 마시는 시늉만 했더니 잔을 비우라고 했다. 그러더니 아주 진지하게 "당신 술 좀 해. 꼭 좀 해. 당신 술 좀 하면 내가 청와대에 꼭 천거할 자리가 있어. 박 대통령하고 일하려면 술 좀 해야 해. 농담 아냐. 당신 꼭 청와대에서 해야 할 일이 있어!' 너무 진지해서 무척 당황했었다. 당신 생일날 창밖의 라인강을 바라보며 진지하게 말씀하시는데 나는 다시 장기영 선생이 나를 끔찍이도 생각하시는 것을 알았다.

귀국 후 다음 해 나는 논설위원으로 가고 장 선생은 한국일보로 복귀했다. 다시는 빛을 더 못 보시고 이승을 떠나셨다. 마음은 그렇지 않은데 끝내 장 선생님과 일은 같이 못 한 인연이 아쉽다. 그때는 나의 동아일보와 언론에의 열정이 장 선생님의 '출세' 권유를 너무 압도했던 것 같다.

장 선생님, 저승에서라도 선생님 밑에서 일하지 못했던 인연을 아쉬워하는 죄송한 제 마음을 받아주옵소서.

구자경 회장:
뜻밖의 기연, 지속된 인연 — 가장 담박한 어른

논설실 시절 신갈 땅이 맺은 기연: 평생 처음 거금

상남(上南) 구자경(具滋暻) 선생님께서는 언제나 순수한 '인간'이시다. 언제나 꾸밈없는 '어른'이시다. 대한민국 최고의 그룹을 경영하던 때나 경영 일선에서 손을 뗀 결단 이후나 나에게는 언제나 '인간', '어른'의 전범으로 존경하고 있다. 회장님을 처음 만난 것은 정말 뜻밖의 사연이었다. 현실이 소설보다 더 의외라는 것이 이런 기연(奇緣)을 두고 하는 말일 것이다.

1969년 12월 말 세밑이 분주하던 어느 날, 시골 복덕방이 급히 찾아와 용인 신갈 저수지가에 있는 야산을 팔라고 했다. 정확한 값은 잊었지만 2천만 원쯤이었다.

나는 1967년 동아일보 창사 이래 해방 후 최연소 논설위원으로 발탁되어 논설실에 근무했다. 그때 논설실은 주필 천관우 밑에 황산덕, 오병헌 두 교수에다 홍승면, 박권상, 소설가 김성한 등 쟁쟁한 당대 논객들이 차지했다. 논설실은 1년에 두세 번은 단체로 1박 여행을 즐기고 일부는 낚시도 즐겨 주말에 김성한 논설위원과 함께 월남한 그의 숙부가 정착한 신갈 저수지 집에도 여러 번 갔다.

그때는 고속도로란 말도 몰랐을 때였다. 수원까지 버스 타고 가서 하루에 몇 번 다니는 수원-용인 간 버스를 갈아타고 신갈에 갔고, 신갈 정거장에서 저수지까지는 다시 소로를 걸어가야 했다.

그러던 중 지역 주민들이 산을 사라고 졸랐고, 김성한 위원도 숙부가 적적한데 기왕이면 같이들 이웃해서 주말을 즐겼으면 좋겠다 강하게 권고하여, 홍승면과 그의 친구 두 명 그리고 이갑섭 위원과 내가 산을 사게 되었다. 가장 주니어였던 나는 선배들이 가장 넓고 싼 것을 차례로 고르고 자투리로 가장 비싼 땅이 내 몫으로 왔다(면적은 가장 작은 대신 호수면은 가장 넓어 비쌌다). 그리고 2년 뒤 경부고속도로 건설이 발표되고 땅값이 올라 논설실에는 '신갈 낚시파'와 비낚시파 간에 희비가 교차되는 일이 생겼다.

1969년에 2천만 원이면 나로서는 일생에 처음 들어보는 거금이었다. 내가 산 값이 60만 원인가 80만 원인가 했으니까 근 30배가 뛴 것이어서 팔겠다고 승낙했다. 당장 계약서 쓰러 가자고 해서 간 곳이 바로 종로 관철동 뒷골목에 있는 럭키금성 사무실 2층 구자경 선생(당시 직함은 기억에 없다) 방이었다. 가는 도중에서야 복덕방 사람 말이 럭키금성에서 급히 필요해서 땅을 산다는 속내를 들었고, 구 선생님을 뵙고서야 위중하신 선대 구인회 회장님 묘지를 그곳으로 모시기로 결정해서 급하게 매수한다는 사정을 들었다. 1969년 12월 31일 세상을 뜨신 구인회 회장님은 내가 판 땅에서 얼마간 계시다가 고향으로 이장했다.

1950년대 말부터 경제 쪽 언론에 있었기에 구인회 회장이나 구자경 회장 성함은 알고 있었으나, 두 분 다 직접 뵌 적은 없었다. 인화(人和)의 거인 연암 구인회 회장님께서 저승의 첫 잠자리가 내가 판 신갈 땅이 되었다는 것이 기연이라면 기연이다. 신갈 땅의 매매를 통하여, 그러니까 경제뉴스라는 본래의 직업과 전혀 무관한 인연으로 처음으로 구자경 선생을 뵙게 된 것이다. 조그만 비좁은 사무실, 햇볕이 들지 않는 다소 컴컴했던 것으로 기억되는 2층 사무실에서 구 회장님은 말씀이 간략하고 간단했었다. 이것이 초대면의 전부였다.

논설실 신갈 땅 횡재(구자경), 현대아파트 사건(정주영)으로 날려

참 운명이랄까, 이런 거금으로 생전 처음 연희동에 2층 새 양옥을 짓고 살다 1978년 현대아파트 사건으로 완전히 집 한 채를 날렸다. 그것도 현대 정주영 회장의 동아일보 사장 아드님과 나에 대한 호의(단초는 연세대 최정호 교수지만)로 출발한 것이 오히려 쪽박 차게 만들었다. 가장 돈 안 생긴다는 논설실에 간 연유로 가장 큰 거금 구자경 회장으로부터 얻고, 당대 최고의 재벌 정주영 회장과의 인연으로 그 거금이 날아가는 역설(逆說). 여기서 '자립'이라는, 절대로 '공돈 없다'라는 철리를 배운 것. 나의 뼈아프나 절절한 배움이었다.

그 후 다시 자주 뵙게 된 직업상의 관계가 생겼다. 내가 전두환 보안사령관의 등장과 더불어 동아일보를 떠나 1981년 4월 전국경제인연합회 산하 한국경제연구원을 처음 만들고 초대 부원장(원장은 전경련 부회장 중에서 선출) 겸 대표이사로 일하며 전경련의 회장단, 이사회에 상근부회장과 함께 말석을 차지하게 되면서부터였다. 전경련에서의 모임뿐 아니라 1983~84년에는 울산, 수원, 구미, 부산, 제주, 광양, 거제, 수원 등 회장단 기업 방문이 많았고, 늘 함께했다. 정주영 회장과 이병철 회장의 강한 톤과 성깔 있는 언설이 지배하던 전경련에서 구 회장은 언제나 솔직, 담백, 꾸밈없는 그러나 거역할 수 없는 진실을 발설했다. 과묵하지만 진실을 꼭 찌르는 말씀을 골라 하신 셈이다. 구 회장의 말에는 고집 센 정주영 회장도 별대꾸를 안 했다 할까, 못 했다 할까 비교적 조용했다.

큰 회사 수십만 직원을 거느리는 큰 보스라면 으레 격식 따지거나 아랫사람이 써준 '말씀 자료'에 따르거나 거드름 피우는 냄새가 어딘가에는 묻어나게 마련인데, 구자경 회장께서는 전혀 그런 구석이 없었다. 한국 기업계의 본산인 전경련 회장단의 대화에서도 기업인 구자경보다는 인간, 가장 꾸밈없는 본원적 인간 구자경만이 보였다. 이런 '인간' 원형의 꾸밈없는 화법 때문에 청와대 모임에서 가끔 대통령의 비위를 거슬렀다는 말을 들은 적이 있다. 사실이라 믿는다.

동아-LG 합작 연대

또 하나 기억나는 것은 전경련 회장단, 이사회 대화에서 기술문제나 기술의 중요성을 말하는 거의 유일한 분이었다.

이런 인상이 강하게 남아, 나는 1990년 과학기술처 장관이 되고 나서 전직원 연찬회를 이천 LG연수원에서 개최하고 구자경 회장을 특별연사로 모셨었다. '고객 중심', '고객 제 1주의'의 철학을 특별히 강조하시는 정연한 논리와 단호한 의지의 표현에서 조용, 과묵한 인간 구자경에서 출발하는 기업계 리더의 면모를 새삼 발견하고 속으로 경탄했다.

한국경제연구원 시집살이를 마치고 친정인 동아일보 논설주간으로 다시 복귀하고서는 종이신문 동아일보가 살기 위해서는 경영다각화를 해야 하고, 그러기 위하여 TV시대 미디어융합과 도시개발사업을 개척해야 한다는 주장을 폈었다. 이런 전략에서는 LG와 연대 합작하는 것이 가장 최선의 선택이라고 당시 김상만 회장께 계속 주청(奏請) 드렸다.

결정이 느리기로 유명하신 김 회장도 결국 이를 받아들여 드디어 원대한 꿈을 지닌 동아-LG 연대의 첫 매듭으로 구 회장이 동아일보 이사가 되셨다. 주주총회에서 이사 선임이 결정되고 구 회장이 참석하는 첫 이사회가 열렸다. 그러나 돌연 동아일보 식구들끼리의 '난동', '폭언'이 쏟아지면서 이사회는 엉망이 되었다(이 대목 운명 ⑥ 380쪽 참조). 이후 참석 안 하셨다. 참으로 아쉽다. 지금도 그 이사회의 풍경을 떠올리면 너무나 가슴이 쓰리고 구 회장의 놀란 음성이 귀를 때린다. 결국 나도 동아일보를 떠나게 되는 계기의 하나였다.

맛있는 생선요리

구 회장 뵙는 가장 큰 즐거움의 하나는 맛있는 식사를 할 수 있다는 점이다. 탁월한 미식가여서 나 같은 경기도 내륙지방에서 자란 사람으로서는 특히 경상도 음식과 생선요리에서 구 회장께서 주시는 식사에서만 맛볼 수 있는 별미가 특별히 즐겁다. 대구와 전요리, 생선의 선별에 대해서는 새 경지를 깨닫는 경탄의 즐거움이 늘 새롭다. 한국 된장의 근대화에 쏟는 열정도 구 회장의 깊은 식(食) 문화 애착일 것이다. 구 회장의 변신이 아니라 본연의 모습이라 생각한다.

'연암복지재단'으로 시작하여 이름을 바꾼 'LG복지재단' 이사로 한 10년간 1년에 몇 번씩 곤지암 필드에서 골프 플레이메이트로 모셨다. 우연한 기연이 50년의 '지속적' 인연으로 쌓였다. 그간 구 회장이 그룹의 회장이 되고, '럭키금성'이 'LG'가 되고, 분리되고, 세계적 기술선도 기업그룹으로 도약한 것은 대한민국 현대사의 중요한 한 단면이다. 그 LG 현대사의 한 증언자가 될 수 있게 1969년부터 구 회장과의 정말 우연한 세속적 인연이 이어져 세속으로서는 쉽게 가늠하기 어려운 50년 세월의 켜가 쌓였다.

세상은 고통스러울 때도 야속할 때도 있으나 회장님과의 인연을 생각하면 참으로 아름답다 느껴진다. 세상이 온통 흙탕 속에 갇혀 있는 듯하지만, 이렇게 큰일을 하면서도 순수를 잃지 않는 분도 있구나 하는 것을 생각하면 마음이 따듯해진다.

구자경 회장님의 가장 투박하고 가장 원형질적이고 가장 순수한 인간성 때문이다. 나에게는 기업계 리더로서보다 인간 구자경 어른으로 영원히 각인되어 있다(2019년 12월 14일에 서거하셨다. 두 손 모아 명복을 빕니다).

구 회장 댁 3대 뿌리

나는 1987년 3월호 〈신동아〉에서 아주 긴 구자경 회장 인터뷰를 한다. 정주영 회장 후임으로 전경련 회장 되신 직후였다. 바깥활동 안 하기로 소문난 구 회장이 떠밀려 끝내 전경련을 맡게 되었는데, 인터뷰 시작부터 오히려 전경련 어떻게 하면 혁신되는 거냐고 나에게 질문공세를 이어갔다. 회장 취임 직후 신문 인터뷰를 생전 처음 해 봤다며 여기 자료 있으니 자료 참고해서 쓰라는 식으로 끝내려 했다.

내 인터뷰 서두 그의 묘사는 "소탈, 투박, 솔직, 직선, 겸손, 단정, 절검, 인내, 집념, 꼼꼼 … 대부분 유교적인 특징과 한국의 인간형에 가까운 것이다. …" 라 하고 있다. 중간제목에 나오는 것만 보아도 그의 경영철학과 LG그룹의 성격을 볼 수 있다.

'연임 이상 절대 반대', '기업계 단합 필요한 때', '유일무이한 기술 이룩할 터', '인재와 새로운 사업분야에 투자해야', '공업화 완성으로 농촌문제 해결해야', '정과 체취 통하는 한국형 노사관계', '대가족의 인화의 비결', '후손에 욕되지 않으며 라이벌 기업과 화해'.

그의 행보를 보면 선친 구인회 회장이나 먼저 간 장남 구본무 회장도 그렇고, 땅, 농사, 나무, 축산, 먹거리, 화훼 … . 대한민국 최고의 화학기술기업 LG의 뿌리는 3대까지는 가장 한국적인 체취의 땅, 나무, 농사, 먹거리였음을 알 수 있다. 4세가 새 뿌리를 만들 것인지 3대의 뿌리를 승화할 것인지. 한국재벌 연구의 큰 화두이다.

정세영 회장과의 애환: 기쁨, 눈물, 절규

1966년 1월 타일랜드에서 만남

정세영 회장과의 인연은 50년을 훨씬 넘는다. 가장 끈끈하게 체취를 나눈 것은 1966년 1월 동아일보 "코리안의 고동" 취재여행 중 타일랜드에서 만난 것이다. 한국 '최초'의 해외건설사업 책임자로 방콕에 현대건설 현지사무실이 있었다. 타일랜드 최남단 말레이시아 접경지역 빠타니-나라티왓 도로공사는 회교도 분리 독립운동자들의 게릴라가 출몰하고 모기가 극성인 지역이었다.

1950년대 우리나라 면 소재지 여관 같은 호텔에서 이틀을 지냈다. 그때 10여 명의 방콕 주재 직원들이 사는 숙소의 주방에서 식사담당은 정 회장 부인이었다.

나라티왓 도로 건설 현장에서, 정세영 사장과 함께 (1966. 1.15).

쓴소리와 감사

노신영 안기부장 재직 시절 1980년대 초, 정세영 회장 장녀와 노신영 부장 장남이 결혼식을 정동교회에서 올린다는 연락이 회장 비서실에서 왔다.

결혼식 나흘 전쯤일 것이다. 나는 바로 정 회장에 연락하여 다음 날 회장실에서 만났다. 우선 어디 어디 연락했느냐고 물었다. 일부러 청첩장은 안 만들고 최소한으로 알렸다 했다. 나는 ① 나한테 알려주신 것 고맙고 나는 이 결혼식 남에게 알리지 않겠지만, ② 아마 정 회장 쪽이건 노 부장 쪽이건 주변에 업무 이해관계로 얽힌 사람 많으니까 이 소식을 전하며 생색내는 사람들도 꽤 있을 터, 일단 결혼식 소문이 퍼지면(아직 4일 남았는데) 결혼식 시간 무렵 광화문·서울시청 일대 교통 대혼잡 일어날 것이고, ③ 나쁜 의미에서 질투심까지 끼어 비난받을 가능성 높다, ④ 왜 자식 행복의 출발에 사회적 비난을 받게 하는가, ⑤ 덕소 한강변 정주영 회장 별장이 아늑하고 자연으로 싸인 명소이더라. 그런 데서 가족끼리만 하시라, ⑥ 얼마 전 청와대 정무수석 하시던 분과 모 대학재단 이사장 집안 혼사가 워커힐에서 열렸는데 을지로 6가, 왕십리에서부터 워커힐까지 차가 밀려 비난하는 방송뉴스를 내 귀로 들었다. 알려지기만 하면 정·노 가문 결혼식은 훨씬 더할 것이다.

이런 내 말에 첫 반응은 "나에게는 개혼인데…"였다. 나도 정상적으로 결혼식 올리고 싶다는 것과 당초부터 최소한으로 알릴 계획이라 했다. 선의는 이해하지만 결과를 잘 생각하시라 권고하고 나는 정세영 회장을 위해서 첫 개혼의 자식들이 만에 하나 사회적 비난의 대상이 되면 그건 부모로서 좋은 일이 아니어서 내 나름의 충정이라 어려운 말씀 드리는 것임을 강조했다.

참고하시라 하고 일어서려니 '잠깐!' 앉으라 하고, 다시 똑같은 대화가 오가고, 제 의견뿐이라 참고하시라 하고 일어서려니 또다시 붙잡고. 일고 여덟 번 일어서고 앉고 침묵하고…. 그러기를 두 시간은 흘렀다.

그리고 결혼식 전날 늦게 비서실에서 전화가 왔다. 당초 예정 11시인가 12시에서 앞당겨 10시인가 9시에 하기로 했다는 것이다. 꼭 참석하실 분들께만 시간 변경을 알리는 것이라 했다. 그 시간에 정동교회 도착하니 정주영 회장이 당신 혼사처럼 기뻐하며 일일이 손님을 맞이했던 기억이 남아 있다. 정동교회가 빈 자리가 많을 정도로 조촐하게 치러졌다. 당초 결혼식 시간으로 알고 왔던 분들은 시간이 바뀌어 이미 끝났다는 양해의 부탁을 듣고 돌아갔고 교통 혼잡은 일어나지 않았다. 결혼식은 조용히 끝났다.

다음 날 오후 정세영 회장의 아주 기쁜 음성이 전화에 터져 나왔다. '방금' 사돈 전화 받았는데 전두환 대통령이 결혼식 간소하게 치렀다고 칭찬하는 전화를 받았다는 것이다. 이 칭찬 정 회장 덕분이니 감사드린다는 전화였다는 것이다. 정 회장은 나의 쓴소리가 정말 고맙다고 거듭 기쁨과 감사의 말씀이었다. 노신영 부장은 2년 뒤인가 총리 자리 올랐다. 그 후 노 총리 일부러 만나 자식 키우는 대화도 있었다. 걱정과 호의의 쓴소리도 해드렸으나 효과는 없었다(놀랍게도 최근 이혼했다는 소식 들었다. 노 총리와의 대화 중 내 충고 흘린 것, 참 아쉽다).

눈물 ①

1998년 초였을 것이다. IMF 외환위기가 터지고 김대중 대통령 집권, 조규향 교육사회수석이 청와대에 있을 때였으니까. 정세영 회장이 사무실로 와 달라 했다. 이럴 수 있느냐며 격앙돼 있었다.

IMF 권고로 법이 바뀌고 정리해고가 가능해져 울산 현대자동차 식당 종업원을 일부 정리했다. 합법적으로(150명에서 100명으로인지, 100명에서 50명으로인지 5자 들어가는 수였다). 그랬더니 얼마 후 밑에서 올라오는 얘기가 노동부 실무선에서 그거 취소하라는 식의 암시가 왔고 절차상 하자 없어 무시했더니 다시 더 윗선에서 똑같은 말이 오고. 다시 거절하니 청와대 지시라는 식으로 연락이 왔다는 것이다. 그래서 정세영 회장이 직접 조 수석에 연락, 청와대에서 만나 정말 DJ의 뜻이냐고 물으니 그렇다며 전원 복직시키는 것이 DJ의 뜻이라 하더라.

"김 형, 이럴 수 있소. …이럴 수가…. 나라에서, 대통령이 이럴 수가!" 그러면서 눈물을 쏟았다. 이 사건 — 더 정확히는 DJ '노동정책'의 앞뒤, 그리고 그 무렵 DJ와 현대와의 관계 맥락 속에서 어떤 일이 있었는지 나는 지금도 잘 모른다. 다만 나 혼자 추론은 있다. 아마 정세영 회장으로서는 이 경제위기와 IMF 권고 노동정책을 계기로 현대자동차 노사관계의 고질병을 개혁하려 계획했을 것이고 그것이 첫 단추에서 무너지고, 그 무너짐이 바로 대통령으로부터 시작된 것에 대한 원망, 분노, 절망의 눈물이 아니었을까 되짚는다.

한참 뒤 DJ정권 노사정위원장 지낸 분과 나눈 이야기까지 보태면 그런 짐작이 크게 틀리지 않을 것이다.

눈물 ②

1999년 3월 2일, 정주영 왕형님 왕회장으로부터 "몽구가 장자인데 몽구에게 자동차를 넘겨주는 게 잘못됐어?"라는 반어법(反語法) 한 마디 명령에 32년 자식같이 키운 현대자동차를 당시 부사장이었던 아들 몽규와 같이 사흘 만에 책상 정리하고 나왔다. 참 무서운 형님이었다.

세계은행에서 한국인으로서는 최초로 수석국장을 지낸 이덕수 씨는 한국의 해외개발사업, 특히 현대 해외진출에 많은 도움을 주었다. 나 역시 워싱턴에 가면 꼭 만났다. 그가 서울 올 적마다 정세영 회장과 셋이서 종로 반줄에서 저녁식사를 했다. 그가 세계은행 퇴직했을 때 현대에서 당연히 초빙할 것으로 알고 물었다. 그런데 갑자기 주저주저하며 어눌했다. 핵심은 '형님 인사'가 아주 무서워서 도저히 인사 추천은 못 한다는 것이었다. 특히 가까운 사람일수록 목 자를 때 무자비해서 내 가까운 사람 그런 일 당할까 봐 말 못 꺼낸다는 것이다. 인사뿐 아니라 다른 일도 어떤 때는 이명박 사장 통해서 일하는 게 낫다는 이야기까지 했다.

그의 입에서 나온 형님의 무서운, 무자비한 단절을 바로 동생인 당신이 당한 것이다.

그 충격에 생전 담배 안 태우던 그가 폐암에 걸려 수술받고 일단 재생했다. 그러나 현대자동차를 뺏기고 깊은 고뇌와 울분이 그냥 사그라들겠는가. 그 무렵 한가롭게 그의 사무실에서 만났을 때. "아침에 일어나서 눈이 뜨이면 원망스러워. 왜 눈뜨게 하나. 영원히 자지. 정말 허무해. 아침에 눈뜨지 말고 그냥 가게 해주셨으면…하는 생각 자주 나…." 눈물을 보였다. 이 눈물, 분노의 싹은 1999년 3월이 아니고 실은 그 전해 정세영 회장의 반대에도 불구하고 IMF 경제위기 속에서도 기아자동차 인수를 단행하고 정몽구 장남에게 넘겨줬던 왕회장의 조치에서 이미 싹텄고 결정된 운명이었다.

절규

2005년 5월 21일 정세영 회장이 세상 뜨기 얼마 전이었다. 그의 현대산업개발 사무실에서다. 절규에 가깝게 짧게 짧게 외쳤다.

"자식에게 회사 물려주는 것, 그것 좀 허락해줬으면 좋겠어. 내 평생 바쳐 만든 건데 자식에게 물려주는 것 안 될까!" 영리하게 불법, 편법 저지르기 쉽게 하는 다른 기업인들과 달리 반듯한 개인성품과 정도경영의 길을 걸었던 정 회장. 현대자동차 뺏긴 것이나 새로 받은 현대산업개발을 외환위기 속에서 인수정리해야 하는 어려움까지 겹쳐 몸마저 망가진 상태. 얼마 남지 않은 시간에 '영리하게' 자식에게 물려줄 방법이 아주 난감했던 것 같다. 의외로 나에게까지 주식 얼마를 주려 한다는 말을 했지만 사전 사후(死前 死後) 실천되지 않았다.

법률제도와 현실관행 사이의 깊은 괴리를 아무 준비 없이 그것도 죽음의 그림자가 어른거리는 막다른 골목에서 맞이한 그로서 아쉬움, 미련, 억울함이 범벅된 절규였다.

한번은 정세영 회장이 이런 말도 했다.

"나 평생 그리 많이 해외여행 했어도 한 번도 내 여비 얼마 쓰고 얼마 남았는지 챙겨본 적 없다. 비서가 실비 정리했어. 그런데 알고 보니 다른 기업 회장들은 해외여행 경비에서 상당한 축재나 해외재산 도피했더라. 이래서 되나. 나는 내 보수 얼마 달라, 얼마 올리라 말한 적 없어. 회사에서 하는 대로 받았다. 알고 보니 다른 기업 회장들은 자기가 정했더라. …"

부디 정도경영이란 말을 강조하기보다 인간 순연, 자연의 '정상적 사고'라면 당연한 발상, 행동, 방식이어야 할 것을, 실천하는 지도자가 이 땅에서는 너무도 드물다. 그 바쁜 중에도 가나안농군학교에 들어가 생명과 자연과 인간을 생각했던 그였다.

2005년 5월 24일 한국경제신문에 나는 추모사를 썼다.

"전 현대자동차 회장이라 부르기에는 앨라배마 공장 준공식이 열리는 날 운명하셨기에 너무나 애통하여 입이 떨어지지 않고, 현대산업개발 명예회장이라 부르기에는 다소 어색하고…. 큰 역량과 반듯한 인격도 한국적 가족사의 애환을 숙명처럼 극복하지 못한 것이 못내 안타깝습니다."

포니정재단 이사장

정세영 회장 작고 뒤 아드님 정몽규 회장이 2004년 '포니정재단'을 만들어 아버님 기리는 사업을 시작했다. 이사 참여 요청에 기꺼이 응했다. 다음해 이사장 맡아달라는 요청에 이 역시 기꺼이 수락했다. 그러나 역시 정씨

가문 안의 역학관계 때문인 듯 시간이 지나며 내가 느끼기는 하나 이유가 잡히지 않는 부자연함이 몇 번 있더니 이사장직 퇴진을 요구했다. 더 나아가 포니정재단 행사에서 엉뚱한 분들을 앞 테이블로 모시고 전임 이사장인 나를 멀리 멀리 아래쪽 테이블 가당치 않은 분들과 합석시켰다.

정몽규 회장의 인격을 믿는 나로서는 그의 짓이라 생각지 않는다. 이사장으로 있는 8년 동안 내 산더미처럼 많은 책과 자료들로 채운 사무실을 내주어 편히 쓴 신세를 졌다. 그가 그럴 수밖에 없는 현대가문과의 경영 역학관계로 보고 있다.

하늘에 계신 정세영 회장이 그립다. 정직하고 꾸밈없는 그의 환한 웃음을 다시 보고 싶다.

김상현: 한국 최고의 국회의장감

그가 잡혀 간다는 그날. 둘이서 통음하고 "통풍의 정치여 오라!" 통절의 글 쓰는 그 순간: 박통 가다

내가 김상현 의원을 처음 만난 것은 1973년 여름 니만 펠로 과정을 마치고 동아일보 두 번째 논설위원 시절이었다. 그는 논설위원실에 자주 드나들었다. 주로 정치 담당자들과 대화가 많았으나 워낙 너스레가 좋아 모두와 친하게 지냈다.

내 첫 인연은 그의 끈질긴 설득으로 1977년에 나의 첫 책 김진현 에세이집 《한국주식회사》(한샘문화사)를 출간한 것이다. 나는 그때까지도 책 낼 생각은 하지 못했다. 또 으레 글 쓰는 사람의 욕심대로 제대로 된 책을 써보겠다 하고 글 모음집 같은 데는 관심이 없었다. 내 딴에는 《한국주식회사》 서문에 밝힌 대로 "역사의 지체와 조숙"이라는 한국근대화의 특징, 이중성을 주제로 본격적 연구서를 써 볼 작정이었다. 물론 이렇게 저렇게 쓴 글은 많았다.

김 의원은 글을 모아주기만 하면 책 내줄 테니 모아보라고 끈질기게 졸랐다. 이 책에서 내가 붙인 원제목은 '해양화와 대륙화'였다. 그러나 출판사가 팔리는 제목이라야 한다 해서 '한국주식회사'가 됐다. 그래도 제 1장의 제목으로 '해양화와 대륙화'를 살렸다.

김상현 의원과 끈끈한 '친구'가 된 결정적 계기는 1979년 10월 26일 밤이었다. 그 며칠 전 논설실에 들러 술 한잔하자고 해서 논설실의 4~5명과 신문사에서 멀지 않은 청계천 근처 맥줏집에서 저녁약속을 잡았다. 그런데 그날 아침 논설회의 때 편집국 비밀브리핑에 의하면 김상현, 조윤형, 최형우 등 몇 사람이 정보부에 잡혀 간다는 소식이었다.

나는 약속을 했으니, 더구나 불운한 소식이 있으니 그럴수록 그를 지켜준다 할까, 동정해야 한다 할까, 약속을 지켜야 한다는 심정으로 저녁약속 시간까지 논설실에 있었다. 그런데 정작 나보다 훨씬 가까운 동료들이 하나둘 이런 이유 저런 이유로 퇴근하고 또는 아주 노골적으로 괜히 몸 다칠 것 같으니 안 가겠다며 빠졌다(이들 모두 나중에 크게 출세했다).

약속된 맥줏집 방, 열 사람은 앉을 공간에 딱 나와 김상현뿐이었다. 넉살 좋은 김 의원도 퍽 심란했다. 또 잡혀 가나 하는 심정이었을 것이다. 김 의원과는 내 일생에 처음으로 단둘이서 만나고 늦게까지 통음한 기회였다. 야간 통행금지 있을 때였다. 진심으로 잡혀 가지 않기를 빌며 서로 굳은 악수하고 헤어졌다. 나는 집 도착하자 펜을 잡았다. 김 의원이 너무 불쌍했다. 제목이 "통풍의 정치여 오라!"였다. 당시 발표할 수 없는 긴 글이다. 2백 자 원고지로 30페이지였다. 유신정권의 강권통치의 종말과 개혁의 새 바람을 간절히 바라는 글이었다(1988년 8월 출간, 《한국의 선택》, 나남).

다음 날 아침 김상현 의원의 구속 소식이 아니라 박정희 대통령의 시해

소식이 날아왔다. 이 10·26 밤의 극적 인연이 나와 김 의원의 일생에 걸친 동지적, 형제적 우정을 나누게 된 계기가 되었다.

그리고 짧은 1980년 민주화의 봄 때 그는 DJ의 사람으로 동아일보에 열심히 드나들었다. 그리고 8월 나 역시 전두환 등장과 함께 동아일보서 쫓겨나 놀고 있을 때, 그는 다시 감옥을 오가며 한승헌, 한완상 등과 함께 테니스를 많이 쳤다.

2005년 2월 22일 에릭 존스 미 대사관 정치담당 참사관 댁 힐 대사 부부, 임권택 감독, 안숙선 여사와 함께 김 의원과 내가 초대받았다(22쪽 사진 참고). 임 감독이 힐 대사 미 영화수입 자유화 요구에 단호히 반대한 기억이 새롭고, 힐 대사가 안숙선 여사 창을 듣고 몇 대목 배우겠다고 했다. 배워서 뭐 하겠느냐 하니 북한 대표 만날 때 써먹겠다고 했다. 머리 회전이 빠른 대사였다.

1983년 어머님과 1989년 아버님 장례 때는 안성 시골 장지까지 와서 보살필 정도로 정이 들었다. 나 역시 그의 아들 결혼식에 주례도 섰다. 특히 김 의원이 1995년 2월 6일 서울에서 소련의 고르바초프 전 대통령이 주도하는 한국 Green Cross 만들 때 깊이 간여했다. 창설자인 고르바초프가 직접 서울에 와서 고건 시장과 함께 단상에 서고 만찬까지 했다. 이 행사의 한 꼭지로 미국의 당대 최고의 가수 마이클 잭슨까지 초청 공연한 특이한 기억이 남는다. 그렇게 마당발이었다.

마당발

만년에 갑자기 우울증인지 … 말을 끊어 안타까운 채 세상을 떴다. '마당발'이란 말의 최고의 적격자이듯이 그와 삼다도 고깃집에서 주한 미국대사관 부대사 P. 클리블랜드, 임성희 전 공보처 장관과 같이 저녁 먹던 기억. 또 내가 과기처 장관 재임 중 1991년 12월 6일 클리블랜드, 김상현, 한승주,

조세형이 점심 먹은 것으로 일정표에 나와 있다. 1980년대 언제인가 김 의원, 조윤형, 박영록 의원 등이 잡혀가 있을 때 클리블랜드 부대사와의 저녁자리에서 정치안정을 위해서 이들의 석방을 한국 정부에 부탁해 달라 했다. 그 자리에서 당시 현홍주 안기부 차장에게 전화로 "여기 지금 김진현 있는데 그 사람들 괜찮은 사람들이라 하는데… 좀 도와주지요. …" 했다.

이틀 뒤인가 사흘 뒤 석방됐던 기쁨도 있다. 내가 정치부 출신 언론인들과 깊이 어울린 계기도 김 의원이었다. 유신 말부터 전두환 시절 그가 주동이 되어 박권상, 조세형, 조용중, 권오기, 이환의, 남재희, 김동익, 때론 박정희, 전두환 청와대로 간 임방현, 이웅희 등 그리고 이종찬 의원도 참석하는 '한'(恨)의 모임을 가졌다. 부정기적이었지만 1년에 4차례 이상 모였다. 나만 빼곤 모두 정치부 기자 출신이었다.

친화력

나는 정치인 그리고 민주화 과정에서 가장 긴 옥고를 치른 공인 김상현에 대한 감명도 적지 않지만, 그보다는 인간 김상현에 대한 매력이랄까 깊이에 놀란다. 흔히 거대한 친화력을 그의 특징으로 꼽는다. 확실히 그는 남을 즐겁게 하는 재주도 있다. '유머가 있는 정치'를 입버릇처럼 말하는 것을 들었다. 남을 즐겁게 하고 유머를 즐기는 것도 그의 친화력의 한 면이다. 또한 약자에 대한 깊은 동정, 이웃과 부하에 대한 사려 깊은 배려도 친화력의 한 부분이다. 많은 사람을 만날 수 있는 정력도 친화력의 중요한 요소이다.

그의 친화력은 국내에서뿐 아니라 미국, 러시아, 일본, 중국, 몽골, 중남미의 외국 친구들에게까지도 파도쳐서 그와의 만남의 상당한 계기는 외교관계 모임이었다. 국회의원 시절 이 나라 외교의 공백지였던 중남미에 의원외교의 길을 튼 이가 다름 아닌 그였다. 중국, 러시아, 몽골 등 외교관계가 없던, 남이 관심을 덜 갖고 있으나 국가적으로는 매우 중요한 국가와의 인사교류 루트를 확보해놓고 있는 외교친화력(外交親和力) 은 크게 돋보인다.

친화력을 '마당발'이라는 말로 비하하는 이도 있다. 좋은 것이 좋다는 식의 마당발은 확실히 도덕성과 효과 모두 문제가 있다. 그러나 신의를 지키고 원칙을 지키는 마당발은 정치에서 최고의 경지를 의미한다.

그는 박정희 대통령이 피살되었을 때 청와대로 문상 가는 유연성을 보이지만, 민주화와 개혁에 대한 원칙과 노선을 양보하지는 않았다. 그는 1970년대 〈다리〉라는 월간지를 창간하고 정치탄압으로 폐간됐던 〈다리〉 지를 2001년 복간할 만큼 다리, 가교(架橋) 연결에 애착을 갖고 있다. 그만큼 그는 이쪽과 저쪽, 여와 야, 우리와 남과의 사이에 다리, 대화, 설득을 위하여 노력한다. 나는 그와 DJ와의 독특한 관계의 전개도 신의와 원칙과 타협에 대한 두 분의 차이와 관계가 있는 것으로 보고 있다.

김상현, 그는 새 시대에 가장 이상적이고 실천적인 국회의장감이었다. 그가 국회의장 하는 세상이 있었어야 했는데.

15장

대한민국의 선비

시속의 인연 넘어 영원한 동지

내 평생 가장 존경하는 선비, '한국 근대화의 굴절 많은 격랑 속에서도 대의, 신념, 성실, 열정, 지행일치 그리고 맑음에서 으뜸가는 선비를 꼽으라면 이한빈, 김재익, 박세일 세 분이다.

이 박사는 나와 1950~90년대를, 김 박사는 1960~80년대 초반을, 박 교수와는 1980~2010년대를 동행한 애국지사들이었다. 이 박사는 나보다 연륜이나 사회경력에서 위였고, 김 박사는 나보다 두 살 아래 같은 세대이고, 박 교수는 12살 연하이다. 그러나 나는 이들과 마음과 행동에서 영원한 동지로 기억하고 있다.

덕산 이한빈 선생을 회고하며:
한국에서 인물 평가기준을 다시 생각한다

2020년 7월 1일, 한국미래학회에서 발표한 글을 전문 전재한다.

만남

내가 덕산 이한빈 선생 얼굴을 처음 본 것은 1958년이다. 재무부 예산국 1과장 때 멀리서 보고, 같은 해 예산국장 취임 뒤엔 기자실에서 목소리를 들었다. 여기서 '보고' '듣고'란 어휘를 쓰는 이유는 재무부 정식 출입기자는 내 상사 경제부장이었고, 나는 올챙이기자(1957년 11월 말 견습기자 시험합격, 12월 중순부터 출근)로 재무부, 부흥부 선배 기자를 따라다니는 견습 상태였기 때문이다. 재무부는 출입은 하되 이 과장, 이 국장 상대로 직접 취재할 수는 없었다. 더욱이 1959년부터는 부흥부 담당기자여서 재무부는 부장의 명령이 있을 때만 대신 커버했다.

다만 그때도 4명의 예산국 과장들이 모두 이한빈 국장보다 나이가 많았던 특출한 인물이었다는 기억은 선명하다. 1959년 예산국 4과장이 된 김학열(후에 부총리) 씨는 3년 연하인 이 국장을 '인생 및 직장뿐 아니라 배움의 선배로 늘 존경심으로 대했다'는 기록이 있다.

의미 있는 만남은 1962년 12월 14~18일 무렵 제네바에서였다. 그해 11월 미 아시아재단 주관으로 약 100일에 걸친 후진국 경제개발계획과 선진국 경제원조정책을 공부하는 언론공부팀(나와 재무부 이재국장 출신 이열모 조선일보 논설위원, 김성진 동양통신 기자 등 5명)이 홍콩, 인도, 파키스탄(동·서), 이스라엘을 거쳐 첫발을 디딘 유럽이 선생께서 한국 초대 주제네바 공사로 그해 1월에 부임한 제네바였다. 이승만 대통령과 인연이 있는 드라

이한빈 선생 제네바 공사 시절 레만 호숫가에서 (1962.12.).
왼쪽부터 나, 이한빈 공사, 이열모 조선일보 논설위원.

페호텔 옆 레만 호숫가 식당에서 일행과 긴 식사를 나누었다. 나에게 강렬한 인상으로 남아있는 제네바는 에델바이스 아이스크림이었다. 아이스크림은 하얀 것으로만 알았던 나에게 후식으로 나온 빨간 아이스크림이 경이로웠고 에델바이스라는 꽃이 들어간 것이라는 이 공사의 설명이었다.

제네바에서의 새 인연이 꽃핀 것은 귀국 후 〈사상계〉(1963년 9월호)에 쓴 "저개발국과 한국"을 읽으시고 장문의 격려를 보내주신 데서부터이다. 내 글은 인도의 간디묘, 이스라엘의 키부츠 방문의 인상과 경제발전을 연관시켜 종교가 결코 경제발전의 저해요인이 아니라 사회적, 국가적 아이덴티티나 연대의 기초로 경제발전의 기반을 조장할 수 있다는 취지의 것이었다. 당시 종교나 전통을 장애요인으로 보는 경제학 주류의 견해를 넘는 관찰이었다. 이 점을 높이 평가하신 긴 편지였다.

제네바 만남을 계기로 내 글에 대하여 수시로 격려와 의견을 주셨다. 그리고 선생께서 귀국하신 뒤로는 1968년 미래학회 창립, SID(Society for International Development) 한국협회 창립, 1992년 '자유지성 300인회'를 창립할 때마다 선생님 손에 이끌려 참가했다.

특히 SID 참여는 나를 국제무대에 진출시킨 계기가 되었다. 1979년 8월 스리랑카 콜롬보에서 열린 16차 SID 세계총회에서 "A Proposition for Global Welfare Tax"(1990년대 Tobin Tax와 비슷한 개념) 논문을 발표하게 되었고, 내 발표문의 발상을 여러 계기, 여러 사람에게 칭찬, 소개했다. 한국인 최초 10년간 봉사했던 하와이 Pacific Forum 이사직을 1990년 나에게 인계했다. 올해까지 무려 30년 이사로 있는 동안 구평회, 현홍주 씨 등과 호흡을 같이했다.

한남대 총장 퇴임 후에 김우중 대우 회장에게 천거, 1977년 아주공대 학장으로 부임하신 것은 나로서는 처음 선생님께 조그만 보답을 드린 셈이다. 1995년 뜻밖에 서울시립대 총장으로 결정된 뒤 제일 먼저 선생께 상의 드렸다.

1990년 과학기술처 장관이 된 후 KIST 이사장이셨던 선생과 KIST 대부이신 최형섭 전 장관과 의기투합하여 그간 '성공의 희생자'가 되어 추락한 KIST 재발전을 위하여 미래 Mega Project와 과학기술 연구 프로젝트 평가 그리고 과학기술 대외협력센터 기능으로 개편하는 노력을 기울였다. 기득권의 반발로 뜻대로는 안 된 것이 아쉽다. 그런 사정으로 KIST를 통한 한국미래학회 지원 지시도 실천이 미진한 상태로 퇴임했다. 선생님과 일한 대목 중 가장 아쉽고 안타까운 여운이다(일찍 세상을 뜬 KIST 윤창구 박사가 그립다. 그가 오래 있었다면 KIST 내부도 달라졌을 것이다).

1979~80년 부총리 시절과 1 · 12 조치(1980): 김재익과 3인 이천온천 작업

선생님이 부총리 겸 경제기획원 장관이 된 1979년 12월은 국가적 위기상황이었다. 10 · 26 비정상 권력변동과 내외 경제위기가 겹친 중대한 고비였다. 암시장에서는 달러 거래가 중단될 정도의 외환위기 — 2차 석유파동(배럴당 12달러에서 29~40달러로 급등), 식량위기로 쌀 57만 톤(400만 석) 긴급 수입이 불가피하고, 중화학 과잉투자 부작용, 인플레 압력이 극심했다.

이 무렵 동아일보 논설위원이던 나는 이 부총리 심부름이랄까 명령 두 가지를 받았다. 하나는 1 · 12 조치 작업 참여였다.

이 부총리 취임 얼마 뒤 연말 토요일 느닷없이 이천온천으로 불렀다. 비밀이라는 명이었다. 도착해보니 김재익 기획국장이 동석했다. 다음 날 아침까지 비상경제조치의 큰 그림과 내용을 다듬었다. 이 3자 이천온천 작업은 1 · 12 조치 발표(환율 달러당 484원에서 580원으로 19.8% 인상, 정기예금 금리 19%를 25%로 인상) 전후 세 차례에 걸쳤다.

KDI는 630원 환율, 27.5%의 금리인상을 주장하고, 언론과 기업은 시기, 인상률을 놓고 비판이 컸다. 환율인상, 금리인상 억제라는 분리론까지 제기되는 혼란이었다. 여기서 꼭 밝히고 싶은 것은 이 긴급 비상긴축안정 정책엔 선생님의 확고한 미래비전이 깔려 있었다는 점이다. 현실의 초긴축정책과 10년 미래의 성장을 연결시켜가는 논리가 놀라웠다. 강력한 안정정책으로 경제질서 기초만 다져 놓으면 성장을 낙관할 수 있다는 그의 근거는 경제활동인구 — 6 · 25 이후 베이비붐 세대의 교육받고 근면한 경제활동인구의 존재를 경제성장의 결정적 잠재력으로 보았다. 그 어느 선진 후진국과 비교해도 유리한 잠재력이라 확신했다. 이 점이 거시, 미시만 따지는 주류 경제학자나 관료들과 다른 대목이었다. 500억 달러 GNP도, 1980년대 말 1천억 달러, 세계 20위권 진입이 가능하다는 신념을 일관했다. 이한빈의 인구, 교육 중심의 경제성장력 확신과 김재익의 긴축안정론의 이상적 조합이었다.

내 역할은 1·12 조치 전후한 정계, 기업계, 언론계의 예상되는 반응, 조치 후의 반응, 그 대책에 대한 평가와 아이디어 제공이었다. 1·12 비상긴축 조치가 과감할 수 있었던 것은 이런 미래비전과 사회동력에 대한 통찰 위에 선 것이고 그 난리 통에도 교육세를 신설, 도입한 것도 같은 맥락이다(지금은 교육세가 너무 낭비되어 난리이다).

두 번째 심부름은 '기업윤리요강' 제정이었다. 신현확, 이한빈 정부팀은 기업행위에 대한 소급입법은 하지 않기로 큰 방침은 정하고, 그러나 기업경영에서 비합리적, 비시장적, 반사회적 요소를 제거하고 신뢰받는 기업이 되기 위한 선언은 필요하다는 입장이었다. 기업의 자발적 참여를 유도하기로 하고 요강작업을 착수하였다. 나는 이 부총리의 요청으로 초안 작성 기초위원으로 참여했다. 워낙 큰 사건이 많이 터지던 때라 이 작업은 초안 작성까지는 진행되고 당대 거물들로 거창한 위원회는 구성되었으나 5·18 전후 유야무야되고 말았다. 나로서는 해방 직후에서부터 있었던 과거 과오에 대한 국가 차원의 소급입법 사례를 살펴볼 수 있었던 새로운 기회였다.

동아일보 논설위원으로서 이천온천 3자 작업이나 기업윤리요강 기초위원 참여는 엄격한 자로 재면 '언론인 윤리' 위반이다. 그러나 당시의 위중한 국가혼란과 요청의 당자가 이한빈 선생이었기에 나로 하여금 거부감 없이 참여하게 했다. 그러나 전두환 국가보위비상대책위원회 등장과 함께 5개월 만에 부총리직을 사직하고 나 역시 8월 보안사령부 리스트에 걸려 동아일보에서 쫓겨났다. 불행하게 된 선생님과 나를 위해 전두환 정권 밑에서도 마음으로 도와주려 애쓰던 김재익 박사의 정직한 인격과 겸양이 선생님과 함께 겹쳐 떠오른다.

절실함: 미래학 연구

지금 우리는 G. 워싱턴, W. 윌슨, W. 처칠, 드골, I. 간디, K. 아타튀르크, C. 콜럼버스…근대 민주주의 자유, 평등, 개방, 개척, 계몽 문명을 대표하는 이름들조차 격하, 추방, 동상 철거 사태가 전개되고 있다. 마치 중국 마오 문화대혁명에서 공자 추방과 같은 광기마저 연상된다.

그렇잖아도 이 나라 역대 이승만, 박정희, 전두환, 노태우, 김영삼, 김대중, 노무현, 이명박, 박근혜 9명의 실권 대통령들은 한 사람의 예외 없이 본인과 자식들의 스캔들, 비극으로 끝을 냈다. 한 분은 망명, 한 분은 가장 믿는 부하로부터의 총격, 네 분은 감옥, 두 분은 자식들의 부패 감옥행, 그리고 세계적으로 유례 찾기 힘든 전직 대통령 자살까지 나오는 슬픈 기록을 세웠다. 단 한 사람의 대통령도 공인이나 사인(私人)으로서 존경, 통합의 상징이 되지 못하고 떳떳이 화폐인물로 또는 동상을 세울 만한 대통령이 없는 대한민국이 되었다.

그러면서, 그런 대통령의 기록을 가지면서, 성장, 발전, 근대화, 민주화, 산업화, 선진화에 성공했다면…큰 인물 올바른 인격과 국가의 큰일, 공동체의 목적과는 반드시 일치하지 않는다는, 아니 일치하지 않는 것이 현실과 역사의 정상이라면…. 한국에 사는 우리는 인간, 사회공동체, 국가를 어떻게 이해하고 그 기능을 어찌 정의하고 후손들에게 교육할 것인가. 실체적 허상, 허구에 직면하게 된다. 나는 인간은 단순히 생물학적 존재도 유전적 진화의 산물도 아니며, 신의 창조물도 아닌, 도덕적 산물, 사회적 존재로 믿고 있다. 그런 인간 공동체에 의한 사랑, 자비, 인의의 진보(때로는 후퇴도 있지만) — 그런 문명의, 사회의 진전을 믿는다.

이런 입장에서는 지금 대한민국에서 벌어지는 성공신화, 패거리 영웅작업, 국립묘지 논쟁들은 실체와 너무 멀리 떨어진 또 하나의 현상이고 허구이다. 멸사봉공이라는 영웅적 구호보다는 손해를 감내하는 공선사후(公先

私後) 만이라도 실천하는 리더가 있었으면 하는 아쉬움이 크다. 그런 대표적 전범(典範)으로서 이한빈 선생을 적고 싶다.

선생님 같은 인격, 능력, 학구열, 통찰, 청렴, 겸양, 리더십. 그런 모델의 엘리트가 각 전문분야에서 리더십을 발휘했더라면 허구, 허상의 대통령 영웅담보다 훨씬 대한민국 발전의 정상화, 선진화(善進化)에 기여했을 것이다. 전문적 능력에 탁월하면서도 인격적으로 모범이 되는 근대 한국인의 모델로 이한빈, 김재익, 박운서(전 산업부 차관, '필리핀 전도사'), 박세일 등을 떠올린다.

COVID-19와 기후변화의 현실은 4차 산업혁명, AI, Bio, 양자컴퓨터 등장과 함께 유발 하라리가 이르는 '*Homo Deus*'(신이 된 인간)의 등장, 호모 사피엔스의 종말까지도 상정범위 안에 들어오는 대격변, 단절의 시대를 맞고 있다. 이런 거대담론이 아니더라도 2035년 사학연금 적자 시작, 2040년 국민연금 적자 시작, 2045년 커즈와일의 특이점(*Singularity Point*), 2045년 한국 인구 4천만 명의 숫자가 리얼타임으로 기다리고 있다.

나 같은 80 중반의 세대는 이 극적 전개를 투시하고 간다. 그러나 한국미래학회 리더십과 회원 여러분은 체험하며 살게 된다. 이 다가오는 시간표의 본질과 전개, 대한민국의 운명적 과제에 좀 더 깊은 절실함, 간절함, 절박함으로 다가가야 한다. 이한빈 선생님이 여기 계신다면 지금 무엇부터 연구하라 하셨을까?

아마 내 동아일보 시절에 대하여 가장 열성적으로 나를 선전하고 다닌 분은 이 박사일 것이다. 이 박사는 나를 소개하는 자리 또는 내가 없는 자리에서도 1966년 "코리안의 고동" 시리즈, 1979년 스리랑카 SDI 세계총회에서 발표한 'Global Welfare Tax(인류 복지세)', 1990년대 Soft Path(연성의 길) 등에 대한 소개와 함께 나를 세계화(인류화), 선진화, 연성화의 선구자로 칭찬했다.

심지어 세계화추진위원장으로 하루 저녁 세 번씩 강연하던 1995년 1월

26일 5시 예정이었던 자유지성 300인회 강연회에선 앞선 강연이 늦어 예정보다 1시간 늦고 또 다음 강연 예정으로 30분 정도 강연만 하고 질의응답을 생략하고 떠났다. 이 박사가 나 떠난 뒤 나에 대한 질의에 대신 답변역할 해주었다. 참 미안하고 고맙다.

김재익 박사: 성실, 근면, 지성, 애국의 최고상징

"이 책을 고 김재익 박사에게 바친다"

《자본주의 정신과 반자본주의 심리》(루드비히 폰 미제스 저, 김진현 편역, 한국경제연구원, 1984. 일반출판은 1988년 교보문고)의 머리말을 옮긴다.

한(恨)이 남는다는 것이 이런 것일까. 이 책은 경제이념과 사상을 담은 딱딱한 것이지만 머리말을 쓰는 편역자로서는 더욱 깊고 무거운 감회에 빠져있다. 이 책은 전적으로 고 김재익 청와대 경제수석비서관의 권유로 이 세상에 나온 것이다. 이제 햇빛을 보게 된 이 책을 지하에 잠든 김재익 형에게 헌정(獻呈)하고자 한다. 고인과의 약속의 징표이기도 한 이 책을 기쁘게 받아주시기를 두 손 모아 빈다.

작년(1983) 9월 14일 오후 3시, 청와대 그의 방에서 만난 것이 고인과의 마지막 대화였다. 또 그 자리가 바로 이 책의 발간의 수태(受胎)된 순간이기도 했다. 이는 그 며칠 앞서 9월 1일부터 4일까지 미 시러큐스대학 교수이며 미 기업연구소(AEI)의 종교철학 공공정책연구책임자인 마이클 노박 박사를 초청하여 민주자본주의에 대한 세미나와 강연을 마친 뒷마무리였다.

고인은 오랜만에 나를 격려해주었다. 나로서는 세미나 주최자로서 그의 바쁜 일정에도 불구하고 9월 3일 “한국 근대경제성장과 민주자본주의” 세미나에 일반토론자로서 질문도 하고 4시간이나 꼬박 자리를 지켜준 데 대하여 감사를 전하는 자리였다.

고인은 동서의 신학, 철학, 경제학, 사회학자들이 구체적으로 모인 세미나의 어려움을 이해하고 그 성과를 평가하여 선뜻 한국경제연구원이 발행한 노박 교수의 역서 《민간기업주의 발전전략시리즈》 2천 질을 소화하여 주었다. 정작 소화해줘야 할 전경련에서는 인수가 부진한 형편에서 더없이 고마운 일이다.

고인은 덧붙여 시리즈의 일부로 고인이 좋아하는 미제스 교수의 책을 출판해주었으면 했다. 그러고 보니 경제기획원 기획국장 시절에도 자주 이 책을 인용하고 나에게도 권독(勸讀) 했던 기억이 살아났다. 곧 이를 수락하고 돌아와 윗분들께 번역출판 계획을 제안했던 것이다. 그러나 정작 계획이 확정되어 착수한 지 열흘도 못 되어 그는 또 하나의 경제발전의 실험장인 버마 땅에서 순직하고 말았다.

이날 우리의 상면은 참으로 오랜만이었다. 2년 만일 것이다. 더욱이 나를 격려해준 것은 3년여 만이다. 1980년 8월 17일, 그때 고인은 국가보위비상대책위원회 경제과학분과 위원장이었으며, 나는 그 며칠 전 천직으로 알았던 언론계를 쫓겨나 인생의 너무 큰 시련 앞에 망연자실하고 있을 때였다. 11시가 넘은 깊은 밤 손수 운전하고 예고 없이 내 집을 찾아주었다. ‘정치’의 한계를 고인으로서도 넘을 수 없지만 그래도 도와줄 수 있는 길이 없겠는가 하고 격려해주었다. 그날 밤 격려는 여섯 달 뒤 1개월 단명의 것이나마 한국개발연구원 객원연구원이라는 이름을 걸게 해주었다.

고인은 원리의 사나이였다. 사상도, 예의범절에서도 원리의 지성인이었다. 고인은 그의 뜻, 그의 양식대로 일직선을 살고 간 원리의 사람이었다. 고인은 민주자본주의에 대한 신념은 아마 우리나라에서 그 어느 사상가, 그 어느 경제학자, 그 어느 기업가, 그 어느 관료도 따르지 못할 것이라고 확신한다.

고인의 시장기구에 대한 일관된 신뢰, 부가가치세제에 대한 끈질긴 집념…1960년대에서 1970년대에 걸쳐 나누었던 고인과의 많은 대화가 지금 한꺼번에 그리움으로 밀어닥친다.

해맑은 호수면같이 잔잔하며 성실한 그 말소리, 소리 없이 닥치는 지진처럼 조용하면서도 힘찬 용기로 미는 그 추진력, 고인은 확실히 우리 세대에 보기 드문 인격의 소유자였다. 지행(知行)이 일치된 예외적 거인 관료였다. 분명히 이 나라에서 '김재익 경제'의 한 세대 획을 그었던 지성관료의 거봉(巨峯)이었다.

너무나 원리에 충실했고, 거기에다 실천의 큰 힘까지 갖추었기에 고인은 개인적 신념체계와는 다른 결과를 가져올 수 있다는 인간 삶의 또 다른 원리를 덜 중요시했는지 모른다.

우리는 모두 넓은 의미에서 발전론자이며 개혁주의자들이다. 인간의 보편적 이성의 발전을 믿고, 과학과 기술의 진보를 믿고 '과거보다는 미래의 개선'에 뜻을 같이해 왔다. 문제는 4천만 동포 모두가 원리의 지성을 존중하고 실천하는 것은 아니라는 데 있다. 지성의 세계와 공공정책, 더 나아가 정치의 세계와는 시간의 선후(先後), 수단의 선택에 있어 크게 다를 수 있는 것이다. 그렇기 때문에 보편주의가 세계주의일 수 없으며, 제도와 기술의 진보가 문화의 발전 없이 수용되는 것은 아니다.

고인이 학자로서 남았더라면 하는 가상을 자주 해보곤 한다. 우리나라에 부족하기 짝이 없는 책임 있는 지성의 풍토 조성에 결정적 역할을 했으리라 믿는다. 나에겐 더없이 소중하고 충실한 동료가 되었을 것이다.

나는 글 쓰는 재주밖에 없어 글 쓰는 프로페셔널리즘의 원리에 충실하다 보니 동지와 비판자의 역할을 오갔다. 그러나 원리주의자들 간의 지성의 일치와 갈등이 어찌 인간의 아름다운 정의(情誼)를 멈추게 할 수 있겠는가. 누구나 이성과 감성이 함께 숨 쉬는 시대의 삶 이상도 이하도 넘지 못하고 가는 것인데 … 보고 싶고 그리울 뿐이다. 나를 아껴주던 인정에 보답할 기회를 주지 않고 먼저 떠난 것이 한없이 한이 되어 쌓여 있다.

어찌 이런 글로 생전에 탁 털어놓고 꼭 하고 싶었던 공사 간(公私間)의 비화를 쓸 수 있겠는가. 꼭 하고 싶었던 이야기를 할 수 있는 계기가 오는 듯하다가 갑자기 헤어지게 된 아쉬움이 저릴수록 글 쓰는 직업의 비탄과 적막감을 혼자 되씹게 된다.

김재익 형!

편히 계시오. 김 형이 지켰던 민주자본주의 원리와 정신은 시간이 걸리더라도 이 땅에 반드시 실현될 것이오. 시민의 저력이, 민족의 활력이 꼭 이룩할 것입니다. 김 형의 신념을 대변하는 이 책이 여기 이렇게 나오고 또 계속될 것입니다.

고 김재익 박사와 유족들에게 천주님의 가호가 더욱 크시기를 거듭 빕니다.

한국경제연구원 대표이사 부원장

김진현

로스토우 박사의 놀라움: 김 박사의 청년걱정

월터 W. 로스토우 교수를 내가 처음 만난 것은 그가 1965년 5월 3일 서울대에서 강연했을 때였다. 한국이 도약(*take off*) 단계로 들어섰다는 평가를 내림으로써 아마 박정희 정권의 '근대적 정당성'을 부여한 첫 세계 거물 경제학자가 된 셈이다. 그 후 한국경제연구원 시절 1981년 미국 방문 시 텍사스대학 존슨기념관 사무실에 만나고 연구원 방문을 초청했다. 그리하여 1983년 10월 4일 내가 주최한 한국경제연구원에서의 토론과 일반강연 행사를 가졌다. 로스토우가 다음 날 인도로 떠나기 전 김재익 청와대수석의 초청을 받아 서울 한 호텔에서 조찬을 했다.

김 박사가 얼마나 훌륭한 국사(國士) 인가 하는 것을 알 수 있는 대목이 로스토우 박사가 1991년 5월 13일 〈시사저널〉(영문지) 에 남긴 글 "새 세계 질서에서 한국"(Korea in the New World Order) 에서 알 수 있다. "여러 이야기가 잘 나갔다. 나는 끝으로 물었다. '한국 미래에서 당신의 가장 큰 걱정은 무엇인가?' 그는 잠깐 쉬더니 이렇게 답했다. '청년'(*youth*). 그들은 지나간 세대가 성취한 경제성장을 당연한 것으로 보고 새 목적을 찾고 있다. 그러나 나는 이들이 추구하는 좀 더 넓은 목적이 그냥 단순히 거저 주어질 수 없는 경제성장에 의존한다는 사실을 이해하지 못하고 있는 것을 걱정하고 있다. 그것(경제성장) 은 우리들의 지평선이 넓어지더라도 조심스럽게 자라야 한다."

"1940년 이후 교수로서 젊은이들과 일한 내 경험으로는 각 세대마다 새 방향으로 분리돼 가는 것이 불가피함을 상기시켜주었다. 그러나 나는 기술적으로 급격히 변하는 세계에서 생활의 질이나 물리적 풍요가 한 나라 경제의 고비용 지출 없이 이루어질 수 없다는 데 동의한다. … 며칠 뒤 인도 신문에서 10월 10일 랑군에서 김재익이 암살당했다는 소식을 접했을 때 너무 마음이 무거웠다."

우리나라 청와대나 국무회의에 참석하는 정책, 행정가들이 김재익만큼의 종합, 미래 관점을 가졌더라면 이 나라는 지금의 혼란, 극단과는 많이 달랐을 것이다. 2021년의 '청년'의 분노, 희망을 잃은 젊은이의 분노는 없었을 것이다. '청년', '인구', '교육' 빤히 보이는 추세 그것을 각자 현재의 자만으로, 게으름으로, 무책임으로 하여 국난을 초래한 것이다. 김재익의 '청년 걱정'을 전두환 대통령이 100분의 1이라도 했더라면. 같이 청와대에 있으면서 전두환은 3천억 원인지 4천억 원인지 사복 채우기에 바쁠 때, 김재익은 경제와 청년과 나라를 걱정했다. 나는 장관으로 있는 동안 매년(1991, 1992, 1993년) 신정에는 국립묘지를 들렀다. 김재익의 무덤을 찾았고, 한 번은 그의 기일에도 찾았다.

박세일: 30년간의 사연(私緣) 없는 공연(公緣)

위공(爲公) 박세일 박사를 처음 만난 것은 1987년 6·29 직후 민주화 함성으로 이 땅의 가슴을 적신 '슈트룸 운트 드랑', 격랑의 시대였다. 우이동 크리스찬아카데미에서 밤새워 토론하며 지냈던 기억이 새롭다.

이때 모임에 활발했던 분들은 이각범, 서경석, 유근일, 김규칠 그리고 박세일 박사였다. 이 모임에 대한 기록을 되찾아보니 처음엔 '마당모임'이었다. 나중에 '우리모임'으로 이름을 바꾸면서 운영위원들 둔 규약도 만들고 모양을 갖춘 것으로 되어있다. 초기엔 약 40여 명, 나중엔 '서울논단'으로 이름을 바꾼 1990년 12월 명단에는 58명 회원으로, 그리고 연도가 없으나 1993년 이후 것이 확실한 '서울논단 주소록' 명단은 70명이다. 58명 회원 중 법대 교수 및 변호사가 13명으로 가장 많고 그다음이 경제학 11명이니 법학과 경제학을 넘나든 박 교수의 영향이 컸던 것 같다.

박 교수는 1990년대까지 '재산권 제도를 어떻게 볼 것인가', '전후 일본 노동운동에 있어 경제주의 성립과정' 등의 주제를 발표했다. 정부에 들어가기 전 1990년 11월 전까지 나의 직접 참여기록으로 남은 것은 두 번, 토론 한 번이다. 그러나 우리모임 소개(1990년 12월)에도 "1987. 7. ~1988. 9. 기간은 매월 개최"라고만 쓰고 날짜, 토론제목과 발표자가 나오기는 1988년 10월서부터인 것을 보면 그 이전 기록이 없어진 듯하다.

30년 전 '서울논단'에서 시작하여 '한반도 선진화재단'에 이르기까지 박 교수와는 꾸준한 인연을 이어왔다. 가장 밀도가 높았던 때는 박공이 청와대 기획수석비서관으로 있으면서 내가 국무총리와 공동으로 맡았던 세계화추진위원회 위원장으로 있던 1995년부터 김영삼 정부 끝나는 1998년 2월까지였다. 형식은 총리실위원회였으나 실질적으로 초기엔 '박세일위원회'였다 할 수 있다.

나는 그와의 교류를 통하여 박공이 열정, 지성, 성실, 전략 모든 면에서 가장 바람직스러운 정치 지도자가 될 수 있다고 확신했다. 그리하여 2001년 대선 전 보수 쪽에서 여러 이름이 오르내릴 때 그에게 직접 대권에 도전하라고 권고했다. 전혀 마음 준비가 안 된 것 같았다. 그때 옆에 이각범 교수도 있었다.

그 후 궤적을 보면 '우리모임', '서울논단'이 구성하는 우리나라 주류 자유주의적 보수의 온갖 민간활동에는 거의 박공과 같이 이름을 올리고 있었다. 내가 가진 손 잡히는 대로의 기록만 보아도 2006년 11월 25일 526명이 서명한 '한반도 평화를 위한 시국선언' "정부 입으론 반핵(反核) … 뒤로는 용인", 2016년 2·16 북핵 위협에 대한 원로성명 "사드배치·전술핵 공동관리 촉구"까지 일관되게 이어졌다.

특히 2006년 한반도선진화재단(고문) 설립에 적극 동참하고 기금 조성에까지 나섰다. 한반도선진화재단 국가전략포럼 창립(축사), 선진화정책학회의 발족(기조강연)과 〈선진화정책연구〉(창간호 권두언), 선진통일전국연합 발족(고문)으로 공동체자유주의 출판기념회(축사)로 이어졌다. 특히 최근에 기억에 남는 것은 2013년 7월 2일 '국가전략포럼' 출발에 "왜 국가전략인가" 주제를 박공과 둘이서 나란히 발표한 것이다.

지금도 미안한 것은 박공이 2012년 독자적으로 정당조직(국민생각당)을 본격적으로 전개할 때 박공에게 미리 이야기는 해두었지만 정당활동에 참여치 않는다는 내 소신대로 뒤에서 박공의 고생을 바라보는 마음이 편치 않았다. 박공은 당초엔 인명진, 윤여준, 이명현과 나를 끼워 모사를 했었다. 1년여 동안 사무실도 구하고 구해우 박사 같은 유능한 손발까지 동원했었다(그때 모임 이름을 정하지는 않았다). 그러나 나는 어디까지나 주류개혁 신주류 구축 국민운동, 정치계몽운동 우선을 주장했다. 박공은 정당조직 전국 총선운동으로 진입했으나 이 나라가 박공의 비전과 전략을 수용하기에는 너무 조잡한 정치지형이었다.

박 교수와 이각범 교수 주도의 '우리모임', '서울논단' 인연으로 해서 거기에서 파생한 경제정의실천시민연합(경실련)의 서경석 목사도 알게 되고, 1995년~99년까지의 서울시립대 총장 시절 강철규, 이근식 두 교수의 도움을 받게 된 것도 30년 전 크리스찬아카데미에서의 인연에서 비롯됐다.

박공의 영결식 날 추도사까지 하게 된 30년의 인연— 세대, 학연, 지연, 혈연 이 땅의 세속적 동질 인연, 그 어느 것 하나도 없으면서 마음을 허하여 교류할 수 있었던 것은 참으로 소중한 기연이다.

그러고 보니 박 교수 식구와 내 식구끼리는 한 번도 같이 만나거나 식사 한 번 한 적이 없었다. 그 흔한 취미생활의 놀이, 술이건 산행이건 운동이건 한 번도 같이한 적 없다. 비록 나이 차이 때문이라 해도 이렇게 사적 인연을 완전히 넘어 공인끼리의 공연(公緣)만으로 30년을 한 점 의심 없이 믿고 의지하며 지낸 특수한 행복을 누렸다. 그 동력은 대한민국의 주류 만들기, 대한민국의 국력(國力) 올리기, 선진화(先進化, 善進化) 비전의 단단한 동지, 이념, 가치의 동지였기 때문일 것이다.

위공(박 교수 아호)은 갔어도 위공과의 공연(公緣)을 지키기 위하여 한선재단을 포함한 그의 유업과의 공연(公緣), 공헌을 계속할 것이다.

나는 2017년 1월 17일, 신촌 세브란스병원에서 열린 그의 영결식에서 추도사를 했다. 이 말만은 남기고 싶다.

"이 나라 엘리트 중에서 진실로 찾기 힘든, 뼈 있는, 절개 있는, 이념 있는, 지성충만한, 언행일치하는, 늘 겸손한 그러면서도 능력이 출중하여 국가에 기여한 그런 고전적, 원형적 선비, 실천하는 군자, 그가 바로 박공이었습니다. 각 정권마다 박공 같은 선비가 두 분씩만이라도 더 있었더라면 대한민국 선진화는 벌써 달성했을 것입니다."

세속의 인연 없던 박공과는 그가 세상 떠나 찾은 안식처, 안성군 이죽면 도피안사 절에 묻힘으로써 지연(地緣)이 생겼다. 내 고향 동막골에서 20리가 안 된다.

16장

종교계 문화계 NGO 활동

나는 태어날 때부터 종교가 없었다. 지금도 없다. 기도는 자주 한다. 자기 전에 할 때가 비교적 많지만 산에 가서도 또 인연 있는 곳에 가면 옛 생각을 하며 기도한다. 1980년 여름 동아일보 강제 퇴사 당할 때는 극락암에서, 동막골에서, 옛 할머니집 가서 그리고 안성 양성면 미리내성당 김대건 신부 묘소와 그의 뼈가 보관된 성당에 자주 가서 기도했다. 외환위기 때는 내 시립대 식구들의 안녕과 대학 발전을 간절히 기구했다. 그 기도문은 시립대 내 문집에 남아 있다.

그런 내가 왜 아직도 특정 종교 신도가 되지 않았는지, 나 자신도 잘 모르겠다. 내 가슴속 저 깊은 한 곳에 형식성에 대한 거부가 있지 않나 생각한다. 이런 인연 때문인지 언론인, 당초엔 경제언론인으로 알려진 내가 큰, 때로는 국가적 종교행사에 종교와 관련된 주제발표를 5~6개를 하게 된다. 그리고 이와 직간접 연결된 내 NGO활동이 꽤 있다.

종교계 초청, 발표

종교가 없는 내가 이러저러한 종교 또는 종교지도자 모임에 불려 다녔다. 가장 형식적 모임이 7대 종단 모임이었다.

"21세기를 여는 한국 사회문화와 종교: 한인(韓人) 삶의 조건과 종교의 역할"〔한국 종교인 평화회의(천주교, 개신교, 불교, 천도교, 원불교, 성균관, 민족종교 등 7대 종단), 문체부 지원, "1997 종교지도자 세미나" 기조강연, 1997. 6. 12., 세종문화회관〕.

"대한민국 근대화 혁명과 문명사적 도전(기회)"(천주교인천교구 사제연수, 2011. 6. 21., 인천가톨릭대).

종교단체, 종교계 강연 중 가장 인상에 남는 것이 여기 인천에서였다. 요청은 차동엽 신부에게서 왔다. 요청의 어투가 차 신부 자신의 의사라기보다 나 같은 생각 가진 분의 얘기를 들어야겠다는 어떤 결정에서 청한다는 분위기이었다. 인천교구 사제연수프로그램, "사목환경의 미래와 대안 모색" 주제였다. 수락 후 알아보니 천주교 중에서도 이른바 강성의 중심이 인천교구라는 말을 들어 단단히 각오하고 5장 37페이지에 이르는 원고를 준비했다.

최기산 주교 이하 전·현 교직자 그리고 인천가톨릭대 학생 전원 수백 명이 넘어 보였다. 강당이 꽉 찼다. 강연이라기보다 내 주제, 논리, 판단, 비전을 열심히 펼쳤다. 강연 끝내고 질문을 요청했다. 질문을 재촉해도 질문이 없었다. 단단히 반론을 준비했던 나로서는 기이하고 허무했다. 최 주교와 원로 신부님 댓 분과 점심식사 했다. 내가 왜 질문이 없었는지 이상하다 했더니 원로 신부 한 분이 설명이랄까 답변이랄까. "신부들이 너무 바빠 공부할 시간이 없다. 개신교와 달리 사목, 성당 업무, 교인 챙기기 전부 신부 몫이다. 쉬고 책 볼 시간 없다. 대학 시절 배운 것이 거의 전부라 해도 과언

이 아니다. 그래서 사실 신부들이 … 어느 편이냐 하면 무식한 편이다 … ."

"대한민국의 길 — 어제의 길, 내일의 길, 제 3의 기적 — *Pax Koreana, Pax Universa*"(서울신학대 인문강좌, 2016. 5. 19., 서울신학대 대강당). 전교생 대상이었다.

나는 잊고 있었는데 한국 YMCA운동의 대부 전택부 선생님의 《씨알머리 없는 세상: 지구촌에서 만나자》(범우사, 1995)에 의하면 선생님 초청으로 1995년 4월 3일 YMCA 전체위원회 친교회에서 "세계화와 민간단체의 역할"로 주제강연을 한다. 당신의 책 취지와 부합한다며 4페이지에 걸쳐 도덕성과 능률성의 일치 통합, 한국판 적십자운동 창조를 강조한 내 강연의 결론을 소개하고 있다.

가장 최근 것은 2020년(불기 2563년) 2월 14일 대한불교조계종 초청으로 'AI와 종교'를 주제로 원행 새 총무원장 취임하면서 새로 발족한 '종단 지도자 포럼' 첫 번째 모임, 첫 번째 주제 강연자로 나섰다. 처음 교섭부터 주제 'AI와 종교'는 변경불가 조건의 제의가 왔다. 이 주제로 과학자, 철학자, 종교학자 여러분을 찾았으나 모두 사양했고 그중 몇 분이 김 아무개라면 혹시 가능할지 모르겠다 해서 연락한다며 타진해 왔다.

나 역시 자신이 없었다. 기술과 종교라는 테마의 글을 읽은 기억이 있지만 AI라는 특정기술을 집어 종교, 특히 불교계에 도움 되는 글 쓴다는 것, 생각해본 적 없기 때문이다. 그러나 1개월여 시간 여유 있고 마침 1월 초에 일본 출장 갈 일 있어 나 스스로 공부삼아 한 번 매달려보자 결심했다. 내 늘 하는 버릇대로 일본 서점가를 뒤졌더니 이 제목에 참고 될 일문, 영문 서적 7~8권이 있었다. 역시 일본이었다. AI와 일본의 정신세계, AI와 이슬람의 일치성까지 다루는 저자도 있었다. 미국 발간물 따로 챙기며 나로서는 AI와 종교 다루는 습작이지만 힘들이고 공들였다. 조계종 최고 종단 지도자, 두 불교대학 총장들, 전국 7개 종단 대표들 조계종 최고지도자로만 구성된 개혁포럼에서 나로서는 정성껏 발표했다. 제목은 "AI(+생명공학) 와 종교 — 인간과 인조인간(인공뇌) 와 인류의 장래"였다. 2011년 인천 가톨릭대 연설과 비슷한 반응이었다. 매우 실망했다.

개신교가 의외로 많았다.

① 한국기독교장로회 신학연구소 주최 제2회 신학관계토론(1994. 6. 13. ~15. 수안보). 나는 "한국의 기술 주권과 국제화 전략"이라는 비종교적 주제를 발표했는데 이 부류 특강에는 김근태, 한완상, 김지하와 내가 나선 셈이고 본격적인 한국교회의 현실과 비전토론에는 오재식, 김경재, 이중표 교수들과 여러 목사님들이 나서 2박 3일을 보냈다.

② 한국기독교장로회총회 주최 2009 교역자대회(6. 8. ~10. 안면도 오션캐슬). 주제강연 "세계는 어디로 향하는가 — '근대 이후' 전개와 금융, 자원, 환경 3대 복합위기 극복의 길". 여기서도 김경재 교수가 이어서 신학강연을 했다. 주최자 중 한 목사님이 저녁시간에 자기교파는 호남, 광주쪽 기반이 센데 너무 과격해지려는 게 걱정이 돼서 나를 모셨다는 얘기를 했다. 민주화주동 교회들도 고민이 꽤 있는 것을 알았다.

내가 2006년 쓴 《일본친구들에게 정말로 하고 싶은 이야기》에서는 한·일 비교에서 기독교의 존재와 역할에 대한 차이를 크게 다루고 있다. 이 책의 특징이다. 이때 한국신학대 김경재 교수, 월드비전의 오재식 박사 조언에 감사한다.

NGO활동

내가 NGO활동에 참가해야겠다고 결심한 것은 과학기술처 장관 재임 중이었다. 정부에서 일하는 동안 무책임, 터무니없는 '인사', 안 해도 될 사업 끼워 넣기 등 너무 많은 예산낭비와 부정을 보았기 때문이다. 규모가 작고 그래도 전문과학기술인들이 관리하는 비교적 청렴한 과기부와 산하기관도 이런 낭비가 보일진대 국가 전체로, 특히 전통 관료의 부패가 심한 기관에서는 대통령들의 몇 천억 원 단위 부정은 형태만 바꿔지 지속될 수 있는 것이다. 그래서 장관을 퇴임하자마자 1980년대 민주화과정에서 같이 밤샘토론했던 서경석, 박세일, 이근식 주동이던 '우리모임' 그룹에 연락, 이때는 '경제정의실천시민연합'으로 진화한 경실련 '고문'으로 이름을 걸었다.

두 번째는 종교계 인사와의 만남이었다.

나로서 인상 깊은 종교계와의 인연은 천주교 김수환 추기경, 개신교 강원룡 목사 그리고 불교의 송월주 스님이다. 김 추기경과는 1986년 1월 1일 신춘인터뷰 전면커버였다. 정치적으로 종교계도 동아일보도 참 어려운 때였다. 그 인터뷰가 인연되어 가끔 불러 이 얘기 저 얘기 물으셨다. 한 번은 혜화동 동성고등학교 울타리 안에 있는 사무실에서 긴 얘기를 했다.

서울시립대 총장 시절 김 추기경, 강 목사, 송 스님과 함께 1996년 6월 21일 천도교 수운회관에서 범종교계 —7대 종단대표가 참석한 "우리민족서로돕기운동" 창립대회를 가졌다. 서경석 목사 주동이었다. 나는 공동대표로 참석했다. 아마도 이 자리가 NGO활동 중 가장 내 위치에 맞는 자리일 것이다. 종교계 빼고는 서영훈, 이한빈, 강문규, 박상증, 이세중, 손봉호, 김지하, 이효재, 박완서 씨와 고건 총장(명지대)과 나(시립대) 두 대학 총장이 함께했다.

내 NGO활동은 이 명단인사들과의 인연이 새끼치기로 나간 것이다. 나와 월주 스님, 강문규, 이세중 관계와 서경석 목사 연합은 때로 1980년대 중반 '우리모임' 원류인 박세일, 이각범, 이근식 등 교수와 연결된 '경제정의실천시민연합'(경실련)으로, 또 한쪽은 자유주의 우파운동 '새로운 한국을 위한 국민운동'(2014. 5. 26.)으로도 가고. 김 추기경 모시고 이세중, 고건까지 끼어 김상현 쪽 한국 그린크로스(Green Cross, 1995) 환경운동이나 최열 쪽 환경운동연합(1997)으로도 갔다.

또 김 추기경 모시고 UNICEF 한국위원회(1993) 창설(부회장 겸 언론위원장)로, 때로는 서영훈 선생과 함께 '신사회공동선연합'(1994)으로, 또 그 연장으로는 법륜 스님 쪽 평화운동과 가나안농군학교 쪽과도 어울렸다.

2002년 3월 2일 발족한 대학 교수 중심의 '바른사회를 위한 시민회의'는 창립 대표로 식사도 창립 취지문도 내가 썼다. 초기 발기대표였던 나와 송복, 김석준 교수 모두 지금은 시민회의 리더십과는 거리가 멀어져 있다.

김 추기경께서 1999년 6월 8일 코리아나호텔 다뉴브홀에서 '우리민족서로돕기' 공동대표회의 끝난 뒤 따로 보자 하셨다. 박노해 시인 이야기를 꺼냈다. 그의 석방 후 당신께서 직접 만나봤는데 이제 확실히 폭력혁명, 프롤레타리아혁명에서 손을 떼었다, 새 길 새 삶 여는 데 도와주었으면 하셨다. 구체적으로 제가 어찌 도울 수 있느냐 하니 박 시인께 나를 만나라 하겠다 하셨다. 만나보니 김 추기경 말씀대로였다. 정보통신 관련 두 기업인을 포함 세 분께 김 추기경 말씀과 도움을 청했다. 한 분의 결과는 확실히 알고 있는데 나머지 분들의 결과는 알지 못하고 있다. 박 시인 부부와는 그 후 우연히 2000년 5월 칸영화제에서 만났다. 나는 문화일보에서 용가리 심형래 씨와 합작, '영구문화아트' 회사 만들고 영화제 출품, 도전할 때였다.

NGO활동을 통해 김성수 성공회 주교, 정의채 몬시뇰, 정범모 손봉호 교수와는 전보다 더 가까워졌고. 박상증 인명진 목사, 구해우 박사, 이석연 박인제 변호사들을 만난 인연이 되었다. 지금도 정성헌 평화동산 이사장, 주대환 대표와 늘 같이하고 있다.

2001년 가을, 월주 스님 초청으로 1996년 6월 21일 '우리민족서로돕기운동' 창립을 같이한 강문규, 이세중, 서경석과 내가 금산사에서 하룻밤 묵으며 회포를 푼 날과 감나무 밑에서 찍은 사진이 나로서는 나의 NGO기념판이다.

물론 즐거움보다는 보람보다는 후회도 많다. '우리민족서로돕기운동'에서도 우리들의 도움이 확실히 북한 '주민'에 전달, 도달했는지 확인해야 한다는 주장을 열심히 폈다. 그것이 EU 방식이었다. 그런 절차를 무시하고 우선 주자는, 또 서로 북한 먼저 방문하고자 불필요한 경쟁하는 것, 북한의 의도적인 우리 측에 대한 하대, 무시도 문제제기 않는 것이 나로서는 이해하기 어려웠다. 내가 북한 지원 최종수요자 확인을 빡빡 주장하여 겨우 확답받은 지 며칠 만에 다시 북한의 극도로 불친절한, 짤막한 단어의 거절 팩스가 왔다. 한 보름 뒤 '역사적' 김대중 방북 발표가 나왔다.

강원룡 목사님을 처음 뵌 것은 4·19 직후 연합신문 때이다. 몇 분이 참석한 좌담회였는데 그때 이미 남북관계 개선까지 언급하여 특별히 인상이 남았었다. 내가 좌담회 기록을 정리했는데 그때나 그 후나 언변(言辯), 제스처, 조직력, 리더십은 당대 어느 목사나 정치인보다 인상적이었다. 누구에게나 첫눈에 강한 인상을 주는 타입이다.

실제로 일찍부터 독일 돈으로 수유리 크리스찬아카데미 차린 것이나 민주화투쟁의 선봉장을 하신 것이나 비범한 보폭이다. 민주화 이후 역대정부에서 원로고문회의, 통일고문회의에는 거의 수장을 하셨다. 방송통신위원회 위원장으로 현세의 권력도 써 보셨다.

동아일보에 있을 때 크리스찬아카데미 모임에는 늘 부르셨고, 1995년 아카데미와 일본 〈세카이〉(世界) 와의 "해방 50년, 패전 50년" 서울과 일본 왕복 심포지엄에도 참여, "동북아문제군 해결지향의 정보화를 — 정보화시대 한국과 일본"을 발표했다.

역대 대통령, 특히 노태우 대통령한테 대하는 태도는 거의 제자 다루기 비슷했다는 인상이 남아 있다. 아마 1990년 12월 한·소 정상회담으로 모스크바에 있을 때 돌연 출현하여 대통령과 우리 일행을 압도(?) 한 행동 때문에 남은 인상일 것이다.

그 강 목사님도 돈 문제는 너무 천진난만하시구나 하는 것을 발견하는 일이 있었다. 지금 막 외환위기 터진 1997년 11월 16일 조찬을 힐튼호텔 2

층 설악실에서 했다. 연락은 김우중, 고건, 이어령과 나를 초청한 것이다. 막상 도착하니 나와 이어령뿐이었다. 매년 대우에서 늘 몇 번 걸쳐 어느 액수(정확한 수는 기억이 안 나나 억 단위는 넘긴 듯) 정도는 냈는데 요새 통 없다는 것이다. 그러니 대우에 이야기해서 얻어오라 하시는 것이다. 강 목사 이야기 끝나니 이 장관은 또 다른 약속이 있다며 그런 일은 김 장관이 더 잘한다 한 마디 하고 나가버렸다. 단 둘의 대좌가 되었다.

내가 지금 대우가 외환위기 퇴출 1호 대상이고, 대우뿐 아니라 어느 재벌이건 그런 돈 낼 형편 아니라고 사실대로 말씀드렸다. 의외라는 표정, 그럴 리가 하는 의심 계속하셨다. 강 목사님 같은 큰어른도 나라의 이 큰 위기를 전혀 인식 못 하고 계신 게, 그 주변 분들이 어떠시기에 그럴까 의아했다. YS가 너무 뒤늦게 위기를 알게 된 것이나 비슷한 경우이다.

나의 NGO 활동의 거의 마지막이요 의미가 컸던 일은 내가 창립 때부터 회장으로 있는 국가전략포럼에서 '비상시국대토론회'를 연 것이다. 2016년 11월 9일 오전 최순실 게이트 박근혜 탄핵위기 국면에서 새누리당 김무성, 이주영, 나경원, 김세연 의원, 민주당 김종인, 김부겸 의원, 박세일 교수, 영달 스님, 박남수 천도교 교령, 남시욱 세종대 교수 등이 여의도 국회의원회관에서 모였다.

나는 "제 2 개국(제 2 독립)의 새 주류 형성: 배반, 반성, 참회를 거친 승화만이 개벽의 길을 연다"의 개회사를 했다. 중앙일보 등 일부 신문은 개회사 전문을 싣기도 했다.

"박 대통령 지지 보수세력에서 진작 배반자가 나왔더라면 최순실 게이트는 막을 수 있었을 것'이며 '주군을 위한 묘소 가꾸기나 기념사업회 할 시간과 돈과 정성으로 주군의 성공신화 만들기에 희생된 사람들, 소외된 사람들을 도와주라'고 쓴소리 했다. 박정희, 전두환, 노태우, 김영삼, 김대중, 노무현, 이명박, 박근혜를 배반하라 선언했다. '가장 철저한 배반, 반성, 참회 통해 이 나라 주류, 정체성의 주류를 새로 세워야 합니다. …"

끝은 이렇게 맺었다.

"지나간 140년은 피식민, 가난, 분단, 전쟁의 눈물의 시간이었으면서 동시에 성공, 개척, 번영, 평화의 환희의 시간이기도 했습니다. 이 140년의 경험을 겸손히 여과, 발효, 승화시키면 새 길을 열 수 있습니다. 우리 하기에 달렸습니다. 그런 지난날을 참되게 배반, 반성, 참회하면 새 주류를 형성할 수 있습니다.

새 주류에 의해서만 자주 독립 새 문명창조의 제 2의 개국, 제 2의 독립이 옵니다. 이 나라와 세계가 필요한 제 3의 길, 개혁보수와 온건진보로 짜여진 새 주류가 제 2의 개국 제 2의 독립의 길을 열 수 있습니다. 140년 만의 독립자주의 새 길은 대한민국만이 아니라 세계 인류 지구촌이 부르고 있습니다.

배울 모범의 나라가 사라진 인류 지구촌에 20세기 새 문명, 새 대안질서 창조의 글을 찾는 것이 또한 제 2 개국, 제 2 독립으로 가는 동행의 길입니다. 우리 모두 배반합시다. 반성합시다. 참회합시다. 그리하여 승화하여 대한민국의 새 주류로 나섭시다. 제 2 개국, 진짜 독립의 길을 엽시다."

이런 길엔 한 잎 낙엽이지만 앞으로도 흔쾌히 동행하겠다.

그 외에도

그중에 한두 개만 보태겠다.

문화예술계

나는 이런저런 별일 다 해보았다. 심지어 문화예술 쪽도 이름을 걸어놓았다. 과학기술처 장관 시절 과학과 예술, 고문화로부터의 첨단기술 찾아내기, 또는 첨단과학기술을 적용한 문화재 복원, 한・중 문화재기술교류에 힘을 썼다.

서울시립대 총장 시절 교수들 부부를 서울 팝스 오케스트라 공연에 모두 초청한 것도 인연이 되었는지 돌연한 권고로 하성호 감독의 서울팝스오케스트라 이사장직도 맡았다(2008. 6. 18.). 4년 뒤 박진 의원에 인계했다. 그전에는 예술의전당 이사로도 이름을 걸었다. 대학 선배에다 기업계, 과학계, 중국 관련으로 얽힌 박성용 금호그룹 회장의 강한 유인으로 이쪽에 더 끌려갈 뻔했으나 이 선에서 멈췄다.

한국예술문화단체총연합회의 초청으로 예총 전국대표자대회(1998. 4. 15. ~17. 춘천) 첫날 특별강연도 한다. "한국의 善進化와 연성화"였다. 신봉승 씨가 다음 날 차례였다. 대표자대회 자료들을 들춰보니 아무래도 당시 신낙균 문화부 장관의 초청 같다. 또 김병익 씨가 문화예술진흥원장 할 때 그의 요구로 진흥원 후원회격인 문화예술자문위원회 위원장(2004~06) 자리에도 있었다. 문화예술인들과의 집단적인 접촉기회였다. 한때 고은 씨가 내 고향 안성에 터를 잡아 그 인연으로 고향 갈 적 가끔 그의 집 들렀고 그 인연으로 그의 행사, 내 행사 왕래했다. 김상현 의원까지 끼어서.

최열 씨가 환경운동연합으로 완전히 터를 잡고 이어서 박원순 씨가 참여

연대를 묶을 무렵 문국현 씨가 혜성같이 등장했다. 그리고 서울대 경영학 교수로 일가를 이룬 조동성 교수까지 합쳐 4인이 '의형제'같이 의기투합한 적이 있다. 본인들이 나에게 그리 말했다. 문국현, 박원순 정계 진입 얼마 전이다. 정말 네 사람이 의형제 같은 결속력으로 정치개혁의 한 바람일 것 같이 느껴졌다. 결국 모두 따로따로 갔다. NGO도 우리나라 정계의 축소판이다.

이 외에도 이래저래 참여한 NGO가 꽤 많다. 참고로 1999년 한 해 내가 지출한, 주로 NGO가 대부분이지만, 기부금 내지 회비목록이 있어 여기 적는다(평균에 비하면 독특한 대목이 많지만 당대 대학총장이나 신문사 사장의 공식 기부, 회비지출이 어떤 것이었는지 시대적 기록으로 남기고자 한다).

1999년 기부금과 회비

단위: 원

단체	직책	금액	단체	직책	금액
우리민족서로돕기운동	공동대표	200만	한국미래학회	창립이사	20만
평화의 숲	〃	30만	Economist Club	〃 (전 대표)	30만
생명의 숲	〃	30만	바른경제동인회	전 대표	30만
환경운동연합	〃	200만	한미협회	이사	20만
그린크로스	〃	300만	동해연구회	회장	50만
바른사회를 위한 시민회의	〃	50만	관훈클럽	회원 (전 총무)	10만
나눔문화	〃	100만	I.P.I 한국신문인포럼	이사	36만
시민운동지원기금	이사	100만	서울대동창회	부회장	100만
이봉창 기념사업회	회장	100만	서울대 사회학과동창회	회장	100만
장준하 기념사업회	〃	200만	양정고등학교 동창회	이사 (전 회장)	50만
제헌의원유족회	〃	100만	과우회	고문	10만
이승만 기념사업회	이사	50만	재경회	고문	10만
서울국제포럼	창립이사	30만			

17장

'해양화': 대한민국의 '역사 공간과 시간'의 의미 새로 찾기

나는 내 세대 사람들에 비해 특출하게 일찍부터 한 나라만 가는 여행이 아니라 첫 번째, 두 번째 여행을 모두 전 세계를 상대하는 여행을 했다. '세계'를 상대로 여행, 학습, 취재를 했다. 첫 번째가 1962~63년의 서동(西東)을 잇는 세계일주 10국 30개 지역 경제개발 시찰, 두 번째가 1966년 6개월에 걸쳐 16개국 60여 지역 … . 한 나라 다녀오기, 한 나라에 유학하기와 달랐다.

안성군 동막골 전형적 산골 출신이 김포공항을 출발, 세계일주 여행으로 세계의 눈을 떴다. 참 많은 사람, 많은 삶의 모습을 체험하고 정치, 경제, 문화의 차이를 통해 내 나라, 내 민족, 우리 삶의 차이를 견주어보는 신문기자적 통찰의 안목을 키웠다.

그중에서 나에게 평생의 화두를 던진 세 분이 있다. 두 분, 독일 안드레아스 에카르트(1884~1974) 교수와 김지하 시인은 나에게 대한민국의 '휴전선'이, 군사적 의미의 휴전선, 군사분계선을 넘어, 민족의 분단을 넘어 '대륙', 한민족 문화문명의 원천이었던 대륙을 격리한 역사적 계기, 역사의 매듭이라는 발상, 개념, 이론의 영감을 제공했다.

나와 같은 두메산골 출신이면서 최연소 원양어선 선장이요 해양산업 개척자인 김재철 회장과는 평생 이 나라에서 '대한민국 해양화'의 의미, 제도, 기구, 플랫폼 만들기의 친구이며 스승이요, 세속에 살면서 나라, 민족, 인류의 삶과 미래, 그 깊이를 걱정하는 유일한 동지이다.

뮌헨에서 만난 A. 에카르트 교수: '서울 기차로 갈 수 있나'

나는 1966년 5월, 6개월간의 "코리안의 고동" 취재를 거의 마치고 마지막 기착지 독일 본에 있었다. 마침 베를린에서 내가 본부 집행이사로 있는 국제기자연맹(IFJ) 총회가 열렸다. 서울에서 한국 기자협회 회장 김영수(나와 연합신문 견습기자 동기)가 왔다. 베를린 체재 중 독일 정부가 국내여행 초청을 했다. 김 회장과 뮌헨을 골랐다.

A. 에카르트 교수를 만나기 위해서였다. 그는 1909년 성 베네딕트회 신부로 원산, 덕원 등 함흥 지역에 선교사로 일하고 내 고향 안성에서도 한 일 년 지냈다. 당초에는 화학을 가르치는 선교사였지만 1929년에《조선미술사》를 쓰고 일제 말년에 경성제대 교수로 있었다. 이로 인해 귀국해서는 나치 협력 벌칙으로 뮌헨대학 교수는 못 되고 강의만 하고 있었다. 한국의 역사, 문화, 언어를 유럽에 소개한 기여가 크다. 5월 13일 점심은 호숫가 그의 집에서 했다. 그때 한·중·일어 사전을 편찬하고 있었다.

당시 83세이던 그와의 인터뷰 끝내고 으레 하는 인사로 "서울 한 번 들르시지 않겠느냐?" 물었다. 뜻밖에도 "꼭 가고 싶은데, 내 나이 들어 비행기도 못 타고 배도 못 타고 기차로 가야겠는데. 언제쯤 갈 수 있을지…" 하셨다. 나는 무슨 뜻인지 얼른 이해를 못 했다. '뮌헨에서 기차 타고 서울 온

뮌헨에서 서울을 기차로 갈 수 있느냐 물은
A. 에카르트 교수(1966. 5.13. 그의 자택에서).

다?' 그때 나에겐 상상 밖의 일이었다. 38선만 없으면 시베리아횡단철도, 만주횡단철도 타고 서울에 갈 수 있다는 대답이었다.

내 일생에 처음으로 그 대륙, 만주, 시베리아를 잊고 살았구나. 휴전선은 북한만 막은 것이 아니라 대륙을 막았구나 하는 깨달음. 이미 1953년에 주어진 휴전선이라는 지리적, 공간적 의미를 지구 공간 차원, 역사 차원에서 감식하는 계기였다.

김지하의 풍자:
'장준하는 그때 중국이라도 가지 … 나는 지금 아무 데도 못 가.'

1972년 2월 5일 저녁 지금 신문회관이 옛 3층짜리 신문회관 건물일 때 장준하 선생의 《돌베개》 출판기념회가 열렸다. 첫 번째 축사는 함석헌 선생이 하셨다. 기억에 남은 것이 없다. 두 번째 축사가 장 선생보다 20년 어린 김지하였다.

단상에 올라가자마자 혁명가, 독립운동가의 글이 왜 이리 문학소녀 글같이 미려하고 매끄러우냐고 호통을 쳤다. 장 선생 포함 모두가 크게 웃었다. 이어서 폐부를 찌르는 풍자였다. "장 선생 고생했다는데 그래도 그때는 독립운동 하러 중국도 갈 수 있고 마음대로 돌아다니데…. 나는 지금 여권이 안 나오니 김포공항에서 비행기 타고 외국도 못 나가고 휴전선이 막혀서 만주, 대륙에도 못 가고 감옥에 갇힌 신세…."

나는 여기서 뮌헨에서 기차로 서울 오려는 에카르트의 말, 휴전선 막혀 대륙에 못 감을 한탄하는 김지하, 그리고 철기 이범석의 《우등불》이 한꺼번에 내 머리를 채웠다. 청산리전투 후 일제의 소탕전에 밀린 청산리 독립군은 산산이 해산되고 철기도 부인과 단둘이서 몽골, 시베리아 접경 북만주로 피신한다. 광활한 대지 위에서 한 생활인으로 생계걱정하며 엽총으로 사냥 가죽 팔아 몇 년을 견딘다. 그때 광활한 만주, 몽골, 시베리아 평원을 달리며 아침 해, 저녁 달맞이하는 철기의 대륙 묘사는 나의 꿈결에 있었다. 여기 내가 《물과 한국인의 삶》(한국미래학회 편, 나남출판사, 1994)에 쓴 "해양화혁명: 한국현대사에 대한 새로운 해석"의 일부를 옮긴다.

> 1971년에 출판된 대륙의 독립운동가 철기(鐵驥) 이범석(李範奭) 장군의 자전 《우등불》의 제8장 '원야의 낭만'은 이렇게 시작하고 있다.
>
> "대자연 속에서 말을 달려 짐승을 쫓을 때의 심정이란 상쾌하다기보다 무아지경이다. 그 속에 시가 있고 음악이 있고 철학이 있고, 사냥은 짐승을 잡는 것만이 능사가 아니다. 사냥에서 느끼는 동중(動中)의 구정(求靜)을 나는 참선(禪)보다 낫다고 생각한다. 북만주의 대자연을 말로써 표현하기는 어렵다. 우거진 숲, 광활한 대지, 필마단기로 달리다가 만나는 수십 리에 걸친 향기 짙은 이슬 맺힌 영난의 초원. 심심찮게 만나는 들짐승들…이것은 사냥이라기보다는 움직이는 한 폭의 그림이다…. 북만(北滿)의 심산유곡을 새벽에 달리다가 우연히 산봉우리에서 햇살을 내뿜는 동쪽을 향해 심호흡을 하는 사슴

을 발견할 때가 있다. 그때 사슴뿔에 맺힌 이슬은 매우 인상적이다. 은뿔에 뛰노는 붉은 햇살은 더할 수 없는 아름다운 자연의 경지로 인상적이다.

…표범, 곰, 소라니, 사슴 등 이 밖에 국내에서 찾아볼 수 없는 아종(亞種)이 서식하며 자연에 파묻혀 뒹군다. 이 자연의 정경이 나를 이끈다.

일본군과 공산당과 만주군(장학량군)에 쫓겨 북만주 대흥안령 흑룡강 북서쪽 한 마을 성가지영자(盛家地營子)에 터를 잡고 만주, 시베리아, 외몽골을 넘나들며 사냥, 녹태 사냥, 승냥 사냥, 서피 사냥, 표범 사냥, 곰 사냥, 사불상 사냥을 하는 웅장한 활동과 광활한 거리감은 우리가 잊었던 대륙의 냄새를 맡게 한다. 이 글에 나오는 김좌진, 풍옥상, 공패성, 오르촌족의 이름이며 만주의 눈, 말, 마적의 모습은 요사이 젊은이들로서는 먼 옛날 얘기이거나 동화 속의 공포소설같이 들릴 것이다.

이것이 한국 역사 전체를 연면해서 우리 한민족을 짓누르는 대륙의 공포요, 고비사막에서 불어오는 봄철의 황사를 막지 못하는 것처럼 1945년까지 우리 역사는 대륙과의 운명을 거역해보지 못했다. 대륙의 풍경, 한문으로 '중원'(中原)의 풍경은 때로는 아름답고 말 탄 무인으로서는 참선의 경지까지 이르게 할지 몰라도, 또 대륙의 유목민으로서는 체질화된 무대일지 몰라도, 우리 반도의 정착농민인 한민족에겐 언제나 대륙 포비아(*phobia*)와 동시에 대륙 구심력으로 향하는 원형이기도 했다.

우리는 어찌하여 대륙으로부터 끊임없는 침략과 공포를 겪으면서도 대륙 지향의 심성(心性)과 중원 '중국원형 숭상'의 문화로 고착화돼 왔을까. 대륙으로부터의 침략, 대륙 포비아를 극복하기 위하여 그 안티테제를 왜 궁리하고 행동하지 않았을까. 그 안티테제는 당연히 바다였을 텐데 왜구(倭寇) 때문이었을까. 그 왜구를 막는 데 그치지 말고 일본을 아니, 대마도나 구주(九州) 정도라도 확보할 생각, 또는 그런 차원에서의 전략을 왜 추진하지 않았을까. 왜구 포비아 때문인가. 아니면 바다 포비아, 해양무지 때문인가."

김지하의 막힌 대륙은 불현듯 내 일생에 못 가본 대륙, 한민족 역사 문화의 원류, 대륙을 일깨웠다.

나는 이런 인연으로 김지하 씨에 각별한 마음을 갖고 있다. 내가 과기처 장관으로 취임하자마자 그를 초청, 환경 강의 들으라고 지시한 것이나 그 후 과학기술문화 국민이해위원회에 그를 영입토록 한 것이나, 문화일보 사장 취임 후 그의 작품을 한바탕 공연기획했던 것도, 또 민세 안재홍기념사업회장으로 제 1회 '민세상' 통합상 수상자로 모신 것도 1972년 2월 5일 저녁의 내 기억 때문이다. 그의 총기, 사색, 깊이, 용기, 담박, 실천이 왜 이 세상에서는 성공하지 못하는지. 왜 소화, 먹히지 않는지.

그의 진정을 조금은 안다고 자부하는 나로서는 너무 안타깝다. 때로는 그리도 순수하게 산 김지하 시인도 저리 마음고생, 세속 고생하는데 나는 그보다 덜 고생하는 게 잘못된 것 아닌가. 그런 생각도 든다.

나누자: 1945년 기점으로 그 이전은 대륙화 역사 그 이후는 해양화, 근대화 역사로

그래서 나온 글이 "해양화시대의 기업"(《한국주식회사》, 한샘, 1977, 첫 장 해양화와 대륙화의 첫 글)이다. 이어 1979년 12월호 해외건설협회보 〈밀물〉에는 "해양화에 성공한 민족"이란 수필도 쓴다. 대한민국 역사를 해양화로 해석한 우리나라 최초의 글들이다.

휴전선, 분단, 대륙으로부터의 격리 — 이것이 역사의 반동이었다고 생각했다면, 형식논리에 매달렸다면 나는 통일지상주의, 대륙회복주의자가 되고, 어쩌면 우리나라 극단의 반(反)이성, 반자유, 반지성주의자들처럼 친북-김일성 대륙 정통주의로 전락했을지도 모른다.

그러나 나는 1977년 내 책 《한국주식회사》의 첫 장에서 썼듯이 근대화란 해양화이며, 태평양, 인도양, 대서양을 상대로 하는 국제화라고 규정하고, 해양 시간의 속도와 비용이 대륙 시간의 속도와 비용보다 싸기 때문이라고 내 나름의 원인규명을 하고 있다.

1995년 이후 대한민국의 성공을 상징하는 것들 수출, 무역, 원양어업, 간척, 항만, 항운은 해양을 기반으로 한 것이며, 그것은 역사의, 문명의, 문화의 진보와 인류의 복지와 삶의 진보와도 합치하는 것이라는 판단이다. 1945년 이전의 역사를 대륙화의 역사, 이후를 해양화의 역사로 나누어보자고 주장했다. 평면적인 고대, 중세, 근대는 시간 위주 분류라면 공간, 지리의 시각에서는 대륙화와 해양화로 나누어야 한다는 논리이다. 그래야만 대한민국의 정통성, 정체성이 선명해진다.

나는 〈철학과 현실〉 30주년 기념호(2019년 봄호)에서 '대한민국 민족주의'라는 용어와 개념을 제시했다. 최근 몇몇 연구자들이 특히 동아시아연구원에서 '대한민국 민족주의' 개념을 정립하려는 노력을 보여 반갑다.

김재철 회장이 앞장선 해양수산부 발족

그런 분석, 판단, 이론, 주장에 머무르지 않고 한국의 정책에 반영하도록 채찍질한 분이 바로 김재철 회장이었다.

처음 만난 것이1970년대 논설위원 때 같다. 당시 작가 오상원 씨가 사회부인지 지방부인지 있으면서 김 회장의 동원산업 어선을 탄 르포기사를 쓴 적이 있다. 이를 계기로 오 형이 동아의 여러 사람과 김 회장을 연결했다. 처음 대면은 오 형의 소개였던 것 같다.

확실한 것은 내가 '해양화'란 말을 쓰고 해양화, 근대화가 대한민국 역사의 미래지향이란 주장을 하고 있다는 것을 김 회장이 알고 있었다는 사실이다. 첫 만남부터 아주 궁합이 맞았다. 그 후로는 김 회장의 사업이 크고 정도경영과 경제보국 같은 사명감이 있는 기업인이기에 여러 자리를 같이 했다.

나는 김 회장과 더불어 진보, 보수 논쟁을 떠나 '대한민국 해양화 = 근대화 · 문명화 · 선진화'라는 국가정체성 확립에 한 버팀목이었다 자부한다. 1993년 YS정부 들어서 김 회장 선두로 해양수산부 창설, 해양수산개발원 개원, 21세기 해양강국포럼 발족, 이 고비마다 김 회장이 앞장서고 내가 힘을 보태고 개발원 이사장과 포럼 대표도 내가 맡고. 또 DJ정부 들어 해수부 폐지 움직임도 손잡고 막아내고. 김 회장 모교인 부산수산대(현 부경대)에 1년에 두 번씩 특강도 하고 … .

1999년 11월 〈월간조선〉은 별책부록으로 〈매력 있는 대한민국 — 제도가 편하고 국토는 아름답고 인간은 자유로운 곳〉을 펴낸다. 조갑제 월간조선 편집장은 "편집자의 편지"에서 다음과 같이 쓰고 있다.

"이제는 물량 면에서 세계적 해양파워가 된 한국, 그 덩치에 걸맞은 정신적인 성숙이 요구되는 시점이라 하겠습니다. 다행히 우리는 해양화 전략과 철학의 전도사로 부를 만한 두 인물을 알고 있습니다. 원양어선 선장 출신의 무역협회 회장(동원그룹 회장) 김재철 씨와 기자 출신의 과기 장관이었고 지금은 문화일보 사장으로 있는 김진현 씨…. 두 분이 그리고 있는 해양강국 대한민국의 청사진은 우리 가슴을 확 트이게 만들고 있습니다. …"

본격적 해양화 논문들: 대한민국의 생존명제와 해양화를 붙들고 쓴 많은 글들

· 1999년 11월 〈월간조선〉 별책 〈매력 있는 대한민국〉 1장 내 글의 제목은 "강제적 해양화에서 주체적 해양화로: 타율적 해양화로 중진국 도약에 성공, 이제는 주체적 해양화로 세계의 중심에 서야"로 약 10페이지 논문이다.

· 내 '해양화'의 본격적 학술논문은 1998년 "해양화 '善'進化의 길: 근대화에 대한 새로운 해석과 해양화의 세계화시대 비전", 《해양 21세기》(김진현 · 홍승용 공편, 해양수산개발원 총서①, 나남출판사, 1998, pp. 17~32). 서울시립대 총장 시절 공들여 쓴 내 나름으로는 역작이다.

· "대한민국 근대화 혁명: 해양화 성공으로 한인, 한민족의 정통성을 세우다", 〈철학과 현실〉(2007년 봄호, pp. 68~78).

· "한국은 대륙화로 망했고 해양화로 일어섰다", 〈월간조선〉(1993년 10월호). 원본은 9월 21일 국정개발국민회의 신해양위원회 주최, 제 2회 국가발전전략을 위한 해양진출 세미나에서 내가 발표한 "환태평양시대와 해양대국으로 가는 길"을 정리한 것이다.

· "'한국혁명' 성공은 미국 주도의 타율적 해양화 덕분". *World Village*, 〔2004년 겨울호(Vol. 7)〕.

· "한국의 해양화 혁명과 해양화의 세계화", 21세기 해양강국심포지엄 기조연설(한국해양수산개발위원회 주최, 2005. 8. 28.).

· "'해양화의 세계화' 시대: 한국의 자율적 선택과 '善'進化 생존전략", 서울대 자연과학대학 제 4기 해양정책 최고위과정 특강(2003. 8. 21.).

· "해양화혁명: 한국현대사에 대한 새로운 해석—한국은 일류국가, 일류민족이라야 세계해양화 속에서 생존가능하다". 《물과 한국인의 삶》(한

국미래학회 편, 나남출판사, 1994).

·"건국 60주년의 성공은 바다를 타고 일어났다", 〈월간조선〉(2008년 9월호 별책. 《남해안시대의 개막》, 권두언).

·"한국과 바다와 세계", 《미래를 묻는다》(한국미래학회 편, 나남출판사, 1993).

내 대한민국 해양화 혁명과 대한민국 정통성, 정체성 정립 활동의 하나로 나는 잠시나마 해군에도 관계한다. 2008년에서 한 2년간 해군발전자문위원으로 김재철 회장과 같이 동행한다. 4월 11일엔 해군사관학교 학생 전원을 상대로 "대한민국 정통성의 상징: 손원일 제독과 해군"이란 제하의 특강을 했다. 대한민국의 국가적, 민족적 21세기 한인(韓人) 인류로서의 정통성과 한국 해군 탄생의 특징 그리고 해양화, 세계화시대의 해군의 비전을 연결하는 내 나름으로는 공을 들인 특강이었다. 교장뿐 아니라 학생도 처음 듣고 알게 된 개안(開眼) 같은 것을 느꼈다는 감사말을 들어 기뻤다. 또 최윤희 참모총장 시절엔 그의 요청으로 계룡대에서 해군본부 요원들에게 "대한민국의 정통성과 역사적 국제적 좌표"를 특강했다(2011. 11. 16.). 이런 인연인지 김상기 육군참모총장 시절 계룡대 육군본부에서도 특강했다. 2008년 11월 17일엔 국방과학연구소 초청으로 역시 자강을 주제로 한 특별강연을 했다.

무역협회 연구자문위원 시절

해양화 동지, 한국근대화-세계화 동지 김재철 회장과는 내가 문화일보를 떠나면서 바로 2001년 3월 그가 회장으로 있는 한국무역협회 객원연구 자문위원이 되어 그의 식구가 되었다. 큰 부담 없이 무역연구소 만드는 일, 협회 주최, 국제・국내 세미나나 토론회 만드는 작업으로 자유로운 시간을 보내며 대한민국역사박물관 건립추진위원장으로 가기 전 2009년까지였다(물론 김 회장은 이 중간에 퇴임, 후임 이희범, 사공일 회장과 잠깐씩 같이 지냈다).

김 회장과 지내는 동안 무역협회 조사부 말고 따로 무역연구소를 만들었다. 초대 소장 인선에서 협회 상부기관으로 볼 수 있는 산자부의 인사가 아닌 재경부 쪽 출신 현오석(나중에 부총리) 씨를 소장으로 밀어붙인 것, 김 회장께 부담되지 않았는지 모르겠다. 아마 산자부로서는 의외이고 기분 언짢았겠지만 경력이나 연구수행 능력평가에서 비교가 되지 않을 정도로 현저한 차이가 나서 내가 강력히 현 소장을 추천했다. 물론 나하고는 일면식도 없고 간접으로도 세속 인연이 없는 분이었다. 착하고 착실한 분이었으나 추진력은 좀 부족한 듯했다.

나는 이미 세계화추진위원장 편에서 나오지만 한국의 중국연구의 세계허브를 주장하고 무역연구소는 중국무역, 관세통계의 제1인자가 되는 세계적 중국무역연구센터 되는 것을 목표로 하는 연구소 지향을 강조했다. 연구원 채용도 따라서 중국연구 중심 그리고 더 먼 장래를 내다보고 인도경제연구원 채용을 강력히 주장했다. 두 사람인가 세 사람인가 뽑은 중국연구원도 2년을 못 견디고 떠나기 시작, 3년째인가는 모두 떠났다. 인도 연구원은 아예 뽑지도 못했다. 무역협회 내 기득권의 기피, 시기 때문이다.

무역협회는 대한민국서 좀 과장해서 말하면 한국은행 다음으로 살림의 여유가 많은 곳이다. 삼성동에 무역센터 지을 때 미국 설계사의 긴 안목으로 지하 전체를 주차장으로 만들었다. 대한민국 무역 성장과 더불어 회원기업도 늘고 회원사들도 부자가 되어 회비도 또 수출 촉진을 위해 수입에 붙였던 부가세 비슷한 수입도 꽤 늘었다. 그래서 대한민국에서 전경련, 상공회의소 제치고 제일 큰 빌딩, 제일 큰 자산(현대백화점, 인터콘티넨탈호텔, 공항터미널 등 주요 시설의 지분 소유) 소유자가 되었다.

더구나 내가 무역협회에 얹혀 있을 때만 해도 무역협회 경상비는 지하주차장 수입료만으로 충분히 커버된다고 알려진 부자였다. 그래서 나는 세계 제일의 중국무역·통계 연구기관화, 대한민국 대학, 연구소 어디서도 손 못 댈 때 10~20년 뒤 위해 인도경제 연구 중심하는데 그 여윳돈을 쓰자고 한 것이다. 둘 다 안됐다. 참 아쉽다.

돈 여유 있는 기관일수록 간부들 특활비나 쓰는 재미 보는 게 아니라 나라의 먼 미래 위해 투자해야 하는 것이다.

김재철 회장의 권유로 나온 나의 《일본친구에게 정말로 하고 싶은 이야기》 출판

김재철 회장은 나하고 김용운 한양대 교수 공저로 일본에 대한 책을 써보라고 권유했다. 김 교수가 역사와 과학(수학) 쪽이고, 내가 언론, 경제, 외교 쪽이니 두 분이 합작해서 쓰면 명저가 나올 것이라는 격려였다. 두어 번 김 교수와 만났는데 고집이 대단했다. 결국 따로따로 썼다. 원래 내 책은 '대한민국 근대화 혁명'과 일본의 세계적 위치 변화를 중심으로 전 세계에서 또 비서양 세계에서 유이(唯二)의 근대화 혁명 성공 국가 한국과 일본이 공동의 집을 짓고 살자는 데 강조점을 두고 쓴 글이다.

그래서 내가 제안한 책 제목은 "유이의 근대화 성공: 한·일 공동의 집짓기" 정도였다. 그러나 1977년의 내 책 제목이 내 뜻의 "해양화와 대륙화"가 아니라 《한국주식회사》가 되었듯이 결국 출판사인 한길사 뜻대로 《일본 친구들에게 정말로 하고 싶은 이야기》(2006, 한길사)가 되었다. 다만 나는 그 책의 서문에 썼듯이 일본은 외부의 강제가 없으면 결코 자발적으로는 변하지 않는 나라이고 백성이니, 대한민국이 그만한 강제력을 발휘할 수 있는 연성력을 키우고 또 하나는 일본천황을 움직이는 노력을 해보자는 제언 지금도 시도해야 한다 믿고 있다.

책 나오고 2007년 6월 7일 은행회관에서 출판기념회가 열렸다. 많은 분이 오셨다. 성대한 잔치가 되었다(정작 김재철 회장은 해외출장으로 참석 못했다). 언론에서도 아주 비중 있게 다뤄주었다. 책 소개 겸하여 조선일보는 일본 학자까지 포함 특집 형식의 좌담토론도 가졌다. 이 자리에서 고은 시인이 나에게 '해암'(海岩)이란 호를 주었다.

1984년 교육부(한국교육개발원) '중학국어 3-1' 교과서에는 논설문과 연설문 두 편이 실렸는데 논설문은 나의 "나라의 힘과 경제"이다. 김 회장의 주선으로 실렸다. 연설문은 안창호 선생님의 "한국학생의 정신"이다. 나라의 힘은 어느 한 가지만이 아니라 '사람의 힘, 자연의 힘, 역사의 힘'이 뭉친 것이라 시작, '지난 세대의 경제발전에서 그러했듯이 다음 세대의 도약에서도 자연의 힘이나 역사의 힘보다 사람의 힘, 즉 우리 민족의 의지와 능력과 기술이 작용할 것'이라며 '이 힘을 가속적으로 키울 수 있느냐 없느냐는 곧 우리 겨레가 새로운 세계사의 주역을 맡느냐 아니면 실패했던 … 역사 되풀이하느냐를 결정하는 열쇠이다'로 끝맺는다.

김재철 평가: '가장 바람직한 성공인'

내가 특별히 김재철 회장을 높이 평가하는 이유는 그의 인격과 경영의 일관성 일치성이다. 대한민국 랭킹에 드는 기업그룹 치고 부동산투자 안 하기, 레이저산업 손 안 대기, 외제차 일생 안 타기 기업 총수, 아마 김 회장이 유일할 것이다.

2016년에 저술가 공병호 씨가 《김재철 평전》(21세기북스)을 냈다. 거기 내 추천의 글로서 내가 보는 인간, 기업인, 해양인 김재철 평가가 있다("'가장 바람직한 성공인' 연구서") 그중 일부를 옮긴다.

> '가장 바람직스러운 성공인'이라는 규정에는 다소의 해설이 필요하다. 첫째 기업의 측면, 특히 업종에 있어 근대적, 혁신적, 앙트레프레너십(*entrepreneurship*, 기업가정신)에서 가장 성공적이었다. 산업근대화에 가장 성공했다는 이병철, 정주영 씨의 기업 출발은 전근대의 것이었다. 또 기술혁신으로 근대산업을 일으킨 것이 아니라 모방이었다. 그러나 김재철 회장은 이들과는 출발과 지향이 다른 해양화, 원양어로의 기술혁신이었다. 그룹 산하기업도 기술혁신과 경영혁신을 지속적으로 진행하고 있다.
>
> 둘째, 그는 한국식 재벌경영의 특징이고 가장 손쉬운 백화점식 문어발 지향을 거부했다는 점이다. 지금도 어업식품과 금융 두 업종에 집중하고 있다. 부동산 투자 않는 그의 지론과 더불어 국민경제의 총체적 목적과 지향을 의식한 정도(正道)의 판단이다.
>
> 셋째는 정도경영이다. 동원그룹은 지금까지 한 번도 경영상 또는 기업 거버넌스와 관련 스캔들이나 추문을 일으킨 적 없다. 김 회장의 모범 수범이 없이는 불가능한 일이다.
>
> 넷째, 밖에 소문 안 내고 장학, 일자리, 교육훈련, 어려운 사람과 사업 돕

기 아주 건실하게 한다.

다섯째, 그 많은 형제자매들과 집안, 자식 다루기에서 가장 성공한 기업인, 성공인이다. 우리나라 성공한 인물, 특히 대통령, 재벌 치고 집안, 가문 내 스캔들 없는 집이 없다. 동생들에게서도 또 아들 훈련과 상속에서도 투명하게 처리, 이 점 특히 성공한 인물이다.

김재철, 그는 성공한 기업인이다. 그냥 보통명사로서 성공한 기업인이 아니다. '대한민국 근대화 혁명' 과정의 극단적 굴곡에서 가장 '바람직하게' 성공한 기업인이자 전문기술 앙트레프레너(*entrepreneur*)로 성공한 1세 기업인이다. 그는 대한민국 해양화 혁명의 성공을 이끈 상징적 인물이다. 특히 1945년을 기점으로 시작된 해양화, 근대화의 입체적 전개 속에서 한인(韓人)들은 전통, 대륙, 폐쇄의 굴레에서 벗어났다. 시민과 기업은 민주주의와 경제 성장, 사회문화의 다원성을 꽃피우게 되었다.

1945년 이후 독립한 140여 가까운 제3세계 국가 중에서 대한민국은 '유일'하게 근대화에 성공했다. 이 근대화 혁명은 공간과 문화적 의미에서는 '해양화' 혁명의 성공이었다.

이 시기에 우리 사회의 모든 영역에서 드라마틱한 성공스토리와 영웅들이 등장했다. 그 가시적 변화의 주역이었던 기업가들 중에서 특히 많은 영웅들이 회자되었다. 그러나 김재철을 제외하고는 전문기술에서 출발한 창조적 앙트레프레너가 아니라 대륙시대 상인들의 변신이었다. 그들은 발 빠른 모방의 성공자들이었다. 김재철만이 해양에서 어로(漁撈) 기술인으로 출발하여 세계 최고의 원양어업 그룹을 이루었다. 불과 50년 전 자신이 잡은 고기를 납품하던 세계최대 수산물 가공회사 스타키스트를 인수할 만큼 김재철은 세계적 기업인으로 우뚝 섰다.

출발부터 김재철의 기업현장은 먼 바다였다. 바다, 그것도 원양(遠洋)이라는 가장 엄혹한 대자연에 제 몸을 부딪쳐가며 성공했다는 데 김재철 성공의 의의가 있다. 바다라는 변화무쌍한 거대 자연의 물리와 섭리 앞에서 철두철미했던 것. 그것이 해양화시대의 성공을 넘어 사회라는 또 하나의 자연 속에서도 김재철이 승리할 수 있었던 힘이었다.

또 하나, 김재철에게는 유가적 모범이었던 부모님으로부터 물려받은 '가족'이라는 자연이 있었다. 격랑이 치는 '먼 바다의 자연'과 고향땅 강진과 가족이라는 '대륙의 자연' 모두에 철두철미했다는 점에서 김재철의 성공은 바람직하다. 전통과 대륙의 기준으로나 근대와 해양의 기준으로나 그는 양쪽 모두의 영역에서 '성공의 고전'이 된 것이다.

지난 70년간의 해양화시대를 돌아보건대, 한국은 물론 세계 문명사적으로 다양한 굴곡을 거치는 동안 우리는 한 개인의 위대한 성공이 세상의 바람직한 것들과 반드시 일치하지는 않음을 자주 목도해왔다. 이런 맥락에서 《김재철 평전》은 세상을 보는 긴 숨, 새 안목을 열 것이다.

18장

동해연구회 27년

동해연구회 발족 무렵: 외교와 정치의 우선순위

1994년 나의 한 · 일 Global Forum과 동해연구회

1994년 나로서는 번잡한 때였다. 1993년 2월 말 정부에서 퇴임 후 한국경제신문사 회장이 공식직함이었으나 이런저런 밀린 일들이 겹쳤고 새 일도 있었다. 지금까지 원조만 받던 나라에서 주는 나라로 변모한 첫 케이스로 한국 UNICEF 위원회가 발족하여 부회장 겸 언론클럽 회장으로서 모금활동에다 베트남 초등학교를 방문, 교육자재를 지원했다. 보람을 느껴 현승종 위원장과 김수환 추기경을 모시고 배우 안성기 씨 등과 열심이었다. 정보화추진위원회와 한 · 중, 한 · 일 관계 모임, 한국경제연구원 고문 등의 이름도 걸었다. 그간 바빠서 활동을 못 했던 한승주, 이홍구 교수와 1986년에 창립한 서울국제포럼 출장에다, 수락만 하고 바로 입각하게 되어 한 번밖에 참석 못 한 Pacific Forum 이사회도 드나들고, 스위스 다보스 세계

경제포럼도 처음 참가했다. 특히 일본의 국제주의자들과 지성공동체를 만들어 한·일 관계의 새 장을 뚫어보자는 의욕으로 한·일 Global Forum을 추진하던 때였다.

어느 날 한승주 외무부 장관으로부터 전화가 왔다. 외무부 산하에 '동해연구회'가 생기는데 회장을 맡아달라는 주문이었다. 일은 서울대 이기석 교수가 하고 외무부에서 협조할 테니 맡아 달라는 것이었다. 내가 너무 바빠 좀 망설여진다 해도 위아래 다 그렇게 작정했으니 그리 알라는 일종의 통보였다.

그때는 이기석 교수가 누구인지, 연구회가 어찌 구성되고 어찌 일할 것인지 나로서는 관심 둘 틈이 없었다. 특히 한·일 간에 '글로벌' 포럼을 구상, 추진하던 나로서는 동해라는 한 지역, 지명 문제에 매달리는 게 내심 탐탁지 않았다.

참으로 미안한 일이지만 발족 당일에도 회장 인사만 하고 자리를 떴다. 발족 당일인 1994년 11월 9일 내 수첩엔 10시 한·중포럼 개회식 축사와 오후 5시 초고속통신망구축 자문위원회(내가 위원장이었다) 모임만 적혀 있고, 동해연구회 기록이 없다. 그만큼 관심이 없었다는 방증이다. 내 수첩에 동해연구회가 나오는 것은 1995년 2월 15일 롯데호텔서 시작, 5월 24일 국제회의, 프레스센터 등이다.

발족 후 공식 외무부 브리핑과 이 교수와의 대화를 통해 확인할 수 있었던 것은 일본해와의 싸움은 외무부 의제라기보다 김영삼 정부의 대일외교 '정치'의 한 단면으로 시작된 것이다.

김영삼 대통령은 민주화운동의 연장선상의 논리였는지 비교적 반일(反日) 감각이 높았다. 취임하고 바로 옛 총독부 건물을 일제잔재라 해서 허물겠다 선언했다. 이미 전 정부 노태우 정부 국무회의에서 경복궁 복원을 위해 총독부 건물을 없애기로 의결한 것인데, 'YS 일제 청산' 이미지 강화를 위해서인지 굳이 '일제잔재 청소'라 주장했다.

전에도 동해 지명 문제, 일본해 표기 부당성 문제가 아주 가끔 민간에서 제기되긴 했었다. 그러나 이 문제가 민간에서건 정부차원 — 교육부건 외무부건 — 공식채널에서 이슈로 제기된 적은 없었다. 그러나 우리나라 민주화는 보편적 자유, 민주, 개방, 진보, 다원의 가치·제도 측면보다는 '반공 독재', '일제 관료 군인 독재'에 대한 항거라는 운동적 성격이 강해서 민주화운동이 오히려 민족주의 지향, 반(反) 외세 감성과 궤도를 같이하는 독특한 성격이 있다.

YS 정부 들어 국회에서도 동해 지명 문제를 언급한 의원이 나왔다. 정치 분위기에 밀려 외무부가 뒤처리로 나온 것이 '동해-일본해 병기', 동해연구회 설치였다.

한승주 장관도 회장 취임 부탁 전화 이후 다시는 더 동해 표기 문제, 동해연구회 운영 문제로 따로 나에게 설명한 적이 없다. 목표와 과업과 시간표가 있어야 하는 중점외교, 우선순위 외교 사안이었다면 당연히 나와 따로 협의가 있어야 했다. 개인적으로 오랜 그리고 두터운 인연으로 해서도 그랬다. 육감적으로 동해 처리는 국내 정치 대응이로구나 하는 기분이 들었다.

UN과 러시아, 중국과의 경험과 한계

나로서는 연구회 출발부터 착잡하고 어눌한 처지임을 확인한 셈이었다. 내 전문 관심영역도 아니고 외무부의 중점과제도 아니고, 싸움의 대상은 일본인데 전쟁터는 한·일을 넘어 국제기구, 국제전문가들이라는 복합성까지 띤 것이다.

초기는 유엔지명전문가그룹회의(UNGEGN)에서 일본해 표기의 문제점과 부당성 지적과 왜 우리가 동해, 일본해 병기를 주장하는지의 설명, 그리고 국제회의 만들기였다. 또 일본과 전쟁한 역사가 있는 러시아와 중국을 끌어들여 우군을 만들 수 있지 않을까 하는 기대가 블라디보스토크, 상하이에서의 국제회의 개최였고 북한이 참석하는 성과도 있었다. 국무성 안에 사무국이 있는 미국 지명위원회는 면회, 설명할 기회조차 거부했었다.

일본을 적으로 하는 역사를 지녔던 나라들, 이들에 대한 지정학적 접근은 두 가지 이유에서 성과가 나지 않았다. 첫째, 특히 러시아는 일본의 역로비에 쉽게 무너졌다. 둘째, 러시아, 중국 같은 중앙집중 독재국가의 경우 정부의 방침에서 전문가들이 자유롭지 못하여 그 영향력이 극히 한정적이기 때문이다. 러시아와 중국 정부 입장에서는 동해-일본해 지명 문제가 대일외교에서 우선순위가 없는 문제이며, 대(對) 한국외교에서도 중요한 것이 아니어서 굳이 국제법 질서를 건드리는 문제에 앞장설 입장이 아니었다. 우리도 이들 국가의 입장을 모르는 바는 아니나 이 나라 전문가들의 입을 통해 그 나라 정책결정자들과 여론에 영향 미치기를 기대하는 것이었다. 그 기대는 독재통제국가의 경우에는 한계가 뚜렷했다.

이 점에서 초기 아시아 중심 러시아, 중국, 북한 접근에서 유럽, 미국 중심으로 옮긴 것은 여러 의미가 있다. 이 중심이동은 자연히 '국제적 전문가' 초청 국제회의가 되었다. 이들 국제적 지명전문가에게 일본해의 문제성을 인식시키고 이들을 앞세움으로써 국제회의의 전문적 권위도 높이고 이들을 상대로 해서야 인류 보편적 휴머니즘과 평화의 차원으로까지 한·일 지명 문제의 경계를 넓힐 수 있었다. 전문화와 보편성을 함께 엮을 수 있는 것은 역시 자유민주 개방사회만이 가능한 것이다.

동해연구회 주최 국제세미나가 열릴 적마다 내가 참석한 회의에서는 대개 개회사 또는 마지막 결론을 내가 종합했다. 그때 꼭 빼놓지 않는 대목이 있다. 내 이름이 일본지배 시기 초등학교 때는 김진현이 아니라 '가네시로 진켄'으로 일본식 성명으로 바뀌었고 학교 안에서 한국말 못 썼다는 실화이다. 외국 친구들 동·서를 막론하고 놀라고 왜 동해 지명 문제가 한국으로서는 중요한지를 이해하는 문화적 계기가 된다.

진짜 전문가의 힘: 카드몬 교수와 이스라엘의 힘

나에게 크게 감명을 준 그리고 교훈을 준 전문가는 이스라엘의 나프탈리 카드몬(Naftali Kadmon) 히브루대학 교수였다. 지명에 관한 한 명실공히 세계 최고의 전문가였다. 언어도 10여 개나 통달했고 세계 각국이 복수의 대표가 나오는데 이스라엘은 늘 카드몬 교수 홀로 대표였다. UNGEGN 회의에서도 논의와 논쟁의 끝정리는 늘 그의 몫이었다. 지명학계의 세계적 보물이었다.

바로 이스라엘이나 스위스 같은 강소국이 살아가는 방법이다. 나라에 꼭 필요한 것은 반드시 하되 보통 하는 것이 아니라 세계의 1등을 하는 것이다. 4대 강국에 둘러싸여 있는 지리적 숙명의 대한민국과 국민들이 다져야 할 각오이고 능력이어야 한다. 중국, 미국, 일본, 러시아 4대 강국 인구를 합계하면 대한민국의 30배가 되니, 한국 사람 하나 하나의 능력은 이들보다 30배 되어야 자강과 안전이 보장된다는 게 나의 지론이다.

카드몬을 비롯하여 우드먼(Paul Woodman) UNGEGN 전 의장, 스톨트먼(Joseph Stoltman) 미 웨스턴미시간대학 교수, 오멜링(Ferjdn Omelling) 네덜란드 위트레흐트대학 교수, 하우스너(Isolde Hausner) 오스트리아 과학아카데미 회원, 조르단(Peter Jordan) 오스트리아 지명위원장 등과 같은 국제적 지리학계 전문가들의 활발한 참여가 동해연구회와 동해국제회의 성과를 올리는 데 큰 도움이 되었다.

국제회의를 될 수 있는 대로 이들 나라에서 열고 그 주변 지역, 지명 문제들도 동해 문제와 함께 다루면서 '일본해 현상 타파'의 소리가 그 주변에 퍼지게 하는 데 효과가 컸다. 이 점에서 이들 국제적 전문가들을 끌어들인 이기석 교수와 주성재 교수의 노력은 높이 평가하고 기록할 만하다.

일본만의 특수성과 '암흑지대': 일본은 보통의 나라가 아니라 특수한 나라와 민족이다

일본의 특수성

일본은 대한민국과 달리 국가적 정체성, 정통, 국체에 대한 인식, 국민적 합의가 아주 특별히 단단한 나라이다. 2019년 5월 11일 헤이세이(平成) 천황을 뒤이어 레이와(令和) 천황이 즉위했다. 일본에서는 126대 천황으로 기록된다. 일본 측 기록으로는 33대 스이고(推古) 천황 즉위가 서기 592년이니 올해로 1428년이 된다. 1428년 연속된 국가수반 체제가 존재하는 세계 역사상 유일한 나라, 최장 기록의 국가가 된다. 그들 스스로는 1대 신무 천황이 기원전 660년이라는 주장도 한다. 중국의 주(周)나라와 맞먹는 긴 역사를 자랑하고 있는 것이 된다. 사실이 그렇다기보다 현재도 그렇게 긴 역사 시간의 개념과 정체성을 믿고 공유하고 가꾸고 있다는 것이 중요하다.

2020년 12월 4일 미국 뉴욕타임스는 일본 교토신궁 옆 1020년 지속된 하세가와 나오미 씨 가문의 튀긴 '모찌' 떡집을 소개하고 있다. 10여 년 전 주인이 바뀌었지만 백제 후예가 1000년 넘게 가업으로 이어왔던 사찰 건설 전문업체도 있었다. 500년, 200년 가업전통 이어오는 기업이 유난히 많다. 이 점에서 전통을 자랑하는 유럽도 일본에는 적수가 못 된다.

실제의 사실은 천황 중심의 통일국가 역사보다는 지방경쟁, 쇼군 지배 시대가 더 길다. 그럼에도 국민들 심성에는 천황의 계승기록, 가업의 계속성 같은 일본 특유의 역사적 전통성, 일본다움의 연면성 그리고 그 정체성과 연면성 가꾸기를 강조한다.

바로 이 점이 서세동점, 페리 제독의 '구로센'(黑船) 앞에 문호를 개방하면서도 중국, 조선, 베트남, 인도, 중동, 아프리카 전통 국가들과는 달리 메이지유신을 가능하게 했다. 자주 자발적 근대화를 성취한 유일한 비(非)서양국가로 도약한 것이다. 그리고 아시아 최초로 해양세력 일본이 중국을 삼킨 아시아제국, 대동아공영권, *Pax Japonica*를 단기간이나마(1937~45) 축성한 저력이었다.

그러나 또한 바로 이 일본의 완고한 역사성, 전통성으로 해서 일본의 근대성이 외형은 세계제국적 서양국제질서, 국제법질서 주도 참여국가인 것처럼 보이지만, 서양의 보편적 근대성과는 전혀 일치하지 않는 이중성을 갖게 된다. 일본은 결코 민주주의국가가 아니며 시민사회가 아니다.

나의 가슴에 박힌 두 체험

라이샤워 교수의 단정: 일본은 민주주의 못 한다

1972년 내가 니만 펠로로 하버드대학에서 경제개발을 중심으로 공부하고 있을 때였다. 10월 유신이 났다. 오전 강의 끝나고 니만사무실 라운지에서 뉴욕타임스를 펼치니 1면 톱에 탱크가 국회 정문을 막아선 사진과 함께 유신계엄 선포 기사가 꽉 찼다. 눈물이 났다. 이제 신문사도 문 닫겠구나. 나라는? 나는 어찌해야 하나? 니만 펠로 동료들도 있는데 눈물 보이기 미안하여 정문을 열고 뜰로 내려가는데 다리 힘이 빠져 계단에서 주저앉아 버렸다. 마침 미국 펠로가 사무실로 들어오다 신문을 들고 울고 있는 나를 보더니 놀라 왜 그러느냐고 했다. 나는 대답 대신 신문을 건넸다. 그는 서울의 유신기사 훑어보고는 의아해했다. 내가 "아마 내 신문사 문 닫게 될 거다" 하니 이 순진한 미국 친구, 그럼 우리가 주선할 테니 미국서 신문기자 하라고 한다. 36세의 나이에 애들은 넷씩이나 있는 몸이 언제 고급영어를 원어민보다 더 잘해야 살아남는 미국 신문기자로 변신할 수 있나. 눈물과 고마운 허탈이 범벅이 된 순간을 회상하면 아직도 가슴이 먹먹하다.

약 열흘 뒤 하버드대학 에드윈 라이샤워 교수가 주동, 한국을 걱정하는 학자, 전직 외교관 등 10여 명 연명으로 박 대통령 유신과 독재를 맹렬히 비판하고 박에 대한 압력으로 주한미군 철수를 주장하는 성명서가 나왔다. 나는 바로 면회를 신청했다. 하버드대학에 온 후 한국 사정에 대한 대화를 나눈 적도 있고 마침 그의 강의도 듣고 있었다. 바로 연락이 왔다.

이틀 뒤 옌칭도서관 그의 사무실에서 만났다. 유신반대 성명에 감사를 표하고, 그러나 유신의 명분이 북한으로부터의 위협인데 미군철수 주장은 닉슨독트린과 같이 박정희 독재의 명분을 강화할 수 있다고 걱정했다. 이 걱정의 설명 중에 우리는 미국을 신뢰하고 싶지만 1904~5년 T. 루스벨트 대통령처럼 친일・조선무시 정책 같은 발상이 주한미군 철수 주장에 있는 것은 아닌지 우려 … 라고 말하는 순간.

라이샤워 교수는 책상을 탕, 치면서 소리를 높였다.

"미스터 킴, 내가 한국을 얼마나 사랑하는지 아는가. 옌칭도서관에 한국관 만든 것도, 한국학 강의와 한국학 교수를 독립시킨 것도 나일세. 나는 아시아 국가 중 민주주의 할 수 있는 나라는 한국밖에 없다고 확신하고 있네. 한국인들의 개성적, 직설적 성격으로 해서 한국만이 민주주의가 가능한 나라이네. 중국이, 베트남이…? 일본이? 내가 일본전문가고 주일대사 했고 마누라도 일본 사람이지만 일본 민주주의 어려워…."

나로선 큰 충격이었다. 두 가지 큰 충격이었다. 경제 기술은 물론 정치 민주주의도 우리보다 훨씬 앞선 선진국으로 생각했던 나, 당시 평균적인 한국 사람 모두 그리 알고 있는 일본을 민주주의정치 어렵다고 판단하는 미국 최고의 원로 일본전문가의 말씀, 놀랍지만 소화가 어려웠다. 또한 한국만이 아시아에서 민주주의가 가능한 특출한 나라인데 오직 박정희가 이를 막고 있다는 판단, 국내에서건 해외에서건 처음 듣는 소리였다. 아시아에서 한국만이 민주주의를 할 수 있다는 논리와 해석을 들어본 적이 없었다. 48년이 지난 오늘 이 두 가지, 라이샤워의 판단을 어찌 검증하고 평가할까?

나는 이후로 일본은 어떤 나라인가, 아시아에서 한국의 특징, 세계적 보편성과 아시아적 일반성과 한국의 특수성, 예외성 같은 명제에 많이 매달렸다. 그 결과물의 하나가 2005년 출판된 《일본 친구들에게 정말로 하고 싶은 이야기》이고 아직도 계속 매달리고 있다.

시부사와 마사히데 이사장의 무릎 꿇은 사과

일본 메이지유신의 경제, 재정 1등 공신이요, 지금도 엔화 지폐에 나오는 인물인 시부사와 에이이치 가문의 장손인 시부사와 마사히데(澁澤雅英)와의 교류 이야기이다.

나는 라이샤워 교수와 대화, 충격 이후 그리고 1970년대부터의 잦은 일본과의 교류로부터 내 나름 두 가지 방향을 설정했다. 하나는 외교적, 제도적 접촉은 그것대로 지속, 다원적으로 펼쳐가되, 새 차원을 추가하자는 것이었다. 한국의 일본전문가와 일본의 한국전문가끼리의 거래보다 양국의 국제주의자, 보편주의 주장자들을 중심으로 한·일 간의 특수문제보다 한·일 공통의 과제와 도전을 다루어 가자는 것이었다. 아시아와 인류의 공통과제를 우선하고 큰 과제에서 큰 이익과 큰 혜택을 창출함으로써 작은 이익 분쟁과 과거에의 함몰에서 해방하는 길을 찾아보자는 발상이었다.

또 하나는 일본 특유의 아집성, 고립성, 연면성의 성곽을 깨는 첫 단추는 1억 2천만 일본 국민의 눈물, 마음속으로부터의 눈물을 받아내야 한다는 것이었다.

1993년 7월 세종연구소 이사가 된 것을 계기로 나는 첫 번째 방향, 한·일 글로벌포럼을 추진했다. 세종연구소도 취지에 찬성하여 당시 내가 적을 두고 있던 한국경제신문사와 공동주최키로 했다. 일본에 가서 제일 먼저 접촉한 사람이 당시 일본여학관(日本女學館, 일본여자대학재단) 이사장인 시부사와 마사히데였다. 한·일 지식인 모임과 한·미·일 국제관계 회의에서도 몇 번 만났었다. 그 세대 일본 사람보다는 격이 높은 영어구사에다 가문의 전통으로 해서 매너도 세련된 영국신사 풍모였다.

1994년 1월 20일 첫 번째 만남에서 바로 의기투합했다. 아주 기뻐했다. 진작 이런 모임 중심으로 한·일 지도자들이 모였어야 했다며, 일본 측 참가자 선정과 발표주제 결정도 맡아주기로 했다. 그리고 진행되다 갑자기 연락이 끊겼다. 연락해도 답장이 없었다. 혹시 건강에 문제가 생겼나. 신사의 매너와 가문의 무게로 봐서 결례할 것으로 생각할 수 없었다. 연락 끊기고 한 달여 뒤 마침 베트남 다녀오는 길에 일부러 당신 만나러 도쿄 들르겠다 하고 날짜를 주니 바로 답장이 왔다. 저녁을 모실 테고, 내 호텔까지 와서 직접 나를 픽업하겠다 했다.

3월 22일 저녁 호텔까지 와서 나를 데리고 도착한 곳은 레스토랑이나 요릿집이 아니라 아카사카의 게이샤집이었다. 놀랐다. 일본 악기 뜯는 게이샤집이 얼마나 비싼지는 아직도 나는 모른다. 다만 최고호텔값의 몇 배는 넘는다는 얘기를 들었을 뿐이다. 방에 정좌하고 게이샤가 샤미센을 뜯고 나서 그는 게이샤에게 방을 나가 달라 했다.

방문이 닫히니 그는 벌떡 일어나 무릎 꿇고 엎드려 절하며 용서를 빌었다. 참으로 당황스러웠다. 나보다 일곱 살쯤 위인 그가 엎드려 말하는 것이 참으로 민망했다. 편하게 앉아 말씀하시라 해도 한동안 엎드린 채 이어갔다.

"우리가 같이 추진하는 포럼은 내 일본여학관과는 전혀 관계가 없다. 그러나 일본 관행은 대학과 관계없는 일이라도 이사장 활동은 문부성에 보고

하게 되어 있다. 그런데 자기도 뜻밖에 문부성에서 그 프로젝트에 부정적 의견을 제시했다. 법적으로는 그냥 추진해도 아무 문제가 없고 문부성이 막지도 못한다. 그러나 내가 이사장을 그만두지 않는 한 문부성의 구두개입을 어기면 나에게는 물론 내가 그만둔 뒤에 재단에도 반드시 나쁜 영향이 온다. 포럼 일 손 뗄 수밖에 없으니 정말 죄송하다. 엎드려 사죄한다."

일본 특유의 법치 아닌 인치, 문서 아닌 구두개입 지시로 돌아가는 시스템. 특히 관료들에 의한 증거를 남기지 않는 구두개입 문제는 무역자유화 과정에서 가끔 제기되었다. 겉과 속, 즉 무역협정과 실제 상품거래 간의 장애에서 많이 거론된 것은 알고 있었다. 그러나 일본의 대표적 명문귀족에 속하고 전통 있는 대학 책임자까지 법과 규정에 없는 구두 '시사'에 복종할 수밖에 없는 닫힌 성곽의 일본의 조직문화에 좌절감이 몰아쳤다. 일본 중심부에서 진정한 국제주의자, 글로벌리스트 찾기는 이렇게 힘든 것이다. 무늬만 다르지 거의 모두 철저한 '일본주의자'들이다.

한국과 대화가 된다는 이른바 좌파진보 진영도 종당은 각도가 다른 일본주의자임을 종종 보게 된다. 그런 점에서 한국의 이른바 급진좌파의 국제주의가 반국가 통일지상 민족주의에다 반정부, 게다가 생명, 환경, 인권운동 초국가주의를 겸하고 있다는 점에서 일본주의와 본질적으로는 궤도를 같이한다 해석할 수 있다.

결국 한·일 글로벌포럼은 좌절되고 이미 확보한 세종연구소 예산으로 1995년 5월 9~10일 서울에서 한·일 전문가 20여 명이 참여한 또 하나의 전문가회의로 끝났다. 나의 기조연설에서 한·일 글로벌지식인연대의 취지만 기록으로 남겼다(《한·일 관계의 재조명: 쟁점과 과제》, 세종연구소 편, 1995).

1억 2천만의 휴머니즘 눈물 받아내기

일본은 과거, 현재, 미래라는 시간의 컨텍스트에서는 물론, 지리적 조건, 일본이나 한국보다 더 큰 중국, 미국, 러시아와의 지정학, 지경학적 관계, 특히 미래 인류 공통의 문제군 분포의 지리적 조건에서도 우리는 반드시 좋은 이웃, 공동의 집을 지어 같이 살아가야 할 나라이다. 그러기 위해서는 반드시 서로의 불행한 과거사를 뛰어넘어야 한다. 그것은 일본의 특수성, 고립성, 아집성, 이중성으로 해서 공식, 정식문서 대표협정, 행사회의 등의 요식으로는 안 된다. 일본 정치의 핵심배경, '암흑지대', 요샛말로 딥 스테이트를 움직일 수 있는 힘이 있어야 한다.

일본인으로서 최초의 노벨 경제학상 수상후보로 기대가 컸던 영국 케임브리지대학과 말년에 런던대학 교수로 있었던 모리시마 미치오는 1990년에 쓴 *Why Japan Collapse*의 부록에서 일본의 풀리지 않는 수수께끼를 사회과학적으로 풀어보겠다는 말을 남겼다. 2006년 세상을 뜨기까지 해답을 주지 못했다. 그는 일본에는 풀리지 않는 수수께끼, '암흑지대'가 있는데 야쿠자, 유사종교('신 신종교'라 표현했다)를 들고, 그리고 어느 나라보다도 월등히 높은 세습 의원들의 비중 같은 것을 시사했다. 그의 책은 다음 글로 끝을 맺는다. "일본의 비극은 정계도 종교계도 모두 힘이 없을 뿐 아니라 이들이 설명이 불가능한 암흑지대에 칭칭 얽매여 있다는 사실에 있다. 일본 사회에는 사회과학자가 방치하고 있는 불량자산이 산더미처럼 쌓여 있는 것이다."

일본 사람이면서도 영국에서 오래 최고의 학문 수준에 이르러서 깊이 보이는 보편성과 특수성의 문제인 것이다. 이제 한국과 일본은 아시아에서뿐 아니라 전 세계 역사상에서도 일단 근대화의 형식적, 통계적 기준에서는 완벽하게 성공한 유이(唯二)한 나라로서 새 문명사적 도전 — 환경, 팬데믹, 먹거리, 에너지, 물 등의 생명자원 결핍(WWF가 정의하는 *Footprint*와

Bio-Capacity 문제)에 공동 대응해야 한다. 그러나 현실은 두 나라가 모두 겉모양으로는 더 국제화되고 교류가 넓혀져도 마음의 골은 깊어지고 국익의 손상은 커지고 있다.

나는 과학기술처 장관 시절 국무회의에서 내 자리와 가까웠던 문화부 장관에게 내 제언을 열심히 설명했다. 외부에서(전국경제인연합회를 염두에 두었다) 기금 마련에 나도 힘을 쓸 테니, 젊고 늙고 가리지 말고 우수하고 사명감 있는 작가, 시인, 극작가, 영화감독 등을 뽑아 일본에 보내자. 5년 전후의 기간을 주고 자기 하고 싶은 방식대로 머물면서 일본 말, 역사, 문화를 철저히 공구(攻究)하고 체험케 하자. 단 하나의 의무는 일본 사람의 마음속 깊은 눈물을 받아낼 수 있는 작품이다. 보통 일본 사람들이 정말로 우리가 한국인, 한국 역사, 한국 문화, 한국 땅에 잘못을, 몹쓸 짓을 저질렀구나, 하는 보편적 휴머니즘의 눈물을 받아내자는 것이었다. 그리고 우리 두 민족이 같이 힘써 해야 할 일이 얼마나 많냐, 이런 정념이 절절한 작품을 창작해보자는 것이다.

보통의 일본 시민들은 놀랄 만큼 정직하다. 감사하고 미안할 줄 안다. 이들의 눈물이야말로 암흑지대를 깰 수 있는 유일한 횃불이다. 한국에서 위안부 문제를 최초로 알린 보도는 평범한 일본 초등학교 여선생님의 원초적 휴머니즘이었다. 인도네시아 관광 갔다가 우연히 위안부라는 존재와 위안소라는 집의 설명을 듣고는 이럴 수가 있나, 놀란 여선생님이 자비로 열 번 가까이 현장을 답사했다. 일본 잡지에 난 그녀의 글이 우리나라 신문에 보도된 것이다. 1965년 한·일 협정 체결 훨씬 후의 일이다.

일본 사람들의 해외여행이 늘어나면서 다른 일본 여행객들에 의해서도 동남아위안소가 소개되며 휴머니즘 이슈로 일본에서 제기되고 그 후에 한국의 언론 보도로 한·일 간 관심대상이 된 것이다.

이것이 1962~63년 외무부 출입기자로 한·일 협정 교섭과정을 취재했던 나의 기억이다. 위안부 문제의 실질적 제기는 일본의 이름 없는 보통 사람의 정직한 가슴이었다. 한국 측 언론이나 정부의 자료에서 시작된 것이 아니다(그 후 알아본 바로는 한·일 협정 교섭문서철에는 위안부 문제가 있었다. 그러나 우리 정부가 주요 의제로 제기하지 않았고, 공표된 의제리스트에서는 한 번도 나타나지 않는다. 아마 긴급한 안건의 우선순위에서 크게 밀렸을 것이고, 민간에서도 전혀 관심 제기가 없었고, 무엇보다 한국 측에 자료가 전무한 상태였기 때문이었을 것이다).

이런 평범한 일본 사람, 정직한 보통 사람들의 마음이 움직여야 한다. 압도적 국민의 마음이 움직여야 동네가, 도시가, 정치가 움직이고 천황의 말씀이 나와야만 한·일 관계도 정상화된다는 것이 나의 결론이다. 일본의 소수 진보진영 목소리는 백 년을 가도 일본의 암흑지대를 뚫지 못한다(당시 문화부 장관은 끝내 수용하지 않았다. 이유를 지금까지도 모른다. 간곡한 제언이었는데, 혹시 자기영역 침범이라 오해한 것은 아닐까, 궁금하다).

중국에서 받은 기립박수: '힘과 아름다움'

나는 인간의 깊은 가슴속 울림에는 동서고금이 없다고 믿고 있다. 그래서 일본에게는 '1억 2천만의 눈물'을 받아내는 문화전략을 제기했다. 이런 확신은 나의 중국 경험에서 더욱 강화되었다.

내 일생에서 청중 전원으로부터 자진 기립박수 받은 경험이 딱 한 번 있다. 그것도 중국에서. 2009년 10월 16일 베이징 쉐라톤호텔에서 '2009 한·중 경제문화 대논단'이 개최되었다. 한국에선 전 GE 한국 CEO요 화가인 강석진 씨 주동의 기업예술인 모임 주최였다. 한·중 간 기업인 문화예술인들이 보다 고차원의 융합적 협력을 모색하는 다소 이색적인 자리였다. 한국에서 나와 이한동 전 총리 등 비(非) 문화예술, 비기업인도 끼어 있고 내가 회의 첫 기조연설을 맡았다. 제목이 "힘과 아름다움"이었다. 20분에 걸친 짤막한 연설이었다. 나는 한·중의 경제성장과 근대화 성공, 국가 자긍의 자신, 성공에서 오는 먹거리, 에너지, 환경, 도시화 '문제군'의 진앙지에서의 삶과 그 극복의 과제를 설명하고는 이제부터 우리는 아름다운 나라, 아름다운 사회, 아름다운 시민이 되고 존경받는 나라, 존경받는 사회, 존경받는 시민이 되도록 생각, 행동규범을 바꿔야 하고 그러기 위한 기업인 문화예술인들의 변신을 요구했다.

"아름다움의 추구에는 반드시 절대절명한 조건이 있습니다. 그것은 자유입니다. 개인의 자유, 사회의 자유, 국가의 자유가 없으면 아름다움의 예술은 꽃필 수 없습니다. 예술인에게 자유가 없고 한 사회가 억압의 사슬에 묶여 있고 한 민족국가가 제국주의적 압제에 있으면 예술은 꽃피기 어렵습니다. 자유가 없으면 아름다움을 보는 눈도, 아름다움에 대한 생각도 왜곡됩니다. …

여러분, 기업에 자유가 없으면 혁신과 창조가 없고 복지를 향상할 수 없습니다. 예술에 자유가 없으면 아름다움과 창조가 없습니다. 기업의 힘 예술의 힘은 자유를 먹고 자랍니다. 예술인, 기업인 개인의 방종할 자유가 아니라 공동체의 자유를 지키고 확장하려는 책임을 다할 때 그 가치가 빛납니다. 오늘 이 자리가 그리고 이 시간이 아름다운 동북아 공동체를 향해 가는 첫발이 되기를 바랍니다. 기업인과 예술인이 합작하여 창작하는 아름다운 대한민국, 아름다운 중화인민공화국, 존경받는 대한민국, 존경받는 중화인민공화국으로 승화 발전하는 첫 발자국이 되기를 간절히 기원합니다."

내 말이 끝나자 전원 기립하여 박수를 오래했다. 뜻밖의 감격이었다. 나도 거듭 감사했다. 지금 시진핑 체제의 국가디지털 독재가 강화되어 '자유'가 후퇴하고 있지만 아름다움 추구의 힘, 자유의 힘이 반드시 이길 것이라 믿는다.

19장

나는 경계인이다. Marginal Man = Limen

프랑스의 재무장관을 지내고 유럽 석탄철강공동체 창설을 주도, 유럽공동체, EEC-EC-EU로 발전시킨 원류인 로버트 슈망은 스스로를 경계인(*Marginal Man*)이라 불렀다. 그는 프랑스-독일 접경지대인 알자스-로렌 지역 출신이었다. 그는 이런 경계인, 접경인, 양쪽이 만나는 중간 지역에 있는 사람이 양쪽을 아우르는 새 질서를 만들어낼 수 있다고 주장했다.

내가 좋아한다 할까 천착하는 단어 중에 라틴어의 '리멘'(*Limen*)이 있다. 사전을 보면 우리 '상식'으로는 이해할 수 없는 풀이가 나온다. 문(출입문), 문지방, 현관, 입구, 출발. 그리고 줄 바꿔 끝, 마지막, 묘소 등이 함께 있다. 입구, 출발에서부터 끝, 묘소까지 공존하는 개념, 즉 정반대인 것 같은 뜻이 한 단어에 공존하는 용어. 이는 일상의 용어 개념이기보다 철학적 의미가 더 크다고 본다. 즉, 삶(개인의 삶이건 사회공동체 삶이건)의 전체상, 시작과 끝이 함께 있는 것, 일종의 불가(佛家)적 인연의 연속 같은 해석이 가능하다.

라틴어문화, 생활에서 쓴 용례를 찾고자 한다.

경기도와 충청도 접경, 안성군 이죽면 두교리 동막골

내가 태어난 할아버지 집 마루에 앉아 남녘 앞을 보면 작은 내 건너 확 트인 야트막한 언덕이 있다. 바로 경기도 안성군과 충청북도 진천군의 경계선이다. 차령산맥이 지나는 산골이다. 경기도 안성군 이죽면 면사무소가 있는 죽산이 20리 길, 충북 진천군 광혜원 면사무소가 있는 광혜원은 10리 길 동막골 사람들은 장보는 것이나 국민학교 다니는 것도 죽산보다 광혜원으로 갔다.

말씨도 동막골뿐 아니라 안성 사람들은 충청권이었다. 어투, 어감…. '했어요'보다 '했시유'가 보편이었다. 우리 집안 혼사도 거의 모두 충청이고 동막골 김씨네 큰집도 충북 음성 통골이다. 어머니도 충북 음성군 삼성면에서 태어나셨다. 넓은 저수지가 두 개나 있는 게 신기하던 나였는데.

바로 동막골 앞 내가 헤엄치고 놀던 그 냇가가 1960년대 초 '광혜원 저수지'로 큰 호수가 되었다. 북으로 칠장리 칠장사 어귀까지 이르고 경기도-충청북도 경계되는 개좌리까지 펼쳐지는 이 저수지의 위치는 완전히 경기도 안성군 이죽면 칠장리, 두교리, 개좌리 일대인데, 이 경기도 물은 거의 100% 충청북도 진천, 청주를 위한 것이다. 이름도 경기도 죽산이나 이죽 저수지가 아니라 충북 진천군의 '광혜원 저수지'가 되었다.

고구려, 백제, 신라를 모두 겪은 지역

이 대목은 고증된 자료를 인용하는 것이 아니다. 2015년 안성초등학교 38회 졸업생인 우리 23명이 졸업 후 67년 만에 모교를 방문했을 때 모교 역사관에 소개된 안성군 역사에 나온 기록이다. 나 스스로도 그 기록을 보며 '경계인'의 뿌리를 큰 호흡으로 마셨다.

고구려가 남쪽으로 강세일 때는 고구려 땅, 백제가 동북으로 뻗을 때는 백제 땅, 신라가 북방으로 뻗을 때는 신라 땅, 아마 대한민국 영토 안에서 통일신라와 고려 이전 3국을 골고루 경험한 땅, 안성 말고 어디일는지. 평택, 용인, 장호원 정도일까, 아닐까. 향토사가들에게 물어봐야겠다.

경상도, 전라도, 충청도 토박이들은 아마 안성의 접경성을 이해하기 어려울 것이다. 지명은 조금씩 달라진 적이 있다. 또 경기도에 속한 적도, 충청도에 속한 적도 있고 확실히 '리멘'적인 양극(兩極)을 또는 삼국(三國)을 넘나드는 지역이 안성의 지리적 접경성이다.

안성시민헌장과 새서울의 이념

나는 1984년 4월 1일 오전 10시 안성군이 안성시로 승격하면서 시민회관에서 선포한 '안성시민헌장'을 쓰고 또 직접 읽었다. 당시 이종건 시장과 김태원 문화원장의 부탁으로 내가 서울시립대 총장과 세계화추진위원장을 겸하고 있을 때였다.

아버님은 안성 제헌의원 출신이고, 내가 고향에서 나온 두 번째 국무위원(첫 번째는 아버님과 국민학교 동창이던 이교선 상공부 장관, 부산 피란시절이었다)으로서 정성껏 기꺼이 다듬었다.

새 세기, 새 문명, 문화예술, 전통, 세계, 평화, 환경, 아름다움의 중심을 강조했다. 그때 접경성과 Limen의 뜻을 지금같이 매달렸다면 좀더 깊이 있는 헌장이 되었을 것이다.

박 대통령 말기, 공주지역으로 수도 이전을 계획할 무렵이었다. 1976년 청와대 수도기획단 박봉환 단장(김종인 교수 자형)의 요청으로 "새서울의 이념"을 5페이지 선언문 형식으로 다듬었다. "① 새나라-자주와 평화 ② 새살림-자립과 행복 ③ 새뜻-창조와 능동 ④ 새터-새나라 새살림 새뜻을 담는 터전, 순서였다(전문은 《한국주식회사》, 한샘, 1977, pp. 129~134).

내 뿌리: 동막골

할아버지 할머니

아버지는 영기(英基). 1905년 1월 8일 나시고 1989년 5월 1일 이승을 떠나셨다. 어머니 임언순(任彦舜)은 세 살 연상이셨고, 1983년 10월 2일 아버지보다 6년 먼저 가셨다. 나는 족보에 의하면 경주 김씨 시조 김알지로부터 따지면 70세손이고, 신라 김씨 왕통 38대왕인 경순왕의 43세손이고, 조선조 개국공신 좌찬성 계림군(鷄林君) 중시조(中始祖)로부터 계산하면 23세손이다.

우리 경주 김씨 일가가 경기도 안성군 이죽면 두교리 동막골에 정착한 것은 한말(韓末)이다. 1905년생 아버지의 집이 동막골인 것을 보면 20세기가 열리기 직전쯤 내 할아버지(金學知)가 충북 음성 통골 본가에서 동막골로 오셨을 것이다. 내 고조부인지 증조부인지 한 분의 가산탕진으로 기울어지면서 할아버지 외가가 있는 동막 윤(尹)씨네 문간방으로 이사한 데서 시작된다. 3대 독자를 제 땅에서 못 키우고 증조모 친정집으로 보낼 정도로 음성 통골 본가는 어려웠던 것 같다. 이사라기보다 문간방 일꾼으로 더부살이로 터를 잡았던 것이다.

3대 외독자였던 할아버지는 갑자기 아버지를 포함 6남 3녀를 두셨다. 그러니까 나에게는 다섯 분의 숙부와 세 고모가 있다.

조부모님은 자식만 다산한 것이 아니라 둘이서 윤씨네 일꾼 노릇하며 틈틈이 밭과 논을 새로 일구어 회갑을 성대히 치르고 1956년 돌아가실 무렵엔 동막골 제일 큰 부자가 되셨다. 오직 근면, 성실 하나로 9남매 키우고 '동막골 경주 김씨' 창시조가 되신 것이다.

아버님은 16세까지 상투를 틀고 갓 쓰고 죽산초등학교 다닌 유일한 학생이었다. 습자시간에 선생님이 몰래 뒤에서 상투를 싹둑 잘랐다. 할아버지께 심한 꾸중 들으시며 2년 만에 4년 학업 마치고 서울 중동중학도 2년 만에 속성과를 마치고 일본대학 전문부 법과 2년 만에 중퇴하셨다. 바로 그해 1926년 시대일보 죽산 지국장으로 사회활동을 시작했다.

동막골 피난처

왜정 말기: 가난

나는 다섯 살 때 동막골을 떠나 안성읍으로 갔다. 생전 처음 기차 타고 죽산에서 안성읍까지 갔다. 이 다섯 살 이전의 동막골 기억은 남은 것이 없고 처음 기차 탄 '경이', 그것이 내 어릴 적 기억 제 1호이다.

내 동막골 추억은 그 후 일제 말기 식량부족으로 먹기 힘들 때 여름방학, 겨울방학이면 꼭 동막골로 가서 지냈다. 첫해는 버스로 안성읍에서 죽산까지 40리 길 가서, 죽산서 20리 길을 걸어 할머니 집으로 갔다. 그러나 왜정 말기가 되면서 기름이 모자라 목탄버스가 되고 자그마한 고갯길도 못 올라가 고개가 나올 적마다 승객들 모두가 내려 버스를 밀어 올렸다. 그나마 1944~45년 무렵엔 아예 버스가 안 다녀 안성-죽산-두교리 60리 길을 막내누나와 타박타박 걸어서 갔다. 특히 겨울방학에 가면 할머니가 외지에 가 있는 손자라고 나에게 다락방에 특별히 아껴둔 연시를 주시며 귀여워하시던 모습 떠오른다. 또 여름철 앞 냇가에 가서 애들과 멱 감고, 가재 잡고…. 저녁 무렵 돌아오다 논에서 미꾸라지, 장어 잡아 할머니 드리면 즉석에서 끓여서 저녁을 먹었다.

아직도 '할머니' 하면 눈물겨운 장면을 영원히 잊을 수 없는 게 있다. 일제 말기 참 먹을 것이 어려웠다. 칡, 칡뿌리도 식사대용일 때였으니까. 국민학교에서 벤또(도시락) 못 싸오는 아이들이 태반이었으니까. 쌀, 보리 공출(사실상 강탈) 하면 먹을 것이 없으니 만주에서 콩, 콩비지, 옥수수를 도입, 대신 배급해주었다. 콩비지를 하도 많이 먹어 물려서 나는 지금도 콩비지는 안 먹는다.

가을추수 끝나고 공출이 끝났는데도 꼭 파출소와 면사무소 직원 두어 명이 느닷없이 동네에 들이닥친다. 큰집부터 뒤진다. 할머니 할아버지는 공출의무량(?) 하고 몰래 쌀을 집 어딘가에 숨겨두셨던 모양이다. 그때 다 그랬을 것이다. 그런데 어느 해인가 마당에 묻어두셨다. 오히려 광이나 뒤꼍은 샅샅이 뒤져 숨기기 어려우니 역발상으로 넓은 마당 한가운데 숨기셨다. 그런데 이 공출강제 관리들의 머리가 더 좋았던지, 흙색깔에 차이가 났던지 감춰 묻었던 쌀을 발견해냈다. 이 쌀을 끌고 가는 젊은 청년의 바짓가랑이를 붙잡고 우리 아이들 굶어죽는다며 매달리고, 두 손 빌며 쌀 가져가지 말라고 애원하던 모습, 지금도 눈물 없이 회상할 수 없다. 가난의 가족사이다. 애환(哀歡)이다. 이것이 동막골에선 그 무렵 두 번째 잘 산다는 집안의 형편이었다.

한 사람, 한 가족, 한 사회공동체, 한 민족으로 '전체 가난'을 경험하지는 말아야 한다. 그러나 기억은 꼭 해두어야 한다.

피난처: 동막

6・25 피란은 누구나 지옥의 경험이다. 그러나 중학 3학년 나의 동막생활은 경주 김씨 가문의 실상과 옛이야기를 들을 수 있는 가장 긴 기간이었다.

안성농업학교를 졸업하고 서울에서 상공부에 다니던 막내 여섯째 숙부는 할아버지가 연세 들어 농사일이 어려워지자 가족들과 상의 끝에 서울생활 버리고 동막골로 내려오셨다. 동막골 제일의 인텔리이니 구장을 맡으셨다. 6・25전쟁이 끝날 무렵 진천쯤에서 쿵쿵 소리가 들릴 때 느닷없이 구장 숙부와 전 구장 윤씨 두 분이 총 든 '부르주아 반동분자 색출자'들에 의하여 끌려갔다. 숙부는 중간에 뛰어 도망가다 총에 맞아 쓰러졌다. 엎드려 완전히 죽은 척하고 있으니 윤씨마저 놓칠까 봐 그랬는지, 총알이 없어서 그랬는지 이들이 물러나는 바람에 총 맞은 왼팔을 끌고 집으로 귀환했다. 윤씨는 죽산국민학교에서인가 집단사살을 당했다. 6・25 중엔 남북 오가며 이런 부르주아와 빨갱이의 집단살인의 비극이 있었다.

6・25전쟁 막바지 의사도 없고 약도 없던 시절, 총 맞은 팔에서 구더기가 꼬물꼬물 한 뭉치씩 쏟아지는 끔찍한 모습도 보았다. 끝내 팔 못 쓰는 불구가 되셨다.

6・25의 동막골엔 우리 집안뿐 아니라 큰고모 댁, 시집간 큰누님 댁이 모두 모여들었다. 무슨 병인지 다섯째 숙부숙모는 한꺼번에 병마에 고생하시다 6・25 전란 끝 무렵 전후해서 모두 세상을 뜨셨다. 아버지가 기거하시는 사랑방까지 합쳐 4개밖에 없는 방에서 이 많은 식구들이 살고, 여섯째 숙부 총 맞아 눕고, 다섯째 숙부모 병으로 소리치며 아프다고 호소할 때…, 6・25는 참혹했다.

남은 다섯째 숙부네 다섯 사촌 여동생들이 고생을 많이 했다. 지금 같으면 그럴 수 없었겠지만 '계집아이들'이 돼서 그런지 집안에서 제대로 챙기지 못했다. 지금 연락되는 아이가 하나도 없다. 다섯 중 셋째 사촌 여동생 하나가 일본 사람과 결혼, 1980년대엔 세 번쯤 도쿄에서 만나 소식왕래 있었는데 언젠가 도쿄 사업이 잘 안 돼 고향 큐슈로 간다는 편지 연락을 마지막으로 소식이 끊겼다.

넷째 숙부는 서울에서 양복기사로 일하시고 꽤 멋도 부리고 그때로서는 '하쿠라이'였다. 6·25 나자 미아리에 사시던 숙부모와 사촌 남매가 신당동 우리 집을 지키려 이사했다. 그러나 공습에 동네 방공호로 피신 가다 숙부모님이 함께 즉사하며, 나보다도 두 살 아래 12살 사촌 여동생 진숙이와 그보다 두 살 더 어린 남동생 진억이 둘이서 시신 챙겨 우리 집 건너 서쪽 언덕길 산, 지금 서울시 테니스장 있는(타워호텔 길 건너 남쪽 하이힐스 고급 주택가 위쪽) 한남동 동산에 묻었다.

전란 끝나고 시신을 챙겨 고향 장지로 옮기려 했으나 그때 워낙 황망해서인지 어린 사촌들이 찾지를 못했다. 끝내 묘를 쓰지 못했다. 우리 집 지키다 가셨기에 더욱 내가 빚진 숙부이시다. 나는 진숙이 일이라면 시집 간 그 남편과 아들에게까지 내 최선을 다해 왔다(진억은 일찍 병으로 떴다). 넷째, 다섯째 숙부는 손이 끊겼다. 그 숙부모님들 얼굴이라도 그리워할 식구도 나로서 끝이로구나 생각하면 먼저 갔거나 소식 끊긴 사촌 여동생들이 너무나 불쌍하다.

나는 피란시절 고향 원두막에서 책 읽기를 즐겼다. 3개월 농군생활이었지만 틈틈이 노동신문 등 북한신문 매체를 읽으며 이질감을 많이 느꼈다. 나의 한 특징이랄까 나다운 이상(理想) 적 이상(異常) 현상인지, 6월 28일 북한군이 광화문에 들어왔다는 소식을 듣고 신당동 집을 출발, 한강을 건너는 고생을 하면서도 나는 해롤드 라스키의 《정치학 요강》 번역서와 누구 책이었는지 《철학개론》과 《사회부조론》 번역서를 싸 들고 동막골까지 왔다. 싸고 갈 짐이 많은데 그런 책을 넣고 간다고 야단 안 치신 아버지가 지금 생각하면 고맙다. 뜻도 모르면서 읽었다. 둘째 사촌형이 읽고 난 《흙》, 《상록수》 등도 이때 읽었다.

이런 것들이 나로 하여금 초등학교 때의 하나다 선생님, 《백범일지》 충격과 더불어 꿈 많은 지구, 세계, 우주, 사회 사색을 지속시킨 밑바탕이라 생각된다.

막내 숙부 총상보다 6 · 25 끝 무렵 북한군이 퇴각하면서 오히려 더 무서웠다. 밤중이면 남쪽, 서쪽에서 동쪽, 북쪽으로 차령산맥을 따라 북으로 가는 북쪽 패잔병들이 몇십 명씩 떼로 몰려오기 때문이었다. 미군, 국군이 안성을 지나 서울로 갔는데도 밤이면 계속 밀려왔다. 공포였다. 다행히 한 1주일 정도 계속되고 멈췄다. 이때 동네 사람들이 먹을 것, 옷가지를 많이 뺏겼다.

아버지 9남매 사촌 직계만 27명

아버지 9남매 중 세 고모는 한 분이 안성읍 근처에 사셔서 왕래가 있었고, 큰고모는 고모부가 서울, 만주로 돌아다녀 나는 감각이 없었다가 6 · 25 피란 할머니 댁에서 몇 개월 얼굴 맞댔다. 고모 한 분은 일찍부터 제명되었다. 일체 어른들이 입에 올리질 않았다. 언뜻언뜻 어른들 말 틈으로 알게 된 것은 누군가 집에 들였던 외간남자와 눈이 맞아 사고 쳐서 할아버지가 내쳤다는 것으로 이해된다.

큰집인 우리가 2남 3녀, 둘째 숙부에게서 3남 2녀, 셋째가 5남 1녀, 넷째 1남 1녀, 다섯째가 5녀, 여섯째가 4남으로 직계사촌만 27명이다(큰고모가 2남 1녀, 작은고모 1남 1녀 같은데 지금 확인할 집안 어른이 없다).

우리 집안의 큰 특징은 장사, 기업하는 사람이 없는 사실이다. 아버지 형제자매는 물론 내 사촌 중에서도 장사에, 기업에 손댄 사람 없이 모두 월급쟁이였다. 셋째집 둘째형이 김진원 서울시 부시장과 체육부 차관, 내 셋째 자형이 서울시 부시장과 경남지사 하다 민주화 봄 때 한 3개월 DJ 비서실장을 했다. 나머지는 모두 농협, 국영기업, 초중고교 선생, 또 아버지와 김진원 부시장 영향으로 서울시와 경기도 근처에서 지냈다. 셋째 자형 이기수는 이미 앞에 쓴 대로 우리 집안의 유일한 호남 사위로 경남지사를 끝으로 너무 오래 낭인생활과 당뇨로 고생하셨다.

손자 대에서 기업하는 아이들이 나오는데 그나마 직계가 아닌 시집간 누나집 아이들이다. 직계는 모두 월급쟁이이다.

내 큰아들 범수는 서울대 생물학과를 나와 미시간대학 박사, 하버드대학 포닥을 마치고 미시간대학 의과대학 연구교수로 30년 넘게 재직 중이다. 장손 상우는 미시간대학 경제학과 마치고 미 평화봉사단(Peace Corp)으로 선발되어 아프리카 세네갈에서 3년 봉사했다. 귀국 후 셰프로 변신하여 시카고에서 일하고 있다. 장손녀 상리는 미시간대학 의대 마치고 올해부터 시카고에서 노스웨스턴대학병원 인턴 훈련 중이다.

둘째 윤수는 연대 경영학과와 미 MIT 경영대학원(Sloan School) 마치고 KDI, SKT에 근무하다 퇴직, 디젠트아이디 대표이사로 재직 중이다. 둘째 손자 상오는 영국 런던에서 고등학교, 대학을 마치고 싱가포르와 서울 고려대 국제대학원에서 중국을 연구하더니 도시지리학으로 방향을 바꿔 작년부터 코넬대학 박사과정을 밟고 있다. 막내 손녀 혜린이는 역시 런던에서 중등교육과 런던예술대학 무대예술코스를 마쳤다.

셋째 형수는 중앙대 사회복지학과와 대학원을 마쳤다. 국민연금공단에 근무하다 정치 한 번 하겠다 해서 정몽준 의원 비서실에 근무시켰다. 그러나 해외로 보내면 어떠냐 해서 현대종합상사 LA지사로 갔다. 나중에 보니 외환위기를 맞아 퇴직, 지금은 LA의 미주중앙일보 부국장으로 있다. 셋째 손자 덕겸은 혈소판 감소증으로 대학 때까지 걱정 많이 했는데 수학을 잘해서 장학금을 받고 듀크대학 마치고 지금 실리콘밸리 구글 본사에 간 지 4년 됐다.

막내 정수는 한국외국어대 행정학과와 미국 조지워싱턴대학 경영학과 MBA 마치고 삼성에 시험으로 합격해 근무하다가 그때 인연으로 독립한 카카오 네이버의 방계 벤처회사에 근무하다, 영어학습서비스업체 유인에듀니스의 이사로 있다. 자식이 없어 섭섭했는데 요새 세상엔 그렇지도 않은 모양이다.

동막골 경주 김씨네 공동묘원과 광선국민학교

아버지의 기록은 1984년에 발간한 《소석여적》(素石餘滴) 으로 남아 있어 다시 쓸 필요는 없다. 다만 '동막골'과 관련해서 동막골 김씨네가 실은 음성 통골에서 온 할아버지 당대에 안착하고 아버님의 교육열이 매우 높아 1930년대에 동네 아이들이 20리 길 죽산국민학교 다니는 고생을 덜기 위해 이죽면 남부에 따로 광선국민학교를 세우셨다. 당대 안성 큰 부자였던 민씨를 설득해서. 지금까지도 남아 있는 교정에 서 있는 석비에 아버지의 학교 창설 공덕이 적혀 있다.

아버지, 어머니는 65년간 해로하시고 나란히 동막골 뒷산에 모셨다. 세월이 흘러 내가 열심히 집안을 설득하여 동막골 김씨네 공동묘원을 마련하였다. 좀 특별한 공동묘지이다. 할아버지 집 뒷동산에 비석은 '경주 김씨 계림군파 동막종중 묘원'이라는 표지석 하나만 세우고 주변 땅을 원형으로 흰 자갈, 검은 자갈 섞어 깔아 자리 잡았다.

내가 쓴 표지석 글이다.

> 이 아늑한 땅 동막골에 터를 잡으시고 자손들을 번성하신 조상님들의 은덕과 넋을 기리고 후손들의 화목과 번영을 기약하며 여기 영원한 쉼터를 마련하였다. 삼가 우러러 빕니다. 이 생명, 이 땅, 이 자연 모두에 평화를 주옵소서.
>
> 2005년 4월 16일

반드시 화장하여 그 재를 비석 주변 원형자갈에 뿌리도록 했다. 묘비석

자리 위로 나란히 층을 세워 200년 후손까지 모실 수 있도록 자리 여유를 뒀다. 부부 이름과 생년, 사망 연월일만 적은 가로세로 일정규격 똑같은 모양, 크기 표지석을 세운다. 이 공동묘지 마련 전에 돌아가신 분들은 모두 모아 어른 순위로, 그 후로는 사망일 순으로 배치키로 했다.

처음에는 반대하는 일가들도 있었다. 그러나 옛날같이 돌아가시는 분들마다 봉분 만들기, 사후관리가 만만치 않은 것을 이해하게 되면서 만장일치로 합의, 모두 만족하고 있다. 나 죽기 전에 어떻게 주변 나무를 쓸모 있고 아름다운 나무로 가꾸느냐가 과제로 남아 있다. 너무 큰 나무는 공동묘지에 그늘을 드리워 잔디를 훼손케 되니 적절히 잘라야 하고, 적당한 키의 꽃나무를 골라야 하는 과제이다.

안성문화원에서는 장례문화 모범케이스로 동막골 경주 김씨 공동묘원을 견학시킨다.

다섯 살에 동막골을 떠나 나는 26번 이사를 다녔다. 미국 유학시절 합치면 27번이다. 6·25 전 3번, 6·25 후 부산 피란시절 4번, 서울수복 전후 안성, 수원 포함 9번, 1963년 결혼 이후 11번이다.

두 분의 '자연': 아버지께 올리는 글

어머니가 1983년 10월 2일 정신을 잃으신 지 3년 만에 세상을 뜨셨다. 동막골 어머니 묘소에서 삼우제 지내고 올라온 날 밤, 어머니의 그리움, 혼자되신 아버지에의 연민, 내가 있어야 할 언론의 자리 아니라 한국경제연구원에 있는 통한(痛恨)과 반드시 다시 붓을 들겠다는 다짐까지 있는 절절한 글을 썼다. 이 삼우제 날 동네 어른들로부터 곰내미산 문필봉(文筆峰)에서 일자산맥이 뻗어 있어 동막골에서 문사가 계속 나온다는 얘기를 처음 들었다. 이 말이 나를 특별히 자극했던 것 같다(일부 동막골 이야기 앞 대목과 겹쳐 빼고 원문대로 옮긴다. 원문은 《소석여적》 맨 끝에 실렸다).

어머니가 가심에 비로소 더욱 돋보여온다. 아버지와 어머니, 말 그대로 아버지와 어머니 사이시다. 65년간을 해로하시며 항상 거기, 그 방에, 그렇게 두 분이 앉아 계시고, 두 분의 그 목소리 그 몸짓, 그러하심이 언제고 그대로의 '자연'인 줄로 여겨왔다.

그러나 어머니가 먼저 가셨다. 그리하여 '자연'의 영상이 돌연 바뀌는 것을 느낀다. 내 어릴 적 안성 대천동 집 유리창 문에 겨울밤 첫서리 내려 하얀 신천지의 그림을 그려놓았을 때, 아침잠 설깬 눈에 신비와 놀라움이 함께 와닿던 그런 영상의 바뀜이다. 꿈의 세계와 현실의 세계가 갈리는 것만큼의 새로운 발견이다. 여든두 해를 사셨고, 마지막 3년은 정신을 잃으셨다. 표정과 몸짓만 있으셨다. 두 분의 대화도 결정도 행동도 없으셨다. 그러나 두 분이 거기 그 방에 그렇게 앉아 계시고 그 몸짓 거기 움직이심에 두 분의 '자연'이 존재하셨던 것이다. 벌써 하늘에 가심이 예고되어 있었지만 그 '자연'은 영원히 계실 것처럼 착각하고 지내왔다. 이제 어머니가 가심에 비로소 두 분이 만들어 오신 '자연'의 의미가 가슴에 와닿는다.

조용히 운명하셨다. 음력으로 계해년 8월 계해일(양력 10월 2일) 아침 10시. 평화롭고 잔잔히 가셨다. 가신 날도 좋은 가을 날씨였다. 둘째 날의 비는 오래가지 않았다. 땅에 묻히시는 날은 봉분이 끝나자마자 아침부터 흐리던 하늘이 한줄기 비를 내리셨다. 그리고는 활짝 해가 났다. 꼭 무슨 조화(造化) 같았다. 예정된 조화(調和) 같았다.

이렇게 남은 자식들에 복을 주고 가신 어머니. 이제 아버지 홀로 남으셨다. 북적대는 장례 사흘간, 그것이 가슴에 저며 오지는 않았다. 그러나 삼우제 마치고, 동막골 사람들의 떠들썩한 술자리 파하고 일가 뿔뿔이 헤어지고…. 아버지, 외숙, 형, 나만이 탄 차가 큰집을 향하여 영동교를 지날 때 이제 홀로되신 아버지가 쓰라리게 슬펐다. 반쪽이 되신 두 분의 '자연'이 가슴을 할퀴었다.

어머니가 가심에 온 집안 식구가 함께 동막골에 모였다. 그리고 나에겐 고향의 재발견이 시작되었다. 산역 끝의 술자리를 떠나 '고은말' 고개를 혼자 밟았다. … 눈물 흘리시던 아버지, 고은말 고개에 홀로 선 나, 그리고 별천지의 내 자식들. 누가 이 백성의 역사를 단절로 점철하게 만드는가. 슬프다, 분하다, 한스럽다.

너무나 맑은 가을, 해는 따갑고 감과 대추는 주렁주렁 달렸다. 고향은 늘 그러했다. 그러나 아버지와 어머니는 하늘과 땅 사이로 갈라지시고 그 사이로 65년 해로의 회상과 영감의 대화를 나누실 것이다.

여든두 해를 사신 어머니는 당신의 인생을 사신 것이 아니다. 아버지를 위하여 사셨고, 이 불효자들을 위하여 사셨고, 김씨 문중 다섯 분의 아버지 형제와 세 고모 그리고 2백 명 가까운 이 사촌자손들을 위하여 사셨다.

우리가 이만큼이나마 우리 인생을 갖게 된 것은 실은 어머니의 육신의 희생이었고 아버지의 음덕이었다. 할아버지께서는 음성 통골을 떠나 증조할머님 친정인 동막골로 오셔서 각고면려(刻苦勉勵) 하여 농사라도 지으셨다. 장남인 아버지와 큰며느리인 어머니는 이 나라 산골의 고전적인 고생을 사셨고, 농촌탈출의 고생도 사셨다. 손수 나무패고 굶으시면서 등 따스하게 하고 배곯지 않게 키우며 안성읍으로, 서울로, 그리고 부산 피란길을 끌고 다니시며 키워낸 나의 인생은 이제 어떻게 다듬어야 하는가.

왜정 말기 어머니와 나무하러 뒷동산을 헤매던 일(왜 그리도 땔감이 귀했던지), 6·25에 홀로 서울 집을 지키시다 쌀자루 메고 이틀 걸어간 이 자식을 맨발로 뛰어나와 맞이하시던 일, 겨울 피란 부산의 국제여관 이층 단칸방에서 물 길어 다니던 일, 어머니와 지낸 추억은 모두 고생과 슬픔으로 가득 찼다.

돌이켜보면 우리 집안에서 내 역할은 아마 돈 버는 일이어야 옳았던 모양이었다. 그러나 어쭙잖게 글의 길에 들어 부모님의 고생을 해방시켜 드리지 못했다. 이것이 오늘 밤 나를 너무 괴롭힌다.

곰내미산 '문필봉'(文筆峰)에서 일자산맥이 뻗어 있어 동막골에서는 문사가 계속 나온다는 이야기를 삼우제날 동리 노인들에게서 처음 들었다. 한국미래학회 창립회원인 내가 나의 미래를 알 리가 없다. 그러나 동막골 문필봉은 이미 49년 전, 출생에서부터 내 인생을 알고 있었던 것인가.

그런 내가 1980년 8월 이후 붓이 꺾였다. 아버지의 뒤를 이어 중학시절부터 신문기자 이외의 내 장래를 생각해본 적이 없었고, 그런 나의 영향을 받아 장질녀 현숙이도 신문기자의 길을 택했건만 …, 만 23년간의 기자의 붓이 어이없이 꺾였다. 원래부터 성치 않은 몸에다 정년퇴직하고 놀고 계신 형님, 그리고 붓이 꺾인 자식이 아버지의 마음을 얼마나 아프게 두드리고 있을까. 불효막급이다.

아버지는 위대하기보다는 평범한 편이셨고 평범한 편이기에는 너무 이 나라 비운의 일선에 계셨다. 위대함의 행복도 평범함의 행복도 모두 누리지 못하셨다. 왜정과 8 · 15, 6 · 25, 계속된 정변을 최일선에서 맞으신 지도자의 고민과 고생을 남달리 겪으신 아버지이시다. 정치와 돈, 가정, 모두 고생만 하셨다.

우리 형제가 출세도 하고 돈도 있었으면 아버지의 고생이 보상될 수도 있었을 것이다. 그런 의미에서 나는 불효자요, 낙제생이다. 가지 많은 나무 바람 잘 날 없어 2백 명 가까운 동막골 경주 김씨 문중은 늘 조용하지만도 않다.

사는 것이 이런 것일까. … 이 우공이산(愚公移山)의 먼 장정(長征)은 어찌 한 문중의 길만이겠는가. 이 땅에 태어난 우리 지성인의 사명이요, 백성의 공통된 명제인 것이다.

이 결의를 아버지께 바친다. 반의 '자연'이 되신 아버지에게 이 다짐이 위로가 될 리 없을 것이다.

아버지! 과거와 현재와 미래가 한꺼번에 파도처럼 가슴에 밀어닥치는 지금, 달리 아버지께 올릴 말을 찾지 못함을 용서하여 주시옵소서.

1983년 10월 6일

어머니 삼우제를 마친 날 밤에 둘째 아들 진현 쓰다

20장

내 학교교육의 족적

안성국민학교

고생: 식민지 + 가난

안성국민학교는 1902년에 한강 이남 경기도에서는 두 번째로 생긴 역사기록의 국민학교였다. 2022년이면 120주년이다. 처음엔 개인의 기부로 개교했다. 나는 1948년 졸업, 38회 졸업생이다.

초등학교 시절 가장 강렬한 경험은 1944~45년 전쟁 말기의 '고생'이다. 하나는 일본의 식민지배 '제도적 체험'의 고생 — 우리말 못 쓰게 하기, 일본말 강요, 이름 바꾸기〔내 이름은 김진현(金鎭炫)이 아니라 가네시로 진켄(金城鎭炫)〕였다.

또 하나는 육체적 고생이다. 이건 초등학생이 아니라 소년노동대였다. 학교 마당은 사람 다니는 길만 남기고 모두가 밭이 되었다. 식량난이 극심해서 각 반마다 토끼 키우기 의무가 있어 운동장 옆 우리 반 토끼장에 풀을 주는 차례가 정해져 있었다. 내 차례가 되면 전날 방과 후 들에 나가 토끼풀 베어 뒀다 아침에 우리 반 토끼장에 가서 풀을 먹여야 했다.

전쟁 말기에 와서는 일본 해군 배 기름에 쓰이는 것이라며 거의 매일같이 소나무 송진을 따러 5리~10리 길 산으로 가 송진 따는 데 하루를 보냈다. 아침에 학교에서 점호만 하고 산으로 갔다. 그때 가난, 학생들 상당수는 '벤또'(도시락) 못 싸 오고, 겨울에도 양말 없던 동창들이 있었다.

왜 지리에 관심 많았는지: 보통 학생의 변신

또 하나 꼭 적어야 할 대목이 있다. 나는 국민학교 졸업 무렵 6학년 선생님이 안 계실 때는 내 반 학생들 가르치는 대역까지 하는 '우수' 학생이었으나 해방되는 4학년까지는 보통 학생이었다. 성적이나 놀이에서나 보통이었다.

그러나 하나다 선생님 말씀('나의 나라의식 생장' 59쪽 참조)의 1945년 8월 15일 각성과, 둘째 순희 누님의 8·15 직후부터의 가내 한글교육 덕분이 겹쳐 4학년 2학기부터는 공부 열심히 하고 잘하는 학생으로 바뀌었다. 사람은 자기 수련과 외부 자극의 수용에 따라 변할 수 있다는 확신을 갖게 된 귀중한 '변신'이었다.

나는 왜 그랬는지 지금까지도 이유를 잘 모르겠는데 국민학교 때부터 지리에 제일 관심이 많았고, 또 지리 성적은 늘 만점이었다. 이 지리, 세계지리부도 보기가 뒤에 '세계 관심'에 대한 나의 출발점이 아니었을까 되새겨본다.

안성국민학교 시절 추억

아침 등산

해방 후 한 2년 동안 나는 장호근, 양재갑 등 같은 반 친구들과 같이 매일 비봉산 등산을 했다. 아침 5시에 일어나 비봉산 올라 소리 지르고 운동하고 하산했다. 내 건강의 기초가 되었다 생각하고 있다.

프랑스 신부: 안성 포도

국민학교 동쪽 옆으로 조금만 가면 안법학교가 있었다. 천주교에서 운영하는 중학교였다. 안성은 미리내 성지가 있는, 천주교가 센 곳이다. 어릴 때 프랑스 신부 선생님이 포도밭을 가꾸는 모습은 신기하고 무섭기도 했다. 그 신부가 학교재정에 보태려 프랑스에서 수입해서 가꾼 씨 없는 프랑스 포도가 지금은 '안성 포도'로 유명해졌다. 안성 농업특산물이 되기 위해 기른 것은 아니다. 역사란 이렇게 전환하는 것이다. 내 초등학교 때부터 친구 이한택 주교가 안법학교 출신이다.

이 글을 쓰는 동안까지는 이한택 주교, 이재구 태진 회장, 양재성, 김명기 등과는 연락이 되고 있다. 이 주교와는 1985~90년 동아일보 논설주간 시절 특히 1985~87년 민주화 과정의 투쟁, 소란, 불안 시기, 사설 칼럼 쓰기가 지극히 어렵고 까다로운 시절, 이 주교가 맡고 있던 수원 지지대고개 동쪽에 있는 '말씀의 집'을 자주 찾았다. 그와 오래 대화하고 나면 용기도 얻고 마음이 편안했다. 그 후 김수환 추기경이 참석한 그의 서강대 총장 취임식(1999. 5. 4.)에서 축사도 했다. 그때 전임 박홍 총장이 내 축사장면을 찍어준 사진을 보관하고 있다. 그가 대학재단 이사장으로 있을 때 1994년 6월 26일부터 독일 사이델재단과 공동으로 서울서 열린 11차 한·독회의에 참석했다. 내 발표주제는 '새 동북아시대 한·일의 역할'이었다. 1999년 10월 독일 뮌헨 교외 오스트리아 접경 빌드바트 크로이트(Wildbad Kreuth) 산 속에서 열린 한·독 콜로키엄에 참석, 약 1주일가량 토론과 수양을 했다. 산은 한국의 산보다 우람했으나 정다웠다. 정의채 몬시뇰(*Monsignor*) 등 가톨릭 지식인 대학교수들 속에 나만 비신자였다.

중 · 고교 시절: 두 중학교 세 고등학교 - 서울, 안성, 부산, 서울

나는 국민학교를 마치고 경기중학교를 지원했다. 안성국민학교에서 1등이니 으레 될 줄 알았다. 낙방이었다. 그래서 2차 지원학교에서는 가장 우수하다는 양정으로 갔다. 훨씬 뒤 아버지께서 미안하다는 뜻으로 말씀하셨다. 내가 탈락 순번 2위였다고 한다. 경기중학에서 시험 후 입학확정 전에 연락이 왔다. 탈락 순번 3번까지 입학할 수 있게 되었는데(합격자 중 입학 포기자 생겼던지?), 단, 얼마를 기부하라는 조건이었다고 한다. 그럴 돈의 여유가 없어 포기했다는 말씀이었다. 어쩌면 나의 '경계인'의 운명인지 모르겠다.

양정중 - 안성농업중 - 안성농고 - 안성종합고 - 양정고

나는 법적으로 양정중고 졸업이지만 실제로는 두 개의 중학교, 세 개의 고등학교를 다녔다. 피란 때문이다. 6 · 25 부산 피란 갔다 1953년 서울 수복 전 안성으로 귀환, 1951년 말 일단 안성농업학교 3년생으로 전시(戰時) 전학이었다. 양정에서는 상상도 못했던 과목, 미작(米作), 전작(田作), 양잠(養蠶) 등의 책을 읽고 배워야 했다.

교육제도가 바뀌어 6년 중학교가 중학교 3년과 고등학교 3년 제도로 바뀌어 안성농업학교 입학 3개월여 만에 안성'농업고등'학교 입학시험을 치러야 했다. 미작, 전작 등이 필수였다. 책을 빌려 시험 전 며칠 밤새워 공부했다. 놀랍게도 내가 안성농업고등학교 첫 시험 입학생 중 1등이었다. 그러잖아도 안성의 유지로 제헌의원 아들이라는 브랜드가 있는 데다 1등 합격이니 꽤 안성에서 회자되었다. 이 덕분에 나는 불과 6개월도 재학하지 않았는데도 안성농업고등학교 동창회 회원 대접을 받고 있다.

그런데 3월 개학하고 6개월 좀 지나 서울에서 피란 온 학생들을 모아 안성종합학교가 개교했다. 사실상 학교 교사도 없다시피 출발하는 학교였다. 안성공원 안에 지붕을 가린 휴게소가 있었는데 처음엔 거기서 수업했다. 학교 교사 진용도 특별히 매력적인 것은 아니었다. 그러나 나는 농업학교에서 종합학교로 옮기기로 결심했다. 내가 농업으로 미래를 잡지 않았는데 미작, 답작, 가축 공부하는 것이 시간낭비같이 생각되어서다.

〈望都(망도)〉 발행. 내 최초, 16세에 만든 거작(?) — 안성종합고

1951년 말에 시작된 안성종합고등학교는 처음부터 엉성했다. 교실도 겨우겨우 민간의 호의로 방 두 개 정도 빌려 쓰고, 자연 학교다운 모임도 어려웠다. 그런데 나는 굉장히 열성적으로 일했다. 우선 고등학교 1학년생이면서 학도호국단 운영위원회 부위원장을 맡고 문화, 문예반을 이끈다. 내 필생 최초의 특별한 작업 — 거작(?)을 만들어냈다.

〈망도〉(望都)라는 학교잡지를 안성종합 중·고등학교 학우회(후에 '학도호국단 운영위원회'로 개칭) 이름으로, 1952년 3월경에 창간호를 발행한 것이다. 왜 그때 그 어려운 피란시절 잡지 만들 생각을 했는지, 누가 먼저 충동거려 일이 시작되었는지 기억이 또렷하지 않다.

분명한 것은 첫 페이지 전면 창간사와 제일 끝 페이지 편집후기, 그리고 논단에서 선생님과 학생대표인 고3 선배 글 다음으로 고1인 내가 이 잡지에서 가장 긴 글 "인류역사의 신단계"라는 제목의 논문(?)을 쓴다.

그리고 광고 얻으려 안성군 유지들과 기업인들을 두루두루 만나러 다닌 기억, 안성 최고부자 아들인 박철언과 둘이서 영등포인쇄소(성광사, 국도신문 제 2인쇄소) 오르내린 기억을 짚으면, 아무래도 내가 주동이었던 것 같다. 편집후기에 보면 "초기에 상당한 포부와 이상을 가졌으나 경제적, 지리적 제약이 치명적이어서 이런 작품이 되었다"고 쓰고 있다. 82페이지까

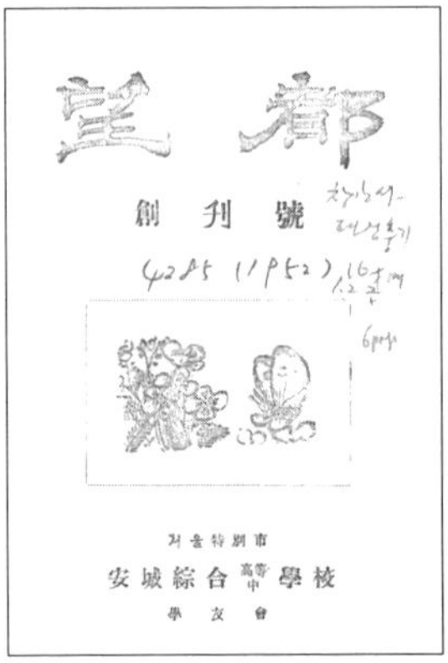
望都

創刊號

市制特別市
安城綜合高等中學校
學友會

人類歷史의 新段階

고등학교 1학년짜리의 거작(?) 〈망도〉 교지와 "인류역사의 신단계".

지는 알 수 있으나 그 뒤 광고란 편집후기란이 있는 페이지 표시 부분 종이들이 삭아 떨어져 총 몇 페이지였는지 알 수가 없다. 나는 만지기만 하면 종이가 삭아 쪼개지는 이 잡지를 귀중하게 보관하고 있다.

〈망도〉를 내 거작(巨作)이라고 하는 이유는 두 가지이다. 하나는 고등학교 1학년짜리가 어찌 평상도 아니고 비상한 피란지에서, 그것도 부자가 별로 없는 안성에서 돈까지 마련하며 앞장서 뛰어 잡지를 냈는지, 그것도 휴전도 되기 전 1952년 3월 전쟁 통에.

나는 안성종합고등학교를 반년 좀 넘게 다니고 1952년 6월 5일 안성을 떠나 부산에 피란 간 양정고등학교로 간다. 부산에 가자마자 〈양정〉 교지에 2편의 글을 싣는다. 이를 보면 양정의 전통에다 경제적 이점이 있는 부산보다도 안성에서 그것도 신설이랄까 임시가설 종합학교에서 〈망도〉를 먼저 냈다는 게 스스로 신기하다.

“인류역사의 신단계”: 내 명제의 출발

둘째는 이 잡지의 글, 당시의 깨알 같은 활자로 6페이지에 이르는 “인류역사의 신단계”라는 논문 때문이다. 인간, 인류, 인구, 3차 세계대전, 원자탄, 에너지 고갈, 과학기술 발전, 물질문화와 정신문화 발전을 외국학자와 외신의 글을 찾아 인용하면서, “우리들의 명제는 원자력 관리가 아니라 인간의 관리에 있으며, 평화의 길은 정치적 민주주의, 경제적 사회주의의 현실과 발전에 선진제국의 인도주의적인 협조와 상애(相愛)의 협력에 있고, 인류역사의 신단계를 개척하기 위하여 지구상의 모든 인류는 이 새로운 희망을 구현하려 역사적 신단계에 심각한 정신적 반성의 길로 총매진하여야 할 것이다”로 끝내고 있다.

논증이나 글의 구성은 엉성하고 표현은 유치하다. 그러나 인류는 전쟁, 원자력, 인구, 에너지 문제 등으로 ‘새 역사단계’로 진입했고, 새 인간 만들기, 도덕정신문화 우위의 질서를 강조하는 논리의 흐름과 이성적 기조를 발견하게 된다. 아주 비장하게도 맨 끝에 “4285년(1952년) 1월 2일 於(어)라고 썼다. 16세 내 생일이다. 아마 내 생애에서 처음으로 긴, 전에 상상도 할 수 없는 긴 글과 무거운 명제를 건드린 것이다. 아마도 이 글은 안성읍 형님도 세 들어 사는 집, 좁은 방에서 여러 날을 밥상 놓고 썼을 것이다.

내 일생 입으로 머리로 떠든 명제, 화두, 지향, 논리, 가치가 여기서 출발한 것이라 생각된다.

두 번째 부산: 양정고 시절 'ALLAS 통신'

1952년 부산에서 나온 교지 〈養正〉(양정, 23호)에는 단편 2편이 실린다. 하나는 "나의 심경"이라는 이상, 정의, 사랑, 평화, 21세기, 기계문명, 역사, 낙천(樂天)의 단어 밑에 짤막짤막한 네댓 줄의 코멘트랄까 단상(短想)을 붙이는 한 페이지짜리 글이다.

두 번째 글은 다소 기상천외하다. 가상의 세계를 그린다. 제목은 "ALLAS 통신"이다. ALAS는 슬픔, 가엾음, 염려를 나타내는 감탄사이다. 나는 이 단어에 L자를 하나 더 보태 '지구인류삶의 미래를 행성으로부터의 ALLAS 통신을 통해 경고'한 것이다. "격동하는 세기에 뛰어들어 25세기적인 지식보급에 헌신하고 있는 본 양정 ALLAS 통신사에서는 그 활동범위를 넓혀 신비에 싸인 태양계에 지국(支局)을 신설한바, 그 제 1신은 여좌하다"로 시작되는 글이다. 'YCA 지국 0시 1분 1초 지급발', 'YCA 화성지국 0시 1분 2초 지급발', 'YCA 수성지국 0시 1분 3초 지급발'. 이어 목성, 금성, 토성 차례로 … 'YCA 일지국 0시 1분 7초 지급발'로 끝난다.

'25세기'라는 시간의 미래와 더불어 일종의 상상력의 극대화이고 풍자 과장들이다. 안성 〈망도〉, "인류역사의 신단계" 논문의 스케일에서 상상, 사고의 범위가 훨씬 크고 넓어졌다.

기독교, 사랑, 자유재판소, 도덕재판소, 인구증가와 지동설(止動說, 인구 너무 늘어 무거워 지구가 회전을 멈춘다는 뜻), 목성 황폐(오늘의 환경문제), 시체처리 때문에 토성과 지구 간 싸움 등 …. 지구 안 인간과 사회 행태를 다른 태양계 행성 차원에서 바라보고 있다. 내가 왜 어떤 계기로 16세 나이에 지구 안과 밖, 우주, 태양계를 인간 인류활동과 연결하는 생각을 했는지, 지금도 답이 없다.

일제, 가난, 전쟁, 피란, 이산, 고통에서 오는 생각의 심화, 고민, 도피, 상상의 확대 …. 소년적 망상이었을 것이다. 1952년 그때 16살, 피란

시절 안성과 부산에서의 나는 무엇이었나.

추고. 1952년 16세 소년의 ALLAS 통신물이 59년 뒤 가시권에 들어왔다. 2021년 11월 19일 한국 신문에까지 러시아 타스통신의 세계 최초 우주정거장(ISS) 지국 개설, 세계 최초 우주에 특파원 파견 소식이 전해졌다(타스통신 2021. 11. 17.) 모스크바 발—S. 미하일로프 타스통신 사장은 이날 D. 로고진 러시아 우주공사 로스코스모스 사장과 ISS 지국 운영에 관한 협력 양해각서에 서명했다. 첫 우주 특파원은 로스코스모스 소속 우주비행사 알렉산드르 미수르킨(44)으로 정해졌다. 미수르킨은 다음달 8일 '소유스 MS-20'을 타고 우주로 떠난다.… 미하일로프 사장은 "그간은 지구에 한정해 보도했지만 우주로까지 서선을 넓혀 보도범위를 확장키로 했다"고 했다.

부산 피란시절

부산 피란 고등학교 시절로 들어가기 전 두 이야기는 적고 싶다. 하나는 1950년 12월 말 서울역에서 사흘 걸려 부산으로 간 기차칸 안에서의 실화, 14살 소년의 14살 소녀의 '절대 상황'을 목격하는 당황이고, 또 하나는 15살 소년의 노동자 생활이다.

내 앞에서 팬티 벗고 오줌 눈 여학생: 〈닥터 지바고〉와의 비교

1968년 동아일보 논설위원 시절 영국 정부의 초청으로 경제, 금융사정을 시찰하러 영국을 갔다. 물론 경제, 무역, 금융관계를 공부하러 간 것이지만 문화 프로그램도 있어서 연극하고 영화, 혹은 오페라 중에서 2개를 고르라 했다. 〈칸타빌레 수도원〉인가 하는 연극을 봤고, 영화로는 그때 한창 세계적 화제작이요, 우리나라에는 아직 안 들어온 〈닥터 지바고〉를 영국 외무성 안내원과 같이 봤다.

〈닥터 지바고〉를 보고 나오면서 그 안내원에게 영화 중에서 사람들 살림이 아주 가난하고 불쌍해 보이는 대목이 어디인가 물었다. 혁명이 난 뒤 지바고가 모스크바에서 시골로 피란 가는 대목의 승객들이 불쌍하더라는 게 답이었다. 서양에서의 피란의 고통과 한국에서의 피란 고통이 이렇게도 차이가 나는구나 실감했다.

나는 1950년 6·25때 1차로 고향 시골로 피란 갔고, 2차로 12월엔 부산으로 피란 갔다. 12월 25일 무렵인데 명색이 제헌의원 가족이라고 부산으로 피란 가는 제헌의원 가족전용 기차칸이 지정되어 처음엔 모두 앉았다. 그런데 기차는 떠나지 않고 언제 떠나는지 아무도 몰랐다. 낮 12시 전후에 서울역에서 기차에 올랐는데 밤중에야 출발했던 것 같다. 사흘 걸려서야 부산까지 갔다.

막상 기차가 서울역을 떠날 무렵에는 사람들이 벌떼같이 모이니까 이른바 국가의 치안이 감당을 못 했다. 국회의원 칸이건, 제헌의원 칸이건, 정부사람 칸이건 지정이 소용없고 아무나 막 들어왔다. 중학교 3학년 학생이었던 나에게 어린놈이 어찌 앉아 있냐, 일어나라고 하며 할아버지, 할머니들이 앉았다. 그때만 해도 유교적인 위계가 있을 때니까 우리가 양보해야 했다. 기차 안이 꽉 차고도 모자라 객차 지붕 위에까지 사람들이 탔다. 지붕 위 사람들은 터널 지나갈 때마다 기차 연기를 다 들이마시고 터널 중간에 기차가 서면 연기에 얼굴이 새까맣게 그을렸다(그때는 디젤이나 전기철도가 없고 모두 석탄 때는 기차였다).

그런 상황이니 남자들은 그래도 꽉 찬 사람들을 뚫고 화장실에 가서 소변을 보고 다시 제자리로 들어오는데 여자들은 도저히 갈 수가 없었다. 내 인생에 있어 남녀관계에서 제일 충격을 받은 것이 그 순간인데, 내 앞에 또래의 제헌의원 가족 되는 여학생이 서 있었는데 소변이 되게 마려웠던 것 같다. 사람이 완전히 꽉 찬 만원 아침 지하철하고 똑같았다고 생각하면 된다. 요새 여학생들이야 대담해졌다고 하니까 그럴 수 있을지 몰라도 그때 만 해도 남학생 앞에서 여학생이 아랫도리를 내보인다는 것은 상상도 못할 일이었다. 그런데 그냥 내 앞에서 팬티를 벗더니 소변을 보는 것이었다. 생전 어머니 젖가슴밖에 몰랐던 내가 너무 놀랐는데 그 여학생도 얼마나 급했으면 그랬겠냐. 오줌 누는 것은 일상적이고 평범한 인간행위지만 그때 그 기차칸의 여학생의 오줌 누는 행위는 죽음이나 다름없는 절대상황이라 고밖에 표현할 길이 없다.

〈닥터 지바고〉 영화에 나오는 피란기차 장면에는 객차 안에 난로도 있고 난로 위에 끓는 주전자로 차 마시면서 간다. 그래서 나를 안내한 영국 외무성 사람에게 "사람들이 너무 많은 것도 아니고 다만 급히 가느라고 옷이 후줄근하고 먹는 것이 시원찮을 뿐이지 뜨거운 차까지 마시지 않느냐. 당신은 그 장면이 제일 불쌍해 보인 모양인데 우리의 고통과 너무 차이가 난다" 라고 여학생 오줌의 절대상황을 얘기한 적이 있다.

15세 노동자 생활: 부산진역 노동과 영도 조선공사 급사

1950년 12월 말 부산에 도착하고 15일여 부산역 앞 여관에서 제헌의원 가족들이 함께 기거했다. 그리고 뿔뿔이 거처를 찾아나갔다. 어떤 연유인지 부산진역 근처 '하꼬방'(판잣집)보다 좀 나은 개인 집으로 몇 분이 같이 옮겼다. 나는 바로 길 건너 역에 나가 쏟아져오는 미 군수물자 내리고 옮기고 올리는 노무자 생활로 일당을 받으며 한 달여를 보냈다. 이어 아버지와 같이 제헌의원을 하신 목포 출신 분이 사장으로 계신 대한조선공사 급사로 노무과에 배속, 잔심부름하며 돈을 벌었다. 당시 월남한 양정 동창들 중에 국제시장에서 라이터 장사하는 여윤배(후에 숭실대 총장)를 만나 기뻤던 추억이 있다.

나로서는 바다 경험이 처음이었다. 아침저녁 조선공사 배로 부산역-영도를 출퇴근하고 조선공사라지만 배짓기보다 해군, 미군 배들 수리, 페인

트칠하는 광경을 매일 보게 되었다. 해양 경험의 출발이었다.

데모하다 유치장 간 양정 운영위원장

월남 학우들의 휴전반대 절규: 다방습격

1953년 휴전협정 체결이 임박하면서 전국적으로 휴전반대 데모가 휩쓸었다. 그 주력은 물론 중학교, 고등학교 학생들이었다. 우리 양정고등학교도 예외가 아니었을 뿐 아니라 결과적으로 아주 극렬한 데모대가 되었다. 부산 피란은 안성과 서울의 원형문화만 호흡하고 자랐던 나에게 최초의 다문화 체험이었다. 부산 학생들은 물론 이북에서 월남한 학생들이 대거 편입했기 때문이다. 월남 학우들은 이제 휴전이 되면 영영 고향으로 되돌아가지 못한다는 현실적 개인적 이유가 절실해서 데모에 열정적이었다. 전쟁 끝나면 곧 돌아갈 줄 알고 부모, 형제를 북에 남겨두고 왔는데 휴전선이 막히다니, 이들은 절규했다.

데모가 하루, 이틀, 사흘, 나흘 계속되면서 대부분의 학생들은 데모에서 빠지려는 기색이었는데, 선우만진 등 이북 출신 학우 중에서도 10여 명 열혈청년들의 눈에는 갈수록 핏발이 섰다. 놀라웠던 것은 그중 평소에 아주 얌전했던 친구가 더욱 격렬했던 기억이 새롭다.

그래서 나흘째가 되는 날에는 이들의 주동으로 휴전을 반대해야 하는 이 거국적 대사에 참여하지 않고 다방에 앉아 노닥거리는 '한량'들을 끌어내어 데모에 동참시키자는 결의를 하게 된다. 당시 양정고등학교 학생회장(그때는 운영위원장이라고 불렀다)인 나도 찬동하여 대청동에서 부산시청 쪽으로 데모하며 다방들을 '습격'하고는 차 마시는 '한량'들을 데모하라고 끌어내고 양정 학생 데모 대열에 섞어 넣었다(그때는 피란민들 집이 없어 다방이 유일한 만남의 장소였고, 다방 손님이 결코 한량이 아니었음은 커서야 알았다).

경찰서 유치장

그런데 저녁에 데모를 마치고 해산하려는데 경찰서에서 우리들을 잡아갔다. 누가 지령해서 다방에 쳐들어가고 손님들을 끌어내 데모하게 되었느냐는 문초였다. 휴전반대를 좀더 강력하고 국민 모두 참여케 하려는 순수한 동기라고 했지만, 경찰서에서는 질서 방해, 치안불안죄로 보려는 것이었다. 아버지가 현직 경기도 지사이셨고, 학교에서도 바로 손 써서 생전 처음이자 마지막인 유치장 신세를 하룻밤 지고 나왔다. 유치장에서 나오자 선생님께 꾸중을 크게 들었다. 학생회장인 내가 일을 잘못했다는 것이었다.

이 유치장 경험을 통하여 옳은 일도 절제가 있어야겠다는 것, 눈에 핏발선 친구들의 감정을 제어하는 것이 학생회장인 나의 책임인데 내가 좀 모자랐구나 하는 후회랄까 교훈을 새기게 됐다.

난리 통에도

그 난리 통, 휴전되기 전 부산 피란시절에도 서울서 온 피란 고등학교 운영위원장들 모임이 의외로 자주 있었다. 아마 휴전반대 데모관계가 제일 큰 과제였던 것 같다. 그 외 3·1절, 8·15 행사 등이 자주 있었다. 특히 설립자와 설립자금원이 같았던 고종의 엄(嚴)비 집안 학교였던 양정과 숙명, 진명여고는 특별히 친하게 지냈다. 그때 그 수준의 연애도 하고 ….

또 서울 수복 시기가 다가올 무렵 부산 피란 왔으니 그래도 경주 한번 가보자 해서 경주 수학여행팀 만드는데, 돈 없어 못 가는 친구들의 낙담하는 표정을 읽게 된 순간의 미안함이랄까, 안타까움을 느끼던 가슴의 무게가 지금도 눌린다.

가끔 골목 전봇대에 어디서 연극한다는 광고쪽지를 보면 이 난리 통에 무슨 연극이야 하는 저어함을 느낀 적이 몇 번 있었다. 지나고 보면 그 무렵 이중섭 화가는 담뱃값 껍질에 그림을 그렸으니까, 참 인간의 오묘함을 알기 어렵다. 난리 통에도 연애하고 연극하고 그림 그리고 '인간의 자연' 참 깊다.

대학 시절: 동숭동 문리대 캠퍼스

다양한 괴짜 입학동기들

나는 전술한 바와 같이 신문기자가 되고자 문리대 사회학과를 입학했다. 1954년 입학자 명단에는 우리 동기가 32명으로 돼 있다. 그러나 순수 54년 입학 동기는 30명. 입학자격은 전에 땄다가 이런저런 사정으로 54년에 입학하게 된 말하자면 입시 선배가 두어 명 있었다. 입시 동기 30명 중에도 학교에 거의 얼굴 안 보이는 친구들도 있어 20명 정도가 체취를 나누는 동기였다.

우리 사회학과 동기는 다양성과 괴짜들의 집합으로 문리대 최고의 변태학과일 것이다.

도미 결혼

두 명의 여자 동기가 있었는데 하나는 졸업 후 바로 도미했고, 또 하나는 사회학과 동기 커플로 자식까지 뒀는데 이혼, 도미했다. 결과적으로 두 여자 동기는 모두 도미, 미국인과 결혼했다.

시인, 연극인

가장 극적인 게 강욱(후에 '강월도'로 개명)인데 나하고 특히 친했다. 그의 아버지가 법조인으로 부자로 살다 6·25에 납북되시고 급격히 가세가 기울던 시절이다. 2년 정도 다니다 시집까지 낸 문학도는 미국 가서 철학, 그 후 극작가로 변신, 뉴욕 무대에 섰다. 다시 서울에 와서 경기중학 동기가 서울시장 할 때 반짝 서울 연극계에 서고, 잠깐 마누라도 얻어 정상인이 되는가 싶더니 마누라와 헤어지고, 2002년 여름 제주도 가는 배에서 뛰어내려 자살로 일생을 마감했다. 아버지 납북 순간, 공포에 도망친 자괴감이 그의 일생을 짓눌렀다. 나하고 가깝게 지냈는데도 이 트라우마는 얘기하지 않았다. 1955년에 미국 인디애나대학으로 유학 갔다. 1955년부터 1961년까지 나에게 보낸 편지 20통, 그 글씨 체취 물씬 난다. 그의 비극을 나중에서야 알았다.

중

강욱과 같은 경기중 동기인 구자익은 사회학 아닌 철학 쪽을 계속 택하더니 졸업 후 절로 들어간다는 말만 남기고는 소식 끊겼다. 건강 이상도 없었고 괜찮은 집안이었는데. 수수께끼이다.

월북

더 수수께끼는 이진영이다. 경북 출신인데 가난했다. 옷은 1년 열두 달 미군복을 까맣게 물들인 옷이었다. 늘 경제적 어려움 호소했는데 말은 좀 건방진 냄새가 풍겼다. 이북으로 자진 월북하여 북한 방송에도 나왔다. 아마 1966년 내가 "코리안의 고동" 취재로 오래 국내를 비웠을 때인 것 같다. 귀국하니 동기들이 이진영 때문에 정보부에 불려 다니며 혼난 이야기를 많이 했다. 내 귀국 무렵엔 조사가 다 끝났는지 나에게는 이진영 관계의 문초가 없었다.

화가

하영식은 사회학과에 왔지만 원래 서양미술 취미였고, 졸업 후에도 미술 선생, 교수로 한평생 지냈다.

우리 사회학과 동기에는 정치에 발붙인 이가 없고, 가업을 이어받아 기업인 된 친구는 있으나 기업이나 기업경영 쪽도 없다. 나를 포함 모두 대학교수, 선생, 신문기자, 공무원, 은행원 … 월급쟁이들이다. 전형적인 1950년대 졸업생들의 원형이다.

우리 때 정치학과 출신들, 성공하건 실패하건 정치현장으로 간 사람이 많았고, 영문학과 출신도 고시시험 보는데, 사회학과는 이런 말하자면 '출세가도'지향이 전혀 없었다는 점이 특이하고 분명하다.

그때 기류의 하나로 미국에서 정착한 동기가 넷이다. 나에게 음악의 경지를 깨우친 것은 부산사람 최중호이다. 나를 끌고 르네상스 다방 열심히 다녔다.

과기처 장관만 셋

문리대 동기 중 정부에서 국무위원 한 사람은 정치학과의 최영철(통일부총리), 이자헌(체신부 장관), 과기처 장관은 셋이나 나왔다. 화학과 박긍식, 물리학과 권숙일, 그리고 사회학과의 나이다. 특이한 기록이다. 대사로는 정치학과 최동진(영국), 영문학과 신기복(캐나다)이 있다.

'사회학개론', 첫 시간 20분 강의로 끝

이상백 선생님

1954년 봄 입학하고 첫 사회학개론 시간의 교수는 이상백 사회학과장이었다. 한참 늦게 교실에 오신 선생님은 교단에 서자마자 "공부는 지가(자기가) 하는 기라" 지독한 대구 사투리였다. "너희들 돈 없어 책 사기도 힘들테니 영어 책방에 가서 이 저자는 챕터링을 어찌했고, 저 교수의 챕터링은 어찌했고…. 그런 거 공부하면 되는 기라…." 그러고 강의 시작하는데 일본책을 들고 읽어가기 시작했다. 그러다 한두 페이지 읽다 무거운 책 들고 읽기 불편하니 책장을 쭉 찢어 들고 읽었다. 그나마 20분하더니 그쳤다.

그것이 1954년 입학 사회학과 입학생이 들은 사회학개론 강의의 전부였다. 기말시험 볼 때까지 강의는 없었다.

시험시간에 같은 대구 출신의 김채윤 조교가(이 이상백, 최문환, 김채윤 인맥으로 해서 사회학과 내 후배 중엔 김경동, 한완상 중심으로 같은 경북 인맥이 많았다) 시험문제 칠판에 적고 시험생들이 답안지 쓴 것이 사회학개론 학습의 전부였다. 너무 허무했다. 그때 박종홍 교수의 철학개론 같은 것은 열강이고 만원이었다. 너무 대조됐다.

그러나 이 선생님은 사회학과 학생들에게는 정말 선생님이었다. 늘 당신 교수실을 개방하고 그때는 그리 귀한 커피 한 잔을 주었다. 그리고 사회학 얘기가 아니고 당신이 와세다대학 다닐 때, 그리고 그 후 일본 농구선수로 올림픽 다닌 이야기, 대일본제국 농구협회 상무까지 되어 세계 농구관계회의 참석한 이야기, 또는 가끔 와세다대학 사학과 시절 중국 역사현장에 들른 이야기, 주로 해외이야기, 신기하고 흥미로웠다. 지리의 비교 안목을 트게 한 그의 말이 내 뇌리에 박혀 있다.

“우리나라가 무슨 금수강산이꼬? 우리보다 훨씬 좋은 금수강산 외국에 만테이…. 부디 우리나라에서 제일 좋은 곳 고르라면 포항에서 원산까지 그건 아름답데이….”

이상백 선생님은 댁이 나와 같은 신당동이어서 가끔 아침저녁 학교 출퇴근할 때 버스 안에서 뵈었다. 늦장가를 드셔서 댁으로 습격, 사모님께 저녁 얻어먹은 기억이 난다. 그의 경력과 가문의 후광으로 보아 훨씬 ‘출세’할 수 있는 분이었는데 해방 직후 여운형 씨와 일한 그늘이 그를 막았다. 어른 순서로 경제학사 전공의 최문환(후에 서울대 총장), 그다음이 변형윤 교수가 본격적 사회학 전문이었는데 문리대 안에서는 밀리는 듯 보였다.

이만갑 교수: 두교리 농촌사회조사~졸업논문

사회학과에서 본격적 학문 강의가 시작된 것은 도쿄대 출신의 이만갑 선생이 미국 코넬대학 사회학 박사 마치고 귀국, 사회학연구방법론을 본격적으로 강의하면서부터이다. 나와 이종인, 이문휘가 같이 학사논문으로 고향 두교리 농촌조사한 것이 이만갑 교수 현지조사방법론 실행 첫 케이스이다.

그 후 이효재 선생님이 졸업 무렵 미국서 박사 마치고 사회학과에서 강의를 시작했다. 학문교육의 장으로서의 문리대가 정착하기까지는 1960년대 말쯤 되어서이다. 우리 동기 전후들이 미국, 유럽에서 학위 따고 귀국, 정착하면서부터이다.

이해영 선생님

이해영 교수한테는 야단맞지 않은 학생이 없다. 따귀도 때렸다. 시험은 두 번 치지 않은 학생 거의 없었다. 첫 번 시험은 거의 예외 없이 F학점. 두 번째 시험 쳐서 겨우 낙제 면했다. 그리 엄격하면서도 졸업생의 진로, 취직, 졸업생의 좋은 일 나쁜 일 꼭 챙기셨다. 변함없는 스승이셨다.

21장

아내, 민태희

내가 이 자서전 글 시작할 때는 끝마무리가 아내에 바치는 글이 될 줄은 짐작 못 했다. 그러나 내 인생마감의 달빛이 비추는 이 시간, 내 인생을 글로 정리하면서 가장 오랫동안 나와 산 사람 내 아내와의 지난 58년이 가장 감상적으로 다가온다. 아버지와는 53년을 그리고 어머니와는 47년을 지냈다. 그것도 철부지 시절 빼고 성인으로 모신 아버지 어머니는 30~40년이다. 성인되어 만나, 아니 연애 시절부터 치면 63년, 내 짝사랑서부터는 67년, 세월을 같이 지낸 아내에 대한 감사, 기쁨, 미안, 사과, 섭함, 반성, 자책…. 끝없는 영화필름 돌리기가 계속된다.

내 아내 민태희와의 만남은 1954년 1월이나 2월일 것이다. 3월 대학 입시를 앞두고 양정고 3학년 단짝 몇이서 수학과외를 했다. 이름은 잊었지만 꽤 당시에도 유명한 대학 교수였다(그 유명한 양주동 선생님도 과외선생으로 생계를 지탱하던 가난한 시절이다). 과외가 끝나고 조규완이 이웃 후배 집 마당에 탁구대가 있으니 가서 치자 했다. 몇 번 갔던 어느 날 안방 마루에서 마당 수도꼭지에 물 받으러 나오는 여인이 있었다. 자그마한 키에 다소곳하나 흰 얼굴에 … 탁구 치는 우리에겐 눈길은커녕 얼굴도 안 돌리고 집안으로 들어갔다. 첫눈에 반했다. 이 순간적 영감 — 나의 운명이었다. 후배(민태형)의 누나였다.

그이를 만난 그해 크리스마스 때부터 '서울시 종로구 권농동 140번지 민태희(閔泰熙) 양전(孃前)'이란 카드를 1954년부터 1957년까지 보낸다. 그리고 1958년에야 '閔泰喜 孃'이 된다. 내 주소도 이름도 겉봉은 물론 카드에도 없고 'J. H. Kim'이라고만 카드에 썼다(나중 얘기지만 아내도 누군지 몹시 궁금했다 했다).

1957년 말 대학 졸업을 앞두고 사회학과 친구 이문휘, 이종인과 같이 2박 3일의 관악산 등산을 한다. 노량진 문휘 집까지 가서 하룻밤 자고 그다음 날 관악산에 올라 연주암에서 또 하룻밤을 잤다. 이 밤 연주암(戀主庵), 사랑의 주인 암자에서 서로 연애 이야기를 했다. 태희에 대한 나의 일편단심의 순정을 토로하고 지금 이대 의대 동갑내기라 했더니 문휘가 이름이 뭐냐 했다. 민태희라 하니 자기 초등학교 때부터의 연인 최도영과 같은 과 가까운 친구라 이름을 여러 번 들었다 했다.

하산하자마자 며칠 뒤 문휘, 도영 안내로 1월 6일 오후 태희를 지금의 YMCA자리 다방(마누라는 뮤직홀이라 한다)에서 만났다. 泰'熙'가 아니라 泰'喜'였다(1954년에 잘못 안 것이다). 나와 태희의 결연은 중학동창 규완, 대학동창 문휘의 덕이었다. 이 무렵 정열적인 글이 참 많이 오갔다. 1958년 1월 13일 자로 "산다는 것이 정말 복된 것이라 처음으로 느껴본 날 …" 새벽 2시 20분에 5장짜리 첫 기명편지를 쓴다. 또 나다운, 연애편지답지 않은 글들도 만난 지 5개월도 안 돼 쓴다. "내 중학 시절 … '동지'들과 나눈 얘기가 지금 머리를 꽉 채우고 있다"라며 이렇게 쓰고 있다. "그렇지. 우리 조선의 지도자가 된다. 비극을 생리인 양 타고난 우리 조국의 개척자들은 … 생활에 특권계급이 되어서는 안 된다. … 보라 우리나라 서민생활의 평균생활이 무엇인지 아느냐. 쓰러져가는 판잣집 …. 우리 양심의 선구자들은 그런 서민 중에서도 가장 향기 높은 서민이 되어야 한다. 나는 지금 행복하다. 그렇지만 내가 조국의 지도자가 되기 위하여 필요하다면 언제고 쓰러져가는 초가에서도 살 용의가 있다." 이 편지 받고 얼마나 놀랐을까.

그런데도 1년 뒤 1959년 8월 9일 자 편지에는 '당신에게'라는 첫 글이 나온다. 태희가 의대 레지던트로 강원도 울진군 근남면 노음리에 이대 계몽반원으로 봉사 간 1961년 8월 6일 편지에는 "오늘 아침엔 꿈을 꾸었다. 길고 긴 피란길로 자전거 뒷자리에 당신을 태우고 정처 없이 가는 황량한 꿈을 꾸었다. 6·25 때의 연상작용이겠지만 요사이 결국 존재하는 것은, 남는 것은, 오직 당신의 존재뿐이오…."

1963년 4월 20일 개업한 지 얼마 안 된 조선호텔에서 최두선 사장님 주례로 결혼식 올리고 부산 동래로 신혼여행 갔다. 결혼 전까지 주로 내가 쓴 것이지만 서로 오간 편지 25편이 남아 있다. 결혼 직전 1962년 11월~1963년 2월 3개월간 해외여행하면서 따로 21통의 편지를 썼다. 평균 사흘에 한 통이다.

막상 결혼하니 아버지와 장인이 짝꿍이 되셨다. 도쿄제국대학 임학과 출신으로 중앙임업시험장 장장(場長) 마치고 경희대 교수로 계시던 장인과 아버지는 술친구, 담배친구에 말동무가 되어 아주 좋아하셨다. 두 분이 동갑이고 어머니와 장모도 동갑, 남편보다 세 살 위셨다. 우리도 동갑. 우리의 결혼은 양가 부모 모두 천생연분이었다.

위 둘 연년생에다 쌍둥이, 합쳐 세 번 출산에 네 아들 키우느라 너무 고생했다. 그때는 네 아들 다복하다했는데 요새는 딸 세상이다. 지금 생각하면 참 미안할 정도가 아니라 죄 지은 것 같다. 의사로 직장 다니며 네 아들 키우는 데 나는 글 쓰는 데 미쳐 매일 밤 담뱃재 수북이 쌓는 짓밖에 안 한 내가 아무리 그 시대라도 너무했다. 친가 처가 어머니가 많이 돌봤고, 아줌마도 있었지만 연년생에 겨우 세 살 터울 쌍둥이를 한꺼번에 키우기 너무 벅찼다.

그래서 아내는 아파트로 가자 그리 졸랐다. 나는 옛날식 남자로 아파트가 싫었다. 그래서 몹시 싸우고 마누라가 한 2년 직장인 병원을 쉬고 집에 들어앉았었다. 하도 졸라 아파트로 가기로 하고 현대아파트를 분양받고 연희동 집을 팔고 전세로 현대아파트로 이사가 기다리는 동안 '현대아파트 사건'이 터져 명예도 집도 날리는 날벼락 같은 사건이 났다. 나는 아파트 가자 조른 마누라에 원죄가 있다는 하찮은 원망에다 명예를 타격받은 오기로 그 후로 살림을 맡겨버렸다. 나는 집안 살림이나 재산은 일체 관리 안 할 테니 당신이 알아서 하라고. 아내는 다시 병원 나가고.

실은 결혼 후에 나는 월급에 손 안 대고 봉투(옛날엔 회사가 월급을 현찰로 봉투에 넣어 주었다) 그대로 주었다. 내 용돈은 원고료나 기타 생기는 돈으로 때웠다. 무역협회 연구자문위원장 할 때까지 그러니까 2005년경까지 월급에 손 안 대고 마누라에 바치는 대신 나는 지금까지도 내 자신의 자산은 없다(장관 지냈다니 대부분 연금 있는 줄 안다. 나는 직업공무원이 아니어서 공무원연금 없고, 교수생활 오래 안 해서 교수연금도 없다. 내가 대한민국에서 받는 연금혜택은 제로이고 다만 서울시가 내준 교통카드, 지하철 공짜로 타는 것밖엔 없다). KT&G 사외이사 6년 하고 퇴임상여로 받은 주식밖에 없다.

그래서 부끄럽지만 아내가 자기 월급 보태 얼마의 돈을 어찌 굴려 지금의 생활을 하고 있는지 나는 모른다. 그래도 전에는 내 은행계좌 카드를 썼지만 요새는 아내가 내준 카드를 쓴다. 어찌 보면 마음 편하게 사는 사람이라 할 수 있지만 냉정히 보면 내가 '현대아파트 사건' 트라우마가 너무 큰 반동이라 해도, 또 아버지로부터 배운 청렴의 정도가 영향을 준 것이라 해도 남편으로서는 떳떳하지 못한 것이었다. 아내에게 너무 큰 짐을 지우고 내 마음 편하게 지낸 것 같은 자책, 후회가 크다.

아내는 절약의 여왕이다. 지금까지도 휴지도 꼭 반으로 잘라 쓰고, 메모지도 돈 주고 사는 메모용지 안 쓰고 쓰레기로 나갈 흰 종이를 여러 토막 잘라서 철해 쓰고 있다. 그것도 연필로. 1950~60년대 전기 아끼듯 등 하나라도 낭비하지 않는다. 우리 집 응접실 큰 등이나 에어컨은 손님이나 와야

켰다. 지금도 청소 아줌마를 2주일에 한 번 오전만 쓴다. 그러면서도 아이들에게만은 잘 쓴다.

워낙 내성적인 데다 규칙적이다. 한 치도 틀리면 안 된다. 위생과 외부(낯선 사람, 낯선 곳)를 극도로 경계한다. 나는 뜨거운 것 좋아하고 아내는 찬 것이어야 한다. 나는 대범, 관심분야 아니면 웬만한 것 지나치고…. 둘 다 일정한 원칙론자, 남에게 폐 끼치지 않고 살자는 것 이외에는 닮은 점이 너무 없다. 내가 너무 바삐 살아 집안일 무관심해서 그렇지, 시시콜콜 따지는 성격이었으면 성격 맞추기 힘들었을 것이다.

그래서 가끔 싸운다. 그러나 내가 이기는 법이 없다, 지금까지도. 1972~73년 하버드대학에 니만 펠로로 아이들을 서울에 두고 둘이서 사실상 제2의 신혼생활을 한 추억, 오스트레일리아 대륙 한가운데 있는 신비의 울룰루(Uluru 혹은 Ayers Rock), 남아메리카 아르헨티나의 끝, 지구의 끝 우슈아야, 그리고 남프랑스 칸 모나코 지역. 이탈리아 북부 알프스와 독일과 스위스 남부 알프스, 장관 시절 워싱턴-파리(Air Bus)-비엔나-뮌헨-본으로 동반 세계일주한 기쁜 추억이 있다. 그래도 나나 집사람이나 일생 한 번도 골프 가방 메고 해외로 골프여행을 하지는 않았다. 공인의 최소한의 행동규범이라 믿기 때문이다.

늙어가면 얌전하던 마누라들이 젊었을 때 남편에 당한 분풀이를 한다는 이야기를 가끔 듣는다. 아내에게서도 늙어가면서 나온다. 그러나 내가 너무 데면데면, 살뜰히 못 해준 죗값 받는다 여기고 있다. 결혼 전부터 점집이나 사주관상집 어디서 보든지, 또 어른들이 보아온 것도 내가 여복이 많다 했다. 마누라 덕이 많다는 뜻이었다. 87세 마누라가 차리는 아침, 저녁, 주말엔 점심까지도 얻어먹고 지내는 큰 복이다. 우리 둘을 어여삐 보신 하느님의 가호라 믿는다. 내년에는 어떻게든지 아내가 편안할 거처를 찾아야겠는데, 돈, 지리, 안전 이 조건 저 조건 따지니 갈 데를 찾기가 너무 힘들다. 진작 좀더 사랑했어야 했는데….

인생은 한 잎 낙엽으로 떨어지지만, 태희와는 같이 떨어지고 싶다. 늙어서도 싸울망정 내 일방적 짝사랑 연애부터 67년. 그래도 더 연애하고 싶다. 그 권농동 수도꼭지 물과 태희 이쁜 얼굴이 지금도 겹쳐온다.

22장

내 일생 2500~3000편의 글

내 일생의 정리 중에 가장 중요한 것이 당연히 글의 정리일 것이다. 막상 정리하려 하니 너무 방대하고 다양한 장르들의 글이라 정리란 게 만만치 않다. 일단 저서는 정리키로 하고 또 외국어(영문, 일문, 한문) 논문까지는 정리해 두기로 했다. 그러나 그 외 논문, 나에게 특별한 칼럼, 월간지, 주간지에서 쓴, 때로는 논문 또는 에세이, 때로는 칼럼, 또 국가책임자로 있던 시절의 국가적 행사의 주요 식사 그리고 그 많은 각종 학회와 연구기관의 저널 기고논문과 연구기관 모임에서의 기조발표, 강연, 각종 기념사업회와 NGO모임의 식사, 개회사, 축사… 그리고 대담, 좌담 등 기명 작품을 정리한다는 게 보통이 아니다(물론 개인적 문서, 서신, 또는 사적 자격의 축사, 주례사 따위는 제외하고).

1996년 나온 나의 회갑기념 논문집에는 그때까지의 저서, 논문, 세미나 발표, 번역, 잡지 기고, 강연 및 연설, 좌담, 대담, 인터뷰들의 목록(제목)을 국문, 영문, 일문으로 나누어 싣고 있다. 18페이지에 걸쳐 대략 360여 편이다. '신문 기고문과 칼럼은 조사도 끝내지 못했고 조사한 것만으로도 양이 많아 싣지 못했다'라고 부기하고 있다.

너무 시간낭비 같아 전체 편수만 세어보기로 했다. 내가 역사박물관 건립위원회 있을 때 충실한 김주희 여비서가 있었는데 그의 작품이었다. 1952년 3월 안성종합고 시절 만든 〈망도〉 지에 실은 "인류역사의 신단계"에서부터 시작해 2012년 4월까지 776편의 글이 제목, 일자, 형식, 게재매체별로 일목요연하게 정리되어 있다. 물론 빠진 것도 꽤 있다. 얼마인지 알 수가 없다. 예를 들면 120편의 동아일보 '김진현 칼럼' 중 33편만 올라왔으니. 미디어에 난 것만 추리고 또 인력에 의존하는 한계였다. 내 장관 시절만 해도 미디어에 나지 않은 내부행사용 또는 국제회의용 글 그리고 정리된 것의 5배는 넘을 이러저러한 신문 기고문이 있다.

2013년 파크시스템즈 고문으로 갔을 때 박명선 과장의 충실한 도움으로 글도 잘 쓸 수 있었을 뿐 아니라 정리도 잘 해주었다. 나는 2013년서부터 근무했는데 박 과장이 2005년 이후 분부터 합하여 2019년 말 퇴임할 때까지 글들을 체계 있게 분류 정리해 주었다. 이들 2012년 4월까지의 776편에다 이후 이어 5월부터 2019년 말까지 박 과장이 정리한 239편 합치면 1,015편이고, 2020~21년의 2편 합치면 1,017편이다. 쓰기는 2020년 말에 쓰고 2021년 1월 KISTEP에서 출간한 《기술패권시대의 대중국 혁신전략》의 서론 "21세기 중화주의 과학기술정책과 한국의 자강"은 힘을 많이 기울인 작품이다. 2018~19년에 걸쳐 시진핑 과학정치의 정체를 살펴야 한다는 내 주장을 여러 군데 폈는데 KISTEP에서 2020년 1년에 걸쳐 전문가 10여 명의 연구회를 거쳐 연구서로 출간했다. 금년에도 연구회 계속하여 연말에 또 한 권 나올 것이다. 금년 9월엔 동해연구회 《동해명칭의 국제적 확산: 현상과 과제》에 "동해지명외교 25년과 동해연구회 — 나의 체험에서 오는 제언"이 실렸다.

물론 기명글임에도 동아일보 재직 중 해설 같은 것은 다 빠지고, 무기명이지만 기명보다 더 중요할 수도 있는 사설, 단평(횡설수설)은 모두 빠졌다. 1967년부터 1990년까지 4번을 들락거리며 10여 년을 논설실에서 보내는 동안 무기명의 사설 참 많이 썼다. 내 방송보도국장 겸임 시절(1974. 3. 4. ~1975. 9. 20.) 1년 반 사이에도 사설, 횡설수설 126편을 쓴다(1974. 3. 4. ~1975. 3. 3. 1년은 86편이었다). 평소 얼마일까. 편집부국장 뒤 논설실로 복귀, 1979년 3월 19일~1980년 3월 18일까지 사설 156편, 횡설수설 2편 총 158편이었다. 거의 이틀에 한 편이었다. 1975년 84편. 내 논설실 10여 년간 얼마 썼는지 가늠이 안 된다(웬일인지 1967~1969년 논설위원 시절 내 사설철은 안 보인다. 삼성 밀수사건 같은 사건별 묶음은 있는데). 족히 1,000편 넘었을 것이다. 1985~1990년간은 논설, 횡설수설 편집인으로 쓰기보다 방향, 감독이 주업무였으나 기술한 대로 창간 65주년, 70주년 기념사설이나 신년사 같은 것도 무기명이라 잡히지 않는다. 물론 기명글 이외에도 여러 각종 성명서, 발기문 등의 초안 검토 또는 대외비 숙의를 위한 초안 또는 결과 정리글 같은 것도 꽤 있다. 특히 시국이 어지러워지면서 이런 글 꽤 보관돼 있다. 물론 1,017편 기록 속에는 방송인터뷰는 모두 빠졌고 대담, 좌담 등도 특별히 의미 있는 것 말고는 정리 때부터 빠졌다.

내 일생 몇 편의 글 썼나? 2,500~3,000편 사이일 것이다. 옛 자료, 제대로 정리되었더라면 요사이 기술로는 몇 분 만에 나올 수 있는 숫자지만, 정리 미비로 며칠을 두고 끙끙대며 뒤져도 2,500~3,000편의 추정으로 끝일 수밖에 없다.

1) 저서 목록

《한국주식회사》, 한샘문화사, 1977
《한국경제학의 제문제》(공저), 전예원, 1983
《한국경제학의 모색》(공저), 한국경제연구원, 1984
《한국은 어디로 가고 있는가》, 동아일보, 1988
《한국의 선택》, 나남, 1988
《한국은 어떻게 가야 하는가: 국격 · 국력 … 선진화를 위한 제2 독립운동》, 매일경제신문, 1993
《한인: 삶의 조건과 미래》(편저), 나남, 1996
《해양 21세기》(공저), 나남, 1998
《대한민국 어디로 가야 하나》(공저), 나남, 2004
《일본친구들에게 정말로 하고 싶은 이야기》, 한길사, 2006
《대한민국의 미래와 거버넌스》(공저), 휴머니즘, 2014
《민세후담》, 민세안재홍선생기념사업회, 2016
《기술패권시대의 대중국혁신전략》(공저), 한국과학기술기획평가원(KISTEP), 2021
《동해 명칭의 국제적 확산: 현황과 과제》(편저), 경희대 출판문화원, 2021

Quasi-Tax Burden on Firms in Korea: A Theoretical and Empirical Analysis(공저), Korea Economic Research Institute, 1984
Post-Cold War. Democratization and National Intelligence: A Comparative Perspective(공편), 연세대 출판부, 1996

2) 역서 목록

피터 드러커, 《방관자의 모험》, 예일출판사, 1979
루트비히 폰 미제스, 《자본주의 정신과 반자본주의 심리》, 교보문고, 1988
마이클 노박, 《자본주의와 사회주의》, 한국경제연구원, 1983
______, 《민주자본주의와 기업의 성장》, 한국경제연구원, 1983
______, 《민주자본주의 장래》, 한국경제연구원, 1983
______, 《민주주의와 민간조정기구》, 한국경제연구원, 1983
______, 《소명으로서의 기업》, 한국경제신문, 1997

3) 외국어 논문, 칼럼

"Position Report of Korean Agriculture", Agricultural Reporting & International Cooperation, Nihon Shinbun Kyokai, Tokyo, Japan, September 4~7, 1974.

"Pedaling Faster in Hot Pursuit of Growth Target", Special Edition for Korea, *Far Eastern Economic Review*, May 20, 1977.

"Balance of Payments Surplus for the First Time", *The Times*, Full Page Cover, September 7, 1977.

"A Proposition For the Global Welfare Tax", Society for International Development 16th World Conference, Sri Lanka, August 13~16, 1979.

"New Korean Terms and High Hopes, But a Miracle as Yet Unworked", *International Herald Tribune*, July 8, 1987.

"Vortex of Misunderstanding: Changing Korean Perceptions", R. A. Scalapino eds., *Korea-US Relations: The Politics of Trade & Security*, Institute of East Asian Studies, U. C. Berkeley, 1988.

"Is Korea A Second Japan?", The Third Korea-US Business Conference, Keynote Address, Korea-U. S. Business Council, Seoul, June 17~19, 1990.

"Dual Aspects of Public Understanding on Science and Technology", The First World Conference of Science Journalists, Tokyo, Japan, November 10~12, 1992.

"The Ocean Gives Us the World", Korea Focus, vol. 1, no. 5, Korea Foundation, 1993.

"New Dimensions for Korea~U. S. Cooperation in Science and Technology", The 1st U. S. ~Korea Forum on Science and Technology Cooperation, Keynote Address, McLean Hilton Hotel, Washington D. C, January 12, 1993.

"Korea's Science and Technology Policy Towards The 21st Century and New Dimensions of US~Korea Cooperation", ST & PPP Colloquium, Kennedy School of Government, Harvard University, January 13, 1993.

"A New Korean-American Partnership in Science and Technology", Speech for National Press Club, Washington D. C, January 13, 1993.

"Korea and the World — Geopolitical & Geoeconomic Perspective in Asia-Pacific Dynamics", The First International Conference of Korean Studies in the US-Transformation in the Korean Peninsula Toward the 21st Century, East

Lansing. Michigan, July 7~11, 1993. (published Korea into The Future, Ed Gil-Chin Lim, Michigan State Univ. and Hanyang Univ., 1994.)

"Energy: The Challenge of a New Road to Development", 1993: The 5th International Energy Conference, Korea Institute of Energy Research and International Energy Foundation, Seoul, October 18~22, 1993.

"The Cultural and Statistical Characteristics of Unemployment in Korea", The Fourth Olympiad of the Mind on S.T.E.P.S. for Regional and Global Employment: A Five-Year Plan, The Taubman Center, John F. Kennedy School of Government, Harvard University, May 6~8, 1994.

"The Role of Korea and Japan in A New Era of Northeast Asia", The Eleventh Korean-German Conference, Munchen, Germany, June 26~July 2, 1994.

"The New Approach toward Urban Crisis in NIES and LDCs", Keynote Speech, International Conference Cities in Transition: Towards a Creative and Cooperative Order, Seoul Development Institute, Sejong Cultural Center, Seoul, November 1~4 1994.

"Northeast Asia & the World from Geo-Energy Perspective" The 28th JAIF Annual Conference, Japan Atomic Industrial Forum, INC. Schönbach Sabo, Tokyo, Japan, April 10~12, 1995.

"Preparing for the 21st century: Korea's Globalization Policy and Its Implications for Future Korea-US Relations", Korea's Turn to Globalization and Korea-US Economic Cooperation, Seton Hall Univ, New Jersey, June 28~29, 1995. (published 1996. Ed. Y. Yoon & R. W. McGee)

"Role of Korea and Japan In a New Era of Northeast Asia", Is a Korea-Japan Symbios Possible?, The Pacific Institute/Asia Institute, 1996.

"Cities in a Time for Paradigm Shift?: Rethinking Modern Urbanism", Keynote Speech, Seoul Metropolitan Fora 96, Seoul City Univ., December 11, 1996.

"Special Feature Article: Reflections on Modern Cities", International Journal of Urban Sciences, vol 1, no. 1, Spring~Summer, Univ. of Seoul, 1997.

"A New Challenge to East Asia—Environment Management", World Economic Forum, 1997 East Asia Economic Summit, Hong Kong, October 13~15, 1997.

"A Year to Repent", Korea Focus, vol. 6, no. 1, Korea Foundation, January~February, 1998.

"Summary", 5th conference, Korea-US Committee for 21st Century, Calton Hotel,

Washington D.C., May 15~16, 1998.

"Talking with Kennedy School Dean (Joseph Nye)", *Korea Times*, February 4, 1999.

"The Unhappy past of Korea's Press", The Pacific Basin Inst./Pomona College Forum, Winter (no. 2), 1999.

"Information Technology— Vehicle of Progress or Not?", Human Survival in the New Millennium. The World Philosopher Conference, Geneva, September 12, 2000.

"Has There Ever Been a Partnership Between Korea and Japan? Can We Bring About History-Making Changes?", Japan and Korea: Building Foundations for a New Partnership, The Global Forum of Japan, Tokyo, Japan, December 11~12, 2000

"Presentation", Korean Centennial Conference: Enhancing the Partnership Between Korea & the U.S. in the 21st Century, East-West Center, Honolulu, Hawaii, Jan 6~8, 2003.

"Globalization of 'Gaiatsu' Network", PacNet, number 12B, Pacific Forum CSIS, Honolulu, Hawaii, March 16, 2007.

"Opening Remark", Cosmos Club, American Geography Association, Washington D.C., September 4, 2007.

"Lee Myung-Bak's Victory: Configuration in Korea and Korea-U.S. Relations", PacNet, number 11, Pacific Forum CSIS, Honolulu, Hawaii, February 5, 2008.

"Understanding 'Korea's Modernization Revolution' and Asia", Keynote Speech, 4th National Congress of Korean Studies, Argentine Association of Korean Studies, Universidad de El Salvador, Buenos Aires, September 17~19, 2008.

"A Ground Work for 'Value Alliance' Between Korea and the U.S. —Why Did Korea Perceive and Accept the U.S. Differently As Opposed to Other Third World Countries During Its Modernization and The Shaping of Its Nationalism, and How Did These Differences Make The Korea-U.S. Relationship Unique?", Lead Paper, Korea-US Value Alliance—Concept and Strategy, World Peace Forum, Seoul, February, 2009.

"A View on Korea-US Value Alliance—Why the Perception and Accommodation of the US in the Process of Korean Modernization and Modern Nationalism is so Different with the Third World and How Made Korea-US Relations

Peculiarity", Pacific Forum, Honolulu, Hawaii, February 24, 2009.

"The World Peace Envisioned by the Republic of Korea: Emergence of 'Himalaya Zone Problematiques' and Approach to Global Sustainability (Alternatives) by 2050 — with 10 Years Lesson and Challenge of World Peace Index", World Peace Forum International Workshop, World Peace Forum, November 17, 2010.

"Pax Sinica Impossible?", PacNet, number 7, Pacific Forum CSIS, Honolulu, Hawaii, January, 2011.

"Future Partnership Between Korea and Japan", Keynote Address, ASPOS Forum, Tokyo, Japan, March 3, 2012

"New Global Media and Global Peace Building", Keynote Address, Cultural Diplomacy Forum, International Christian University & Aspen Institute, Tokyo, Japan, October 22~24, 2012

"From Joseon to 'Modernization Revolution of the Republic of Korea' — And toward a Pioneer for Creating Global Peace Order", Keynote Speech, Contemporary History and Museums, 2012 International Symposium of The National Museum of Korean Contemporary History, Seoul, Korea, November 22~24, 2012

"The Region of Himalaya Zone, A Hub of Global World", Global Affairs, vol. 13, no. 3, Sejong University Sejong Institution, Autumn, 2013.

"Korea-Japan-US Value Alliance", East Sea Workshop, SAIS, Johns Hopkins Univ., Washington D.C., June 12, 2014.

"The Global Problematiques of Himalayan Zone(WPIO) — Seeking Korea Model", Special Lecture, University of Asia and Pacific, Manila, February 10, 2014.

"Geographical Characteristics and Peace of the Korean Peninsula — Peace of East Sea, Mount Baekdu and Justice", Keynote Speech, The 20th International Seminar on Sea Names, The Society for East Sea, Hilton Gyeongju Hotel, October 29, 2014.

"Concluding Remark — Peace and Justice in the Democracy Land", The 23rd International Seminar on Sea Names — Achieving Peace and Justice through Geographical Naming, The Society for East Sea, Helsinki Hilton Hotel, Finland, September 26, 2015.

"Not This Time, Mr. President", PacNet, number 38, Pacific Forum CSIS, Honolulu, Hawaii, April 20, 2016.

“Announcement”, Session: Energy Cooperation in North East Asia, Eastern Economy Forum, Vladivostok, Russia, September 11, 2018.

“Concluding Remarks”, The 25th International Seminar on Sea Names—Educating for Diversity through Geographical Naming, The Society for East Sea, Hilton Alexandria Old Town, VA., USA, July 28~31, 2019.

“Borderlessness in the Biggest Challenge to University in the Future”, 성균관대 창건 600주년 세미나

▲ 일본

“韓日中三國でインフラ整備を”, 〈日本経済新聞〉, 1993. 10. 16.

“新東北亞 平和秩序の爲の韓國と日本の役割”, 〈國際學術會議: 新北東亞時代の韓國と日本の役割〉, 聯合通信 東北亞細亞情報文化センター, 1994. 4. 28.

“日本に主導の責任~共同体意識の構築が必要”, 〈日本経済新聞〉, 1994. 10. 16.

“兩國手を提携え北東アジア15億人の未來をす開こう”, 〈週刊東洋経済〉, 1995. 5.

〈東北亞問題群解決指向の情報化を〉, 《解放 50年, 敗戰 50年》, 世界·Christian Academy 공동주최, 도쿄, 1995. 4. 8.

“日韓, 民間協力の芽を大切に”, 〈日本経済新聞〉, 1995. 6. 27.

▲ 중국

“韓國媒體與民主發展”, 〈媒體與亞洲民主發展硏討會〉, 中國時報, 台北, 台湾, 1989. 9. 8.

이력

김진현(金鎭炫, Kim Jin Hyun)

1936년 1월 2일 생. 아호 경석(景石), 해암(海岩). 원적 경기도 안성군 이죽면 두교리 619
현직 세계평화포럼 이사장

학력

1958	서울대 문리대 사회학과 졸
1973	미국 하버드대 Nieman Fellow 과정 수료(경제개발 전공)
1995	고려대 명예 경제학 박사
	광운대 명예 공학 박사

경력

1985~1990	동아일보 논설실장 · 논설주간 · 상무
1981~1984	한국경제연구원 부원장 · 대표이사
1990~1993	과학기술처 장관
1994~1996	한국경제신문 회장
1995~1998	세계화추진위원회 (국무총리와 2인) 공동위원장
1995~1999	서울시립대학교 총장
1998~2001	대통령통일고문회의 고문
2009~2013	대통령자문국민원로회의 위원, 통일고문회의 위원
1997~1999	한국해양수산개발연구원 이사장
1999~2007	한국과학기술평가원 이사장
1999~2001	문화일보 사장 · 회장
2001~현재	세계평화포럼 이사장
2001~2009	한국무역협회 연구자문위원장
2008	대한민국 건국60년기념사업위원회 집행위원장
2009~2012	대한민국역사박물관 건립위원회 위원장
1995~2011	제헌의원유족회 창립회장
2005~	민세안재홍기념사업회 회장 · 명예회장
1999~2004	장준하기념사업회 창립회장
2013~2019	파크시스템스 고문
2019~2021	국가기후환경회의 자문위원
2019~	서울대학교 총장자문위원

상훈

1967	독립신문기념상 본상(국제보도 부문)
1967	대통령 표창(수출기여 공로)
1994	청조 근정훈장
1998	국민훈장 무궁화장

1. 한국 근현대사 및 기념사업회

2008	대한민국 건국60년기념사업위원회 집행위원장
1994~1995	광복50주년 기념위원회 위원
1994~1995	UN창립50주년 기념 한국위원회 위원
2009~2012	대한민국역사박물관 건립위원회 위원장
1992~2004	이봉창기념사업회 회장
1994~	동해연구회 창립회장 고문
1995~2011	제헌의원유족회 창립회장
1999~2004	장준하기념사업회 창립회장
2000~2012	건국대통령 우남 이승만 기념사업회 이사
2005~	민세안재홍선생기념사업회 회장 · 명예회장
2007~2016	신간회기념사업회 창립회장
2009~2013	운석 장면 기념사업회 이사
2010	'한국병합조약' 원천무효 한일지식인공동성명 발기인 및 대표

2. 국가기구

1990~1993	국무위원 과학기술처 장관
1995~1998	세계화추진위원회 (국무총리와 2인) 공동위원장
2009~2012	대한민국역사박물관 건립위원회 위원장
1989~1990	대통령 과학기술 자문위원
1988~1990	대통령 경제구조조정자문위원
1988~1990	대통령 행정개혁위원회 위원
1998~2003	대통령 통일고문회의 고문
2009~2013	국가원로 자문회의 위원
2009~2013	대통령 통일고문회의 위원
1968~1969	대일청구권자금 관리위원회 위원
1974~1980	재무부 금융제도 심의위원, 조세제도 심의위원
2019~2021	국가기후환경회의 자문위원

3. 언론

1985~1990	동아일보 논설실장 · 논설주간 · 상무
1994~1996	한국경제신문 회장
1993	중앙일보 논설자문위원
1993~1994	조선일보 21세기 정보포럼 위원
1999~2001	문화일보 사장 회장
1964~1969	한국기자협회 부회장
1968~1969	관훈클럽 총무
1989~1990	관훈클럽 신영기금 이사장
1979~1980	서울언론문화클럽 창립이사장
1989~	IPI회원
1974~1978	아시아농업언론인협회(AAJWA) 창립이사, 한국대표
1966~1969	국제기자연맹(IFJ) 집행위원, 한국대표
2000	남북언론교류협력위원회 운영위원장

4. 대학교육

1995~1999	서울시립대학교 총장
1993~1995	고려대학교 언론대학원 초빙교수
1988~1989	한국외국어대학교 재단이사
1999~2001	건국대학교 재단이사
2010~2012	울산과기대학 재단이사장
2011~2013	KAIST 총장자문위원
2019~	서울대학교 총장자문위원

5. 연구, 경제, 과학기술, 정보통신

1975~1980	KIST 자문위원
1978~	Economist Club 창립회원 공동대표
1981	KDI 객원연구원
1981~1984	한국경제연구원 부원장 대표이사
1983~1990	한국국제재정협회(IFA) 창립회원, 이사장
1991~1993	한국과학재단 이사장
1999~2002	한국과학관 운영위원장
1993~	과우회 고문
1993~	한국과학기술단체 총연합회 고문
1993~1999	세종연구소 이사
1994~1998	한국정보산업연합회 고문

1994~1996	초고속정보통신망구축 자문위원장
1994~1996	한국정보진흥위원회 회장
1997~1999	한국해양수산개발연구원 이사장
1999~2007	한국과학기술평가원 이사장
2000~2008	IT전략연구원 이사장
2005~2010	통일경제연구협회 이사장
2010~2013	KIST 자문위원장

학회

1968~	한국미래학회 창립회원
1978~	한국중소기업학회 창립회원
1982~	한국경제학회 회원
1995~	한국국제경제학회 회원
2016~	미래학회 창립고문

6. 복지

1994~2010	삼성 복지재단 이사
1994~2014	연암, LG 복지재단 이사
2001~2003	아름다운가게 재단 창립이사
2001~2013	아산사회복지재단 이사
2005~2013	포니정재단 이사장

7. NGO

1992~	자유지성 300인회 창립이사 대표
1993~2002	경제정의실천시민연합 고문
1994~	바른경제동인회 회장, 고문
1994~1998	민간운동지원기금 이사
1994~1998	한국 Green Cross 공동의장
1996~1999	우리민족서로돕기운동 창립 공동대표
1998~2000	평화의숲 가꾸기 국민운동 공동대표
1999~2003	환경운동연합 공동대표, 고문
2002~	바른사회시민회의 창립대표, 고문
2005~2015	선진화정책운동 공동대표
2006~	한국선진화재단 고문
2007~2010	한국 DMZ평화포럼 공동대표
2008~2013	녹색성장포럼 회장

2014~2017	새로운 한국을 위한 국민운동 창립 상임대표
2014~2020	국가전략포럼 창립회장

8. 문화계

2004~2006	문화예술자문위원회 위원장
2008~2011	서울 팝스오케스트라 이사장
2013~2018	고은기념사업회 고은재단 이사
1997~2005	예술의전당 후원회 이사

9. 국제기관

1975~2000	Society for International Development, 한국위원회 창립회원 이사
1981~	한미협회 회원 · 고문
1985~	Seoul Forum for International Affairs 창립회원
1990~2021	Board of Governor, Pacific Forum/CSIS
1993~2000	UNICEF 한국위원회 부회장
1993~	한호재단 창립이사 · 이사장 · 이사
1995~2002	Advisor, Korea Society, New York
1995~1999	한국국제교류재단 이사
1996~	International Advisor, Pacific Basin Institute.
2001~2004	Eminent Persons, Asia-Pacific Forum for Environment & Development, 도쿄
2002~2010	Advisor, KEI, Washington D.C
2002~2003	한 · 중장기협력위원회 이사
2004~	Friend of Asia Foundation 창립이사